U0113400

"一带一路"

DEVELOPMENT REPORT OF THE "BELT AND ROAD" NATIONAL-LEVEL NEW DISTRICTS

国家级新区发展报告

（2016—2017）

主　编：卢山冰　黄孟芳

副 主 编：赵政楠

参编人员：冯　婷　庞若婷　侯红萧

　　　　　王　欢　王　昕

西北大学出版社

NORTHWEST UNIVERSITY PRESS

图书在版编目(CIP)数据

"一带一路"国家级新区发展报告.2016－2017／卢山冰,黄孟芳

主编.—西安:西北大学出版社,2018.9

ISBN 978-7-5604-4254-9

Ⅰ.①一…　Ⅱ.①卢…　②黄…　Ⅲ.①经济开发区—区域经济

发展—研究报告—中国—2016－2017　Ⅳ.①F127.9

中国版本图书馆 CIP 数据核字(2018)第 222328 号

"一带一路"国家级新区发展报告(2016—2017)

主　　编:卢山冰　黄孟芳

出版发行:西北大学出版社

地　　址:西安市太白北路 229 号

邮　　编:710069

电　　话:029-88303059

经　　销:全国新华书店

印　　刷:西安华新彩印有限责任公司

开　　本:787 毫米×1092 毫米　1／16

印　　张:29.75

字　　数:598 千字

版　　次:2018 年 9 月第 1 版　2018 年 9 月第 1 次印刷

书　　号:ISBN 978-7-5604-4254-9

审 图 号:GS(2019)942 号

定　　价:75.00 元

如有印装质量问题,请与本社联系调换,电话 029－88302966。

引　言

国家级新区是由国务院批准设立,承担国家重大发展和改革开放战略任务的综合功能区。我国自 1992 年上海浦东新区设立至今,先后设立了 19 个国家级新区,这些国家级新区在扩大对外开放、综合配套改革试验、海洋经济发展、"两型"社会建设、新型城镇化等重大改革方面先行先试,对适应经济发展新常态要求、应对经济下行压力、促进区域协调发展发挥了重要作用,成为全方位扩大对外开放的重要窗口、创新体制机制的重要平台、辐射带动区域发展的重要增长极和产城融合发展的重要示范区。那么,现有国家级新区的发展状况如何? 是否与设立国家级新区的初衷相契合? 有哪些促进新区发展的政策值得推广? 各新区战略新兴产业的发展情况如何?"一带一路"倡议背景下各新区又取得了怎样的成果? 为解答上述问题,特编写《"一带一路"国家级新区发展报告(2016—2017)》。

本书从发展规划、经济数据、政策出台等多角度对现已批复的国家级新区的基本状况进行了梳理,了解各国家级新区在基础条件、新区架构、规划战略、发展路线、产业选择、建设推进等方面的普遍做法、一般规律和相互差异,找出每个国家级新区建设上的创新之处、独特之处和先进做法,以期为各个国家级新区建设,尤其是西咸新区的战略决策、规划调整、产业引导、效率提升、效益提高等提供切实可行的对策和建议。

本书共分六部分,分别是总体情况编、政策研究编、产业发展编、专题研究编、"一带一路"建设编及附录部分。总体情况编从经济发展情况及社会建设情况两方面对国家级新区做一个基本的梳理,下涉经济总量情况、对外开放程度、招商引资、财政预算收支、人口聚集及公共服务六个内容。政策研究编梳理了各个新区不同层级的政策数量,在此基础上进一步分析了金融政策、财税政策、人才与土地政策、招商引资(含贸易)政策、产业政策等,并在提出现存问题的基础上给出了政策建议。产业发展编包括两章,分别为产业布局、产业规模与结构。通过对 18 个国家级新区的产业规划、重点发展产业、新区内园区发展概况等方面进行梳理,以便对新区内的产业现状具有全面细致的了解。专题研究编主要讨论了 18 个国家级新区 6 大战略新兴产业的发展情况,分别是新能源产业、新材料产业、高端装备制造业、生物医药产业、大健康产业以及信息科技产业。"一带一路"

建设编主要从"一带一路"倡议和国家级新区建设的内涵联系、关联机制、建设详述及协同路径四方面内容进行讨论。附录包括六部分内容，分别为国家级新区的发展定位、总体布局、2016年国家级新区建设发展系列报道、2016年国家级新区体制机制创新工作要点、2017年国家级新区体制机制创新工作要点以及近年来国家级新区政策一览表。

《"一带一路"国家级新区发展报告（2016—2017）》由卢山冰教授选定报告主题，黄孟芳副教授进一步完善大纲，确定各编基本研究内容，之后在卢山冰教授和黄孟芳副教授的带领下，组织部分学生完成主体撰写工作。各篇章分工如下：总体情况编，卢山冰、黄孟芳、赵政楠、冯婷、庞若婷、侯红萧；政策研究编，卢山冰、赵政楠、庞若婷、侯红萧、冯婷；产业发展编，黄孟芳、庞若婷、侯红萧、冯婷、赵政楠；专题研究编，卢山冰、侯红萧、冯婷、赵政楠、庞若婷；"一带一路"建设编，卢山冰、黄孟芳、冯婷、赵政楠、庞若婷、侯红萧；附录部分，赵政楠，王欢，王昕。各编初稿完成后，赵政楠进行了统稿，最后由卢山冰教授进行审查、润色及加工。

目　录

第一编

总体情况编

国家级新区是我国于20世纪90年代初期开始设立的一种新开发开放与改革的大城市区。自国务院(国函〔1992〕145号)批复设立上海市浦东新区以来,截至2016年底,我国共设立了18个国家级新区。2017年4月1日,中共中央、国务院决定在河北省保定市境内设立雄安新区。这是以习近平同志为核心的党中央作出的一项重大的历史性战略选择,是继深圳经济特区和上海浦东新区之后又一具有全国意义的新区。国家级新区在扩大对外开放、综合配套改革试验、海洋经济发展、"两型"社会建设、新型城镇化等重大改革方面先行先试,对适应经济发展新常态要求、应对经济下行压力、促进区域协调发展发挥了重要作用,成为全方位扩大对外开放的重要窗口、创新体制机制的重要平台、辐射带动区域发展的重要增长极和产城融合发展的重要示范区。本部分重点梳理当前18个国家级新区的基础情况、经济发展情况及社会建设情况,找出各国家级新区建设推进上的一般规律和相互差异,从而对国家级新区有一个基础且全面的认知。[①]

第一章　国家级新区经济发展情况

国家级新区具有改革先行先试区、新产业集聚区等特征,在助推区域经济高质高效增长方面具有引领、示范、创新、辐射的重要作用。本章通过梳理各新区的经济总量状况、对外开放程度、招商引资及财政预算收支情况,以期通过了解国家级新区的经济发展状况寻找其对所在区域经济的借鉴作用。其中,第一节梳理了2014—2016年国家级新区GDP总量的基本情况,对比分析了各新区GDP的增长率及对区域经济的贡献率的状况。第二节从对外贸易依存度及外资依存度两个角度着力说明各国家级新区的对外开放程度。后两节从商贸活动、招商引资情况及财政预算收支等方面分析当前各新区的经济发展情况。

第一节　经济总量情况

国家级新区,因有国务院批复体现国家级战略和新区发展需要,其经济发展对区域

---

①　由于雄安新区设立时间较其他国家级新区而言较晚,故可得资料有限,本年度报告暂不做分析。

经济的贡献如何也反映了新区在省市经济中所居的地位及其所发挥的作用。国家级新区在推动区域经济增长与转型方面具有重要的作用,已成为区域经济的核心增长极。本节通过梳理各国家级新区在2014—2016年期间的GDP总量,以及GDP增长率和新区经济发展对区域经济的GDP贡献率,从多角度说明各国家级新区经济总量情况。

一、2014—2016年部分新区GDP总量基本情况

自1992年国务院批复设立上海浦东新区、2006年批复设立天津滨海新区以来,截至2016年底,全国已有18个国家级新区。在目前设立的国家级新区中,除了设立较早的上海浦东新区和天津滨海新区以外,其他的16个新区均是在2010年以后设立的。短时间里大量的新区批复成立,主要原因是我国的改革与发展进入一个新阶段。一方面,我国改革的重点已经由经济领域扩展到经济、政治、文化、社会和生态领域;另一方面,我国经济发展进入了"新常态"。① 国家级新区作为区域经济"增长极",其地区生产总值的情况不仅与国家经济发展密切相关,同时也反映了所在地区的经济发展特点。

表1-1是17个国家级新区在2014—2016年期间的GDP总量,以及GDP增长率和新区经济发展对所在市的GDP贡献率。

表1-1　国家级新区2014—2016年GDP情况总览②

新区名称	2014年GDP			2015年GDP			2016年GDP		
	总量/亿元	增长率/%	贡献率/%	总量/亿元	增长率/%	贡献率/%	总量/亿元	增长率/%	贡献率/%
浦东新区	7109.70	9.30	30.18	7898.35	9.10	31.44	8731.84	8.20	31.79
滨海新区	8760.15	15.50	55.72	9270.31	12.80	56.05	10002.31	10.80	55.92
两江新区	1861.00	15.00	13.05	2200.00	14.00	14.00	2261.00	10.90	12.88
舟山群岛新区	1003.00	—	100.00	1095.00	9.17	100.00	1228.51	11.30	100.00
兰州新区	95.00	33.00	5.00	125.80	6.00	30.00	151.66	6.70	20.82
南沙新区	1061.35	12.50	6.35	1133.10	13.30	6.26	1278.76	13.80	6.52
西咸新区	398.06	—	7.27	432.06	8.54	7.44	475.00	9.94	7.59

① 郝寿义,曹清峰.论国家级新区[J].贵州社会科学,2016(2):26-33.
② 表1-1及图1-1中数据来源于各新区的国民经济和社会发展统计报告及新区政务网,部分新区个别年度的有关数据缺失。为保证可比性,表1-1及图1-1中所用的GDP数据为福州新区和哈尔滨新区所在市相应年度的数据;在文字表述对比分析时,不涉及福州新区和哈尔滨新区。赣江新区因批复时间较晚,前期数据无法获得,故本部分不涉及该新区。

新区名称	2014 年 GDP			2015 年 GDP			2016 年 GDP		
	总量/亿元	增长率/%	贡献率/%	总量/亿元	增长率/%	贡献率/%	总量/亿元	增长率/%	贡献率/%
贵安新区	—	—	—	170.60	28.91	5.40	240.00	40.60	40.60
西海岸新区	2470.00	16.30	28.42	2600.00	12.00	27.96	2765.70	12.30	27.62
金普新区	—	—	—	1670.00	—	21.60	2296.00	7.00	28.17
天府新区	1750.00	—	6.13	1811.00	7.30	5.98	—	—	—
湘江新区	—	—	—	1602.53	11.50	18.80	1241.23	12.00	13.31
江北新区	—	—	—	1465.00	9.00	15.07	1839.63	8.50	17.50
福州新区*	5169.16	10.10	—	5618.10	9.60	—	6197.77	8.50	—
滇中新区	—	—	—	—	—	—	501.11	8.80	11.65
哈尔滨新区*	5332.70	6.90	—	5751.20	7.10	—	6101.60	7.30	—
长春新区	—	—	—	—	—	—	1035.00	13.50	17.46

（数据来源于新区 2016 年国民经济和社会发展统计报告、新区政务网。）

分析图 1-1 可以发现，从经济总量情况来讲，国家级新区经济发展总量排在前列的分别是天津滨海新区、上海浦东新区、青岛西海岸新区和重庆两江新区。虽然青岛西海岸新区和重庆两江新区的经济总量分别排在第三位和第四位，但是与天津滨海新区和上海浦东新区差距却很大，主要原因在于后两者批复时间较早，经过多年的发展，已经形成了自身独特的发展模式和发展优势，对于资金和企业的吸引能力较强，同时也拥有更好的发展环境。值得关注的是，2014 年 6 月批复成立的青岛西海岸新区和大连金普新区后来居上，虽然批复时间与重庆两江新区相比较晚，但是青岛西海岸新区在 2014 年的经济总量超过了重庆两江新区，2015 年和 2016 年更是保持了持续强劲的增长，一直处于领先地位。这主要得益于青岛西海岸新区得天独厚的区位条件，其处于山东半岛蓝色经济区和环渤海经济圈内，同时又位于京津冀和长三角两大都市圈之间的核心地带，具有科技人才、产业基础、海洋资源及政策环境等优势。大连金普新区经过两年多的发展，其 GDP 总量在 2016 年以微弱的优势超过了重庆两江新区，居于第四位，显示了其强大的发展后劲。湖南湘江新区、南京江北新区和四川天府新区的经济总量比较接近，紧接着是经济总量差距较小的广州南沙新区和浙江舟山群岛新区。地处西北内陆地区的陕西西咸新区和甘肃兰州新区，经济基础薄弱，经济环境优势积累不足，因此经济总量较为落后，但是一直保持上涨的态势。对于批复时间较晚的吉林长春新区和云南滇中新区,2016 年的经济总量就达到了一个相对较高的水平,说明其所在地区经济发展基础较好。

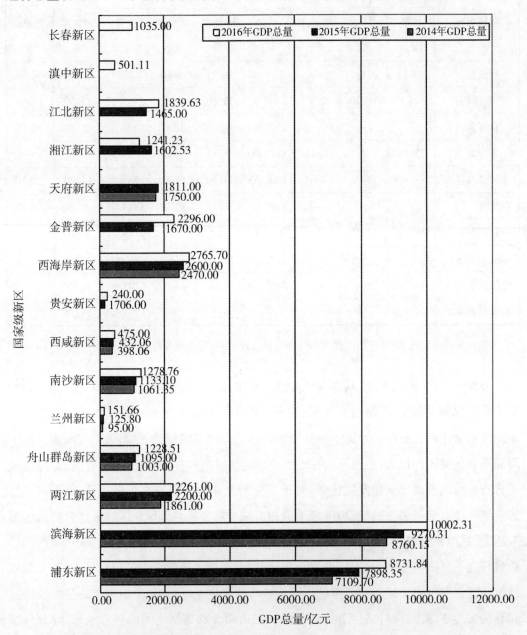

图 1 - 1　部分国家级新区 2014—2016 年 GDP 总量对比

　　分别分析各个新区的经济总量,可以发现,除了湖南湘江新区以外,近三年来各个新区的经济总量均处于一个持续上升的态势,显示出我国经济不断发展的大环境。湖南湘江新区 2015 年 GDP 总量达到了 1602.53 万亿元,但 2016 年却只有 1241.23 万亿元,其产生这种情况的原因,本书后面的内容将会进行分析。

二、2014—2016 年部分新区经济 GDP 增长率对比分析

当前,由于国家级新区所在的区域具有不同的发展水平和资源禀赋,因此,在分析其发展前景和近年来发展态势时不能仅仅局限于经济总量的对比分析。一个地区的经济总量高固然有更好的发展,但却无法显示出其处于怎样的发展阶段。一般较为成熟的新区,在没有新的转折点出现的情况下,其经济总量达到一定高度后,增长速度会有所放缓,不及后出现的、较有发展活力的新区。为了对比分析各个新区所处的发展阶段以及发展后劲,更好地分析国家级新区近年来在发展经济上的成果,我们对三年来各个新区的 GDP 增长率进行了对比,各新区 2014—2016 年 GDP 增长率对比分析情况见表 1-1。为了更加直观地反映三年来各个新区 GDP 增长速度上的特点,绘制了图 1-2。

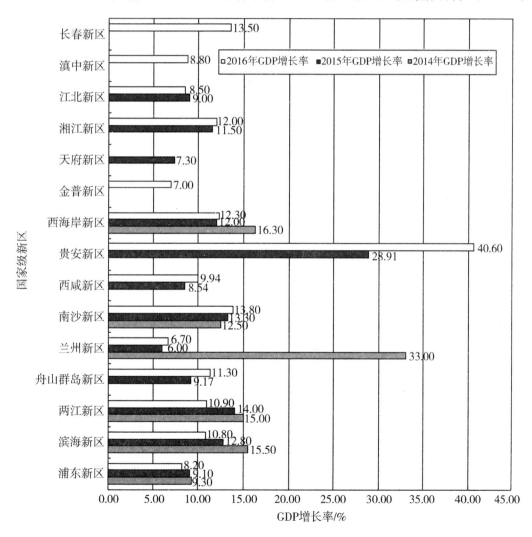

图 1-2 部分国家级新区 2014—2016 年 GDP 增长率对比分析

结合表1-1和图1-2,可以发现,批复较早、发展水平较高的上海浦东新区、天津滨海新区、重庆两江新区自2014年至2016年GDP增长率处于逐年递减的趋势,说明这三个新区的发展速度在逐渐放缓。而其他的新区从整体上来看,GDP增长率均处于上升趋势,说明其经济增长速度不断提高。从所有的新区GDP增长率来看,大部分新区的GDP增长率均在7%~16%这个区域内。

值得关注的是,2012年批复成立的甘肃兰州新区2014年的GDP增长率高达33%,说明兰州新区在经过2012年和2013年的积累以后,在2014年实现了巨大的回报。虽然2015年增长率回落,但是就2016年的数据来看,增长率还是处于上升的趋势。贵州贵安新区的经济总量虽然在所有新区中处于落后地位,但贵安新区2016年的GDP增速高达40.6%,是截至目前GDP增速最高的国家级新区,其2015年的GDP增长率也处于较高的水平。说明贵安新区虽然经济基础不好,但是却有强劲的发展动力,未来将会在所在区域发挥越来越重要的作用。

三、2014—2016年部分新区对区域经济的贡献率

国家级新区是带动区域经济发展、实现国家区域经济发展战略的重要空间载体,同时又是国家推动改革制度创新的重要空间载体。因此,国家级新区作为区域经济增长极与制度创新增长极,具有重要的作用。这种作用具体体现为带动所在区域以及引领周边区域发展。随着我国经济进入"新常态",国家级新区更应该积极探索创新发展的模式,发挥示范作用,带动周边区域的发展。虽然国家级新区对所在市GDP的贡献率不能完全体现出新区对所在区域的带动作用,但是这是一个很重要的指标,同时也比较直观、便于量化。

结合2014—2016年各国家级新区的GDP总量,以及当年所在市的GDP总量,计算出2014—2016年各国家级新区对所在区域的经济贡献率见表1-1。为了使分析结果更加直观,我们绘制了图1-3,更清晰地显示各个新区对所在区域的经济拉动作用。

我国目前的18个国家级新区分布在我国东中西部各个区域,这些区域具有不同的经济发展水平,区位条件各有优势,资源禀赋差异较大,并且产业结构具有梯度分布的特点;同时,各个新区在所在省市的规划中承担着不同的发展重任。因此,各个新区设立以后的发展速度和发展效率也不同,对所在省市的经济贡献率存在差异。

通过对表1-1和图1-3的分析可以发现,除了浙江舟山群岛新区比较特殊以外,经济总量排在第二位的天津滨海新区对所在区域的贡献率最高,2014年为55.72%,2015年为56.05%,2016年为55.92%。这说明天津滨海新区的经济发展在天津市的发展中占据最重要的地位,天津市一大半的经济发展源自滨海新区。此外,浦东新区对上海市

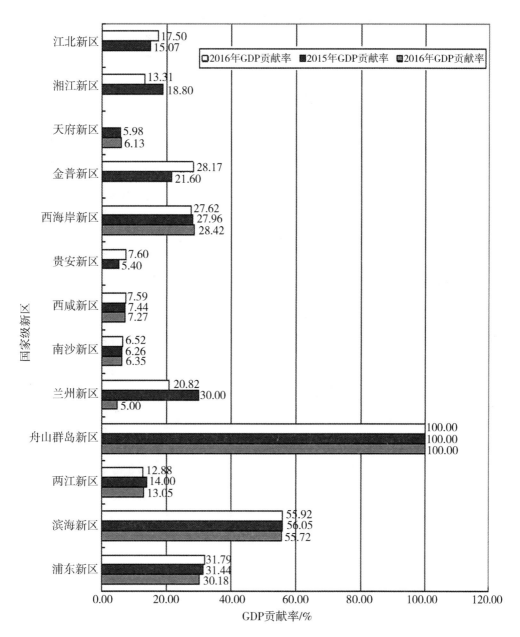

图 1-3 部分国家级新区 2014—2016 年对区域经济贡献率的对比分析

的经济贡献率也有较高的水平,连续三年均处于 30% 以上,说明浦东新区的发展对上海市的发展具有明显的助推作用。通过对比亦可发现,新区对所在市有明显经济拉动作用的是青岛西海岸新区。大连金普新区自成立以来,不仅经济总量得到了迅速的提升,在全国所有新区中处于较为靠前的位置,同时其对大连市的经济贡献率也有明显的提高,说明金普新区在大连市经济发展中的地位越来越重要。除了重庆两江新区、湖南湘江新区和南京江北新区对所在市的经济贡献率达到了 10% 以上,其他的新区对所在市的经济拉动作用还非常微弱,需要不断探索经济发展新模式、新路径,积极发挥自身拉动经济发展的"增长极"作用,助推区域经济发展。

第二节　对外开放程度

提升对外开放水平是国家级新区始终坚持的发展宗旨与路径。区别于其他区域,国家级新区开放步伐领先,不仅具有更高的对外开放层次,而且探索并推广新的开放方式。这有利于新区充分发挥自身优势参与到全球分工与竞争中,实现区域的外向发展。本节着重从对外贸易依存度及外资依存度两方面讨论当前国家级新区的对外开放水平。

一、对外贸易依存度

对外贸易依存度又称为对外贸易系数(传统的对外贸易系数),是指一国的进出口总额占该国国民生产总值或国内生产总值的比重。其中,进口总额占国民生产总值或国内生产总值的比重称为进口依存度,出口总额占国民生产总值或国内生产总值的比重称为出口依存度。对外贸易依存度常用来反映某个国家(或经济主体)对国际市场的依赖程度,是衡量某个国家(或经济主体)对外开放程度的重要指标。

在本部分,我们试图通过收集 2016 年各个国家级新区的地区生产总值及进出口额,对当前国家级新区的对外贸易依存度进行描述。由于部分新区数据受查找渠道的限制,故在数据分析中以其所在市的相关数据代替。

对外贸易依存度的计算公式为:

$$Z = \frac{X + M}{GDP} \times 100\%$$

式中,Z 为对外贸易依存度,X 为该经济主体的出口总值,M 为该经济主体的进口总值,GDP 表示该地区的国内生产总值。

2016 年人民币兑美元平均汇率中间价为 6. 6423,故在计算对外贸易依存度时,应考虑汇率的影响。相应地,对外贸易依存度计算公式改写为:

$$Z = \left[\frac{(X + M) \times 6.6423}{GDP} \right] \times 100\%$$

部分新区 2016 年对外贸易依存度的结果见表 1 – 2。

表1-2　部分新区2016年对外贸易依存度一览表

新区名称	统计口径	2016年GDP /亿元	进出口总额 /亿美元	进出口总额增长率 /%	对外贸易依存度 /%
浦东新区	新区	8731.84	2648.91	4.90	201.50
滨海新区	新区	10002.31	716.36	-9.50	47.57
两江新区	新区	2261.00	232.45	—	68.29
舟山群岛新区	新区	1228.51	104.80	-4.20	56.66
兰州新区	新区	150.00	7.77		34.40
南沙新区	新区	1278.76	255.08	10.70	132.50
西咸新区	西安市	6257.18	275.28	3.79	29.22
贵安新区	新区	240.00	—	—	—
西海岸新区	新区	2765.70	122.77	1.70	29.49
金普新区	新区	2296.00	214.67	—	62.10
天府新区	成都市	12170.20	408.50	11.00	22.30
湘江新区	新区	1241.23	17.46	-36.50	9.34
江北新区	新区	1839.63	—	—	—
福州新区	福州市	6197.77	313.48	1.80	33.60
滇中新区	新区	501.11	—	—	—
哈尔滨新区	哈尔滨市	6101.60	39.70	-17.20	4.32
长春新区	新区	1035.00	—	—	—

（数据来源于新区2016年国民经济和社会发展统计报告、新区政务网。）

　　通过分析表1-2的数据,可以明显发现,大部分新区的进出口总额增长率稳中有进,均较2015年有所增加。但是,部分新区的进出口增长率为负值,如湘江新区进出口额增长率较上一年度(2015年)下降36.50%,哈尔滨新区下降17.20%,滨海新区下降9.50%,舟山群岛新区下降4.20%。

　　结合图1-4可以明显发现,浦东新区及滨海新区的进出口总额高于其他新区。其中,浦东新区2016年进出口总额达到2648.91亿美元,滨海新区为716.36亿美元。相较于这两个新区,部分新区的进出口总额很少,甚至未突破两位数大关,如兰州新区进出口总额为7.77亿美元。

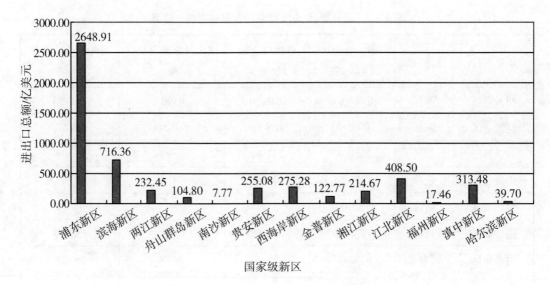

图 1 - 4 部分新区 2016 年进出口总额对比

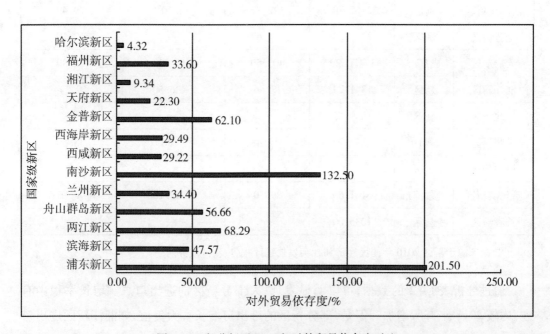

图 1 - 5 部分新区 2016 年对外贸易依存度对比

从图 1 - 5 可以看出,浦东新区、南沙新区的对外贸易依存度排在前两位,远高于其他新区,分别为 201.50% 及 132.50%。两江新区、舟山群岛新区及金普新区的对外贸易依存度较为接近,这三个新区的进出口总额占该地区生产总值的比重也较高。与其他新区比较,哈尔滨新区及湘江新区的对外贸易依存度仍有待提高。

造成上述差异的原因,一方面是部分地区的对外开放程度低,经济发展的动力仍需要进一步挖掘。另一方面,各新区具有不同的区位优势。例如,兰州新区位于西北欠发达地区,自然条件相对恶劣,区位条件上也不具有优势。区位条件的劣势、基础设施的不完善导致兰州新区在招商引资方面的难度加大,在进出口领域的发展中与位于东部地区的上海浦东新区及天津滨海新区相比,存在一定的不足。另外,国家政策的扶持对各新区的发展起着重要的影响作用。相比于兰州新区,国家给予上海浦东新区、天津滨海新区这两大国家级新区的优惠政策更为实际,对促进新区经济发展的帮助更大。因此,各新区应明确自身功能定位及发展能力,以使区域内发展方式适应、产业选择清晰、资源开发等方向明确。各新区应明确适合自身发展需要的优惠政策,以便于国家根据其明确的功能定位给予政策上的扶持。

二、外资依存度

外资依存度,即外资与国内生产总值的比重,它表示经济增长对外资的依赖程度。外资的流入扩大了当地的投资规模,从而进一步拉动地区生产总值的发展,外资依存度也可以在一定程度上反映区域经济的对外开放程度。外资依存度可以间接反映和衡量一地区吸纳外国生产要素的水平及对国外资本的开放程度。

通过整理 2016 年部分国家级新区的地区生产总值及使用外资额(实际利用外商直接投资总额),在本部分我们将对新区的对外资依存度加以测算。由于受查找渠道的限制,故在数据分析中以所在市的相关数据替代部分新区的相应数据指标。2016 年人民币兑美元平均汇率中间价为 6.6423,故在汇率影响的情况下,可以得到一地区(或经济主体)对外资依存度的计算方法:

$$对外资依存度 = \left(\frac{该地区使用外资额 \times 6.6423}{地区国内生产总值} \right) \times 100\%$$

部分新区 2016 年对外资依存度的结果见表 1-3。

表 1-3 部分新区 2016 年对外资依存度一览表

新区名称	统计口径	2016 年 GDP /亿元	使用外资额 /亿美元	使用外资额 增长率/%	对外资依存度 /%
浦东新区	新区	8731.84	70.36	8.90	5.35
滨海新区	新区	10002.31	71.13	—	4.72
两江新区	新区	2261.00	32.00	—	9.40
舟山群岛新区	新区	1228.51	2.10	169.70	1.13
兰州新区	新区	150.00	—	—	—
南沙新区	新区	1278.76	6.25	-38.90	3.25

续表

新区名称	统计口径	2016 年 GDP /亿元	使用外资额 /亿美元	使用外资额 增长率/%	对外资依存度 /%
西咸新区	西安市	6257.18	—	—	—
贵安新区	新区	240.00	3.00	—	8.30
西海岸新区	新区	2765.70	16.10	6.70	3.87
金普新区	新区	2296.00	13.30	272.80	3.85
天府新区	成都市	12170.20	—	—	—
湘江新区	新区	1241.23	10.54	10.20	5.64
江北新区	新区	1839.63	24.00	16.00	8.67
福州新区	福州市	6197.77	18.14	8.10	1.94
滇中新区	新区	501.11	1.78	256.00	2.36
哈尔滨新区	哈尔滨市	6101.60	32.10	7.10	3.50
长春新区	新区	1035.00			

（数据来源于新区 2016 年国民经济和社会发展统计报告、新区政务网。）

从表 1-3 中可以明显看出,在以新区为统计口径下,舟山群岛新区、金普新区及滇中新区使用外资额较 2015 年增长迅猛,增长率分别达到了 169.70%、272.80% 和 256.00%。大部分新区的使用外资额均有所增长,但南沙新区 2016 年实际利用外资直接投资总额与 2015 年相比有所下降。

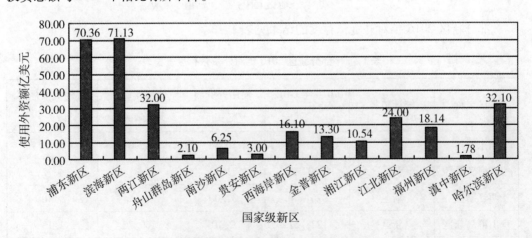

图 1-6 部分新区 2016 年使用外资额对比

由图 1-6 的数据可以发现,在以新区为统计口径的实际利用外商直接投资总额中,浦东新区、滨海新区及两江新区位列前三,其使用外资额分别达到了70.36亿美元、71.13亿美元及32亿美元。而与这三个最早批复的国家级新区相比,舟山群岛新区、贵安新区及滇中新区的实际利用外商直接投资总额不是很理想。总体来看,实际利用外商直接投资总额处于最高和较高的地区多集中在东部沿海地区,处于较低和最低的地区多集中于中西部地区。这说明中西部地区的对外贸易在经济发展中的作用非常弱,没有起到相应的拉动作用。

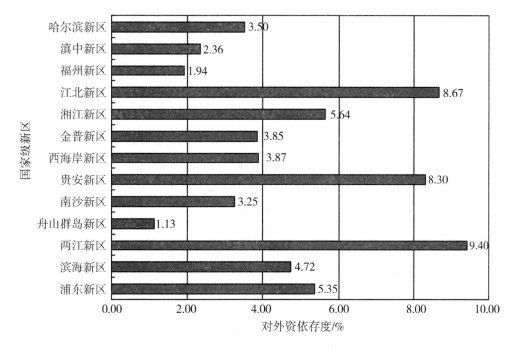

图1-7 部分新区2016年对外资依存度对比

通过分析图1-7中的数据,可以发现,国家级新区间的外资依存度存在非常大的差异。其中,两江新区、江北新区及贵安新区的外资依存度高于其他新区,分别达到了9.40%、8.67%和8.30%。而在既有数据的基础上,舟山群岛新区、福州新区及滇中新区的外资依存度非常低,说明这些新区利用外商直接投资的规模非常小,外商直接投资在当地经济发展中的作用非常弱。为此,各新区应结合自身特点,充分利用国外资源发展本地区的经济。只有进一步吸引外资,才会使本地区经济全面增长。

第三节 招商引资

招商引资是推动社会经济发展的基础性工作,也是各地区推进经济建设的重要手段,在中国经济发展过程中起着积极的作用。而国家级新区的招商引资俨然已成为所在省市经济大发展、大繁荣、大促进、大提升的一个主要动力点和发力点，国家级新区经济等领域的发展与该地区的招商引资情况密不可分。本节通过研究各国家级新区的商贸活动情况及招商引资情况，旨在对各新区招商引资状况做以简要的分析。

一、商贸活动情况

本节研究各国家级新区商贸活动情况主要从两个指标入手，一是国内商品销售总额，二是社会消费品零售总额。商品销售总额是指对本企业以外的单位和个人出售（包括对国/境外直接出口）的商品（包括售给本单位消费用的商品）的商品金额，由对生产经营单位批发额、对批发零售贸易业批发额、出口额以及对居民和社会集团商品零售额项目组成。此指标反映批发零售贸易企业在国内市场上销售商品以及出口商品的总量。社会消费品零售总额由社会商品供给和有支付能力的商品需求的规模所决定，是研究居民生活水平、社会零售商品购买力、社会生产、货币流通和物价的发展变化趋势的重要资料。社会消费品零售总额反映了一定时期内人民物质文化生活水平的提高情况，反映社会商品购买力的实现程度，以及零售市场的规模状况。本部分我们收集了 2016 年各新区的相关数据，对现有的国家级新区的商贸活动情况进行了描述。其中部分新区因信息查找渠道限制未搜集到新区数据，以所在省或市的相关数据代替。

表 1-4　部分新区 2016 年商贸活动情况一览表

新区名称	统计口径	国内商品销售总额/亿元	增长率/%	社会消费品零售总额/亿元	增长率/%
浦东新区	新区	32360.64	8.50	2037.33	8.20
滨海新区	新区	19142.84	5.00	1228.57	3.70
两江新区	新区	——	——	1129.00	13.30
舟山群岛新区	新区	2462.10	17.40	457.40	11.20
兰州新区	新区	86.70	37.86	24.48	12.00
南沙新区	新区	1279.99	46.30	197.16	14.80
西咸新区	西安市	——	——	3730.70	9.60
西海岸新区	新区	460.30	39.80	122.20	31.30
金普新区	新区			554.30	9.50
天府新区	成都市	——	——	5647.40	10.40
湘江新区	新区			377.52	14.60

续表

新区名称	统计口径	国内商品销售总额/亿元	增长率/%	社会消费品零售总额/亿元	增长率/%
江北新区	新区	—	—	683.73	11.10
福州新区	福州市	3368.49	11.60	3763.14	11.60
哈尔滨新区	哈尔滨市	3241.70	10.45	3744.20	10.30

（数据来源于新区 2016 年国民经济和社会发展统计报告、新区政务网。）

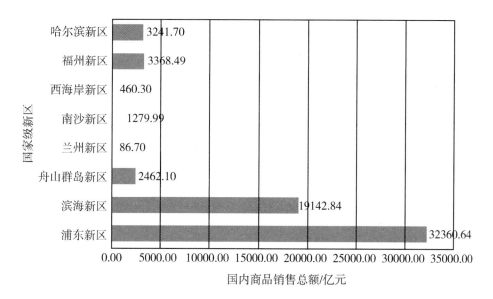

图 1-8　部分新区 2016 年国内商品销售总额对比

　　从图 1-8 中可以明显看出，上海浦东新区、天津滨海新区的国内商品销售总额要明显高于其他新区，上海浦东新区更是遥遥领先。

　　由图 1-9 所示，因为陕西西咸新区、四川天府新区、福建福州新区以及黑龙江哈尔滨新区的统计口径均为所在市，所以社会消费品零售总额大幅度高于其他新区，排除上述四个新区及四个数据未得新区，在以新区为口径统计的 10 个新区中，上海浦东新区的社会消费品零售总额最高，且远高于排名第二位的天津滨海新区。

　　综合两个指标，排名前两位的均为上海浦东新区和天津滨海新区，反映出两个新区较发达的商品经济实力，这与两个新区沿海且较早开放密不可分。从两个指标的增长率来看，增长最快的是广州南沙新区和青岛西海岸新区，国内商品销售总额达到 40% 左右，社会消费品零售总额也达到 30% 和 15%，说明同样位于沿海的两个新区正在加紧对外开放，从而带动本地区的商贸活动。

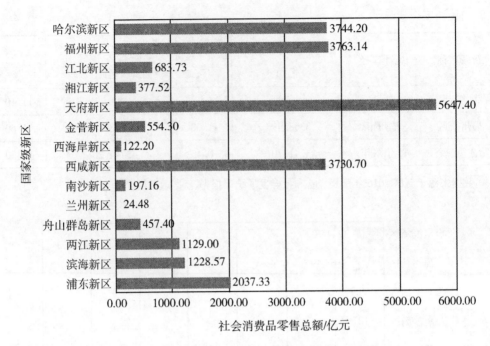

图1-9　部分新区2016年社会消费品零售总额对比

从总体来看,各个新区批发零售行业都在发展,反映出社会需求总量的增加,说明人民物质文化生活水平在不断提高,社会商品购买力不断增强,经济在不断发展之中。

二、招商引资情况

为了更好地了解当前国家级新区的招商引资情况,我们对可得资料的国家级新区做了梳理。

（一）上海浦东新区

2016年浦东新区总部经济持续发展,全年新增跨国公司地区总部15家,新增亚太区总部6家,累计获得认定的跨国公司地区总部达到261家。

2016年6月中旬,浦东新区吸引10家央企5家民营龙头企业等20个项目落地,投资超过1700亿元。其中浦东新区与中国铁路工程总公司签署全面战略合作协议、与上海保险交易所股份公司签署合作备忘录,其余18个项目分别由浦东新区金融局和自贸区各片区管理局(管委会)与相关企业签署。

（二）天津滨海新区

2016年滨海新区重点项目加速推进。全年一汽大众华北基地、丰田新工厂、天津师大滨海附属学校、万达广场等378个新项目开工;大众45万台DQ380双离合自动变速器、东疆金融贸易中心、天津一中滨海学校等212个项目竣工;计划总投资10亿元以上项目 120 个,完成投资额达到 947 亿元。

除此之外,滨海新区成功举办"首届 BINGO 体验季"活动,组织于家堡环球购和天津欧贸中心等各大"洋货店"开展大规模进口商品优惠促销活动,活动期间共实现商品销售额 1.12 亿元以上。落实京津、津冀、津宁合作协议,统筹推动"借重用好首都资源"工作,全年累计开展招商活动 536 次,走访 1984 家企业,对接洽谈 2698 个项目。

(三)重庆两江新区

2016 年,一批重大项目落户两江新区。其中,海云数据全国总部落户两江新区互联网产业园,总投资约 10 亿元的哈工大机器人系列项目落户两江新区水土高新园区,提供国际电信服务的电信运营商、全球手机银行科技的领先者台湾太思科技有限公司落户两江新区水土工业开发区,阿莫比科技全球新媒体运营中心项目签约两江新区,唯品会自营快递业务板块——品骏快递全国总部项目签约落户两江新区,投资 1 亿元投产后年产值可达 8 亿元～10 亿元的激光拼焊项目签约落户两江新区鱼复工业开发区,第一期项目总投资 6300 万元人民币、总占地面积约为 24712.4 平方米的韩国汽车配套企业——重庆厚诚泰克汽车部件有限公司已落户两江新区龙兴园区。

2016 年 6 月 15 日,互联网产业园重点项目集中签约入驻园活动在两江新区互联网产业园举行,总投资共计 21.5 亿元人民币的 31 个项目落户互联网产业园。2016 年 6 月 16 日,两江新区举行现代服务业招商项目集中签约活动,总投资达 110 亿元的 22 个服务业项目集中签约。参加集体签约的服务业项目涉及教育医疗、文化旅游、总部经济、现代物流、金融、大型商业综合体等诸多领域。

总投资 6180 万美元的普洛斯重庆空港北物流园项目,于 2016 年 8 月正式开工建设,于 2017 年 9 月竣工。总面积约 8 万平方米、投资 20 亿的韩国城预计 2017 年开业运营。总投资达 50 亿元的鱼复工业开发区格力两江总部公园项目,已完成投资 15 亿元和 10 万平方米总部办公楼建设。

(四)浙江舟山群岛新区

2016 年舟山群岛新区新批设立外商投资企业 25 家,投资总额 14.67 亿美元,比 2015 年增长 190.3%;合同外资金额 8.77 亿美元,比 2015 年增长 129.9%;实际使用外资金额 2.10 亿美元,比 2015 年增长 169.7%。新设境外投资项目 10 个,其中增资项目 6 个,中方投资额 2.43 亿美元,比 2015 增长 505.2%;境外承包工程劳务合作营业额 4.27 亿美元,比 2015 年下降 23.1%。新引进市外企业 2645 家,比 2015 年增加 2159 家。[①]

---

① 数据来源:《舟山市 2016 年国民经济和社会发展统计公报》。

（五）甘肃兰州新区

2016 年兰州新区完成招商引资到位资金 453.5 亿元，比 2015 增长 25.7%。新引进环球嘉年华主题乐园等产业项目 37 个，总投资 337 亿元，新建成投产企业 14 家，2016 年全年实现工业产值 275 亿元，比 2015 年增长 55.1%。5000 万元以上项目 200 多个，完成投资超过 200 亿元；5000 万元以下项目超过 50 个，完成投资超过 8 亿元；房地产项目 20 多个，完成投资超过 26 亿元；市返跨境项目投资超过 1000 万元。

（六）广州南沙新区

截至 2016 年末，南沙新区全区共有生产高新技术产品企业 160 家，比 2015 年增长 84 家；全年实现高新技术产品产值 1691.88 亿元，比 2015 年增长 6.2%，占全区规模以上工业产值 55.4%。

2016 年全区新签订外资合同 285 个，比 2015 年增长 29%。新增融资租赁企业 146 家，实现南沙首单跨境船舶融资租赁，完成广东自贸试验区首单跨境飞机资产包交易。

受惠于以"负面清单"为核心的投资管理制度建立，南沙 2016 年新增注册企业达 1.42 万家，比 2015 年增长 87%；新增注册资本近 1600 亿元，比 2015 年增长 65%。

在自贸试验区效应带动下，南沙片区引入中远海运散货总部、中交和中铁建区域及国际业务总部、中铁隧道总部等 70 家总部型企业，70 个世界 500 强企业项目已经投资落户，在航运物流、创新金融、融资租赁、跨境电商等领域形成产业集聚态势。其中，已落户金融项目总部 33 家。[①]

（七）贵州贵安新区

2016 年贵安新区初步构建了以大数据引领的电子信息、高端装备制造、大健康医药、文化旅游、现代服务业为主的战略性新兴产业框架。富士康、三大运营商、华为、五龙汽车等项目加快推进，一大批企业落户新区，2016 年全年新增市场主体 4116 户，新增注册资金 1308 亿元，与 2015 年相比分别增长 68%、323%。新增 4 个区域总部入驻新区。聚集孵化平台 11 家、服务机构 30 家、在孵企业 393 家。大数据产业规模达 250 亿元。全年新引进 500 强企业 9 家，引进项目 128 个，招商引资实际到位资金 207 亿元，实际利用外资 3 亿美元。

（八）陕西西咸新区

据统计，西咸新区 2016 年下半年新开工重点项目 102 项，总投资 756 亿元，2016 年

---

① 李鹤鸣，林丹贤，舒霞.南沙哪些成绩"令人瞩目"［EB/OL］.（2017－01－25）［2017－07－12］. http://www.gz.gov.cn/gzgov/s5816/201701/550f87fd168642b4a250262832e1c3d7.shtml.

计划完成投资约99.4亿元,亿元以上项目占新开工项目的70%。其中,大西安新中央商务区起步区一期项目、菜鸟中国智能骨干网西北核心节点、际华国际旅游目的地中心、西工大航空科学城无人机产业化基地、乐华影视文化基地等10亿元以上项目12个,长安航空营运基地、沙河湿地修复等5亿元以上项目22个。

此外,总投资达30亿元的西咸新区空港新城20个项目集中开工,项目涵盖航空物流、航空维修制造、跨境电商、文化商贸及基础设施等多个领域,此次集中开工的项目既有世界500强和国内龙头企业斥资打造的,具有临空特色鲜明、成长性强、综合效益高等特点的普洛斯航港基地(二期)、丰树西咸空港新城物流园、申通快递西北转运中心、沃洋优品等航空物流、跨境电商类项目,又有涵盖民航产业链重要环节的航空航天节能环保新材料、航空液压电机部附件维修、西部民航特种设备保障服务中心等航空维修制造类项目,还有能够长远解决空港新城基础配套、带动文化创意产业集聚的关键性项目西安国际少儿美术博物馆等。

(九)青岛西海岸新区

西海岸新区获批以来,始终把项目建设作为引领经济快速发展的动力引擎,引进建设了1000多个产业项目,总投资近万亿元。2016年,克瓦纳海工设计投入运营,中船重工装备研究院正式落户,这标志着西海岸新区船舶海工产业走向高端取得重大突破。青岛市政府、青岛西海岸新区管委与深圳华大基因研究院签署合作框架协议,青岛西海岸新区管委、青岛中德生态园管委与深圳华大基因研究院签署了执行协议,华大基因正式入驻青岛西海岸新区中德生态园,将在这里启动国家海洋基因库建设,发展大健康、现代农业等生命经济产业,打造华大基因北方示范基地。

(十)大连金普新区

2016年,金普新区一批重大项目投产。投资55亿美元的英特尔二期项目提前投产,投资近1亿美元的辉瑞制药二期、投资7500万美元的富士冰山售货机第二工厂、投资23.6亿元的光洋智能制造装备产业园等项目增资扩产并开工建设。

2016年全年13个投资超过5000万元的旅游大项目累计完成投资33.6亿元。此外,投资100亿元的光线传媒电影主题乐园项目签约,投资170亿元的鲲鹏石化MTO项目、投资100亿元的太平洋建设基金项目、投资80亿元的深圳元正新能源电动汽车等50余个大项目签约入驻,总投资额达700亿元。柏德皮具、格劳博机床在新区建立中国区总部,大众一汽发动机、奥镁耐火材料等企业建立研发中心或全球物流中心。

据统计,2016年全年金普新区全区新增市场主体20018户,比2015年增长23%,占全市总量的22%。其中新增企业9080户,比2015年增长43%。跨境电商试验区注册企业超过 800 家,注册资本 60 亿元。

(十一)四川天府新区

2016 年,项目总规划面积约 2300 亩、总投资约 100 亿元的天府新区西区产业园珠海银隆(成都)新能源产业园项目正式开工,项目总投资超过 100 亿元的成都航空科技文化博览中心项目启动,项目总占地面积约 870 亩、总投资预计超百亿元的新疆广汇集团中国第二总部、雪莲堂美术馆及配套项目开工奠基,中建新型工业化项目基本建成并进入试生产,凯斯曼汽车轻量化部件、中航成都航空科技文化博览中心等 7 个项目正式开工建设。

在项目落地方面,新纶科技高分子材料研究院及西部区域总部、中地数码天府信息产业基地等落户天府新区,共 8 个重点项目,协议总投资 22.9 亿元。投资 5 亿元、实现年产值 10 亿元人民币的川内一流低速电动车及电动特种车辆研发、生产基地签约落户天府新区青龙区域。雅堂控股集团落户天府新区成都直管区,重点打造国家首个以"互联+供应链金融"的家具产业链支撑体系。格力集团将在成都天府新区新津工业园区投资建设项目总额约 30 亿元的生产制造基地,投资领域包括智能装备、家用电器、精密模具、智能手机等项目,全部建成后预计年产值 100 亿元。千亿级世界五百强——中国交建集团以 110 亿元的重资投入为基础,依托西南区域总部,将携旗下 40 家子公司整体搬迁至天府新区秦皇寺片区,全力打造一个背景雄厚、独具优势的基建产业平台。

2016 年,四川天府新区文化旅游推介会暨重大项目签约仪式在成都举行,7 家世界知名和国内著名文化旅游企业与四川天府新区签订战略合作协议,签约总额达 2518 亿元,单个项目投资总额均超过 100 亿元,其中,投资上千亿元的项目 1 个,500 亿元以上的项目 2 个。邛崃市与天府新区成都管委会共建"天府新区天邛产业合作园"暨产业项目集中签约仪式在成都举行。双方将共建天府新区天邛产业合作园,启动 100 平方千米羊安经济区建设。集中签约产业项目共 20 个,涉及新材料、新能源、生物医药、食品饮料等多个领域,协议总额达 151.75 亿元。

(十二)湖南湘江新区

作为全国第 12 个、中部首个国家级新区,湘江新区紧扣"三区一高地"的战略定位和"三年出形象,五年成规模,十年树标杆"的目标要求,真抓实干,以市场的手段推动招商引资、产业发展、项目建设,促进资源向新区流动,努力将湘江新区打造成为要素集聚的"洼地"。新区 2016 年签约重大项目 160 个,合作投资总额 8125 亿元。除央企专场推介会外,还举行了 4 场集中签约活动,签约重大项目 103 个,总投资约 1250 亿元,其中 50 亿元以上重大项目 12 个。

(十三)南京江北新区

2016 年,江北新区精心培育集成电路、生物医药、新能源汽车等几个千亿级产业集群。集成电路方面,首期投资 30 亿美元的台积电(南京)公司 12 英寸晶圆项目预计 2018 年 8 月一期竣工投产,总投资近 380 亿美元的紫光南京半导体基地项目落户新区;生物医药方面,集聚企业 140 余家,完成主营业务年收入近 200 亿元,中瑞健康共生城、中法产业园等一批生物医药产业新载体正在加快建设;总投资 73 亿元的上汽桥林依维柯项目正式投产。2016 南京金洽会上,奇柯全球商品商贸平台落户江北新区,项目总投资 8.7 亿美元,预计 2018 年 5 月一期开业。

(十四)福建福州新区

2016 年福州新区共安排重大项目 520 项,累计完成投资 2005.13 亿元,占年度投资计划的 122.37%,总体提前两个月完成年度投资计划。其中,新区重点项目累计完成投资 1948.96 亿元,占年度投资计划的 122.05%。

目前,福州京东方光电科技基础设施配套工程项目、罗源湾海域综合整治项目、飞凤山水厂建设工程项目等 88 个重点项目建成或部分建成,福州港江阴港区 6#7#泊位工程、福建三峡海上风电产业园、长乐前塘至福清庄前高速公路等 103 个重点项目动工建设,福州琅岐岛特色海洋经济园围海造地工程、福州市东部快速通道二期工程等 78 个预备前期重点项目正稳步推进前期工作。

(十五)云南滇中新区

2016 年,滇中新区打基础、育产业,扎实推进项目建设。开工建设总里程 529 千米的综合交通项目 69 个,完成投资 216.38 亿元,与 2015 年相比增长 230%。昆明综合保税区建成并通过省级预验收,临空产业园、中关村、电子城(昆明)科技产业园、滇中科技创新园、小哨核心区、空港商务区启动建设,空港智园、智能终端产业园加快推进,云南省首个新材料产业生态集群示范园落户安宁,积极推进国家级临空经济示范区、安宁国家级经开区申报工作。在产业项目方面,昆明新能源汽车工程技术中心和东风云汽两大汽车项目启动建设,奥特莱斯购物中心、新昆华医院建成运营,瑞丽航空运营基地建设顺利推进,利宇盟、聚光科技、云南凯乐弗等高科技项目入驻新区。

2016 年,滇中新区制定出台新区招商引资优惠政策、招商代理办法、项目经理制度等一系列制度,实施定向招商、精准招商,全年共签订战略合作协议 163 个、正式投资协议 139 个,在谈项目 437 个,实际到位内资 743.8 亿元,实际利用外资 1.78 亿美元,一批大项目、好项目落户新区。

(十六)黑龙江哈尔滨新区

2016 年,哈尔滨新区紧紧围绕国务院确定的"中俄全面合作重要承载区、东北地区新的经济增长极、老工业基地转型发展示范区和特色国际文化旅游聚集区"发展定位,把握阶段性工作特点和工作要求，千方百计打基础、兴产业、建机制、优环境、促创新、扩开放。目前，新区初步具备了集聚高端要素的良好基础条件。自 2016 年初以来，新区共开复工项目 353 个。其中，投资亿元以上项目 133 个，投资 10 亿元以上项目 29 个。此外，3D 打印产业园项目正式签约哈尔滨新区，项目总投资 2 亿元人民币，建成后将打造成为东北地区 3D 打印产业的中心。

（十七）吉林长春新区

2016 年长春新区新增市场主体 5418 户，增长 43.3%，总数达到 21031 户；实有企业 8903 户，与 2015 年相比增长 39.6%。"东北亚国际体育文化产业中心"与"高端冰雪运动装备制造"项目落位于长春新区空港经济开发区、长春先进激光智造园将落位于长春新区高新北区。长春新区签约普仁国际医学城中德合作项目，项目拟投资 8000 万欧元。

（十八）江西赣江新区

2016 年，24 个产业项目、12 个金融机构、总部经济项目，以及 7 个基础设施建设战略合作协议在赣江新区签约。中国银行江西省分行、江西银行首批驻赣江新区支行成立暨全面支持新区产业发展签约仪式在南昌举行。根据协议，中国银行江西省分行将在 5 年内提供总额约 1000 亿元的意向融资，江西银行将提供最高 500 亿元意向综合授信额度，全力支持赣江新区基础设施建设、重点产业发展、金融服务创新、中小微企业成长、"双创"孵化等多个领域，为新区建设发展提供强有力的资金保障。

第四节　财政预算收支

一般公共预算收入[①]包括各项税收收入、行政事业性收费收入、国有资源（资产）有偿使用收入、转移性收入和其他收入。一般公共预算支出按照其功能分类，包括一般公共服务支出，外交、公共安全、国防支出，农业、环境保护支出，教育、科技、文化、卫生、体育支出，社会保障及就业支出和其他支出。一般公共预算支出按照其经济性质分类，包括工资福利支出、商品和服务支出、资本性支出和其他支出。

其中，税收作为财政收入的主要来源，是调控经济运行的重要手段，其为国家行使公

---

① 具体来讲，一般公共预算收入包括工商税收；关税；农牧业税和耕地占用税；企业所得税；国有企业上缴利润；国有企业计划亏损补贴；债务收入，包括中央政府和地方政府向外国政府或国际组织借款收入、国库券收入等；基本建设贷款归还收入；其他收入，包括事业收入、外事服务收入、中外合资企业其他收入等；预算调剂收入，包括税收返还收入、上年结余收入、调入资金等；企业所得税退税，指企业按先征后退政策所退的所得税；罚没收入；行政性收费收入等13类。

共职能提供物质保证。地方经济的发展水平决定税收的水平,税收也反作用于地方的经济发展。这既反映了经济是税收的来源,也体现了税收对经济的调控作用。为此,本部分通过比较各新区一般公共预算收入与一般公共预算支出的水平,以分析各新区经济发展的运行情况。2016 年部分新区一般公共预算收支情况见表 1-5。

表 1-5 部分新区 2016 年一般公共预算收支情况一览表

新区	统计口径	一般公共预算收入①		一般公共预算支出	
		总额/亿元	增长率/%	总额/亿元	增长率/%
浦东新区	新区	963.75	22.30	1174.16	27.60
滨海新区	新区	1338.05	13.10	905.33	19.10
两江新区	新区	151.78	11.40	268.98	26.67
舟山群岛新区	新区	120.32	10.10	250.54	4.40
兰州新区	新区	13.90	51.40	—	—
南沙新区	新区	69.18	13.00	139.52	20.50
西咸新区	西安市	641.07	11.10	942.52	2.80
贵安新区	新区	12.57	119.50	22.86	27.90
西海岸新区	新区	212.40	11.30	185.20	8.70
金普新区	新区	125.30	16.90	—	—
天府新区	成都市	1175.40	7.00	1597.20	9.50
湘江新区	新区	42.23	—	38.62	—
江北新区	新区	208.19	17.90	112.77	—
福州新区	福州市	934.06	10.10	598.91	11.70
滇中新区	新区	76.80	77.20	—	—
哈尔滨新区	哈尔滨市	376.20	7.50	876.30	6.20
长春新区	新区	21.60	18.50	—	—

(数据来源于新区 2016 年国民经济和社会发展统计报告、新区政务网。)

---

① 按涉及的范围不同,公共预算收入和一般预算收入有一定的区别。一般预算收入是指地方财政上划完中央、省级财政收入之后地方留成部分收入,它主要体现地方三级财政分税制体系的税收分成情况。公共财政预算收入是 2014 年 1 月 1 日开始实施,即只体现地方留成部分的财政收入,不涉及上划中央和省级财政的收入。

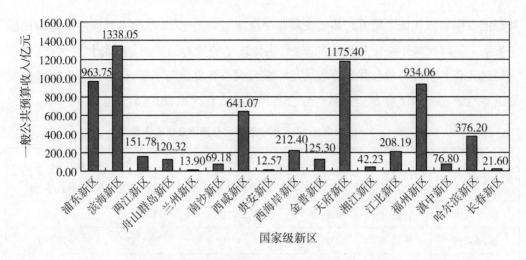

图 1 - 10　部分新区 2016 年一般公共预算收入对比

从图 1 - 10 中可以明显发现,在以新区为统计口径下的一般公共预算收入指标中,滨海新区、浦东新区及西海岸新区的总额排在前三位,其一般公共预算收入分别达到了1338.05 亿元、963.75 亿元、212.40 亿元。相比较一般公共预算收入靠前的新区,贵安新区、兰州新区较为靠后,其中,贵安新区 2016 年一般公共预算收入为 12.57 亿元,兰州新区为 13.90 亿元。此外,从不同统计口径下分析图中数据,不难看出以成都市为统计口径的天府新区 2016 年一般公共预算收入为 1175.40 亿元,低于以新区为统计口径的滨海新区。

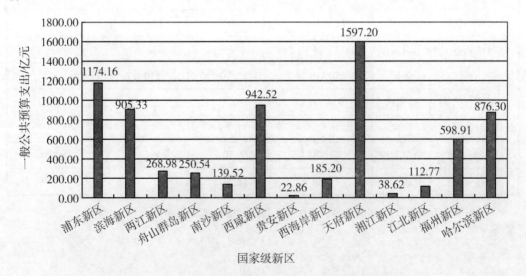

图 1 - 11　部分新区 2016 年一般公共预算支出对比

通过对比图 1 - 11 中的数据,可以发现在以新区为统计口径下,由国家最早批复的 3个国家级新区 2016 年一般公共预算支出位列前三。其中,浦东新区以 1174.16 亿元在所有新区中排名第一,滨海新区以 905.33 亿元位居第二,两江新区以 268.98 亿元排在第三位。

以滨海新区为例,2016 年教育文化支出 106.90 亿元,比 2015 年增长 10.6%,滨海新区进一步推进义务教育学校及幼儿园建设,引进市内名校及民间优质教育资源,完善群众文化体育设施;医疗卫生支出 32.5 亿元,比 2015 年增长 12.6%,社会保障和就业支出 18.40 亿元,比 2015 年增长 10.7%,建成投用一批医疗机构、社会养老项目和社区服务中心;城乡社区事务支出 437.30 亿元,比 2015 年增长 31.3%,轨道交通和快速路网等基础设施不断加快建设。部分支出情况见表 1-6。

表 1-6　2016 年滨海新区一般公共预算支出使用情况(部分)

类别	金额/亿元	使用情况
教育文化	106.90	8 所学校建成使用;天津一中、南开中学等名校建成开学;南益幼儿园和新城幼儿园顺利开办;新建 60 个社区健身园、10 个多功能运动场和笼式足球场;塘沽文化馆、汉沽文化馆改造等项目顺利完工
医疗卫生	32.50	支持启动 17 家公立医院改革,实行药品低差率销售,调整医疗服务价格;与北大医学部、天津中医药大学、天津医科大学总医院、天津肿瘤医院、天津市人民医院建立合作关系
社会保障和就业支出	18.40	拨付专项资金 2.7 亿元,支持优抚类保障工作。拨付项目专项资金 0.77 亿元,做好残疾人生活保障。加快新区养老机构建设,拨付专项资金 0.4 亿元,做好养老保障工作。拨付公益性岗位、"三支一扶"大学生等专项资金 1.1 亿元,有力推动社会就业保障
路桥建设	12.00	推动轨道交通 Z4、B1 线启动建设;西外环高速等工程主体基本完工,北海路地道等项目加快推进,核心标志区路网基本成型;新开、提升 40 条公交线路,购置 119 部节能环保公交车,一批公交场站设施建成使用
现代农业发展	2.07	保护和提高农业综合生产能力以及农产品质量、效益
其他	—	市容环境综合整治和绿化项目资本金 4 亿元;大港 VOC 监测系统、地表水水质自动监测系统等重点环境保护项目资金 2.4 亿元;清水河道项目资金 4.7 亿元;城市维护和绿化管理资金 7 亿元等

(数据来源于滨海新区 2016 年国民经济和社会发展统计报告、滨海新区政务网。)

第二章 国家级新区社会建设情况

国家级新区作为由国务院批准设立、承担国家重大发展和改革开放战略任务的综合功能区,应当更加强调社会建设与经济发展并行的理念,不仅要搞好经济建设,更要搞好社会治理与建设。为此,国家级新区发展应兼顾地区特色、新区特点,有效融入社会工作理念和方法,从而抓住发展契机,推进经济社会、多元利益主体协同共治。本章重点就各新区人口聚集及公共服务情况做了梳理。其中,第一节从人口聚集角度横向对比分析了部分国家级新区 2016 年的人口状况,第二节从各国家级新区的教育、医疗卫生、基本社会保障、公共就业服务及基础设施等角度加以分析。

第一节 人口聚集

人口的增长代表着国家和地区的繁荣,它不仅仅是经济发展的表现,同样也是经济发展的内在原因。我国 18 个国家级新区作为国家重要的经济发展引擎,它们的人口发展状态就显得至关重要。随着各个新区的全面开放推进发展,新区人口聚集明显提速。因资料来源渠道有限,仅搜集到浦东新区、滨海新区、两江新区、舟山群岛新区、兰州新区、南沙新区、西海岸新区、湘江新区和江北新区的 2016 年常住人口数、2016 年末户籍人口数以及 2020 年规划人口数部分数据。为保证横向对比的可操作性,表 1-7 只涉及 9 个国家级新区,其余部分做文字描述。2016 年常住人口数同 2014 年一样以最先成立的浦东新区、滨海新区和两江新区居多,分别为 550.1 万、299.42 万及 350 万人。其后获批的新区发展时间尚短,还未形成足够的集聚效应,所以人口数量相对较少。

表 1-7 部分国家级新区 2016 年人口状况

新区名称	2016 年常住人口数/万人	2016 年末户籍人口数/万人	至 2020 年规划人口数/万人	2016 年常住人口占全市人口比重/%
浦东新区	550.10	295.78	600~650	22.70
滨海新区	299.42	128.18	控制在 600 万人	19.18

新区名称	2016年常住人口数/万人	2016年末户籍人口数/万人	至2020年规划人口数/万人	2016年常住人口占全市人口比重/%
两江新区	350.00	—	600.00	11.48
舟山群岛新区	115.80	97.33	—	100.00
兰州新区	14.28	—	60.00	3.85
南沙新区	78.94	39.26	200.00	5.63
西海岸新区	151.59	121.10	240.00	16.48
湘江新区	131.23	—	—	17.17
江北新区	172.14	170.09	260.00	20.81

（数据来源于各新区政务网及各新区所属市统计局。）

由于舟山群岛新区的设立区域是在舟山市行政区域内,因此其常住人口占全市人口比重偏大。就其他新区而言,浦东新区和江北新区2016年常住人口数达到20%以上,占比在15%以上的新区有3个,说明国家级新区的设立切实推动了新区所在市的经济发展及人口聚集度。并且各新区根据各区的地理条件和经济发展水平状况分别对2020年的人口规模进行了预测,规划了2020年的人口数。就规划人口数来说,浦东新区虽然规划人口数为当前人口数的1.2倍,但是由于其基数偏大,所以最终规划人口数仍排名各新区第一。兰州新区2020年规划的人口数最少,虽然兰州新区在兰州市内地理位置较优,且交通条件优越,但是兰州新区由于整体地理位置偏西北,居于劣势,所以最终规划人口数为60万人,为各新区中最少。根据《青岛西海岸总体方案》,到2020年新区人口发展规模将达到240万人;依据《贵安新区总体规划(2013—2030年)》,贵安新区2020年城镇人口将达到90万人左右;依据《西咸新区总体规划(2010—2020年)》,到规划期末总人口将达到180万;根据《天府新区总体规划(2010—2030年)》,天府新区近期(至2015年)规划总人口325万人,中期(2015—2020)500万~550万人,远期(2020—2030)600万~650万人;根据《福州新区总体规划(2015—2030年)》,规划期限为2015—2030年,规划至2030年,新区总人口约220万人,其中城镇人口175万人。

第二节　公共服务

作为21世纪公共行政和政府改革的核心理念,公共服务包括加强城乡公共设施建设,发展教育、科技、文化、卫生、体育等公共事业,为社会公众参与社会经济、政治、文化活动等提供保障。① 对于国家级新区建设来说,公共服务设施的建设就是整个新区的"粮草",只有建立在一个更为完善的公共服务设施基础上,国家级新区的功能才能更好地发挥出来,也才能有更大的吸引力聚集各路资源,助推当地社会的发展。本节着重讨论各国家级新区的教育、医疗卫生、基本社会保障、公共就业服务及基础设施等内容。

一、上海浦东新区

(一)教育

2016 年,浦东新区新开办学校 26 所,其中初中 5 所,小学 3 所,幼儿园 18 所。积极推进川沙中学迁建、川沙体育场改扩建、周浦体育中心新建等项目。深入推进学区化集团化办学试点,持续开展"新优质学校"创建工作。

(二)医疗卫生

2016 年,浦东新区航头、三林大居社区卫生服务中心等项目竣工,浦东医院科教大楼新建、花木社区卫生服务中心和金杨社区卫生服务中心金桥分中心改扩建等项目正式开工。启动深化浦东新区医药卫生体制综合改革试点,全面推进社区卫生"1＋8"综合改革,开展潍坊等 6 家单位的首批试点工作。重视家庭医生服务效果评估,提高居民对家庭医生的知晓率和满意度。2016 年全年在公共场所安装 200 台自动体外除颤器(AED);建设 2 家医疗急救分站;开展村卫生室第二轮标准化建设(二期),改善 130 所村卫生室基础设施条件;开展《食品与健康》系列宣传与教育,在浦东电视台制作 26 期专题节目,浦东电台开设 52 期专栏,浦东时报开设 52 期专栏、12 期专版。

(三)基本社会保障

2016 年,浦东新区就业和保障工作平稳有序。努力实现更高质量就业,优化离土农民等重点群体的就业服务,启动职业技能培训"互联网＋"试点。预计全年新增就业岗位超过 14 万个,参加职业技能培训 4.2 万人,共帮助 1864 人成功创业。全年开展各类救助帮困 196.6 万人次,发放各类救助帮困资金 8.34 亿元。加快推进为老实事项目,新增养老床位 1200 张,为 5.8 万多名老人提供居家养老服务。科技助老平台功能逐步完善,医养结合机制初步确立,老年照护统一需求评估试点工作有效开展。居民收入平稳增长,全年居民人均可支配收入增长 10% 左右。

---

① 公共服务设施包括基础设施和附属设施两个部分,其中基础设施是指为社会生产和居民生活提供公共服务的物质工程设施,是用于保证一个地区社会经济活动正常进行的公共服务系统,也是社会赖以生存发展的一般物质条件,包括公路、铁路、机场、通讯、水电煤气等公共设施。附属设施则是依附于基础设施之上的各种机构和部门,包括教育、科技、医疗卫生、体育、文化等社会事业。

（四）公共就业服务

2016 年浦东新区基本实现黄浦江东岸 21 千米滨江开放空间贯通；重点推进 840 座中心城区、南片地区 4G 基站建设；开展公共文化资源配送服务，组织 500 场文艺巡演，放映 10000 场公益电影，为广大市民开设艺术普及培训课程；在曹路、大团、惠南、祝桥、合庆、周浦、南汇新城镇建设 7 个约 3 千米的百姓健身步道，在祝桥、川沙建设共计 830 平方米的百姓健身房 4 个，在沪东街道、祝桥镇等 8 个街镇建设共计 3261 平方米的社区健身苑点 20 个，在金桥、大团、合庆、南汇新城镇建设共计 4960 平方米的市民多功能球场 5 个。

（五）基础设施

2016 年浦东新区重大基础设施顺利推进。全年重大工程完成投资 167.4 亿元，超额完成年度计划目标。旧区改造和保障房建设工作积极推进，截至目前全面完成年度旧区改造 4500 户的目标，完成上海市下达的 8 个"城中村"项目安置房地块动迁任务。开工区保障性住房（筹措）住宅项目 143 万平方米，完成在外过渡居民回搬 3000 户。信息基础设施建设水平进一步提升，推进了 400 个基站的建设，新区 4G 深度覆盖率达到 95%。

（六）重大工程项目

表 1 - 8　2016 年浦东新区重大工程项目推进情况

重大工程	推进情况
轨道（航道）前期工程	（1）10 号线二期，13 号线二期、三期、14 号线、18 号线前期进展顺利，实现年初预定目标 （2）龙耀路隧道正在启动居民房屋收购与过渡签约，已完成 48 户；沿江隧道基本完成前期相关工作；周家嘴路隧道已完成全部交地 （3）赵家沟东段航道整治正在开展桥梁部分前期征地；大芦线航道整治二期工程航道段已完成，桥梁部分已完成 12 座桥腾地，其余正在抓紧推进
大道路工程	（1）骨干路网项目：东西通道主体结构完成 50% 以上，动迁工作进入扫尾阶段；S3 先期实施段前期工作已完成，杨高路主体结构完成 20% 以上 （2）区区对接道路：申江南路、航唐公路前期动迁等已完成，道路工程已完成 50% 以上，桥梁工程已完成 70% 以上；东明路前期腾地已完成，相关办证事项已完成
大型项目配套工程	（1）迪士尼配套项目：六奉公路、唐黄路、川六公路道路工程已进场施工；迎宾大道、唐黄路匝道工程已完成 30% 以上 （2）大基地配套项目：长清路已完成，芦恒路—川周公路已基本完成，下盐公路新场段动迁等前期已完成，宜桥段动迁等前期工作进入扫尾阶段，主体工程已接近完成，沪南公路正在进行桩基施工

（资料来源于浦东新区政务网。）

二、天津滨海新区

（一）教育

至2016年底，滨海新区拥有各级各类学校、幼儿园共计324所；职业院校毕业生就业率达到98%，全年为新区企业输送5700名合格职业技术人才。圆满完成义务教育学校现代化达标和普通高中现代化达标任务，全面落实义务教育免试就近入学政策，解决了近7000名外来务工子女入学问题。

（二）医疗卫生

截至2016年，滨海新区共有医疗卫生机构666个，医疗卫生机构床位数8077张，卫生技术人员14198人。建立家庭医生服务团队235个，累计签约社区居民37.08万人。

天津医科大学总医院滨海医院工程主体完工，新区中医医院和肿瘤医院工程开工建设，加快推动与加拿大多伦多儿童医院合作共建新区儿童医院项目，中心商务区国际医院进入设计阶段。

（三）基本社会保障

与2015年相比，2016年滨海新区城镇居民人均可支配收入42869元，增长9.2%；农村居民人均可支配收入20719元，增长8.8%。城镇单位从业人员工资总额1102.96亿元，增长3.3%。城镇单位从业人员人均工资8.62万元，增长5.5%。社会福利稳步发展。全区拥有各类福利院18个，床位数2048张，收养人数1432人。

2016年末，全区参加城镇基本医疗保险127.44万人，参加城乡居民基本医疗保险47.63万人；参加城镇基本养老保险122.31万人，参加城乡居民基本养老保险7.04万人。参加失业保险86.71万人，参加工伤保险94.13万人，参加生育保险88.37万人。农村老年人和城镇无保障老年人按月领取生活费补贴人数2.83万人。

（四）公共就业服务

2016年滨海新区人口总量有所增加，就业形势总体稳定。全区常住人口299.42万人，比2015年末增加2.41万人。全区户籍户数47.88万户，较2015年增加1.92万户；户籍人口128.18万人，较2015年增加4.26万人。2016年全年实现新增就业12.1万人，实现农村富余劳动力转移就业6325人。城镇登记失业率继续控制在3.3%以内，与2015年基本持平。全区从业人口43.2万人，其中，高级以上技术工人6.48万人。2016年全年共引进人才2.74万人，其中，全职人员1.28万人。

（五）基础设施

2016年滨海新区加快推进基础设施建设。寨上桥一期和塘汉路拓宽改造工程、塘汉快速路大辛口大修工程竣工通车;津汉高速、津汉联络线、津港高速二期、西外环高速(除海河大桥外)、疏港联络线完工;港塘路跨天津大道立交、北海路下穿进港二线地道、二大街跨津山铁路桥(一期)主体完工;滨铁 1 号线(B1 线)、滨铁 2 号线(Z4 线)、新区轨道控制中心开工建设。

(六)文化发展

至 2016 年末,滨海新区共有文化馆 4 个,公共图书馆 7 个,博物馆 10 个,街镇综合文化站 18 个。全年举办展览 302 场、演出 738 场、公益讲座 687 场,外借图书 82.74 万册次,全区人均图书量达到 0.92 册。新区汉沽文化馆《传百年评剧育艺苑新蕾》节目,被文化部[①]评为 2016 年基层文化志愿服务活动典型案例。塘沽文化馆、汉沽文化馆和大港文化馆,在文化部第四次全国文化馆评估定级中,被评为一级文化馆。

三、重庆两江新区

(一)教育

2016 年,两江新区全面完善了市、区、校三级教育科研工作体系,实现市级名师指导新区学校教育科研全覆盖。新区招生工作依法开展,全区中小学学生达 39126 人(比 2015 年新增学生 4085 人),其中小学 27737 人,初中 7100 人,高中 4289 人。新区 1 所学校被评为"重庆市最美校园书屋",4 所学校被确定为重庆市智慧校园试点单位。同时,新区完成了学前教育、义务教育、普通高中、中职学校及大学生生源地信用助学贷款工作,全年共资助各级各类学生 7700 余人次,落实资助资金 895 万元。另外,2016 年全区投入约 900 万元,实现义务教育阶段学生饮用奶全免。[②]

2016 年,新区启动建设学校 13 个,完成投资 5.6 亿元,竣工项目 4 个,新增学位 4230 个。2016 年,《两江新区教育优秀人才引进培养暂行办法》被纳入两江新区"2 + 5"系列人才引进体系框架内,成功面向全国引进一批研究员、特级教师、学科名师和优秀管理干部,助推新区教育发展,面向全国"高门槛"引进免费师范生、优秀大学毕业生、公选优秀在职教师共 236 人,保障学校教育教学师资需求。

(二)医疗卫生

截至 2016 年底,全区有各级各类医疗卫生机构 201 个,其中市级公立医院 3 个,区级公立医院 2 个,部队医院 1 个,社区卫生服务中心(站)15 个,社会办医院 18 个,其他社会办医

---

① 2018 年 3 月,根据第十三届全国人民代表大会第一次会议批准的国务院机构改革方案,将文化部职责整合,组建中华人民共和国文化和旅游部,不再保留文化部。

② 数据来源:《重庆两江新区教育管理中心 2016 年度报告书》。

疗机构 162 个；卫生技术人员 2766 人，其中执业（助理）医师 1098 人，注册护士 996 人；编制床位 6417 张。每千常住人口拥有医疗卫生机构编制床位 10.7 张、执业（助理）医师 1.83 名、注册护士 1.66 名。全区医疗卫生机构年诊疗人次由每年 22.95 万人次增加到 138.8 万人次，年均增长 43.3%；年出院人次由每年 2.08 万人增加到 4.2 万人，年均增长 15.1%。

两江新区将建设水土医疗健康产业园，争取海南博鳌乐城国际医疗区已经试点的 7 项重大开放政策在园内试点，包括：可根据自身的技术能力，申报开展干细胞临床研究等前沿医疗技术研究项目；卫生部门在审批非公立医院机构及其开设的诊疗项目时，对其执业范围内需配备且符合配备标准要求的大型医用设备可一并审批；境外医师执业时间试行放宽至 3 年；可适当降低部分医疗器械和药品的进口关税；支持并指导引入生态、医疗、新能源等相关国际组织，承办国际会议；鼓励利用多种渠道融资，吸引社会投资等。

同时，两江新区还将探索设立外商独资医疗机构，先行先试，在设置审批上突破，取消投资总额的限制，允许境外医疗机构、企业和其他经济组织以外资独资方式申办医疗机构。①

（三）公共就业服务

2016 年，两江新区社会保障部门不断强化工作措施，优化服务手段，破解招工难题，帮促居民就业。为此，两江新区推出三大策略。

一是动态掌握用工缺口，及时组织送工活动。通过企业用工监测与失业动态监测，分析相关数据，有针对性地对急需岗位进行定向招聘，帮助企业就近吸纳员工。集中开展"就业援助月""春风行动""互联网＋企业"、离校未就业高校毕业生专场招聘等主题活动，积极为辖区企业输送员工。举办各类招聘会 37 场，提供就业岗位 25436 个，达成就业意向 9878 人，向企业成功输送人员 5268 人次，为大学生暑期实习提供岗位 80 个。

二是积极搭建招工平台，进一步畅通招聘渠道。在街道、社区平台设置职业介绍服务窗口，利用街道社会保障平台开展多种形式的职业介绍、职业指导服务。不断拓宽公共就业服务途径，创新招聘方式，依托重庆市就业网招聘平台，主动向辖区企业宣传网络招聘的优势，发布就业用工信息，开展线上招聘，助推企业招工网络化。2016 年，网络服务平台已为 342 个招聘单位发布岗位 15960 个，为 5699 人提供了就业机会。

三是着力打造特色培训，切实加强企业用工储备。针对新区轨道交通、电力装备、新能源汽车、国防军工、电子信息等五大战略性产业的需求，推行"由企业招工、招工后企业培训、结业后上岗"的特色培训。对 200 多名高校毕业大学生开展涉及机电装配、电工维

---

① 刘春雪.分享自贸区红利两江新区医疗教育等领域构建扩大开发开放新格局［EB/OL］.（2017－03－28）［2017－07－11］. http://www.liangjiang.gov.cn/Content/2017－03/28/content_342287.htm.

修、家政服务、养老护理等 13 个培训专业的定向培训,有效适应企业用工需求。[①]

(四)基本社会保障

截至 2016 年底,两江新区共有 7 个公租房小区,入住 3 万余居民,租住人群涵盖了企业员工、个体户、拆迁过渡安置户等多种类型。

在保障房方面,目前直管区在建安置房项目共 13 个,总户数 34249 户,已有 10 个项目完成主体建设。

(五)基础设施

2016 年,两江新区基础设施建设继续保持"高投入、高产出"的强劲态势,两江新区直管区全年计划实施基础设施项目 122 项,全年实际完成投资 230 亿元,投资完成率达 103%。

在跨江大桥和立交节点方面,水土嘉陵江大桥主桥及南引道已于 2016 年 9 月正式开工建设;蔡家嘉陵江大桥及南引道(金山寺立交)已完成施工图设计,预计 2017 年一季度开工建设,郭家沱长江大桥计划 2017 年内开工建设;礼嘉大桥、大竹林大桥、宝山大桥均处于前期工作阶段。

在轨道交通、铁路建设和高速公路方面,六号线支线二期已于 2016 年 10 月底开工建设,四号线二期力争在 2017 年内开工建设。铁路东环枢纽线两江段线路已锁定,目前正在落实资金拨付、搬迁程序等具体工作;渝万高铁已建成通车,渝利、渝万高铁复盛站基本建成。渝武高速扩能一期已完成相关施工手续,并于 2017 年 1 月开工;渝广高速计划于 2017 年 7 月建成通车;渝长复线计划于 2017 年开工建设。

在重要市政道路、给排水项目及管网方面,曾家岩北延伸穿越内环新增通道工程已完成方案设计,礼悦路已完成方案批复,悦复大道北延伸段桥梁桩基完成,路基土石方全部完成,电力隧道完成约 60% ;连接宏帆路至双碑大桥的纵九路(江与城段)已建成通车。鱼嘴水厂、果园、水土污水处理厂均已竣工投用。悦来污水处理厂计划于 2017 年一季度建成投用。[②]

四、甘肃兰州新区

(一)教育

兰州新区自筹建以来,先后吸引省内外优质教育医疗资源向新区集聚,截至 2016 年

---

①　两江新区社会保障局"三步棋"助力企业招工［EB/OL］.(2016 - 11 - 25)［2017 - 07 - 11］.http://www.cqhrss.gov.cn/c/2016 - 11 - 25/498516.shtml.

②　付斯颖.两江新区 2016 年完成基础设施投资 230 亿元［EB/OL］.(2017 - 01 - 11)［2017 - 07 - 12］.http://www.liangjiang.gov.cn/Content/2017 - 01/11/content_329633.htm.

末,兰州新区有中小学 44 所,其中小学 36 所、九年制学校 1 所、初中 5 所、高中 2 所,幼儿园 43 所,在校学生 1.6 万名,现有教职工 1155 名。并将现有的 45 所乡镇公办中小学校优化整合为 21 所,全面提升了学校管理队伍的专业化水平以及教师教育科学研究能力。

自成立以来,兰州新区不断夯实教育基础,加大师资队伍建设,引进名校长 8 名,选调成熟型优秀教师 262 名,选聘优秀大学毕业生 210 名,面向教育部六所直属师范院校招聘免费师范生 43 名,通过教育人才引进,覆盖学前教育、初中教育、高中教育的基础教育体系正在逐步完善。

(二)医疗卫生

2016 年新农合住院补偿 4093.72 万元,普通门诊补偿 572.97 万元,特殊门诊补偿 345.16 万元,大病保险补偿 245.86 万元。通过落实"5 缓 4 降 4 补贴"和下调企业职工养老、失业、工伤、生育保险费率政策,2016 年为企业每年减少社保缴费支出约 400 余万元,有效降低企业运营成本。自新区成立以来,建成综合门诊部 3 所、二级医院 1 所,总床位 120 张;在建二级医院、三级综合医院各 2 所,总床位 1300 张,医疗卫生体系正在逐步健全。

(三)基本社会保障

2016 年城镇职工社会保险新增参保 2762 人,被征地农民养老保险新增参保 2302 人,新型农村合作医疗参合 12.72 万人。企业退休职工、被征地农民养老金比上年分别平均提高 7.37% 和 13.13%,养老金最高每人每月分别达 3806.66 元和 1452.68 元。全面实施新农合分级诊疗、转诊转院和城乡居民大病保险制度,提高医疗保险政府补助标准,筹资规模提高到 550 元/(人·年),有效降低医疗费用支出。

与此同时,加强救助救灾规范化建设,民生保障水平进一步改善。城市低保标准比 2015 年提高 10%,达到 426 元/(人·月),农村一、二类低保标准分别提高至 3420 元/(人·年)、2988 元/(人·年),实现最低生活保障与扶贫脱贫线"两线合一"。农村五保供养补助标准提高 15%,集中供养对象、分散供养对象年补助标准分别达到 5900 元、4825 元。农村孤儿基本生活年补助标准提高至 7680 元,实现城乡孤儿基本生活补助统一标准。全额资助农村五保,农村一、二类低保对象参加新农合,对农村三、四类低保对象按照个人缴费部分的 50% 给予资助。

自开发建设以来,新区城镇职工社会保险累计参保 9323 人,被征地农民养老保险累计参保 2.1 万人,城乡居民养老、医疗保险参保率分别达到 95% 和 98.69%,各项社会保险基金收入总计 15.61 亿元,基金总支出 3.73 亿元;城乡低保、五保孤儿、救灾救济等社会救助资金支出 1.13 亿元。

(四)公共就业服务

2016 年兰州新区开展就业服务专项行动,就业促进工作成效进一步显现。全年培训失地农民、农村富余劳动力、企业在岗职工和创业人员5100余人,其中2300人取得职业技能资格证书。举办各类招聘活动10余场,200多家企业参与,提供岗位3800余个,达成就业协议1200余人。建立完善农民工工资保证金、欠薪应急周转金、工资支付"一卡通"、劳动者实名制管理、劳动用工合同备案等制度,新区劳务用工市场秩序进一步规范。自新区成立以来,已累计培训失地农民1.8万余人次,新增城镇化就业人口3.6万人,输转劳动力12万人次,劳务创收14.4亿元。

(五)基础设施

2016年新区按计划建设市政道路84条,其中23条道路已建成通车,综合客运枢纽开工建设,第一给水厂二期工程完成主体验收,第四污水处理厂完成部分地基及主体施工,职教园区分布式污水处理厂顺利推进。保障性住房二期工程已完成55万平方米,小横路棚改安置房主体结构及方家坡、宗家梁棚改安置房部分主体工程完成60%以上。在加快新型城镇化建设方面,编制完成了秦川镇总体规划等7项规划,实施道路提升改造、污水收集、垃圾处理等建设项目19项,完成农村危房改造100户,建成农村公路26千米。路港物流园区标准化仓库已建成,其余5个标准化厂房正在加快建设。

截至2016年底,兰州新区建成各类商业场所19个,共计302万平方米;彩虹城、兰石等5大商圈初步形成;建成三星级酒店2家,在建快捷酒店10家。开通公交线路21条,投放公交车99辆、出租车230辆,基本解决了群众出行需求。

五、广州南沙新区

(一)教育

2016年末,南沙新区共有学校(含民办)86所,其中小学60所,普通中学18所,中等职业学校1所,九年一贯制学校7所。全区有省一级学校5所、市一级学校21所、区一级学校48所。全区中小学在校学生65090人。全区共有专任教师4238人,其中小学专任教师2247人,普通中学专任教师1991人。学龄儿童入学率为100%,初中升学率为90.7%,高中升学率96.6%。全区共有幼儿园95所,幼儿园在园人数23111人。

(二)医疗卫生

截至2016年底,南沙新区共有各类卫生机构204个;全区医院实际拥有床位1774张,共有各类专业卫生技术人员3724人,其中执业医师(含执业助理医师)1059人,注册护士1298人。

(三)基本社会保障

2016年,南沙新区城镇常住居民人均可支配收入4.21万元,较2015年增长9.8%;

人均生活消费支出 1.90 万元,较 2015 年增长 14.3%。新区农村常住居民人均可支配收入 2.54 万元,较 2015 年增长 11.6%;人均生活消费支出 2.74 万元,较 2015 年增长 6.2%。全区参加城镇职工基本养老保险人数达 24.63 万人,参加城镇职工基本医疗保险人数达 25.98 万人,参加失业、工伤、生育保险人数分别为 25.23 万人、24.69 万人、23.79 万人。城乡低保救济标准统一提高到 840 元,五保供养标准提高到 1900 元。

(四)公共就业服务

2016 年,南沙新区城镇登记失业人员就业率 78.0%,其中"4050"人员①就业率 78.0%。全区户籍劳动力累计进入企业就业参保人数达 7.93 万人,其中当年新增 0.5 万人。全年提供就业岗位 2.2 万个,资助劳动力技能晋升培训 3653 人,提供就业专项资金 3500 万元,较 2015 年增长 75.0%。

(五)基础设施

2016 年,南沙新区基础设施项目完成投资 226.20 亿元,较 2015 年增长 48.3%。16 项市重点建设项目完成年度投资计划的 150.7%,156 项区重点建设项目完成年度投资计划的 112.1%。明珠湾起步区灵山岛尖整体征拆已完成,明珠湾展示中心已投入使用,主干路网初步形成,中交华南及国际业务总部、中化中国金茂总部、中铁隧道全国总部等项目加快建设。蕉门河"双桥"、市民广场、蕉门河环境景观提升工程等一批公共服务和市政基础项目已完工投入使用,"城市客厅"形态基本形成。

(六)文化发展

至 2016 年底,南沙新区共有群众艺术馆、文化馆 7 个,公共图书馆 9 个,综合档案馆 1 个,图书馆共有藏书 32.80 万册,档案馆藏书 1.40 万卷。全区有线广播电视用户 13.50 万户,电视综合人口覆盖率为 100%。通过整合文化、体育、旅游资源,组织开展以广州水乡文化节为统领的 36 场次文体活动。

六、陕西西咸新区

(一)教育

2016 年西咸新区规划建设教育设施项目 68 个,形成了幼儿园、小学、初中、高中阶梯化发展的教育设施布局,建成了秦汉清华附中、泾河崇文中学、沣东一校、沣西第一学校

---

① "4050"人员是指处于劳动年龄段中女 40 岁以上、男 50 岁以上的,本人就业愿望迫切,但因自身就业条件较差、技能单一等原因,难以在劳动力市场竞争就业的劳动者。其中,相当一部分是原国有企业的下岗人员,他们为改革作出了贡献,但随着年龄增长,就业也愈益困难,已引起各级政府和社会各界的关注。这类人员是再就业最困难的群体,国家对他们实行了更加优惠的政策,特殊扶持。

等一批学校。

西咸新区正在 5 个新城范围内组建大学区,并将与城六区 21 所优质教育资源学校组建 21 个跨行政区域大学结对学校。届时,主城区优质的教育教学资源、科学高效的课堂教学理念和方法将输送到西咸新区的薄弱学校,新区教育教学理念和均衡发展水平将得到显著提升。

西咸国际文化教育园(简称"西咸国际文教园")是西咸新区文化建设重点工程项目,2016 年西咸国际文教园办与途家网网络技术(北京)有限公司、上海途远美宅置业顾问有限公司签署战略合作协议,标志着中国民宅分享的"独角兽"互联网创新企业途家网与西咸国际文教园全面展开合作。西咸国际文教园正在围绕"文创、乡创"两大热点开展双创工作,将通过开发乡村休闲旅游,推动新农村建设和旅游产业发展,探索城乡统筹新模式。各方将以此次战略合作为起点,在计家田园梦想特色小镇、井田生活精品民宿等项目开展合作,共同推进西咸国际文教园的发展。根据协议,西咸国际文教园将积极支持合作方推动"互联网＋乡村旅游度假"的模式。通过深入合作与共同推广,盘活西咸新区及旅游景区周边闲置房源,带动景区配套不断完善,提升区域旅游发展,在全国旅游度假领域形成示范性效应。[①]

(二)医疗卫生

西咸新区强力主打大健康产业,五大新城结合自身定位和优势,出台系列措施,助推"大健康"产业发展。

建设陕西最重要的大健康产业聚集区。重点发展特色医疗、康体养生、养老服务、健康服务、体育休闲等行业,搭建健康产业链,基本建立覆盖全居民和全生命周期的健康事业和健康产业体系。力争 3～5 年招引投资额 10 亿元的健康产业项目 3～5 个,健康产业总投资超过 100 亿元,年产值超过 10 亿元。

建设国内一流的国家级健康产业园区。加大健康产业的科技和服务产品研发力度,加大国际交流,拓展海外市场。利用 8～10 年,实现年产值超过 50 亿元,年产值超过 10 亿元以上项目不少于 2 个,年产值 5 亿元以上的项目不少于 5 个,年产值 1 亿元以上的项目 10 个。[②]

其中,表现最为突出的当属秦汉新城。西咸新区秦汉新城秉承建设"民生之都,文化之城、健康之城、田园之城"的发展理念,充分依托第四军医大学医教研园区、西安交通大

---

① 西咸国际文教园办与途家、途远签署战略合作协议[EB/OL].(2016－10－19)[2017－08－12].http://www.xixianculedupark.com/yqyw/1116.jhtml.

② 杨静.西咸新区:崛起西部大健康产业集群[N].陕西日报,2016－12－16(9).

学第二附属医院秦汉分院、延安大学医学院咸阳康复医院、海尔斯健康城等大中型医疗服务机构，积极发展医疗旅游、康体养生、养老服务、医疗整形、"互联网＋"大健康等行业，着力搭建完备的医疗健康文化旅游产业链，建立覆盖全生命周期的医疗健康产业体系。

在这样的大背景下，秦汉新城重点发展中医药健康旅游产业。充分依托区内特有的地热资源和养生文化，利用传承的"中医五神"中医药优势资源，多点发力，努力将秦汉新城建设成为独具特色的优质中医药健康目的地。秦汉新城积极与陕西省中医药大学、大秦岭实业有限公司等优质的中医药资源合作，全力打造秦汉中医养生双创小镇、冯武臣国医馆等特色中医药产业项目；同时依托区内丰富的地热资源，大力开发"温泉＋文化""温泉＋会展""温泉＋体育""温泉＋娱乐"等综合业态，配套发展国际高端旅行机构、知名度假连锁酒店、呼叫中心、服务中心、医疗中心等配套服务，打造特点突出、服务齐全的西部地区温泉康体疗养胜地。[①]

（三）公共就业服务

2015 年，新区就业创业工作全面启动，全区共举办就创业培训 133 场，培训人数达 5727 人，沣西新城微软创业孵化基地被省人社厅评为省级示范基地。

（四）基本社会保障

2016 年度，西咸新区实际开工建设棚户区改造 25187 套，在建 14880 套，竣工 3568 套，分配入住 1048 套。

（五）基础设施

1.道路路网初步成型

新区已建成 25 条城市主干道，557 千米的道路建成通车。"五路四桥"骨干路网全面展开，其中秦汉大道、沣泾大道、正阳大道泾河段、红光大道，富裕路、富裕路桥、渭河横桥等一批骨干路网建成通车，正阳大道跨泾河大桥、渭河大桥正在加紧建设。各新城内部核心区域的主要路网框架基本成形，迎宾大道、自贸大道、三桥新街、石化大道、白马河路等一批市政道路建成通车。西咸北环线通车，周公立交、白马河立交、后围寨城市立交初步建成。

2.市政管网基础设施明显改善

新区大批供水、燃气、供热、通信、排水等各类地下管网开工建设和改造，新建供水管

---

① 西咸新区秦汉新城着力打造西北医疗健康旅游产业集群［EB/OL］.（2016 - 09 - 05）.［2017 -
08 - 13］.http://news.hsw.cn/system/2016/0905/462041.shtml.

网 583 千米、燃气管网 392 千米、供热管网 252 千米。新建排水管网 763 千米,改建排水管网 156 千米,重点解决了原有道路污水、雨水并流和管网系统陈旧不完善的问题。

3. 水利基础设施建设成效明显

西咸新区 5 年来,高标准、高质量完成区内 38 千米渭河堤防堆筑、堤顶道路及绿化工程。渭河秦汉新城段成为陕西省渭河综合治理工程示范性节点工程,建成沣河、新河入渭口两座交通桥,完成 13 千米沣河综合治理,沣河生态景区建成开园,完成沙河廊道规划设计,稳步推进斗门水库总规、控规、立项审批等工作,并将斗门水库增补列入国家发改委、水利部"全国中型水库建设规划"。

4. 电力能源基础设施建设步伐加快

西咸新区将项目年度用电需求与国网陕西省电力公司对新区电网建设投资计划衔接起来,成立了国家电网西咸新区供电公司。目前已建成 1 个、在建 5 个 110 千伏变电站,2016 年开工建设 2 个 110 千伏变电站、沣西 330 千伏变电站,开展 330 千伏沣东、秦汉变电站前期准备工作。"十三五"期间国网陕西省电力公司将新扩建 110 千伏及以上输变电项目 31 个,满足新区重点园区、重点项目用电需求,建设陕西智能电网应用的先行区,为新区经济社会发展提供安全可靠的电力保障。

5. 城市轨道交通建设稳步推进

除西安市轨道交通线网规划在西咸新区范围内延伸的 7 条线路外,西咸新区轨道交通线网初步规划线路规模约 200 千米。同时,按照《关中城市群城际铁路规划》《西安市城市轨道交通线网规划(修编)》和《西安市城市综合交通体系规划(2014—2030)》,机场—法门寺城际铁路、阎良—机场城际铁路将在"十三五"期间开工建设。

西安北客站至乐华城现代有轨电车项目全长约 15 千米。目前正在进行项目的可行性研究。

西安北客站至机场城际铁路已启动建设,线路全长 27 千米。目前机场段 T3 站点已开工建设。

6. 城市环保设施开工建设

新区规划建设污水处理厂 7 座,垃圾处理厂 1 座,包括新区第一污水处理厂、北杜污水处理厂、秦汉朝阳污水处理厂、沣东污水处理厂、泾河污水处理一厂、泾河污水处理二厂、泾河污水处理三厂、秦汉垃圾处理厂。在污水垃圾处理设施建设和运营过程中,通过产业、财税优惠政策和财政资金激励,引导社会资本投向污水垃圾处理设施产业,带动新区环保产业技术研发、装备制造、技术服务发展。目前秦汉污水处理厂和沣东污水处理厂已开工建设。

七、贵州贵安新区

（一）教育

2016 年，贵安新区按照"总体规划、分步实施"原则，推进"全面改薄"及改造提升工程建设，全面启动了高峰中学、普贡中学、实验中学、新艺学校、党武、林卡、中八等 10 所学校改扩建工程。同时，北师大贵安附校正式开学，分别实现小学、初中、高中三个学段一年级招生共 480 人；北大培文贵安实验幼儿园、贵安实验小学也已正式开学；贵安民族中学、贵州电子科技职业学院均实现整体搬迁办学，教育教学质量快速提升。

为了完善师资队伍，贵安新区招聘特岗教师 12 人，北师大贵安附校专场招聘教师 47 人，并面向全省遴选在职优秀教师 30 人，填补了薄弱学科教师短板，缓解了教师紧缺局面。

（二）医疗卫生

贵安新区成立三年来，将与群众健康息息相关的医疗卫生事业狠抓落实、主动作为，高起点推进，正在探索建设的广覆盖、多层次、高质量的医疗卫生体系已初见雏形，成果喜人。医疗临床资源丰富，医疗卫生基础设施建设稳步推进。当前，新区正在筹建的有同济贵安医院及综合配套体项目、北京同仁医院贵安分院及综合配套体项目和湘雅贵安瑞康医院项目等三级甲等综合性医院，囊括了普外科、妇产科、口腔科、激光整形科、急诊科、耳鼻咽喉科、头颈外科等重点学科，覆盖面广。这些丰富的医疗卫生资源，为新区加快打造区域性医疗卫生服务中心奠定扎实的基础。同时新区围绕构建"15 分钟城市社区健康服务圈"和城乡医疗健康服务一体化，重点抓好同济贵安医院等 5 个三级医院建设、二级（县级）医院建设、专业公共卫生机构标准化建设工程、乡镇卫生院标准化建设工程、社区卫生计生服务中心标准化建设、村卫生室标准化建设等六大医疗机构项目，提升医疗卫生服务水平。

（三）基本社会保障

2015 年，贵安新区率先实现全域脱贫。为确保脱贫攻坚任务"高标准脱贫、不落一人"，贵安新区提出 2016 年实现贫困户可支配收入达到 6000 元以上、贫困村村级集体经济超过 10 万元的"双提升"年度高标准脱贫任务。

目前，通过出台"1＋10"配套文件，制定"5321"帮扶标准，推行扶贫资金"33112"分配标准，开展扶贫成效第三方评估，贵安新区高标准脱贫攻坚有序推进。截至 2016 年 9 月底，已开展素质培训 10000 余人、技能培训近 2000 人；兑现贫困家庭 3262 名中小学生教育资助 205 万元、388 名高中学生助学金 65.2 万元；实现城镇新增就业 1898 人、农村劳动力转移就业 4898 人;扶持 580 余贫困户种植精品水果 2500 余亩;引进祥云胜虎、荷花种植、国家旅游商品研发基地等企业,直接或间接带动贫困户 613 户 1083 人就业。

(四)基础设施

贵安新区已建成通车 560 千米的市政道路,累计开工建设市政道路 700 余千米,完成投资 700 亿元,基本形成"七横四纵"的路网结构,贵安的通行变得愈加便捷畅通。交通顺畅,贵安加速打通区域发展的动脉。2016 年,贵安新区新建续建道路 28 条,这些道路中,不少道路直连安顺、黔南等地。贵安与贵阳、安顺、黔南和贵阳市观山湖区等地签订以基础设施互联互通为主要内容的区域合作发展协议。此外,贵安新区还加快了轨道交通建设的步伐,城市轨道交通 S1、S2 号线获国家发改委批复,S1 号线开工建设,此举将有助于贵安与贵阳进一步缩短时空距离,互联互通,融合发展。

八、青岛西海岸新区

(一)教育

2016 年西海岸新区开工建设市内三区新建小区配套中小学和幼儿园 10 所,竣工 8 所。配套建设欢乐滨海城九年一贯制学校、李沧区南岭小学等配套学校 7 个,规划班级 264 个,接收 11880 名儿童入学教育。配套建设杭州路 28 号、洛阳路保障房、李沧东李改造等配套幼儿园 12 个,规划班级 123 个,接收 4305 名儿童入托。

全区现有学校 767 所,其中公办中小学 139 所,中国石油大学、山东科技大学等驻区高校 9 所,大学在校生 12.7 万。

(二)医疗卫生

西海岸新区在《青岛西海岸新区(黄岛区)"十三五"卫生事业发展规划》中提到,2020 年,西海岸新区居民人均期望寿命达到 81.5 岁;孕产妇死亡率和婴儿死亡率分别控制在 10/10 万和 4‰以下;每千人执业(助理)医师数不低于 2.8 人,每千人注册护士数不低于 3.5 人,每千人床位数达到 5 张以上,力争达到 6 张;孕产妇系统管理率≥95%,3 岁以下儿童系统管理率≥90%,适龄儿童免疫规划疫苗接种率≥90%,高血压、糖尿病患者规范化管理率≥60%,甲乙类传染病发病率<360/10 万,肺结核发病率控制在 30/10 万左右。

(三)基本社会保障

2016 年,西海岸新区社会保障水平持续增长,第 12 次提高企业退休职工养老金水平,人均月增养老金 170 元。继续提高城乡居民基础养老金标准,由原来的每人每月 130 元提高到 150 元。加大社会保险征缴力度,累计征缴社会保险基金 74.12 亿元,支出

38.69 亿元。快速推进机关事业单位养老保险制度改革工作,率先实现新老制度平稳并轨。积极推动农保老制度清退衔接工作,加快城乡居民社会养老保险制度整合步伐,共成功转移衔接 3.47 万人,清退 4525 人。创新开展"医疗兜底救助扶贫"工作,设立 2000 万元农村贫困家庭医疗救助基金,已为 15 个镇街 75 人次发放救助金 22.63 万元,基本解决了农村贫困人口因病致贫、因病返贫的现实问题。

(四)公共就业服务

西海岸新区在 2016 年积极应对当前劳动关系维权压力,不断推出创新举措,用工作上的"新"保障了形势上的"稳"。完善构建和谐劳动关系"6+2 黄岛模式",在人社部举办的全国构建和谐劳动关系综合试验区经验交流会上做典型发言,工作经验入选全国党员干部现代远程教育专题教材。创新打造劳动监察"数字铁笼"执法平台,创建"两网化三分离"新模式,推行"阳光执法",办理各类案件 8068 起,为劳动者追回经济损失 2800 余万元,按期结案率 100%,未发生一起错案及败诉案件。创新劳动仲裁工作机制,建立完善"分庭办案、责任到人""纵向分化、横向调解"等四大机制,受理劳动仲裁案件 2469 起,按期结案率 99%,为劳动者追回经济损失 3120 万元。成功化解"到区去市"上访隐患 1.26 万件次,为全区减轻了很大的信访压力。

(五)基础设施

启动建设开平路、唐河路(金沙二支路—开封路)、东宁路等 12 条未贯通道路,确保安顺路打通、深圳路打通 2 条未贯通道路,完成市政府问责观察计划任务。推进深圳路—辽阳路立交桥施工,择机启动杭鞍高架二期工程(南京路—福州路)建设。全面完成新疆路快速路、重庆路改造、福州路打通、株洲路打通 4 个项目收尾工作;完成新建、改建绿地 230 公顷。实施道路绿篱整治项目,对全市 74 条道路增设绿篱,新增绿篱 15 万延长米。深入开展裸露土地绿化工作。

九、大连金普新区

(一)教育

2016 年,金普新区金州中学(南金书院)正式开课,金州湾实验学校等新建、改扩建工程稳步推进,中小学新式供餐模式实现全覆盖。面向全国招聘 308 名中小学教师。8 所幼儿园建成开园。

(二)医疗卫生

金普新区医疗卫生服务建设不断完善。中国医科大学附属盛京医院(大连)妇女儿童医院正式启用,金州区第四人民医院改造完成,大连医科大学附属第三医院建设进展顺利。妇女两癌筛查、老年人免费健康检查等基本公共卫生服务项目全面开展。新农合筹资标准提高到每人每年 630 元。

(三)基本社会保障

金普新区社会保障覆盖率在 2016 年期间不断提高,城镇职工养老保险、失业保险、工伤保险等参保指标全面完成。统一城乡最低生活保障标准,全年累计发放困难救助资金 6422 万元。居家养老服务综合示范中心建成使用,金州区社会福利院一期改造工程完工。住房保障体系逐步完善,财政投入 16 亿元,用于建设回迁楼和购买安置房,2669 户动迁居民迁入新居,3154 户居民棚户区改造基本完成。

(四)公共就业服务

金普新区积极培育"双创"载体,加强职业技能培训,给予创业者政策支持。城镇新增就业 1.6 万人,创业就业 4184 人,稳定就业率 85%,城镇登记失业率控制在 2.8%。

(五)基础设施

2016 年,金普新区加快完善综合交通网络。大连湾跨海交通工程纳入国家推进东北振兴三年滚动计划和发改委基础设施领域首批向社会资本推介项目,并成为财政部 PPP 示范项目。渤海大道建设顺利推进,金普城际铁路动迁任务基本完成,永安大街北延等工程全面启动,大正线建成通车,建成通屯油路 41 条。着力解决群众出行难问题,开工建设 3 个公交枢纽场站,开通并调整大连至金州等 11 条公交线路。杏树港 3 号和 4 号码头、金石滩港二期 2 个 1000 吨级码头主体工程完工。

(六)文化发展

截至 2016 年底,区域文化活动品牌"金普之夏"惠民演出达 100 余场,新区获评全国"2016 年书香城市"。数字档案馆建设全面启动。成功承办中国美协第四届连环画展等文化活动和全国环渤海帆船拉力赛等体育赛事。

十、四川天府新区

(一)教育

根据天府新区成都直管区教育"十三五"规划:到 2020 年,天府新区基本实现教育现代化,迈入优质教育强区行列。主要任务是:大力发展普惠学前教育、优质义务教育、特色高中教育、现代职业教育、全纳特殊教育、全民终身教育。

2015 年 12 月,包括石室中学天府校区、成都七中天府校区、树德中学天府校区、石笋街小学天府校区、龙江路小学天府校区、泡桐树小学天府校区、实验小学天府校区、机关第三幼儿园天府校区、机关第一幼儿园天府校区在内的9所学校如期开工,预示着成都天府新区迈入优质教育强区行列的"十三五"规划已现雏形。

（二）医疗卫生

天府新区成都直管区引入社区医疗"互联网＋",即在居民"乐活园"党群活动室内引入了"互联网＋"医疗平台。通过由政府引导、社会参与、机构运营的方式,引入区域医疗联合体平台。该平台将同一个区域内的医疗资源整合在一起,是由一个区域内的三级医院、社区医院、村医院组成的一个医疗联合体。目的是在医疗资源总量短缺,医疗费用不断增加的情况下,实现患者信息共享,平台资源整合,促进分工协作,合理利用资源,解决百姓看病难、看病贵的问题,降低医疗成本。

天府新区华西天府医院项目三设计方案已出炉,规划总建筑面积约24万平方米,设计床位1000～1200张,为非营利性三级甲等综合医院。该项目以"超越华西办华西"为目标,拟建设成为国内领先、国际先进的医疗和医学中心。院区拟设置14个医疗功能中心,包括:胸部疾病中心、心脏疾病中心、消化疾病中心、泌尿疾病中心、神经疾病中心、骨关节疾病中心、乳腺疾病中心、甲状腺疾病中心、妇女儿童医学中心、全科医学中心、重症医学中心、日间手术中心、口腔医学中心和健康管理中心。

（三）公共就业服务

天府新区入选国家第二批92个双创示范基地,根据《关于建设第二批大众创业万众创新示范基地的实施意见》,双创示范基地应针对创新创业重点领域、主要环节、关键群体,从深化"放管服"改革、优化营商环境、支持新兴业态发展、加强知识产权保护、加快科技成果转化应用、完善人才激励政策、支持建设双创支撑平台、加快发展创业投融资、支持农民工返乡创业、支持海外人才回国(来华)创业、推动融合协同共享发展、营造创新创业浓厚氛围12个方面入手,推动创新创业资源向双创示范基地集聚,逐步建立完善多元化、特色化、专业化的创新创业制度体系。

十一、湖南湘江新区

（一）教育

湘江新区是国家重要的海外高层次人才创新创业基地和中南地区科技创新中心。高校资源密集,现有国家重点大学3所,两院院士40余名;科研机构汇集,拥有国家超级计算长沙中心等120余个国家级技术创新平台、40多家部(省)属科研机构;创新园区聚集,作为国家自主创新示范区,长沙高新区科技创新实力位居全国高新区前十强。

（二）医疗卫生

依据《湖南湘江新区发展规划（2016—2025 年）》，新区将重点依托湘江新区国际医疗健康城、沩东新城生态养老健康城，引入和集聚国内外高端医疗资源、一流医疗机构和先进管理模式，集聚一大批综合性医院和特色专科医院，引进国内外知名医疗管理品牌，设立医疗服务、医学研发、康复疗养、总部商务、综合配套等五大功能板块，抢占基因检测、分级诊断等技术和产业制高点，打造"医、养、研、商、游"全生命健康服务产业链，形成面向东南亚、服务中西部的国际高端专科医疗、医学中心。

（三）公共就业服务

湘江新区推动"湖南湘江新区人才引进规划（2016—2020）"编制工作，出台《湖南湘江新区创新创业人才奖励扶持办法（试行）》，起草了湖南湘江新区创新创业人才奖励扶持办法实施细则，促进了新区招商引资和招才引智工作。

（四）基础设施

依据《湖南湘江新区发展规划（2016—2025 年）》，建设过江桥隧，促进城市东西联动发展；加强功能组团联系，建设潇湘大道等南北向快速化通道，岳宁大道—梅江路、长益高速宁乡以东段快速化通道，改造提升 319 国道等外围联系道路，与长沙河东共同构建全市"环射＋棋盘"的高快路网格局和"两环、四横、六纵、十一射"的骨干路网框架；完善轨道交通体系，开展湘江新区城市轨道交通大中运量一体化规划研究，建设机场轨道快线等轨道交通设施和中运量公共交通设施，优化常规公交线路及站点，构建安全、便捷的公共交通换乘体系；建成以大中运量轨道交通为骨干、常规公交、出租汽车为补充、自行车等慢行交通为延伸的公共交通格局。

十二、南京江北新区

（一）教育

2016 年，江北新区共建设南丁格尔国际护理学院，南京市一中江北分校，中心区初中、小学、幼儿园三所学校。

1. 南丁格尔国际护理学院

占地约 100 亩，主要培养国际化护理专业人才及现代康复养老服务人才，建筑面积约 7 万平方米。

2. 南京市一中江北分校

占地约 7.3 万平方米，总建筑面积 7 万平方米，学校为九年一贯制学校。

3.中心区初中、小学、幼儿园

占地约 100 亩,新建一所 27 班公办初中、一所 36 班公办小学和一所幼儿园,满足中心区居民教育需求。

（二）医疗卫生

2016 年以来,江北区卫生计生系统紧紧围绕打造"健康江北"这一中心,稳步推进卫生计生各项改革,持续加强卫生计生服务,不断提升卫生计生保障能力,各项工作都取得了显著成绩,为服务全区发展改革大局作出了积极贡献。

2016 年 1—10 月,门诊 183.36 万人次,住院 1.12 万人次,业务总收入 40513.22 万元,城乡居民规范化电子健康档案建档率 86.7%。此外,2016 年 1—10 月,全区户籍出生人口 1942 人,计划生育符合率 97.32%,多孩违法生育发生率 0.21%。

目前辖区共有民营医疗机构 65 家,其中医院 9 家,床位数达 515 张,占直属医疗卫生机构总床位数的 48.8%。2016 年批准设置口腔医院 1 家、老年康复医院 2 家、门诊部 3 家、诊所 5 家,意向设置妇儿医院 1 家、护理院 3 家。除宁波爱尔光明眼科医院、宁波江北拜博拜尔口腔医院、宁波东易大名医院等保持良好发展势头外,宁波老年康复医院工程进入二次装修,宁波瑞合康复医院(暂名)已完成土地性质变更事宜,宁波美华妇儿医院命名已核准,全区社会办医总体规模和发展水平明显提升。

（三）公共就业服务

根据《南京市江北新区新型城镇化试点工作实施方案》,江北新区到 2020 年将新增就业人口 35 万~40 万人,其中制造业、服务业需求占 80% 以上。先进制造业、现代服务业面临的人才缺口必须依靠人才引进来解决,为此,江北新区将建立完善的人才引进体系,形成充分的空间支撑、社会保障、资金支持,并引入动态跟踪、奖惩分明的评价机制。

与此同时,江北新区还将加快创客平台建设。《方案》根据江北新区总体功能布局和居住组团布局,结合已有创新载体分布,明确打造四大创客集聚空间。其中,浦口创客空间和雄州创客空间的面积为 1 万~2 万平方米,龙袍创客空间、桥林创客空间的面积为 5000~1 万平方米。每个创客空间都将以 PPP 模式至少引进投融资 5000 万元。

（四）基础设施

1.地铁

2016 年 11 月,江北新区三条地铁线路——11 号线一期、4 号线二期和 S8 南延线获得国家发改委批复。

11 号线一期自马骡圩至浦州路站,线路长 27 千米,设站 20 座,分别是马骡圩站—石塘公园—绿水湾—行知路—庙东路—珠江南—森林大道—浦口万汇城—七里河西—七里河东—中央商务区—商务东街—浦江东—新马路—浦东路—柳州路—大桥—南浦路—柳洲东路—浦州路,投资 181.71 亿元,规划建设期为 2017—2021 年。

4 号线二期自龙江至珍珠泉站,线路长 9.7 千米,设站 6 座,分别是滨江—中央商务区—浦江—浦珠路—定向河北—珍珠泉,连接老山和江北核心区,投资 78.95 亿元,规划建设期为 2016—2020 年。

S8 线南延自泰山新村至大桥站,线路长 2.5 千米,设站 2 座,分别是弘阳广场和大桥站,投资 17.11 亿元,规划建设期为 2017—2020 年。

2. 中心区主干路网

建设中央大道浦乌路至沿山大道段、广西埂大街浦珠路至沿山大道段、迎江路下河街至康华路段和浦镇大街至兴浦路段、胜利路河东路至广西埂大街段、临江路平江大街至珍珠南路段。

3. "三纵三横"快速路

"三纵"为纬三路快速化改造、纬七路快速化改造、长江大桥北接线改造。"三横"为江北大道雍庄至龙池段和龙华互通至桥林段、临江路城南河路至桥林段、滨江大道西江路至绿水湾南路段和三桥至桥林段。

十三、福建福州新区

(一)教育

福州新区教育发展工作未来将分 2017—2020 年、2021—2030 年两阶段,计划新建改扩建多所公办幼儿园、小学、初中及普通高中。已确定推动中小学建设项目有:加快滨海新城教育发展,支持福州滨海双语学校筹办,推动福州三中在文武砂中学设立分校,指导福州教育学院一附小、金山小学、福州市儿童学园分别与壶井中心小学、尚迁小学、壶井中心幼儿园实施对口帮扶。现有学校为福州八中三江口中学、亭江中学、琅岐中学等。

(二)医疗卫生

2016 年,福州市政府办出台《关于加快推进社会办医的实施意见》,提出将社会资本办医纳入全市医疗卫生建设规划,把福州新区作为社会办医重点区域,优先支持境外组织和个人在福州新区开办中外合资、合作医院。

(三)基本社会保障

根据福州新区规划,新区将继续保持居民收入和经济增长同步,劳动报酬增长和劳动率提高同步的发展态势,提前实现地区生产总值、城乡居民收入比 2010 年翻一番,我国现行标准下农村贫困人口实现脱贫,率先全面建成小康社会。到 2020 年,城镇居民人均可支配收入达 61400 元,农民人均纯收入达 29000 元。城镇职工基本养老保险参保人数达 6.7 万人,城镇职工基本医疗保险参保人数达 11.8 万人以上,城乡居民社会养老保险覆盖所有乡(镇)村,新型农村合作医疗保险参合率达 100%,基本形成覆盖城乡居民的社会保障体系,逐步提高城乡居民社会保障水平。

(四)基础设施

"十三五"期间,福州市初步安排福州新区重点项目 391 项,年度计划投资约 1600 亿元,争取新区完成固定资产投资 3000 亿元,主要用于推进福州新区滨海大通道、东部快速通道二期、道庆洲大桥、马尾大桥、环南台岛滨江休闲路、江涵大桥等一批重大交通设施,新区供电供水排水、生态环卫等基础设施体系,教育、医疗、消费等城市配套设施,三江口、闽江口、滨海新城、福清湾、江阴湾等五大城市功能组团,临空经济区、闽台(福州)蓝色经济产业园、江阴工业集中区等一批重大园区建设。

十四、云南滇中新区

(一)医疗卫生

新区生命健康医疗产业园正在建设当中,产业园规划总面积约 25000 亩,拟打造集康体疗养、科技研发、技术服务、研发孵化等功能,融合医疗、健康、服务为一体的高端生命科技示范产业基地。

(二)基本社会保障

滇中新区在配套基础设施方面,完成投资 59.2 亿元,17953 套保障性安居工程全部开工,基本建成 3183 套,货币化安置 7775 套。

(三)基础设施

为满足滇中新区负荷的发展,南方电网公司根据滇中东西两片区输电网、配电网和智能电网规划成果分析,2016—2030 年规划在滇中新区投资 405.26 亿元,新建 500 千伏输电线路 276 千米、220 千伏线路 643 千米、110 千伏线路 1029 千米;新增 500 千伏变电站 3 座,新增主变容量 9000 兆伏安;新增 220 千伏变电站 8 座,新增变电容量 5160 兆伏安;新增 110 千伏变电站 56 座,新增变电电力容量 8031.5 兆伏安。

十五、黑龙江哈尔滨新区

依据《哈尔滨新区总体规划(2016—2030 年)》,新区规划范围内近期城镇建设用地规模 199.00 平方千米。其中居住用地 53.53 平方千米,占城镇建设用地的 26.89%;公共管理与公共服务设施用地 25.20 平方千米,占城镇建设用地的 12.66%;商业服务业设施用地 20.67 平方千米,占城镇建设用地的 10.38%。新区将全面落实公交优先战略,加强各交通方式的无缝衔接,整合区域道路交通网络,提升对外开放枢纽能级,推行绿色交通、智能交通,打造与哈尔滨新区布局相协调、内外通达、安全便捷、资源节约、可持续发展的城市交通运输系统,规划在三个组团的基础上形成 11 个板块,包括万青板块、环西板块、松北板块、松浦板块、呼兰河板块、避暑城板块、利民西板块、利民东板块、平房东部板块、平房西部板块、平房南部板块等。

十六、吉林长春新区

(一)教育

长春新区与东北师范大学签约合作办学,共同建设明达学校、慧仁学校,充分发挥办学资源优势,输出基础教育品牌、先进管理模式、教育教学理念,打造现代化、高水平、有特色的九年一贯制公办基础教育示范学校,提升区域基础教育发展水平。长春新区为东北师大提供基础教育实验实践平台,同时,长春新区在教育教学、科研、实训、学生实习等方面为东北师范大学提供可行性服务,优先选拔东北师范大学优秀毕业学生。东北师大为长春新区基础教育提供系统化指导服务,借助"国家基础教育实验中心""教育部幼儿园园长培训中心"等基础教育高端平台,对长春新区内中小学骨干教师进行轮训,拉动区内基础教育均衡化发展、同质化发展。组织资深教育专家团队,对长春新区基础教育学校进行课堂教学质量评估、教师教学水平评价、诊断,切实提高教学能力与水平,促进课程改革。

同时,东北师大还将充分发挥学科和专家优势,针对长春新区基础教育发展过程中遇到的重大问题,适时组织开展专家论证、评价评估、合理性审查等活动,为新区基础教育发展科学决策提供帮助。发挥自身在教育信息化方面的优势,结合长春新区实际需求,利用现代信息技术手段、教学资源及课程软件等,搭建共享平台,促进基础教育信息化水平全面提升。

(二)基础设施

长春新区 2017 年将加快国际航空港、国际内陆港"两港"建设。国际航空港主要建设机场功能区、商务功能区、物流产业功能区和综合功能区,重点实施龙嘉机场二期、航空物流园"大通关"及配套基础设施工程;将加快龙翔国际商务区、空港国际商务区、物流中心商务区、长德商务区"四大商务区"建设;将加快科技创新、国际金融、国际交流、国际物流集散、数据信息、检验检测认证"六大中心"建设。

十七、江西赣江新区

为促进赣江新区建设,江西省发改委决定集中力量在昌九沿线支持打造一批可复制推广的新特色亮点,并制定2016—2017年度实施方案。其中,江西省将集中支持新建区溪霞镇、永修县吴城镇、共青城市私募小镇等3个特色小镇建设,并在赣江新区规划建设集航空、国铁、城际、城市轨道、公交无缝对接的立体交通枢纽。其中推进城市轨道机场快线、地铁1号线建设,在赣江新区规划建设集航空、国铁、城际、城市轨道、公交无缝对接的立体交通枢纽,2016年启动编制规划,2017年推进实施。

第二编

政策研究编

国家级新区具有改革先行先试区、新产业集聚区等特征。截至 2016 年底,我国有 18 个国家级新区,这些区域是国家重点支持开发的区域,从促进改革的角度说,这些新区实际上就是新的特区。为促进所在区域加快发展,带动周边地区,国家在政策、资金等方面往往给予较大力度的支持。规划建设新区就是培育新的经济增长极。新区的建设和持续发展离不开国家、所在省市以及新区本身的政策支持,而对这些政策进行梳理和对比分析,有利于各个新区在相互比较中发现自身的优势和不足,为今后的政策制定和政策侧重方向提供依据。本编梳理了各个新区不同层级的政策数量,在此基础上进一步分析了金融政策、财税政策、人才与土地政策、招商引资(含贸易)政策、产业政策等,并在提出现存问题的基础上给出了政策建议。

第一章　政策出台总述

自 1992 年国务院(国函〔1992〕145 号)批复设立上海市浦东新区以来,通过 20 多年的经济建设,国家级新区在数量上不断增加,在布局上逐步优化,在功能上趋于完善,新区已经成为区域经济发展、对外开放、产城融合发展、创新机制体制等方面的桥头堡和试验区,进而带动周边地区形成辐射效应。截至 2016 年底,经国务院批复,先后成立上海浦东、天津滨海、重庆两江、浙江舟山群岛、甘肃兰州、广东南沙、陕西西咸、贵州贵安、青岛西海岸、大连金普、四川天府、湖南湘江、南京江北、福州新区、云南滇中、哈尔滨新区、长春新区及赣江新区等 18 个国家级新区。按照《关于促进国家级新区健康发展的指导意见》(发改地区〔2015〕778 号)文件精神,在今后较长一段时期内,国家级新区与所在省(区、市)的总体水平发展情况相比,其经济增长速度应具有明显优势,努力完善经济发展的质量及规模,着力打造新区成为全面扩大对外开放的示范窗口、机制体制创新的首要平台、辐射带领地区发展的重要经济增长极、产城融合发展的重要示范区,在全国改革开放和现代化建设发展中,切实提升新区的战略地位。当前,各国家级新区的迅猛发展离不开政策的支持,本部分对目前各国家级新区现有政策以政策层面及政策内容分别统计,具体统计结果见表 2 – 1。因篇幅限制,本部分各新区政策信息见书后附录。

表2-1 国家级新区政策支持一览表　　　　　　　　　单位:个

新区	以政策层面划分				按政策内容划分							
	国家级	省市级	新区/相关单位	合计	金融政策	财税政策	人才政策	土地政策	招商引资政策	产业发展政策	总部经济政策	科技创新政策
浦东新区	5	11	35	51	4	3	1	2	5	1	5	5
滨海新区	8	15	14	37	8	5	5	0	6	5	4	2
两江新区	2	17	6	25	0	1	3	0	13	3	1	4
舟山群岛新区	5	31	5	41	6	0	5	0	5	15	2	5
兰州新区	2	7	14	23	2	2	2	0	5	4	1	3
南沙新区	11	17	8	36	5	1	5	0	9	3	3	5
西咸新区	4	25	10	39	5	4	3	2	12	14	1	5
贵安新区	4	15	15	34	2	1	3	2	4	6	2	5
西海岸新区	1	4	33	38	4	2	1	4	3	14	1	7
金普新区	3	23	11	37	7	1	6	0	1	8	1	10
天府新区	3	20	4	27	1	2	1	1	5	7	1	8
湘江新区	1	12	7	20	1	0	2	1	0	7	0	3
江北新区	1	28	3	32	3	4	2	1	5	8	2	4
福州新区	3	24	0	27	3	1	3	0	0	7	3	1
滇中新区	1	39	5	45	5	1	4	2	16	16	3	8
哈尔滨新区	1	7	0	8	0	0	3	0	0	3	0	1
长春新区	3	9	7	19	2	1	4	1	3	6	0	7
赣江新区	2	8	0	10	1	0	1	0	4	2	0	0

（数据来源于中国政府网、各新区所在省市政务网、新区政务网等。）

从图2-1可以明显看出,批复较早的新区有着更为充分的政策支持,尽管国家级新区设立是为了在新区推行一些新的改革政策,而不是一味提供优惠政策;但我们都知道,早期成立的浦东、滨海新区在资金使用、政策倾斜和企业落户等方面均享受优厚待遇,这些"特区"的优惠政策对新区经济快速发展起到非常明显的作用。成立之初的10年内,浦东、滨海新区的GDP年增长速度都在20%以上。但是目前,国家的总体开发战略已经发生改变,在国家宏观政策转向区域均衡发展的情况下,各个新区能享受到的优惠政策基本相同。此外,较晚批复的3个新区政策支持力度有待加强,应充分利用政策红利加快发展。

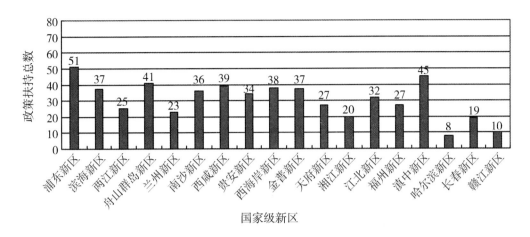

图2-1 国家级新区政策扶持总数情况对比

本部分按政策出台层面,将其划分为国家级、省市级、新区及相关单位三个类别。从图2-2中可以发现,大部分新区在这三个层面上均得到相应的政策支持,因为资料获取渠道有限,故福州新区、哈尔滨新区及赣江新区在新区级的政策层面上无相关资料的支持。总的来看,国家级层面上,浦东新区、滨海新区、舟山群岛新区及南沙新区获得的政策支持较为充分,这四个新区获得国家级政策支持的数量分别为5条、8条、5条、11条。省市级层面上,各新区均可得到一定量的政策支持,其中,较晚批复的滇中新区所获得的省市层面的政策支持较为充分,达到了39条,舟山群岛新区、西咸新区、金普新区、天府新区、江北新区及福州新区均在20条以上。与这些新区相比,其他新区还应进一步争取省市层面的政策支持,如兰州新区、西海岸新区、哈尔滨新区、长春新区及赣江新区。在新区及相关单位的层面上,浦东新区及西海岸新区所获得的政策支持数量居前两位,分别达到了35条及33条。此外,滨海新区、兰州新区、西咸新区、贵安新区及金普新区均达到了10条及以上。

按政策内容可以划分为金融政策、财税政策、人才政策、土地政策、招商引资政策、产业发展政策、总部经济政策与科技创新政策等八类。通过对比分析,滨海新区及金普新区在金融政策方面的支持力度较大,分别达到了8条和7条。在财税政策中,滨海新区及西咸新区的政策支持较为充分,分别达到了5条和4条。金普新区为吸引高智人才推动新区发展,共有5条不同层面的人才政策,数量位居各新区首位。为加快本区经济发展,滇中新区、两江新区及西咸新区在招商引资政策上的力度大,分别达到了16条、13条及12条。与此同时,新区的发展也离不开产业发展政策的支持,滇中新区、舟山群岛新区、西咸新区及西海岸新区在该政策的投入力度大,均在两位数的支持以上。为促进区域内总部经济的发展,大部分新区均有相应的政策支持,浦东新区及滨海新区支持力度较为充分。为加速科技创新资源汇聚,除赣江新区外,各新区在科技创新政策上均有一

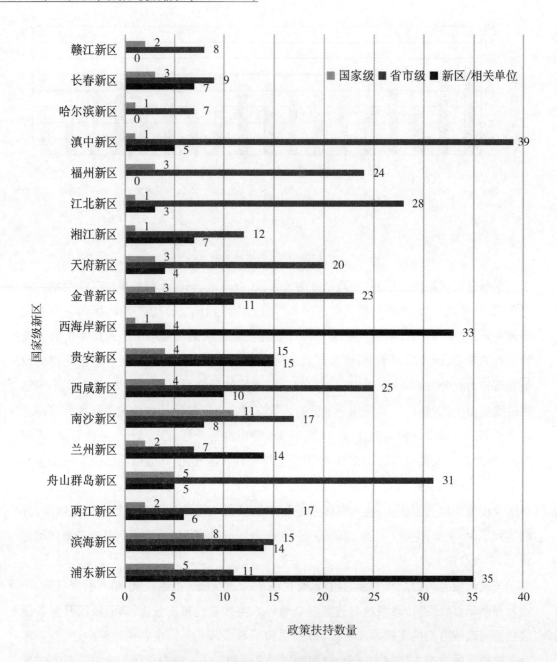

图 2−2　国家级新区政策扶持情况一览

定的支持,其中,金普新区政策支持数量较多,达到了 10 条。为促进新区又好又快发展,
各新区应积极争取各个层面的政策支持,此外,也应根据区域内经济的发展制定本级相
应的扶持政策。

第二章　金融政策

　　十九大报告中对金融工作提出了明确要求："深化金融体制改革,增强金融服务实体经济能力,提高直接融资比重,促进多层次资本市场健康发展。健全货币政策和宏观审慎政策双支柱调控框架,深化利率和汇率市场化改革。健全金融监管体系,守住不发生系统性金融风险的底线。"进一步明确了我国金融工作的方向和目标,也为国家级新区金融领域未来的发展指明了道路。本章内容将会结合搜集到的近年来各国家级新区的金融政策,对各国家级新区的金融政策进行详细阐述。在此基础上,分析得出当前国家级新区金融政策存在一定的共性,但由于设立时间、区位条件以及依托的资源禀赋方面导致金融政策存在一定的差异性。为此,提出完善小微金融服务政策、鼓励金融产品创新及创新金融人才培训等建议。

第一节　金融政策总述

　　本部分内容将会结合搜集到的近年来各个新区的金融政策,对每个新区的金融政策进行详细阐述,在此基础上分析国家级新区的金融政策存在的问题,并针对问题提出相应的建议。

　　从表2-2及表2-3中可以看出,近年来,浦东新区、滨海新区、舟山群岛新区、金普新区在金融业发展方面受到了较多的政策支持,国家层面、省市层面以及新区层面出台的支持新区金融发展的政策数量较多。除此以外,南沙新区、西咸新区和滇中新区也出台了较多的金融政策,为新区金融发展提供保障。但两江新区、哈尔滨新区、天府新区和湘江新区在政策方面对金融业的支持明显不足,近年来出台较少或没有出台专门的金融政策。

　　从政策出台的时间来看,浦东新区和滨海新区因设立时间较长,在早些年就已经出台了大量的政策支持金融发展,随着金融业发展的逐渐成熟,对政策的依赖程度有所降低,因此2015—2017年出台的新的金融政策相对较少。金普新区和西咸新区近两年金融政策出台的密度较高。其他的新区在设立以后也相应出台了金融政策,因为设立时间较晚,所以政策出台时间主要集中在近些年。

从政策支持内容来看,政府主要从以下几个方面对新区的金融发展提供支持:鼓励设立金融机构、支持和鼓励新区现有金融机构进行创新、完善现有金融投融资体系、支持和提倡新区金融对外开放、依托农村信用社发展农村金融。国家在国家级新区的金融发展上提供了主要方向,并且划定了每种政策所适用的新区,这是结合每个国家级新区的区位条件、发展基础和目标定位等因素所提出的,有利于每个新区所在的省市以及新区本身因地制宜发展金融业。

表2-2　部分新区金融政策支持情况一览表

新区	政策文件
浦东新区	《浦东新区促进融资租赁业发展的意见》(2010)
	《上海现代服务业综合试点专项资金使用和管理办法》(2011)
	《浦东新区促进金融业发展财政扶持办法》(2012)
	《浦东新区促进金融业发展财政扶持办法实施细则》(2013)
	《浦东新区促进私募证券投资基金行业发展财政扶持办法及实施细则》(2015)
	《浦东新区科技发展基金知识产权资助资金操作细则》(2016)
	《浦东新区科技发展基金管理办法》(2016)
滨海新区	《关于加快天津滨海新区保险改革试验区创新发展的意见》(2007)
	《天津滨海新区综合配套改革试验金融创新专项方案》(2009)
	《关于推动天津农村金融改革创新的意见》(2010)
	《中国人民银行关于金融支持中国(天津)自由贸易试验区建设的指导意见》(2015)
	《天津市中小微企业贷款风险补偿机制有关补充措施》(2015)
	《滨海新区中心商务区促进金融业发展暂行规定》(2016)
	《天津市金融局关于充分发挥金融创新引领作用更好服务全市促惠上活动的意见》(2016)
	《关于支持我市企业上市融资加快发展有关政策》(2017)
舟山群岛新区	《舟山市人民政府办公室关于加强中小企业信用担保体系建设的若干意见》(2008)
	《舟山市人民政府办公室关于促进我市融资租赁业发展的若干意见》(2015)
	《国家发展改革委办公厅关于充分发挥企业债券融资功能支持重点项目建设促进经济平稳较快发展的通知》(2015)
	《浙江省互联网金融风险专项整治工作实施方案》(2016)
	《浙江省人民政府办公厅关于加快融资租赁业发展的实施意见》(2016)
	《舟山市人民政府关于健全政策性融资担保体系建设的意见》(2017)

续表

新区	政策文件
兰州新区	《兰州新区鼓励金融业发展优惠政策》(2015)
	《兰州新区 2016 年到位资金目标任务分解意见》(2016)
南沙新区	《广州市人民政府关于支持广州区域金融中心建设的若干规定》(2013)
	《关于支持广州南沙新区深化粤港澳台金融合作和探索金融改革创新的意见》(2014)
	《中国人民银行关于金融支持中国(广东)自由贸易试验区建设的指导意见》(2015)
	《中国保监会办公厅关于支持广东自贸试验区建设有关意见的复函》(2015)
	《广东南沙、横琴新区跨境人民币贷款业务试点管理暂行办法》(2015)
西咸新区	《国务院西部开发办关于西部大开发若干政策措施的实施意见》(2001)
	《陕西省人民政府印发关于加快西咸新区发展若干政策》(2011)
	《陕西省人民政府关于印发〈陕西省推进普惠金融发展规划(2016—2020 年)实施方案〉的通知》(2017)
	《西安市人民政府办公厅关于加快融资租赁业发展的实施意见》(2017)
	《关于进一步促进融资担保行业发展的实施意见》(2017)
贵安新区	《贵州省人民政府关于贵州省创新重点领域投融资机制鼓励社会投资的实施意见》(2015)
	《省人民政府办公厅关于印发贵州省政策性金融扶贫实验示范区建设工作方案的通知》(2017)
西海岸新区	《青岛市黄岛区小型微型企业贷款风险准备金管理办法(试行)》(2014)
	《青岛市黄岛区金融业发展专项资金管理办法》(2014)
	《政银企三方联动助推经济发展十二条》(2016)
金普新区	《国务院关于深入推进实施新一轮东北振兴战略加快推动东北地区经济企稳向好若干重要举措的意见》(2016)
	《大连市人民政府关于创新重点领域投融资机制鼓励社会投资的实施意见》(2016)
	《大连市人民政府关于大力发展产业金融的实施意见》(2016)
	《大连市人民政府关于促进互联网金融健康发展的实施意见》(2016)
	《大连市人民政府关于深化金融改革创新实施意见》(2016)
	《辽宁省人民政府关于进一步提高金融服务实体经济质量的实施意见》(2017)
	《大连市人民政府关于进一步提高金融服务实体经济质量的实施意见》(2017)

续表

新区	政策文件
天府新区	《四川省人民政府办公厅关于印发四川省推进普惠金融发展规划（2016—2020年）的通知》（2016）
湘江新区	《湖南省人民政府关于促进融资担保行业加快发展的实施意见》（2017）
江北新区	《南京市人民政府关于进一步加快全市金融业改革创新发展若干意见》（2011）
	《南京市政府关于印发南京市金融创新奖励暂行办法的通知》（2015）
	《南京市"十三五"金融业发展规划》（2017）
福州新区	《福州市促进金融业发展若干意见》（2013）
	《国家发展改革委 国家开发银行关于推进开发性金融支持国家级新区健康发展有关工作的通知》（2015）
	《福州市引进和培育金融机构奖励办法》（2017）
滇中新区	《云南省人民政府关于推进政策性融资担保体系建设的意见》（2016）
	《云南省人民政府办公厅印发关于提升金融创新能力建设面向南亚东南亚金融服务中心等5个实施方案的通知》（2016）
	《云南省人民政府关于大力发展普惠金融的实施意见》（2017）
赣江新区	《小额贷款公司税收优惠政策出台》（2017）
	《江西省赣江新区建设绿色金融改革创新试验区总体方案》（2017）

（资料来源于中国政府网、各新区所在省市政务网、新区政务网等。）

表 2-3 国家级新区的金融政策

政策类型	文本描述	适用新区
金融机构支持	引导金融机构支持新区建设,在新区开设分支机构;鼓励新设金融机构;支持设立民营银行;支持民间资本设立中小金融机构	舟山群岛新区、兰州新区、南沙新区、西咸新区、贵安新区、西海岸新区、金普新区、天府新区、湘江新区、江北新区、福州新区、滇中新区、哈尔滨新区、长春新区
金融创新试点	鼓励金融机构创新;开展金融改革创新试点;探索金融机构创新发展协调机制	舟山群岛新区、兰州新区、南沙新区、贵安新区、西海岸新区、天府新区、江北新区、福州新区、哈尔滨新区

政策类型	文本描述	适用新区
完善投融资体系	支持相关产业非银行金融业务;创新投资体制,鼓励市场化方式建立健全各类投资主体;鼓励发展各类投资基金,拓宽融资渠道;支持企业发行债券,探索股权交易平台建设;支持金融租赁、信托业务;探索政府出资设立担保机构,开展联保贷款;推进互联网金融等金融业态发展;开展保险业创新发展实验;商业保险业务试点	舟山群岛新区、兰州新区、南沙新区、西咸新区、贵安新区、西海岸新区、金普新区、天府新区、湘江新区、江北新区、福州新区、滇中新区、哈尔滨新区、长春新区
金融对外开放	放宽外资金融机构准入;支持境外机构入驻;允许支持设立合资银行、证券、基金、期货公司;支持申请国际金融贷款	舟山群岛新区、南沙新区、贵安新区、西海岸新区、天府新区、湘江新区、江北新区、福州新区、滇中新区、哈尔滨新区、长春新区
发展农村金融	推进农村信用社改制为农村商业银行,支持依法设立村镇银行	舟山群岛新区、贵安新区

(资料来源于中国政府网、各新区所在省市政务网、新区政务网等。)

综上所述,由于每个国家级新区设立时间不同,拥有不同的资源禀赋和发展优势,因此各个新区的金融政策无论是在出台时间、数量还是在政策支持内容上都有各自的特点。

第二节　各新区金融政策支持情况

国家级新区金融产业的发展不仅需要依靠新区自身的政策支持,还需要依靠国家和所在的省市对新区金融产业发展的支持。国家级新区由于所在的省市不同,成立的时间有先后,金融产业的发展基础各不相同,因此在三个层面上所得到的金融政策支持也有差异。由于资源获得渠道不同,本部分对 15 个国家级新区的金融产业支持情况进行了详细的分析,使得读者能对每个新区的发展情况有大致的了解。

一、上海浦东新区

浦东新区作为设立最早的国家级新区,经过长期的发展,目前金融业发展质量高,已经初步形成了以银行、证券、保险、基金、信托投资、财务、金融、租赁和汽车金融等为主的金融市场体系，且不断创新金融产品以增加服务功能，金融服务门类齐全。此外，金融市场体系完整，区内集聚着证券、期货、金融衍生品、产权等国家级和市级金融要素市场，包括上海证券交易所、上海期货交易所、上海钻石交易所等，市场层次丰富，市场容量不断增大，金融要素市场体系在国内最为完善。[1]

分析浦东新区近年来发布的金融政策，其主要政策支持方向是允许外资开办银行财务公司、保险公司等金融机构，支持设在上海的合资证券公司以及合资基金公司率先扩大开放范围，积极推进符合条件的金融企业开展综合经营试点，鼓励发展各类股权投资企业（基金）及创业投资企业，外资银行、外资银行分行、中外合资银行及财务公司等金融机构。位于浦东新区的上海自贸，其金融创新主要集中在存款利率市场化创新、自贸区企业融资创新、自贸区支付结算创新、自贸区企业资金管理创新、自贸区对外直接投资创新和自贸区内金融机构集聚创新6个方面。

浦东新区为了鼓励金融业的发展，在财政上给予了大量的支持。为了吸引和支持金融机构进入新区，在《浦东新区促进金融业发展财政扶持办法实施细则》中明确提到对上海市外新迁入机构的落户补贴，按照法人金融机构所获得一次性补贴的200%给予一次性补贴。除此以外，对于银行、保险、证券、基金、期货、信托等公司，根据实际情况均给予一定的财政支持。[2] 除了针对金融机构进行财政补贴以外，对于特定的金融业的分支，浦东新区在政策上也给予了财政支持为其提供保障。为促进浦东新区私募证券投资行业快速发展和行业相关机构集聚，浦东新区特制定《浦东新区促进私募证券投资基金行业发展财政扶持办法及实施细则》，在企业和人才两个方面均给予了一定数额的补贴。[3]

二、天津滨海新区

天津滨海新区依靠其有利的区位条件，经过多年的发展，形成了完善的金融市场体系。滨海新区设立了全球唯一的铁合金交易所，成立了天津股权交易所和天津滨海国际股权交易所两家资本交易所，并成立了天津碳排放权交易所，以完善金融市场体系。在投融资方面，滨海新区基金产业发展迅速，成立了我国第一支契约型产业投资基金，渤海产业投资基

① 许林,邱梦圆. 南沙新区金融发展与创新政策研究:与浦东新区、滨海新区之比较[J]. 海南金融,2015(9):26-31.
② 浦东新区促进金融业发展财政扶持办法实施细则[EB/OL]. (2013-07-01)[2017-08-19]. https://wenku. baidu. com/view/097027c1195f312b3169a581. html.
③ 浦东新区促进私募证券投资基金行业发展财政扶持办法及实施细则[EB/OL]. (2015-01-04)[2017-08-19]. https://wenku. baidu. com/view/a3a95bd1284ac850ad0242db. html.

金使天津成为私募基金最活跃的地区之一。金融机构方面成立了渤海银行投资银行部,实现了金融控股构想,在保险信托以及产权交易改革方面也取得了不同程度的进展。[①]

为了推动实施中小微企业贷款风险补偿机制、降低实体经济企业融资成本、融资租赁促进企业装备改造、金融支持打造科技小巨人升级版四项专项活动,进一步加大金融服务实体经济发展力度,促进经济平稳健康发展,天津市金融局在 2016 年提出"十三五"期间,金融业工作重点为继续深入推进中小微企业贷款风险补偿机制,切实降低实体经济企业融资成本,运用融资租赁手段促进企业装备改造,金融支持打造科技小巨人升级版。一要重视金融业自身发展模式和金融机构创新,同时要将金融业与装备制造业和科技发展结合起来,使得金融业与实体经济结合起来;二要使得金融业服务于实体经济;三要使实体经济和科技创新为金融业提供保障。

三、浙江舟山群岛新区

舟山群岛新区的金融政策支持主要来源于浙江省和舟山市两个层面,并且在近年来,融资租赁业的发展受到了极大的重视。为进一步加快舟山群岛新区融资租赁业的发展,运用融资租赁推动产业转型升级,充分发挥融资租赁融资融物和促销的双重功能,有效支持海洋经济快速发展,经舟山市政府研究,出台了《舟山市人民政府办公室关于促进我市融资租赁业发展的若干意见》。第一,支持引进和设立各类融资租赁公司,通过放宽进入权限、注册资本补助、办公用房补贴、财政补贴等手段,对金融机构形成较大的吸引力;第二,明确相关税收政策;第三,鼓励企业运用融资租赁;第四,通过拓展多种融资渠道、简化外汇管理、加快外汇管理政策创新支持拓展资金来源渠道;第五,支持融资租赁业务创新发展,除了鼓励金融机构开展业务创新以外,还鼓励融资租赁公司支持舟山市重点产业发展;第六,营造融资租赁业良好发展环境。[②]

根据《国务院办公厅关于加快融资租赁业发展的指导意见》(国办发〔2015〕68 号)精神,为了支持浙江省金融租赁的发展,浙江省政府于 2016 年发布《浙江省人民政府办公厅关于加快融资租赁业发展的实施意见》,提出各级财政要加大对融资租赁业发展的支持力度,通过产业基金、风险补偿、财政奖励、项目贴息等政策工具,对符合国家产业政策导向、服务浙江省重大战略和重点培育产业的融资租赁公司予以重点支持,对融资租赁公共服务体系建设给予扶持,引导融资租赁公司加大对中小微企业的融资支持力度;通

① 张鸿武. 我国产出缺口和潜在经济增长率的估计[J]. 经济学动,2005(8):44 - 49.
② 舟山市人民政府办公室. 关于促进我市融资租赁业发展的若干意见[EB/OL]. (2015 - 06 - 13)[2017 - 08 - 19]. http://www. zzbcx. com/index. php? m = content&c = index&a = show&catid = 33&id = 964.

过融资租赁方式获得工业机器人设备的承租企业,由当地政府根据财力参照"机器换人"相关政策统筹支持;落实税收支持政策;支持内资融资租赁公司利用外债,调整内资融资租赁公司外债管理政策,拓宽跨境融资渠道;加强海关政策支持,促进租赁进出口业务便利化,租赁进出口货物可适用区域通关一体化通关模式。浙江省和舟山市的金融政策支持,为舟山群岛新区的金融租赁业的发展提供了良好的发展环境。

四、甘肃兰州新区

兰州新区地处西北内陆地区,与沿海地区相比,发展金融业的区位优势稍弱。近年来,兰州在政策上对金融的支持与其他新区相比力度较小。

2016年《国家发改委关于印发兰州新区建设指导意见的通知》中指出,鼓励和支持符合条件的金融机构在兰州新区设立分支机构,引导银行业金融机构在防范信贷风险的前提下,进一步加大对新区的信贷支持力度。鼓励金融机构创新金融产品与服务方式。在符合相关监管要求和有效防范风险前提下,鼓励兰州新区以市场化运作方式建立健全各类投融资主体。①

兰州新区正处于经济结构调整、动力转换、跨越发展的关键时期,面临着一系列机遇和挑战。为了支持兰州新区的发展,甘肃省委办公厅、省政府办公厅2016年为兰州新区的发展制定了28条政策意见,其中就包括支持金融财税发展的意见。增加兰州新区发展专项资金规模。自2017年起连续5年,由省财政每年筹措10亿元,兰州市财政每年筹措5亿元,专项用于兰州新区基础设施建设、公共服务完善和科技创新、兰州市区企业出城入园搬迁改造等方面。省财政以2016年为基期年,自2017年起连续5年,省级分享的兰州新区税收增量部分全额返还兰州新区。兰州新区范围内新增建设用地有偿使用费由新区财政按规定入库,省财政在安排新增地方政府债券时对兰州新区给予重点倾斜。全省政府与社会资本合作(PPP)项目引导资金重点向兰州新区倾斜。对兰州新区符合基金投向的项目,省级各类产业基金、创投基金优先给予支持;协调符合条件的各类金融机构到兰州新区开设分支机构,积极协调监管部门在支农再贷款、支小再贷款等方面给予兰州新区内银行倾斜支持。该意见为兰州新区的金融财税发展提供了发展方向。②

---

① 国家发改委关于印发兰州新区建设指导意见的通知［EB/OL］.（2016－03－1）［2017－08－19］.http://www.lzxqrc.gov.cn/news/news－show.php? id=122.

② 《关于支持兰州新区加快发展的政策意见》解读.甘肃日报.2017－04－21.

五、广州南沙新区

南沙新区依托广州市良好的区位条件,经济发展基础好,在金融业发展方面具有得天独厚的优势。依照《广州市南沙新区条例》,南沙新区金融创新政策重点在于与港澳地区开展合作,允许符合条件的港澳机构在南沙新区设立合资证券公司、合资证券投资咨询公司和合资基金管理公司,鼓励港澳保险经纪公司在南沙新区设立独资保险代理公司,同时南沙新区内的金融机构可以为港澳台机构和居民提供跨境人民币结算金融服务,开发跨境人民币结算创新产品,促进贸易投资便利化。围绕海洋经济等实体经济开展产业金融创新;发展科技金融、航运金融等特色金融业务,鼓励和支持港澳企业和金融机构积极参与组建航运产业基金、航运金融租赁公司、航运保险机构,打造区域的航运金融中心。

六、陕西西咸新区

在国家级新区金融政策支持导向中,明确西咸新区在金融政策制定中的主要方向为:一是引导金融机构支持新区建设,在新区开设分支机构;鼓励新设金融机构;支持设立民营银行;支持民间资本设立中小金融机构。二是支持相关产业非银行金融业务;创新投资体制,鼓励市场化方式建立健全各类投资主体;鼓励发展各类投资基金,拓宽融资渠道;支持企业发行债券,探索股权交易平台建设;支持金融租赁、信托业务;探索政府出资设立担保机构,开展联保贷款;推进互联网金融等金融业态发展;开展保险业创新发展实验;商业保险业务试点。

在《陕西省推进普惠金融发展规划(2016—2020 年)实施方案》中,指出要健全多元化广覆盖的普惠金融组织体系,构建政策性金融、商业性金融和合作性金融相结合,多层次、广覆盖、有差异、适度竞争的金融组织体系;创新金融产品和服务方式,降低金融交易成本,延伸服务半径,引导和推动各类普惠金融服务主体采用互联网等现代信息技术改进金融服务,增加普惠金融供给的广度和深度;加强金融基础设施建设,加快推进支付、征信、统计等金融基础设施建设,改善普惠金融发展环境,优化金融资源配置,提高资金使用效率;积极发挥财政政策、货币政策、产业政策对普惠金融的引导和激励作用,加强政策协调,加大普惠金融的政策支持力度;结合省情开展金融知识普及教育,培养公众的金融风险意识,提高金融消费者素养,保护金融消费者合法权益,引导公众关心、支持、参与普惠金融实践活动。通过这一政策,为陕西省在 2016—2020 年阶段的金融发展提供方向，同时也为新区的金融发展明确了目标和思路。[①]

七、贵州贵安新区

贵安新区的金融发展主要的政策支持来源于省级层面的政策，在国家级新区金融政策类型中明确贵安新区作为金融创新试点和金融对外开放试点。为了落实这一政策，在《贵州省人民政府办公厅关于印发贵州省政策性金融扶贫实验示范区建设工作方案的通知》中指出，贵安新区将金融发展与扶贫进行结合，创新政策性金融扶贫新模式，主要任务为聚焦全省 50 个扶贫开发重点县和 16 个全国集中连片特困地区片区县建档立卡贫困户，努力发挥农业政策性银行扶贫融资优势，在产业发展、易地扶贫搬迁、教育、医疗、就业等方面提供政策性融资服务，着力打造贵州政策性金融实验示范区。[②]

八、青岛西海岸新区

2016 年，西海岸新区为加强政银企沟通协调联动，进一步坚定信心、强化措施，促进新区经济持续健康发展，多举措力推金融创新。包括支持中国银行等银行机构在各大功能区设立分支机构，对功能区开发建设企业项目提供融资专项服务；支持银行机构设立中小微企业专营服务机构，并向上争取扩大信贷审批权限；设立企业续贷过桥资金，由区金融办和区财政局负责启动实施企业续贷过桥资金，增强融资性担保机构的担保能力；在现有恒信和信驰两家国有融资担保机构的基础上，推动其他功能区设立政策性融资担保机构，支持功能区建设。此外还包括信用体系建设和约谈制度建立等。

九、大连金普新区

近年尤其是 2016 年，出台了大量的政策支持金普新区金融发展，主要政策来源于大连市，主要是拓宽重点领域融资渠道，引导金融机构采取有针对性措施，创新融资产品，提升服务水平，加强融资对接，提高贷款审批和发放效率，改善小微企业金融服务。落实《鼓励发展农村金融的政策措施》，引导金融机构创新农村金融产品，延伸县域布点，加大信贷投放，扩大农业保险覆盖面，发展惠农金融服务站。充分发挥政策性金融机构的积极作用，支持政策性金融机构在国家批准的业务范围内，开展普通公路政府购买服务协

---

① 陕西省推进普惠金融发展规划（2016—2020 年）实施方案．[EB/OL]．（2017 − 02 − 06）[2017 − 08 − 19]．http://www.shaanxi.gov.cn/gk/zfwj/63986.html.

② 省人民政府办公厅关于印发贵州省政策性金融扶贫实验示范区建设工作方案的通知．[EB/OL]．（2017 − 02 − 03）[2017 − 08 − 19]．http://www.gzgov.cn/xxgk/zfxxgkpt/szfxxgkml/ztfl/mzfpjz/201702/t20170203_694079.html.

议等预期收益质押贷款、港口岸线使用权质押贷款等担保贷款业务,为生态环保、农林水利、交通基础设施、新型城镇化、新农村建设、棚户区改造、地下综合管廊、农村路网、改善农村人居环境、农业综合开发、县域公共基础设施等重点工程提供长期、低成本的资金支持。大力发展股权投资基金、创业投资基金和中国农发重点建设基金,鼓励民间资本采取私募等方式发起设立主要投资于公共服务、生态环保、基础设施、区域开发、战略性新兴产业、先进制造业等领域的产业投资基金。①

十、四川天府新区

《四川省人民政府办公厅关于印发四川省推进普惠金融发展规划(2016—2020 年)的通知》指出,到 2020 年,建立与全面建成小康社会相适应的具有四川特色的普惠金融服务和保障体系,有效提高金融服务可得性,明显增强人民群众对金融服务的获得感,显著提升金融服务满意度,满足人民群众日益增长的金融服务需求,特别是要让小微企业、农民、城镇低收入人群、贫困人群和残疾人、老年人等及时获取价格合理、便捷安全的金融服务,使四川省普惠金融发展水平居于全国中上游水平。天府新区虽然没有针对金融发展的专门的金融支持,但是该规划为新区金融发展营造了发展的大环境。②

十一、湖南湘江新区

湘江新区在政策上对金融的支持力度较小,新区金融发展依托湖南省在金融方面出台的政策。《湖南省人民政府关于促进融资担保行业加快发展的实施意见》就促进全省融资担保行业加快发展提出实施意见,主要包括大力发展政府支持的融资担保机构,构建多方风险分担机制,改进考核和风险问责机制,提升依法监管工作效能,营造支持发展的良好环境。

十二、南京江北新区

南京市政府办公厅公布的《南京市"十三五"金融业发展规划》明确指出南京将重点打造河西、新街口和江北新区"一核两区"的金融中心格局,其中江北新区力争到"十三

---

① 大连市人民政府关于创新重点领域投融资机制鼓励社会投资的实施意见.[EB/OL].(2016 – 07 – 27)[2017 – 08 – 19]. http://www. dl. gov. cn/gov/detail/file. vm? diid = 101D040001608035755516080213 &go = affair.

② 四川省人民政府办公厅关于印发四川省推进普惠金融发展规划(2016—2020 年)的通知(川办发〔2016〕113 号).[EB/OL].(2016 – 12 – 29)[2017 – 08 – 19]. http://zcwj. sc. gov. cn/xxgk/NewT. aspx? i = 20161229130055 – 369720 – 00 – 000.

五"末打造成为全国一流新金融中心。其中"一核"指的是以南京金融城为主要集聚载体的河西金融集聚区，定位为区域金融中心核心功能区，重点集聚各类金融机构总部（地区总部）、功能性金融机构和平台，努力将河西金融集聚区打造成为区域内的总部金融集聚中心、金融交易中心、财富管理中心、金融研训中心和金融信息服务中心，将南京金融城打造成为具有国际水准的地标性金融集聚载体。稳步推进南京金融城项目建设，2020年底基本建成金融城，并加大金融招商力度，提升功能品质，努力将南京金融城打造成南京泛长三角区域金融中心的标志性载体。

"两区"，即新街口金融商务区和江北新区新金融示范区。2016年3月底，由南京政府、银行、基金管理人三方合作的两大产业基金——服贸基金与通航基金在南京江北新区揭牌成立。其中，服贸基金是我国服务贸易领域首个政府引导基金。江北新区发展基金是由省政府投资基金、江北新区管理委员会和南京扬子江国资投资集团等出资人设立的区域发展母基金，实缴出资20亿元，其中70%用于引导基础设施建设，30%用于产业引导。

未来江北新区新金融中心将有一批重大项目落户。在项目引进上，江北新区将以工商银行资产管理有限公司落地为核心，逐步吸引其他大型金融机构资产管理公司入驻，形成资产管理同业项目集聚，继而进一步吸引信托、基金、律师事务所、会计师事务所等同链产业集聚。①

十三、福建福州新区

福州新区在金融发展上主要得到福建省省级和福州市市级政策支持。《福州市人民政府关于印发福州市引进和培育金融机构奖励办法的通知》指出，要贯彻落实福州市"十三五"金融业发展专项规划，进一步引进和培育金融机构，提升福州金融业发展水平，构建海西现代金融中心。主要政策措施包括：对2017年起在福州市新注册成立的银行、证券、保险、期货、信托、基金管理、金融租赁、消费金融、财务公司等金融机构以及金融中介配套服务机构给予一次性奖励；对2017年起新引进的其他金融机构及金融配套服务机构给予一次性奖励，由有关政府部门根据其注册资本金或营运资金、从业人数、纳税情况等方面因素给予综合评定，给予适当奖励；对2017年起在榕新注册成立的法人金融机构、地区总部机构在福州市购买、租用自用办公用房给予特定优惠；对福州市法人银行业、保险业机构到异地及境外设立地区总部（省级分行或省级分公司），2017年起每增设1家给予50万元奖励；对福州市法人证券业机构到异地及境外设立地区总部（省级分公

---

① 南京新金融中心新格局［EB/OL］.（2017 - 05 - 02）［2017 - 08 - 19］. http://www. jsdpc. gov. cn/zixun/ztxx/wsxdfwyfz/jjqfc/201705/t20170502_428007. html？pwzwjq = 306wi.

司),2017年起每增设1家给予20万元奖励。此类的政策有利于吸引新的金融机构入驻福州市,同时提供更加完善的金融中介配套设施,为福州新区的金融发展提供发展机会。

十四、云南滇中新区

云南滇中新区依托云南省的金融政策,坚持"政府引导与市场主导相结合、统筹规划与因地制宜相结合、持续发展与惠及民生相结合、推进创新与防范风险相结合"的基本原则,不断提高全省金融服务的覆盖率、可得性和满意度,充分发挥金融对全面建成小康社会的支持作用,使全省群众公平分享金融改革发展的成果。①

十五、江西赣江新区

赣江新区作为最后一个设立的国家级新区,虽然设立时间较晚,但是其十分重视金融的发展,在政策上,主要倡导"绿色金融"的发展。赣江新区牢固树立和贯彻落实新发展理念,充分发挥赣江新区区位、产业、资源、生态优势,以金融支持赣江新区绿色产业发展和支柱产业绿色转型升级为主线,深化金融体制机制改革,构建绿色金融组织体系,丰富绿色金融产品和服务,优化绿色金融发展环境,积极探索绿色金融发展模式,助推经济绿色发展,制定了《江西省赣江新区建设绿色金融改革创新试验区总体方案》。政策中明确提出以下发展原则:

坚持绿色导向,创新发展。立足服务实体产业,防止脱实向虚,科学制定赣江新区绿色金融发展实施规划;坚持政府引导,市场运作。统筹兼顾环境、社会和经济效益,短期和中长期效益,科学处理金融支持绿色发展与自身可持续发展的关系,推进绿色金融良性循环发展;坚持先行先试,防范风险。探索绿色金融组织体系、产品服务、体制机制等改革创新,积极稳妥、有力有序、精准务实推进各项改革试验。

赣江新区计划通过5年左右的时间,初步构建组织体系完善、产品服务丰富、基础设施完备、稳健安全运行的绿色金融服务体系,绿色金融服务覆盖率、可得性和满意度得到较大提升,探索形成有效服务实体经济绿色发展的可复制可推广经验。

第三节　国家级新区金融政策分析

近年来,为了支持各个国家级新区金融业的发展,国家级新区所在的省市以及新区

---

① 云南省人民政府关于大力发展普惠金融的实施意见[EB/OL].(2017 - 03 - 29)[2017 - 08 - 19].http://www.yn.gov.cn/yn_zwlanmu/qy/wj/yzf/201703/t20170328_28903.html.

本身出台了相应的金融政策,为金融发展创造了良好的政策环境,总体上取得了较好的成效。各个国家级新区作为区域经济发展的增长极,在金融发展方面有国家出台的政策提供整体方向,因此各个新区的金融政策存在一定的共性。但是因为各个国家级新区的设立时间、区位条件以及依托的资源禀赋方面存在较大的差异,所以在金融政策方面也存在一定的差异。

一、国家级新区金融政策共性分析

(1)大部分国家级新区均鼓励将金融与地区产业特色结合起来,创新金融业务与产品。浦东新区金融发展最为成熟,便在自贸区内逐步推行利率市场化等多项创新政策;滨海新区进出口贸易量大,外汇管理方面的改革为结售汇、外汇交易提供了很大便利;南沙新区靠近港澳,便以深化港澳合作,围绕海洋经济发展航运金融作为金融创新重点。其他的部分新区也在结合自身定位的基础上,鼓励金融与特色产业结合,使得金融与产业相互促进发展。

(2)在金融市场体系建设方面,大部分国家级新区均着力打造金融聚集区。允许符合条件的外资机构在区内设立合资证券公司、合资基金管理公司以及各类股权投资机构,在金融要素市场方面设立各类交易所,以完善金融体系。在这项政策上,沿海地区以及经济基础较好的新区更加具有吸引力,同时更容易落实政策。

(3)在财税政策方面,大部分国家级新区均为金融企业提供优惠政策。各个国家级新区在一定程度上均表示对新进、新引入或效益显著的金融机构给予财政上的补助和奖励,同时对金融机构的办公用房给予补助优惠等,希望借此鼓励和支持金融机构的进入和发展。

(4)在投融资方面,大部分国家级新区均鼓励金融与实体经济的发展相结合。各个国家级新区鼓励加大对中小企业融资信贷力度,发展创业投资、私募股权投资等各类投融资方式。结合每个新区的发展情况不同,鼓励程度和政策支持数量也有差异。

二、国家级新区金融政策差异性分析

不同的国家级新区拥有不同的发展定位,因此在国家大的金融政策框架下,各个国家级新区结合自身特点在金融政策上也有不同的创新。例如南沙新区综合多元性及辐射性强的特征,结合自身区位优势和产业特点,支持建设国家金融综合配套改革试验区和国际性加工贸易结算中心,建设航运交易所和华南商品期货交易所,发展离岸金融、融资租赁、产业投资基金,试点外汇制度改革。而赣江新区却牢固树立和贯彻落实新发展理念,充分发挥赣江新区区位、产业、资源、生态优势,以金融支持赣江新区绿色产业发展和支柱产业绿色转型升级为主线,致力为绿色金融的发展创造良好的发展环境。因此,每个新区结合自身特点不同,在金融政策上会有不同的创新,使得政策更加适应新区的经济发展。

第四节 金融政策的完善建议

通过对十八个国家级新区的金融发展政策的支持情况进行总体分析,然后对每个新区金融政策的支持方向等进行分析,结合每个新区的不同发展特点,总结出国家级新区在金融政策方面存在的问题,然后从完善小微金融服务政策、鼓励金融产品创新、创新金融人才培训这三个方面提出发展建议,以期望为国家级新区未来的发展提供方向,促进金融产业的迅速发展。

一、完善小微金融服务政策

国家级新区制定金融政策,发展金融,进行金融创新,其最终都是为了更好地服务实体经济。目前,小微企业融资难是一个普遍存在的问题,在这个问题的解决方案上,浦东新区的发展经验值得借鉴。上海银行联手浦东新区创新推出小微金融"浦东模式",搭建科技型小企业融资平台,通过知识产权质押给政策性担保机构,由银行向科技企业提供贷款。浦东新区政府拨出一定资金用于小微信贷坏账风险补偿与贷款额度奖励,激励上海银行放宽小微贷款审批条款。浦东新区还到区内各产业园区搜集小微企业贷款需求与财务信息,供上海银行进行信贷审核。重视企业的需求,从需求中寻找改革动力,然后再到实践中检验改革成果,完善各项措施这种"螺旋式"上升的改革路径是上海浦东区探索的核心所在,也是值得其他国家级新区学习和借鉴的。

二、鼓励金融产品创新

除了浦东新区、滨海新区以外,其他国家级新区当前处于高速建设时期。大部分新区基本建设项目资金缺口较大,但是大部分新区在项目资产证券化方面却鲜有突破,或者还未涉及这方面的金融政策。结合新区各自需要,可以借鉴滨海新区的外汇管理创新,推出例如本外币利率期权互换、远期结售汇等金融产品。面对个人客户,滨海新区还鼓励推出个性化金融服务,设计复合式理财产品,以满足客户的不同需求。其他国家级新区应该结合自身定位,积极开拓适合自身的特色金融领域,密切关注市场需求,打造新区特色金融产品。

三、创新金融人才培训

金融业的竞争就是人才的竞争,因此为了促进新区金融业的发展,对人才的引进有极其重要的作用。整体来看,东部地区和沿海地区对金融人才的吸引力较大,以浦东新区为例,浦东新区成立了浦东国际金融研究交流中心,并以此为平台建设浦东国际金融人才培训基地。浦东国际金融人才培训基地承担四个主要职能:一是引进国际顶尖教育资源,培训金融人才;二是吸引国际高端人才,以学促研,以研促用,推进我国金融业创新发展;三是搭建金融人才交流合作平台,推动国内外金融业交流互动;四是与海内外有关机构合作,推出有国际影响力的、金融中心建设有迫切需求的金融从业资格培训和认证考试,填补国内空白。高校云集、人才集中的浦东新区的发展经验值得借鉴,而对于内陆地区,尤其是经济较为落后的地区,吸引高端金融人才进入新区,需要依靠政策上的大力支持。

第三章　财税政策

国家级新区的发展离不开强有力的财政支撑,建立一个科学合理、财事权与支出相匹配的财政体制,有利于充分调动利益相关方参与新区开发建设的积极性,促进新区加快发展。本部分的财政体制主要指的是国家级新区与所在行政区政府、上级政府的财政分配关系。本章通过梳理剖析18个国家级新区的财税政策,归纳出18个国家级新区的财税政策支撑情况,得出国家级新区的财税政策共性特征是前期获批的国家级新区财税优惠政策,较晚批复的国家级新区财税优惠政策较少。通过分析各个新区的财税政策情况,总结出国家级新区财税政策存在的共同问题,认为当前国家级新区财税政策存在财政税收制度并不健全、管理制度上缺乏有效的管理体制以及财政税收执法队伍素质不高等问题。为此,各国家级新区应不断完善财政税收对策、加强财政税收的法制化管理,同时应重视财政预算工作。

第一节　财税政策总述

为了便于比较各新区的财税政策情况,本部分通过归纳总结现有政策,形成表2-4和表2-5。从两个表中可以看出,浦东、滨海、西咸、江北四个新区出台的各级新区、产业财税政策较多,而金普、哈尔滨、赣江三个新区未收集到相关财税政策,对财税方面的支持力度不够。

在十八个国家级新区中,两江、兰州、贵安、西咸、天府、滇中六新区由于地理位置因素,获国家西部大开发政策相关财税支持;滨海新区由国家出台政策支持高新技术企业发展;舟山群岛、南沙、西咸三新区由国家支持公共服务和相关产业发展;西海岸新区实行国家统一财税政策,截至目前未出台适用于新区自身的相关政策;浦东、湘江、江北、长春等新区均由地方支持发展。

表2-4　部分新区财税政策支持情况一览表

新区	政策文件
浦东新区	《国务院关于经济特区和上海浦东新区新设立高新技术企业实行过渡性税收优惠的通知》(2007)
	《上海浦东机场综合保税区管理办法》(2010)
	《浦东新区人民政府关于印发浦东新区促进新兴服务业发展财政扶持办法的通知》(2011)
	《财政部 海关总署 国家税务总局关于扩大内销选择性征收关税政策试点的通知》(2016)
	《关于"十三五"期间促进浦东新区社会组织发展的财政扶持意见》(2016)
	《"十三五"期间浦东新区财政扶持经济发展的意见》(2017)
滨海新区	《财政部、国家税务总局关于支持天津滨海新区开发开放有关企业所得税优惠政策的通知》(2006)
	《天津市促进现代服务业发展财税优惠政策》(2014)
	《财政部 海关总署 国家税务总局关于扩大内销选择性征收关税政策试点的通知》(2016)
	《天津市商务委员会 天津市财政局关于印发2016年天津市信保支持外贸中小企业提升国际化经营能力的通知》(2016)

续表

新区	政策文件
两江新区	《国务院西部开发办关于西部大开发若干政策措施的实施意见》（2001） 《财政部 海关总署 国家税务总局关于扩大内销选择性征收关税政策试点的通知》（2016）
舟山群岛新区	《浙江舟山群岛新区发展规划》（2013）
兰州新区	《关于深入实施西部大开发战略有关税收政策问题的通知》（2011） 《兰州新区综合保税区优惠政策》（2015）
南沙新区	《广东省企业研究开发省级财政补助政策操作指引（试行）》（2015）
西咸新区	《国务院西部开发办关于西部大开发若干政策措施的实施意见》（2001） 《国家税务总局关于落实西部大开发有关税收政策具体实施意见的通知》（2002） 《财政部 海关总署 国家税务总局关于扩大内销选择性征收关税政策试点的通知》（2016） 《关于进一步促进融资担保行业发展的实施意见》（2017）
贵安新区	《国务院西部开发办关于西部大开发若干政策措施的实施意见》（2001） 《贵安新区综合保税区和大学城财税管理模式试点方案（试行）》（2017）
西海岸新区	《关于印发青岛市黄岛区政府投资项目管理办法的通知》（2015） 《青岛市黄岛区区级财政预算追加管理暂行办法》（2016）
天府新区	《国务院西部开发办关于西部大开发若干政策措施的实施意见》（2001） 《中共昆明市委、昆明市人民政府关于加快中小企业发展的实施意见》（2009） 《财政部 海关总署 国家税务总局关于扩大内销选择性征收关税政策试点的通知》（2016）
湘江新区	《湖南湘江新区发展规划（2016—2025 年）》
江北新区	《江苏省政府关于治理规范涉企收费的政策意见》（2011） 《江苏省政府关于支持南京江北新区发展有关事项的批复》（2015） 《江苏省政府办公厅关于进一步推进"三证合一"改革的意见》（2015） 《江苏省政府办公厅关于调整城镇土地使用税税额标准的通知》（2015）
福州新区	《中国（福建）自由贸易试验区人才激励个人所得税政策管理办法》（2015）
滇中新区	《国务院西部开发办关于西部大开发若干政策措施的实施意见》（2001） 《国务院关于支持云南省加快建设面向西南开放重要桥头堡的意见》（2011）
长春新区	《国家发展改革委关于印发长春新区总体方案的通知》（2016）

（资料来源于中国政府网、各新区所在省市政务网、新区政务网等。）

表2-5　国家级新区财税政策

政策类型	相关表述	适用新区
国家支持高新技术企业发展	对在天津滨海新区设立并经天津市科技主管部门按照国家有关规定认定的内、外资高新技术企业,对在天津经济技术开发区、天津港保税区、天津出口加工区和天津新技术产业园区内的企业执行税收优惠政策	滨海新区
国家支持公共服务和相关产业	国家支持公共服务、公益事业、海洋产业、港航物流、远洋渔业;有关部门研究制定符合功能定位和产业发展的财税优惠;国家支持基本公共服务、相关项目和社会事业及生态环保	舟山群岛新区、南沙新区、西咸新区
国家统一财税政策	加快财税体制改革,执行国家统一财税政策	西海岸新区
国家支持公共服务	国家支持基础设施、城乡社会事业和生态环保建设	天府新区
国家支持相关项目	国家对新区符合条件的项目予以重点支持,鼓励地方加大投入	哈尔滨新区
国家支持政策+西部优惠政策	享受国家给予上海浦东新区和天津滨海新区的政策,并叠加重庆及西部的优惠政策,对于财税等领域赋予先行先试权	两江新区
地方支持	实行省指导、市管理的财政管理体制,支持重大基础设施和重大创新平台建设;省财政在分配地方政府债券资金时,对新区给予重点支持;相关专项资金分配向新区倾斜;优先支持新区符合条件的基础设施、城乡社会事业和生态环境保护建设项目申报中央基建投资等有关补助资金	湘江新区
地方支持	社会事业和重大基础设施和产业省市予以优先扶持,高新技术企业按规定享受有关税收优惠;按相关管理办法,省内资金优先支持新区建设	江北新区、长春新区
地方财政基金	2013年至2020年,新区内新增地方财政收入全额用于新区发展专项资金	贵安新区
地方支持重点产业发展	在贯彻落实国家、市层面产业扶持政策的基础上,聚焦金融、航运、贸易等重点产业板块,以及总部经济、电子商务、旅游会展、高端研发等重点领域。	浦东新区

(资料来源于中国政府网、各新区所在省市政务网、新区政务网等。)

通过细致的归纳发现,各新区财税政策由早期各种直接补贴逐步转化为税收政策激励。财税政策支持力度的弱化以及由国家支持到地方自主支持的转变,意味着新区财税政策由"国家主导、地方跟进"向"国家设定、地方推动"转化。

综上所述,财税政策从全面支持走向一片空白体现了国家级新区建设从"国家主导"走向"国家引导",从政府直接干预走向引导激励。新区财税政策支持总体呈现出随时间递减的趋势,可以预见,以后新设立的国家新区很难再享受到财税政策倾斜或支持。[1]

第二节　各新区财税政策支持情况

十八个国际级新区由于成立的时间先后不同,并且所处的省市发展情况有差异,因此财税政策各有不同。为了更好地了解国家级新区财税政策发展情况,需要对各新区的发展情况分别进行分析。本部分内容对国家级新区的财税政策支持情况进行了分析,由于部分新区的信息缺乏,因此仅对十四个国家级新区的财税政策进行了搜集并分析,希望读者更好地了解新区财税政策发展情况。

一、上海浦东新区

根据最新发布的《"十三五"期间浦东新区财政扶持经济发展的意见》,"十三五"期间,浦东新区将通过多元化的财政扶持经济发展体系,进一步强化财政政策效应,不断提升财政扶持资金效益和绩效管理水平。扶持政策将进一步围绕目标招商、精准招商,围绕新区"十三五"产业规划的重点,促进产业结构进一步优化。除部分创新型、功能性的项目外,企业享受财政扶持应与其对浦东经济社会发展的贡献相匹配。

浦东新区将进一步完善财政扶持管理操作模式,按照"统筹管理、平台申报、分片受理、按责实施"的总体思路逐步规范政策执行,整合资源,发挥合力。根据企业的不同发展阶段确定政策扶持重点,采取"投贷保奖补"相结合的多元化财政扶持方式,重点支持金融、航运、贸易等重点产业板块,以及总部经济、电子商务、旅游会展、高端研发等重点领域;加大财政科技投入,加快科创中心建设;促进中小企业发展,支持企业创业创新。[2]

① 李云新,贾东霖. 国家级新区的时空分布、战略定位与政策特征:基于新区总体方案的政策文本分析[J]. 北京行政学院学报,2016(3):22-31.
② "十三五"期间浦东新区财政扶持经济发展的意见[EB/OL]. (2017-02-03)[2017-08-20]. http://www.pudong.gov.cn/shpd/InfoOpen/InfoDetail.aspx? Id=790120.

二、天津滨海新区

2016 年滨海新区财政局不断深化财税改革，全力保障民计民生，重点加强财政监督，一般公共预算收入 1338.05 亿元，与 2015 年相比，按可比口径增长 13.1%。剔除市级收入 644.05 亿元，东丽、津南产业规划区收入 21.02 亿元，留区一般公共预算收入 672.98 亿元，与 2015 年相比，按可比口径增长 10.8%。全区一般公共预算支出 905.53 亿元，较 2015 年增长 19.1%。[①]

2017 年，新区一般公共收入预算安排 1485 亿元，比 2016 年增长 11%；一般公共支出预算安排 899.1 亿元，超 7 成将用于民生投入。接下来，新区财政局将进一步落实京津冀协同发展国家重大战略，着力保障和改善民生，聚焦重点项目建设。创新财政支出模式，推进财政资金股权化运作、基金化管理。利用政府债券、国家专项建设基金、国开行贷款等大额低息贷款置换存量债务，有效降低资金使用成本。[②]

三、重庆两江新区

两江新区自成立以来，各项政策均比照浦东新区和滨海新区，而在落实上可以动态地生成各种政策，这保证了两江新区始终保持着国家最优惠的政策。

在财税政策方面，区内到 2020 年以前均按 15% 税率征收企业所得税，相比沿海地区、中部地区 25% 的所得税，两江新区在企业所得税方面具有较大优惠幅度。

在财政收支方面，两江新区新增的地方财政税收、行政事业费用，均用于两江新区发展，不用上缴市委市政府进行全市统筹。

此外国家还批准重庆设立产业投资基金，优先引导支持新区的重点产业发展。在高新技术产业上，产值加技术性收入达到年产值 60% 以上，所得税可按 10% 来增收。[③]

四、浙江舟山群岛新区

《浙江舟山群岛新区发展规划》明确指出，新区应健全县级基本财力保障机制，加大奖励力度，支持舟山群岛新区提高基本公共服务水平和财政保障能力。加大边境地区转

---

① 关于滨海新区 2016 年决算草案及 2017 年以来预算执行情况的报告 [EB/OL]. (2017 - 09 - 13) [2017 - 08 - 20]. http://www.bh.gov.cn/html/CZJ/GGL21867/2017 - 09 - 13/Detail_946923. htm.

② 新区财政全力保障民计民生 [EB/OL]. (2016 - 12 - 28) [2017 - 08 - 20]. http://www.bh.gov.cn/html/BHXQZWW/BHJJ26645/ 2016 - 12 - 28/Detail_919834. html.

③ 重庆两江新区十大税收优惠政策 [EB/OL]. (2013 - 01 - 13) [2017 - 08 - 20]. https://wenku.baidu.com/view/9b950b43c850 ad02de804138. html.

移支付等相关资金支持力度,加强边远海岛基础设施、社会保障、基础教育、公共卫生等领域建设。进一步加大对海洋生态环境保护、防灾减灾、基础设施建设等公益事业领域的投入力度。探索通过财政补贴、政府采购、税收减免等措施,支持海洋经济等新兴产业发展。国家在港口建设费政策上给予倾斜,支持港航物流服务体系建设和航运支持保障系统建设与维护。贯彻落实支持远洋渔业发展的有关税收政策,实行现行中资"方便旗"船税收优惠政策。可以看出,舟山群岛新区由国家海洋经济战略推动,几乎得到全方位的国家财税支持。①

五、甘肃兰州新区

兰州新区除享受省市级、新区级财税政策外,还享受西部大开发战略相关优惠政策,其中对内资鼓励类产业、外商投资鼓励类产业及优势产业的项目在投资总额内进口的自用设备,在政策规定范围内免征关税;对设在西部地区的鼓励类产业企业减按15%的税率征收企业所得税;交通、电力、水利、邮政、广播电视等企业享受企业所得税"两免三减半"优惠政策。②

六、广州南沙新区

南沙新区由国家支持公共服务、公益事业、海洋产业、港航物流、远洋渔业发展;有关部门研究制定符合功能定位和产业发展的财税优惠;国家支持基本公共服务、相关项目和社会事业及生态环保。

七、陕西西咸新区

西咸新区同兰州新区一样,除享受省市级、新区级财税政策外,还享受西部大开发战略相关优惠政策,其中对内资鼓励类产业、外商投资鼓励类产业及优势产业的项目在投资总额内进口的自用设备,在政策规定范围内免征关税。

八、贵州贵安新区

根据新区规划,2013年至2020年,新区内新增地方财政收入全额用于设立贵安新区

---

① 浙江舟山群岛新区发展规划[EB/OL].(2017-06-12)[2017-08-20]. https://www. sogou. com/link? url = DSOYnZeCC.

② 财政部 海关总署 国家税务总局. 关于深入实施西部大开发战略有关税收政策问题的通知 [EB/OL]. (2012-05-15) [2017-08-20]. https://wenku. baidu. com/view/ ed9d32e4524de518964b7d48. html.

发展专项资金,这是一种类似买断性质的政策尝试,这种独特政策的目标是激发地方政府主动性,努力越多收益越多。[①]

九、青岛西海岸新区

西海岸新区执行国家统一财税政策,并且其财税政策服务于海洋经济国家战略,是新区财税政策的一个转折点,由此开启了允许财税改革并执行国家统一财税政策的时期。

十、四川天府新区

天府新区服务于促进西部发展战略,获得了国家财税政策倾斜。天府新区经济基础良好,国家给予政策倾斜应是出于成渝城市群两中心平衡、发展长江经济带和丝绸之路经济带的考虑。[②]

十一、湖南湘江新区

根据《湖南湘江新区发展规划(2016—2025 年)》,湘江新区实行省指导、市管理的财政管理体制,支持重大基础设施和重大创新平台建设;省财政在分配地方政府债券资金时,对新区给予重点支持;相关专项资金分配向新区倾斜;优先支持新区符合条件的基础设施、城乡社会事业和生态环境保护建设项目申报中央基建投资等有关补助资金。[③]

十二、南京江北新区

在江北新区,江苏省及南京市优先扶持社会事业、重大基础设施和产业;对于新区高新技术企业,按规定享受有关税收优惠,并且按相关管理办法,省内资金优先支持新区建设。此外江苏省财政将在 2016—2020 年每年安排定额补助 5 亿元,支持南京实施过江通道免费改革。

十三、黑龙江哈尔滨新区

哈尔滨新区确定自 2016 年 1 月 1 日起至 2017 年 12 月 31 日,将计算机和信息服务、

---

① 李云新,贾东霖. 国家级新区的时空分布、战略定位与政策特征:基于新区总体方案的政策文本分析[J].北京行政学院学报,2016(3):22-31.
② 李云新,贾东霖. 国家级新区的时空分布、战略定位与政策特征:基于新区总体方案的政策文本分析[J].北京行政学院学报,2016(3):22-31.
③ 湖南湘江新区发展规划(2016—2025 年)[EB/OL].(2016-04-22)[2017-08-20].http://moment.rednet.cn/rednetcms/news/20160516/479129.html.

研究开发和技术服务、文化技术服务、中医药医疗服务等四大类技术先进型服务企业所得税减按 15% 征收,低于我国企业所得税税率 25%。

十四、吉林长春新区

国家对吉林省的相关转移支付资金和吉林省本级安排的各类资金,按照相关资金管理办法,优先用于支持长春新区建设。

第三节　财税政策现存问题分析

通过上一节详细地分析各个国家级新区财税政策情况,总结出国家级新区的财税政策目前存在以下问题:尽管财政税收项目较多,但是税收制度并不健全;管理制度上缺乏有效的管理体制,需要更有效的奖惩措施来激发其工作热情;财政税收执法队伍素质有待提升。通过对这些问题进行总结分析,期望对国家级新区财税政策发展提供建议奠定基础。

一、财政税收制度并不健全

尽管我国的财政税收项目较多,但是财政税收制度并不健全,这给我国税收工作开展带来了很大的困难,困扰着税收部门对税收工作的执行。税收工作相关人员没有一个统一的规则来指导工作,就会给一些人提供有机可乘的机会,由此便会产生不合理的税收现象,直接影响到税收工作的效果和企业的正常纳税工作。总的来说,税收政策的不合理主要表现在增值税和所得税的税收设置上,其中重复收税的问题表现明显,既阻碍了财政宏观调控的作用,也制约了企业的发展,造成税收部门开展税收工作存在较大的困难。

二、管理制度上缺乏有效的管理体制

随着财政税收改革的不断深化,逐渐暴露出财政税收在管理制度上的一些问题,财政税收的工作人员在工作中受过去传统的财政税收管理模式的影响,不能有效及时地解决财政税收中所出现的问题。与此同时,一些工作人员的职业素养有待提升,在工作中,需要积极有效的鼓励政策激发其工作热情。

三、财政税收执法队伍素质有待提升

在我国财政税收队伍中,部分执法人员的税收意识淡薄,其业务水平和文化程度都有待提高。就现阶段而言,我国财政税收部门职员超编,然而在这些工作人员中,真正的具有较高的税法理论知识,丰富的实践经验,可以将征、管、查等工作做得顺利的人员并不多。正是财政税收执法队伍素质有待提升,才给我国财政税收工作带来了很多不利影响。

第四节　财税政策的完善建议

通过对国家级新区财税政策的分析,归纳出发展存在的问题,然后提出以下的政策建议,希望促进新区经济发展:不断完善财政税收对策,使财政税收对经济调控起到积极作用;在完善财政税收各项管理制度的基础之上,加快财政税收工作管理的法制化进程;科学的税收预算机制将直接关系到财政税收工作的顺利进行,要高度重视国家级新区的财税政策发展。

一、不断完善财政税收对策

只有不断完善财政税收制度才能确保减少财政税收工作中的偷税漏税情况,因此,要让财政税收制度更加合理,以便维护国家经济的根本利益,使财政税收对经济调控起到积极作用。第一,根据实际的地区发展情况进行财政税收结构的优化;第二,根据经济、企业的变化来调整税收政策,坚持从大局着眼;第三,国家应对增值税和所得税进行合理的改变和完善,消除重复纳税的现象。

二、加强财政税收的法制化管理

在完善财政税收各项管理制度的基础之上,还要加快财政税收工作管理的法制化进程,尽量避免在税收工作中工作人员的个人化主观因素,实施制度管理和流程化操作。对于财政税收管理单位,应该以避免铺张浪费、提高勤俭节约意识为目的,进一步加强财政税收的基础管理,合理安排财政资金,同时还要不断地创新财政支出方法,优化财政支出结构。[①]

三、重视起财政预算工作

科学的税收预算机制将直接关系到财政税收工作的顺利进行,为此,就要高度重视

---

① 滕彬. 对我国目前财政税收工作中存在问题的分析[EB/OL]. (2016 - 08 - 05)[2017 - 08 - 20]. http://www.qywh.org/qygc/cjyj/2016/0805/6097.html.

起来,从以下方面入手:一是拓宽财政预算的范围,使各企事业单位的经济活动都被财政预算机制所覆盖;二是我国政府要根据国情制定长期的税收预算机制,对我国的财政税收工作进行长期的规划,保证我国税收工作的正常运行。不断地深化改革税收预算机制,从而不仅能够确保税收工作的顺利开展,也提高了税收工作的效率。

第四章　人才与土地政策

新区产业的发展离不开土地生产要素,通过规范和调节土地利用,可以引导产业结构调整,促进产业结构优化升级。土地政策参与宏观调控还能有力地推动经济增长方式的转变,促进经济可持续发展。人才作为人力资源中素质高、竞争力强的一部分,已经成为经济发展中最重要、最具活力的因素。国家级新区的发展离不开人才政策与土地政策的有效支持。本章通过梳理近年来各国家级新区的人才与土地政策,对新区的人才与土地政策情况做以相应的描述分析,着重分析了各新区人才政策的支持情况、存在的问题及完善建议。认为当前新区在人才发展上存在政策体系不完善、人才培养不配套、结构不均衡及高层次人力资源缺口较大、服务保障机制不到位等问题。为支持各新区的招才引智工作,提出搭建支持人才自主创新平台,完善相关优惠政策,创新体制机制,健全人才服务管理机制,完善人才市场和劳动力市场联动,推动人力资源市场的功能整合等建议。

第一节　人才与土地政策总述

本部分内容分别对国家级新区的人才政策和土地政策进行详细的分析,总结出各个国家级新区在人才政策方面,高层次人才包括海外高层次人才是各新区重点引进并进行培养的;在土地政策方面,不同新区会有差异化的用地权限和土地市场化政策。通过这部分内容的分析,使得读者对国家级新区的土地政策和人才政策有了更清晰的了解和认识。

一、人才政策总述

自各个新区成立之后,我国各国家级新区都十分重视人力资源的作用。在各国家级和省市级人才政策的支持下,各新区从本区实际经济、制度等外部环境的建设出发,围绕人才的培养、稳定、引进和使用等出台了许多人才政策,并积极进行配套制度改革,从而形成了符合本新区的人才政策新体系。由于各新区经济社会发展水平的悬殊,为建设人才所需环境、提供制度等方面的条件不相同,因此人才政策的制定和实施情况也存在差距。当前,我国各国家级新区都十分重视人才的吸引工作,出台的人才政策数量越来越多,人才体系架设趋于完善。尽管吸引人才的政策呈日趋多样化,但政策内容主要集中在以下几个方面:提高物质生活待遇;保证来去自由的落户及居住证制度;为人才的家属及其子女解决居住、上学、就业、社会保障等问题;提供较好的学术及工作环境;提高政治地位等。表2-6为部分新区人才政策支持情况。

表2-6　部分新区人才政策支持情况一览表

新区	政策文件
浦东新区	《社会工作督导人才队伍建设实施意见》(2015)
	《中国(上海)自由贸易试验区推荐外籍高层次人才申请在华永久居留的认定管理办法》(2017)
滨海新区	《天津市关于进一步推进户籍制度改革的意见》(2016)
	《滨海新区高层次人才服务证制度暂行办法》(2016)
	《天津(滨海)海外人才离岸创新创业基地建设实施方案》(2017)
	《天津市委关于深化人才发展体制机制改革的实施意见》(2017)
	《滨海新区关于进一步集聚人才创新发展的若干措施》(2017)
两江新区	《重庆两江新区引进高层次人才若干政策(试行)》(2011)
	《"长江学者奖励计划"实施办法》(2011)
	《重庆市引进海内外英才"鸿雁计划"实施办法》(2017)
舟山群岛新区	《舟山市人才引进和激励办法》和《舟山市人才住房保障实施办法》(2010)
	《浙江舟山群岛新区"智汇群岛·创新引领"科技创业社区(科技创业人才集聚区)建设计划》(2012)
	《浙江省人民政府办公厅关于加快推进技能人才队伍建设的意见》(2015)
	《舟山市人才引进和激励办法》(2016)
	《舟山市"1252人才强教工程"实施方案》(2017)
兰州新区	《兰州新区"人才特区"建设试点工作实施方案》(2012)
	《甘肃省人民政府关于支持兰州新区引进高层次人才政策的意见》(2014)

续表

新区	政策文件
南沙新区	《广州市南沙区突出贡献人才奖暂行办法》（2013）
	《广州市南沙区中高级人才引进暂行办法》（2013）
	《广州市南沙区就业专项资金补贴审核程序》（2013）
	《广州南沙新区、中国（广东）自由贸易试验区广州南沙新区片区集聚高端领军人才和重点发展领域急需人才暂行办法》（2015）
	《关于简化中国（广东）自由贸易试验区内相关机构和高管准入方式的实施细则（试行）》（2015）
西咸新区	《国务院西部开发办关于西部大开发若干政策措施的实施意见》（2001）
	《陕西省西咸新区空港新城管理委员会关于实施高端、特殊人才引进计划的若干意见》（2016）
	《西安市人民政府办公厅关于印发进一步吸引人才放宽部分户籍准入条件户口登记工作规范的通知》（2017）
贵安新区	《贵安新区直管区教育人才引进实施办法（暂行）》（2016）
	《贵安新区引进高层次人才实施办法》（2016）
	《贵安新区汽车产业人才培养引进实施办法（试行）》（2017）
西海岸新区	《关于公布青岛西海岸新区第二批紧缺人才的通知》（2016）
金普新区	《大连开发区资助和奖励高层次人才办法》（2006）
	《大连市支持高层次人才创新创业若干规定》（2015）
	《大连市加强高技能人才队伍建设若干规定》（2015）
	《大连市加强创业孵化平台建设进一步促进创业型人才在连创业办法》（2015）
	《大连市解决引进人才住房办法》（2015）
	《大连市人才服务管理办法》（2015）
天府新区	《四川省人才发展规划纲要（2015—2020 年）》（2015）
湘江新区	《关于支持鼓励创新创业人才入驻的暂行规定》（2014）
	《湖南湘江新区创新创业人才奖励扶持办法（试行）实施细则》（2016）
江北新区	《关于"创业南京"人才计划的实施意见》（2015）
	《江苏省政府办公厅关于进一步加强苏北地区人才工作的意见》（2015）

新区	政策文件
福州新区	《福州市人民政府关于进一步鼓励和支持留学人员来榕创业的若干意见》(2011)
	《福州市创业创新人才住房保障办法(试行)》(2013)
	《福州市人民政府关于全面实施福州市高素质教育人才促进工程的意见》(2015)
滇中新区	《国务院关于支持云南省加快建设面向西南开放重要桥头堡的意见》(2011)
	《关于开展2014年度引进高层次人才享受政府购房补贴工作经费资助申报的通知》(2014)
	《中共云南省委云南省人民政府关于创新体制机制加强人才工作的意见》(2014)
	《中共昆明市委昆明市人民政府关于创新体制机制加强人才工作的实施意见》(2014)
哈尔滨新区	《关于印发哈尔滨市人才公寓管理规定的通知》(2014)
	《哈尔滨市重点企业引进优秀人才扶持办法》(2016)
	《哈尔滨市人民政府关于印发哈尔滨英才集聚计划实施方案的通知》(2017)
长春新区	《吉林省人民政府关于加快发展对外文化贸易的实施意见》(2014)
	《吉林省关于进一步激发人才活力服务创新驱动发展战略的若干意见》(2015)
	《吉林省关于金融支持人才创业的实施意见》(2015)
	《长春新区关于加快高层次人才集聚的若干政策(试行)》(2016)
赣江新区	《江西省高层次人才引进实施办法》(2015)

(资料来源于中国政府网、各新区所在省市政务网、新区政务网等。)

目前,起步最早、经济发展较为成熟的浦东新区、滨海新区和两江新区等聚集的人才数量相对较多,其高新技术产业规模总值相较其他新区也较多。从表中可知高层次人才包括海外高层次人才是各新区重点引进也是重点进行培养的,如浦东新区、滨海新区、两江新区、兰州新区、南沙新区、贵安新区等几乎所有新区都在近期出台了高层次人才引进政策,在职务安排、项目申报、资金扶持、职称评定、收入分配等方面给予倾斜。滨海新区、南沙新区、金普新区及舟山群岛新区人才政策数量较多,集中于创新创业基地的建设与技能型高级人才的引入。滨海新区、南沙新区、金普新区在经费上设立专项资金以吸引人才。金普新区、西咸新区、贵安新区、兰州新区及湘江新区都着力于打造创新人才基地,人才战略先行。

二、土地政策总述

土地是发展之基,是国家级新区开发建设最重要的要素资源,完善的土地政策是保障新区健康发展的重要前提。本节整理了部分新区出台的支持土地发展的政策。通过表2-7可以发现，各个新区对于土地规划的政策出台并不重视，甚至有部分新区并没有相关的土地政策。已经出台的土地政策也大多是本地省市出台的促进本省市土地发展的整体政策，而不是针对新区发展状况的具体实施方案，比如西海岸新区的《关于印发集体土地征收补偿办法的通知》等。

表2-7　部分新区土地政策支持情况一览表

新区	政策文件
浦东新区	《上海市临港产业区管理办法》(2010)
	《浦东新区工业用地全生命周期管理实施细则》(2016)
	《浦东新区黄浦江南延伸段前滩地区Z000801编制单元31-01地块出让方案》(2016)
西咸新区	《国务院西部开发办关于西部大开发若干政策措施的实施意见》(2001)
	《陕西省人民政府印发关于加快西咸新区发展若干政策》(2011)
贵安新区	《贵安新区土地利用总体规划(2013—2020年)》(2015)
	《贵安新区直管区已征收土地和储备土地临时利用及管护办法(试行)》(2017)
西海岸新区	《关于印发集体土地征收补偿办法的通知》(2014)
	《关于印发黄岛区村(居)和片区改造管理实施意见的通知》(2014)
	《关于印发青岛市黄岛区国有土地回购储备管理办法(试行)的通知》(2015)
	《关于印发黄岛区设施农用地使用和管理实施意见的通知》(2016)
湘江新区	《湖南省人民政府关于进一步加强节约集约用地的意见》(2016)
福州新区	《国务院关于支持云南省加快建设面向西南开放重要桥头堡的意见》(2011)
	《云南省人民政府关于进一步促进全省经济持续平稳发展22条措施的意见》(2016)
长春新区	《国家发展改革委关于印发长春新区总体方案的通知》(2016)

（资料来源于中国政府网、各新区所在省市政务网、新区政务网等。）

2015年国家发改委发布的《关于促进国家级新区健康发展的指导意见》中提到，要实行最严格的耕地保护制度和节约用地制度，严控增量、盘活存量、优化结构、提高效率，严格土地用途管制，强化新区建设用地开发强度、土地投资强度、人均用地指标的整体控制。

新区土地政策可以划分为创新土地管理制度、设置用地权限、土地市场规范化等三个方面（表2-8）。创新土地管理制度方面，金普新区总体方案只是简单提及土地管理制度方面的内容。

用地权限可分为三个等级。第一级是用地权限国家层面的倾斜，有舟山群岛新区、南沙新区、贵安新区和天府新区，具体内容是国家在编制年度土地计划时给予倾斜。舟山群岛新区尤其具有特殊性,重大产业项目可以实行耕地国家范围占补平衡,其他新区则仅实行耕地省内范围占补平衡。第二级是用地省内倾斜,包括贵安新区、湘江新区、江北新区、滇中新区、哈尔滨新区和长春新区。贵安新区用地计划同时得到国家倾斜和省内倾斜,用地权限仅次于舟山群岛新区。第三级是用地权限与主体城市协调,有兰州新区、南沙新区、西海岸新区和福州新区。兰州新区设立的重要意义在于老城区企业"出城入园",实现产业转移;南沙新区、福州新区都是作为粤港澳服务型窗口构建的;推动青岛成为蓝色经济领军城市是西海岸新区发展目标。政策文本涉及土地市场规范化的新区,除了天府新区以外,其他均为沿海经济发达地区,经济发达、思想开放是政策试点探索的主要原因。综上所述,不同新区会有差异化的用地权限和土地市场化政策①。

表 2-8　部分国家级新区的土地政策

政策类型	文本表述	适用新区
创新土地管理制度	土地利用总体规划评估修改试点;土地开发整理利用试点;建设用地审批改革试点;深入推进国土资源管理制度配套改革;实行差别化供地政策;土地管理综合改革试点;探索土地集约利用和生态型城镇化发展模式	舟山群岛新区、兰州新区、南沙新区、贵安新区、西海岸新区、金普新区、天府新区、湘江新区、江北新区、福州新区、滇中新区、哈尔滨新区、长春新区
设置用地权限	建设用地国家编制年度土地计划时适当倾斜,耕地省内占补平衡或开展国家占补平衡试点	舟山群岛新区、南沙新区、贵安新区、天府新区
	省建设用地指标优先保障新区合理用地需求,对新区建设用地计划实行单列,耕地省内占补平衡	贵安新区、湘江新区、江北新区、滇中新区、哈尔滨新区、长春新区
	建设用地纳入对应城市土地利用总体规划,耕地省内占补平衡	兰州新区、南沙新区、西海岸新区、福州新区
土地市场规范化	引入市场机制,鼓励民间投资参与土地整理复垦开发;建设统一规范的城乡建设用地市场,实现公开交易;探索有效的土地流转方式和补偿机制;加快建立和实施不动产统一登记制度,探索各类自然生态空间统一确权登记办法	舟山群岛新区、西海岸新区、天府新区、江北新区、福州新区

(资料来源于中国政府网、各新区所在省市政务网、新区政务网等。)

---

① 李云新,贾东霖. 国家级新区的时空分布、战略定位与政策特征:基于新区总体方案的政策文本分析[J]. 北京行政学院学报,2016(3):22-31.

由于各新区土地政策方面信息搜集不完全，所以以下部分仅对人才政策进行分析。

第二节　各新区人才政策支持情况

上一节分析了国家级新区的人才政策和土地政策总体情况，本部分详细介绍各个国家级新区的人才政策，包括各个国家级新区在引进和培育人才的资金支持、人才数量和质量、人才结构、人才引进计划等方面的具体政策措施，由此使得读者能够更加清晰地了解每个新区在人才政策上的差异，通过对比分析，得出国家级新区的发展问题，以此为提出建议奠定基础。

一、上海浦东新区

浦东开发之初，主要通过人才引进，比如向全国招聘 40 名机关干部、率先引进国内首批社工人才、率先向海外招聘技术人才等，来发展新区。随着国家管理体制改革，项目制成为人才聚集的重要手段。2010 年，浦东制订了"1116"引才计划，引进中央"千人计划"、上海"千人计划"和浦东"百人计划"专家各 100 名以上，金融、航运、战略性新兴产业和高新技术产业领域的高层次人才 600 名，以构建出梯度互补、相融互通的高端人才体系。2011 年，浦东出台了《浦东新区引进海外高层次人才意见》，全面实施"百人计划"。为加快建设高层次人才集聚高地，浦东以"海外高层次人才创新创业基地"和孵化器为载体，先行先试有关人才引进、培养、使用的新政策、新机制，重点在创业融资、财政资助、创新研发、知识产权保护、定向服务、生活保障等方面形成更具创新性、吸引力的配套政策。在"两创基地"方面，浦东已建立张江、陆家嘴两个国家级"两创基地"、5 个上海市"两创基地"（临港产业区、国际医学园区、中科院上海高等研究院、商飞公司上海飞机设计研究院和药明康德公司），逐渐形成不同类型、不同层次的人才基地体系。

截至 2014 年底，全区共有从业人员总量达到 302.39 万人，其中大专以上学历人才总数达 128 万。从高层次人才结构看，全区归国留学人员 3 万人，在浦东的境外从业人员（外国籍和港澳台从业人员）2.8 万人。与浦东建立工作关系的两院院士达 18 人，入选"新世纪百千万人才工程"6 人，享受国务院政府特殊津贴人员 91 人，上海市领军人才 32人，"浦江人才计划"引进人才 411 人，在站博士后达 467 人。前 10 批中央"千人计划"专家 148 人，其中创业 47 人，创新 101 人；前 4 批上海"千人计划"专家 169 人，其中创业 50人，创新 85 人；前 4 批浦东"百人计划"人才达 44 人。

二、天津滨海新区

滨海新区实行支持创业特殊政策,为人才创业提供资金支持,是滨海新区近年来吸引、留住人才的重要手段。在吸引人才、支持人才创业方面,新区主要采取以下措施:

第一,建立人才科技银行。积极推进科技金融服务便利化,引导各类金融机构在新区创建人才科技银行,完善人才评价、科技管理、金融服务协同联动机制,对人才创新创业提供一站式定向服务。

第二,设立创新平台扶持资金。对新引进的国家级和市级科研平台,给予最高500万元的资金支持;对跨国公司来新区设立研发机构、中小民营企业在新区联合建立技术研发中心的,给予最高100万元的资金支持,吸引各类创新载体聚集新区。同时,设立科技成果转化资金,以及实施科学技术奖励办法。

第三,加快建设产业技术创新战略联盟。坚持创新驱动发展战略,结合新区发展定位,立足新区产业规划和布局,紧密跟踪战略性新兴产业和主导产业前沿技术领域与发展方向,推动企业、大学、科研机构等共同建立产业技术创新战略联盟,形成联合开发、优势互补、利益共享、风险共担的技术创新合作组织。

第四,实行创新创业通票制度。滨海高新区率先在全国范围内推出创新创业通票制度,通过互联网管理系统,把现行政策资金兑现的财政后补贴方式调整为先由第三方机构垫付,再通过合作银行兑现的新方式,破解困扰企业的融资难和政策兑现难两大难题。为创新创业行为提供"服务包",由政府向能够提供专项服务的第三方机构购买,免费提供给创新者和创业者,主要包括高企服务包、知识产权服务包、分析测试服务包、新三板挂牌服务包和初创服务包5类。

据了解,2009年以来,新区人才总量年均增速达到9.3%。截至2015年底,新区各类人才总量达89.7万,占常住人口的30.1%,人才密度居全国前列。截至2016年底,在新区工作的"两院"院士、有突出贡献的中青年专家、国家科技奖项主要完成人等高层次人才606人;入选国家和天津市"千人计划"160人,其中国家"千人计划"51人,占全市的36.5%;"千人计划"创业型人才83人,占全市的95.4%;特聘外国专家2300多人、留学归国人员7100多人,占全市的28%。

三、重庆两江新区

新兴产业的人才聚集,得益于人才政策的不断完善。为了推动新区重点产业的发展,重庆市政府制定了《重庆两江新区重点产业人才发展规划纲要》《重庆两江新区引进高层次人才若干政策规定》,国家外专局专门出台《关于引进国外智力促进重庆两江新区开发开放的实施意见》，在政策创新、引进人才、拓宽渠道、建立市场、扩大宣传等方面给予重点支持。新区配套出台《引进高层次人才政策实施细则》，为又快又好地兑现政策指明了路径。探索建立特聘专家制度，柔性引进两院院士、国家"千人计划"专家等31人。

2015年以来，新区已分别在科技创新和产业资源对接较为密集的北部新区和水土园区加大创新创业基地建设和孵化基地建设，吸引了一批国际国内的优秀人才参与到两江新区的大众创新万众创业中来。为加快实施两江新区优秀人才聚集工程，进一步加大吸引人才工作力度，新区在加大国内人才吸引的同时，依托人力资源和社会保障部批复同意共建中国重庆两江新区留学人员创业园的机遇，加大国际优秀人才的吸引，吸引他们到新区创新创业。根据国家、重庆普惠政策及两江新区现有政策，制定了中国重庆两江新区留学人员创业园十大政策。

四、浙江舟山群岛新区

从2009年开始，舟山市委、市政府就开始加大对人才资源的开发力度，出台一系列引进领军人才项目的政策。另外，新区创新创业平台体系初步成型，通过与中科院及浙江大学、上海交通大学、大连海事大学等高等学校的合作，积极推动国家级海洋科教基地的建设。截至2015年底，舟山群岛新区正在建设的平台体系主要有：中国舟山海洋科学城、中国海洋科技创新引智园区、舟岛海洋科技示范岛和国际科技合作基地。舟山群岛新区成立了人才储备中心，自人才储备中心运行以来，截至2015年5月已组织开展了3次集中招聘，共招聘29名各类紧缺高层次人才。近年来，舟山不断加强人才集聚平台建设，以"一城、一园、一岛、一基地"为主体的平台建设有了一定的雏形。舟山市高层次人力资源数量和质量均有了明显提升。至2013年底，拥有博士和硕士学位的人才分别为166人和1300余人，比2005年末增长了410%和270%；拥有各类技能人才6万余人，比2005年末增长了163%，其中高技能人才10399人。

五、甘肃兰州新区

近年来，兰州新区围绕打造西部地区人才集聚新高地，不断创新工作机制，搭建创新创业平台，优化人才发展环境，充分激发了新区人才发展活力。截至2016年底，共引进培育各类人才9973人，其中党政人才2014人，企业经管人才576人，高技能人才318人，专业技术人才3479人，农村实用人才2975人，社会工作人才470人，智库专家141名。

兰州新区积极开展人才工作"七有"创建模式（有专门人才工作机构、有科技孵化器等公共平台、有人才发展专项资金、有紧密合作关系的高校院所、有较完善的创新创业投融资体系、有人才扶持系列政策、有"一站式"绿色服务通道），制定《兰州新区引进高层次人才实施细则（修订）》，对实用人才、高技能人才、创业大学生和柔性引进的科技型人才给予一系列保障措施，对教育和医疗卫生人才分类分层给予工作生活补贴及住房保障，对引进的两院院士、"万人计划"专家和长江学者等高层次人才提供不低于 200 平方米的住房，发放安家费等约 150 万元。兰州新区积极创建新区智库，成功举办"中国科学院院士兰州新区行""中国·兰州新区城市建设国际研讨会""千人计划专家兰州新区行"等活动，先后邀请 27 名两院院士、"千人计划"专家、外籍专家学者赴新区参观考察，引进杨炳雄、李溪等 4 名"千人计划"专家，创办甘肃光电气体安全科技有限公司和兰州溪易波能源科技有限公司，借助高端智力实现了"引进一个人才、带动一个项目、形成一个支柱产业"的链式效应，大力提升兰州新区的国内外影响力。

同时，兰州新区充分发挥新区人才服务中心作用，积极开展企业用工登记备案、求职人员登记、人力资源招聘培训、人事代理、人才现场交流洽谈、大学生注册报到、职称申报、职业技能培训等服务工作。

六、广州南沙新区

南沙自 2002 年开发建设以来，人才数量和质量都得到了明显提升。截至 2014 年底，南沙新区党政人才、企业经营人才、专业技术人才和技能人才总量共 8 万余人，较 2012 年人才总量增加了 33%。其中，高层次人才数量由 2012 年的 19 人增加到 2014 年的 37 人，翻了近一倍，增长率达到 95%，包括：两院院士 2 人，"千人计划"专家 13 人，广东省创新科研团队 1 个，广州市"百人计划"专家 5 人，广州市高层次人才 9 人，广州市 121 人才梯队工程入选人 4 人，享受国务院特殊津贴专家 13 人。

七、贵州贵安新区

贵安新区切实加大人才培养引进力度，积极探索引才引智新路子。截至 2015 年，新区培育引进各类人才 3799 人。引进的人才中包括，党政管理人才 84 人、企业管理技术人才 1742 人、专业技术人才 1432 人、高技能人才 35 人、农村实用人才 506 人。2015 年，新区组织参加第三届中国贵州人才博览会，赴北京大学等"985""211"高校开展校园专场人才招聘活动，共引聘人才 18 人，包括高层次人才及紧缺专业人才；招录"985"重点高校选调生 7 名，招考省委组织部选调生 5 名，为基层一线充实了力量。

新区采取"引进来"和"走出去"相结合的方式，积极沟通争取中央、省级金融机构金融人才到新区挂职，积极调动和发挥他们的专业优势和资源优势，为新区发展贡献力量。

同时,新区还通过选派优秀干部到中央部委、中央大型骨干企业、东部发达地区挂职,开阔视野、更新理念。

八、青岛西海岸新区

截至 2015 年底,新区先后主办或承办了"全球海洋人才洽谈大会""2014 年青岛蓝洽会""2015 年'千人计划'专家走进青岛西海岸新区"等大型人才活动,共达成 100 余项合作意向,吸引 7 名"千人计划"专家来新区落户创业。与此同时,新区还远赴加拿大、美国进行了海外高层次人才招聘推介活动,与海外相关机构和人士进行了广泛交流,达成多项合作意向。截至 2015 年底,新区创新研发平台拥有国家级平台载体 112 家,省级平台载体 136 家。

2016 年,西海岸新区两院院士达到 33 人,国家"千人计划"专家 30 人,人才总量 42 万人、占全市的四分之一。新区设立 1 亿元的人才发展专项资金,以一流政策吸引一流人才。比如新区在支持引进具有高端水平的一体化高层次人才团队方面,一经认定就给予最高 100 万元的资金支持;还定期开展高层次人才认定工作,对引进并经过认定的顶尖、领军、紧缺人才,分别给予 100 万、20 万和 6 万元的安家补贴。顶尖和领军人才创办的企业,最高给予 100 万元贷款贴息,并提供 3 年内免租金、面积为 100～200 平方米的办公场所。

九、大连金普新区

截至 2015 年初,新区大学以上学历程度人口数达 34.02 万人,高学历人力资源呈现快速增长的趋势。从年龄结构来看,新区劳动力年龄结构较为合理,2000 年,15—39 岁人口为 68.60 万人,占劳动力总数的 57.5%;2014 年为 82.44 万人,占劳动力总数的 55.72%,15—39 岁人口所占比重最大,总体劳动力年龄结构偏年轻,人口结构呈现相对平稳的增长性特征。

金普新区产业与就业结构虽不断优化,但同其他国家级新区相比仍有一定差距。从三次产业结构来看,金普新区第一产业比重偏大,第二产业在三次产业中处于领先地位,制造业为引领区域发展的主要动力。从三次产业就业人员比重来看,金普新区第三产业吸纳劳动力最多,第二产业对劳动力的带动作用不明显,第一产业所占劳动力比重偏大,整体就业结构不尽合理。相对而言,上海浦东新区的产业与就业结构最为合理,呈现出典型的"三二一"结构。

表 2-9 部分国家级新区产业结构与就业结构情况(2014 年)①

新区	三次产业结构比	从业人员结构比
浦东新区	0.5:38.2:61.3	4.1:39.4:56.5
滨海新区	1.2:51:47.8	8.9:41.2:49.9
两江新区	8:52.2:39.8	36.3:25.9:37.8
舟山群岛新区	8.7:45.2:46.1	14.4:34.7:50.9
兰州新区	2.8:43.3:53.9	25.3:27.5:47.6
南沙新区	1.4:34.9:63.7	8.6:37.6:53.8
贵安新区	4.3:39.1:56.6	30.2:22.5:47.4
西咸新区	4.5:43.4:52.2	24.4:30.5:45.1
西海岸新区	4.2:44.6:51.2	19.9:42.4:37.6
金普新区	5.8:48.3:45.9	13.1:33.2:53.7
天府新区	4.3:46.3:49.5	17.9:39:43.1

(数据来源:各新区 2014 年统计公报。)

十、湖南湘江新区

目前,湘江新区"五大园区"人才总量达 25 万人,其中国家"千人计划"专家 13 人,省"百人计划"专家 43 人,长沙市"313 计划"专家 46 人,"3635 计划"专家 130 余人。2015 年湖南省唯一的国家"千人计划"专家出自新区,湖南省入选 2015 年科技部创新人才推进计划的 5 位人才中新区占 4 席。2016 年 5 月,湖南湘江新区获批国家首批双创示范基地;长沙高新区先后获批国家海外高层次人才创新创业基地、国家创新人才培养示范基地、国家级"侨梦苑"(全国第九家)。

近年来,湖南湘江新区先后制定了《人才队伍建设三年行动方案》,初步形成了"新区统领、园区(区县)协同、公司参与"的人才工作格局。同时,着力构建"1+N"人才政策体系,通过制定《湖南湘江新区创新创业人才奖励扶持办法(施行)》等具有含金量、吸引力的支持政策,高端人才、高端资源加速向新区集聚。

十一、南京江北新区

南京是国家唯一的科技综合体制改革试点城市,截至 2016 年 5 月,拥有高等院校 53

---

① 部分新区数据因资料获取渠道有限,故用所在市数据替代。

所、省级以上科研机构 600 多个、在校大学生 70 多万、两院院士 79 位、国家"千人计划"特聘专家 185 名、万人发明专利拥有量 25 件，每万人中大学生数量超过 980 人。江北新区现有各类科技创新平台和工程技术中心 50 多个，集聚国内外知名的高科技企业及研发机构数百家。

十二、黑龙江哈尔滨新区

自松北区户籍制度改革 2017 年 3 月 1 日启动以来，已有 893 位本科以上学历人才落户哈尔滨新区松北高新技术片区，其中博士 2 人、硕士 82 人、本科 809 人。哈尔滨新区松北高新技术片区重点围绕引进科技高端、产业领军、公共服务等方面专业人才，降低落户门槛，增加就业岗位，引来了大批优秀创业团队和人才。2017 年 3—7 月，有关部门提供近 5000 个就业岗位，引进中国科学院等高新技术团队 27 个、高校创业团队 100 余个，吸引国际智力人才、外籍专家、院士、长江学者等 700 余人。

十三、吉林长春新区

长春新区 2016 年投入人才建设资金 1.1 亿元。截至 2017 年，长春新区引进培养各类高层次人才 3.3 万余人。在人才政策上，长春新区不断创新突破，制定出台了加快高层次人才集聚的 30 条政策。每年从财政列支 1 亿元，省市无偿划拨 1000 万元，用于人才试验区建设。对入选的海外高端领军人才、高层次创新创业人才，通过无偿资助和协商入股相结合的方式，给予 50 万~200 万元的资金支持和最高 5000 万元的股权支持。先后实施六批"长白慧谷"英才计划，共有 104 名高端人才入选，无偿给予入选英才资金 3500 多万元。长春海外学人创业园吸引来自 23 个国家和地区的 303 位海外留学人员，领办创办了 220 家高新技术企业，为新区建设发展提供了高水平智力保障。目前新区已集聚 200 多家文化科技企业、100 多名高层次人才创新创业。在东北率先启动"侨梦苑"建设，目标是打造国内一流的示范性侨商产业聚集区和华侨华人创新创业基地，目前已入驻侨资企业 200 余户、留学归国从业人员 1700 余人。

第三节   人才现状问题分析

通过上一节的分析，得出各国家级新区在人才政策方面存在以下问题：人才政策体系不完善，虽然各新区人才相关政策均已经在政务网、人才网公布，但仍然有很多人对这些政策不了解；目前人才培养的实际成效、价值观和制度建设同经济社会发展需求之间存在一定距离，新区人才培养不配套；结构不均衡，高层次人力资源缺口较大，即使是浦东新区在高层次人才方面也存在着人才需求与人口调控方面以及人才结构性失衡方面的问题;大部分新区的相关机构还不够完善,服务保障机制不到位。

一、政策体系不完善

虽然各新区人才相关政策均已经在政务网、人才网公布,但仍然有很多人对这些政策不了解。例如:滨海新区召开新闻发布会,公布为解决优秀人才子女入学问题配套政策,但新闻发布会后,仍有大量创业人才还是把"子女教育难"列入了困扰其工作的主要原因之一。另外,现行人才政策更多的是体现吸引、留住高层次人才的引进政策方面,忽略了人才流动政策功能,无法真正实现"留得住、用得好、走得了"的人才流动政策目标。除少数新区外,部分新区现行的人才政策体系只包括一些独立成文政策,对比一些发达省市的人才政策体系,政策内容显然过于单薄,亟待从科技型企业创新创业和成长阶段的现实需求出发,进一步丰富、提升和完善人才政策体系。各个新区人力资源开发模式比较单一,并未形成有自身特点的人力资源开发模式。

二、人才培养不配套

目前人才培养的实际成效、价值观和制度建设同经济社会发展需求之间存在一定距离。调查显示,高端管理人才的缺乏已经成为目前新区企业发展的最大外部障碍,从实际成效看,政府、社会和企业在人员培训上尚未形成合力。第一,政府部门主要是围绕社会问题相关的行业资格证书而组织培训活动,与企业实际需求结合不够;私营培训机构则片面追求经济效益,培训水准不高,同企业所期望需求之间存在距离。第二,现有各类培训机构水平不高、功能不全,特别是在专业性强、国际化程度高的教育和培训资源方面更加欠缺,难以为提高人才专业技能服务。第三,企业培训投入的风险性较大,可能出现"人才接受培训后不久便跳槽"的现象,培训内动力不强。

三、结构不均衡,高层次人力资源缺口较大

各新区人力资源储备比较充足,但除浦东新区、滨海新区一些地处发达地区的省市之外,大部分新区高素质人力资源较为贫乏,从职称比例、学历水平和科研技术人员的比重来看,与先进开发区还有一定差距(即使是浦东新区在高层次人才方面也存在着人才需求与人口调控方面以及人才结构性失衡方面的问题)。主要表现在:尚未形成一个高技术企业单位与开发人才群;高技术开发型人才缺乏;人才国际化程度较低。这主要是由于人才开发国际化理念淡薄,人才开发与培训资源同国际联系不够紧密,海外专家引进工作力度较弱,人才国家化程度较低。

四、服务保障机制不到位

各新区不乏高新技术企业,这类企业的特点是对人才的质量要求较高;而这类从业者的就业层次也相对较高,同时他们对区域服务水平的要求也相对较高。就目前而言,大部分新区的相关机构还不够完善,尚未形成完备的人才服务体系,从业者在新区居住、学习、子女教育、外籍员工就医等专项服务尚不完善。只有对人才提供合理完善的供给才能切实地留住人才,使其为区域发展作出贡献。

第四节　人才发展的完善建议

通过以上对国家级新区人才政策的详细阐述,并且对存在的问题进行分析,提出相关的政策建议,包括搭建支持人才自主创新平台,完善相关优惠政策;创新体制机制;健全人才服务管理机制;坚持科学预测、规划引领,着眼长远打造新区人才资源核心优势;完善人才市场和劳动力市场联动,推动人力资源市场的功能整合。希望通过以上的政策建议,促进国家级新区更好地引进和培养人才。

一、搭建支持人才自主创新平台,完善相关优惠政策

引进人才的关键,不只是福利待遇问题,创新人才需要的是事业平台,需要风险投资,需要研发团队,需要人力资源服务,需要销售市场和政府采购,需要产业链条配套,需要更少的行政干预。要围绕这些研究优惠政策问题,最主要是加强政策的制定和完善公共服务,加强政府的服务职能,真正搭建好服务平台。在分配方面也应该进行创新,除了退休的优惠政策外,还要考虑相关的激励政策,特别是对高端人才的实际问题要给出一些特殊的保障。

二、创新体制机制

《国家中长期人才发展规划纲要(2010—2020)》中提出,鼓励地方和行业结合自身实际建立与国际人才管理体系接轨的人才管理改革试验区,也就是"人才特区",允许有更加宽松的改革权和特殊性,允许在与国际人才管理接轨上突破现有的体制政策限制。无论在人才引进、人才评价、人才流动方面,都要结合本地发展的实际需要,特别要结合本地区的产业结构调整、发展方式转变和改善民生的需要创新人才政策和机制,以形成自己的人才优势。在人才培养、评价、激励、保障方面,还要落实单位的用人自主权,以便人才引进工作更好地开展。

三、健全人才服务管理机制

人才引进需要关注前期引进到过程管理的所有环节,需要帮助协调解决问题,这样才能使人才留得住。在产业环境上下功夫,打造可持续发展的产业环境,为人才的长期发展创造条件,营造良好的生活环境,使外来人才更好地与本地融合。注意对人才进行考核评价,通过分配激励制度体现人才价值,如解决户籍等方式。

四、坚持科学预测、规划引领,着眼长远打造新区人才资源核心优势

新区政府要对区域内人力资源的需求和供给进行科学预测,并根据战略发展的变动以及区域内外部环境的变化编制科学规划。规划确定后,还要严格按照规划组织实施,并定期考核评估,以进行反馈修正。促使人力资源的合理运用,配合组织的发展需要,降低用人成本,实现个人的发展。

五、完善人才市场和劳动力市场联动,推动人力资源市场的功能整合

统一人才市场与劳动力市场服务标准,对人才市场、劳动力市场和大学生就业市场的档案管理、供求信息发布、人事代理、派遣等业务,制定统一的服务标准,规范服务内容、程序、质量、时限、收费等项目。建立人才市场与劳动力市场信息交换机制,建立人才中介机构和职业中介机构网站信息发布的链接与关联,相互开放面向用人单位和个人的公共服务业务。逐步对现有的人才中介机构与职业中介机构进行归并,实现功能整合和资源共享,最终统一为人力资源中介机构。

第五章　招商引资(含贸易)政策

招商引资是加快国家级新区经济快速发展的重要手段,一个好的投资项目可以促进新区的经济发展,带动基础设施建设,为其他行业的发展提供各种各样的机会。为此,国家级新区要把握"一带一路"对接倡议,充分发挥区位、资源等各种优势广泛吸引海内外的投资项目。本章通过梳理近年来各国家级新区的招商引资(含贸易)政策,对各国家级新区的招商引资政策进行详细阐述。通过分析,发现当前国家级新区存在产业园区规划

缺乏前瞻性、实用性和持续性，政策竞争导致招商成本增加以及重外资、轻内资等问题。为此，国家级新区在发展过程中，应发挥"一张蓝图绘到底"的坚持精神，提高政府的诚信度，同时依法依规制定招商政策，杜绝恶性竞争。

第一节　招商引资（含贸易）政策总述

在十八个国家级新区中，重庆两江新区、陕西西咸新区和云南滇中新区所在省市及本新区出台的相关招商引资政策较多，湖南湘江新区、福建福州新区以及黑龙江哈尔滨新区相关政策信息缺乏。

从具体招商引资数据来看，浦东、滨海等沿海开放新区企业落地数及利用外资和内资情况远优于其他新区，后起新区及内陆新区还需继续制定完善相关政策，提高新区发展速度。部分国家级新区的招商引资（含贸易）政策支持情况见表2－10。

表2－10　部分新区招商引资（含贸易）政策支持情况一览表

新区	政策文件
浦东新区	《上海市浦东新区设立商业保理企业试行办法》（2012）
	《上海市临港地区管理办法》（2012）
	《浦东新区人民政府关于印发境内自然人在浦东新区投资设立中外合资、中外合作经营企业管理办法的通知》（2014）
	《关于推进浦东新区商业发展的扶持意见》（2015）
	《进一步深化中国（上海）自由贸易试验区和浦东新区事中事后监管体系建设总体方案》（2016）
	《浦东新区深化上海国际贸易中心核心功能区建设"十三五"规划》（2017）
滨海新区	《国家质量检验检疫总局支持天津滨海新区开发开放的意见》（2011）
	《海关总署关于支持天津滨海新区开发开放的总体意见》（2012）
	《工商总局七项政策进一步支持天津滨海新区开发开放》（2012）
	《天津市人民政府办公厅关于印发滨海新区中心商务区招商引资和管理服务工作方案的通知》（2013）
	《滨海新区中心商务区委托招商中介招商引资暂行规定》（2016）
	《滨海新区关于推进供给侧结构性改革促进商贸经济培育新增长点鼓励办法》（2017）
两江新区	《重庆市外商投资优惠政策》（1997）
	《重庆市人民政府关于印发重庆两路寸滩保税港区招商引资优惠政策的通知》（2009）

新区	政策文件
两江新区	《重庆市人民政府关于大力发展微型企业的若干意见》(2010)
	《两江新区十大优惠政策》(2011)
	《重庆市实施西部大开发若干政策措施》(2015)
	《重庆市人民政府办公厅关于加快推进两江新区悦来新城海绵城市建设试点工作的实施意见》(2015)
	《重庆市人民政府关于加快发展服务贸易服务外包的实施意见》(2015)
	《重庆市人民政府办公厅关于大力培育高新技术企业的实施意见》(2016)
	《重庆市人民政府办公厅关于加快融资租赁业发展的实施意见》(2016)
	《重庆市人民政府关于促进外贸回稳向好的实施意见》(2016)
	《重庆两江新区服务贸易创新发展试点实施方案》(2016)
	《重庆市人民政府办公厅关于进一步深化商事制度改革优化营商环境的意见》(2017)
	《两江新区构建开放型经济新体制综合试点试验实施方案》(2017)
舟山群岛新区	《中共舟山市委、舟山市人民政府关于进一步加强招商引资工作的意见》(2008)
	《舟山市招商引资工作领导小组关于加强完善招商引资工作的实施办法》(2008)
	《舟山市关于加强完善招商引资工作的实施办法》(2008)
	《浙江省人民政府关于促进加工贸易创新发展的实施意见》(2016)
	《浙江省人民政府关于促进创业投资持续健康发展的实施意见》(2017)
兰州新区	《甘肃省人民政府关于支持中央和省属在兰州市区工业企业向兰州新区拓展的意见》(2011)
	《兰州新区招商引资优惠政策》(2015)
	《兰州新区政府投资项目代建管理办法(试行)的通知》(2015)
	《甘肃省"十三五"开放型经济发展规划》(2016)
	《兰州市关于组建第二批招商小组开展赴外招商工作的通知》(2016)
南沙新区	《海关总署关于支持和促进中国(广东)自由贸易试验区建设发展的若干措施》(2015)
	《自由贸易试验区外商投资准入特别管理措施(负面清单)》(2015)
	《广州市人民政府关于加快服务贸易发展的实施意见》(2015)
	《广州市支持外经贸发展专项资金管理办法》(2015)
	《港澳服务提供者在内地投资备案管理办法(试行)》(2016)

续表

新区	政策文件
南沙新区	《质检总局关于中国（广东）自由贸易试验区广州南沙新区片区开展毛坯钻石多种贸易方式进出口的公告》（2016）
	《广东省商务厅关于支持广东自贸试验区创新发展的实施意见》（2016）
	《2016 年南沙口岸免除查验没有问题外贸企业吊装移位仓储费用试点方案》（2016）
	《广东省商务厅关于境外投资管理的实施细则》（2016）
西咸新区	《国务院西部开发办关于西部大开发若干政策措施的实施意见》（2001）
	《陕西省人民政府印发关于加快西咸新区发展若干政策》（2011）
	《西咸新区投资优惠政策》（2011）
	《陕西省西咸新区沣西新城信息产业园投资优惠政策（试行）》（2012）
	《陕西省人民政府关于加快发展多层次资本市场服务实体经济转型升级的实施意见》（2014）
	《陕西省人民政府关于改进口岸工作促进外贸发展的实施意见》（2015）
	《西咸新区丝路经济带能源金贸中心园区优惠政策》（2016）
	《西咸国际文化教育园投资优惠政策》（2016）
	《陕西省人民政府关于印发工业稳增长促投资 21 条措施的通知》（2016）
	《陕西省人民政府关于进一步促进民间投资健康发展的若干意见》（2016）
	《陕西省人民政府关于促进外贸回稳向好的实施意见》（2016）
	《西安市人民政府关于印发抓项目促投资稳增长若干意见的通知》（2016）
	《陕西省人民政府关于促进民营经济加快发展的若干意见》（2017）
	《西安市人民政府关于加快发展服务贸易的实施意见》（2017）
贵安新区	《国务院关于同意开展服务贸易创新发展试点的批复》（2016）
	《贵安新区服务贸易创新发展试点实施方案》（2016）
	《贵州省促进加工贸易创新发展实施方案》（2017）
	《贵安新区招商引资体制机制改革创新试点工作方案（试行）》（2017）
西海岸新区	《青岛西海岸新区管委青岛市黄岛区人民政府关于进一步推进实施开放带动战略的意见》（2015）
	《青岛市黄岛区企业奖励扶持资金管理暂行办法》（2015）
	《青岛西海岸新区招商引资产业项目评估和决策办法》（2016）

新区	政策文件
金普新区	《关于 2016 年度外经贸发展专项资金重点工作的通知》(2016)
天府新区	《四川省人民政府关于加快发展服务贸易的实施意见》(2015)
	《成都市人民政府办公厅关于加强成都天府新区招商引资工作的若干意见》(2016)
	《国务院关于印发中国(四川)自由贸易试验区总体方案的通知》(2017)
	《四川省人民政府印发关于扩大开放促进投资若干政策措施意见的通知》(2017)
	《关于印发成都天府新区直管区推行工商登记全程电子化和电子营业执照实施方案的通知》(2017)
江北新区	《南京市政府关于保护服务台商在宁投资和促进双向投资的意见》(2012)
	《江苏省政府关于创新重点领域投融资机制鼓励社会投资的实施意见》(2015)
	《南京江北新区服务贸易创新发展试点实施方案》(2016)
	《江苏省政府关于扩大对外开放积极利用外资若干政策的意见》(2017)
	《南京市鼓励外商投资新兴产业门类及布局目录》(2017)
滇中新区	《昆明市人民政府关于支持台资企业发展的实施意见》(2010)
	《中共昆明市委、昆明市人民政府关于优先发展服务经济的实施意见》(2010)
	《国务院关于支持云南省加快建设面向西南开放重要桥头堡的意见》(2011)
	《云南省人民政府办公厅关于支持外贸稳定增长的实施意见》(2014)
	《云南省人民政府关于加快发展服务贸易的实施意见》(2015)
	《云南省招商引资中介奖励办法(试行)》(2015)
	《云南省人民政府关于贯彻落实国务院深化泛珠三角区域合作文件的实施意见》(2016)
	《云南省人民政府关于促进外贸回稳向好的实施意见》(2016)
	《云南省人民政府关于进一步促进全省经济持续平稳发展 22 条措施的意见》(2016)
	《云南省人民政府关于促进创业投资持续健康发展的实施意见》(2017)
	《昆明市人民政府关于创造一流投资服务环境的若干意见》(2016)
	《云南滇中新区制造业招商引资优惠政策试行办法》(2016)
	《云南滇中新区现代服务业招商引资优惠政策试行办法》(2016)
	《云南滇中新区招商代理管理暂行办法》(2016)
	《云南滇中新区招商代理奖金管理暂行办法》(2016)
	《滇中新区项目入区准入条件指导意见》(2016)

新区	政策文件
长春新区	《吉林省人民政府关于鼓励外商投资政策的规定》(2002)
	《长春高新区发布关于促进产业发展若干政策》(2015)
	《长春高新区战略性新兴产业招商引资优惠政策实施办法(试行)》(2016)
赣江新区	《江西省商务厅关于提升招商引资服务水平再创招商新优势的指导意见》(2015)
	《江西省复制推广自由贸易试验区新一批改革试点经验工作实施方案》(2017)

（资料来源于中国政府网、各新区所在省市政务网、新区政务网等。）

第二节　各新区招商引资（含贸易）政策支持情况

本部分内容详细地分析了十五个国家级新区在招商引资和贸易方面的政策,包括浦东新区的负面清单政策、滨海新区在企业注册方面的优惠措施、兰州新区在加强"一带一路"建设等方面的政策,以及其他新区在"引进来"与"走出去"等方面的优惠政策。各个新区区位不同,资源禀赋各有差异,因此具有特点不同的政策,以支撑本新区的经济发展。

一、上海浦东新区

上海自贸试验区借鉴国际通行规则,对外商投资试行准入前国民待遇,对负面清单之外的领域,按照内外资一致的原则,将外商投资企业合同章程审批改为备案管理,投资领域更加开放透明。自贸试验区及时高效完成系统切换和数据录入,加强人员岗位培训,提升窗口服务能力,积极开展备案工作。国家先后在上海自由贸易试验区出台的 54 项(第一批 23 项、第二批 31 项)扩大开放措施,涉及第二产业 17 项,第三产业 37 项。截至 2015 年底,54 项措施中已有 26 项落地,累计吸引企业 1492 家,排名前三位的是融资租赁兼营商业保理、融资租赁、一般商品网上销售,其中融资租赁兼营商业保理和融资租赁企业占总量的 83.8% 。自由贸易试验区投资领域、贸易监管、金融制度等相关配套创新为服务业新领域的拓展提供了政策支持,再保险经纪、专业健康保险、独资医院、增值电信之呼叫中心、认证机构、游艇设计等空白领域对外资有较大突破,涌现出一批首创性项目。从范围看,对浦东新区投资前五位的国家和地区(以合同外资为依据)依次为:中国香港、美国、英属维尔京群岛、日本、开曼群岛,占新区吸引合同外资总量的 74.2% 。由于自贸试验区带来热点效应,来自传统投资来源地的合同外资额增长明显,其中中国香港增长3倍,英国、开曼群岛、韩国、萨摩亚、意大利等国家增长均超过2倍。从自贸试验区范围看,新增投资来源国8个,分别为土库曼斯坦、阿尔巴尼亚、阿富汗、朝鲜、阿曼、巴勒斯坦、几内亚、乍得。前来投资的前五位国家和地区(以合同外资为依据)依次为:中国香港、新加坡、英属维京群岛、开曼群岛、美国,占自贸区扩区吸引合同外资总量的88.4%。截至2015年底,来上海自贸区投资的国家(地区)总数已达86个。①

二、天津滨海新区

在京津冀协同发展战略背景下,2017年以来,越来越多的京津冀项目落户滨海新区。从已注册项目来源地看,内资项目中,来自京津冀地区的注册项目达506个,其中来自北京市的注册项目133个,来自天津市的注册项目344个,来自河北省的注册项目29个。此外,来自长三角地区的注册项目8个,来自珠三角地区的注册项目4个,来自国内其他地区的注册项目221个。

招商过程中,为抓好京津冀协同发展招商,新区在对京招商工作的组织上坚持"四个精准",即招商规划精准,研究制定科学务实的京津冀协同发展招商规划,针对北京重点区域、重点产业、重点企业、重点机构逐一制定落实招商工作方案和路线图;目标对象精准,围绕在京央企、世界500强企业、知名民企和大院大所展开"一对一""点对点"的招商工作,促进其总部和特色业务板块向新区转移;重点区域精准,着力瞄准海淀、朝阳、东城、西城等北京中心城区优势资源,努力吸引其金融、文化、高科技等高端产业及项目落地新区;对接工作精准,与中央部委、北京和天津市级部门搞好衔接,区分不同区域、产业、重点企业和项目,派出专项招商工作小组精准对接,力促项目落地。②

三、重庆两江新区

"十二五"期间,两江新区招商引资累计签约项目2740个,合同投资10683亿元,其中外资260亿美元。已签约项目中,已正式落户2178个,落地率79.5%;已运营投产1924个,投产率70%。优势产业不断壮大,汽车、电子信息、装备制造三大支柱产业2015年产值分别达到2500亿元、840亿元和418亿元,占新区工业总产值80%以上。新能源汽车、显示面板、集成电路、机器人、智能装备、云计算等一批战略性新兴产业初具雏形。

---

① 招商引资[EB/OL].(2016 – 12 – 23)[2017 – 08 – 24]. http://www.pudong.gov.cn/shpd/about/20161223/008006029004_8c61ab02 – 29ed – 46b4 – 83c2 – 91949c6f9689.html.

② 滨海新区投资促进中心推动74个超亿元内资项目落户[EB/OL].(2017 – 07 – 13)[2017 – 08 – 24].http://www.bh.gov.cn/html/BHXQZWW/TZDT26517/2017 – 07 – 13/Detail_940852.html.

金融、商贸、物流、会展、信息服务等现代服务业较快发展,其中金融业增加值占 GDP 比重达 12%,存贷款余额较成立之初翻了两番。目前,两江新区已形成支柱产业与新兴产业联动发展的新结构,依托汽车产业,大力发展新能源汽车;依托电子信息产业,大力发展"芯、屏、器、核"等智能终端,为经济发展注入新动能。①

四、浙江舟山群岛新区

2016 年舟山群岛新区新批设立外商投资企业 25 家,投资总额 14.67 亿美元,比 2015 年增长 190.3%;合同外资金额 8.77 亿美元,比 2015 年增长 129.9%;实际使用外资金额 2.10 亿美元,比 2015 年增长 169.7%。新设境外投资项目 10 个,其中增资项目 6 个,中方投资额 2.43 亿美元,比 2015 年增长 505.2%;境外承包工程劳务合作营业额 4.27 亿美元,比 2015 年下降 23.1%。新引进市外企业 2645 家,比 2015 年增加 2159 家。②

2017 年舟山市招商引资目标任务非常明确:全市招商引资实际利用市外资金达到 575 亿元,比 2016 年增长 15% 以上,浙商回归省外到位资金 184 亿元,比 2016 年增长 15% 以上,实际利用外资确保 3 亿美元,比 2016 年增长 50%,奋斗目标 5 亿美元;力争引进 20 亿元以上投资项目 1 个,10 亿元以上投资项目 4 个,5 亿元以上投资项目 8 个。

围绕目标任务,舟山群岛新区将进一步完善招商引资机制,坚持全市招商"一盘棋",发挥各县(区)、经济功能区招商主平台作用,调动市级相关部门招商主动性,坚持绿色石化基地、航空产业园、千岛中心商务区等园区建设与招商引资同步推进。创新招商引资方法,开展精准招商、专业招商,突出小分队招商,探索委托招商,利用各类社会机构实行市场化招商。建立项目推进机制,完善招商跟踪服务机制,对项目全过程实行跟踪服务。同时,也要讲好舟山故事、新区故事、自贸试验区故事,向国内外的目标企业进行全方位的推介,加大招商政策支持,提高招商引资成功率。③

五、甘肃兰州新区

兰州新区自成立以来,项目建设和招商引资取得了显著成效,有力支撑了新区建设

---

① 重庆两江:领跑全国的十大"密码"[EB/OL].(2016 - 06 - 08)[2017 - 08 - 24]. http://www.liangjiang.gov.cn/Content/ 2016 - 06/08/content_296822_3. html.

② 舟山市 2016 年国民经济和社会发展统计公报[EB/OL].(2017 - 03 - 22)[2017 - 08 - 24]. http://www.zhoushan.gov.cn /art/2017/3/22/art_1275933_6065870.html

③ 全力以赴打好招商引资攻坚战[EB/OL].(2017 - 05 - 26)[2017 - 08 - 24]. http://www.investzhoushan.com/gzdt/2017/0526 /225.html.

发展。2016 年新区共引进总投资 337.25 亿元的产业项目 37 个,完成到位资金 453.5 亿元。

2017 年,兰州新区将紧盯国家宏观政策和产业发展导向,进一步强化举措、优化环境,完善招商引资长效机制,全力做好项目建设和招商引资工作,力争完成招商引资 431 亿元。

随着“一带一路”倡议深入推进,兰州新区抢抓机遇,2017 年将把产业项目投资作为深化供给侧结构性改革的主抓手,力促新区经济转型升级、提速发展,夯实经济持续健康发展的基础。同时,将重点抓好项目争取、突出问题解决、在建项目进度、签约项目落地、意向项目跟踪等方面工作。①

六、广州南沙新区

2017 年,南沙首次引入社会化招商中介机构,第一批共 17 家社会化招商引资中介服务机构已备案确立。这些备案在册的中介机构如果引进达标项目,就可以获得区内相应奖励,这是一种新的招商社会渠道。

备案的社会招商引资中介机构如果引入外资项目注册资本不低于 100 万美元,按注册资本实际到位额的 4‰予以奖励;如果引入内资项目注册资本不低于 1000 万元,按注册资本实际到位额的 3‰予以奖励;如同时是世界 500 强企业投资项目,在上述所得奖励金额的基础上再增加 10%。②

七、陕西西咸新区

在西咸新区 2017 年招商引资工作会上明确了各组团 2017 年招商引资工作任务指标,其中全年力争实现内资到位资金同比增长 30%、外资在 2016 年实际完成基础上翻一番,新区全年引进 20 亿元以上投资项目 15 个、10 亿元以上投资项目 25 个的主要目标。③

八、贵州贵安新区

2016 年,通过大力“走出去”和搭建平台“请进来”的模式,贵安新区招商引资工作取

---

① 2017 年兰州新区力争完成招商引资 431 亿元[EB/OL].(2017 - 04 - 11)[2017 - 08 - 24]. http://www.sohu.com/a/133196905_ 707294.

② 南沙首次引入社会化招商中介机构[EB/OL].(2016 - 11 - 23)[2017 - 08 - 24]. http://www.gznsnews.com/index.php? m = content &c = index&a = show&catid = 8&id = 13932.

③ 西咸新区召开 2017 年招商引资工作会议[EB/OL].(2017 - 02 - 22)[2017 - 08 - 24]. http://news.xinhuanet.com/local/2017 - 02/22/ c_129489732.htm

得一定成效。先后举办或参与了在北京贵安新区与美国高通公司战略合作协议签字仪式活动、2016 云上贵州·大数据招商引智推介会第十届中国酒店品牌建设国际论坛暨亚欧世界酒店与旅游教育论坛、2016 贵安·智能终端发展峰会暨大数据与人工智能论坛、2016 绿色数据中心发展国际论坛、第十六届中国企业未来之星年会、第四届贵州·台湾经贸交流合作恳谈会、2016 创响中国贵安站、中国（贵州）第二届国际民族民间工艺品文化产品博览会、2016 中国贵安虚拟现实峰会等大型活动，总计签约项目近百个，签约金额达 500 亿元。

贵安新区承载着建设西部地区重要经济增长极、内陆开放型经济新高地和生态文明示范区的重大历史使命，经过三年时间的建设和发展，贵安新区加大招商引资工作力度，进一步创新招商思路，扩宽招商领域，搭建招商平台，世界 500 强企业招商工作取得了显著成效。

随着中国电信、中国移动和中国联通在 2013 年下半年陆续进驻，三大通信运营商在贵安新区设立数据中心及云计算基地，贵安新区大数据产业基地已初见雏形，正让贵州逐步跻身全国云计算顶端。目前，三大运营商数据中心在贵安新区鼎足而立，并由此聚合大智造、大健康、大旅游，辐射现代服务业、现代高效农业等相关产业，形成大数据对全产业的渗透和支撑。同时，富士康贵州第四代绿色产业园安家贵安新区，目前已形成相应的生产能力，涵盖手机、平板电脑、电视、电子白板、触控屏、电视墙、卫生设备、LED 照明等产品的生产研发。2016 年 1 月，贵州华芯通半导体科技有限公司在北京举行揭牌仪式，标志着贵州将搭档全球 3G、4G 与下一代无线技术的领军企业美国高通公司正式进军服务芯片市场。[①]

九、青岛西海岸新区

2016 年，西海岸新区实际利用外资 17.273 亿美元，同比增长 5.41%；实现进出口总额 1337.7 亿元，同比增长 7.8%。在这两项外经贸主要指标中，新区仅位列青岛、烟台之后，居全省第三位。

在加工贸易合同的备案和核销方面，新区在全省率先推进完成加工贸易"三方联网"改革，实现了全流程"一次录入、一次申报"。此外，新区还首推海关、国检、地方政府三方贸易便利化常态协作机制，深入复制推广自贸区系列创新经验，合力推动"丝路通关一体化"、中韩 AEO 认证、"一次申报、一次查验、一次放行"等通关便利化举措率先落地；率先

---

① 贵安新区招商引资简况：世界 500 强纷纷进驻贵安［EB/OL］.（2016 – 11 – 08）［2017 – 08 – 26］. http://gz.sina.com.cn/news/city/2016 – 11 – 08/detail – ifxxneua4459905.shtml.

完成了"外商投资准入特别管理措施＋备案制"改革,以工商商务信息联动推送实现了对新注册外商投资项目实时监管,为进一步优化国际化、法治化营商环境进行了有力探索。

新区积极融入"一带一路"国家倡议,与沿线国家拓展经贸往来,挖掘贸易互补关系。2016年,全区对"一带一路"沿线国家实现出口45亿美元,同比增长41.5%。其中,以机电产品为代表的高附加值产品出口比重达70%以上。

西海岸新区着力转变单一以绿地投资为主的传统引资方式,引导利用外资向股权出资、参股合作、企业境外上市等突破和升级。其中,明月海洋科技、天地荟食品、澳特澳电器和中通软件技术等4个股权并购项目、中澳阿卡迪亚养老管理等新业态项目顺利落户,永旺梦乐城、蒂森克虏伯—德枫丹、德国大陆集团康迪泰克流体技术中心、庞巴迪、马士基—青岛港通用码头等11个世界500强项目成功落户;实践跨境人民币结算试点,推动人民币直接投资参与境外合作项目,香港福临、韩国HAM、蒙古鑫中驰等3个项目顺利实现了人民币直投,协议投资总额过亿元。①

十、大连金普新区

金普新区推出促进工业、招商引资、外贸、商贸业和旅游业发展若干办法等五项"新政",新区财政安排5.5亿元专项资金,通过政策引导和切实的资金扶持,促进招商引资,优化营商环境,深化供给侧结构性改革,加快区域产业结构调整步伐,打造金普新区经济发展新优势。其中,安排3亿元招商引资产业引导资金,用于智能装备制造、生物医药、新能源汽车等战略性新兴产业,航运物流业、总部经济、文化创意产业等现代服务业项目,金融、类金融、大宗商品交易等新业态企业的引进及新项目基础设施配套扶持,并对境外经贸工作站、招商代理、异地商会等给予资金扶持,推动围绕国家"一带一路"创建中外合作产业园区;安排5000万元外贸发展专项资金,每年安排预算资金不低于2000万元,加快培育外贸竞争新优势;分别对商贸业和旅游产业各安排5000万元发展专项资金,每年安排预算资金各自不低于2000万元,以全面提升新区商贸业现代化水平,促进旅游业发展,努力提高服务经济在经济中的比重。②

十一、四川天府新区

为增强天府新区招商引资比较优势,加快天府新区建设发展,成都市政府办公厅下

---

① 刘腾,郭祥龙.新区:利用外资进出口总量全省第三的背后[EB/OL].(2017－03－28)[2017－08－26].http://www.zgqdlsjj.com/2017/0328/215336.shtml.

② 大连金普新区安排5.5亿元专项资金 促进工业、招商引资、外贸、商贸和旅游业等发展[EB/OL].(2017－03－31)[2017－08－26].http://finance.sina.com.cn/roll/2017－03－31/doc－ifyc-wunr8411714.shtml.

发了《加强成都天府新区招商引资工作的若干意见》，其中，对新引进到成都天府新区的由世界500强企业、知名跨国企业、中央企业、知名民企及行业领军企业投资的先进制造业、高端服务业等重大项目，相关区（市）县政府可在符合国家相关规定及本级财力自求平衡的前提下，自主确定项目支持政策。对成都天府新区内的重大产业项目优先安排土地指标，保障项目用地；涉及特别重大项目用地暂不符合现行土地利用总体规划、城市规划的，相关区（市）县政府可依法按程序调规。天府新区将建立招商引资项目融资支持体系，鼓励金融机构和融资性担保公司为招商引资项目创新金融产品和服务，并提供贷款支持和融资担保。符合条件的先进制造业重大项目可按照相关规定享受风险补偿、担保费补贴、贷款贴息、股权投资、融资租赁等支持政策。[①]

十二、南京江北新区

江北新区在招商引资方面紧盯海外项目资源抓招商，先后赴英国、德国、瑞典、韩国、日本、中国香港、中国澳门等地开展推介，中英南丁格尔国际护理学院、中法产业园等重大项目先后落户；紧盯重大活动抓招商，2016年南京"金洽会"期间，新区继续保持强劲势头，签约重大项目21个，总投资近500亿元人民币。[②]

十三、云南滇中新区

滇中新区制定出台《滇中新区项目入区准入条件指导意见》《招商引资项目经理制度》《招商代理管理暂行办法》《招商代理奖金管理暂行办法》等一系列招商引资新政，通过增强新区招商引资专业力量，优化新区投资环境，引导和鼓励全社会参与招商引资工作，不断提高滇中新区招商引资项目的质量和水平。

新政对入驻滇中新区的电子信息、汽车及现代装备制造、生物医药、商贸服务、通用航空、新材料、大健康、旅游文化等八大产业采取倾斜政策，鼓励跨国公司总部、地区总部、公司集团总部，以及研发中心、营销中心、结算中心、服务外包企业、资产管理公司及其他高附加值生产性服务业企业投资入驻，并优先考虑能够吸引高端人才入区和极需招聘的50%以上工作岗位愿意优先聘用区域内当地适岗劳动力项目。

为做好招商引资服务工作，滇中新区建立健全招商引资项目经理人制度，项目经理人及团队的主要职责是"做好招商引资的谈判员，做好项目和企业的服务员，做好投资环

① 七项措施出台 加强成都天府新区招商引资［EB/OL］.（2016 - 10 - 13）［2017 - 08 - 27］. ht-tp://www. gygov. gov. cn/art/2016/10/13 /art_10688_1055605. html.

② 南京江北新区［EB/OL］.（2017 - 06 - 19）［2017 - 08 - 27］. http://njna. nanjing. gov. cn/Content/ SearchContentDetails？ contentID = ba0d9917 - 6ad0 - 4289 - 89ab - 19dfc3a2a345.

境的监督员,做好项目的侦查员",要求招商引资项目经理人对项目进行全程跟踪服务,从项目洽谈、签约、开工、建设直至投产达效的整个过程,实行"一个项目、一个经理人、一支专业团队、一条龙全程服务",重点服务新区重点骨干企业及在建重点项目、有影响力的招商引资项目。[①]

十四、吉林长春新区

"项目是立区之本,招商引资是新区的生命线。"长春新区努力营造"亲商、安商、富商"的投资营商环境,以环境建设的优化提升推进招商引资提质增效。在改善投资环境方面,长春新区进行了积极探索,加快推行政审批改革,大胆探索审批制度创新,实行"一窗受理、抄告相关、同步审批、限时办结、一窗出证",平均压缩审批时限50%以上。

根据吉林省及长春市支持新区发展的政策意见,长春新区制定了促进战略性新兴产业、现代服务业、科技创新、金融创新、高层次人才集聚五个专项政策,设立25亿元的扶持资金,用于支持新兴产业发展,对重大项目一事一议,给予特殊政策支持。

此外,长春新区改革了招商管理架构,变"招商办"为"产业办",组建12个产业办公室,形成项目"引进、落位、投产"一条龙无缝隙服务体系,大大提高了服务质量和效率。[②]

十五、江西赣江新区

赣江新区根据实际情况对重大招商引资项目实行"一企一策""一事一议",允许从本级财政收入中对就业、经济发展、技术创新贡献大的重大招商引资项目给予奖励。鼓励建立中介招商服务激励机制,对于成功引进重大项目的社会组织、中介机构和个人给予奖励。[③]

第三节 招商引资(含贸易)政策现存问题分析

通过对各个新区的招商政策和贸易政策进行分析,得出各个国家级新区的招商引资

① 滇中新区出台招商引资新政 鼓励集团总部入驻[EB/OL].(2016-10-18)[2017-09-01]. http://chanye.focus.cn/news/2016-10-18/11197546.html.
② 长春新区以软环境促招商引资提质增效[EB/OL].(2017-03-13)[2017-09-01]. http://news.focus.cn/cc/2017-03-13/11434240.html.
③ 2017江西省招商引资新政策[EB/OL].(2017-06-09)[2017-09-05]. http://www.yjbys.com/wage/255747.html.

和贸易政策存在以下问题：第一，在区域内规划产业园区进行招商引资是各地常见的发展模式，然而，有些园区在制定产业发展规划时缺乏前瞻性、实用性和持续性；第二，随着竞争加剧和发展压力增大，导致了政策底线也在不断被突破，政府招商成本不断增加；重外资，轻内资，很多地方政府在招商引资过程中往往只注重对外来企业特别是外商投资企业的引进、支持和服务，而歧视本土企业和民营企业。针对这些问题，需要相应的政策措施。

一、产业园区规划缺乏前瞻性、实用性和持续性

在区域内规划产业园区进行招商引资是各地常见的发展模式，然而，有些园区在制定产业发展规划时缺乏前瞻性，往往是根据国家当时的重点鼓励产业或者重大在谈项目来进行产业规划。因此，出现了同一地区不同园区产业规划重叠，园区之间未形成功能互补，一旦某产业产能过剩或者重大项目引进失败，园区发展将进入"寒冬"。有些园区在制定产业发展规划时缺乏实用性，没有正确认识自身优势与劣势。在面临发展瓶颈时，受于政绩压力，有些园区被迫调整产业规划和空间规划，引入与原规划不符的产业项目，导致越来越多的综合性产业园区出现，产业重叠发展，造成土地资源的浪费。

二、政策竞争导致招商成本增加

招商引资扶持政策一直是地方政府吸引项目落地的重要谈判砝码，越来越多的项目投资方将政府扶持政策，尤其是资金扶持政策，作为减轻项目公司资金压力和压缩投资成本的重要手段。这些扶持政策主要包括：土地款优惠返还、场地租金返还、企业纳税额地方留成优惠返还、个人所得税返还、生产线补贴资金、进资额配套补贴资金、专项启动资金及行政收费减免等。这些扶持政策的主要操作模式是通过地方政府出台的各种产业政策，按照相应额度给予兑现。在这种情况下，当地区间投资环境相近、市场能力相当、政企关系相同时，扶持政策比拼就成了政府吸引项目落地成败的关键，随着竞争加剧和发展压力增大，导致了政策底线也在不断被突破，政府招商成本不断增加。①

三、重外资，轻内资

很多地方政府在招商引资过程中往往只注重对外来企业特别是外商投资企业的引进、支持和服务，而歧视本土企业和民营企业。在政策优惠、行业准入等方面人为地设置

---

① 刘晓.当前地方招商引资存在问题和对策分析[J].经济管理,2016(1):137–138.

不同标准,导致很多内企纷纷在国外避税港注册公司,然后以该公司的名义投资国内,以享受合资公司的税收优惠。

第四节　招商引资(含贸易)政策的完善建议

通过对国家级新区的招商引资政策进行阐述,并对存在的问题进行分析,提出以下政策措施:国家级新区的发展要有"一张蓝图绘到底"的坚持精神;依法依规制定招商政策,杜绝恶性竞争;企业之于消费者的诚信度是其生存的关键,政府的诚信度同样于此。通过以上的措施,以期望促进国家级新区的发展。

一、地区发展要有"一张蓝图绘到底"的坚持精神

这种坚持精神的前提是要有一张立足当前、高瞻远瞩、未雨绸缪、坚定透明的蓝图。所谓立足当前是指在制定发展规划时要从当地实际状况出发,清楚认识本地区的自然资源、产业基础、物流条件、人才资源、市场辐射能力、导向政策、行政服务效率、社会安全等要素,充分对比其他地区的特点,清晰优势,坦诚劣势,尤其是掌握邻近区域或要素相近地区的发展状况,汲取国内外经验,虚心学习,合理复制,敢于创新,由政府与第三方专业机构合作开展一年以上的实地调研,形成科学评价和分析报告,作为制定园区规划的基础。所谓高瞻远瞩是指为地区规划未来的产业发展方向和与之匹配的空间规划方案,它是这张蓝图的关键内容,将决定地区发展的成败,它的核心是创新发展和可持续发展,产业定位的创新直接决定区域发展的加速度,产业升级、空间优化、生态保护等可持续发展要素将决定区域发展的持久力,产业后发优势及区位优势是制定蓝图时应警惕的问题。所谓未雨绸缪包括两个方面:一是在产业规划上要有风险意识,单一的产业链条是脆弱的,政策依赖的集群产业是短命的,产业规划应该分期规划,分步优化,通过产业升级、科技创新、政策引导等方式打造健康的产业环境;二是在空间规划上要有发展意识,放眼长远,综合考虑用地、交通、配套等要素,坚持集约用地意识,加强物业利用率。所谓坚定透明是指公开规划、尊重规划、遵从规划、服从规划,即将规划方案向社会完全公开,接受积极、有利的建议;规划方案一旦制定,应得到法规的保护和执行者的尊重,不能因为决策者的变更而颠覆;项目开发者应遵从规划要求开展建设,政府部门应严格审核,不可因为私利而违背规划;规划方案并不是永恒不变,有利于发展的科学建议可以接受。

二、依法依规制定招商政策,杜绝恶性竞争

维护和重塑公平的市场竞争环境,促进形成全国统一的市场体系,发挥市场在资源

配置中的决定性作用是国家的长期目标,在这个趋势下,企业应积极与政府沟通,争取既有税收等优惠在过渡期内继续实施,并在过渡期内逐步调整和规范自身的经营和税务架构,利用税法统一的优惠政策做好自身的税务规划,以更好地应对未来的税务挑战和税务风险,争取在市场中的竞争优势。地方政府应做好以下三个方面:一是政府决策者在思想上要认清不良竞争的危害,在行动上贯彻落实国务院规定;二是从拼政策向拼服务转变,提高地区行政服务效率,完善配套功能,提升投资环境;三是政策创新,以更好的政策吸引企业和投资者。

三、提高政府诚信度

企业之于消费者的诚信度是其生存的关键,政府的诚信度同样于此,地方政府要培养和提升诚信度应做好以下三点:第一,增强服务意识,提高行政服务效率,鼓励责无旁贷的精神,摒弃推诿拖延的陋习;第二,对通过合法手段与企业间达成的合同及其他形式协定,应遵约守信,言信行果,不因领导的变更或其他重大变化而改变态度,甚至破除约定,遇到具体问题应以平等姿态协商,而不是以管理者的心态居高临下;第三,服务企业或项目时不能戴"有色眼镜",应做到一视同仁,公正公平。

第六章　产业政策

产业政策对推动产业结构优化升级、增强产业的国际竞争力、维护国家的经济安全、促进经济协调发展等具有重要而积极的作用,国家级新区的发展也离不开产业政策的支持。本章通过整理搜集近年来各国家级新区的产业发展政策等内容,对各国家级新区的产业发展政策进行深入分析。通过比较研究,认为国家级新区产业发展呈现结合自身发展定位和发展特点,根据不同新区的不同区位条件产业政策侧重点有所不同的特点。为了有效促进国家级新区各个领域综合全面地发展,各新区应不断重视新区产业结构的优化升级,在产业政策制定时应因地制宜,同时应及时监督项目落实情况。

第一节 产业政策总述

产业政策是国家制定的,引导国家产业发展方向、引导推动产业结构升级、协调国家产业结构、使国民经济健康可持续发展的政策。产业政策主要通过制定国民经济计划(包括指令性计划和指导性计划)、产业结构调整计划、产业扶持计划、财政投融资、货币手段、项目审批来实现。新区产业政策主要是针对国家级新区,由国家、省市或者新区指定的,用以重点支持某些产业优先发展,或者为该产业发展提供有利条件的政策。每个新区的发展定位不同,拥有不同的发展规划,因此在新区的产业政策上也具有不同的特点。

本部分内容将部分国家级新区近年来的产业政策进行了梳理,通过产业政策可以看出每个新区近年来的产业发展大致方向,各新区产业政策支持情况见表2-11。

表2-11 部分新区产业政策支持情况一览表

新区	政策文件
浦东新区	《上海市关于加快培育和发展战略性新兴产业的实施意见》(2013)
	《国务院关于推进上海加快发展现代服务业和先进制造业建设国际金融中心和国际航运中心的意见》(2009)
	《上海市生物医药产业发展行动计划(2009—2012年)》(2009)
滨海新区	《滨海新区中心商务区促进现代服务业发展暂行办法》(2016)
	《滨海新区中心商务区促进商贸服务业发展暂行规定》(2016)
	《滨海新区中心商务区促进科技及信息技术服务业发展暂行规定》(2016)
	《滨海新区中心商务区促进专业服务业发展暂行规定》(2016)
	《滨海新区中心商务区促进文化创意产业发展暂行规定》(2016)
两江新区	《重庆市人民政府办公厅关于积极推进"互联网+流通"行动计划的实施意见》(2016)
	《重庆市制造业与互联网融合创新实施方案》(2016)
	《重庆市人民政府办公厅关于培育和发展分享经济的意见》(2017)
舟山群岛新区	《全国海洋经济发展规划纲要》(2003)
	《舟山市人民政府关于进一步加快服务业发展的实施意见》(2009)
	《舟山市关于进一步促进航运业发展的实施意见》(2010)
	《舟山市人民政府办公室关于加快工业设计产业发展的实施意见》(2012)

新区	政策文件
舟山群岛新区	《舟山市关于进一步加大支持力度促进企业健康发展的若干意见》（2012）
	《舟山市关于进一步加快新城楼宇经济发展的若干意见》（2014）
	《舟山市人民政府关于进一步扶持工业企业做大做强的意见》（2014）
	《舟山市人民政府关于进一步促进船舶工业健康发展的若干意见》（2015）
	《浙江工商助力小微企业成长十项举措解读》（2016）
	《舟山江海联运服务中心的总体方案》（2016）
	《浙江省电子商务产业发展"十三五"规划》（2016）
	《舟山市人民政府关于加快远洋渔业转型升级的若干意见》（2017）
	《浙江省全面改造提升传统制造业行动计划（2017—2020 年）》（2017）
	《浙江省人民政府关于深化制造业与互联网融合发展的实施意见》（2017）
兰州新区	《成立兰州新区承载产业转移工作领导小组的通知》（2016）
	《兰州新区鼓励服务业发展优惠政策（暂行）》（2015）
	《兰州新区 2017 年煤炭经营市场监管工作方案》（2017）
	《兰州新区钢铁煤炭水泥平板玻璃等行业化解过剩产能实现脱困发展实施方案》（2017）
南沙新区	《广东省人民政府关于加快发展服务外包产业的意见》（2012）
	《广东省省级加快发展服务外包产业专项资金管理办法》（2014）
	《广东省现代物流业发展规划（2016—2020 年）》（2016）
西咸新区	《陕西省人民政府关于加快发展生产性服务业的实施意见》（2015）
	《陕西省人民政府关于促进快递业发展的实施意见》（2015）
	《陕西省人民政府关于印发省物流业发展中长期规划（2015—2020）的通知》
	《陕西省人民政府关于大力发展电子商务加快培育经济新动力的实施意见》（2016）
	《陕西省西咸新区空港新城管理委员会关于扶持电子商务产业发展的若干意见》（2016）
	《陕西省西咸新区空港新城管理委员会关于扶持航空物流产业发展的若干意见》（2016）
	《陕西省西咸新区空港新城管理委员会关于扶持航空产业及战略性新兴产业发展的若干意见》（2017）
	《陕西省西咸新区空港新城委员会关于扶持商贸文化产业及总部经济发展的若干意见》（2017）
	《陕西省人民政府关于积极推进"互联网＋"行动的实施意见》（2016）

新区	政策文件
西咸新区	《西安市人民政府关于大力发展电子商务加快培育经济新动力的实施意见》(2016)
	《西安市人民政府关于印发推进国际产能和装备制造合作工作方案的通知》(2016)
	《西安市人民政府关于加快服务外包产业发展的实施意见》(2017)
	《西安市人民政府办公厅关于推进"互联网＋内贸流通"行动计划的实施意见》(2016)
	《西安市人民政府办公厅关于印发促进加工贸易创新发展行动计划的通知》(2016)
贵安新区	《贵州省人民政府关于加强城市基础设施建设的实施意见》(2013)
	《贵州省人民政府关于支持工业企业加快发展若干政策措施的通知》(2014)
	《贵州省人民政府关于加快现代服务业发展的意见》(2014)
	《贵州省人民政府关于加快推进新医药产业发展的指导意见》(2014)
	《关于加快大数据产业发展应用若干政策的意见》(2014)
	《贵州省人民政府关于大力发展电子商务的实施意见》(2015)
	《贵州省军民融合产业发展"十三五"规划》(2016)
	《贵安新区支持大数据应用与创新十条政策措施》(2017)
西海岸新区	《青岛西海岸新区管委青岛市黄岛区人民政府关于加快电子商务发展的意见》(2014)
	《青岛市黄岛区金融业发展专项资金管理办法》(2014)
	《青岛西海岸新区管委青岛市黄岛区人民政府关于扶持国内电子商务发展的若干政策(试行)》(2015)
	《青岛西海岸新区管委青岛市黄岛区人民政府关于扶持跨境电子商务发展的若干政策(试行)》(2015)
	《青岛西海岸新区管委青岛市黄岛区人民政府关于促进青岛西海岸新区会展业发展的意见》(2015)
	《青岛西海岸新区管委青岛市黄岛区人民政府关于加快推进都市型现代农业发展的意见》(2015)
	《青岛市黄岛区服务外包产业发展专项资金管理办法》(2015)
	《青岛西海岸新区管委青岛市黄岛区人民政府关于开展服务业综合改革试点的实施意见》(2015)
	《青岛西海岸新区管委青岛市黄岛区人民政府关于促进房地产市场健康发展的十一条意见》(2015)

新区	政策文件
西海岸新区	《关于支持青岛（西海岸）黄岛新区海洋经济发展的若干意见》(2015)
	《关于加快发展体育产业促进体育消费的实施意见》(2016)
	《关于印发青岛西海岸新区产业发展十大政策实施细则（试行）的通知》(2015)
	《关于印发青岛西海岸新区（黄岛区）大数据产业发展"十三五"规划的通知》(2017)
金普新区	《关于大力发展现代服务业的若干意见》(2015)
	《辽宁省人民政府关于加快发展生产性服务业促进产业结构优化升级的实施意见》(2015)
	《辽宁省人民政府关于促进加工贸易创新发展的实施意见》(2016)
	《辽宁省人民政府关于印发中国（大连）跨境电子商务综合试验区实施方案的通知》(2016)
	《辽宁省人民政府关于加快发展服务贸易的实施意见》(2016)
	《大连市人民政府关于促进现代快递服务业发展的实施意见》(2016)
	《金普新区关于进一步加快文化产业发展的实施意见》(2016)
	《大连市人民政府关于加快发展生产性服务业促进产业结构优化升级的实施意见》(2016)
天府新区	《四川省人民政府贯彻国务院关于依托黄金水道推动长江经济带发展指导意见的实施意见》(2014)
	《四川省2016年现代物流业发展工作推进方案》(2016)
	《四川省人民政府关于加快发展服务贸易的实施意见》(2015)
	《四川省人民政府关于促进服务外包产业加快发展的实施意见》(2015)
	《天府新区成都管委会产业发展促进办法》(2014)
	《建设区域物流中心城市的实施意见》(2014)
	《四川省人民政府关于印发中国（成都）跨境电子商务综合试验区实施方案的通知》(2016)
湘江新区	《关于加快发展核心区现代服务业的若干政策意见》(2014)
	《湖南省通用航空产业发展规划（2013—2020年）》(2014)
	《长沙市关于创新城市建设和产业发展融资方式的实施意见》(2015)
	《湖南省人民政府关于加快发展新材料产业发展的意见》(2015)

续表

新区	政策文件
湘江新区	《湖南湘江新区产业发展基金管理暂行办法》(2016)
	《湖南省人民政府关于促进五大融合加快发展健康产业的意见》(2016)
	《湖南省人民政府办公厅关于促进医药产业健康发展的实施意见》(2017)
	《湘江新区高端制造研发转化基地及创意产业集聚区发展规划(2016—2020 年)》(2016)
江北新区	《江苏省政府办公厅关于促进广告业又好又快发展的意见》(2013)
	《江苏省政府办公厅关于促进快递服务业健康发展的实施意见》(2014)
	《江苏省政府办公厅关于促进地理信息产业发展的实施意见》(2014)
	《江苏省政府关于加快推进建筑产业现代化促进建筑产业转型升级的意见》(2014)
	《南京市政府关于印发加快推进人力资源服务业发展的实施意见的通知》(2014)
	《江苏省政府办公厅关于加快融资租赁业发展的实施意见》(2016)
	《江苏省政府关于降低实体经济企业成本的意见》(2016)
	《南京市建设中国现代服务业名城实施方案》(2017)
福州新区	《福州市加快现代物流业发展的若干意见(试行)》(2010)
	《关于加快推进电子商务产业发展的实施办法(试行)》(2013)
	《福建省人民政府关于支持龙头企业加快发展促进工业稳定增长七条措施的通知》(2014)
	《福建省人民政府关于进一步推动工业稳增长促转型十一条措施的通知》(2014)
	《福州市人民政府关于加快发展养老服务业的实施意见》(2014)
	《福州市人民政府关于贯彻省政府推动工业稳增长促转型十一条措施的实施意见》(2014)
	《关于加快发展现代服务业的意见》(2015)
	《关于省市共同推进福州新区文化产业加快发展的实施方案》(2016)
滇中新区	《国务院关于支持云南省加快建设面向西南开放重要桥头堡的意见》(2011)
	《云南省人民政府关于促进电子商务及跨境电子商务发展的实施意见》(2015)
	《云南省人民政府关于促进服务外包产业加快发展的实施意见》(2015)
	《云南省人民政府关于加快产业转型升级促进经济平稳较快发展的意见》
	《云南省人民政府关于进一步推进我省产城融合发展的实施意见》(2016)
	《中共昆明市委、昆明市人民政府关于支持金融业发展的若干意见》(2008)

续表

新区	政策文件
滇中新区	《云南省人民政府关于贯彻落实国务院深化泛珠三角区域合作文件的实施意见》（2016）
	《云南省人民政府关于促进快递业发展的实施意见》（2016）
	《云南省人民政府办公厅关于促进金融租赁行业发展的实施意见》（2016）
	《云南省人民政府关于推进重点产业发展若干政策的意见》（2016）
	《云南省人民政府办公厅关于促进通用航空业发展的实施意见》（2016）
	《云南省人民政府关于进一步促进全省经济持续平稳发展22条措施的意见》（2016）
	《云南省人民政府关于印发云南省产业发展规划（2016—2025年）的通知》（2017）
	《云南省人民政府关于印发云南省深化制造业与互联网融合发展实施方案的通知》（2017）
	《关于着力推进重点产业发展的实施意见》（2016）
	《昆明市人民政府关于印发昆明市加快楼宇经济发展支持政策（试行）的通知》（2017）
哈尔滨新区	《哈尔滨市人民政府办公厅关于推进农村一二三产业融合发展的实施意见》（2016）
	《哈尔滨市促进生物医药产业健康发展的若干政策》（2017）
	《哈尔滨市人民政府关于促进快递业发展的实施意见》（2017）
长春新区	《国家发展改革委关于印发长春新区总体方案的通知》（2016）
	《国务院关于深入推进实施新一轮东北振兴战略加快推动东北地区经济企稳向好若干重要举措的意见》（2016）
	《吉林省人民政府办公厅关于深入推进"互联网＋流通"行动计划的实施意见》（2016）
	《吉林省人民政府办公厅关于促进跨境电子商务发展的实施意见》（2016）
	《长春新区关于促进战略性新兴产业发展的若干政策（试行）》（2016）
	《长春新区关于促进现代服务业加快发展的若干政策（试行）》（2016）
赣江新区	《江西省人民政府关于加快建设九江江海直达区域性航运中心的实施意见》（2017）
	《江西省"十三五"大健康产业发展规划》（2017）
	《关于支持赣江新区加快发展的若干意见》（2017）

（资料来源于中国政府网、各新区所在省市政务网、新区政务网等。）

从表2-11中可以发现，18个国家级新区中舟山群岛新区、西咸新区、西海岸新区和滇中新区近年来产业政策数量最多，金普新区、江北新区、福州新区等也出台了较多的产业政策。浦东新区、南沙新区、哈尔滨新区和两江新区的政策数量较少，但是针对重点发展产业也有政策上的支持。大量的产业政策表明了产业发展在国家级新区发展过程中的重要作用。

分析各个新区的政策来源,政策不仅仅是由新区制定,还包括省市层面结合各省和各市的实际情况和总体规划制定的产业发展政策。其中,滨海新区、兰州新区、青岛西海岸新区的政策主要是由新区自身出台的,其他新区的政策主要来源于所在省市。

从新区支持的产业内容来看,不同的新区所支持的产业类型不同。因为各个新区的经济基础不同、区位条件不同,每个产业发展的现实条件也有差异。浦东新区现代化程度较高,根据其产业结构特点,政策主要支持战略性新兴产业发展;滨海新区主要支持现代服务业和高新技术产业的发展;两江新区重点推动"互联网＋"的发展;兰州新区地处内陆地区,产业机构还处在转型升级的初级阶段,现阶段产业发展的重点为化解产能过剩的现状。

第二节　各新区产业政策支持情况

本节内容将结合每个新区的区位条件,对每个新区各自的产业政策支持的产业以及支持力度和政策支持趋势等进行详细的分析。

一、上海浦东新区

浦东新区于20世纪90年代初开始发展,经过近20年的时间,已经在综合投资环境、产业规模、基地形象、人才集聚等方面形成先发优势,对高新技术产业、战略新兴产业形成了强大的吸引力,具备良好的发展环境。2011年,浦东新区为加快新兴服务业发展,提升服务经济发展能级,制定了《浦东新区人民政府关于印发浦东新区促进新兴服务业发展财政扶持办法的通知》,规定对新引进的服务外包企业,经认定,根据企业对新区的贡献程度,在五年内给予一定补贴;对新认定的重点服务外包企业,根据企业对新区的新增贡献程度,在五年内给予一定补贴;对新引进的专业会展公司及会展服务公司,经认定,根据企业对新区的贡献程度,在三年内给予一定补贴;对新引进的律师事务所、会计师事务所、管理咨询公司、人才中介企业,经认定,根据企业对新区的贡献程度,在四年内给予一定补贴,并给予一定的购房或租房补贴。诸如此类的政策支持下,吸引了大量的新兴服务业进入浦东新区，推动了浦东新区的服务升级。[①]

2017年浦东新区发布的《"十三五"期间浦东新区财政扶持经济发展的意见》显示，"十三五"期间，浦东新区将积极对接国家和市"十三五"时期的发展要求，在贯彻落实国家、市层面产业扶持政策的基础上，结合新区产业发展导向及重点，适应产业融合化、服务化、智能化、网络化等特征，以及更加突出的新形势，按照浦东新区"十三五"产业规划的意见，将聚焦金融、航运、贸易等重点领域。鼓励产业结构调整，培育和发展战略新兴产业，提升区域内有效资源的配置效率，形成高质量、高水平、可持续的产业体系，培育有国际竞争力的企业集群。同时，将加大财政科技投入和加快科创中心建设，不断优化创业创新环境，提高科技研发和成果转化能力，支持创业空间载体和运营发展。[②]

二、天津滨海新区

2016年滨海新区制定了大量的政策支持新区的现代服务业发展。为贯彻落实天津市委、市政府《关于加快现代服务业发展的若干意见》，促进滨海新区中心商务区重点产业发展，鼓励相关企业机构落户，滨海新区制定了《滨海新区中心商务区促进现代服务业发展暂行办法》，政策明确指出支持发展总部经济，鼓励全国及区域性企业总部、跨国公司地区总部，总部企业新设立的采购中心、研发中心、结算中心、数据处理中心等职能型总部入区发展。支持发展金融业，鼓励金融机构总部、金融机构总部一二级分支机构、金融机构核心业务部、商业保理、融资租赁、财务公司、汽车金融公司、消费金融公司、互联网金融企业、要素交易平台、基金及资产管理企业等各类持牌金融机构入区发展。支持发展商贸服务业，鼓励大型商业零售企业、国际知名品牌总经销（代理）商、大型贸易企业、电子商务企业、物流企业、会展公司等各类商贸服务业企业机构入区发展。支持发展科技及信息技术服务业，鼓励各类科研机构、高新技术企业、信息服务企业和科技服务机构等入区发展。支持发展专业服务业，鼓励律师事务所、会计师事务所、资产评估事务所、管理咨询公司、人才中介、旅行社等各类专业服务机构入区发展。支持发展文化创意产业，鼓励各类文化创意企业、文化创意公共服务平台、文化创意产业基地（产业园）、教育培训机构等各类文化创意机构入区发展。

根据该政策内容，滨海新区陆续制定了《滨海新区中心商务区促进商贸服务业发展

---

① 浦东新区人民政府关于印发浦东新区促进新兴服务业发展财政扶持办法的通知［EB/OL］.（2011－11－26）［2017－09－06］. http://www. pudong. gov. cn/shpd/InfoOpen/InfoDetail. aspx? Id＝423902.

② "十三五"期间浦东新区财政扶持经济发展的意见［EB/OL］.（2011－11－26）［2017－09－07］. http://www. pudong. gov. cn/shpd /InfoOpen/InfoDetail. aspx? Id＝423902.

暂行规定》《滨海新区中心商务区促进科技及信息技术服务业发展暂行规定》《滨海新区中心商务区促进专业服务业发展暂行规定》《滨海新区中心商务区促进文化创意产业发展暂行规定》，每项政策更加详细地阐述了政策扶持的认定条件及政策支持标准。

三、重庆两江新区

重庆市 2016 年在促进重庆市互联网发展方面出台了多项政策，积极落实国务院《国务院办公厅关于深入实施"互联网＋流通"行动计划的意见》，指出要推动实体商业转型升级，拓展消费新领域，增强经济发展新动能。从以下几个方面提出了政策措施：

第一，加快推动流通转型升级，以满足消费者需求为中心，支持企业突出商品和服务特色，加快推进大数据、物联网、云计算、移动互联网、地理位置服务等信息技术应用，建立覆盖实体店、电子商务、移动端和社交媒体的全渠道营销新体系。

第二，积极推进流通创新发展，鼓励发展分享经济新模式，结合部门和地方实际创新政府管理和服务，以大众创业、万众创新为抓手，以信息化为依托，以服务平台为支撑，以服务创新为重点，激发市场主体创业创新活力，鼓励包容企业利用互联网平台优化社会闲置资源配置，提高闲置资源利用率，盘活闲置存量资产，拓展产品和服务消费新空间、新领域，扩大社会灵活就业。

第三，鼓励拓展智能消费新领域，加快推进智慧商圈建设，运用物联网、云计算、大数据等先进技术，打造智慧商圈信息服务软件、硬件基础设施、中控服务等三大平台，实施智慧商业、智慧交通、智慧政务、智慧公共服务、智慧物流、智慧金融等六大智慧运用工程，实现商圈管理服务智能化、人性化、个性化，推动传统商圈向科技时尚、信息互通、服务智能、安全规范、跨界融合等方面转型升级。

第四，深入推进农村电子商务，坚持市场运作，充分发挥各类市场主体参与农村电子商务发展的动力和创造力，积极实施电子商务进农村综合示范工程，全面推动农村电子商务发展。

第五，积极促进电子商务进社区，大力发展社区电子商务，促进电子商务企业与社区商业网点融合互动，开展物流分拨、快件自取、电子缴费等服务，提高社区商业的信息化、标准化、规范化、集约化水平，提升社区居民生活品质。

第六，加强智慧流通基础设施建设，加大对物流基地建设、冷链系统建设等的政策性扶持力度，大力支持建设商贸物流公共性、公益性基础设施，加大流通基础设施投入，强化三级配送体系建设。

第七，大力发展绿色流通和消费，培育消费者绿色消费观念，推广绿色商品，限制高耗能、高污染、高环境风险、过度包装产品进入流通和消费环节，引导由生态有机食品向节能节水器具、绿色家电、绿色建材等有利于节约资源、改善环境的商品和服务拓展。

第八，加快完善流通保障制度，组织开展道路货运无车承运人试点工作，允许试点范围内无车承运人开展运输业务。贯彻落实《高新技术企业认定管理办法》（国科发火〔2016〕32号），做好"互联网＋流通"企业的申报认定工作。

第九，增强流通领域公共服务支撑能力，发挥财政资金引导带动作用，鼓励社会资本和境外资本加大对流通领域互联网等信息技术应用的投入等方式，着力降低流通成本，提高流通效率，扩大有效供给。

第十，营造诚信经营公平竞争环境，适应"互联网＋流通"发展需要，不断创新监管手段，采取合理监管方式，加强事中事后监管，加大对侵权假冒、无证无照经营、虚假交易等行为的打击力度，保障群众买到质优价廉的商品，放心消费，安全消费。

除此以外，重庆市紧紧抓住互联网发展的历史机遇，在《重庆市人民政府关于印发重庆市制造业与互联网融合创新实施方案的通知》中也指出牢固树立创新、协调、绿色、开放、共享的发展理念，按照国务院决策部署，抓住新一轮科技革命和产业变革的历史机遇，立足重庆产业优势，以激发制造业创新活力、转型动力和发展潜力为主线，以提升制造业数字化、网络化、智能化水平为突破口，以制造业与互联网融合创新项目为载体，围绕制造业与互联网融合的关键环节，构建制造业与互联网融合"双创"平台，夯实智能制造基础，培育新模式新业态，营造融合发展新生态，强化融合发展支撑保障，促进供给侧结构性改革，增强制造业竞争新优势，全面推动重庆市工业经济转型升级。

四、浙江舟山群岛新区

舟山市在2014年以前发布了一些产业政策用以支持航运业、工业设计产业以及楼宇经济发展的政策；在2016年以后，将政策支持重点转向了支持小微企业发展、现代服务业发展和电子商务产业以及远洋渔业方面。浙江省在发展规划中明确要进一步促进浙江省的产业转型升级，促进传统产业与互联网产业的相互融合。

2014年，《舟山市人民政府关于进一步扶持工业企业做大做强的意见》中提出，通过政策奖励等措施，加快培育和发展一批成长性好、科技含量高、创新能力强的工业企业，促进企业做大做强，实现产业转型升级，增强新区经济发展后劲。[①] 2016年，浙江省发布《浙江省电子商务产业发展"十三五"规划》，该规划中明确指出，"十三五"期间浙江省电子商务发展战略重点是围绕"一个核心任务"、做强"三大重点领域"、完善"三大要素保

---

① 舟山市人民政府关于进一步扶持工业企业做大做强的意见［EB/OL］.（2014 – 07 – 22）［2017 – 09 – 09］. http://www.gygov.gov.cn/ art/2014/7/22/art_10688_616684.html.

障"、实施"八大行动计划"(统称"1338"战略),全面部署电子商务产业发展。2017 年,《浙江省人民政府关于印发浙江省全面改造提升传统制造业行动计划(2017—2020 年)的通知》中指出,通过创新升级、整合优化、强链补链、有序退出的路径,根据产业发展基础和关联度,瞄准今后一段时期的市场需求,2017 年重点启动纺织、服装、皮革、化工、化纤、造纸、橡胶塑料制品、非金属矿物制品、有色金属加工、农副食品加工等 10 个制造业的改造提升,积累经验,逐步扩大到其他传统制造业领域。①

五、甘肃兰州新区

2010 年 11 月 16 日,甘肃省政府出台的《关于加快推进兰州新区建设的指导意见》就明确了兰州新区的战略定位和发展目标,以发展高新技术产业、战略性新兴产业为主,以承接东中部产业转移为主要发展方式,加快地区循环经济建设,实现地区经济跨越式发展。为加快推动兰州新区产业园区建设,积极带动兰州新区发展。

2012 年 4 月,《甘肃省人民政府关于支持中央和省属在兰州市区工业企业向兰州新区拓展的实施意见》出台,兰州市人民政府也针对该项意见出台相关措施。2012 年 8 月,兰州新区正式成为国家级新区;10 月,《兰州新区产业发展规划》(讨论稿)获工信部专家评审通过,进一步明确了兰州新区与兰州市区的功能定位与城市布局,推进新老城区的联动发展,实现地区经济的整体提升;11 月,《甘肃省人民政府关于支持兰州新区开发建设政策的意见》出台,重点提出 5 条产业投资政策,旨在鼓励和支持主导优势产业发展,推进"出城入园"政策落实,加快循环经济发展。

2014 年 3 月,《甘肃省人民政府关于支持兰州新区引进高层次人才政策的意见》中提出,兰州新区政府将出台各项激励措施,吸引高层次人才到兰州新区发展,并鼓励人才携带科研成果和最新研发项目,为新区注入新鲜力量。与此同时,《兰州新区招商引资优惠政策》通过审议出台,针对入住兰州新区的工业项目在享受优惠政策的同时,给予部分奖励。7 月,国务院批复设立兰州新区综合保税区,旨在更进一步地推进内陆开放型经济的发展,打造出面向中西亚的区域性国际交流合作平台,推动兰州新区成为甘肃省及西部地区的开放新高地。

2015 年 3 月,根据《中西部地区外商投资优势产业目录》(2013)国务院批准发布了《西部地区鼓励类产业目录》,兰州新区凭借自身优势发展相关鼓励类产业。2015 年,兰

---

① 浙江省人民政府关于印发浙江省全面改造提升传统制造业行动计划(2017—2020 年)的通知[EB/OL].(2017 - 06 - 07)[2017 - 09 - 12]. http://www.zj. gov. cn/art/2017/6/9/art_37173_293104. html.

州新区投资建设的产业孵化大厦已开始正式运营,有关部门针对孵化产业出台各项优惠政策,为孵化产业提供全方位的服务,构建"创业苗圃＋孵化器＋加速器＋产业园"的全产业化链条。①

六、广州南沙新区

根据政策资料情况显示,南沙新区近年来的产业政策支持主要来源于省级层面。在2016年以前,所在省重点支持服务外包产业的发展。2016年,广东省发布了《广东省现代物流业发展规划(2016—2020年)》,支持现代物流业的发展。文件指出,要坚持"市场运作,政府引导。创新驱动,高端发展。完善标准,降本增效。统筹规划,协调联动"的基本原则,主要任务为:第一,推动物流业降本增效;第二,提升物流企业规模化、集约化水平;第三,加强物流基础设施网络建设;第四,提升物流社会化、专业化水平;第五,推进"互联网＋"高效物流发展。争取到2020年,基本建成布局合理、技术先进、便捷高效、绿色环保、安全有序的现代物流服务体系,基本建立与"互联网＋"高效物流发展相适应的行业管理政策体系。

七、陕西西咸新区

西咸新区近年来在产业发展上得到了陕西省和西安市大量的政策支持,支持的主要对象为生产性服务业、电子商务、航空物流产业、商贸文化产业、国际产能合作和装备制造业、服务外包产业、"互联网＋"等产业的发展,其中以航空物流产业及战略新兴产业最为重要。西咸新区正处于高速发展的阶段,结合所处"一带一路"重要支点的战略地位,以及《推动共建丝绸之路经济带和21世纪海上丝绸之路的愿景与行动》中对西安市的定位,发展航空物流产业、国际产能和装备制造业具有极大的优势。

2017年,为充分发挥西咸新区空港新城的航空产业聚集效应和辐射带动作用,加快形成多门类的产业集群,根据国家、陕西省相关规定和西咸新区投资优惠政策,结合空港新城实际情况,西咸新区制定了《陕西省西咸新区空港新城管理委员会关于扶持航空产业及战略性新兴产业发展的若干意见》,文件中指出空港新城管委会设立1亿元航空产业及战略性新兴产业发展专项资金,重点支持航空维修、制造、培训,航空公司总部、航空地面服务等航空企业和生物医药、新能源、新材料、无人机、智能制造等战略性新兴产业

---

① 张劼. 丝绸之路经济带建设中兰州新区产业发展问题研究[D]. 兰州:兰州大学,2016.

发展。①

为加快空港新城商贸文化产业聚集,加大对商贸文化产业和总部经济的扶持力度,根据国家、陕西省相关规定和西咸新区投资优惠政策,结合空港新城实际情况,《陕西省西咸新区空港新城管理委员会关于扶持商贸文化产业及总部经济发展的若干意见》指出,空港新城管委会设立2亿元专项资金,重点支持商贸、酒店、文化(含旅游、艺术、创意设计、文化贸易、培训咨询、会展、新闻广电等相关行业)类企业和总部经济发展。

为贯彻落实《陕西省人民政府关于推进国际产能和装备制造合作的实施意见》(陕政发〔2016〕6号),抢抓"一带一路"建设机遇,推进西安市产能和装备制造国际合作,积极拓展国际市场,促进经济提质增效升级,加强"品质西安"建设,西安市人民政府办公厅制定了《西安市人民政府关于印发推进国际产能和装备制造合作工作方案的通知》,明确了当前推进国际产能合作和装备制造业发展的重要任务:加强境外高新技术和先进制造业投资;深化航空航天领域国际应用合作;扩大能源化工优势技术和产能输出;拓展新材料技术国际合作;支持参与境外基础设施投资;推进境外农产品种植加工贸易合作。

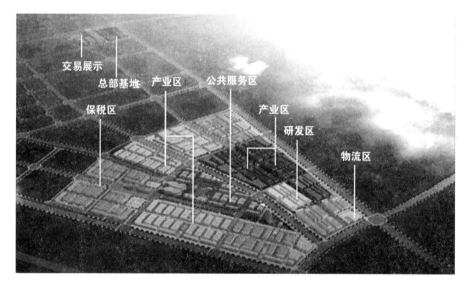

图2-3 西咸新区空港新城规划

2017年,西安市还出台了《西安市人民政府关于加快服务外包产业发展的实施意见》,明确指出要大力发展软件研发和信息技术服务外包;大力发展文化创意服务外包;加快发展教育培训等服务外包;积极发展新兴金融保险行业服务外包;大力发展航空领

---

① 陕西省西咸新区空港新城管理委员会关于扶持航空产业及战略性新兴产业发展的若干意见[EB/OL].(2017-05-17)[2017-09-14]. http://www.xixianxinqu.gov.cn/zcfg/xxxq/2017/0517/10434.html.

域的服务外包；大力发展航天领域的服务外包；大力发展现代物流行业的服务外包。在这个政策方向下，指出各个新区要结合自身的实际情况制定适当的工作方案。

八、贵州贵安新区

根据资料显示，贵安新区近年来的政策支持主要来自省级层面，发布时间集中于2016年以前。近年来，贵安新区在大数据产业上投入了大量的精力，省市层面以及新区层面对其给予了大量的支持。《贵安新区支持大数据应用与创新十条政策措施》中规定，将从"入驻支持、融资支持、运营补贴、市场培育奖励、创新支持、贡献奖励、上市奖励、租房购房补贴、人才补贴、固定资产投入补贴"这些方面吸引大数据产业企业入驻，吸引高科技人才，支持区内大数据产业的发展。经过近两年的发展，贵安新区的大数据产业成果丰硕。

贵安新区于2014年由国务院批复成立，明确"重要经济增长级、内陆开放型经济新高地、生态文明示范区"为三大战略地位。新区全力推动以大数据引领的新一代电子信息产业发展，依托大数据综合实验区、贵安产业发展集聚区、试点区等一批金字招牌，中国电信、中国移动、中国联通、华为等一大批重点项目相继落地建设，大数据进一步建设完善。2015年新区完成信息产业规模达到140多亿，该年度仅2月份即完成规模总量20多亿。2016年，三大运营商落户贵安新区，贵安新区建立了中国电信云计算贵州信息园、中国移动贵州数据中心以及中国联通云计算基地。2017年贵安新区大数据产业发展集聚区基础建成，产业布局、行业支撑、配套水平显著提高，园区宽带全覆盖，数据资源平台、数据服务体系建立健全，通过大数据带动相关产业规模达到1200亿以上，形成数据处理中心和载体中心，通过大数据带动相关产业2500亿以上，成为真正的大数据产业聚集区。

九、青岛西海岸新区

西海岸新区在2015年出台了大量的政策，支持新区内电子商务、会展业以及海洋经济的发展，在2015年发布的《关于印发青岛西海岸新区产业发展十大政策实施细则（试行）的通知》中指出，青岛西海岸新区针对六大支柱产业——航空物流产业、船舶海工产业、家电电子产业、汽车工业、机械装备产业、石油化工产业，运用新技术、新工艺、新流程、新装备和新材料等手段，拉伸产业链条，向价值链高端拓展，通过转型升级推动传统产业再创新优势。针对十大新兴产业采取引进、嫁接、裂变等模式，注重发展梯次，培育后发崛起、支撑有力的新增长点，逐步打造生态型、智能型、微纳型、服务型和融合型的新兴产业集群。针对六大特色产业依托城乡一体、产城相融、陆海统筹的独特条件，推进差异化、精深化、品牌化发展,打造区域特色鲜明、具有品牌影响力的产业集群。①

2016 年发布了支持体育产业发展、促进体育产业消费的政策,政策指出要突出"山、海、岛、河、空"等地理资源优势,开展以休闲体育、海上运动为特色的运动项目,丰富活动内容,力争到 2025 年,体育产业总规模超过 200 亿元,初步建立政府主导、社会多方参与、公益性与市场化协调发展的服务体制机制,基本建成以体育竞赛表演、体育休闲健身、体育培训与中介服务、体育用品制造与销售、体育设施建设与文化、旅游、康复等方面融合发展的综合服务体系。②

2017 年,西海岸新区发布《关于印发青岛西海岸新区(黄岛区)大数据产业发展"十三五"规划的通知》,明确指出要支持"大数据"产业的发展。为把握大数据发展机遇,我国相继出台了《关于促进云计算创新发展培育信息产业新业态的意见》《关于运用大数据加强对市场主体服务和监管的若干意见》《国务院关于积极推进"互联网+"行动的指导意见》《促进大数据发展行动纲要》《大数据产业发展规划(2016—2020 年)》和《工业和信息化部贯彻落实〈国务院关于积极推进"互联网+"行动的指导意见〉的行动计划(2015—2018 年)》,将大数据列入国家战略,对大数据产业的发展进行了系统部署。目前,我国已经设立 400 亿新兴产业创业投资引导基金,设立新兴产业创业创新平台,产业发展进入快车道。

青岛市是国家"智慧城市"技术和标准双试点城市,近年来,积极把握大数据发展机遇,加快推进信息基础设施建设,推动青岛市政府数据开放网站上线运行,成立青岛大数据统计研究中心,建设联通青岛云计算中心,先后引进慧与全球大数据应用与产业示范基地、清华—青岛大数据工程研究中心、复旦大学青岛研究中心等项目,青岛"十三五"规划明确了实施"互联网+"行动、推进大数据广泛深度应用、建设国内信息枢纽的发展战略。青岛西海岸新区响应国家产业发展政策以及山东省、青岛市的产业发展战略,积极抢抓大数据产业发展机遇,正在以大数据作为促进区域经济转型升级的新动力,培育新的经济增长极。

十、大连金普新区

近年来辽宁省出台了产业相关政策,支持辽宁省现代服务业、加工贸易、生产性服务

---

① 青岛西海岸新区管委青岛市黄岛区人民政府关于印发青岛西海岸新区产业发展十大政策实施细则(试行)的通知[EB/OL]. (2015 – 09 – 14)[2017 – 09 – 20]. http://www. huangdao. gov. cn/ n44566445/n44566504/n164714736/n164714855/ c178007466/content. html.

② 关于加快发展体育产业促进体育消费的实施意见[EB/OL]. (2016 – 12 – 13)[2017 – 09 – 23]. http://www. huangdao. gov. cn/ n44566445/n44566504/n164714736/n164714855/c178275771/content. html.

业、跨境电子商务等产业的发展，辽宁省 2016 年出台《大连市人民政府关于促进现代快递服务业发展的实施意见》，同时发布了《大连市人民政府关于加快发展生产性服务业促进产业结构优化升级的实施意见》，促进大连市产业结构优化升级，为金普新区发展现代服务业和产业结构调整升级创造了良好的条件。

金普新区 2016 年出台《金普新区关于进一步加快文化产业发展的实施意见》，该意见指出新区将坚持"政府引导、市场运作、特色传承"的基本原则，充分发挥政府引导和市场主导双重作用，促进资源合理配置，强化创新驱动，增强创新动力，优化发展环境，切实提高新区文化产业整体质量水平和核心竞争力，大力推动文化产业集约化、规模化、专业化发展，更好地为经济结构调整、产业转型升级服务，不断满足新区人民群众日益增长的文化需求。争取到 2020 年，全区文化产业增加值占全区生产总值的比重超过 5%，成为新区支柱产业之一。

十一、四川天府新区

2016 年天府新区在政策上对产业发展的支持力度较小，近年来新区的大部分产业政策支持来源于四川省层面。这些政策在支持的产业内容上主要包括服务贸易、外包产业、物流业，针对不同的产业有不同的支持重点。2014 年，天府新区出台了《天府新区成都管委会产业发展促进办法》，文件中明确指出为聚集多元市场主体在天府新区成都直管区（以下简称直管区）投资发展，坚持走以新经济为主导、各类产业兼容发展的转型升级之路，让创业创新的源泉充分涌流，加快建设高端产业集聚区、改革创新引领区、"四化同步"先行区、"四态合一"示范区、文明和谐首善区，打造西部地区最具发展活力的新兴增长极。文件中对金融支持、产业资金支持、人才支持政策，知识产权支持政策，招商政策等做了具体的规定。

经过两年多的发展，天府新区的产业得到了较好的发展。2017 年，天府新区成都直管区确定了三大功能区，分别是鹿溪智谷科技创新和高技术产业服务功能区、天府中心总部经济功能区、天府中心国际会展功能区。天府新区成都直管区为每个功能区都量身定制了"招引政策"，以吸引优秀的产业和高端人才。以天府中心国际会展功能区为例，落户该区域的会展企业高级管理人才除了能获得一定额度的个人奖励外，还可享受户籍迁入、子女入学等相关优惠政策。[1]

---

① 天府新区成都直管区确定三大产业功能区［EB/OL］.（2017 - 07 - 05）［2017 - 09 - 30］. http://sichuan.scol.com.cn/cddt/201707/ 55945984.html.

图 2 - 4 天府新区功能区图示

十二、湖南湘江新区

湘江新区在 2016 年发布了《湘江新区高端制造研发转化基地及创意产业集聚区发展规划(2016—2020 年)》,该规划指出,湘江新区的未来几年发展目标为到 2020 年,湖南湘江新区企业总收入突破 10000 亿元(其中长沙高新区 5000 亿元,望城 2000 亿元,宁乡 2500 亿元,岳麓区 500 亿元),规模工业增加值达到 1570 亿元,年均增长率达到 12% 以上;基本形成先进装备制造、智能装备制造、新一代电子信息、食品精深加工、新材料等五个千亿产业集群,新能源与节能环保、生物医药与健康等两个 500 亿元产业集群。

(一)湘江新区未来产业空间布局

1.“一核多园”的高端制造产业布局

“一核多园”,即以长沙高新区为核心,望城经开区、宁乡经开区、宁乡高新区、岳麓科技产业园等多园协同发展的区位格局。重点发展先进装备、新材料、生物医药与健康、新能源与节能环保、新一代电子信息等高端产业,加快推进传统产业改造升级,积极培育和发展高新技术产业。

2."一带一廊"的创新创意产业布局

"一带一廊"，即湘江西岸创新创意带，包括望城滨水新城、滨江金融商务区、洋湖—含浦组团（洋湖总部经济区、岳麓科技产业园）、大王山旅游度假区、泛岳麓山创新创意产业集聚区、沩东新城生态文化旅游区等区域；319国道（麓谷—金洲）创新创意走廊，覆盖梅溪湖国际新城、长沙高新区、宁乡文化专业园等区域。重点发展文化创意、移动互联网、软件、设计、检验检测等创新创意产业，优势互补，错位发展，打造国内一流、具有国际影响的文化创意产业集聚区。

3.三轴综合产业发展功能布局

岳长潭产业功能轴。沿岳长潭城际铁路打通南北区域联系，沿线串联望城高星组团、岳麓中心城区、坪浦组团，构筑产城融合、创新驱动、智造引领的综合性发展轴；北部发展次轴。沿望京大道形成联动高星组团、宁乡组团，打造联动城乡、交通便捷的开放型发展轴；南部产业发展次轴。沿长韶娄高速—莲坪大道形成联系坪浦组团，辐射道林镇、花明楼镇等周边区域，按照符合长株潭生态绿心规划和绿心保护条例的要求，形成人文彰显、生态优美的绿色化发展轴。

图2-5 湘江新区三轴综合产业发展功能布局

（二）未来湘江新区将会支持的重点产业

（1）高端制造业：重点项目有预计投资200亿元的中德有色产业园、60亿元的中光通信生产基地等。

（2）创新创意产业：重点项目有预计投资50亿元的中国联通云数据基地、50亿元的平安电子商务平台、40亿元的中南大学科技园。

（3）现代服务业：重点项目有预计200亿元的梅溪湖国际医疗健康城、120亿元的湘江欢乐城、50亿元的观音湖文化创意产业园、40亿元的梅溪湖金茂CBD项目。[①]

十三、南京江北新区

近年来,江北新区的产业发展主要政策支持来源为省级和市级层面,省市的产业发展政策为江北新区的产业发展营造了较好的环境。2017年初,南京市发布了《南京市"十三五"科技创新规划》。规划提出,建立500亿元规模市区(园区)联动的新兴产业投资基金,重点支持战略性新兴产业及科技创新平台载体快速发展,同时,江北新区重点打造集成电路、生命健康和新能源汽车3个千亿级产业集群。规划的总体目标是:到2020年,南京主要创新指标达到创新型国家和地区中等以上水平,建成区域科技创新中心,成为"一中心、一基地"建设排头兵,基本建成全国一流、具有国际影响力的创新型城市。

江北新区是科技创新的重要阵地,规划提出要全力打造江北新区创新高地,到2020年,新区科技进步贡献率达66%,围绕智能制造、生命健康、新材料、高端装备制造和现代物流、科技服务等"4+2"主导产业发展,优化科技创新资源空间布局,形成若干进入全球价值链中高端、具有国际竞争力的产业集群,其中,打造集成电路、生命健康和新能源汽车3个千亿级规模产业集群。[②]

十四、福建福州新区

2016年,福建省发布了《关于省市共同推进福州新区文化产业加快发展的实施方案》,方案指出,福建省、福州市将在推进文化产业集聚、重点骨干文化企业、文化产业重点平台、重大文化产业项目建设等方面联手,推动福州新区文化产业加快发展,力争在"十三五"末期,福州新区文化产业增加值达到150亿,占全市文化产业增加值的30%。产业布局上,重点培育发展文化旅游、动漫游戏、影视传媒、文化会展、创意工艺五大产业。四大片区各有发展重点:仓山片区重点发展文化会展、文化产权交易、时尚创意设计等产业;马尾片区重点发展文化旅游、动漫游戏等产业,琅岐岛区域重点发展文化旅游业,推动国际生态旅游岛建设;长乐片区重点发展动漫游戏、数字产业、珠宝创意设计等产业;福清片区重点发展文化旅游业、影视、数字印刷等产业。[③]

①　湘江新区高端制造研发转化基地及创意产业集聚区发展规划(2016—2020年)[EB/OL].(2016 – 12 – 05)[2017 – 10 – 03].http://www.yopai.com/show – 2 – 207318 – 1.html.

②　南京500亿扶持新兴产业 江北新区打造3个千亿级产业集群[EB/OL].(2017 – 02 – 08)[2017 – 10 – 08].http://www.njdaily.cn/2017/0208/1570805.shtml.

③　关于省市共同推进福州新区文化产业加快发展的实施方案[EB/OL].(2016 – 04 – 27)[2017 – 10 – 08].http://www.sohu.com/a/71920160_349441.

十五、云南滇中新区

滇中新区的设立,承载着推动云南省全省产业发展、加快产业结构调整的重任,产业在新区开发建设中占有极为重要的地位。过去的两年,新区划定产业发展蓝图,明确时间表,积极搭建平台,围绕新兴产业培育产业集群,推动产业转移和产能合作。如今,滇中新区的大产业、大项目已经初具规模。

在滇中新区 2016 年工作会上,提出了近期产业主导、中期以产促城、远期产城融合,先规划后建设、先地下后地上、先二产后三产、先基础设施开发后商业地产开发,紧紧围绕各片区功能定位,优化产业发展布局的目标定位,将新区打造成为产城一体、宜居宜业、融合发展的西部地区新型城镇化建设综合试验区。

第二产业方面,滇中新区重点聚焦石油炼化、汽车及现代装备制造、电子信息、通用航空、生物医药、新材料等产业;在第三产业方面,大力发展航空枢纽服务、商贸会展、综合保税、现代物流、电子商务、旅游等服务业。

滇中新区 2016 年重点推进 100 个产业项目,完成投资 264.7 亿元。计划到 2020 年,力争新区六大产业工业总产值达 5000 亿元以上,力促新区服务业营业总收入超 5000 亿元。①

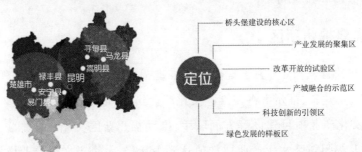

图 2-6 滇中新区规划示意

十六、黑龙江哈尔滨新区

哈尔滨新区作为一个设立时间不长的新区,其产业发展需要依靠国家和省市的大力支持,在此基础上进行探索和发展。2016 年发布的《哈尔滨新区发展规划》中提到,哈尔滨新区要建设开放型产业体系——重点发展高端装备、绿色食品、新一代信息技术等千亿级产业集群,培育发展生物医药、新材料、节能环保产业,加快发展金融商务等现代服务业和战略性新兴产业,提升产业国际竞争力。

---

① 滇中新区设立一周年 大产业大项目带动大发展[EB/OL].（2017-02-22）[2017-10-14].
http://www.sohu.com/a/126895815_115092.

2016 年 6 月,为了实现新区转型升级创新发展,哈尔滨新区今后将着力发展高端装备制造业、绿色食品产业、新一代信息技术产业等三大产业,并拟以雇员制打造专业招商队伍等创新发展模式,推动松北、利民、哈南等三大区域相关产业组团发展。哈尔滨新区将着力打造 3 个千亿级产业集群,发展壮大 3 个战略性新兴产业,积极探索老工业基地转型发展新路径。

在高端装备制造业领域,新区将抓好哈飞福特汽车、通联新能源客车、中船重工燃气轮机、航天海鹰 3D 打印、哈工大机器人等一批重大在建项目的同时,重点落实好哈飞直升机、蟒式全地形车等与央企合作项目,计划将新区装备制造业打造成千亿级产业集群。

在绿色食品产业领域,新区将继续壮大百威英博、九三粮油等一批深加工企业,并大力发展高附加值食品、乳制品、畜产品、特色饮品等名优绿色食品,进一步叫响"寒地黑土"食品品牌,力争实现 2020 年绿色食品产业规模以上产值超千亿元目标。

在新一代信息技术产业领域,新区将在中移动、中联通、中电信等一批超 10 亿元信息产业项目基础上,以云计算、物联网、大数据应用等为重点,加快引进建设北斗导航、云计算设备生产企业和服务商。[①]

十七、吉林长春新区

为促进战略性新兴产业加快发展,全面构建开放创新型产业体系,根据国家、省、市相关政策,结合新区实际,长春新区制定了《长春新区关于促进战略性新兴产业发展的若干政策(试行)》,文件提出设立战略性新兴产业发展扶持资金,总规模为 10 亿元。对新入区项目,按照双向约束原则,考核建设进度、投资强度、投产达产、产值税收等主要指标,给予项目固定资产投资额 1% ~5% 的投资补助,最高不超过 2000 万元;投资额度大、产值效益好、建设速度快的行业龙头项目,补助比例可适当上浮,补助资金最高不超过 5000 万元。[②]

为促进现代服务业加快发展,不断完善和提升区域服务功能,打造省内领先、国内知名、具有国际影响力的高端服务业集聚区,长春新区出台了《长春新区关于促进现代服务业加快发展的若干政策(试行)》,文件提出设立新区服务业发展扶持资金,总规模为 10 亿元。对新落户软件及信息服务企业,两年内实现大数据、云计算及"互联网 +"业务年营业收入达 2000 万元以上的,一次性给予 50 万元奖励。规上工业企业将信息技术研发应用机构剥离,成立专业的软件和信息服务企业,为社会提供大数据、云计算及"互联网

---

① 哈尔滨新区打造三个千亿产业集群. 哈尔滨日报[EB/OL]. (2016 – 06 – 21) [2017 – 10 – 20]. http://hlj. people. com. cn/n2/2016 /0621/c220027 –28539012. html.

② 长春新区关于促进战略性新兴产业发展的若干政策(试行) [EB/OL]. (2016 – 09 – 21) [2017 – 10 – 20]. http://www. ccxq. gov. cn /zhaoshangdetail. aspx? id =961.

+"服务,两年内实现年营业收入1000万元以上的,一次性给予50万元奖励。①

十八、江西赣江新区

赣江新区作为全国第18个、中部地区第2个国家级新区,虽然批复时间很短,但是在产业发展方面受到了省市的重视,2017年6月5日,省委办公厅、省政府办公厅印发了《关于支持赣江新区加快发展的若干意见》,围绕赋予新区更大发展权及产业发展、创新创业、开放合作、城市建设、金融改革创新等方面,出台了一系列政策措施,在资金、项目及政策等方面给予全方位支持。力争到2020年,赣江新区地区生产总值、规模以上工业增加值、财政总收入比2015年翻一番,发展速度和发展质量走在全省前列,形成一批可复制、可推广的发展经验和发展模式,成为江西省"龙头昂起"的重要战略支撑。

该意见明确了对赣江新区"放权"的基本原则——应放尽放,充分授权。赋予新区设区市级和部分省级管理权限,凡是省里能够下放的权限,一律予以下放,不能下放的由新区管委会与省建立直接请批或报备关系,为新区创造良好的发展环境。鼓励开展先行先试。加快推进新区行政审批、综合执法和市场监管体制改革,支持在财税、金融、生态文明、社会资本投资等领域大胆探索,先行先试。支持开展聘任制公务员、事业单位岗位管理等人事制度改革。同时,在这个意见中提出,鼓励符合新区发展方向的世界500强、中国500强企业优先引进落户新区,省重大招商平台要加大对新区的推介力度。对入驻新区的大项目实行"一企一策"扶持政策。全面参与"一带一路"、长江经济带分工协作,大力发展外向型产业集群,融入全球产业链,在全国乃至全球范围内吸引和配置资源。②

第三节　国家级新区产业发展特点

通过前文对18个国家级新区的产业政策进行数量上的比较、政策出台主体的比较,以及新区产业政策内容的解读,可以发现国家级新区的产业发展呈现出以下几个特点:

第一,各国家级新区的产业发展受到所在省市产业布局和产业规划的影响,新区的产业政策在国家和省市出台政策的框架下制定,是结合自身发展定位和发展特点对政策的进一步细化和落实。

第二,根据不同新区的不同区位条件,产业政策侧重点有所不同。设立较早的新区

---

① 长春新区关于促进现代服务业加快发展的若干政策(试行)[EB/OL].(2016 - 09 - 21)[2017 - 10 - 20].http://www.ccxq.gov.cn/zhaoshangdetail.aspx? id = 962.

② 《关于支持赣江新区加快发展的若干意见》解读[EB/OL].(2017 - 06 - 14)[2017 - 10 - 26]. http://xxgk.dxs.gov.cn/bm/content/2017/06/14/149534.htm.

比如浦东新区和滨海新区,产业政策主要侧重于鼓励发展战略新兴产业、现代服务业;而地处内陆、经济发展程度较低的新区主要支持新区发展实体经济,以及具有战略性意义的产业;西咸新区发展航空经济,开展能源合作,与陕西省在"一带一路"背景下的战略地位有密切的关系;兰州新区对钢铁、水泥、煤炭产业进行过剩产能化解,既是产业结构转型升级的需要,也是实现自身经济发展的措施。

第四节 产业政策的完善建议

产业政策是产业发展的指南针,在当前形势下,国家级新区要在完善产业政策的基础上,在引领经济发展新常态、贯彻落实新发展理念方面继续发挥引领示范作用,为促进经济持续健康发展和全国改革开放大局作出更大贡献。

一、产业政策制定要因地制宜

国家已经批准设立的 18 个国家级新区,发展基础、发展阶段、发展水平、发展重点和承担任务不尽相同。各地要切实落实主体责任,因地制宜,因区施策,按照国家赋予的功能定位,进一步明确各新区发展的方向和重点,积极主动作为,创新体制机制,深化改革探索。目前发展困难较大的新区,应该多一些拼劲和闯劲;具有开发开放相对优势的新区,应该多一些探索和创新;经济基数较低、相对远离中心城区依托的新区,应该多一些实干和积累;新近设立、刚刚起步的新区,应该多一些谋划和定力。同时,应积极稳妥推进符合条件地区新区设立工作,进一步发挥新区在引领发展、推进创新方面的积极作用。

二、及时监督项目落实情况

各新区应在实施应对当前经济下行压力措施的同时,抓住国家大力促进民间投资的机遇,提高服务水平,加大招商引资力度,大力推动新区项目建设。按照储备一批、动工一批、投产一批的要求,做好项目的周期性滚动管理,利用好专项建设基金等工具,研究设立国家级新区发展引导基金,不断提升服务企业项目建设的能力和水平,推动各类项目尽快落地。不断创新招商引资模式,协同战略投资者、金融机构共同招商,融资融商一体,精准招商,提高引进项目水平。

三、重视产业结构优化升级

各新区要把推动供给侧结构性改革与促进新区产业转型升级相结合,着力推动经济结构优化和产业转型升级,因地制宜地扎实推进去产能、去杠杆、去库存、降成本、补短板

"五大任务"，"加减乘除"一起做。传统产业比重高的新区，应大力淘汰落后产能，努力降低企业经营成本，积极调整优化产业结构，加快转变经济发展方式，推动产业集成集约集群发展。产业体系相对高端的新区应依托人力资本、土地、资本等优势，优化资源配置，着力补齐创新短板，大力发展新兴产业，增加有效供给，形成更具竞争力的现代产业体系。[①]

第七章　总部经济政策

总部经济作为城市经济发展的重要增长极及推动城市产业结构优化升级的重要动力，为区域创新能力提升提供强劲的支撑，已成为体现城市发展水平的重要标志。总部经济的发展对周边区域经济发展具有强劲的带动作用。为此，国家级新区的建设应通过制定适宜当地发展的总部经济政策，吸引更多企业进驻新区，推动本地区的发展。本章通过梳理近年来各国家级新区的总部经济政策，对新区的总部经济政策情况做以相应的描述分析。当前，国家级新区存在总部经济建设与发展规划有待进一步加强、质量有待进一步提升、支撑体系有待进一步健全等问题，新区间的差异仍然明显。为此，各新区要进一步完善总部经济区的基础设施，为总部经济区发展提供完善的政策配套，同时积极争取上级支持。此外，应进一步鼓励支持各类服务业特别是高智行业的发展，以促进新区的协调快速发展。

第一节　总部经济政策总述

自 21 世纪初北京学者首先提出"总部经济"概念以来，总部经济现象日益引起我国理论界和经济界的重视。发展总部经济，能够给一个地区带来产业聚集和升级、消费增长、就业扩大、税收增加等明显的综合外溢效应，是推动产业提档升级、经济转型发展的有效途径。当前，我国总部经济发展方兴未艾，对区域经济的发展影响越来越大，成为很多省市在新常态下推动区域经济发展的重要力量。国家级新区要加快发展，实现经济结构转型升级，提高经济发展的质量和效益，提升其在经济竞争中的地位，必须加快发展总部经济。

---

① 国家发改委调研组. 关于国家级新区发展情况的调研报告[J]. 中国产经,2016(10):42-51.

　　总部经济,顾名思义就是众多企业将其总部活动(主要是设计、研发、营销、品牌、物流、金融等)在特定城市的核心地区集中配置,通过自我强化效应而形成的集聚经济形态。发展总部经济,主体是总部企业。总部企业是依法注册并开展经济活动,并对其控股企业或分支机构行使管理和服务职能的企业法人机构。按管辖区域可分为全球总部、全国总部和区域总部,按功能可分为综合型总部和职能型总部。目前,国内外对总部企业还没有统一的数量认证标准。经济发达地区和城市为引导总部经济发展,大都根据本地实际、产业方向和重点,对总部企业和总部经济制定了各自的认证标准。总部经济是经济全球化和国际分工深化发展的产物,其发展不仅提高了总部企业的实力和核心竞争力,而且由于其知识含量高、产业关联度强、集聚带动作用大等特点,对区域经济发展具有重大的促进作用。为了更好地了解各个国家级新区总部经济政策支持情况,我们对此进行相应的梳理,具体情况参照表2-12中内容。

表2-12　部分新区总部经济政策支持情况一览表

新区	政策文件
浦东新区	《关于〈上海市鼓励外国跨国公司设立地区总部的暂行规定〉的实施办法》(2002) 《关于鼓励国内大企业在浦东新区设立总部的暂行规定》(2004) 《关于推动浦东新区跨国公司地区总部加快发展的若干意见》(2011) 《浦东新区促进总部经济发展财政扶持办法实施细则》(2011) 《上海市鼓励跨国公司设立地区总部的规定》(2017)
滨海新区	《关于鼓励企业总部和研发机构落户滨海新区的若干意见》(2012) 《天津市发展改革委关于印发天津市吸引企业总部、功能性机构的行动方案的通知》(2013) 《滨海新区中心商务区促进总部经济发展暂行规定》(2016) 《滨海新区关于促进总部经济发展的实施意见》(2016)
两江新区	《重庆市政府加快发展总部经济的意见》(2017)
舟山群岛新区	《舟山市人民政府关于进一步促进服务业发展的若干意见》(2012) 《中国(浙江)自由贸易试验区关于加快发展总部经济的暂行办法》(2017)
兰州新区	《兰州新区品牌发展战略规划(2016—2020年)》(2016)
南沙新区	《广州市人民政府关于印发加快发展总部经济实施意见及配套文件的通知》(2013) 《关于促进南沙新区总部经济发展的指导意见》(2014) 《关于进一步加快广州总部经济发展的若干措施》(2015)

续表

新区	政策文件
西咸新区	《陕西省西咸新区空港新城委员会关于扶持商贸文化产业及总部经济发展的若干意见》(2016)
贵安新区	《贵安新区支持总部经济发展十条意见》(2015) 《关于鼓励和支持国(境)外企业到贵州投资总部经济的若干意见》(2015)
西海岸新区	《青岛市人民政府关于加快总部经济发展的意见》(2009)
金普新区	《大连市总部经济发展规划》(2013)
天府新区	《成都市总部经济发展支持政策》(2013)
江北新区	《关于加快发展总部经济的意见》(2012) 《关于鼓励跨国公司在我省设立地区总部和功能性机构的意见》(2015)
福州新区	《福建省人民政府关于促进总部经济发展的意见》(2011) 《福州市鼓励加快总部经济发展的实施办法》(2011) 《福州市人民政府办公厅关于促进总部经济发展的补充意见》(2013)
滇中新区	《中共昆明市委、昆明市人民政府关于加快中小企业发展的实施意见》(2009) 《昆明市人民政府关于扶持农业龙头企业发展打造总部经济的意见》(2011) 《昆明市加快总部经济发展支持政策(试行)》(2016)

（数据来源于中国政府网、各新区所在省市政务网、新区政务网等。）

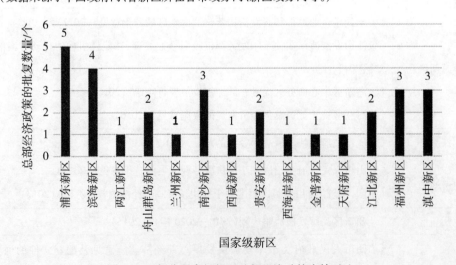

图2－7 部分国家级新区总部经济政策支持对比

通过表2－12及图2－7中所反映的各新区总部经济政策的批复时间及数量,可以明显发现,在可得资料的前提下,目前批复的19个国家级新区中有14个新区针对总部经济的发展均有来自所在省市、新区相关单位的政策支持。其中,上海浦东新区、天津滨海新区、广州南沙新区、福建福州新区及云南滇中新区在支持总部经济发展方面的政策力度更大一些。特别是滨海新区在近年来不断加强总部经济政策的制定完善,这些政策除了如2016年出台的《滨海新区中心商务区促进总部经济发展暂行规定》及《滨海新区关于促进总部经济发展的实施意见》等由新区一级单位制定的两项政策意见,还包括天津市发展和改革委员会所出台的政策扶持意见通知。此外,浦东新区2017年根据实际情况颁布了修订后的《上海市鼓励跨国公司设立地区总部的规定》,来支持地区总部经济的发展。从文件的批复时间来看,可以发现青岛西海岸新区及滇中新区于2009年分别获得来自所在地市级政府单位针对总部经济的支持政策,这对区域内经济发展有着极大的推动作用。

第二节　各新区总部经济政策支持情况

本部分内容详细地阐明了各新区总部经济政策的支持情况,梳理了各个新区对总部经济的扶持政策。由于信息的获得存在局限性,本部分内容仅对14个国家级新区的总部经济扶持政策进行了分析,希望以此使得读者对各个国家级新区的总部经济扶持政策有更详细的了解和认识。各个新区的发展基础不同,所处的地理位置各有差异,总部经济发展基础不同,因此总部经济的扶持政策各有差异。

一、上海浦东新区

浦东新区先后于2002年、2004年、2011年、2017年出台了《关于〈上海市鼓励外国跨国公司设立地区总部的暂行规定〉的实施办法》《关于鼓励国内大企业在浦东新区设立总部的暂行规定》《关于推动浦东新区跨国公司地区总部加快发展的若干意见》《浦东新区促进总部经济发展财政扶持办法》《上海市鼓励跨国公司设立地区总部的规定》,支持总部经济发展。

其中,2011年出台的《关于推动浦东新区跨国公司地区总部加快发展的若干意见》,旨在进一步完善浦东发展总部经济的经营环境,发挥浦东综合配套改革试点的制度优势,抓住跨国公司全球资源整合的机遇,鼓励跨国公司地区总部在浦东设立投资、管理、研发、营运、产品服务、结算等中心,不断提升跨国公司管理运营能级。主要内容包括:鼓励跨国公司地区总部开展进出口业务;优化跨国公司地区总部对投资子公司的管理和服务;深化浦东新区跨国公司地区总部外汇管理改革试点;进一步便利跨国公司地区总部服务贸易外汇收支手续;支持跨国公司地区总部拓展全球产品服务、检测、研发、数据处理等服务贸易业务;继续加大对跨国公司地区总部的扶持力度,促进总部能级提升和持续发展；对跨国公司地区总部人才根据其对新区的贡献程度在一定年限内给予一定补贴，对符合条件的跨国公司地区总部海外高层次人才购房、租房提供一定的补贴，鼓励跨国公司地区总部参与人才公寓建设，优先安排跨国公司地区总部人才入住；引导跨国公司地区总部集聚发展；鼓励跨国公司地区总部参与总部基地的开发、建设与管理；加强与跨国公司地区总部战略合作，构建政企对话沟通平台，鼓励跨国公司地区总部参与浦东重大工程建设、公共服务产品采购，参与浦东发展战略和重要政策的决策咨询；为跨国公司地区总部高级管理人员、高级技术专家提供就医、子女入学入园等方面的便捷优质服务。

2017 年新修订的《上海市鼓励跨国公司设立地区总部的规定》主要是对资助和奖励、资金管理、简化出入境手续、人才引进及通关便利等方面进行相应的支持。如在资助和奖励部分，政策内容包括：地区总部按照有关规定，可以获得开办和租房的资助；地区总部具有经营管理、资金管理、研发、采购、销售、物流及支持服务等综合性的营运职能，且对经济发展有突出贡献，取得良好效益的，按照有关规定，可以获得奖励；跨国公司设立亚洲区、亚太区或更大区域总部，符合相关条件的，可以按照有关规定获得资助。

人才引进方面要求，上海市人力资源社会保障部门对地区总部、总部型机构引进的外籍人才在本市工作和申请相关证件提供便利。地区总部、总部型机构引进国内优秀人才，符合相关条件的，可以办理本市户籍。被地区总部、总部型机构聘用的具有本科（学士）及以上学历（学位）或者特殊才能的入外籍的留学人员、持中国护照并拥有国外永久（长期）居留权且国内无户籍的留学人员和其他专业人才、香港、澳门特别行政区专业人才及台湾地区专业人才可按照规定，申办《上海市居住证》（B 证）。以上人员的配偶和未满 18 周岁或高中在读的子女，可以办理随员证。此外，地区总部、总部型机构所在区对地区总部引进的人才在子女入学、医疗保障、申请人才公寓等方面提供便利。

二、天津滨海新区

滨海新区于 2012 年、2013 年及 2016 年先后出台了《关于鼓励企业总部和研发机构落户滨海新区的若干意见》《天津市发展改革委关于印发天津市吸引企业总部、功能性机构的行动方案的通知》《滨海新区中心商务区促进总部经济发展暂行规定》《滨海新区关于促进总部经济发展的实施意见》等政策，支持区域内总部经济的发展。

2012 年出台的《关于鼓励企业总部和研发机构落户滨海新区的若干意见》中规定：新注册在滨海新区内的企业总部、企业地区总部或研发机构，在滨海新区指定区域购置办公与生活用房的，除享受原有政策外，可以享受额外的优惠政策。具体政策标准采取"超额累进"方式进行。

2013 年《天津市发展改革委关于印发天津市吸引企业总部、功能性机构的行动方案的通知》,旨在加大对国内外龙头企业招商引资力度,积极挖掘首都资源,加强区域经济合作,配合市有关部门着力引进跨国公司和国内大企业集团的区域性总部及研发、营销、财务等功能性机构,大力吸引位于行业领先地位的民营企业来津设立综合性总部,推动天津市总部经济实现快速发展。

2016 年《滨海新区中心商务区促进总部经济发展暂行规定》,对内资企业总部、跨国公司地区总部及职能型总部分别进行支持,具体支持内容参照表 2-13。

2016 年《滨海新区关于促进总部经济发展的实施意见》规定:自出台日起至 2020 年,滨海新区将通过补助办公用房、奖励经营贡献、即时办理落户等"重磅"政策支持总部企业,着力吸引一批知名跨国公司和大企业大集团在新区设立总部。其中,根据新引进总部企业的实收资本,新区将最高给予 5000 万元一次性运营扶持补助。

2016 年以来,滨海新区不断吸引总部项目落户。截至 2017 年第一季度,滨海新区新增总部企业 20 个,其中北京和河北两地项目占比近 50%,首都总部企业同比增长近 4 成。2017 年内预计还将引进总部项目 30 个,总部企业有望达 300 家,囊括机械制造、石油化工、新能源开发、电子信息等新区八大支柱产业。

表 2-13 滨海新区不同类型总部企业支持政策一览表

不同类型总部企业			内资企业总部	跨国公司地区总部	职能型总部	
一次性资金补助	实缴资本	10 亿元以上	补助 2000 万元	补助 2000 万元	上一年度税收贡献超过 1000 万元	不超过 200 万元
		10 亿元以下、5 亿元以上的	补助 1000 万元	补助 1000 万元		
		5 亿元以下、1 亿元以上的	补助 200 万元	补助 200 万元		
	注册资本金增资	10 亿元以上	补助 1000 万元	补助 1000 万元	税收贡献 500 万元到 1000 万元之间	不超过 100 万元
		10 亿元以下、5 亿元以上的	补助 500 万元	补助 500 万元		
		5 亿元以下、1 亿元以上的	补助 100 万元	补助 100 万元		
财政扶持	对符合条件的内资企业总部,根据企业对中心商务区的实际贡献程度给予一定财政扶持					
用房补贴	购建自用经营或办公用房		按最高每平方米 1000 元的标准给予一次性资金补贴			
	租赁自用经营或办公用房的		按最高每平方米每月 60 元的标准,给予最长 24 个月租房补贴,扶持比例不超过合同房租价格的 70%。以上扶持总额累计不超过 300 万元		按最高每平方米每月 50 元的标准,给予最长 24 个月租房补贴,扶持比例不超过合同房租价格的 70%。以上扶持总额累计不超过 200 万元	

(数据来源于滨海新区政务网。)

三、重庆两江新区

重庆市政府对入驻的金融机构、总部经济、结算基地等,结合重庆市"十大战略性新兴产业"和"十大战略性新兴服务业"发展重点,有针对性地研究和收集全球范围内重点企业信息,主动出击开展精准招商活动,大力引进世界500强、中国500强为重点的国际国内大型跨国公司、境外知名跨国公司和中国500强、行业龙头企业的地区总部、功能性总部在重庆集聚。

此外,帮助已落户重庆的总部企业解决实际困难和问题,进一步优化发展环境,增加企业根植重庆的信心。支持综合实力强、发展潜力大的本土跨国公司、企业集团做大做强,培育本土总部企业。鼓励大型企业集团拓展异地业务,通过跨国投资、资产并购和业务重组等方式,积极"走出去",进一步拓展市场空间和资源空间,延伸产业链和价值链,提高企业的综合竞争能力和国际化水平。

支持各区县"去库存",盘活存量楼宇,完善配套服务,发展分享经济、协同经济,建设众创空间、文创空间等,打造100栋特色楼宇。支持各区县和开放平台出台相应政策,加快对现有商务楼宇完善服务功能,鼓励楼宇主体自主招商,引进各类企业来渝既可设立研发、管理、结算、物流等区域性职能总部,也可形成资金、技术、创业型企业等集聚的特色楼宇,发展楼宇经济。

图2-8　重庆两江新区十大战略新兴产业

四、浙江舟山群岛新区

舟山群岛新区依托浙江省及舟山市现有力量进行开发建设。2012年及2017年分别得到了《舟山市人民政府关于进一步促进服务业发展的若干意见》《中国(浙江)自由贸易试验区关于加快发展总部经济的暂行办法》政策的支持。

2012年《舟山市人民政府关于进一步促进服务业发展的若干意见》规定:

(1)多渠道吸引海内外优秀人才,对企业引进的高级技术、管理人才,其年缴个人所得税在3万元以上的,由同级财政按纳税额地方留成部分的40%予以奖励。服务业企业引进高端人才而产生的有关住房货币补贴、安家费、科研启动经费等费用,可列入成本核算。

(2)对列入浙江省服务业重点企业名单的企业,报经地税部门批准,2年内对其新增加的房产和用地给予减免房产税和城镇土地使用税的优惠。对新列入浙江省服务业重点企业名单的服务业独立法人企业(集团),给予10万元的奖励。

(3)对世界500强、全国100强企业在舟山市新设立地区总部或研发中心、销售中心、采购中心、结算中心的,采取"一事一议"的方式给予奖励。对新引进的省外企业集团总部,如按规定纳税确有困难的,报经地税部门批准,可给予3年免征房产税、城镇土地使用税的优惠。

2017年出台的《中国(浙江)自由贸易试验区关于加快发展总部经济的暂行办法》规定,给予自贸试验区内的总部企业,在开办补助、办公用房补助、经营贡献奖励、行政事业性收费、人才激励等方面的一系列优惠政策。从而集聚一批含金量高、带动性强、影响力大的好项目,推动自贸试验区建设快出成效。

五、甘肃兰州新区

兰州新区于2014年、2016年先后出台了《鼓励服务业发展优惠政策(暂行)》《兰州新区品牌发展战略规划(2016—2020年)》等政策,支持新区总部经济的发展。

其中,2014年6月兰州新区出台的《鼓励服务业发展优惠政策(暂行)》对扶持总部经济发展作出了相关规定:

(1)对新入驻的服务业总部,自税务登记之日起10年内,以其高管人员或高级技术人员缴纳的个人所得税新区留成部分为基数,由新区财政专项奖励资金给予100%奖励。

(2)对新引进的国家级工程技术中心、研究院所、研发中心到新区建认基地,由新区财政一次性给予300万元的扶持,省级的一次性给予100万元扶持。

(3)对新入驻的服务业总部,自税务登记之日起5年内,以企业当年缴纳的企业所得税新区留成部分(不含省级返还部分)为基数,由新区财政专项奖励资金给予前两年100%、后3年50%的奖励。

2016年《兰州新区品牌发展战略规划(2016—2020年)》规定:对获得国际品牌的企业一次性奖励100万元;对获得国家级质量奖的,在国家奖励的基础上,新区一次性奖励

50万元;对获得国家级品牌的,在国家奖励的基础上,新区一次性奖励30万元;对获得省级品牌的,在省级奖励的基础上,新区一次性奖励5万元;同时,设立兰州新区质量奖,对新区质量发展、品牌发展作出卓越贡献的企业或个人一次性奖励50万元,并颁发证书。同时,支持企业内部建立质量奖励制度,对质量创新、管理创新取得重大突破、品牌建设作出杰出贡献的部门和人员给予奖励。

六、广州南沙新区

为支持南沙新区总部经济的发展,广州市及南沙新区于2013年、2014年、2015年先后出台了《广州市人民政府关于印发加快发展总部经济实施意见及配套文件的通知》《关于促进南沙新区总部经济发展的指导意见》《关于进一步加快广州总部经济发展的若干措施》等政策。

其中,2013年《广州市人民政府关于印发加快发展总部经济实施意见及配套文件的通知》,从强化总部企业用地支持、拓宽总部企业融资渠道、推进总部企业技术创新、实施更有效的人才服务措施、加大总部经济奖励和补贴及完善总部企业相关服务等六方面作出了相应规定。广州市总部经济奖励和补贴具体情况见表2-14。

表2-14　广州市总部企业落户奖励一览表

内资企业				外资企业			
注册资本/人民币	补助金额/人民币	设立职能型总部的		注册资本/美元	补助金额/人民币	设立职能型总部的	
		注册资本/人民币	补助金额/人民币			注册资本/人民币	补助金额/人民币
1亿(含)~3亿	100万	1000万(含)~5000万	50万元	1500万(含)~3000万	100万元	200万(含)~500万	50万元
3亿(含)~5亿	300万			3000万(含)~5000万	300万元		
5亿(含)~10亿	500万	5000万(含)~1亿	80万元	5000万(含)~1亿	500万元	500万(含)~1500万	80万元
10亿(含)以上	800万			1亿(含)以上	800万元		
2010年及之后新迁入广州或在广州新注册设立且经认定为总部企业(含综合型总部、地区总部和职能型总部)的,认定当年给予一次性资金补助(分三年按40%、30%、30%比例发放)							

(资料来源于南沙新区政务网。)

2015 年广州市人民政府出台的《关于进一步加快广州总部经济发展的若干措施》规定：一是人才激励方面，突出总部企业人才奖励，增强总部企业集体户功能，增强总部企业人才竞争优势；二是用地优惠方面，要求办公场所租赁补贴区域覆盖全市，支持建设总部大楼；三是相关服务的优化，包括建立总部企业服务工作机制（市总部经济协调例会制度），总部企业外籍人才长期居留许可（根据有关规定为总部企业聘用的外籍高层管理人员、专业人才及其家属办理 1～5 年外国人居留许可等事项提供便利），出入境便利（每年按规定安排一定指标，为总部企业申办穗港澳车牌）。

七、陕西西咸新区

为促进区域内总部经济的发展，陕西省西咸新区空港新城委员会于 2016 年出台《关于扶持商贸文化产业及总部经济发展的若干意见》，相关政策内容见表 2 − 15。

表 2 − 15　西咸新区空港新城委员会扶持商贸文化产业及总部经济发展措施一览表

类别	支持内容			
引进总部企业的补贴	实收资本	20 亿元（含）以上	20 亿元以下、10 亿元（含）以上	10 亿元以下、5 亿元（含）以上	5 亿元以下、1 亿元（含）以上
	补贴金额①	不超过5000万元	不超过4000万元	不超过3000万元	不超过2000万元
总部型企业和文化类企业层面支持	租赁办公物业	租赁面积	300 平方米以下	超过 300 平方米（含）	超过 500 平方米（含）
		补贴	15 元/（平方米·月）	20 元/（平方米·月）	1000 元/平方米
	购置办公物业	按 1000 元/平方米的标准给予最高不超过 1000 万元的购置补贴			
	经认定年营业收入超过 500 万元的，视对地方财政的贡献，前两年给予全额补助，后 3 年减半补助				
大型商业综合体开发企业	自持建筑面积为 2 万平方米以上的，且自持年限达到 3 年以上，奖励 100 万元，自持经营 1 年后发放 30 万元，3 年后发放 70 万元				

---

①　本部分补贴资金分三年支付，第一年支付 40%，第二年、第三年分别支付 30%。

续表

类别	支持内容				
首次入驻的知名品牌奖励	国际知名商业品牌	经营面积	300（含）~ 500平方米	500 平方米（含）以上	在上述国际和国内品牌开业后发放奖励款的 50%，运营两年后发放 50%
		奖励	50 万元/户	70 万元/户	
	国内知名品牌	经营面积	300（含）~ 500平方米	500 平方米（含）以上	
		奖励	25 万元/户	35 万元/户	
知名餐饮和商业零售企业	给予不超过 12 个月的免租期，并在免租期后给予三年的租金补贴	租赁面积	200 平方米以下	200 平方米（含）以上	
		补贴	15 元/（平方米·月）	20 元/（平方米·月）	
酒店层面支持	投资建设四星级及以上酒店	四星级酒店奖励 100 万元，五星级酒店奖励 200 万元			
	租赁空港新城开发建设集团有限公司及下属子公司物业开设品牌酒店	酒店正式营业后给予前两年租金补贴：开设三星级及以上或同标准酒店，给予不超过 15 元/（平方米·月）的租金补贴；开设四星级及以上或同标准酒店，给予不超过 25 元/（平方米·月）的租金补贴			
其他层面支持	对获得银行商业贷款的企业，给予利息总额 60% 的贴息补助，每家企业累计最高不超过 200 万元				
	对于获得省级文化产业示范基地（单位）的企业，给予 15 万元的奖励				
	对于获得国家级文化产业示范基地（单位）的企业，给予 30 万元的奖励				
	对"一带一路"沿线国家文化输出、输入的项目，每年给予 30 万元 ~ 50 万元的资金补贴				
	协助企业申请空港新城人才公寓和蓝领公寓				

（资料来源于西咸新区政务网。）

八、贵州贵安新区

贵安新区围绕"大数据""大健康""互联网 ＋"、北斗卫星导航应用，打造一流的产城融合示范区，积极鼓励境内外大型企业在花溪大学城设立总部、区域总部、研发、采购、结算中心等功能性机构，大力发展"总部经济"。贵州新区尚未专门出台支持总部经济发展的政策，执行 2015 年 12 月贵州省招商引资扩大开放工作领导小组办公室出台《关于鼓

励和支持国(境)外企业到贵州投资总部经济的若干意见》,其中规定:

(1)财政扶持政策。拥有自主知识产权的产业转移企业在产业聚集区内进行二次投资的,企业上缴的税收中的地方所得部分,3 年内以适当方式返还给企业。

自 2012 年起,对在贵州境内新设的法人金融机构总部按注册资本金实际到位金额的 1% 由省财政给予一次性补贴,补贴金额不超过 1000 万元。对新进入黔的银行,由省财政给予 10 万元的一次性补贴。

(2)人才引进政策。对获批的省级人才团队,给予 50 万元～100 万元的项目经费资助,对于被列入"两院"院士候选人才培养工程的人才及其团队,由省财政一次性给予 120 万元经费支持。对科技领军型创业人才创办的企业以知识产权等无形资产入股的,折算比例可达 50%～70%。

(3)土地利用政策。对投资额 3000 万美元或 5 亿元以上项目,由省级优先保障建设用地计划指标;对 10 亿元以上的招商引资大产业、大项目,实行"点供"。

九、青岛西海岸新区

青岛市人民政府为支持区域内总部经济的发展,于 2009 年出台《青岛市人民政府关于加快总部经济发展的意见》,其总部经济发展鼓励政策规定如下。

(一)引进总部企业支持政策

新引进的跨国公司地区总部、符合条件的中央直属企业、全国 500 强和民营 50 强企业在青设立地区总部,经认定(认定标准附后)后,新增上缴税收形成的地方收入部分,3 年内给予 100% 补贴,后 3 年给予 50% 补贴。对于营业期限、纳税规模、员工数量达到一定条件的地区总部,自建自用办公、营业用房的,按所购土地实际支付地价款的 50% 给予一次性补贴;对于购置办公、营业用房的,按每平方米 1000 元给予一次性补贴;租赁办公、营业用房建筑面积 1000 平方米以上,且租赁期 3 年以上的,按每平方米 500 元给予一次性补贴。

(二)设立研发中心扶持政策

跨国公司和国内大企业来青设立独立核算研发机构,经认定后按税法有关规定可享受高新技术企业的有关优惠政策,对其新增上缴税收实现的地方收入部分,3 年内给予 100% 补贴,后 3 年给予 50% 补贴。研发中心从事技术开发、技术转让等业务取得的收入,经批准后免征营业税,其研发费用可按税法有关规定在税前扣除。

(三)引进高层次优秀人才鼓励政策

鼓励和支持企业加快引进优秀人才,对引进且聘用的优秀人才年薪在 10 万元以上的,市财政按其上一年度所缴工薪个人所得税地方留成部分的 80% 给予为期 3 年的奖励。跨国公司、国内大企业地区性总部及研发中心引进高级管理和研发人员,且所在企业年纳税 500 万元以上的,个人年缴纳所得税额的地方留成部分按 100% 给予为期 3 年的补贴,用于购房、购车补助。

(四)实施积极的土地支持政策

在每年新供用地中,通过"招标、拍卖、挂牌"等公开方式提供一定比例的用地,以满足经认定的总部企业用地需求。加快园区功能置换,完善相关配套设施,引导具备条件的工业园区改造成为综合工贸园区。对采取融资方式和由财政资金进行基础设施改造建设的工业园区,给予贴息扶持和配套建设资金补助。

十、大连金普新区

大连市根据区域的功能定位和产业发展方向,结合总部经济发展现状,研究制定总部经济企业认定标准及实施细则。

《大连市总部经济发展规划》中明确指出,加快制定大连市促进总部经济发展的财政扶持政策。对符合总部企业认定标准新设立的企业,按照该总部企业对市级财政的税收贡献,在规定年限内给予一定的财政奖励;对符合总部企业认定标准的企业租赁或购置办公用房,给予一定数额的用房补贴。对符合总部企业认定标准的企业设立孵化器、科技研发平台、公共技术平台、创新创业平台等,可享受市财政补贴。总部企业新建总部大楼用地优先纳入年度土地供应计划,满足总部经济发展用地需求。鼓励总部企业通过资产重组、合资合作、发行债券等多种方式拓宽融资渠道,对于总部企业实施兼并、收购和上市业务给予资金补助。

到 2020 年,总部企业数量突破 200 家,其中世界 500 强企业总部数量达到 100 家,税收过亿元的楼宇 50 座;总部经济相关政策体系和服务体系更加健全;成为东北地区总部经济集聚度最高、特色优势最明显的城市,东北亚地区重要的总部基地城市。

十一、四川天府新区

为吸引世界知名跨国公司、国内大企业大集团在成都设立企业总部;支持优势企业走出去发展,培育壮大一批具备国际竞争力的总部企业,加快建成以总部经济为特征、高端服务业为支撑的服务业核心城市,成都市人民政府于 2013 年制定《成都市总部经济发展支持政策》,其从财政奖励、政务服务、供地和建设支持、政策支持、物流支持、人才支持等六个方面作出了相应的规定。其中,财政奖励具体内容参见表 2－16。

表 2 - 16　成都市总部经济发展财政奖励政策支持一览表

类型	细　则			
总部开办奖	新引进企业总部	条件	注册资本在 10 亿元及以上或经认定为亚太区及以上区域的企业总部	注册资本为 5 亿元～10 亿元(含 5 亿元)或经认定为大中华区总部的企业总部	注册资本为 1 亿元～5 亿元(含 1 亿元)或经认定为中西部总部的企业总部
		奖励	3000 万元	2000 万元	1000 万元
	对全市产业带动和综合贡献特别重大的企业总部,经市政府服务业发展领导小组个案审定可给予特别奖励,奖励金额最高不超过 5000 万元				
办公用房补贴	对经认定的企业总部购置和租赁办公用房(不含配套用房和附属设施),在认定后 3 年内按每平方米每月 8 元人民币给予补贴,每个企业享受补贴的面积最高不超过 2000 平方米				
规模经济奖	引进企业总部和本土总部企业纳入本市统计核算的产值规模(营业收入)超过 10 亿元、20 亿元等台阶的,可按本市现有各产业大企业大集团相关扶持政策的有关规定给予奖励				
效益贡献奖	企业总部年缴税总额成都市留成部分较以前最高年度增长的增量部分,按 50% 给予企业奖励。总部企业按增量 10% 的金额(税前)奖励企业主要负责人和管理团队				

(资料来源于天府新区政务网。)

政务服务方面,成都市政务服务中心将企业总部和总部企业纳入政务服务 VIP 绿色通道,实行"1357"服务。[①]

供地和建设支持方面规定,新引进的企业总部或本市总部企业申请联合或独立建设总部建筑物,选址符合本市相关规划且分割出售面积不超过总建筑面积 30% 的,经审定后可优先安排年度用地计划指标。符合服务业重大项目标准和要求且纳入全市服务业重大项目库管理的总部项目,采取挂牌方式供地,供地价格原则上不低于土地整理成本或基准地价的 70% 。符合固定资产投资奖励和贴息条件的重大项目,给予财政奖励和贴息。

政策支持方面要求,总部企业在市外新设立或通过兼并收购控股的分支(子)公司或经营机构,其前期筹建工作经费经认定后给予 50% 补贴,最高不超过 200 万元;由母公司合并纳税的,自新设立之日起 3 年内所产生的新增缴税额成都市留成部分给予全额奖励。总部企业在市外或境外总投资额为 5000 万元及以上,项目开工建设或并购完成后 3

---

① "1357"服务指落实专门联系人对口服务,正式接到企业需求之时起 1 个工作日内上门服务,企业反映问题 3 个工作日内回复,需要落实的措施 5 个工作日内启动,完成后 7 个工作日内回访满意度。

年内提供最高不超过50%的固定资产投资或项目并购贷款贴息,同一项目累计贴息不超过3000万元。

物流支持方面,经认定的企业总部和总部企业,海关和出入境检验检疫部门为其进出口货物提供通关便利。

人才支持上规定,对企业总部或总部企业引进的高级管理人员和技术人才,其子女入学、家属随迁、安家补助、出入境便利等可按本市引进高层次创新创业人才实施办法和进一步完善吸引留学人员来蓉创业服务政策有关规定办理。对不超过员工总人数的10%且年薪不低于20万元的企业高管,其缴纳的个人所得税市级留成部分,自认定之年起,政策有效期内按实际纳税额的50%给予奖励。

十二、南京江北新区

由于资料搜集渠道所限,未能查找到江北新区自身对总部经济的相关支持政策;但从省市层面来看,均对总部经济的发展出台了对应的政策。2012年南京市人民政府出台了《关于加快发展总部经济的意见》,2015年江苏省人民政府出台了《关于鼓励跨国公司在我省设立地区总部和功能性机构的意见》。在《关于加快发展总部经济的意见》这一扶持政策中,相应规定内容见表2-17。

表2-17 南京市总部经济扶持政策情况一览表

类型		具体内容
总部企业支持政策	补助奖励	新设立的总部企业(在南京新成立并在2年内申报成为总部企业的企业),按照认定后第一个完整年度所产生三税市、区(县)两级地方实际留成部分合计的50%计算,给予一次性奖励,奖励金额最高不超过2000万元
		现有企业经认定为总部企业的,给予5年补助奖励,奖励数额按其上年度所产生三税市、区(县)两级地方实际留成部分合计相对前一年度增量的30%核定,奖励金额最高不超过100万元。总部企业产生三税市、区(县)两级地方实际留成部分合计较上一年度新增50%以上的,次年再按新增量的30%给予奖励,奖励金额最高不超过100万元。新设立总部企业从认定次年起享受本政策
		经认定为成长型总部企业的,给予2年补助奖励,奖励数额按其上年度所产生三税市、区(县)两级地方实际留成部分合计相对前一年度增量的80%核定

类型		具体内容
总部企业支持政策	购建和租赁自用办公用房补贴	新设立的总部企业,在南京市新购、自建自用办公用房(不包括附属和配套用房)的,对其办公用建筑面积按实际入驻人员人均 10 平方米的标准给予每平方米 1000 元的一次性补贴,补贴分 3 年分别按 40%、30%、30% 的比例支付,补贴总金额最高不超过 500 万元
		新设立的总部企业,在南京市租赁自用办公用房的,按实际入驻人员人均 10 平方米的标准,在 3 年内第一年给予 30%,第二、第三年分别给予 20% 的房租补贴。房租补贴按照市场租金指导价计算,补贴总金额最高不超过 200 万元
		对新设立总部企业的董事长和总经理,在本市首次购买商品房的,3 年内以其所缴个人工薪收入所得税市、区(县)两级地方实际留成部分的 50% 予以奖励
		对每年所产生三税市、区(县)两级地方实际留成部分合计较上一年度增量和增速综合排名名列全市总部企业前 3 名的企业,参考其税收贡献,由市政府对其主要负责人(1 位)给予一定奖励
		自 2012 年度开始,市政府每年统筹安排总部经济发展专项资金(以下简称"专项资金")。专项资金主要用于鼓励国内外企业在南京设立总部或地区总部,补助新设总部在南京购置、租赁自用办公用房,扶持本市总部企业发展等
土地政策		在符合全市城市总体规划和土地利用规划的前提下,将总部经济用地优先纳入年度土地供应计划。重点招商引资的总部企业用地,在招拍挂方式出让时,经市政府批准,允许设置一定的准入条件,其自用办公用房的建筑面积不少于总建筑面积的 70%

(资料来源于南京市政务网、江北新区政务网等。)

十三、福建福州新区

为促进福州新区总部经济发展,福建省及福州市针对区域内经济的发展,相应的于 2011 年、2013 年出台了《福建省人民政府关于促进总部经济发展的意见》《福州市鼓励加快总部经济发展的实施办法》《福州市人民政府办公厅关于促进总部经济发展的补充意见》等政策。

其中,《福建省人民政府关于促进总部经济发展的意见》中针对扶持政策规定如下:

(1)支持建设总部大楼。各地要制定具体的土地优惠政策,规划优质地段,支持现有龙头骨干企业在福建建设总部大楼。

（2）经营贡献奖励。支持在福建组建具有独立法人资格的总部营销中心，凡将分布各地企业生产的产品集中在总部营销中心销售并开票的，可按其缴纳的税收贡献额地方分成部分给予奖励。各地可根据企业规模、新增税收贡献额，研究制定具体奖励标准。

（3）人才激励。对本地现有总部企业的高层次管理和技术领军人才，可根据不同级别原则上按不超过其当年在本地缴纳的个人所得税地方留成部分的50%，给予住房和生活补助。

《福州市鼓励加快总部经济发展的实施办法》中对总部企业开办补助、用地优惠、办公用房补助、经营贡献奖励、规费减免及人才支持六方面扶持政策作出相应的规定。

2015年《福州市人民政府办公厅关于促进总部经济发展的补充意见》对总部用地政策及经营贡献奖励做出相应的补充说明。其中，经营贡献奖励规定根据本补充意见认定的现有总部企业本年度比上年度对地方税收贡献额新增15%至30%部分，按增量的30%给予奖励；新增30%以上部分，按增量的50%给予奖励（第一年奖励金额最高不超过500万元）。

十四、云南滇中新区

云南省昆明市于2009年、2011年、2016年针对区域内总部经济发展出台《中共昆明市委、昆明市人民政府关于加快中小企业发展的实施意见》《昆明市人民政府关于扶持农业龙头企业发展打造总部经济的意见》《昆明市加快总部经济发展支持政策（试行）》等政策。其中，2016年《昆明市加快总部经济发展支持政策（试行）》相应的扶持政策内容见表2-18。

表2-18　昆明市加快总部经济发展支持政策一览表

类型	相关内容
总部企业扶持政策	对新认定的总部企业，给予企业管理团队一次性奖励100万元；对其中达到世界500强企业地区总部、中国500强企业地区总部、中国行业100强企业地区总部（及以上）的，每个团队再奖励30万元、20万元、15万元
	对新认定总部企业在昆明市购置或租赁自用办公用房的，给予每平方米10元/月的补助，补助面积不超过1000平方米
	对新认定的总部企业，年纳税额（省级以下地方留成部分）超过2000万元的，对其高层管理人员及高级专业人才给予奖励，奖励标准为其当年所缴纳的个人所得税（省级以下地方留成部分），每户总部企业奖励人数不超过10人；年纳税额（省级以下地方留成部分）超过5000万元的，每户总部企业奖励人数不超过20人

类型	相关内容
总部企业扶持政策	对新认定总部企业购买在昆明市注册的相关企业提供的会计、法律、审计、科技成果转化、计算机数据服务、咨询、设计等服务,按当年购买服务实际支付金额给予10%的补助,每户总部企业每年补助不超过100万元
企业突出贡献奖励	对已认定的总部企业,其年纳税额(省级以下地方留成部分)增幅超过市级财政收入增幅,且增量达1000万元以上的,对其管理团队给予奖励,奖励金额为其增量税收的30%,最高不超过300万元
企业扩张奖励	对已认定的总部企业,在昆明市外新设、并购、重组下属企业,对其进行一次性奖励,奖励金额为其市外新增下属企业由总部企业在昆合并报表纳税所产生的新增税收省级以下地方留成部分

(资料来源于昆明市政务网、滇中新区政务网等。)

第三节　总部经济政策现存问题分析

近几年来,国家级新区的总部经济获得了快速发展,有效地促进了产业转型升级与经济结构优化。但与此同时,新区内总部经济发展进程中一些深层次矛盾不断浮现,制约着总部经济的可持续发展。

一、总部经济建设与发展规划有待进一步加强

当前部分地区在缺乏科学论证与统筹规划的情况下,不顾区域经济发展水平、文化资源储备及创意要素供给等状况,建设总部经济集聚区。部分地区甚至通过片面抬高奖励金额的形式争取总部基地落户。总部经济集聚区数量激增的同时产业定位不清,同质化现象严重,基地内部产业链混杂,区域之间分工与合作关系没有得到有效建立与巩固,造成建设资源的浪费。

二、总部经济建设质量有待进一步提升

部分地区热衷于炒作文化创意、新兴产业、结构升级的概念,盲目追求总部经济区的外在形象构建,入园企业的规模、质量参差不齐,结构不合理,企业之间的内在关联度不强、产业链不完整、产业集聚效应缺失。甚至有部分总部经济区沿袭传统工业园区或商

贸园区的建设模式,盲目引进非总部企业。有部分产业园区借发展总部经济为名,行"圈地"之买,大力发展房地产业,获取巨额经济收益。

三、总部经济建设的支撑体系有待进一步健全

目前部分总部经济区的政策配套以及中介服务体系、公共服务平台建设相对不足、融资渠道和风险投资机制建设有待进一步加强;创意及人力资源的储备与开发工作存在较大的不足,人力资源供给与需求之间的落差直接影响总部经济区创新力的形成;特色文化资源与知识产权的保护和传承的缺失直接影响到产业品牌建构和核心竞争力的打造,亟须引起各级政府的重视。

四、新区间差异仍然明显

按国家级新区所处的位置,为方便分析,划分为东部、中部和西部地区。当前,东部地区与中西部地区存在三方面明显的差异。第一,中西部后批复的新区总部企业主要是内资的区域性总部,跨国公司地区总部和国家级总部企业较少。与浦东新区、滨海新区等较早批复、条件较为成熟的新区相比,后批复的部分中西部新区在世界 500 强企业进驻及投资项目数、国家商务部认定的跨国公司、地区总部数及总部企业的经营效益等方面均存在较大差距。第二,中西部后批复的新区的总部企业规模普遍不大,强实力总部企业不多,还没有形成有规模的总部经济,对外部企业集团形不成很强的吸引力;大多数总部企业对所在新区产业发展起不到龙头带动作用。第三,人才不足,不利于总部业务的拓展和降低成本。具体包括:与发展总部经济要求相适应的高级管理人才、高级策划人才、高级理财人才、高级研发人才缺乏,总部经济运行需要大批的跨学科的复合型人才紧缺,发展总部经济亟须的大批精通业务、廉价的蓝领人才不足。

第四节　总部经济政策的完善建议

国家级新区由于所处区位和经济发展基础不一,有的新区总部经济发展非常成熟,如浦东新区、滨海新区已经发展 20 多年,总部经济已经成为地区经济发展的重要支撑,而后续批复的新区总部经济发展基础还很薄弱,基本上处于起步阶段,有的仅有一些概念性规划设想。因此,有必要通过总结梳理兄弟国家级新区发展总部经济的政策,借鉴好的经验和做法,促进国家级新区尤其是后续批复新区总部经济的发展。为此,提出以下相关建议。

一、要进一步完善总部经济区的基础设施

要进一步完善现代化办公场所、休闲居住场所、教育文化场所、交通通信等配套设施

的建设,为总部经济区建设提供良好的硬件保障。在基础设施建设中,一要坚持系统化原则,对办公、交通、通讯、教育、娱乐等硬件建设的整体设计与规划,形成功能模式的集成与统一,避免系统不兼容、硬件不协调、先造再改等对园区建设和发展造成影响。二要坚持适度的超前性原则,立足总部基地高端性、知识性、强关联性的特性,加强智能化办公条件、现代信息技术等的引进和投入力度,以适度超前的标准科学设计建设好城市公共基础设施、文化教育设施等,为园区聚才聚企、招商引资提供保障,为新区未来发展预留空间。三要坚持生态化原则,在新区基础设施建设中,要充分关注硬件设施建设与人文生态的统一。不仅仅单纯满足于钢筋混凝土现代化办公用房的建设,同时应将营建新区良好的水环境、绿环境作为新区建设的重要内容,尤其是要结合区域文化发展的特色,将区域文化特色基因传承和植入到新区文化生态的建构中去,营造良好的人文生态,用文化影响人、感召人、凝聚人。

二、积极争取上级支持

国内外具有世界影响力的中央商务区发展历程表明,中央商务区的建设必须有上级政府的强力支持。上海和北京的中央商区发展就直接或间接地得到中央政府的支持,被赋予一些特殊政策。为此,新区建设发展总部经济应做好以下方面的工作:一是抓住国家级新区发展机遇,在区域产业布局的过程中尽全力争取所有省将省内大型企业总部向新区布局;二是抓住北京非首都功能疏解和东部沿海产业梯度转移的重大契机,吸引在京央企总部和东部发达地区区性总部落户入驻;三是抓住国家"一带一路"建设的战略机遇,争取中央支持,吸引丝路沿线国家领事馆、办事处入驻。

三、鼓励支持各类服务业特别是高智行业的发展

健全的服务业体系是总部经济发展的智力保障,只有具有符合企业总部需求的各类服务业,企业总部才能安心于本地发展。首先,要完善金融行业的发展。从银行、保险、基金、证券到担保、贷款公司,完整的产业链条为企业提供投融资,灵活方便的产权交易市场和立体的资本市场体系为本地区企业发展提供输血造血的功能。其次,鼓励中介服务业的发展。尽快在新区建立完善的咨询、法律、会计和评估服务体系,加强行业自律,完善行业准入制度。再次,推动物流、信息服务行业的发展。利用新区拥有的优势,培育本地区物流企业,构筑高效现代的物流产业体系;利用本地人力资源优势,推动城市信息服务产业专业化高端化发展,为高成长性企业提供融资上市等资本支持。

四、为总部经济区发展提供完善的政策配套

政府相关职能要建立起总部经济区论证、审批机制,根据区域总部经济发展的整体

布局要求，对于新区设置与企业入驻进行科学论证，积极促成建立总部经济区建设指标参照体系，明确新区产值、创新要素等层级界定要素，国家和地方政府根据不同的发展层级予以不同的扶持措施，建立新区服务内容、服务绩效考核的指导性意见目标，更好地促进新区规划建设。要建立新区服务水平动态监测体系、企业经营绩效动态监测体系等，采取问卷调查、经营数据统计分析等手段，对一定时期内新区的公共服务质量与满意度、企业经营情况、行业发展态势等进行科学研判。

要进一步协调国家相关政府职能部门，建立与完善区域性政策法规制度，完善总部经济实体的投融资、人力资源集聚、知识产权保护等系列政策。比如鼓励依法设立的产业投资基金（股权投资基金），鼓励社会资金通过参股或债权等多种方式参与总部经济实体建设。发挥各级政策性创业投资引导基金的杠杆作用，引导社会资金投资总部经济实体，在符合条件的情况下，探索新区内的中小企业发行集合债券的可行性。鼓励各类担保机构为债权融资产品的发行提供担保服务等。新区可以与相关高校、研究机构签订定向人才合作协议，鼓励高校教师及其科研团队以多种身份参与新区建设，通过就业政策、人才引进政策改革调控高端人才流向，建立和保障以知识产权、技术要素入股的创新机制，更好地集聚高素质人才。要进一步加强知识产权的保护力度，建立知识产权保护与侵权界定的技术标准和法律法规，明确知识产权保护的构成要件、技术指标，明确不同层级知识产权侵害的判定标准与依据。制定具有可操作性的知识产权保护制度与法规。根据不同程度的侵害知识产权的行为，行业主管部门处以勒令整改等的处罚，通报并处理直接责任人。情节严重的可以通过司法渠道予以解决。通过行政、司法和市场手段的综合作用，为总部经济的建设营造良好的环境。

第八章　科技创新政策

适应新常态、把握新常态、引领新常态，必须抓住转变经济发展方式这个主要矛盾。由主要依靠要素驱动转为主要依靠创新驱动，由粗放型发展转为集约型发展，最根本的是依靠科技创新，科技创新是推动经济转型升级、提质增效的"第一动力"，国家级新区的经济转型升级离不开科技创新政策的支持。科技创新能力是经济社会活力的标志，是国家发展的重要支撑点。没有一个良好的软环境，就很难形成科技创新能力生长的土壤。

我国的国家级新区深谙此理,强化顶层设计,完善政策措施,推进科技创新服务体系建设,不断优化创新创业生态环境。本章内容将会结合搜集到的近年来各国家级新区的科技创新政策,对各国家级新区的科技创新政策进行详细阐述。当前,国家级新区在科技创新领域仍存在创新主体实力不强、企业创新主体地位还不够突出、产业结构不优、产学研用结合还不够紧密、科技创新政策的运用还不够充分等问题。为了促进国家级新区科技创新领域的协调发展,应通过科技招商汇聚科技创新资源,不断引进科技人才,同时注重营造国际一流的创新创业环境。

第一节　科技创新政策总述

国家级新区是按照一个城市或一个新城区的要求和标准来加以规划和建设的。国家级新区的一个重要使命就是承担着全面深化改革先行先试的光荣使命,创新能力是检验国家级新区"新"与"旧"的试金石。国家级新区要把创新作为新区发展的第一要义,让创新成为新区最鲜明的时代特色和改革注脚,让新区成为名副其实的区域创新中心。创新包括理论创新、制度创新、科技创新、文化创新等,其中最重要的,也是国家级新区需要高度关注的是科技创新和制度创新。在科技创新上,需要重点围绕发展战略性新兴产业(高新技术产业)开展工作,具体说来就是构建"1+4"高新技术产业体系。"1"是指以互联网信息技术为核心,落实"互联网+"战略,推进国家信息化战略目标的实现;"4"是指在信息化战略的指导下,努力在新能源、新材料、生物技术和先进装备制造业上取得突破性创新进步和发展,使新区成为高新技术产业发展的排头兵。本节对部分新区科技创新政策进行了梳理,具体情况见表2-19。

表2-19　部分新区科技创新政策支持情况一览表

新区	政策文件
浦东新区	《关于"十二五"期间促进上海市张江高科技园区创新发展的若干意见》(2014)
	《上海市科技小巨人工程实施办法》(2015)
	《2016年浦东新区"小微企业创业创新基地城市示范"专项资金项目申报指南》(2016)
	《浦东新区科学技术奖励办法》(2017)
滨海新区	《天津滨海新区关于实施创新驱动发展战略的若干意见》(2015)
	《中共天津市委天津市人民政府关于打造科技小巨人升级版的若干意见》(2015)

续表

新区	政策文件
两江新区	《重庆两江新区双创示范基地建设工作方案》（2016）
	《国务院办公厅关于建设大众创业万众创新示范基地的实施意见》（2016）
	《重庆市人民政府办公厅关于加快构建大众创业万众创新支撑平台的实施意见》（2016）
	《重庆市高端研发资源引进培育实施方案》（2016）
舟山群岛新区	《浙江舟山群岛新区"智汇群岛·创新引领"科技创业金融支撑实施办法》（2012）
	《浙江舟山群岛新区"智汇群岛·创新引领"科技创业服务实施办法》（2012）
	《浙江舟山群岛新区"智汇群岛·创新引领"5313行动计划实施办法》（2012）
	《浙江省人民政府办公厅关于大力推进农业科技创新创业的若干意见》（2016）
	《浙江省科技创新"十三五"规划》（2016）
兰州新区	《甘肃省关于发展众创空间推进大众创新创业的实施方案》（2015）
	《2016年兰州新区水性科技产业链招商工作方案》（2016）
	《兰州新区科技企业孵化器及众创空间发展扶持办法（试行）》（2016）
南沙新区	《广州市南沙区科学技术经费投入与管理暂行办法》（2013）
	《南沙区科技创新平台贡献奖励办法》（2013）
	《国家科技成果转化引导基金设立创业投资子基金管理暂行办法》（2014）
	《广州市科学技术奖励办法》（2014）
	《广东省人民政府关于加快科技创新的若干政策意见》（2015）
西咸新区	《国务院西部开发办关于西部大开发若干政策措施的实施意见》（2001）
	《陕西省人民政府印发关于加快西咸新区发展若干政策》（2011）
	《陕西省人民政府关于大力推进大众创业万众创新工作的实施意见》（2016）
	《西安市人民政府办公厅关于印发推进小微企业创业创新基地城市示范工作方案的通知》（2016）
贵安新区	《贵安新区关于深化科技体制改革提升科技创新能力的若干政策措施（试行）》（2015）
	《中共贵州贵安新区工作委员会办公室关于印发贵安综合保税区 贵安电子信息产业园体制机制创新试点方案的通知》（2015）
	《贵安新区关于推进大众创业万众创新若干政策措施（试行）》（2015）
	《贵州省人民政府关于支持"1+7"开放创新平台加快发展的意见》（2016）
	《贵州省"十三五"科技创新发展规划》（2016）

续表

新区	政策文件
西海岸新区	《青岛市黄岛区知识产权和科技服务补助办法》(2015)
	《关于加快众创空间建设支持创客发展的实施意见》(2015)
	《青岛西海岸新区管委青岛市黄岛区人民政府关于青岛西海岸智慧新区建设实施意见》(2015)
	《关于印发青岛西海岸新区(黄岛区)科技创新规划纲要(2016—2020)的通知》(2016)
	《青岛市关于深入推进科技创新发展的实施意见》(2016)
	《青岛市黄岛区加快科技创新创业载体建设支持创客发展若干政策措施》(2016)
金普新区	《辽宁省人民政府关于印发辽宁省科技创新驱动发展实施方案的通知》(2015)
	《大连市人民政府关于进一步促进科技成果转化和技术转移的实施意见》(2016)
	《关于促进科技创新的若干措施(试行)的通知》(2016)
	《大连金普新区管理委员会关于印发大连金普新区加强孵化平台建设推进大众创新创业实施办法的通知》(2016)
	《大连金普新区管理委员会关于推进大众创业万众创新的行动方案》(2016)
	《金普新区科技计划项目管理办法(试行)》(2016)
	《大连金普新区沈大国家自主创新示范区建设实施方案(2016—2020)》(2016)
	《大连市人民政府关于进一步推广和落实中关村科技政策的实施意见》(2017)
	《大连市科学技术奖励办法》(2017)
	《大连市人民政府关于加快构建大众创业万众创新支撑平台的实施意见》(2017)
天府新区	《四川省人民政府关于支持天府新区创新研发产业功能区建设的意见》(2014)
	《天府新区成都管委会支持创新创业若干政策》(2015)
	《四川省全面创新改革试验实施方案》(2016)
	《国务院办公厅关于建设第二批大众创业万众创新示范基地的实施意见》(2016)
	《四川省人民政府关于促进加工贸易创新发展的实施意见》(2016)
	《四川省人民政府办公厅关于建立四川省推进大众创业万众创新工作联席会议制度的通知》(2016)
	《关于促进高校院所科技企业成果转移转化的若干政策措施》(2016)
	《四川省人民政府办公厅关于加快建设成都国家自主创新示范区的实施意见》(2017)

续表

新区	政策文件
湘江新区	《湖南省"十三五"科技创新规划》(2016)
	《湖南湘江新区高端制造研发转化基地和创新创意产业集聚区发展规划（2016—2020年)》(2016)
	《2017年国家级新区体制机制创新工作要点》(2017)
江北新区	《江北新区促进创新创业十条政策措施》(2016)
	《江苏省政府关于南京江北新区服务贸易创新发展试点实施方案的批复》(2016)
	《2017年度南京江北新区研发机构支持政策申报公告》(2017)
	《关于印发南京江北新区研发机构引进培育支持办法(试行)的通知》(2017)
福州新区	《福州市人民政府关于印发福州新区创建双创示范基地工作方案的通知》(2016)
	《福州市建设创新型省会城市实施方案》(2017)
滇中新区	《昆明市人民政府关于促进企业创三级名牌和三级名品的实施意见》(2008)
	《昆明市人民政府关于支持台资企业发展的实施意见》(2010)
	《云南省人民政府关于加快构建大众创业万众创新支撑平台的实施意见》(2015)
	《云南省人民政府关于进一步促进全省经济持续平稳发展22条措施的意见》(2016)
	《云南省人民政府办公厅关于加快众创空间发展服务实体经济转型升级的实施意见》(2016)
	《云南省人民政府关于促进加工贸易创新发展的实施意见》(2016)
	《云南省人民政府关于贯彻落实国务院深化泛珠三角区域合作文件的实施意见》(2016)
	《云南省人民政府关于进一步推进我省产城融合发展的实施意见》(2016)
长春新区	《国务院办公厅关于建设第二批大众创业万众创新示范基地的实施意见》(2016)
	《国务院关于深入推进实施新一轮东北振兴战略加快推动东北地区经济企稳向好若干重要举措的意见》(2016)
	《吉林省人民政府办公厅关于加快构建大众创业万众创新支撑平台的实施意见》(2016)
	《长春市人民政府关于印发长春市创建国家级"双创"综合性示范区实施方案的通知》(2016)
	《长春新区关于促进科技创新发展的若干政策(试行)》(2016)
	《长春新区关于促进金融创新发展的若干政策(试行)》(2016)
	《长春市人民政府办公厅关于发展众创空间推进大众创新创业的实施意见》(2016)

（资料来源于中国政府网、各新区所在省市政务网、新区政务网等。）

通过梳理可以发现,各新区的科技创新政策集中在投入专项资金、引进创新型人才、支持专项项目的研究、构建创新平台等方面,而且在省市层面的政策居多。新区中金普新区出台的促进科技创新政策居多,极力促进科技孵化平台,推动大众创业创新,大连市人民政府也很看重创新发展,对其给予市级层面的资金支持。同时也有部分新区如湘江新区并未出台相关的政策,只有湖南省 2016 年出台了《湖南省"十三五"科技创新规划》以支撑湘江地区的科技发展。

第二节　各新区科技创新政策支持情况

通过对 15 个国家级新区所在地方政府的科技创新政策进行总结归纳,得出在政策指引上,引进与培养创新型人才、制度创新与服务创新、支持科技型创新企业发展、成立众创空间与企业孵化器、与地方高校联合创新等措施成为共识。而在这些政策的支持下,各个新区在科技创新型企业数量与科技创新成果上都有了长足的发展。

一、上海浦东新区

2015 年,按照中央的要求和部署,上海市委十届七次会议决定建设全球具有影响力的科技创新中心。对此,浦东新区将自身定位为科技创新中心的核心功能区,并明确近期目标:"到 2020 年基本形成面向全球的创新要素集聚和辐射功能,基本建成创新型产业集聚发展的重要基地,基本形成充分激发各类创新主体创造活力的制度体系,基本形成完备的创新创业综合服务体系。"

截至 2015 年,浦东新区经认定的高新技术企业 1510 家,占上海市的 25%;经认定的技术先进型服务企业 147 家,占上海市过半;经认定的企业研发机构 527 家,其中国家级 38 家,市级 155 家;建成了上海光源一期、国家蛋白质科学中心、上海超级计算中心等重大科技基础设施;集聚了上海科技大学、上海纽约大学等高等院校,中科院上海药物所、中国商飞上海飞机设计研究院、上海微小卫星中心等国家级科研院所,罗氏、诺华、GE 等跨国公司研发机构,抗体药物与靶向治疗、专用集成电路与系统等 8 家国家重点实验室。截至 2015 年,浦东新区人才总量达 128 万人,其中与浦东建立工作关系的两院院士 18 人,累计入选中央"千人计划"人才 173 人,上海"千人计划"人才 169 人,浦东"百人计划"人才 44 人。"十二五"期间,全社会研发投入稳步增长,浦东新区共承担 118 项国家重大科技专项,获得国家资金支持 33.96 亿元。全社会研发(R&D)经费支出由 2010 年的 139 亿元增长到 2015 年的 284 亿元,全社会研发(R&D)经费支出占地区生产总值比重由 2010 年的 3% 增长到 2015 年的 3.6%。科技创新成果不断涌现,中信国健培育了国内首个大规模产业化的抗体类药物益赛普，中国商飞承担了具有自主知识产权的 C919 大飞机总体设计。"十二五"期间，浦东新区累计获得国家科学技术奖 41 项，上海市科学技术奖 335 项。浦东新区探索"基地＋基金＋实训基地＋产业联盟"四位一体模式，推动以中小微企业为主的"四新"经济发展。科技创新空间格局初步形成，创新创业服务体系更加完备，科技创新环境继续优化等。

二、天津滨海新区

2014 年，滨海新区科委制定并下发了"2014 年科技型中小企业发展、科技小巨人成长计划""科技小巨人领军企业培育和科技企业孵化器建设与提升工作"等一系列实施方案，组织开展新区科技孵化器互看互查活动，全力推进科技创业与招商。2014 全年新区共新增科技型中小企业 3879 家，完成全年指标的 129%；新增科技小巨人企业 227 家，完成全年指标的 151%；净增国家级高新技术企业 103 家。截至 2014 年底，全区科技型中小企业累计达到 18201 家，科技小巨人企业达到 964 家，国家级高新技术企业达到 894 家。此外，2014 年新区新增国家级孵化器 4 家、市级孵化器 2 家，全区共拥有各类科技企业孵化器 61 家，总孵化面积达到 500 万平方米。新区科委进一步支持企业建设研发中心，全年新增国家级重点实验室 2 家，市级重点实验室和工程中心 58 家，新区市级以上的研发中心总数已达到 354 家。此外，新区还新建了"滨海新区水污染控制和水体修复产业技术创新联盟""天津市半导体光源系统产业技术创新战略联盟"等 8 家科技创新联盟，截至 2017 年底，由新区科委推动的产业技术创新联盟已达到 23 家。

2016 年上半年，滨海新区新增科技型中小企业 2614 家，累计达 24657 家；新增小巨人企业 135 家，累计达 1279 家。研发中心超过 410 家，主要分布在高科技及新兴产业领域，其中生物医药领域 80 余家、电子信息领域 70 余家、先进制造领域 60 余家、新材料与新能源领域 50 余家、节能环保领域近 30 家，科技创新对区域经济的增长贡献率已超过 60%。

三、重庆两江新区

近年来，两江新区深入实施创新驱动发展战略，以"创新重庆 45 条""创新两江 40 条"和建设国家双创示范基地、国家自主创新示范区和国家知识产权示范园区为抓手，以照母山科技创新城和水土高新城为核心平台，推动产业集群化发展，切实加快创新驱动发展。

2016 年 5 月，国务院批准确立了全国首批 28 个大众创业万众创新示范基地，重庆两江新区位列其中。两江新区快速成立相应机构，加快编制"双创"示范基地工作方案。此外，结合《国家创新驱动发展战略纲要》，两江新区又制定出台了《重庆两江新区促进创新创业的若干政策(试行)》《重庆两江新区引进高层次人才若干政策(试行)实施细则》等一系列政策,强化了"双创"顶层设计,最终形成了"创新两江40条"。目前,两江新区已建成腾讯(重庆)、赛伯乐(重庆)等32个众创空间,入驻企业547家;建成国家级众创空间5个和专业孵化器7个,总面积超10万平方米。目前,龙头企业引领、中小型企业支撑、小微企业快速发展的两江新区创新创业格局基本形成。

四、浙江舟山群岛新区

舟山市委市政府高度重视科技工作,新区科技创新持续发展,科技投入不断增长,科技改革不断深化,科技环境不断优化,主要科技发展指标提前完成,科技对经济转型升级的支撑引领作用明显增强。

舟山群岛新区市级科学技术财政拨款绝对量持续稳定增长,由2003年的4003.00万元增至2013年的31938.00万元,年均增长23.08%。R&D经费投入占区域生产总值的比重由2003年的1.22%增至2013年的1.42%,年均增长1.52%,具体如图2-9所示。人均高新技术产业产值由2003年的325.33元/人提升至2013年的36198.83元/人,年均增长60.19%;人均高新技术产业增加值由2003年的111.87元/人增加至2013年的4173.15元/人,年均增长率为43.61%,如图2-10所示。①

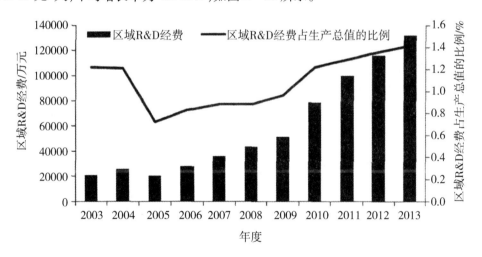

图2-9　舟山群岛新区R&D经费投入变化情况(2003—2013年)

(数据来源于舟山群岛新区官网。)

---

① 郭力泉,叶芳,钟海玥,等.舟山群岛新区实施创新驱动发展战略研究[J].浙江海洋学院学报(人文科学版),2015(4):30-38.

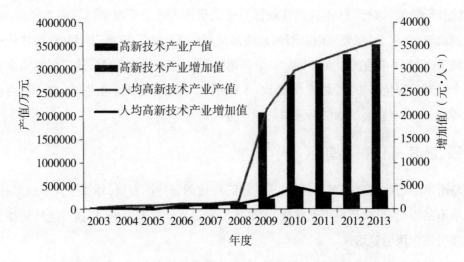

图2-10　舟山群岛新区高新技术产业发展情况（2003—2012）

（数据来源于舟山群岛新区官网。）

五、甘肃兰州新区

2016年4月1日起,《兰州新区科技企业孵化器及众创空间发展扶持办法（试行）》开始施行。对于兰州新区范围内的科技企业孵化器和众创空间,凡在新区科技行政部门登记半年以上者,由新区科技行政部门推荐享受兰白科技创新改革试验区科技孵化器专项建设资金补助。经国家认定的科技企业孵化器,除享受国家、兰白试验区有关孵化器优惠政策外,新区给予100万元的扶持奖励资金,用于孵化器的建设发展。经国家认定的众创空间,除享受国家关于众创空间的优惠政策外,新区给予50万元的扶持奖励资金,用于众创空间的建设发展。目前,兰州新区正在打造六大百亿级产业集群,水性科技是其中之一。此外还有高端装备制造、蓝宝石生产加工、生物医药、电子信息、炼化和精细化工等产业。兰州新区还出台了《2016年兰州新区水性科技产业链招商工作方案》。

"十三五"期间,兰州新区还将实施创新创业平台建设工程,重点打造一核心（产业孵化大厦）、两平台（"十里创新走廊"和职教园区创新孵化基地）。同时,通过实施科技企业孵化培育工程和科技金融结合工程,培育百家科技型中小企业,引导百亿银行及社会资金投入创新、研发、孵化与产业化,培育经济增长新动力。

六、广州南沙新区

2015年,南沙共有高新技术企业56家,其中新型研发机构10家,占全市四成。在创业孵化服务方面,南沙全区已建有南沙资讯科技园、南沙科技创新中心等8个孵化器,首家科技银行也于近期正式揭牌。2016 年广州出台"1+9"科技创新系列政策,支持孵化器建设、众创空间建设、研发经费补贴,对企业上市、科技企业资质认定、科学技术奖等给予不同程度的奖励。2016 年上半年,广州市全市规模以上工业高新技术产品产值3920.25 亿元,较 2015 年同期累计增长 7.1%,增速高于全市规模以上工业总产值。全市已建有科技企业孵化器总数达 87 家,2014 年中国城市科技竞争力排行榜中广州排名第4;中国最佳创新 50 强企业数量仅次于北京。

七、陕西西咸新区

科技创新是国务院赋予西咸新区的重要战略任务,既是推动产业发展的强大动力,也是全省经济转型和西咸新区自身发展的内在要求。在陕西省委、省政府出台的《关于加快西咸新区发展的若干意见》里明确提出,陕西省重大产业项目优先向西咸新区布局,主动承接东部产业转移,鼓励科研院所、科技服务机构向西咸新区集聚。要求西咸新区重点发展新一代信息技术、现代文化科技旅游、新能源新材料高端装备制造、健康医疗、现代农业科技、临空科技等六大科技产业,力争用 5 至 10 年的时间,建立适应西咸新区经济发展需求的开放型区域自主创新体系,将西咸新区建成西部创新驱动发展的新引擎。

八、贵州贵安新区

为深化贵安新区科技体制机制改革,激发大众创业万众创新活力,构建"政、产、学、研、资、服"六位一体的区域协同创新体系,贵安新区 2015 年制定了《关于深化科技体制改革以提升科技创新能力的若干政策措施》,在建立健全科技计划管理机制,创新财政科技经费投入方式,建立新区科技资源共享服务平台,加快推进科技创新平台建设,加快培育企业创新主体地位,加快培育企业创新主体地位,建立促进科技创新及成果转化的激励机制,加快培育科技中介服务组织,加强知识产权开发、运用和保护等方面给出了具体政策。

近年来,贵安新区抢抓国家推进大众创业、万众创新的发展机遇,依托花溪大学城、清镇职教城、电子信息产业园、高端装备制造产业园、新医药大健康产业园的"两城三园"产业优势,重点抓好政策扶持、活动培训、平台搭建、生态体系建设等工作,成功构建了"创业苗圃+孵化器+加速器+放大器"的孵化体系,多角度提升科技创新能力。截至2016 年,贵安新区已聚集孵化平台 11 家,服务机构 30 家,孵化面积 33 万平方米,在孵企业 393 家,并成立了贵安创客银行,引入 7 家基金投资公司,设立 1 家财信担保公司,培育市场主体 7000 余家。

九、青岛西海岸新区

为贯彻落实《中共中央、国务院关于深化体制机制改革加快实施创新驱动发展战略的若干意见》和《青岛市关于深入推进科技创新发展的实施意见》,充分发挥西海岸新区在建设国家东部沿海重要创新中心的核心作用,西海岸新区制定了《关于推进科技创新发展的实施意见》,要求建立建设全要素聚集、国际一流的科技创新平台,包括开放创新的园区平台、充满创新活力的企业平台、链接全球创新网络的机构平台和全要素孵化加速的众创平台,构建灵活高效、功能完善的科技创新支撑体系,包括更符合创新规律的科研管理体系、更加顺畅的科技成果转化体系、适应创新需求的科技金融服务体系和特色鲜明的军民融合协同创新体系,同时建立以人为本、法治文明的科技创新生态。

总体目标为到 2020 年,全社会研发经费支出占地区生产总值的比重达到 4%;建成 80 个省级以上创新平台;培育 500 家国家级高新技术企业、100 家"瞪羚"企业和 30 家创新领军企业,高新技术产业产值达到 5000 亿元,占规模以上工业总产值比重达到 50%;培育 500 人规模的科技经纪人队伍,技术合同交易额达到 50 亿元;万人有效发明专利拥有量超过 40 件,PCT 国际专利申请 300 件以上。科技型企业获风险投资额和上市企业数等指标达到国内领先水平,创新要素数量和质量跃居全国前列。

十、大连金普新区

金普新区在建设国家自主创新示范区过程中,积极构建"1 + N"科技创新政策体系,打造东北亚科技创新协同中心。目前,金普新区已完成"1 + 6"政策的制定并印发执行,明确了对创新创业平台载体建设、运营、服务等方面的支持内容,对引进创新人才、促进成果转化、吸引创新融资、提升产业创新能力等方面都加大了政策支持力度,为打造东北亚科技创新中心提供了政策保障和战略引领。"1 + 6"科技创新系列政策包括金普新区《关于促进科技创新的若干措施(试行)》及《金普新区科技计划项目管理办法(试行)》《大连金普新区加强孵化平台建设推进大众创新创业实施办法》、金普新区《关于推进大众创业万众创新的行动方案》、金普新区《众创空间备案工作指引》《大连金普新区科技创业导师实施管理办法》及金普新区《创新创业示范基地指引》等配套政策。

按照《关于促进科技创新的若干措施(试行)》的整体框架,金普新区将通过加强创新平台建设、加强孵化载体建设、加强科技金融建设、加强知识产权建设、提升产业创新能力、促进新兴产业聚集等"六条路径"和 41 条措施,全面提升金普新区科技创新能力。

十一、四川天府新区

天府新区重点规划了创新研发产业功能区(以下简称"功能区"),四川省人民政府专门制定出台了《关于支持天府新区创新研发产业功能区建设的意见》,对功能区建设提出总要求、主要目标、重点任务的同时,给予了国家自主创新示范区、人才、土地、金融、知识产权等五方面十大支持政策。如在知识产权方面,完善成果转化收益分配机制。一是以作价入股、股权奖励、股权出售、股票期权、分红激励等政策激励功能区内企业、高校、科研单位实施成果转化;二是对一年内未实施转化的职务科技成果,成果完成人或团队拥有成果转化处置权,可获得至少70%的转化收益。截至2014年9月,天府新区科技创新服务中心共引进45家科技企业,包括国家"千人计划""万人计划""青年千人计划"和四川省"百人计划"入选者领办企业各1家,26家企业已陆续入驻天府创新中心。

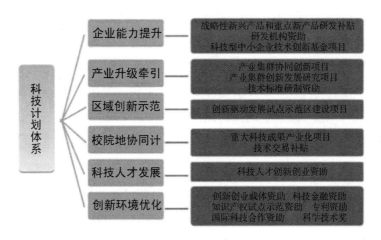

图2-11 天府新区科技计划创新体系

就成都直管区而言,从政策上看,不仅享有国家、省市的专项政策优惠,也专门发布了多项扶持政策。在科技创新方面,针对新一代电子信息、软件研发、信息安全、电子商务、创新设计、动漫游戏等产业范围的科技型中小微企业和大学生创业项目,给予房租补贴、物管补贴、项目启动资金、人才奖励、财税扶持、融资奖励六大方面的支持。在产业发展方面,从资金、用地、办公场地租购等方面对企业给予支持并提供覆盖三次产业、多元市场主体、企业投资发展全周期的全方位服务。

十二、湖南湘江新区

2016年湖南湘江新区管委会正式公布《湖南湘江新区高端制造研发转化基地和创新创意产业集聚区发展规划(2016—2020年)》,明确了新区产业发展的路线图和时间表。"十三五"时期,湖南湘江新区将通过打造"六大基地",构建国家智能制造中心和创新创意中心核心区。"十三五"期间,湖南湘江新区将以高端制造和创新创意产业为核心,以关键技术研发和科技成果转化为突破口,着力提升企业智能化和服务化水平,提升自主创新能力和国际化水平,贯彻创新引领开放崛起战略,建设智能制造示范基地、先进装备产业基地、创新创意产业基地、先进材料产业基地、军民融合发展示范基地、医疗健康产业示范基地。

十三、南京江北新区

江北新区于 2016 年发布了《江北新区促进创新创业十条政策措施》,2017 年制定了《关于印发南京江北新区研发机构引进培育支持办法（试行）的通知》和《2017 年度南京江北新区研发机构支持政策申报公告》。

江北新区出台的"创新创业十条"政策,旨在深入实施创新驱动战略,加快建设自主创新先导区和具有全球影响力的产业科技创新中心重要基地,培育"4＋2"现代产业集群,更大力度推动大众创业。根据该政策,国内外重点高校院所、知名跨国公司、国内行业龙头企业等在江北新区设立研发机构和研发总部,可分阶段给予最高 3000 万元支持;对于不同层级的孵化器和众创空间,将分阶段给予 100 万元～300 万元的支持,并鼓励运营方为初创企业提供办公用房、政策咨询、创业导师、产品研发、市场拓展、企业管理等全方位服务。为支持小微企业发展,江北新区每年还将提供总额为 5000 万元的科技创新券,支持小微企业购买科技服务,支持政府首购或订购创新产品和服务。

新区出台"创新创业十条"后,又陆续制定了其中 7 个政策的实施细则。2017 年 3 月,正式启动其中研发机构、科技企业孵化器及众创空间、高新技术企业、科技创新券、科技服务机构 5 项相关政策的申报工作,吸引了 401 家企业和机构参与。

十四、福建福州新区

2017 年 5 月,《福州市建设创新型省会城市实施方案》公布。根据方案,到 2020 年,福州将打造成牵动力强、影响力大的科技创新集聚区;每万名劳动力中研发人员将达到 90 人,科技进步贡献率达到 60%;高新技术企业达到 1000 家,科技小巨人领军企业达到 300 家。方案围绕统筹利用各方科技创新资源、加快创新驱动发展、支撑供给侧结构性改革、产业转型升级等提出 5 大方面任务,并明确了任务分工和责任部门。

方案指出,要从完善企业为主体的产业技术创新机制、培育壮大创新企业群体、引导推进产业转型升级、提升都市现代农业发展水平等 4 个方面来提升企业自主创新能力,突破一批重大产业关键技术,形成一批在国际、国内具有核心竞争力的自主创新品牌。力争 2020 年新区研究与试验发展经费投入占全市地区生产总值的比重超过全国平均水平;每万名劳动力中研发人员达到 90 人;省级以上重点实验室和工程技术研究中心达 300 家以上;科技进步贡献率达到 60%。方案指出,应充分发挥"五区叠加"效应,坚持创新与开发双轮驱动,建设福厦泉国家自主创新示范区福州片区、福州新区国家双创示范基地,形成创新资源高度聚集区、创新成果高效产出区。2020 年建成省级科技孵化器 50

家以上、省级众创空间 50 家以上。与 2016 年发布的《福州市人民政府关于印发福州新区创建双创示范基地工作方案的通知》相辅相成。

十五、吉林长春新区

长春新区正围绕打造集聚创新资源要素的长吉图区域科技创新中枢,与驻长中科院长春分院、长春光机所、吉林大学等"一院四所四校"组建"技术创新战略联盟",搭建光电子、新材料、生态农业等五大专业技术平台,已累计引进高水平研发机构 60 余家,被列入长吉图实施方案及长春市国家创新型城市试点方案,成为辐射东北地区乃至面向东北亚的科技成果研发、技术转移和扩散的创新中枢。在国家赋予的"先行先试"任务中,新区不断集聚科技创新力量,短短一年多时间科技创新优势愈发明显。吉林大学,中科院长春光机所、应化所等一大批高校和科研院所不断集聚新区,国家级工程实验室达到 3 个,国家工程技术研究中心达到 2 个,国家级重点实验室达到 11 个,省部级以上重点实验室达到 50 个,市级以上企业技术中心达到了 76 个。

长春新区科技服务创新服务平台于 2017 年 3 月 7 日正式开通运行,并通过服务平台在省内率先推出科技创新券。实施创新券政策三个月来,平台累计点击量达到 7 万多次。平台注册用户达到 481 个,注册科技企业 264 户、孵化器 21 户,基本覆盖了区内较为活跃的科技企业和孵化器。截至 2017 年 6 月 12 日,平台共接到订单 325 笔,累计发放创新券 409 张,总额 462.1 万元,已使用创新券 275 张,使用金额 313 万元。

长春新区搭建多级科技服务市场,形成科技需求集成服务。建设区级科技大市场后,吉林省、长春市科技大市场先后落位新区,省、市、区三级科技大市场各有侧重、互相补充,提供政策支撑、技术交易、仪器共享、知识产权、科技人才、科技培训、科技合作、科技金融八个服务功能区 60 多项创新创业集成服务,促进科技要素自由合理地流动。2016 年完成 120 亿的合同认定,2017 年将完成 200 亿元的总目标。

第三节　科技创新能力现状现存问题分析

本节紧随上一节各新区取得的创新成果,提醒读者机遇与挑战并存,随着新区科技创新的不断发展,如何改变传统发展模式,真正做到科技创新主体在市场中占据主动、主导地位,从而带动产业结构整体优化,做到产学研紧密结合推动科技创新,成为各新区进一步提升自身科技创新实力需要面对的问题。

一、创新主体实力不强是影响新区综合创新水平的重要因素

大部分新区缺少足够多的创新主体,尽管"十二五"期间新区科技型企业数量不断增

长,各新区都在出台相关的科技创新政策以支持创新企业的发展,但是总体上企业实力不强,缺乏前沿技术领域中具备较强国际竞争力的企业;此外,新区内部自我成长的领军企业数量偏少,大多是从外部招商引资进入的,并没有形成完整的产业链条。

二、企业创新主体地位还不够突出

自主创新活动尚未成为新区企业的普遍行为,各大企业在科技创新意识上还不强,在科研平台建设、专利申报上还很弱,有的企业虽经历了多年的发展,但没有自主知识产权,甚至连一项专利都没有,自身建立的研发平台也只是简单的化验或检测产品质量,离科研开发还有很大的距离;部分企业仅满足于维持现状,因循守旧,重生产经营、轻科技创新的现象较为普遍,积极进行自主创新活动以实现技术储备的危机感不强,导致企业缺乏长远竞争力。

三、产业结构不优制约着新区经济增长方式的转变

就滨海新区而言,新区八大支柱产业中,石油化工、装备制造等传统工业产业所占比例仍然较高,生物医药、新能源新材料、大数据产业等前沿技术产业和战略性新兴产业比例严重偏低;同时在高技术产业领域中外资企业所占比重偏高,其技术溢出效应对新区提升科技创新能力起到的作用与预期相差较远。

四、产学研用结合还不够紧密

新区内企业与大专院校、科研机构的合作数量相对较少、层次相对较低,大多限于单一的技术合作,且合作模式单调,尤其是以产权为纽带,资金、技术、人才、管理等优化配置、集成的深层次合作形式还没有形成。另外,最近几年成立的新区科技人才缺乏,高级以上人才数量较少,高学历、高端技术人才和管理人才极为缺乏,科技创新和研发力量薄弱。

五、科技创新政策的运用还不够充分

一是科技创新政策的宣传上。科技创新政策宣传不够到位,宣传形式较为单一。目前,在政府门户网站上公布政策是各部门常用的宣传形式,但相关部门网站的政策法规信息存在更新不及时以及综合性、配套性不够强等问题,不便于企业全面了解相关政策。二是科技创新税收优惠政策落实上。高新技术企业税收优惠政策的引导作用有待进一步发挥。三是政策体系完善上。各新区所在省市大部分已经出台科技创新"十三五"规划,但是只有部分新区出台了配套的科技创新"十三五"规划以及配套的实施政策,内容

涉及科技投入、税收优惠、金融支持、科技创新基地与平台、人才队伍和科普建设、技术转移与成果转化、创造和保护知识产权、政府采购等方面。其中少数新区在这几个方面的实施政策均有涉及,一些新设的新区如哈尔滨新区、赣江新区等没有相应的政策出台,不利于科创发展。

第四节 科技创新发展的完善建议

通过以上对国家级新区在科技创新政策上的发展情况进行分析,为了促进国家级新区进一步发展,结合各个新区存在的问题,提出以下政策建议:引进和培育科技创新平台作为汇聚科技创新资源、快速提高科技创新能力的主要途径,各新区应该借鉴浦东新区、滨海新区等的做法;在所有科技创新资源中,科技创新人才是第一资源,是推动科技创新发展的关键要素,应该加快引进科技人才;科技招商和招才引智需要营造良好的创新创业环境,应该营造国际一流创新创业环境,吸引企业入驻。

一、科技招商汇聚科技创新资源是提高新区科技创新能力的主要路径

科技创新平台集科技基础设施、科技创新团队和科技创新领军人才于一身,引进和培育科技创新平台作为汇聚科技创新资源、快速提高科技创新能力的主要途径。比如浦东新区和滨海新区,通过建设多层次的科技创新平台体系,极大地加速了科技创新资源汇聚、提升了科技创新资源质量,科技创新能力实现了从无到有、由弱到强的跨越。其他新区应该认真学习和借鉴三大国家级新区汇聚科技创新资源、快速增强科技创新能力的做法,为提高新区科技创新能力、实现创新驱动发展奠定坚实基础,可以从三方面入手:引进跨国公司区域总部提升科技创新能力,大力开展科技招商,积极与国家部委及大院大所合作建立国家级科研平台。

二、加快引进科技人才

在所有科技创新资源中,科技创新人才是第一资源,是推动科技创新发展的关键要素。狠抓招才引智工作,快速集聚创新创业高端人才是提高新区科技创新能力、建设创新型新区的关键环节。浦东新区以综合配套改革试点为契机,探索建立"浦东国际人才创新试验区",以优化人才发展综合环境、培养开发重点人才队伍为人才工作的重点任务,夯实人才工作的组织推进体系、资金保障体系和公共服务体系,积极开展各类招才引智项目,加快了人才的战略性集聚和整体性开发。滨海新区近年实施"建设人才特区"战略,制定落实重大人才政策和重大人才工程,着力在创新人才政策体系、搭建人才发展平

台、引进高层次人才等方面探索创新,努力建设高层次人才集聚区、人才政策和体制机制创新试验区。两江新区坚持大项目带大团队促大人才,以战略性新兴产业、支柱与优势产业、重点学科、各类研发基地和创新创业基地为依托,全面对接国家创新人才推进计划,大力引进领军人才、拔尖人才、紧缺人才和创新创业团队。其他新区应该借鉴经验紧抓招才引智这一提高新区科技创新能力的关键环节,加快吸引创新创业高端人才聚集。

三、营造国际一流创新创业环境是提高新区科技创新能力的根本保障

科技招商和招才引智需要营造良好的创新创业环境。以深化科技投融资体制机制和人才管理使用体制机制等的改革、完善科技创新服务体系、扶持科技型中小企业发展、完善知识产权保护、优化生活环境与配套服务等为手段,努力营造国际一流的创新创业发展环境,为提高新区科技创新能力提供了良好的环境保障。各新区应从构建区域创新体系的高度全方位着手,努力营造国际一流的创新创业环境,为顺利开展科技招商和招才引智工作、提高科技创新能力打下坚实基础。

第三编

产业发展编

近年来，国家级新区作为国家发展战略，一直致力改革创新，激发企业活力，在促进经济发展、扩大对外开放、推动改革创新中发挥了重要作用。各个新区在所在区域中都发挥了重要的带动和示范引领作用。国家级新区是重要的综合性经济功能区，地域面积宽广，规划范围一般涵盖开发、高新区等园区，尤其是具有区域特色的园区，部分新区甚至包括综保区、自贸区、自主创新示范区等平台。各国家级新区都重视大众创业与万众创新相结合，积极发展新兴产业，将军民融合与产城融合相结合。本编内容包括两章，分别为产业布局、产业规模与结构。通过对 18 个国家级新区的产业规划、重点发展产业、新区内园区发展概况等方面进行梳理，让读者对新区内的产业现状具有全面细致的了解。

第一章　产业布局

国家级新区的建设发展与新区在建设初期选择的产业具有很大的关系，而且由于各新区的行政体制不同，因此每个国家级新区都有自己的功能定位，从而会划分不同的组团。国家级新区通过特殊的政策和管理手段，形成了一定的比较优势，对于产业发展具有很大的吸引力，聚集了较多的关键经济要素，形成了重要的产业聚集区。本章从各个新区产业布局的重点功能区入手，对各个新区的空间结构进行梳理，介绍了新区发展的重点产业布局。

一、上海浦东新区

2016 年，浦东新区发布了《浦东新区产业发展"十三五"规划》，该规划中提到未来五年，浦东将在产业发展上聚焦"八大产业板块"和"十个重点专项"。在产业空间布局上，浦东将形成"4+4+X"的格局，并通过金融城、科学城、旅游城、航空城的建设，推进城乡一体化发展。未来几年，浦东新区将进一步集聚资源，加快重点区域开发建设，转变开发理念，注重产城融合，完善配套设施，实现高水平、深层次、内涵式发展，以点带面，促进城市功能提升和区域均衡发展。

（一）浦东新区未来五年产业发展整体规划

"十三五"时期是浦东新区全面推进中国（上海）自由贸易试验区和上海全球科技创

新中心核心功能区建设的重要阶段,也是深入实施创新驱动发展战略、提升新区产业能级的关键期。

1. 浦东新区未来五年的谋划重点

《浦东新区产业发展"十三五"规划》明确,"十三五"期间,浦东将重点谋划四个方面。

一是落实国家战略,抓住自贸试验区和科创中心建设的历史机遇,面向经济社会发展的重大需求,实施创新驱动发展战略。

二是促进"四个中心"建设,提升浦东新区金融、航运、贸易等方面在上海市相应指标中的比例,为上海在长江经济带中发挥"四个中心"的引领作用贡献一分力量。

三是顺应"制造＋服务"融合发展的趋势,整合各政府部门、各产业领域的资源,将在"十二五"期间"三大三新一优化"的制造业体系和五大服务业进行三、二、一产业融合发展,以优化产业格局、提升产业能级、提高产业国际竞争力。

四是抓住"互联网＋"发展方式,创新扶持方式,营造良好的"互联网＋"创新创业环境,吸引优秀的互联网项目向浦东集聚,促进电子商务、工业互联网蓬勃发展,扶持企业做大做强,引导企业拓展国际市场。

2. 浦东新区未来五年发展的重点产业

浦东将做大做强涵盖相关领域的金融、航运、贸易、文化、健康、信息、装备、汽车"八大产业板块",大力发展新兴金融、电子商务、旅游会展、物联网和下一代通讯、智能制造、民用航空、总部经济、高端研发（含科技服务业）、新能源、新材料"十个重点专项"。

《浦东新区产业发展"十三五"规划》称,"八大产业板块"和"十个重点专项"既是对浦东"十二五"期间主要产业的延续,也是顺应产业发展趋势,跨越制造业和服务业界限的调整。该规划明确,到"十三五"末,浦东新区产业结构中制造业增加值占地区生产总值比重将继续维持在25%左右,战略性新兴产业占工业总产值比重将占三分之一左右。

（二）浦东新区未来五年产业布局

在产业空间布局上,浦东将形成"4＋4＋X"的格局。其中,第一个"4"是指四个国家级开发区,即陆家嘴金融贸易区、外高桥等保税区、张江高科技园区、金桥经济技术开发区。第二个"4"是指四个新兴区域,包括世博地区、临港地区、国际旅游度假区、航空城。"X"则是指转型升级的镇产业园区。

1. 第一个"4"——优化提升成熟开发区域功能

"十三五"期间,浦东新区要强化陆家嘴金融贸易区、保税区（含外高桥、空港、洋山）、张江高科技园区、金桥经济技术开发区等成熟开发区域核心功能的辐射能力,强化主导功能,完善配套设施,增加公共空间,提升文化内涵。

陆家嘴金融贸易区建设成为全球一流的金融城、高端航运集聚区和世界级的中央商务区,积极引进总部型、功能性、国际性金融机构,着力发展以高能级融资租赁、资产管理等为代表的新兴金融业态;重点发展航运金融、航运信息咨询、海事法律和仲裁、国际船舶等高附加值的航运服务业,培育和引进高端航运人才;推进商贸业要素市场建设,大力发展适合陆家嘴地区特点的商业消费模式。小陆家嘴区域重点提升高端商务及休闲功能,滨江区域突出文化艺术展演功能,世纪大道区域进一步提升商业品味,浦东大道区域聚焦航运服务产业发展。

外高桥等保税区着力构建国际贸易、金融服务、航运服务、专业服务和高端制造等重点产业发展的集聚区和对外投资的集聚区。进一步发挥国际贸易、国际航运、保税物流、外贸口岸等功能优势,努力在总部经济、离岸贸易与服务贸易、融资租赁、自由贸易账户等领域实现新的突破。继续深化"三港三区"联动发展,外高桥保税区重点提升国际贸易、现代物流和金融服务功能,外高桥保税物流园区打造国际采购分拨、国际物流服务等功能,洋山保税港区深化国际航运服务功能,浦东机场综合保税区加快国际航空服务功能建设。

张江高科技园区着力推进国际领先的科技城建设,依托"双自联动"优势,深化科技创新体制机制改革,加快建设张江综合性国家科学中心;优化科技公共服务平台体系,建设创新创业集聚区,形成国际化众创孵化基地;努力提升园区环境品质,优化综合性交通网络,完善城市配套服务体系。张江核心区聚焦集成电路、生物医药、软件服务业,大力发展"四新"经济,形成重点产业高端集群化发展;康桥工业区加快实施智能制造、汽车电子等产业升级;国际医学园区进一步加强高端医疗器械、医疗服务业的核心优势。

金桥经济技术开发区努力建设成为全国智造业升级示范引领区、生产性服务业新兴业态培育区以及生态文明持续创新示范区,加快向新能源汽车、自动化和智能装备、新一代信息通信技术等产业领域转型升级,聚焦核心领域和关键技术的创新突破,培育和发展一批产业孵化平台和众创空间。南汇工业园区聚焦新能源、节能环保、生命健康、文化创意等智力和知识密集型产业,推进产城融合,带动中部城镇带发展。

2. 第二个"4"——继续推进新兴开发区域建设

继续推进世博地区(含前滩、耀华地块)、临港地区、国际旅游度假区和航空城等仍处于初期阶段的重点开发区域形态开发和功能建设,努力形成新的发展亮点。

世博地区努力打造具有世界级水准的中央公共活动区,加强区域规划统筹,建设以总部经济、金融投资、专业服务、文化传媒等功能为主的滨江现代服务业集聚带,以文化演艺创意、会展、时尚休闲娱乐为特征的高端文化产业发展带,以慢行慢骑等运动休闲型滨水活动为引领的开放、生态、健康、景观优美的滨水城市生活带。前滩地区加快发展新兴金融、新兴传媒等产业,完善居住、商业等配套服务,力争城市形象完整体现,标志性、功能性建筑全部建成;加强园区社区联动,整体展现城市新品质、新风貌。

临港地区以建设高品质的未来滨海城市为目标,聚焦国际智能制造中心建设,全面推动产城融合发展,加快城市功能完善和优质服务资源配置;推进新能源装备、汽车整车及零部件、船舶关键件、海洋工程、工程机械、民用航空等装备制造业集群产业升级;培育壮大集成电路、再制造、光电信息、新材料等战略性新兴产业;着力发展科技、文化、商贸、金融、旅游休闲等现代服务业;凸显环境优势,建设宜居宜业、生态低碳的绿色发展示范区;不断提升产业竞争力、环境吸引力、区域影响力,促进人气集聚,激发城市活力。

国际旅游度假区以品牌塑造和功能集聚为主线,努力推进园区高品质运营,推动重点片区开发、产业集聚和功能完善,促进与川沙等周边区域联动发展,同时在规划上局部留白,为未来发展预留空间;到2020年,初步建成管理规范、服务一流的迪士尼主题乐园,产业集聚、创新活跃的文化娱乐新地标,初步构建环境优越、功能齐全的国际旅游度假区和功能清晰、区域协调的现代化旅游城。核心区一期乐园基本建成,西片区生态景观及相关设施项目全面建成,南一片区综合商业娱乐和配套功能性项目稳步推进,南二片区和东片区开展土地储备和环境整治,各片区环境景观优美、旅游服务功能初具。

航空城充分发挥国际国内客运、货运和飞机制造集中的优势,促进全球航空资源的集聚,形成覆盖航空服务和航空研发制造的全产业链,带动祝桥、川沙、惠南等周边区域联动发展。祝桥地区聚焦航空专业功能的打造,重点发展航空制造和物流产业,完善以满足机场工作人员和飞机制造产业工人生活居住需求为主的功能配套。川沙地区重点布局航空城的高端商务功能和生活居住功能。惠南镇重点布局航空培训等产业以及产业工人的居住功能。

3."X"——带动镇产业园区转型升级

"X"则是指转型升级的镇产业园区。浦东新区现有川沙镇工业小区、六灶鹿园工业区、祝桥空港工业区、机场镇临空产业园区、高桥镇老工业基地、巴斯夫、曹路工业园区、合庆工业园区A区、张江高科技产业东区、合庆工业园区C区、新场工业区、三灶都市型工业园、老港工业区、高行镇工业园区、高东工业区、康桥东路工业片区、唐镇工业园区、三林经济园区、周浦智慧产业园、航头镇大麦湾工业区、北蔡工业园区、张江总部经济园等镇产业园区。根据"上海2040"规划及航空城发展情况,一些镇产业园区将做相应调整,数量上称为"X"。

"十三五"期间,通过虹桥机场到浦东国际机场这条上海城市发展主轴浦东段的四个城,即"陆家嘴金融贸易区(金融城)、张江高科技园区(科学城)、国际旅游度假区(旅游城)、航空城",带动X个镇产业园区的转型升级,推进城乡一体化。具体而言,陆家嘴金融城将带动周边北蔡镇、三林镇发展区域型总部经济等产业发展;张江科学城将带动周边张江总部经济园、康桥镇、周浦镇、唐镇、合庆镇发展医药和医疗大健康产业、时尚创意产业、生产性服务业、电子商务、新型设备等产业;旅游城和航空城则将带动川沙新镇、祝桥镇依托迪士尼项目和大飞机总装基地等项目的带动效应,加强产业集群发展和产业链培育。此外,中部城镇带区域的航头镇、新场镇、宣桥镇,北部三高(高桥镇、高行镇、高东镇)及曹路区域也明确了各自的发展方向。

4. 打造以张江科技城为核心的南北创新走廊

浦东新区在未来五年将会完善一流的生活环境、服务体系、制度配套和运行规则,加快建设规划科学、配套完善、服务高效、创新创业友好的科技城。进一步深化和明确"双自联动"背景下各开发园区的功能定位和产业导向,积极打造百千米南北创新走廊。

加快建设国际领先的张江科技城。以打造张江综合性国家科学中心为重点,建设具有世界领先水平的综合性科学研究试验基地和新一轮科技革命的重要策源地。争取和承接更多国家和市重大科研基础设施布局张江。实施张江研发服务平台功能提升工程,打造若干具有全球影响力的重点实验室、开放型应用研究平台及联盟。规划建设张江创新创业集聚区,推进一批重大功能性创业孵化基地建设。完善城市功能,推进教育、医疗、文体艺术、生活休闲等综合配套设施建设,促进科技、产业、人口与空间有机耦合,打造成熟完善、宜居宜业、辐射周边的城市功能支撑系统。

优化功能联动互补的创新创业空间。以张江高科技园区为核心,着力打造从基础研究、源头创新、技术转移转化到高新技术产业的完整创新链。向北依托金桥和外高桥,发挥自贸试验区制度创新优势和跨国公司总部、研发等功能性机构的集聚优势,促进研发成果高效转化,推进高技术制造业和专业服务业融合发展;向南依托康桥、国际医学园区、南汇工业园、临港地区等,发挥产业基础优势和空间资源优势,加快创新成果落地,成为产业转化的承载地,形成国内规模大、创新链完整、集聚和辐射能力强的创新走廊。临港地区落实3.2平方千米科技创新城、2.5平方千米创新创业带和科技成果展示交易中心的"一城、一带、一中心"布局,建设国际智能制造中心。同时,培育发展"御桥科创园"等若干特色鲜明的创新创业园区。

二、天津滨海新区

根据《天津市滨海新区国民经济和社会发展第十三个五年规划纲要》要求,天津滨海新区按照产业集聚、循环发展的要求,深化"一城双港、三片四区"空间布局,完善"东港口、南重工、西高新、北生态、中服务"产业布局,构建布局合理、功能明确、陆海统筹、协调互动的空间结构。

（一）建设滨海新区核心标志区

突出具有滨海特色的城市品位、河湖风貌、建筑风格，做好标志区及周边地区的规划提升。集中力量综合开发于家堡金融区、响螺湾商务区、开发区MSD、天碱地区、海河下游两岸等区域，构筑以中心商务区为核心、中央大道和海河为轴的十字形公共服务设施和景观体系，初步建成独具特色的现代化国际港口城市标志区。

（二）推动核心区与南北两翼协同发展

强化两翼与核心区对接，完善公共服务功能，推动核心区资源向两翼延伸，布局一批带动力强的大项目，增强两翼对产业、人口的吸引力，实现功能互补、共同发展。

1. 核心区

以标志区带动核心区建设，完善核心区金融服务、商务商业、教育医疗等功能，发展科技研发、电子商务、旅游会展、文化娱乐等现代服务业，积极承接环境友好型、技术密集型高端项目，提升先进制造业能级。持续开展市容环境综合整治，逐步提升城市格调、环境品质、市容面貌，打造河海环抱、大气洋气、功能完善的现代化新城。

2. 北翼

围绕生态旅游资源开发和宜居环境建设，培育发展科技研发、智能装备、节能环保等绿色产业，加快发展文化旅游、健康养老、休闲娱乐、冷链物流等优势产业。完善以河道、路网构成的绿色廊道，以郊野公园为主的绿色组团，打造通河向海、城景共融、生活功能完善的生态新城。

3. 南翼

围绕石油化工、装备制造等优势产业，配套发展商贸物流、教育文化、健康养老、特色农业等产业。统筹南港工业区、南部城区、生态湿地的空间布局，推动化工企业逐步向南港工业区迁移，构建生态良好、产城互嵌、和谐共生的宜居新城。

（三）强化港产城互动融合发展

优化港口功能布局，推动港城、港产融合互促发展，打造"以港兴产、以产带城、港城互动"的良好局面。强化区港联动，完善港口与功能区互联互通合作平台。强化港产联动，推动港口产业结构转型升级。强化港城联动，推动港城适度分离。完善港区配套设施和公共服务设施，提升港口功能。探索建立滨海新区和海空两港政策叠加、资源整合、功能集成的新型发展模式和管理方式，实现滨海新区和海空两港协调联动发展。

（四）完善功能区产业布局

围绕滨海新区功能定位，突出区域特色，明确各功能区产业发展重点和方向，把优势做优、强项做强、特色做特，形成优势互补、竞争有序的产业发展格局。

1. 开发区

统筹"一区十园"开发建设,重点发展新一代信息技术、汽车制造、石油化工、装备制造、生物健康和金融、商贸、物流等产业,加快建设南港世界一流石化产业基地,建设成为区域经济发展的引领区、先进制造研发的集聚区、推进创新驱动的活力区和美丽文明宜居的标志区。

2. 保税区

重点发展高端装备制造、快速消费品、新一代信息技术、生物医药和国际贸易、航空物流等产业,建设成为集自贸试验改革先行、国际创新创业引领、先进制造研发示范、国际国内人才集聚为一体的宜业宜居国际生态活力新城。

3. 滨海高新区

重点发展新一代信息技术、新能源汽车、高端装备、海洋产业、新能源与节能环保产业以及现代服务业,建设成为世界一流高科技园区,成为创新主体集聚区、产业发展先导区、转型升级引领区和开放创新示范区。

4. 东疆保税港区

重点发展融资租赁、航运物流、国际贸易,建设成为国家租赁业创新基地、高端航运物流业基地、北方国际商品进出口基地以及国际航运融资中心、北方大宗商品交易和区域定价中心。

5. 中新生态城

重点发展文化创意、互联网＋高科技、精英配套、滨海旅游、冷链物流等产业,建设成为国际合作示范区、绿色发展示范区、产城融合示范区。

6. 临港经济区

重点发展高端装备、智能制造、海洋生物医药、粮油食品、港口物流、海水淡化与综合利用等产业,建设成为国家高端装备制造基地、海洋经济科学发展示范区和港口与工业一体化发展示范区。

7. 中心商务区

重点发展现代金融、文化创意、电子商务等现代服务业,着力发展总部经济,建设成为我国北方国际贸易新通道、金融创新运营示范区核心区、高端服务业聚集区。

三、重庆两江新区

两江新区坚持以"中国制造2025""互联网＋"为导向,以智能化、集群化为基本路径,优化提升优势支柱产业,培育壮大战略性新兴制造业,大力发展现代服务业,加快建成内陆地区重要的先进制造业和现代服务业基地,重点发展"311"产业体系,包括发展3

大优势支柱产业、10 大战略性新兴产业、10 大战略性新兴服务业。

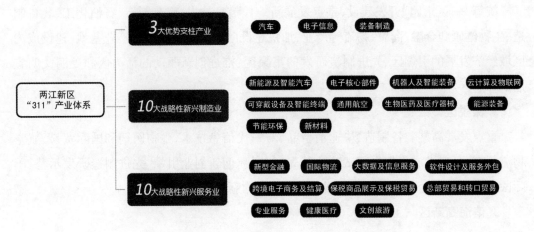

图 3-1　两江新区"311"产业体系

（一）三大优势支柱产业

1.汽车产业

以结构优化、效益提升为目标，加快北京现代一期、上汽通用五菱二期、长安乘用车等项目达产，完善核心关键零部件研发生产体系，支持和培育"互联网＋"汽车后市场。集聚长安、福特、现代、通用、力帆、小康等 10 个国内外知名品牌，达到 370 万台整车生产能力、300 万台发动机产能。到 2020 年，力争实现产值 4500 亿元。

2.电子信息产业

巩固笔记本电脑产业优势，稳量提质。围绕"芯、屏、器、核"四大重点领域，培育和发展集成电路、显示面板、智能终端以及核心配套零部件四大产业集群。到 2020 年，力争实现"3333"目标①。

3.装备制造产业

做大做强风力发电、轨道交通、通机等优势装备产业，积极发展智能装备、节能环保等新兴装备产业，加快形成集生产、研发、检测和试验为一体的完备发展体系，促进集群发展。到 2020 年，力争实现产值 1500 亿元。

（二）十大战略性新兴产业

1.新能源及智能汽车

鼓励和支持企业研发生产纯电动及插电式混动新能源乘用车、物流车、客车等整车，优先发展电池、驱动电机、汽车电子控制等三大关键零部件，加快充电设备等配套设施建

---

① "3333"，指 3 大显示面板、3 大芯片制造与封装、3 大智能终端产品，实现产值 3000 亿元。

设,用"互联网+"技术推动智能汽车发展。加大智能网联汽车研发和技术标准研究,建成国家级智能网联汽车示范区,打造新能源智能汽车产业园等示范园区。到 2020 年,力争实现年产 40 万台以上新能源及智能汽车规模,产值达到 1000 亿元以上。

2. 电子核心部件

显示面板:实施"突破核心,延伸上下游"战略,在面板制造环节重点发展 LTPS、OLED 新一代显示技术,在上游环节重点发展玻璃基板等关键原材料以及设备制造等配套产业,在下游环节重点发展触控模组及配套产业,着力打造显示面板全产业链。到 2020 年,力争实现产值 800 亿元。

集成电路:加快引进国内外知名集成电路企业,重点突破芯片制造和封测环节,并向产业链上游原材料和生产设备环节延伸,着力打造芯片设计、制造、封装测试以及产品应用全产业链。到 2020 年,力争实现产值 600 亿元。

3. 机器人及智能装备

以智能研发设计、智能制造、智能技术集成、智能化解决方案提供为基础,设立智能产业发展引导基金,建立智能产业联盟,形成一批智能创新中心,打造一批智能装备产业楼宇。推进工业机器人、服务机器人整机及关键零部件制造,发展智能仪表、智能医疗、智能环保等智能装备。到 2020 年,形成国内高端智能产业高地,力争实现产值 300 亿元。

4. 云计算及物联网

加快云计算大数据与传统产业对接升级,大数据领域重点发展大数据一体机、新型架构计算机、大数据获取工具、大数据管理产品、大数据分析软件等,物联网领域加快发展物联网芯片、模组、智能仪器仪表及物联网服务,构建云计算及物联网产业集群,形成 70 万台服务器承载能力,达到 30 万台服务器运营规模。到 2020 年,力争实现产值 300 亿元。

5. 可穿戴设备及智能终端

依托现有笔记本电脑生产能力,推动产业转型升级,形成"智能硬件+云计算+软件+服务"的可穿戴设备产业链条,打造一批智能硬件产业楼宇,着力吸引软硬件解决方案及平台型企业、高端智能手机、可穿戴设备产品研发制造及服务类企业入驻。到 2020 年,力争实现产值 300 亿元。

6. 通用航空

以固定翼和旋翼飞机制造为核心,积极配套发展航电、通信导航、液压等零部件,同步发展航空运营、服务和保障、基础设施等配套设施,力争在航空发动机制造领域取得重大突破,形成集航空制造、培训、运营、维修维护、航空金融为一体的通用航空产业基地。到 2020 年,力争实现产值 300 亿元。

7. 生物医药及医疗器械

瞄准高端医疗器械、制药及医疗服务，重点发展医用机器人、体外诊断、生物制药、干细胞应用、再生生物材料、个体化治疗等高附加值产品及服务。到2020年，力争实现产值300亿元。

8. 能源装备

发展壮大风电产业集群，形成200万千瓦的年生产能力；围绕页岩气开发，以服务带动相关设备制造，重点发展采油采气树等通用油气装备、井下工具等消耗性设备；着力在能源使用终端领域实现突破，发展液化天然气（LNG）的制备、储运、应用及车船动力改装，研发制造燃气机组、余热锅炉等设备，打造全市能源装备产业集聚区。到2020年，力争实现产值200亿元。

9. 节能环保

积极发展联合循环、能耗管理、空气和水污染防治、固体废物处理和资源综合利用装备，加快发展环境监测、污染防治等设备，推动节能环保装备成套化、系列化发展，积极推进分布式能源运营服务，创新绿色循环及能源合同管理等环保服务模式。到2020年，力争实现产值200亿元。

10. 新材料

依托全市重点产业集群，围绕产业升级急需、市场前景广阔的前沿性新材料，大力发展石墨烯、碳化硅、碳纤维复合材料，培育发展镁铝合金、塑料光纤、3D打印、高温及常温超导、高强度及耐温等新型材料。到2020年，力争实现产值200亿元。

（三）十大战略性新兴服务业

1. 新型金融

依托江北嘴和照母山片区，充分发挥国家金融综合改革试验区、核心功能承载区、产融结合实验区、金融生态安全区等政策作用，进一步完善创新型、服务型金融生态，加快集聚各类金融机构。建立全国性保险资产交易所，探索设立天然气、咖啡等大宗商品交易市场，探索期货保税交割试点，积极发展金融租赁和融资租赁、金融保理和商业保理、产业基金、消费金融等新型金融业态，加快发展第三方支付、互联网保险、互联网担保等互联网金融，探索离岸金融结算、跨境人民币结算、电子商务结算、跨国公司本外币结算等国际金融结算新业务，发展民营银行，争取成立中新合作银行、证券公司等金融机构，完善金融要素市场，拓宽融资渠道，提高直接融资比重，打造资本运作高地，积极推进企业上市，建设成为国内重要功能性金融中心核心区。到2020年，力争金融业增加值达到1000亿元，培育20家新上市公司，直接融资占比达到35%。

2.国际物流

依托两路空港、寸滩水港、果园港等交通枢纽,大力发展以仓储运输为重点的生产型物流、以大宗商品中转分拨为重点的货运枢纽型物流、以城市配送为重点的商贸服务型物流。加快发展第三、四方物流和专业物流,构建综合物流交易平台,提升物流服务本地及周边能力。创新城市配送服务业模式,加快发展城市配送及冷链服务业,提升物流业发展水平,建设国际物流中心。到 2020 年,力争物流业收入超过 600 亿元。

3.大数据及信息服务

发挥国家级互联网骨干直联点优势,以数据中心为基础,大力引进服务器租赁商和大数据骨干企业,实现数据资源融合共享,开展大数据挖掘、分析、应用与服务,拓展大数据增值业务产业链条,构建服务全球的云计算大数据全产业链。

4.软件设计及服务外包

依托软件园、互联网产业园等平台,推动信息技术应用和运营模式创新,加快发展软件开发、信息咨询、动漫游戏设计、数字出版以及信息安全等业态,做大软件设计及服务外包。

5.跨境电子商务及结算

抓住国家跨境电子商务综合试验区建设机遇,依托两江新区服务贸易产业园、两路寸滩保税港区等平台,完善跨境电子商务运行模式、监管方式和管理政策,探索放开电子商务外资准入限制,引进跨境电子商务龙头企业,推动线上线下结合、境内境外结合等创新。创新离岸金融资金运用方式,扩大跨境金融结算规模。扶持和培育外贸综合服务企业,积极推进跨境投融资便利化,完善跨境金融服务功能。

图 3－2 两江新区三大特色产业群

6. 保税商品展示及保税贸易

依托两路寸滩港保税港区,引进知名品牌入驻,发展区域分拨分销中心、区域结算中心及国际贸易企业运营总部,积极发展平行进口汽车展示交易、跨境购、保税购等外贸形态,做大保税商品展示交易及保税贸易规模,延展保税展示交易平台,丰富保税商品品种和业态。积极拓展集散分拨、融资租赁、进境维修、委内加工及检测等业务,打造辐射内陆的保税贸易中心。

7. 总部贸易和转口贸易

建设总部贸易大厦、中欧商贸城,引进和培育进出口贸易集成商来两江新区设立区域总部。以水港、航空港为依托,开展货物快速拆拼和集运业务,吸引周边省市货物经两江转口至国内外其他地区,培育"一带一路"国家间经两江新区开展的转口贸易,打造内陆国际贸易分拨、中转、销售、结算中心。

8. 专业服务

依托照母山科技创新城、江北嘴、悦来、龙兴等重点区域,加快吸引国际知名商务服务企业入驻,重点发展商务咨询、会展、设计、研发、战略策划、投资顾问、法律咨询等商务服务业,逐步完善商务服务功能。鼓励本土企业上规模、创品牌,推动商务服务企业在关键领域形成具有自主知识产权的核心专利和技术标准,形成核心竞争优势,提升商务服务水平。大力发展会展经济,依托重庆国际博览中心,举办国际化、品牌化展览及会议,打造现代会展商务集聚区。到2020年,力争专业服务业收入突破500亿元。

9. 健康医疗

依托新区生物医药产业基地及生态养生资源等优势,加快培育集养生养老、健康管理、智慧医疗等于一体的大健康服务业,打造高端产业集聚、服务范围广的健康产业基地。

10. 文创旅游

加快推进华侨城、华谊电影小镇、际华目的地、两江国际影视城、金山意库等重点项目建设,发展互联网视频视听产业及文化保税交易等新业态,深化国家级文化和科技融合示范基地建设,培育新兴文化创意产业集群,打造都市文化旅游休闲目的地。

四、浙江舟山群岛新区

《浙江舟山群岛新区规划》强调要围绕建设具有国际竞争力的现代海洋产业基地,加快培育海洋新兴产业,大力发展海洋服务业,改造提升传统海洋产业,做大做强一批具有区域特色和发展潜力的海洋支柱产业。

表 3-1　舟山群岛新区产业布局

产业	具体内容
海洋工程装备与船舶产业	(1)大力发展海洋工程装备制造业。依托现有基础,建设海洋工程装备修造基地,培育国际领先的海洋工程装备制造业,大力发展深水勘探、深水生产、远洋应急救援、深水远程补给等装备产品 (2)整合提升船舶工业。以大型集装箱船、大型液化石油气船、液化天然气船、豪华邮轮、游艇、远洋渔船、特种船舶等高技术、高附加值船舶为重点,集中力量研发现代造船技术,开发绿色环保新船型
海洋旅游产业	(1)打造国际著名的群岛型海洋休闲旅游目的地和世界一流的佛教文化旅游胜地 (2)加快推进旅游设施建设,形成主题鲜明、各具特色的海洋旅游岛群 (3)打造精品旅游线路,大力开发旅游新业态、新产品,着力发展观音文化、山海景观、渔村风情、滨海度假等特色旅游,深入推进邮轮、游艇、海钓、康体、禅修等时尚旅游,建设海洋文化主题旅游岛屿,提高旅游产品质量和国际化水平,形成以海岛休闲度假和佛教文化旅游为核心的产品体系 (4)深化旅游管理体制机制改革,推进海洋旅游服务标准化体系建设。开辟朱家尖至台湾海上航线。支持发展邮轮产业,建设舟山邮轮母港,允许境外邮轮公司注册设立外商投资企业
海洋资源综合开发利用产业	(1)促进东海油气资源和大洋勘探开发,积极发展海洋新能源,大力推进海水综合利用,切实提高海洋资源综合开发利用效益 (2)建设东海油气登陆、中转、储运、加工基地及作业补给、装备供应等后方服务基地,增强东海油气开发后方支持能力。设立大洋勘探基地,加强大洋深海资源及相关科学研究,积极建设海洋环境探测与监测、海洋资源勘探与利用、深海作业等领域的技术研发和装备制造基地,扶持发展大洋勘探开发业 (3)开发利用海洋新能源,大力推进海水综合利用
海洋生物产业	(1)以舟山海洋生物医药产业园为主平台,积极整合科技资源,营造创新环境和条件,培育形成一批骨干企业集团,打造我国重要的海洋生物产业集聚地。加快海洋生物药物关键技术的研发与突破,深化研究海洋生物活性物质的机理、功能和提取技术,研制一批有特色、高效能的海洋生物药物
现代海洋渔业	(1)海洋捕捞与海水养殖。优化海洋捕捞作业结构,科学控制近海捕捞强度,水产品精深加工和贸易 (2)水产品精深加工和贸易。充分利用国内外渔业资源,加强科技攻关和技术改造,以精深加工、高值化加工及副产物综合利用为重点,提升海洋水产品加工和安全控制技术水平,大力发展渔港经济,打造功能齐全、产业发达、全国一流的渔港经济区 (3)推进水产品市场升级和信息化系统建设,打造国际化水产品贸易平台

(资料来源于《浙江舟山群岛新区规划》。)

五、兰州新区

（一）兰州新区总体规划及产业分布

兰州新区总体规划形成"两区一城四片"总体空间结构。"两区"为北部的生态农业示范区以及南部的生态林业休闲区和水秦路两侧生态修复综合试验区。"一城"为核心城区，包括保税物流、科技研发、行政办公、金融商业、职业教育、文化旅游等综合服务职能。"四片"包括石化产业片区、国际合作及物流片区、中小企业片区（树屏）以及综合产业片区，为新区主导产业空间落实的地区。规划对"一城"空间结构进行指引，为"T轴、六组团"。T轴由核心城区东部依托自然山体形成的生态绿化廊道及沿纬三路、纬五路以及纬七路形成的功能轴组成，为新区风貌特色重要的组成部分。六组团包括综保产业组团、高新技术产业组团、综合服务组团、职教园区组团、区域中心组团及文化旅游组团。

表 3 - 2 兰州新区六组团重点发展产业

组团名称	重点发展产业
综合服务组团	结合兰州—张掖城际站点，重点发展商贸、商业、文化娱乐、办公等功能
综保产业组团	以综保区为核心，重点发展仓储物流、商贸金融、会议会展、商品加工及装备制造等功能，与综合服务组团共同推动兰州新区自由贸易试验区的设立
高新技术产业组团	重点发展电子信息等高新技术产业
职教园区组团	一方面以兰州新区职教园区为核心，发展产学研相结合、中高等职业教育相衔接的立足全省、面向西部、服务全国的现代化职业教育职能；另一方面在职教园区的基础上，推动"兰白科技创新改革试验区"的发展，强化对外合作交流，吸引国内外高等学校、科研院所、大型企业建立研发平台和科技成果转化中心，发展科技研发与创新职能
区域中心组团	重点发展国际金融、商务、行政办公、总部经济、领事办公等区域服务职能以及商业服务、休闲娱乐等公共服务职能，形成兰州新区高端服务业的集聚区，是为展示新区形象重点打造的地区
文化旅游组团	结合"华夏文明传承创新区"的战略构想，重点发展以国际文化交流为核心的文化、旅游职能，形成凸显新区特色的功能组团

（资料来源于兰州新区政务网。）

(二)兰州新区各大园区的基本情况

1.兰州新区装备制造产业园区

兰州新区装备制造产业园区建设管理办公室下辖2个片区,分别是装备制造产业园区和北部综合产业片区食品加工区,规划面积约22平方千米(33000亩),重点布局石化重型装备制造、汽车及零部件制造、新能源装备及电工电器生产、数控机床机专用设备制造等4大产业体系,逐步建成西部高端装备产业聚集区。

目前,园区内基础配套设施已基本完成,规划道路已全部建成通车;给水、污水、雨水、中水等管网以及供电管网、天然气管网等基础配套设施随道路同步完成敷设,罗湾、周家庄2座110千伏变电站已于2014年底投入使用。截至2016年6月,园区已初步形成产业集聚建设效应,兰石、省建投、亚太伊斯顿电梯、国家电网、中国四联等46户企业已入驻园区,累计完成投资361.56亿元。其中,兰石、四联、长飞、陇星等17户企业已建成投产,完成工业总产值39亿元。

根据兰州新区"十三五"期间总体发展规划,装备制造产业园区"十三五"规划,以《中国制造2025》为导向,发展以兰石集团为龙头的新能源装备产业链,以亚太电梯、兰州电机厂为龙头的电梯与电机现代装备制造产业链,以四联光电、武汉长飞为龙头的光电材料产业链,进一步盘活存量土地,积极引进智能装备、数控装备及半导体加工装备项目,提升装备制造业工艺装备水平、产品智能化水平和绿色制造水平,推进装备制造向高端发展,优化园区产业结构,将园区打造成集研发、设计生产、服务一体化的国内一流的智能化制造园区。

2.兰州新区石化产业园区

2015年7月,国务院印发的《兰州市城市总体规划(2011—2020)》中明确了兰州的产业结构在中心城区由以重化工业为主向以现代服务业为主转型,其他产业向兰州新区和园区集中。石油化工作为兰州市支柱行业当中占主体地位的工业,据公开资料显示,仅兰州石化一家,2014年上半年就实现了营业收入364亿元。按照计划,2020年前兰州新区将建成集原有加工、石油化工、精细化工、化工新材料和原油及邮品储存于一体的西部地区石化产业基地。当地预计项目投产后,年均工业产值约为3211亿元,年利税约为420亿元,年利润为3023亿元,或成兰州新区工业产业支柱。

兰州新区石化产业园区建成后将形成"一心两廊三带五区"的空间结构("一心":园区的管理服务中心;"两廊":两条主要的运输走廊;"三带":园区绿带;"五区":炼化一体化项目区、石化延伸产业区、物流配套区、综合服务区以及精细化工产业区),拟规划五条主导产业链,分别是以原油和甲醇为原料的清洁低碳化石能源系列、乙烯及深加工系列、丙烯及深加工系列、芳烃及深加工系列和副产碳四/碳五综合利用系列。规划环评初步结果显示,兰州新区石化产业园虽然在实施过程中会给环境带来一定的影响,但通过采取相应的污染防治措施和环境风险防范措施,污染源可实现达标排放,对环境的影响能满足环境功能区划的要求。

3. 兰州新区南部综合产业园区

南部综合产业园区面积为 36.6 平方千米,具体分为四个片区,即西南片区(经七路以西,纬二支路以南,占地面积约 20.6 平方千米),东片区(纬十路以北,北快速路以南,经七路以东,经十二路以西,占地面积约 11.7 平方千米),机场服务片区(占地面积约 2.8 平方千米),综合市场片区(占地面积 1.5 平方千米)。

南部综合产业园区重点发展空港商贸服务产业、生态文化旅游产业、科技创新与电子商贸服务产业、商品批发与仓储物流产业以及新材料与汽车工业。园区目前入驻的企业有 61 家,其中建成投产项目 18 个,续建项目 37 个,新建项目 1 个,建议清退项目 5 个,涉及文化旅游、科研孵化、电子商务、装备制造、现代物流、生物医药、农产品加工等行业。代表企业有中国铁建重工(世界五百强企业)、吉利汽车、三一重工股份有限公司、久阳物流、邮政物流邮件处理中心、国通快递兰州电子商务物流基地、汇丰科技公司、联创智业园、科技创新城、丝绸之路文化遗产博览城、丝绸之路西部国际商旅文化综合生态产业区、秦王川国家湿地公园、兰州天慈医药保健品、大得利生物化学制药、敬业向日葵、天然玫瑰生物科技有限公司等。

4. 兰州经济技术开发区兰州新区园区

兰州经济技术开发区兰州新区园区规划面积 26 平方千米,包括机场北部高新技术产业园区、机场北部物流产业园区和现代农业加工示范产业园区,重点建设国家战略能源资源储备、转运中心及现代物流、循环经济、军民产业综合示范基地,努力建成国际物流产业园区,重点发展物流配送、生物医药、新能源新材料、电子信息等新兴产业和现代农业深加工产业。

5. 兰州新区科教研发中心园区

兰州新区科教研发中心园区位于新区中东部区域,是新区产业配套发展的重要组团。园区北至北快速路,南至纬一路,西至中快速路,东至白银—中川机场高速公路以东临山区域,是三面由城市快速道路围合、一面临山的区域,规划总用地面积约为 49.17 平方千米。

园区规划构筑"一核两心、两轴三片"的园区空间结构,园区主导用地为公共管理与公共服务用地两大类型的高等职业院校、中等职业学校用地和科研用地,分别占总建设用地的 21.5% 和 9.2%。园区规划共设置 40 个校区、16 个科研机构地块,校园相对集中的布置在西北、西南、东南三个片区,科研机构相对集中布置在东北片区,园区中部集中布置中心商业商务、文化设施等功能。园区将通过院校建设、基础设施建设、生态景观绿化以及商务休闲、旅游等关联产业的发展,将园区打造成为集教育、科研、文体、商务休闲于一体的推动新区开发建设、辐射兰州乃至全省、全国的重要城市组团。

6. 兰州新区行政文化中心和区域中心服务园区

兰州新区行政文化中心和区域中心服务园区为兰州新区主要居住与综合服务片区,规划面积 54 平方千米,是新区的行政文化中心、商业金融中心、文体休闲中心和科技研发中心,是未来新区城市整体形象与风貌的集中展示区。园区将重点发展文化创意产业,大力发展影视制作业、文化旅游业、出版业、发行业、印刷业、广告业、演艺业、会展业、数字内容和动漫等文化产业,形成以中心城市为依托,以教育、科技、人才为支撑,以改革创新为动力,以产业发展为突破口的高层次文化产业圈。

7. 兰州新区综合保税区

兰州新区综合保税区初步选址于兰州新区机场东部物流产业组团,围网内面积约 2.86 平方千米,航空、铁路及公路运输条件便利,拟设综合服务区、口岸作业区、保税仓储物流区、保税加工区。兰州新区综合保税区将重点发展电子产品,食品、药品中间体,有色金属深加工及特色农产品等主导产业。

六、广州南沙新区

南沙新区坚持以人为本,宜居优先,借鉴国际先进城市规划理念和建设标准,科学确定开发边界和开发强度,构筑集约有序的城市空间、低碳可持续的经济结构、绿色高效的交通网络、安全健康的生态环境和城乡一体的发展格局,着力提升南沙新区综合承载力和可持续发展能力。

(一)四大特色功能组团

南沙新区面积共 803 平方千米,依区位组团分为"一核四区"。根据《广州南沙新区发展规划(2012—2025)》,南沙新区落实主体功能定位,形成中部、北部、西部、南部四大特色功能组团。

1. 中部组团

总面积约 220 平方千米,由城市综合服务区、合作配套区、明珠湾城和岭南"钻石水乡"示范区四个功能区块组成,围绕核心湾区(由明珠湾城和合作配套区组成)进行布局,与港澳合作反战高端商贸、特色金融和专业服务、科技研发、总部经济和文化创意产业。

2. 北部组团

总面积约 130 平方千米,围绕庆盛枢纽进行布局,由教育培训和研发成果转化区、高新技术产业园区和汽车制造基地三个功能区块组成,发展粤港澳教育、医疗和科技优势,重点发展高技术服务业、教育培训业、高新技术产业、高端医疗产业和汽车制造业。

3. 西部组团

总面积约 190 平方千米，由高端装备制造业区、岭南文化旅游区、都市型现代农业区三个功能区块组成，利用岭南水乡文化和生态农业景观基础，重点发展都市型现代农业、文化旅游业；依托广州重大装备制造基地，重点发展高端装备及重型装备制造业。

4. 南部组团

总面积约 260 平方千米，围绕万顷沙交通枢纽进行布局，由南沙、海洋高新技术产业基地、生态保护与度假疗养区三个功能区块组成。依托港口和保税港区，重点发展船舶制造、海洋工程等临港产业和航运及保税物流、商贸会展、生态疗养、离岸数据服务等产业。

（二）七大功能片区

依托国家自由贸易区战略，南沙将在新一轮改革开放中先行先试，全面推动体制机制创新，率先建成与港澳衔接，符合国际化和法治化要求的规则体系和营商环境，推动粤港澳融合发展；进一步探索经济发展方式转变的新路径，引领泛珠三角转型升级，联手港澳打造我国参与国际经济竞争与合作的新平台和 21 世纪海上丝绸之路的重要枢纽。中国（广东）自由贸易试验区广州南沙新区片区总面积 60 平方千米（含广州南沙保税港区 7.06 平方千米），共 7 个区块。

1. 蕉门河中心区区块

作为境外投资综合服务区，面积共 3 平方千米，区域内重点发展商务服务产业、培育外贸新业态，集聚中小企业总部。

2. 明珠湾起步区区块

作为金融商务发展试验区，面积共 9 平方千米，区域内重点发展总部经济、金融服务和商业服务。

3. 南沙湾区块

作为国际科技创新合作区，面积共 5 平方千米，区域内重点发展科技创新、文化创意、服务外包和邮轮游艇经济。

4. 万顷沙保税港加工制造业区块

作为国际加工贸易转型升级服务区，面积共 10 平方千米，区域内重点发展加工制造、研发孵化、数据服务、电子商务、检测认证服务等生产性服务业。

5. 海港区块

作为国际航运发展合作区，面积共 15 平方千米，区域内重点发展航运物流、保税仓储、国际中转、国际贸易、大宗商品交易、汽车物流等航运服务业。

6. 南沙枢纽区块

作为粤港澳融合发展试验区,面积共 10 平方千米,区域内重点发展资讯科技、金融后台服务、科技成果转化、专业服务等。

7. 庆盛枢纽区块

作为现代服务业国际合作区,面积共 8 平方千米,区域内重点发展商贸会展、国际投融资、教育培训、健康服务、文化创意、科技研发等综合服务。

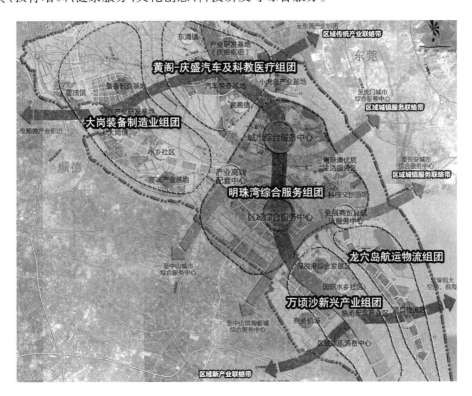

图 3 - 3　中国(广东)自由贸易试验区广州南沙新区片区七大功能片区

七、西咸新区

西咸新区以"集约、集群、集成,筑巢引凤、引凤筑巢"的发展理念,着力构建以现代农业、战略新兴产业、高新技术产业、现代服务业为主体的现代产业体系,在五个新城布局十大产业园区,形成五个新城产业互补、错位布局、协同发展的局面。

(一)空港新城

规划范围 141 平方千米。主体功能是建设西部地区空港交通枢纽和临空产业园。以临空产业为主,重点发展空港物流、飞机维修、国际商贸、现代服务业等产业。

表3－3　西咸新区十大产业园区分布

五组团	重点产业园区
空港新城	综合保税区B区、临空产业园区
沣东新城	国家统筹科技资源示范区、六村堡新加坡产业园
秦汉新城	五陵塬文化产业园区、周陵新兴产业园区
沣西新城	信息服务产业园区、国际文教园区
泾河新城	现代物流园区、地理信息产业园区

（资料来源于西咸新区政务网。）

（二）沣东新城

规划范围161平方千米，其中遗址保护区面积13.3平方千米。主体功能是建设西部地区统筹科技资源示范基地和体育会展中心。以高新技术为主，重点发展高新技术研发、体育、会展商务、文化旅游等产业。

（三）秦汉新城

规划范围291平方千米，其中遗址保护区面积104平方千米。主体功能是建设具有世界影响的秦汉历史文化聚集展示区和西安国际化大都市生态田园示范新城。以生态、文化和商业为主，重点发展秦汉历史文化旅游、金融商贸、总部经济、都市农业等产业。

（四）沣西新城

规划范围143平方千米，其中遗址保护区面积8.6平方千米。主体功能是建设西安国际化大都市的新兴产业基地和综合服务副中心。重点发展信息技术、新材料、物联网、生物医药等战略性新兴产业，以及行政商务、都市农业等产业。

（五）泾河新城

规划范围146平方千米。主体功能是建设西安国际化大都市统筹城乡发展示范区和循环经济园区。以低碳产业为主，重点发展节能环保、高端制造业、测绘、新能源等产业。

八、贵州贵安新区

根据贵安新区总体规划(2013—2030)，新区规划了核心职能集聚区(贵安生态新城、马场科技新城、天河潭新城、花溪大学城、清镇职教城)、特色职能引领区(平坝新城、乐平产业功能区、蔡官产业功能区)、文化生态保护区(屯堡村寨群落、手工艺遗产群落、水脉林盘群落、滨湖湿地群落)三大功能区，同时，规划了八大产业园区和综合保税区，重点打造大数据、高端电子信息制造、高端特色装备制造、高端文化旅游养生、高端服务业等现代产业集群。

近年来,贵安新区坚持以大数据为中心竞争力,以电子信息工业、高端配备制作工业、大健康医药工业、文明旅行业、现代效劳业等五大主导工业为渠道,主动出击、精准对接,招商引资获得显著成效。

高端配备制作工业方面,新区要点开展航空航天工业、智能配备制作、轿车零部件制作、环保设备及医疗器械制作等工业。现已正式入驻新能源"车、桩、网一体化"运营项目、贵安高端连接器项目、贵安新川崎数控机床工业等项目,形成了工业集聚效应和抢先优势。

大健康医药工业方面,新区依托丰厚的生态、人文、自然资源,环绕研制、孵化、加工、出产等环节,拟建国内最大的天然药物、生物医药研制基地、出产基地和交易市场,打造闻名的大健康新医药工业集合区;着力培养医药工业集群,开展健康医疗工业,构建以"医、养、健、管"为支撑的大健康医药全工业链。

文明旅行工业方面,新区要点推动生态绿色农业、都市近郊休闲观光农业、现代栽培及畜牧业与旅行摄生业交融开展,打造一批世界文明旅行摄生基地。斗极湾开元酒店、云漫湖、瑞士小镇等项目已完工并投入运营;已开工建造樱花公园、世界温泉休假小镇、5708世界民族风俗文明艺术博览城、山地体育生态城、万水千山世界山地休闲旅行休假区、贵澳农业工业科技园等重大项目。

现代效劳业方面,新区现已编制完结《贵安新区效劳交易创新开展试点实施方案》,依托大数据、综合保税区以及东盟教育沟通周活动等,加速效劳业集合和双向敞开,探索大数据、云核算、互联网与效劳交易交融的发展新模式。

九、青岛西海岸新区

西海岸新区规划范围为青岛市黄岛区全域,陆域面积2096平方千米,海域面积约5000平方千米,总人口162万,海洋资源丰富,生态环境优良,发展空间广阔,交通条件便捷,是山东半岛国家级园区数量最多、功能最全和政策最集中的区域。西海岸新区是我国重要的先进制造业基地和海洋新兴产业集聚区,培育形成了航运物流、船舶海工、家电电子、汽车制造、石油化工、机械装备六大千亿级产业集群。

西海岸新区秉持"陆海统筹、东西统筹、城乡统筹",着力构建"一核、两港、五区"总体发展格局:

一核:中央商务区,规划面积30平方千米,以高端商务、科技创智、会展旅游为主导,打造东北亚国际金融、航运与数据中心,建设创新高效、低碳生态的智慧新城。

两港:前湾港和董家口港,使新区实现"港口裂变、产业聚变"。前湾港以国际集装箱中转为主业;董家口港以国家能源资源储备、大宗货物交易为特色,形成两港联动、梯次升级之势。

五区：包括国家级前湾保税港区、国家级经济技术开发区、新区中心区、董家口经济区及现代农业示范区，各区具体情况见表3-4。

表3-4 西海岸新区总体发展格局（五区）

名称	规划面积	发展方向
国家级前湾保税港区	海关监管区面积11.74平方千米，拓展区面积53平方千米	在前湾港、董家口两港均有布局，叠加口岸功能与保税功能，国家已批准汽车整车进口保税业务，并正在向自贸区试验区挺进
国家级经济技术开发区	478平方千米	着眼蓝色、高端、新兴，引领新一轮对外开放和海洋经济转型发展，建有中德生态园、中日及中韩创新产业园、国际旅游度假区、国际生态智慧城，全方位打造国家级生态工业示范区
新区中心区	501平方千米	整合两处省级开发区，创建国家级开发区；规划建设古镇口军民融合创新示范园；灵山湾旅游度假区，陆海统筹打造蓝色新城
董家口经济区	284平方千米	港区设计泊位112个、年吞吐能力3.7亿吨，规划了海洋装备制造产业区、中国北方水产品交易中心和冷链物流基地，以此打造现代化新港城
现代农业示范区	833平方千米	以新型城镇化为驱动，突出蓝莓、茶叶、食用菌等高效、生态、特色农业，建设极富魅力的现代农业功能区

（资料来源于《青岛西海岸新区总体方案》。）

一带：离岸综合开发示范带，依托岛群岛链，实施海洋牧场等近海立体开发，面向大陆架和海洋专属区，推进近海开发开放，打造国家深远海开发战略保障基地。

新区担负海洋强国和改革开放的双重使命，深入推进"经济转型、社会转型、体制转型"，努力实现在西海岸实现"三个再造"，即再造一个升级版的青岛港、再造一个升级版的青岛经济总量、再造一个升级版的青岛新城区，建设创新开放、幸福国家级新区，打造山东半岛蓝色经济区的战略支点和全国海洋经济发展的示范平台。

十、大连金普新区

基于国家、辽宁省及大连市给予金普新区的主体功能定位，金普新区按照区内的资源环境、发展现状、开发潜力空间差异特征和"一极、两城、三带、七区"优化空间发展格局，通过"多规合一"空间开发战略规划进一步明确城镇空间、农业空间和生态空间，确保区域持续、稳定、协调发展。

（一）强化"一极"

"一极"是指由大小窑湾功能区构成的金普新区未来发展的核心区。依托保税区、出口加工区、大窑湾港区（含大窑湾保税港区、能源港区、专业化码头）、小窑湾国际商务区的发展基础和政策平台优势，以自贸试验区建设为契机，肩负起自贸区核心功能区的重大使命，重点发展航运物流、国际金融、跨境电商、保税仓储、国际商务等生产性服务业，将其打造为国家"一带一路"倡议的重要节点，东北亚地区的重要航运中心、物流中心、贸易中心和金融中心。

（二）提升"两城"

"两城"是指金开城区和普湾城区。金开城区指原金州城区、开发区和保税区的建成区。这一城区是金普新区的城市主体，是提升金普新区核心竞争力和未来发展的高端制造与综合服务业支撑区域。要进一步优化产业结构，积极发展战略性新兴产业，大力发展金融保险、商务服务、信息技术、工业设计和高品质生活服务等现代服务业，营造良好宜居生活环境，将其建设成为新兴产业集聚区和城市综合服务主体区。

普湾城区指环普兰店湾区域，是未来引领金普新区发展的重要区域。普湾城区要坚持高标准规划设计，坚持国际化、高端化、集约化的发展模式，切实避免急功近利，比照国际一流海湾城区建设标准，统筹处理近期开发与远期发展的关系，优化产业结构和区域布局，保护好海湾的资源环境，大力发展总部经济、高等教育、研发创新、高端医疗、高水平职业教育，完善城市综合服务功能，将其建设成为代表21世纪新大连的新城区。

（三）隆起"三带"

"三带"是指渤海沿岸经济带、黄海沿岸经济带和中部生态（屏障）保障带。

1. 渤海沿岸经济带

依托沈大高速公路、渤海大道、辽宁滨海路、哈大高铁等基础设施，整合金渤海岸服务业发展区、金州经济开发区、三十里堡临港工业区、松木岛化工园区、炮台经济开发区实施一体化发展。充分依托现有产业基础、发展空间和基础设施优势，强化精品建材、精细化工、食品加工、海洋工程和体育健身等产业集群，打造商务服务、临港制造、生态居住于一体的渤海沿岸经济带。

2. 黄海沿岸经济带

依托丹大高速公路、丹大高铁、辽宁滨海路等交通基础设施，依托大小窑湾港区，整合金石滩国家旅游度假区、登沙河经济区，重点推进航运物流、国际贸易、现代金融、电子信息、通用航空、智能装备制造、食品加工等产业集群，大力促进文化旅游、体育健身和生态居住产业加快发展,建成高品质宜居宜业的黄海沿岸经济带。

3.中部生态保障带

其指大黑山—小黑山—二龙山一线的自然保护区、森林公园、水源保护区等组成的狭长的带状生态区域。本着生态优先的发展思路,大力推进国家农业科技园提升发展,引导保税汽车产业区、亮甲店工业园区优化发展,引导生态观光旅游、文化旅游、观光农业适度发展,打造生态廊道畅通、自然生态系统稳定、生态服务功能健全的生态安全屏障。

（四）激活"七区"

"七区"是指金石滩—金石文化旅游区、金渤海岸服务经济区、保税区汽车物流城、复州湾—炮台产业经济区、三十里堡—七顶山临港产业区、登沙河临港产业区和国家农业科技园。充分发挥区位、产业发展基础及政策平台优势,加快推进各产业功能区产业集群发展。

表3-5　金普新区空间发展格局（七区）

名称	发展方向
金石滩—金石文化旅游区	包括金石滩国家旅游度假区、金石文化旅游产业园区及大连城山头海滨地貌国家级自然保护区等。本着生态优先原则,加强生态建设与环境保护,适度发展温泉度假、房车露营、疗养康复、运动健身、高端会议、文化创意等新兴产业,打造国际知名的滨海旅游度假区
金渤海岸服务经济区	包括金渤海岸服务业发展区、大连金州湾机场总部经济区等。以新机场建设发展为依托,重点发展现代临空服务、商贸会展、文化娱乐、休闲旅游等产业,打造大连高端现代服务业集聚区
保税区汽车物流城	包括保税区汽车产业区、保税生态城、亮甲店工业区等。在有效保护和改善生态环境的前提下,继续推进汽车及零部件制造、汽车展销、汽车研发等产业集聚发展,加快推进与大窑湾港区互动发展的运输、仓储、加工、配送、信息等现代物流业集群发展,打造大连"汽车物流城"
复州湾—炮台产业经济区	包括松木岛化工园区、炮台经济开发区等产业功能区。立足当前产业发展基础和建设空间优势,优先确保农用地和生态环境得到充分保护,适度发展精细化工、生物医药、海洋食品、新材料等产业,打造产业带动、产城融合、生态优美的新型城镇化示范区
三十里堡—七顶山临港产业区	包括当前的金州经济开发区、三十里堡临港工业区等产业功能区。要充分利用临港临海的区位优势和发展建设空间优势,重点发展新能源装备、船舶配套、游艇制造、现代物流等临港产业,建成辽宁沿海经济带临港先进装备制造业集聚区
登沙河临港产业区	包括当前的登沙河经济区、渔业加工园区（杏树）、先进装备制造业园区（得胜）以及规划建设的大连通用航空产业园。重点促进特钢新材料、临港重型装备、通用航空、水产品加工及冷链物流等产业集群发展,打造黄海沿岸经济带和"宜业宜居"的滨海新城

续表

名称	发展方向
国家农业科技园	包括向应、华家和亮甲店三个街道范围内的大连市域农业主体功能区域。重点发展优质高效农业、生态农业、高技术农业和观光农业,适度发展农产品加工及具有基础优势的制造业,建成国家农业现代化、工业化、信息化协调推进的新型城镇化示范区

(资料来源于金普新区政务网。)

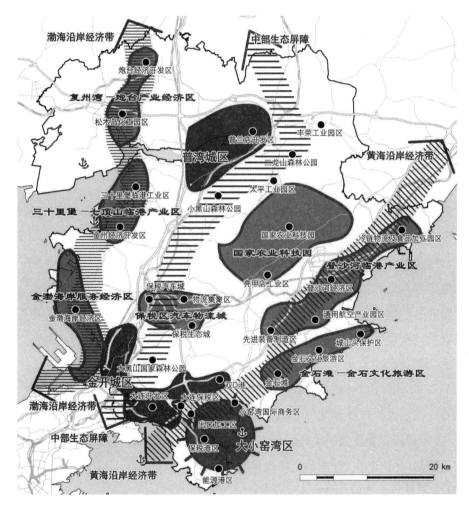

图 3-4　金普新区空间开发战略示意

十一、天府新区

天府新区按照"产业高端、布局集中"的原则,有选择地发展带动性强、技术密集、能形成竞争优势的主导产业,大力发展战略新兴产业和现代制造业,集聚发展高端服务业,积极发展休闲度假旅游和现代都市农业，实现再造一个产业成都。

根据区域自然特点、资源环境承载力、土地利用和城乡规划布局、产业发展定位等，天府新区以成都市土地利用总体规划和城市总体规划布局为前提，以自然山水和生态空间为本底，形成产城融合的"一带两翼、一城六区"。

（一）一带两翼

1.一带

高端服务功能集聚带。天府新区中轴线向南延续，并向东延伸至龙泉山边，沿线主要布局金融商务、科技研发、行政文化等高端服务功能集聚带。

2.两翼

东西两翼产业功能带。西翼以成（都）眉（山）乐（山）产业走廊为基础，打造成（都）眉（山）高技术和战略性新兴产业集聚带；东翼以成都经济技术开发区为基础，打造现代制造产业功能带。

（二）一城六区

1.一城——天府新城

集聚发展中央商务、总部办公、文化行政等高端服务功能，建设区域生产组织和生活服务主中心，为专业功能区提供完善的生产生活配套服务。

2.六区

依据主导产业和生态隔离划定的六个产城综合功能区，集聚新型高端产业功能，并独立配备完善的生活服务功能。各功能区内按照产城一体的模式，强化城市功能复合，生活区安排与产业区布局相适应，形成产业用地、居住用地和公共设施用地组合布局、功能完善的功能单元。

（1）成（都）眉（山）战略性新兴产业功能区。

依托成都新材料产业集聚区、成（都）眉（山）合作工业园区，形成以新材料、高端装备制造、节能环保等为代表的战略性新兴产业集聚区；利用彭祖山、黄龙溪和锦江等资源布局文化旅游、休闲度假、健康养生等现代服务业。

（2）空港高技术产业功能区。

依托双流电子信息产业集聚区、西航港产业区等，形成以电子信息、新能源、生物产业等为代表的高技术产业集聚区。

（3）龙泉现代制造产业功能区。

依托成都经济技术开发区和龙泉驿老城区布局，支撑跨龙泉山联动发展格局，形成以汽车制造、装备制造等为代表的现代制造业产业集聚区。

（4）创新研发产业功能区。

在天府新区铁路新客站以南、第二绕城高速公路以北,重点布局企业创新总部,吸引科技成果转化、孵化中试等集聚发展。

（5）南部现代农业科技功能区。

在天府新区南部重点发展都市现代农业,大力开展农业社会化服务,布局农产品深加工、现代种业等项目,形成农业产业化、现代化的重要基地。

（6）两湖一山国际旅游文化功能区。

深入发掘优秀的人居文化传统,突出生态田园城市新区特色,利用龙泉湖、三岔湖、龙泉山打造国际旅游目的地,重点发展休闲度假、会议展览、文化交流等。

十二、湖南湘江新区

湘江新区构建"两走廊、三轴、五基地"的产业发展空间布局,所涵盖区域见表3-6。

表3-6 湘江新区产业发展空间布局

空间布局	涵盖区域
两走廊	湘江西岸现代服务业发展主轴、319国道战略性新兴产业走廊
三轴	岳长潭产业功能轴、北部发展次轴、南部产业发展次轴
五基地	自主创新引领基地、先进制造业发展基地、总部经济集聚基地、生态旅游休闲基地、现代都市农业示范基地

（资料来源于湘江新区政务网。）

（一）两走廊

1. 湘江西岸现代服务业发展主轴

以湘江西岸岸线为主轴,提升大王山旅游度假区、洋湖总部经济区、岳麓山风景名胜区、滨江金融商务区、麓谷高技术服务区规划建设品质,建设望城滨水新城,加快形成具有国际品质、湖湘特质的金融总部经济区、区校合作示范区、现代都市滨水区和文化旅游目的地,向南辐射湘中、湘南地区,向北带动洞庭湖生态经济区,引领带动长株潭城市群现代服务业发展。

2. 319国道战略性新兴产业走廊

依托长沙高新区、宁乡经开区、望城经开区等国家级园区和宁乡高新、岳麓工业集中区等省级园区,加强产业布局联动、基础设施互通和公共平台共享,重点发展先进装备制造(智能制造)、新能源与节能环保、新一代信息技术、新材料、生物医药等产业集群,向东对接长沙主城区、长沙县和浏阳市,向西辐射带动益阳等经济发展腹地,打造国内领先、国际先进的战略性新兴产业走廊。

（二）三轴

1.岳长潭产业功能轴

沿岳长潭城际铁路打通南北区域联系，沿线串联望城高星组团、岳麓中心城区、坪浦组团，构筑产城融合、创新驱动、智造引领的综合性发展轴。

2.北部发展次轴

沿望京大道形成联动高星组团、宁乡组团，打造联动城乡、交通便捷的开放型发展轴。

3.南部产业发展次轴

沿长韶娄高速—莲坪大道形成联系坪浦组团，辐射道林镇、花明楼镇等周边区域，按照符合长株潭生态绿心规划和绿心保护条例的要求，形成人文彰显、生态优美的绿色化发展轴。

（三）五基地

1.自主创新引领基地

以长沙高新区为核心，辐射带动岳麓山大学城、岳麓工业集中区、宁乡高新区、沩东新城等区域，促进科技、教育与产业的协同发展，加快建设各类人才创新创业、工作学习、生活游憩的优质平台，重点发展研发、设计、教育培训等生产性服务业。

2.先进制造业发展基地

充分发挥长沙高新区、宁乡经开区和望城经开区等国家级园区制造业规模优势，以工程机械、电子信息、航空航天、食品加工、有色新材、再制造等产业为重点，推动制造业向高端化、集成化发展。

3.总部经济集聚基地

依托区内优越的自然生态环境，高标准建设梅溪湖总部经济区、洋湖总部经济区、滨江金融商务区、金桥国际商务区和望城滨水新城，强化商务商贸、教育医疗、文化娱乐等配套服务，培育发展电子商务、文化创意、移动互联网、服务外包、科技服务等新兴服务业，着力吸引国内外企业总部以及研发中心、营销中心、结算中心集聚落户，打造国际化、智能型总部经济基地。

4.生态旅游休闲基地

推进岳麓山风景名胜区、大王山旅游度假区、乌山森林公园、凤凰山森林公园、洋湖湿地公园、金洲湖湿地公园建设和莲花山、桃花岭、象鼻窝等生态资源保护与开发，重点发展旅游度假、医疗健康、体育健身、养老服务等产业，打造完整的旅游休闲产业链，建设生态旅游休闲目的地。

5. 现代都市农业示范基地

加快望城农业科技园、宁乡市农业科技园、岳麓都市农业带等特色农业功能区和特色村镇建设,推进现代农业适度规模经营,重点发展有机农业、高效农业、观光农业和都市休闲农业,打造融生产性、休闲性和生态性于一体的都市农业示范基地。

十三、南京江北新区

江北新区的总体布局为:东部重点发展重化工业、特色环保设备、水处理成套设备、电子电力产品等产业,西部重点发展以汽车及其零部件、轨道交通为核心的产业,滨江重点发展现代服务业、总部经济、航运物流、港口贸易,沿山丘陵地区发展生态旅游、休闲、生态农业,中部重点发展科技创新、生产性服务业、高新技术产业等。从产业来看,江北新区依照三大产业各自的发展特点,进行了不同的规划布局。

1. 第一产业布局

按照“分区引导、园区示范、基地带动”的原则,依托江北新区生态发展带,构建高效农业和生态休闲农业两大现代农业板块。

2. 第二产业布局

石油化工业以南京化工园(长芦片)为主体,比照国际先进水平,通过高新技术与设备更新进行改造提升,向高端、绿色、低碳方向发展,建设国际级生态化工园。

装备制造业主要在浦口经济开发区、六合经济开发区建设,打造国家高端装备产业基地。

软件信息业以南京高新技术产业开发区、海峡科工园为主体,整合周边南京软件园、国际企业研发园等,培育中国软件名城“江北软件”品牌。

生物医药业以南京高新技术产业开发区、浦口经济开发区、南京化学工业园区为主体,打造中国“南京生物医药谷”。

新材料以海峡科工园、浦口经济开发区为主体,打造千亿级国家新材料产业基地。

3. 第三产业布局

科技服务业沿老山、龙王山形成带状布局的高等教育聚集区,构筑“2+2+4”的科技服务业格局,结合工业布局打造雄州和桥林2处职业教育基地,打造大厂、三桥2处科研创新中心以及高新区、化工园、六合经济开发区、浦口经济开发区4处科研创新基地。

健康服务业依托南京市高等级医疗资源和高校、科研院所,积极发展面向大区域的健康服务业。结合生命科技、生物制药等产业扩展健康科技产业链,整合国际医院、旅游休闲资源和环境条件等要素,建设高科技、人性化、国际化、宜居宜养的健康服务基地,形成生命科技、健康养生、休闲疗养一体化的特色产业集群。

金融商务业区域性的高端金融服务、信息咨询服务,以及法律、审计、会计、咨询、公证等中介组织服务主要引导向浦口中心、大厂中心聚集,服务新区和各片区的金融商务服务业主要在雄州中心和桥林、龙袍中心布局。

商贸物流业依托浦口商业中心、雄州商业副中心发展区域性的商贸服务业,在桥林、珠江、桥北、大厂、龙袍等地区中心发展服务各片区的商贸业,依托新市镇中心和中心城、副中心城内社区级中心布局便民型的商业设施。临近地铁站周边的已建成区应推动产业转型,优先发展生产性服务业。依托港口铁路等交通枢纽布局物流服务设施,重点建设西坝港口物流园、七坝港口物流园、六合综合物流园和永宁物流园4个物流园以及新集农副产品物流中心、星甸农副产品物流中心和化工园物流中心3个专业性物流基地。

旅游休闲业结合生态和文化资源分布,在江北生态休闲带重点发展观光、休闲、度假产业,在城镇发展空间内重点发展历史文化游览和住宿、购物、娱乐等旅游设施,打造江北文化休闲旅游中心。规划建设浦口老山、竹镇、金牛湖三大旅游集中体验区,建设老山、湿地、水库等生态型旅游景点和工业遗址、老镇等人文型旅游景点。

十四、福建福州新区

福州新区初期(800平方千米)规划将重点发展三江口、闽江口、滨海新区、环福清湾、环江阴湾等五个重要的城市功能组团。同时,新区远景(1892平方千米)规划将构建"一核、一带、两区、三轴"的空间结构。

(一)五大城市功能组团

1.三江口组团

重点发展和完善行政办公、医疗文化等公共服务职能,同时利用自贸区落地该区域的优势,发展商务办公、总部基地、商贸会展等生产服务业,打造21世纪海上丝绸之路的经贸平台。

2.闽江口组团

依托琅岐岛发展生态休闲旅游业,依托临空经济区发展先进制造业、总部经济、保税物流、创意产业和航空配套服务业。

3.滨海新区组团

该组团是未来福州中心城区城市功能拓展和转移的重点区域,将按照"绿色开发、立体开发、复合开发"的模式,打造集居住、办公、商贸、旅游等为一体的城市生态新区。

4.环福清湾组团

重点进行生态保护,适度发展旅游业,构筑福州新区内的绿色湾区。

5.环江阴湾组团

主要依托优良的深水港发展临港产业。其中,江阴工业集中区将重点发展临港重化、电子信息、机械制造、新能源、航运物流等产业;闽台(福州)蓝色经济产业园将推动海洋现代服务业集聚发展,建成重要的现代海洋服务业集聚区;福州保税港区将利用自贸区落地该区域的优势,发展国际航运物流、整车及零配件进出口贸易、保税仓储、保税展示交易以及先进制造业等产业。

(二)一核、一带、两区、三轴

1."一核"

以马尾新城、长乐滨海新城、航空新城等共同构筑的福州新区发展的核心区,是福州主城"东进南下、沿江向海"空间发展战略重要的拓展空间,也是作为承载福州新兴高端职能的核心区。

2."一带"

北接宁德,南接莆田,由北至南串联起福州新区内的罗源、连江、长乐、福清等沿海地区的重要战略空间资源的经济带,是推进"海上福州"建设,实现福州城市由"河口城市"向"沿海城市"转变的重要标志,也是联系福州新区港口、重要产业区的重要纽带。

3."两区"

两区分别为"北翼发展区"和"南翼发展区"。其中,"北翼发展区":以环罗源湾为主的产业发展区,将依托罗源湾港口作为区域散货枢纽的优势,推动临港产业发展,打造以能源、冶金、机械制造业为主的产业发展区。"南翼发展区":以福清为发展重点的综合发展区,是推动平潭岛内外一体化的重要对接区域。重点将建设江阴福州新港,对接平潭,依托蓝色产业园、江阴工业集中区、融侨经济技术开发区,发展海洋经济、临港重化、电子信息等产业。

4."三轴"

分别为"福平综合发展轴""南翼区域拓展轴"和"北翼区域拓展轴"。其中,"福平综合发展轴"为福州中心城区经过滨海新城与平潭联系的轴线,未来重点承担综合服务、区域商贸、总部经济、高端科技研发等职能。"南翼区域拓展轴"主要依托渔平高速及其西延线等向西联通广大内陆发展腹地,向东联通平潭综合实验区发展轴,是福州对接平潭、辐射内陆和产业发展的重要支撑。"北翼区域拓展轴"主要依托罗源湾区域联通宁古高速、宁景铁路,向西辐射广大内陆发展的轴线,是发挥福州区域带动能力,带动北部环罗源湾发展区及内陆腹地发展的重要支撑。

十五、云南滇中新区

根据规划,滇中新区将重点发展七大主导产业,分别是现代服务业、石油炼化产业、汽车及现代装备制造产业、临空产业、新材料产业、生物医药产业、电子信息产业。

（一）现代服务业

依托新区优越的地理环境和生态条件，凭借长水国际机场人流物流资源，大力发展基础服务业（包括通信服务和信息服务）、生产和市场服务（包括金融会计、物流、批发、电子商务以及中介和咨询等专业服务）、个人消费服务（包括教育、医疗保健、住宿、餐饮、文化娱乐、旅游、房地产、商品零售等）、公共服务（包括政府的公共管理服务、基础教育、公共卫生、医疗以及公益事业信息服务）等现代服务业。

（二）石油炼化产业

坚持全产业链打造和园区化发展思路，加快建设24万吨/年工业异辛烷项目和15万吨/年聚丙烯项目，加快发展甲基叔丁基醚、顺酐、聚苯乙烯、新型沥青等副产品综合利用项目，重点开展编织制品、注塑制品、透明高级包装材料、PP（纤维类聚丙烯）、线型低密度聚乙烯、超高分子量聚乙烯等产业链延伸项目；着力推进石化、磷化耦联发展，努力构建以清洁燃料、高端塑料制品、聚酯产品和沥青产品为特色的产业集群，积极发展石化配套（外包）服务业和石化配套装备制造业。着眼长远，积极谋划二期"大型炼油—乙烯—芳烃一体化项目"，打造千亿石化产业集群，实现石化产业总产值2500亿元以上。

（三）汽车及现代装备制造产业

以工业4.0为方向，完善产业研发和生产性服务功能，重点打造以"汽车及配套"和"机器人"等板块为主导的高端制造业集群。聚焦高端制造业为主导产业，重点围绕"新能源汽车、整车生产、汽车配套"为核心发展。定位于扩大汽车整车制造规模，提升汽车零部件配套能力，完善汽车服务环境，打造面向东南亚、南亚两大市场的外向型汽车产业园，实现汽车及现代装备制造产业总值达到1000亿元以上。

（四）临空产业

发挥长水机场门户枢纽和航空运输综合带动作用，凭借沿边自由贸易试验区、临空经济示范区和综合保税区多重优越条件，聚集发展临空产业，大力发展跨境电子商务、综合保税、航空物流、通用航空、总部经济、商务会展、离岸金融服务、信息服务、科技研发等临空产业，形成"大航空、大商贸、大金融、大数据、大服务"的格局，打造区域性国际贸易中心、金融中心、信息中心、总部聚集中心、会展中心、物流枢纽中心、旅游文化中心和开发开放平台。

（五）新材料产业

以高精、高强、复合为方向，积极发展优质碳素钢、高温高压容器用钢等高品质复合钢材，大力发展高性能板材、高性能紧密合金板带、新型复合材料、氮化锰等合金材料；发展钛材、铝基、铜基复合材料、锡基无毒钎料、铅基特种材料、高性能锌合金等特种金属新材料;发展铂族、锗、铟、金等稀贵金属高纯材料,稀土特种功能材料,电子信息材料,化合物与催化材料;发展硅、锗系列太阳能发电材料,燃料电池制备关键材料,锂离子动力电池等储能电池材料和铸铜转子等节能材料;利用硅材料、磷化工和生物能源延伸发展硅化工、氟化工等无机新材料产业。

(六)生物医药产业

以科技引领为核心,以环境友好为前提,着力推进云药名方名药二次开发和药食同源开发利用,重点发展中药、天然药物;培育发展专科类生物技术药和疫苗、抗体、可再生皮肤等生物制品;大力发展基于大数据和云服务的互联网+远程医疗工程和家庭监测、社区护理、个人健康维护相关产品、高端医疗器械产品及新型生物医药材料;着力构建医疗、健康、养生养老服务体系,打造集康体养生养老养心为一体的国际一流的健康服务业示范区,积极培育健康服务业新兴业态,着力构建涵盖"研、产、售、养生、文化"的生物医药产业链。

(七)电子信息产业

充分利用云南硅、锗、铟等光电子基础材料资源优势和军工领域光电子技术积累,加快特色光电和新一代信息技术产业园建设。打造光电子原材料及终端设备产业链,重点发展光学器件等光电子材料,远红外成像设备及探测系统、微光夜视产品以及信息光学元件等光存储,光机电一体化设备,LED节能照明及配套产业等,着力构建从光电子材料到器件、整机、系统和配套加工装备的全产业链的光电子产业体系。重点培育、发展物联网、移动支付和三网融合技术,建设面向南亚、东南亚的国际通信枢纽和区域信息汇集中心,加快承接计算机、通信设备制造业跨区域转移,积极发展云计算、云储存、云服务行业。

十六、黑龙江哈尔滨新区

哈尔滨新区将依托现有产业基础,按照"3+3"产业发展思路,着力打造高端装备制造业、绿色食品产业、新一代信息技术产业3个千亿级产业集群和发展壮大生物医药、新材料、旅游文化时尚等3个战略性新兴产业,推动产业项目集聚向产业集群构建转变,大力实施创新驱动发展战略,积极探索老工业基地转型发展新路径。积极探索"多规合一"试点,推进统一规划平台建设,以规划引领新区各功能组团建设,推动空间分散布局向功能集合再造转变。

打造松北科技创新组团。重点以万鑫石墨、清华万博、哈工大科学工程、宝力慧谷等项目为牵动,规划建设占地15平方千米的战略新兴产业区。以科技创新城核心区和万达文旅城为中心,规划建设占地20平方千米的科技商务中心。以松花江沿线奥体中心、大剧院、枫叶小镇奥特莱斯等为支撑,规划建设综合性文化商贸旅游带。

打造利民大健康产业组团。重点建设占地 20 平方千米的生物医药园、5 平方千米的绿色食品园、9 平方千米的商贸物流园，加快形成以绿色食品、生物医药为主导的健康产业发展新格局。突出抓好 32 平方千米的松花江避暑城建设，依托优良生态资源，大力发展健康管理、医养结合、候鸟式养老等产业。

打造哈南现代制造业组团。重点建设占地 8 平方千米的军民融合发展示范园、5 平方千米的中国云谷新一代信息技术产业园和 3 平方千米的机器人产业园，加快促进航空、汽车和新能源汽车、新一代信息技术、智能装备等产业集聚发展。

十七、吉林长春新区

根据新区资源环境承载能力、现实基础和发展潜力，围绕战略定位和产业布局，构建"两轴、三中心、四基地"的发展格局，具体情况见表 3 – 7。

表 3 – 7　长春新区"两轴、三中心、四基地"发展格局情况

涵盖范围		发展方向
两轴	哈长战略性新兴产业发展轴	依托哈大经济走廊，重点发展高端装备制造、生物医药、新材料、新能源等战略性新兴产业，规划建设一批新兴产业园区，构筑带动哈长、辐射东北的战略性新兴产业发展轴
	长吉高端服务业发展轴	依托长吉图国际合作走廊，大力发展高技术服务、现代物流、文化创意、旅游休闲、养老健康等现代服务业，打造立足长吉、面向东北亚的高端服务业发展轴
三中心	科技创新中心	依托与中国科学院合作建设的长东北科技创新综合体，进一步完善光电子、新材料、新能源、生物医药、生态农业等五大专业技术平台和政务、金融、信息、人才、科技企业孵化、知识产权及国际合作等七大公共服务平台，组建高技术产业技术创新战略联盟，集中力量实施重大创新工程，推进关键核心技术取得新的突破，加快形成科研项目孵化基地、科技成果转化基地、中小企业培育基地和企业上市融资基地，打造长吉图科技创新中枢
	国际物流中心	依托与中国铁路总公司合作建设的大型铁路综合货场，与长春兴隆综合保税区功能互补、联动发展，畅通陆海联运通道，发展跨国物流、内贸外运新模式，形成吉林省对外开放的内陆港口和长吉图区域重要的物流枢纽
	国际交流与合作中心	依托长春空港周边区域良好的区位优势，抓住中韩自贸区建设有利机遇，搭建文化交流、科技合作、金融创新、国际会展等开放平台，促进东北亚各国人文交流与经贸合作

续表

涵盖范围		发展方向
四基地	高技术产业基地	依托长春高新技术产业开发区创新资源富集及高新技术产业集聚优势,重点发展光电子、生物医药、电子商务、文化创意、软件及服务外包等新兴产业,打造区域发展创新引擎
	先进制造产业基地	依托长东北创新产业园区先进制造业发展基础,实施"互联网＋"协同制造,促进新一代信息技术与制造业深度融合,重点发展汽车、轨道交通、通用航空、智能机器人等先进制造业,推动制造业向中高端发展
	临空经济产业基地	以龙嘉国际机场为中心,重点发展运输业、航空综合服务业及物流配送、商务餐饮等配套产业,不断扩大聚集与辐射带动作用,打造服务东北、辐射东北亚的临空产业经济区
	健康养老产业基地	依托长春空港周边区域优良的生态资源,建设运动员训练基地、休闲旅游度假基地、健康养老基地,大力发展旅游休闲、健康养老等现代服务业,打造健康养老产业集群

(资料来源于长春新区政务网。)

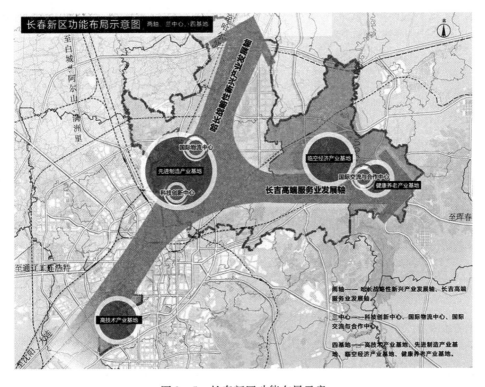

图 3 - 5　长春新区功能布局示意

十八、江西赣江新区

根据新区发展基础和资源环境情况，统筹生产、生活、生态布局，科学划定开发边界和生态保护红线，以主要交通通道和鄱阳湖、赣江等水系为依托，努力构建"两廊一带四组团"发展格局，实现生产空间集约高效、生活空间宜居适度、生态空间山清水秀，具体情况见表3-8。

表3-8　赣江新区"两廊一带四组团"发展格局情况

涵盖范围		发展方向
建设『两廊一带』	昌九产业走廊	依托福银高速、京九铁路沿线产业园区，引导产业合理布局、错位发展，推动园区联动发展、协作配套，大力发展高端装备制造、战略性新兴产业和现代服务业，向南对接南昌中心城区和南昌国家高新技术开发区、小蓝国家经济技术开发区，向北对接九江沿江开放开发带，打造国内具有较大影响力的先进制造业和现代服务业产业走廊
建设『两廊一带』	滨湖生态廊道	以鄱阳湖滨湖控制带、赣江为主体，自然保护区、森林公园、湿地公园等生态功能区为支撑，加大河流、湖泊等生态空间和农业空间保护力度，因地制宜发展旅游休闲产业，大力实施"森林城乡、绿色通道"工程，加强环鄱阳湖生态环境综合整治，构筑滨湖立体生态廊道
建设『两廊一带』	昌九新型城镇带	以昌九大道为主轴，坚持以人为本、产城融合的城镇发展理念，发挥依山傍水、滨湖临江优势，统筹规划沿线城镇布局和形态，构建适度紧凑、疏密有致、延绵发展的绿色生态城镇带，联动南昌、九江城区一体化发展，辐射带动环鄱阳湖城市群发展
打造『四组团』	昌北组团	依托南昌经济技术开发区，充分发挥集聚高端产业和科研人才的优势，引导和支持企业向产业链高端发展，重点发展汽车及零部件制造，新能源、新材料及节能环保等战略性新兴产业，建设高端装备制造业基地和科教研发基地
打造『四组团』	临空组团	依托南昌昌北国际机场，进一步完善立体交通系统，推进航空枢纽建设，提升开放门户功能，加快构建现代临空产业体系，重点发展航空物流、高端制造、生物医药、电子信息，建设现代临空都市区和总部经济集聚区，推动南昌临空经济区发展
打造『四组团』	永修组团	以永修县城、永修云山经济开发区为主体，重点发展新材料产业，进一步延伸产业链，提高产品附加值，培育壮大都市农业、生态旅游、高端装备制造、电子信息和现代服务业，做大做强有机硅国家新型工业化产业示范基地，建设都市观光休闲农业示范带
打造『四组团』	共青组团	充分发挥全国青年创业基地、国家生态文明教育基地的引领示范作用，重点发展电子电器、新能源、新材料、文化创意、旅游休闲、电子商务、纺织服装等产业，深入推进纺织服装国家新型工业化产业示范基地建设和国际生态经济合作交流，建设全国青年创业创新示范基地和国际生态文明交流平台

（资料来源于赣江新区政务网。）

第二章　产业规模与结构

国家级新区是我国对外开放的高地,承担着建立更高水平开放型经济的任务。国家级新区是一个综合功能区,区别于功能单一的产业新城,它不仅要发展成为新产业、新经济的聚集地,还要形成推动新型城镇化的持续动力,探索产城融合的新途径。国家级新区产业发展依据新区的产业基础和功能定位,结合区位条件,选择新产业、新业态,强化创新驱动,注重实现产业升级,促进产业高端化发展,建立现代产业体系,培育新的增长极。本章重点介绍新区的产业规模、产业结构组成及发展概况,为新区下一步产业发展方向提供基本认识。

一、上海浦东新区

上海的雄厚经济实力和丰富的人文资源作为上海浦东新区的后盾,使得上海浦东新区产业集聚效果明显,而且新区产业发展极具功能特色,形成完善的产业体系。新区积极优化产业增长方式,发挥规模效应,完善产业布局,近年来取得极大的成效。

(一)产业规模与结构

2016 年浦东新区经济运行基本符合预期,2016 年地区生产总值达到 8731.84 亿元,较 2015 增长 8.2%,高于全市平均增幅约 1.4 个百分点,人均生产总值突破 2 万美元。产业结构持续优化,2016 年第三产业增加值较 2015 增长 10.5%,占生产总值的比重达到74.9%,对经济增长的拉动作用明显大于第二产业,服务经济为主的产业结构进一步巩固。第三产业中金融业贡献最大,占比 27.5%。浦东新区 2012—2016 年三次产业变化情况见表 3 - 9。

表 3 - 9　2012—2016 年浦东新区三次产业变化情况

年份	第一产业		第二产业		第三产业	
	总量/亿元	增长率/%	总量/亿元	增长率/%	总量/亿元	增长率/%
2012	32.89	-6.8	2320.75	3.7	3576.27	14.9
2013	31.28	-8.8	2262.39	2.4	4155.01	14.4

年份	第一产业		第二产业		第三产业	
	总量/亿元	增长率/%	总量/亿元	增长率/%	总量/亿元	增长率/%
2014	29.73	−4.5	2319.38	3.4	4760.63	12.7
2015	26.92	−14.8	2186.52	2.7	5684.91	12.5
2016	—	—	—	—	—	10.5

（数据来源于浦东新区年鉴。）

通过表3-9可以发现,浦东新区自2012年以来,第一产业一直呈现负增长的趋势,并且这一趋势在2015年尤其明显,2012年至2015年第一产业的增长率分别为−6.8%、−8.8%、−4.5%、−14.8%,第一产业的总量也呈现逐年递减的状态。第二产业增长总体来看较为平稳,有较小的波动,2012年至2015年期间增长率保持在2%～4%之间,增长率最高为2012年,达到3.7%,2013年第二产业增长率较低,为2.4%。第二产业的增长率相比第三产业而言较小,自2012年至2016年,浦东新区第三产业的增长率虽然呈现逐年递减的趋势,由2012年的14.9%降为2016年的10.5%,但是增长率仍然保持在10%以上,是浦东新区经济增长的主要动力。

表3-10 2012—2016年第三产业对浦东新区的经济贡献

年份	生产总值/万亿	生产总值增长率/%	第三产业增加值占生产总值比重/%
2012	5930	10.1	60.3
2013	6449	9.7	64.4
2014	7110	9.3	67.0
2015	7898	9.1	70.0
2016	8732	8.2	74.9

（资料来源于浦东新区统计年鉴。）

通过表3-10和图3-6可以发现,2012—2016年,浦东新区的地区生产总值呈现逐年上涨的趋势,地区生产总值由2012年的5930万亿上涨到2016年的8732万亿,但生产总值增长率却由2012年的10.1%下降到2016年的8.2%,生产总值的增速有所下滑。在浦东新区的经济增长过程中,第三产业增长值所占比重较大,并且处于不断增加的状态,2012年第三产业增加值占浦东新区生产总值比重为60.3%,2015年突破70%,到了2016年,第三产业增加值占生产总值比重达74.9%。

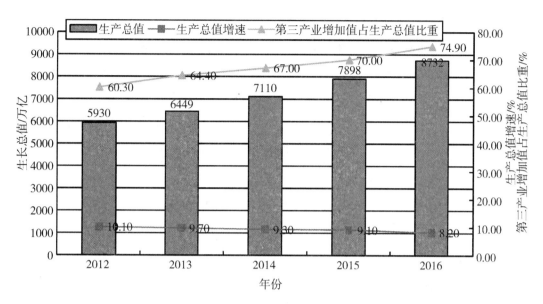

图3-6 浦东新区2012—2016年第三产业对浦东新区经济增长贡献率

综合以上图表可以发现,浦东新区的第一产业所占比重极小,第二产业的总量虽然较第一产业大,但是也呈现逐年下降的趋势,第二产业与第三产业相比较,总量小于第三产业总量的二分之一。浦东新区三次产业呈现很明显的"三二一"结构,这一结构还在不断的优化过程中。

(二)产业发展概况

2016年,浦东新区大力发展高端制造和智能制造,聚焦新技术、新产业、新业态,实施"互联网+"行动计划,推进产业高端高效发展,加快培育千亿级和百亿级产业集群。全面落实"三去一降一补"重点任务,深入推进产业结构调整,继续实施"引逼结合"的产业结构调整综合性政策,结合"五违"整治、土地减量化、城中村改造等重点项目有序有力推进。聚焦镇产业园区转型,探索企业主导、管镇联动等多种开发模式,鼓励功能性企业等市场主体参与推进镇产业园区转型升级试点。

1.金融功能更加强化

金融业为浦东新区重要的支柱产业。2016年,浦东新区的金融机构持续快速集聚,新增持牌类金融机构63家,累计达到963家,各类新兴机构新增849家,累计达到7563家。全年新区中外资银行本外币存贷款余额分别增长11.2%和0.5%左右。证券市场实现成交额284万亿元左右,较2015年增长6.6%。面向国际的金融交易平台有序推进,黄金交易所国际板正式上线运行,上海保险交易所挂牌成立。促进金融服务实体经济,累计为1303家企业落实83.06亿元贷款,为973户小微企业授信获批贷款20.89亿元。

2. 航运功能持续拓展

2016 年全年浦东新区港口集装箱吞吐量和浦东国际机场货邮吞吐量保持增长,洋山港集装箱水中转量占比 50%。集疏运物流体系不断完善,洋山港四期已完成基建工程。搭建浦东与国际航运界交流平台,举办上海航运保险创新发展国际论坛、波罗的海航运公会(BIMCO)2016 年全球大会。中国远洋海运集团、国际保赔协会等一批重要航运功能性机构入驻。全力打造亚太航保中心,以陆家嘴区域为核心的航保中心已有 7 家。

表 3 - 11　浦东新区 2011—2016 年航运量

指标	2011 年	2012 年	2013 年	2014 年	2015 年	2016 年
港口货物吞吐量/万吨	26332	27232	28697	29918	30162	30728.3
集装箱吞吐量/万标箱	2881	2951	3059	3237	3557	3389.5
浦东国际机场旅客吞吐量/万人次	4144	4486	4719	5169	6000	6598.21
浦东国际机场货邮吞吐量/万吨	311	295	291	318	327	342.53

（数据来源于浦东新区统计年鉴。）

通过表 3 - 11 可以发现,自 2011 年来,浦东新区的航运能力呈现持续上升的状态,港口货物吞吐量由 2011 年的 26332 万吨上升到 2016 年的 30728.3 万吨,集装箱吞吐量由 2011 年的 2881 万标箱上涨到 2016 年的 3389.5 万标箱,浦东国际机场旅客吞吐量由 2011 年的 4144 万人次上涨到 2016 年的 6598.21 万人次,浦东国际机场货邮吞吐量由 2011 年的 311 万吨上涨到 2016 年的 342.53 万吨。

3. 商业贸易总体平稳

2016 年,浦东新区全年商品销售总额和社会消费品零售总额分别达到 32361 亿元和 2037 亿元,较 2015 年均增长 8% 以上。迪士尼乐园正式运营,推动旅游业发展,旅游业直接收入 170 亿元,较 2015 年增长 17%;接待游客 4360 万人次,较 2015 年增长 20%。外贸进出口逆势增长,全年外贸进出口 17594.88 亿元,较 2015 年增长 4.9%。总部经济持续发展,全年新增跨国公司地区总部 15 家,新增亚太区总部 6 家,累计获得认定的跨国公司地区总部达到 261 家。

4. 汽车制造业"一枝独秀"

2016 年是"十三五"开局之年,面对错综复杂的经济形势,浦东新区坚持稳增长和调结构并重,力促工业增速止跌回升。

2016 年初,上汽通用汽车位于金桥的凯迪拉克工厂正式投产,效果在年末得到显现——凯迪拉克品牌提前 1 个多月突破年销 10 万辆的历史纪录,实现同比增长 47.5%,成为行业增速最快的品牌之一。上汽过去十年积累技术和经验,历时两年与阿里合作打磨出来的"爆款";上汽通用前瞻布局,向高端市场要份额,均是从供给侧创新全新需求的典范。在上述两家整车公司的带动下,汽车产业成为新区工业增长的重要拉动力。

统计数据显示,浦东新区汽车工业 2015 年全年完成产值 1730 亿元,较 2014 年增长 19.2%,对新区工业的贡献率达 219.4%,拉动新区工业增长 5.9 个百分点。新区汽车零部件及配件企业也保持两位数快速增长,产值达到 885 亿元,比 2014 年增长 15.7%。

包括汽车制造业在内,2015 年浦东三大支柱产业"两增一降",产值 5495 亿元,比 2014 年增长 4.3%。其中电子信息产品制造业实现微增,增幅 0.5%;成套设备则受到国内外成套设备制造业深度调整的影响,产值下降 5.5%。此外,由生物医药、航空航天制造业及新能源组成的"三新"产业发展也较缓慢。[①]

总体来看,2016 年浦东新区实现了产业能级不断提升。产业结构调整超过年初 400 家的预定目标,累计分流安置 12000 人。开展镇产业园区转型方案研究。持续推动土地减量化工作,新区共完成"198"区域减量化任务立项审批 293 件,面积为 172.6 公顷,已超过市下达立项任务量。

二、天津滨海新区

滨海新区自 2006 年被纳入国家战略以来,在经济发展、城区建设等方面已经取得了很大成绩。新区第三次产业贡献度逐年提升。滨海新区以航空航天、电子信息、石油开采及加工、海洋化工、现代冶金、汽车及装备制造、食品加工和生物制药等八大主导产业为主导,构筑了完善的产业发展新体系。

(一)产业规模与结构

2016 年,全区经济运行总体平稳,产业结构积极调整,社会事业继续发展,民生事业持续进步。实现了"十三五"完美开局,为经济社会全面发展奠定了坚实的基础。初步核算,全年实现地区生产总值 10002.31 亿元,按可比价格计算,比上年增长 10.8%,成为国内首个 GDP 过万亿元的国家级新区。分产业看,第一产业完成 11.81 亿元,比 2015 年增长 2.3%;第二产业完成 5943.76 亿元,比 2015 年增长 11.4%;第三产业完成 4046.74 亿元,比 2015 年增长 10.1%。滨海新区 2012—2016 年三次产业变化情况见表 3 - 12。

---

① 2016 年浦东工业增速止跌回升[EB/OL].(2017 - 03 - 22)[2017 - 10 - 30].http://www.sh. xinhuanet.com/2017 - 03/22/c_136147830.htm.

表3-12　2012—2016年滨海新区三次产业变化情况

年份	第一产业		第二产业		第三产业	
	总量/亿元	增长率/%	总量/亿元	增长率/%	总量/亿元	增长率/%
2012	9.36	2.90	4857.76	21.90	2338.05	16.10
2013	10.07	2.90	5403.03	17.80	2607.30	16.70
2014	10.10	3.20	5828.43	16.40	2920.77	13.50
2015	11.39	3.30	5796.34	13.70	3463.58	11.20
2016	11.81	2.30	5943.76	11.40	4046.74	10.10

（数据来源于天津市滨海新区国民经济和社会发展报告。）

从表3-12及图3-7可以发现,滨海新区2012—2016年间,第一产业的增长幅度波动不是很大,2016年第一产业增长率较往年有所下滑,但是第一产业对经济的贡献总量有所提高。以工业为主的第二产业增长率从2012年的21.90%逐渐下降为2016年的11.40%,对新区经济的贡献总量从2012年的4857.76亿元增长至5943.76亿元,第二产业的经济的贡献水平仍然很高。新区以现代服务业为主的第三产业增速减缓,但总量突破四千亿的大关,这离不开现代服务业的迅猛发展。

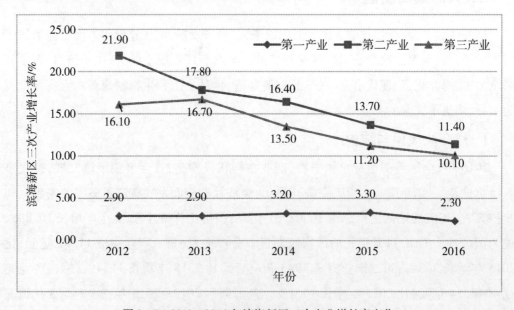

图3-7　2012—2016年滨海新区三次产业增长率变化

从图3-8中可以明显看出,2016年滨海新区三次产业结构为0.1∶59.4∶40.5。其中,第一产业自2012年至2016年占比未发生明显变动,均为0.10%,农业发展较缓的原因在于盐碱地等因素的限制。第二产业比重占比不断降低,由 2012 年的 67.40% 下降为 2016 年的 59.40%,但总的来看,第二产业仍然是滨海新区发展的主要推力,其对新区经济的增长有着不容忽视的作用。此外,第三产业增加值比重同比提高 3.1 个百分点,也是近年来首次突破四成,达到 40.50%,现代金融、航运物流、旅游会展、总部经济等服务业的现代产业体系在不断的发展与完善,经济结构得到进一步优化。

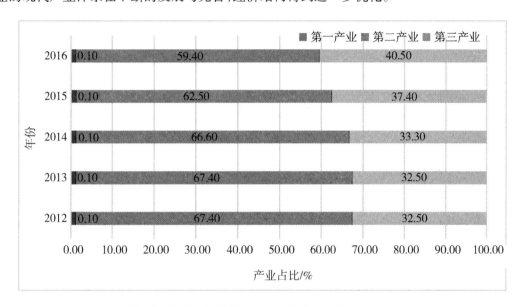

图 3 - 8　2012—2016 年滨海新区三次产业占比情况

表 3 - 13　2012—2016 年天津市三次产业变化情况

年份	第一产业		第二产业		第三产业	
	总量/亿元	增长率/%	总量/亿元	增长率/%	总量/亿元	增长率/%
2012	171.54	3.00	6663.68	15.20	6049.96	12.40
2013	188.45	3.70	7276.68	12.70	6905.03	12.50
2014	201.51	2.80	7765.91	9.90	7755.03	10.20
2015	210.51	2.50	7723.60	9.20	8604.80	9.60
2016	220.22	3.00	8003.87	8.00	9661.30	10.00

(数据来源:天津市国民经济和社会发展公报。)

在本部分的分析中,通过研究新区所在省市的三次产业总量、增长率及占比状况,进一步说明国家级新区的发展力度及态势。从表 3 - 13 中可以发现,2016 年天津市第一产业增加值为 220.22 亿元,比 2015 年增长 3.0%;第二产业增加值为 8003.87 亿元,比 2015 年增长 8.0%;第三产业增加值为 9661.30 亿元,比 2015 年增长 10.0%。

从图3-9中可以看出，天津市第一产业的增长率较为平缓，工业的增长率较之前年度有明显的下降，服务业较之前有所上升，服务业对天津市经济的推动作用在逐步增强。此外，通过对比滨海新区及天津市近五年三次产业增长率可以发现，2016年滨海新区第二、第三产业增长率分别达到了11.40%及10.10%，高于天津市的第二、第三产业增长率。

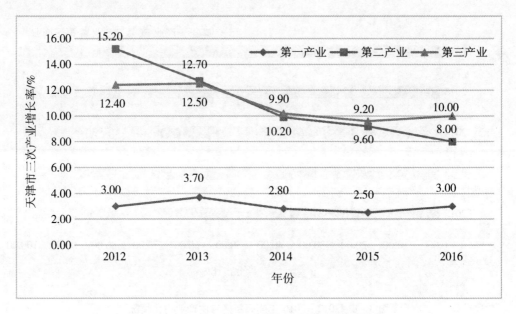

图3-9　2012—2016年天津市三次产业增长率变化

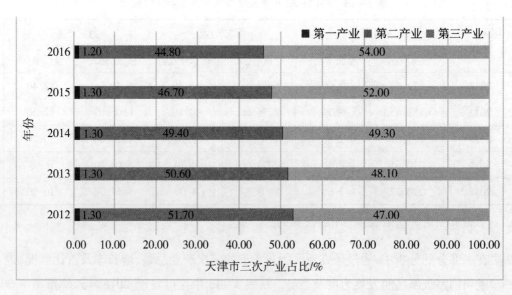

图3-10　2012—2016年天津市三次产业占比情况

从图 3 - 10 中可以发现，天津市近五年三次产业中，对经济的贡献能力从大到小分别是工业、服务业及农业。2012 年第二产业占比最大，达到了 51.70%，天津市的产业结构为"二、三、一"；到"十三五"开局之年，第三产业赶超第二产业居龙头地位，占比达到了 54.00%，产业结构调整为"三、二、一"。通过第二、第三产业的联动互动作用，天津市的经济总量在不断上升。对比滨海新区及天津市的相关指标，可以发现滨海新区产业结构为"二、三、一"，相较于天津市"三、二、一"的产业结构而言，仍需要通过政府的支持引导、合理利用政策、高度重视产业集群效应，通过合理规划以促进新区现代服务业的大规模发展，推动新区经济的发展。

(二)产业发展概况

2016 年滨海新区实现工业增加值 5687.30 亿元，比 2015 年增长 12.1%。在规模以上工业中，八大优势产业总产值完成 14115.12 亿元，占全区规模以上工业比重达到 90.5%，比重比 2015 年提高 2.7 个百分点。其中，生物医药产业增长 11.9%，粮油轻纺产业增长 11.7%，航空航天产业增长 11.1%，新能源产业增长 8.7%。

目前滨海新区已经构筑起"东港口、西高新、南重化、北旅游、中服务"五大产业板块和以航空航天、电子信息、石油开采及加工、海洋化工、现代冶金、汽车及装备制造、食品加工和生物制药等八大主导产业为骨干，以现代金融、航运物流、旅游会展等服务业为支撑的现代产业体系。八大优势产业已经占到工业总产值的九成，基础非常雄厚。截至 2016 年，以航空航天、汽车及装备制造为代表的八大优势产业累计完成 14250.6 亿元的工业总产值。滨海新区的产业优势将使其在京津冀协同发展的过程中发挥重要的创新引领和示范带动作用。目前滨海新区已经成为我国重要的大型石化基地、冶金基地，IT 制造业居全国前列，石油套管产量跻身世界四强。

1. 航空航天产业

(1)发展重点。

重点发展以大飞机、直升机、无人机、新一代火箭、卫星和空间站为核心的"三机一箭一星一站"，建设世界级航空航天产业基地。发挥空客 A320 总装线项目带动作用，发展航空发动机、航电系统和机载、机场、空管设备等关键部件，提高配套水平和零部件国产化率，引进新的龙头项目，打造大飞机研发制造到总装调试维修的完整产业链。推进中航直升机总部与研发基地建设，发展轻、中、大和重型系列直升机，提升我国民用直升机自主研发与生产能力。发展"彩虹"系列无人机，形成近、中、高空自主知识产权产品系列。发展直径 5 米的新一代运载火箭，积极承接更大直径的运载火箭项目，聚集零部件企业，形成运载火箭产业链。发展空间站和北斗卫星导航系统，形成卫星研发制造产业链。促进航天技术与民品技术相互转化，推进航天产品民品化。

（2）发展目标。

建设世界级航空航天产业基地。到 2020 年，产值规模达到 2800 亿元，占新区工业的 7% 左右，地均产出达到 93 亿元/平方千米。

（3）代表项目。

滨海新区航空航天产业代表项目主要包括：空中客车 A320 系列飞机天津总装线、西飞国际飞机机翼总装生产线项目、中航工业直升机生产基地、特种飞行器生产基地、新一代大推力运载火箭产业化基地、古德里奇航空结构服务（中国）有限公司、PPG 航空材料（天津）有限公司等，各项目具体情况见表 3 - 14。

表 3 - 14　滨海新区航空航天产业代表项目一览表

项目名称	主要产品	介绍
空中客车 A320 系列飞机天津总装线	A320 系列飞机	全球第四条、亚洲第一条民用飞机总装线，也是空客公司欧洲以外第一条总装线。2011 年达到月产 4 架，全年 48 架飞机
西飞国际飞机机翼总装生产线项目	机翼结构装配、系统装配与测试、活动面安装与功能测试等整体装配工作环节。当前主营业务为空客 A319/320 系列飞机机翼的总装生产	是空客在英国机翼总装线外的唯一一条以 A319/320 系列飞机机翼总装生产线，代表着当今世界最先进的机翼装配技术
中航工业直升机生产基地	以轻型、中型和重型民用直升机为主体	2017 年预计年产各类直升机 300 余架，占全球年产量的 15% ~20%
特种飞行器生产基地	"彩虹"系列无人机，涵盖从小型超近程无人机、中型中高空无人机到大型远程高空高速无人机的全系列产品	拥有自主知识产权
新一代大推力运载火箭产业化基地	五米直径芯级模块基本型新一代运载火箭	能够满足我国未来 30 至 50 年发展空间技术及和平利用空间的需要
古德里奇航空结构服务（中国）有限公司	古德里奇航空结构服务（中国）有限公司	财富 500 强公司，是全球供应商的系统和服务的航空、国防和国土安全市场

项目名称	主要产品	介绍
PPG 航空材料（天津）有限公司	航空涂料、密封胶、飞机风挡玻璃	财富 500 强之列,世界第一的交通工具用漆制造商,航空、工业和包装用涂料领先制造商之一,波音、空客飞机风挡玻璃 OEM 制造商。PPG 航空材料（天津)有限公司是 PPG 全球十六个应用支持中心之一

（资料来源于滨海新区政务网。）

2. 电子信息产业

（1）发展重点。

巩固移动通信、新型元器件、数字视听三大优势领域,壮大高性能计算机服务器、集成电路、嵌入式电子、软件四大潜力领域,培育物联网、云计算、信息安全、人工智能、光电子、OLED 显示器件等六大战略性新兴领域。重点扶持新一代移动通信技术、无线物联网技术、具有自主知识产权的宽带无线接入系统、终端及核心芯片的研发与产业化,大力扶持 3G 互联网和内容服务产业发展;加快云计算基础设施、云计算平台建设,以系统应用为重点,打造覆盖分布式存储、云平台管理软件、中间件、云终端、云安全等环节的完整产业链条;重点发展移动通信设备及终端、数码影音设备等高端电子产品配套所需的片式和新型元件、新型消费电子产品、IPTV 网络电视及多媒体移动终端等 3C 技术产品、整机产品、国内优势电子信息产业所需的集成电路和通用芯片产品、信息安全软件、工业软件等重要应用软件和嵌入式软件技术和产品、工业及行业应用软件、内容服务、动漫游戏、信息安全等潜力领域。

（2）发展目标。

建设国家一流的新一代信息技术产业基地和国内领先的通信设备产业基地。到 2020 年,产值规模达到 5500 亿元,占新区工业的 13% 左右,地均产出达到 120 亿元/平方千米。

3. 装备制造产业

（1）发展重点。

装备制造:重点发展大型石油和石化装备、轨道交通设备、节能环保及资源综合利用设备、造修船和海洋工程装备、大型工程机械、风电成套、水电成套、核电成套、超高压输变电成套、港口机械十大成套装备,围绕大型、重型、精密装备需求,大力发展带动力大、技术含量高的动力系统、传动系统、控制系统和关键基础零部件,重点培育数控机床、自动化控制系统、风电设备变频控制系统、新型自升式钻井平台、深水半潜式钻井平台等。

汽车产业：依托一汽丰田、长城汽车等中高档整车生产企业，加快发展商用车、特种车以及中高档大客车和重载卡车，特别是纯电动大型客车，进一步拓宽整车的生产领域和规模；加大对汽车电子、汽车发动机、汽车变速箱、子午线轮胎等关键零部件，以及底盘、车身、标准件等通用性零部件的招商引资力度，提高整体的附加价值，开拓出口零部件和维修用零部件市场；积极发展汽车展示销售、维修养护、汽车金融、汽车物流、汽车贸易、汽车游乐等领域。

现代冶金：不断调整和优化产品结构，重点发展以无缝钢管、高档板材和高档金属制品为代表的深加工、附加值高和市场短缺的产品。重点突破一批关键技术、节能减排和高端产品研发、生产及应用技术，加快淘汰落后产能，实现产品和工艺的更新升级，无缝钢管产品技术保持国际领先水平，重点高档金属制品达到国内领先水平，部分达到国际先进水平。

（2）发展目标。

全力打造国家级重型装备制造业基地和特色化装备部件生产基地、国内重要的轿车生产基地、北方高端汽车零部件生产基地和国内重要的新能源汽车研发生产基地、国家级高档金属制品基地。到2020年，产值规模达到13000亿元，占新区工业的31%左右，其中装备制造达到5500亿元，地均产出达到80亿元/平方千米；汽车产业达到4500亿元，地均产出达到110亿元/平方千米；现代冶金产值规模达到3000亿元，地均产出达到100亿元/平方千米。

4. 石油和化工产业

（1）发展重点。

重点加大油气资源勘探和储备力度，力争达到年石油开采4000万吨，储备能力达到2000万吨，年原油炼制能力达到3500万吨；积极推进中俄东方1300万吨炼油、中卡韩130万吨乙烯项目建设，扩大上游原料加工规模，达到300万吨乙烯生产能力，建成百万吨级PTA、百万吨级PVC、百万吨级聚乙烯、百万吨级聚丙烯等一批超百万的石化上游产品，为发展基础有机原料、通用合成树脂、合成橡胶、合成纤维提供上游原料；加大高档石化产品集群开发力度，重点围绕龙头产品加速向高附加值、绿色环保的高端下游产品延伸，着力完善石油化工、海洋化工、精细化工、能量综合利用四条循环经济产业链，延伸乙烯、丙烯、C1、异氰酸酯及有机硅产业等30条产品链，构筑原油加工——基础化工原料——化学中间体——精细化工、海洋化工与石油化工新材料产品产业链；加快推进产业进步，加速产品升级换代，积极发展产业链补链、延伸、耦合及高附加值、高科技含量项目。

（2）发展目标。

建设成为世界级石油和化工产业基地。到 2020 年,产值规模达到 12000 亿元,占新区工业的 29% 左右,地均产出达到 135 亿元/平方千米。

（3）代表项目。

滨海新区石油和化工产业代表项目主要包括:中俄天津 1300 万吨/年炼油、中石化天津 100 万吨乙烯炼化一体化、大沽化苯乙烯和 ABS、LG 渤化 35 万吨氯乙烯项目、美国陶氏化学石化物流中心等,各项目具体情况见表 3 – 15。

表 3 – 15 滨海新区石油和化工产业代表项目一览表

项目名称	主要产品	介绍
中俄天津 1300 万吨/年炼油	主要工程包括 1300 万吨/年常减压蒸馏、270 万吨/年连续重整、400 万吨/年渣油加氢脱硫等 18 套生产装置	成品油生产能力达到 1050 万吨。预计可实现年销售收入 622 亿元,上缴税费 158 亿元,实现利益 47 亿元
中石化天津 100 万吨乙烯炼化一体化	乙烯总规模 120 万吨/年,炼油综合加工能力 1250 万吨/年	建成投产后,销售收入超过 500 亿元,可形成 1000 多亿元产业链
大沽化苯乙烯和 ABS	苯乙烯、ABS	属于中国石化天津百万吨乙烯对接项目,利用百万吨乙烯提供的乙烯、苯等原料生产苯乙烯
LG 渤化 35 万吨氯乙烯项目	聚氯乙烯、二氯乙烷、烧碱等化工原料	引进世界一流的韩国 LG 化学先进的工艺流程（乙烯法）和生产管理办法
美国陶氏化学石化物流中心	经营液体化工品仓储物流业务	规模为每年货物总吞吐量 900 万吨液体化工业产品

（资料来源于滨海新区政务网。）

5. 新能源新材料

（1）发展重点。

新能源:以风电、绿色二次电池、太阳能光伏和 LED 产品制造为重点。其中风电领域重点发展 2.5 兆瓦以上陆上风力发电机组和 3.5 兆瓦以上海上风力发电机组及叶片、控制系统、发电机、变流器装置、齿轮箱等关键部件的研发制造,大型并网电机组短时储能技术的研究,推进检测、认证、技术交易、产品设计和风力发电场建设、运营、维护等专业化服务。绿色二次电池领域重点发展超高比能量锂离子动力电池、镍氢电池、铅酸电池、燃料电池、超级电容器、液流电池及关键电池材料,鼓励发展移动高功率动力电池电源以及风力发电、光伏发电、智能电网、备用电源灯应用的固定大容量储能电池。太阳能光伏领域重点发展高效晶硅太阳能电池，支持发展薄膜电池、聚光电池、BIPV 系统集成、逆变器生产，支持低压并网屋顶电站示范项目建设，鼓励发展太阳能光伏工程咨询及设计、安装及维护、光伏系统集成设备产业化，吸引、培养太阳能光伏电池配套设备生产商。LED 领域重点发展新型衬底材料、高亮度发光二极管外延片及功率型芯片、白光 LED 封装产品、LED 照明产品及系统。

新材料：积极发展特种功能材料技术和材料共性技术，发展特种塑料、特种高分子材料等绿色化工新材料，硅基材料、发光二极管材料、光电子材料等电子信息材料，锂电池中的正负极材料、非晶硅薄膜、砷化镓等新能源材料，加快发展航空航天专用材料、纳米材料、先进复合材料、先进金属材料、生物医药材料、纺织新材料等。

（2）发展目标。

建设成为国家重要的绿色能源研发制造基地、国内最大的风电成套设备制造基地、世界风电产业中心、光伏制造基地和绿色电池之都，国内重要的新材料研发生产基地。到 2020 年，产值规模达到 3400 亿元，占新区工业的 8% 左右，其中新能源产值规模达到 2800 亿元，地均产出达到 100 亿元/平方千米；新材料产值规模达到 600 亿元，地均产出达到 70 亿元/平方千米。

6. 生物医药产业

（1）发展重点。

以发展现代生物制药、新型化学制药和现代中药三大领域为重点。其中生物制药重点发展生物工程药，检测基因生物芯片、生物酶制剂、各类疫苗和体外诊断试剂等产品，加快产业化步伐。新型化学制药重点加快原料药和制剂一体化发展，巩固"三素一酸"（激素、抗生素、维生素、氨基酸）的优势，建设治疗心脑血管、糖尿病及肿瘤等大病种药物生产基地，提高制剂水平，加快新药研制速度。现代中药着力开发中药新药和中成药二次开发技术，加快透皮吸收、靶向或定位释药等新型制剂的开发，开展现代中药检验检测技术和标准的研究与应用，进行中兽药研发，保持中药现代化全国领先地位。发展壮大医药研发服务外包产业集群，重点发展符合国际标准的生物药研发，推进中药领域的产学研联合。大力发展高端数字化医疗影像设备、诊断试剂、检测仪器、介入治疗、微创外科器械等医疗设备及器械的研发和制造。

（2）发展目标。

建设成为国家级生物医药产业基地。到 2020 年，产值规模达到 1600 亿元，占新区工业的 4% 左右，地均产出达到 130 亿元/平方千米。

（3）代表项目。

滨海新区生物医药产业代表企业主要包括：葛兰史克（天津）有限公司、丹麦诺和诺德(中国)制药有限公司生产厂、丹麦诺维信、法国施维雅(天津)制药有限公司、天津金耀集团、天津中维药业有限公司、尖峰天然产物公司等,各代表企业具体情况见表3-16。

表3-16　滨海新区生物医药产业代表企业一览表

企业名称	主要产品	介绍
葛兰史克(天津)有限公司	片剂、乳剂、液体制剂和无菌滴眼液	全球500强第159位,年利润89亿美元
丹麦诺和诺德(中国)制药有限公司生产厂	耐用性胰岛素注射装置、糖尿病治疗产品,包括最先进的胰岛素给药系统产品:人胰岛素、速效胰岛素制剂、长效胰岛素类似物、止血管理、生长保健极速	包装胰岛素7800万支/瓶,一次性胰岛素注射装置3400万支,生产耐用性胰岛素注射装置270万支
丹麦诺维信	酶制剂及透明质酸原料药的研发、生产、销售	全国第一,40%的世界市场份额和4000多专项有效专利
法国施维雅(天津)制药有限公司	生产治疗心血管、内分泌类、神经内科类、治疗忧郁症、骨质疏松等疾病的包括一类、二类和四类新药,包括格列特齐特、培垛普利、盐酸曲美他嗪、吲达帕胺、地奥司明、达体朗等	法国最大的私营制药集团,年产3600万盒药品,2000年中国营业额1.8亿法郎
天津金耀集团	皮质激素类原料药	亚洲最大的皮质激素类药物生产企业,销售收入136.06亿元、新增利税29.86亿元、新增创汇2.69亿美元
天津中维药业有限公司	维生素B1的生产	亚洲第一、世界第二,占全球近三分之一的市场份额,维生素B1合成与高效率分离,年产1500吨
尖峰天然产物公司	花青素、苹果提取物、白藜芦醇、玉米黄质、叶黄素、黑豆皮提取物、大豆异黄酮等	核心技术为葡萄籽提取技术

(资料来源于滨海新区政务网。)

7.金融产业

(1)发展重点。

第一,深化投融资体制改革,多渠道扩大直接融资规模,搞好产业投资基金试点和建立符合产业发展要求的人民币基金,开展商业物业投资信托基金(REITS)试点,增强国际化直接投融资服务平台功能,发展证券期货业,支持天津股权交易所发展,支持天津产权交易中心和北方产权交易市场增加交易品种。

第二,开展综合经营试点,健全金融服务功能,搞好滨海新区保险改革试验区建设,探索金融控股公司金融业综合经营模式,争取银行开展综合经营试点,搞好排放权交易综合试点。

第三,整合及新设金融机构,健全金融机构体系,深化农村金融改革,解决中小企业融资问题,支持设立和引进法人机构,发展担保业和各种金融业务。

第四,搞好外汇管理改革试点,研究探索离岸金融业务,进行跨境贸易人民币结算和人民币境外投资试点,设立货币经纪公司。

第五,扎实做好设立天津滨海新区柜台交易市场的前期准备,逐步健全多层次资本市场。

第六,改善金融发展环境,提升金融服务水平,加强金融监管,发展信用服务业和商事仲裁,搞好金融教育和规划建设金融服务区。

（2）发展目标。

按照国家发改委批复的《天津滨海新区综合配套改革试验金融创新专项方案》的整体要求,努力建设与北方经济中心相适应的现代金融体系和全国金融改革创新基地。

（3）代表项目。

滨海新区金融产业代表项目主要包括:长江租赁、民生融合租赁、工银融资租赁、天津空客厂房融资租赁创新项目、天津排放权交易所、海航燕山飞机租赁基金、美国惠普数据中心、英国渣打银行天津管科中心、腾讯天津研发与数据存储中心、天津药明康德新药开发有限公司、美国陶氏化学公司天津业务服务中心等,各代表项目具体情况见表3-17。

表3-17 滨海新区金融产业代表项目一览表

项目名称	主要产品	介绍
长江租赁	飞机租赁	中国最大的内资航空租赁企业
民生融合租赁	G450型公务机融资租赁	全国第一家单机租赁公司
工银融资租赁	金融服务、航空金融服务、设备金融服务	国务院确定试点并首家获中国银监会批准开业的由商业银行设立的金融租赁公司,国内最具影响力的船舶融资租赁机构
天津空客厂房融资租赁创新项目	固定资产盘活、产业基金、企业债券、信托理财和融资租赁等	天津首例工业厂房在建工程的融资租赁项目

续表

项目名称	主要产品	介绍
天津排放权交易所	致力开发二氧化硫等主要污染物交易产品和能源效率交易产品	全国第一家综合性排放权交易机构
海航燕山飞机租赁基金	收购海航集团飞机资产,购买新增飞机,开展租赁业务	国内第一支专门投资飞机租赁的基金
美国惠普数据中心	从事新一代数据中心基础设施制造、设计、实施、验证、运输及改造	为惠普公司高端企业服务项目
英国渣打银行天津管科中心	金融后台服务	是渣打集团继印度香奈和马来西亚吉隆坡后设立的第三家管科中心
腾讯天津研发与数据存储中心	为腾讯在中国北方市场提供充足的数据中心	亚洲最大的数据承载中心,服务器托管能力超过10万台,实现年营业收入20亿元
天津药明康德新药开发有限公司	新药研发服务,包括药物模板及化学物设计合成、药物分子设计合成、先导化合物生成及优化、植物药研发、生物分析测试	全国第一个组合化学类现代药物化学技术
美国陶氏化学公司天津业务服务中心	提供客户服务、采购等全方位解决方案	世界财富500强

(资料来源于滨海新区政务网。)

8.轻工纺织产业

(1)发展重点。

粮油加工领域:扩大油脂加工原料种类,在大豆油加工的基础上,鼓励发展棕榈油、橄榄油产品,适度发展菜籽油等其他小品种油;延伸粮油加工产业链,提高产品的综合利用率,形成精炼、小包装油、特种油脂和油脂化工等整个油脂加工及废副产品综合利用的全产业链模式。

食品饮料领域:继续引进传统食品饮料行业大项目、好项目,重点发展农副产品深加工、绿色食品、食品生物工程、葡萄酒酿造,建成具有全国影响力的北方地区经济规模最大的生物食品产业基地。

纺织领域:重点发展产业用布(含复合材料)、高性能纤维材料、高性能纺织复合材料、高性能树脂复合材料;以"品牌化"促进服装业发展,着力打造自主品牌,发展特色产品,提升设计水平和产品附加值。

包装领域:重点发展商业印刷、环保型纸餐具、纸制文具、各种功能瓦楞纸箱等产品;着力发展陶瓷、生物纤维、化学纤维、复合材料等新型包装材料;积极推进数字化、智能化包装印刷机械的研发、制造和产业化。

日用化学领域:重点发展工程涂料、日用洗化、生物制剂、植物、生物活性提取物、天然植物添加剂等新原料。

塑料领域:依托新区快速发展的石油海洋化工原料产业链,大力发展农用塑料、塑料包装、医用塑料、氟塑料,积极进入工程塑料、塑木复合、废旧塑料回收改性等领域。

（2）发展目标。

建设成为我国最大的粮油加工产业基地,国内外具有较强影响力和竞争力的新型轻纺经济园区。到2020年,产值规模达到3000亿元,占新区工业的7%左右,其中食品粮油产值规模达到2000亿元,地均产出达到70亿元/平方千米;纺织产业产值规模达到700亿元,地均产出达到70亿元/平方千米。

（3）代表项目。

滨海新区轻工纺织产业代表项目主要包括:美国茵诺威达建材项目、中粮佳悦天津有限公司、京粮（天津）粮油工业有限公司、金天源食品科技（天津）有限公司、春金油脂（天津）有限公司、华美油脂（天津）有限公司、嘉里粮油（天津）有限公司等,各代表项目具体情况见表3-18。

表3-18 滨海新区轻工纺织产业代表项目一览表

项目名称	主要产品	介　绍
美国茵诺威达建材项目	复合树脂	财富500强,亚洲最大的复合树脂碳建材生产基地
中粮佳悦天津有限公司	大豆压榨、精炼、储藏、分包和大豆蛋白加工,氢化油和专用油脂加工,饲料、面粉、番茄加工	投资方为财富500强中粮集团,大豆压榨日处理量12000吨,日精炼能力为4000吨,年产值225亿元
京粮（天津）粮油工业有限公司	大豆压榨,粮油食品深加工	大豆压榨日处理量8000吨,日精炼能力为1200吨,年产值50亿元
金天源食品科技（天津）有限公司	棕榈油、豆油、菜籽油等植物油的加工、生产、销售,大豆蛋白质饲料加工,素食面等食品加工,动植物油的进口及销售	大豆压榨处理量4000吨,日精炼能力为1200吨,年产值82亿元

续表

项目名称	主要产品	介绍
春金油脂(天津)有限公司	棕榈油脂精炼、分提,宗仁油脂的精炼、分提、加工、生产,食用油精炼,人造黄油、起酥油、代可可脂、英可可脂等产品的进口	年加工量30万吨,年产值30亿元
华美油脂(天津)有限公司	优质精炼与深加工	年加工量275万吨,年产值40亿元
嘉里粮油(天津)有限公司	生产、加工、精炼和分装各类植物油,生产人造油、起酥油等各类食品特种油脂	财富500强,年加工量80万吨,年产值58.24亿元

(资料来源于滨海新区政务网。)

三、重庆两江新区

两江新区积极构建"3331"产业体系,优化发展汽车、电子、装备制造3大制造业,培育发展大数据、大健康、绿色环保3大特色产业,提升发展金融、贸易、国际物流3大优势服务业。集聚发展十大战略性新兴服务业。近年来,两江新区在经济总量上取得了长足的进步。

(一)产业规模与结构

2016年,两江新区认真贯彻落实中央和重庆市委、市政府的决策部署,充分发掘新区管理体制调整优化的改革红利,着力在改革、开放、创新上下更大功夫,保持了经济平稳较快发展。2016年,新区全域实现地区生产总值2261亿元,较2015年增长10.9%,规模以上工业总产值4892亿元,较2015年增长6.7%;规模以上工业增加值997亿元,较2015年增长8.7%;固定资产投资2043亿元,较2015年增长15.1%。两江直管区实现地区生产总值1112亿元,较2015年增长14.3%;规模以上工业总产值3079亿元,较2015年增长10.7%;规模以上工业增加值663亿元,较2015年增长12%;固定资产投资1201亿元,较2015年增长21%。

表3-19 两江新区2016年经济数据一览表

地区	地区生产总值/亿元	增长率/%	规模以上工业总产值/亿元	增长率/%	规模以上工业增加值/亿元	增长率/%	固定资产投资/亿元	增长率/%
两江新区	2261	10.9	4892	6.7	997	8.7	2043	15.1
两江新区直管区	1112	14.3	3079	10.7	663	12.0	1201	21.0

（资料来源于两江新区政务网。）

从表3-19中可以看出，不管是两江新区还是两江新区直管区，2016年其经济都有较快发展，地区生产总值增长率均超10%，固定资产投资增长率均超15%。两者相比，两江新区直管区经济增长速度更快，地区生产总值、规模以上工业总产值、规模以上工业增加值及固定资产投资四项指标增长率均超过两江新区。

自2015年以来，两江新区在现代服务业快速发展的引领下，第三产业整体呈现较好发展，对经济增长的贡献首次超过第二产业。2015年，第二产业地区生产总值同比增加11.2%，第三产业地区生产总值同比增长15.4%。其中，金融业实现增加值228.50亿元，较2014年增长40.6%；交通运输、仓储和邮政业增加值102.50亿元，较2014年增长11.9%，营业收入较2014年增长13.9%；商务服务业营业收入较2014年增长34.3%，会展业营业收入较2014年增长86.4%，开创了新区服务业总量增大、层次提升的良好局面。

表3-20 重庆市2015年三次产业情况

地区生产总值		第一产业			第二产业			第三产业		
总量/亿元	增长率/%	总量/亿元	增长率/%	贡献率/%	总量/亿元	增长率/%	贡献率/%	总量/亿元	增长率/%	贡献率/%
4955.9	11.0	529.9	4.1	2.7	9773.3	11.3	49.4	7334.9	11.5	47.9

（资料来源于重庆统计信息网。）

对比重庆市相关数据可以发现，在地区生产总值方面，两江新区与重庆市增长率基本持平；在三次产业方面，两江新区第三产业增长率明显高于重庆市，且两江新区三次产业呈现"三、二、一"结构，而重庆市则呈"二、三、一"结构，说明两江新区相对重庆市产业结构更加合理，包括现代服务业在内的第三产业发展情况良好。

（二）产业发展概况

两江新区坚持以"中国制造2025""互联网＋"为导向，以智能化、集群化为基本路径,优化提升优势支柱产业,培育壮大战略性新兴制造业,大力发展现代服务业,加快建成内陆地区重要的先进制造业和现代服务业基地,构建"311"产业体系。"311"产业体系具体包括3大优势支柱产业、10大战略性新兴制造业和10大战略性新兴服务业。3大优势支柱产业发展概况如下。

1. 汽车产业

(1)发展重点。

依托鱼复、黄茅坪、翠云三大片区,采取"整机+零部件"垂直整合模式,积极引进国内外知名品牌和高端零部件汽车项目,形成涵盖整车生产、研发等汽车产业链条,加快建设成为综合性的世界级汽车产业基地。

(2)发展目标。

以结构优化、效益提升为目标,加快北京现代一期、上汽通用五菱二期、长安乘用车等项目达产,完善核心关键零部件研发生产体系,支持和培育"互联网+"汽车后市场。集聚长安、福特、现代、通用、力帆、小康等10个国内外知名品牌,达到370万台整车生产能力、300万台发动机产能。到2020年,力争实现产值4500亿元。

(3)代表项目。

两江新区汽车产业的代表性项目主要有:美国德纳股份有限公司在重庆两江新区所辖鱼复工业开发区建立制造装配工厂,该工厂生产的主减速器单元集成了Spicer智能互联分离式全轮驱动系统,这一技术将提升SUV、跨界车和乘用车的燃油效率。德纳公司将投资超过2300万美元建造此新设施,并将在2020年工厂达产时雇佣约130名员工。

华域大陆汽车制动系统(重庆)有限公司在两江新区鱼复工业区投资建设"汽车制动系统项目",该项目占地逾8万平方米,一期项目总投资超过6亿人民币,将生产以制动钳、真空助力器和电子驻车制动系统为主的汽车制动器零部件。

仝达产业投资(香港)有限公司(TONELUCK)汽车电子项目落户两江新区鱼复工业开发区汽车电子产业园,该项目主要生产汽车电子零部件产品,初期投资约2800万港币,达产后预计年产值1亿元人民币,项目建成后将成为仝达投资公司西南地区的生产基地。仝达投资公司汽车电子项目主要生产汽车门锁传感器、汽车机械与电子、电气零部件(执行器、开关、电控)等汽车电子零部件,为长安汽车、北汽银翔、吉利汽车、上汽通用五菱等西南地区的汽车主机厂配套。

作为重庆汽车产业发展的主战场,两江新区鱼复工业开发区规划年产整车200万台、发动机300万台,现已形成长安汽车、北京现代、上汽通用五菱、东风小康四大整车厂以及欧美日韩核心汽车零部件的"4+X"汽车产业体系。作为全国知名的汽车生产基地,两江新区汽车产业发展迅速。

2. 电子产业

（1）发展重点。

坚持集群化发展，依托重点龙头企业，开展联动招商、产业链招商，汇聚产业链上下游企业，加快发展光电显示、芯片和云计算全产业链集群，形成电子信息产业框架，打造全市重要的电子信息园。

（2）发展目标。

巩固笔记本电脑产业优势，稳量提质。围绕"芯、屏、器、核"四大重点领域，培育和发展集成电路、显示面板、智能终端以及核心配套零部件四大产业集群。到2020年，力争实现"3333"目标。

（3）代表项目。

两江新区电子产业的代表项目是重庆万国半导体科技有限公司的12英寸功率半导体芯片制造及封装测试生产基地，该项目总投资10亿美元，预计2017年下半年开始封装生产。项目的布局有助于重庆打造国家重要集成电路产业基地，促进重庆电子信息产业从笔电基地到"芯屏器核"智能终端的全产业生态链布局。重庆万国半导体12英寸功率半导体芯片制造及封装测试生产基地计划用地340亩，总投资10亿美元，将分两期建设。其中，一期总投资约4亿美元，包括芯片制造计划投资2.7亿美元、封装测试投资1.3亿美元。12英寸芯片制造一期产能为2万片/月，二期最终产能为5万片/月；芯片封装测试一期产能为500KK单元/月，二期最终产能为1250KK单元/月。项目由美国万国半导体股份有限公司（AOS）与渝富集团、两江新区战略性新兴产业股权投资基金合资经营。

3. 装备制造产业

（1）发展重点。

抢占新一轮产业竞争制高点，加快智能制造产业布局。新能源智能产业园重点发展新能源智能制造研发、制造、销售、展示、体验园区，金泰智能园重点打造集3D打印、车联网、可穿戴设备、机器人、无人机等智能装备及产品全产业链的智慧园区，良景智能园重点布局汽车电子、生物医药、医疗器械、检验检测、仪器仪表等产业。

按照高起点规划、高标准建设的要求，依托皮拉图斯、赛乐威航空科技、捷克通用飞机等项目，积极整合全球先进要素资源，引进国际一流航空企业，加快推进重庆两江航空职业学院等项目建设，形成通航研发、运营服务、教育培训、航空展览等为一体的产业集群，打造具有完整产业链的全国通航产业基地。

（2）发展目标。

做大做强风力发电、轨道交通、通机等优势装备产业，积极发展智能装备、节能环保等新兴装备产业,加快形成集生产、研发、检测和试验为一体的完备发展体系,促进集群发展。到 2020 年,力争实现产值 1500 亿元。

(3)代表项目。

海装风电是两江新区风力发电装备的代表,它作为"全球新能源企业 500 强"企业,已经建立国家海上风电工程技术研究中心和遍布全国的风机总装维护基地。

两江新区装备制造业另一个代表性项目是世界 500 强企业国机集团中国农机院压缩机产业基地项目的入驻,该项目基地总投资 15 亿元,拟用地 250 亩,将投资打造国际一流、国内领先的大型压缩机研发生产基地,从事变频螺杆式大型压缩机的研发、制造、制冷机组、螺杆式膨胀发电机组的设计、生产,开展热电联产分布式能源系统的研发运营。项目达产后,将实现年产值 30 亿元,年纳税总额 1.4 亿元。项目将引进欧洲知名厂家和技术实验室的螺杆压缩机设计、生产技术,产品较国产螺杆机重量减轻 20% ~30%,综合效率提升 10% ~15%,部分技术和指标还处于国际领先水平。成功投产后,将改变我国大型压缩机高端市场的竞争格局,推进行业良性发展。

四、浙江舟山群岛新区

舟山群岛新区积极发展海洋渔业、船舶制造业、海洋运输业、港口服务业以及滨海旅游业等主导产业,同时升级海洋产业结构,重点打造浙江舟山群岛新区海洋产业集聚区。2016 年,舟山群岛新区海洋经济总产出较 2015 年增长 12.3%,三次产业结构逐步优化。

(一)产业规模与结构

2016 年舟山群岛地区生产总值 1228.51 亿元,按可比价计算,比 2015 年增长 11.3%。舟山群岛新区 2012—2016 年三次产业变化情况见表 3 –21。

表 3 –21　浙江舟山群岛新区 2013—2015 三次产业情况

指标	2012 年		2013 年		2014 年		2015 年		2016 年	
	总量/亿元	增长率/%	总量/亿元	增长率/%	总量/亿元	增长率/%	总量/亿元	增长率/%	总量/亿元	增长率/%
第一产业增加值	83.05	5.50	95.73	7.60	100.82	5.90	112.00	4.90	130.00	7.90
第二产业增加值	385.42	12.30	411.55	9.20	430.07	11.40	453.00	10.90	489.34	11.20
第三产业增加值	383.48	9.10	423.57	7.90	490.77	10.00	529.00	8.50	609.17	12.10
增加值所占比重	9.8:45.2:45.0		10.3:44.2:45.5		9.9:42.1:48.0		10.2:41.4:48.4		10.6:39.8:49.6	

(资料来源于舟山统计信息网。)

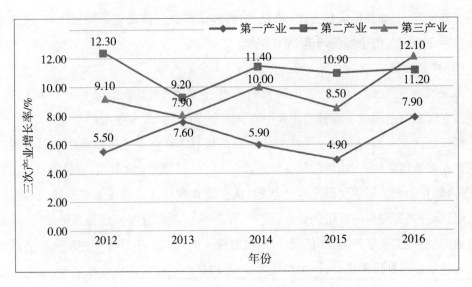

图3-11 2012—2016年舟山群岛新区三次产业增长率变化

2016年舟山群岛新区三大产业稳步发展。新区第一产业增加值130.00亿元，同比增长7.9%，水产品总产量190.25万吨，同比增长7.8%；远洋渔业53.88万吨，增长15.8%。新区第二产业增加值489.34亿元，同比增长11.2%，其中工业增加值同比增长13.1%，规模以上工业总产值1920.21亿元，同比增长15.4%，实现增加值403.34亿元，同比增长14.2%，增加值增幅位列全省首位，高于全省8.0个百分点。分行业看，规模以上工业总产值占比排名前二的船舶修造业、石油化工业分别增长19.0%和24.8%，高出规模以上工业总产值增速3.6个和9.4个百分点，拉动规模以上工业总产值增长9.6个和4.0个百分点，合计贡献率达到88.4%。新区第三产业增加值609.17亿元，同比增长12.1%，比上年提高3.6个百分点，对全市GDP的贡献率达到52.2%，拉动GDP增长5.9个百分点。主要行业港口航运业、金融业和海洋旅游业稳步发展。

2016年新区固定资产投资1311.14亿元，比上年增长15.5%。其中，建筑安装工程投资988.37亿元，增长19.4%；基础设施投资627.72亿元，增长26.1%；民间投资553.87亿元，增长4.0%。从三次产业看，第一产业投资8.59亿元，比上年增长0.5%。第二产业投资362.23亿元，比上年增长13.8%。第三产业投资940.32亿元，比上年增长16.4%。其中，水利环境公共设施管理业投资303.56亿元，增长52.5%；文教卫体娱乐业投资46.70亿元，增长10.0%；高技术服务业投资25.48亿元，增长22.7%；生态保护和环境治理业投资9.28亿元，增长53.9%。

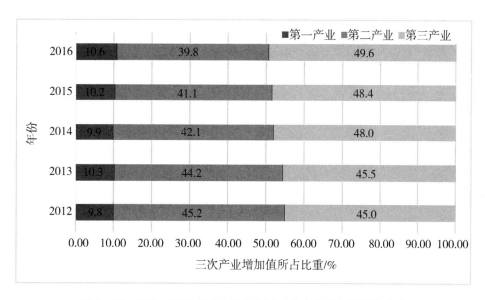

图 3 - 12　2012—2016 年舟山群岛新区三次产业增加值所占比重

(二)产业发展概况

舟山近年来一直围绕"海"字做文章,不断调整和优化产业结构,舟山市初步形成了以临港工业、港口物流、海洋旅游、海洋医药、海洋渔业等为支柱的开放型经济体系。2016 年全年新区海洋经济总产出 2959 亿元,按可比价计算,比 2015 年增长 12.3%;海洋经济增加值 862 亿元,比 2015 年增长 11.9%。海洋经济增加值占全市 GDP 的比重为70.2%,比 2015 年提高 0.2 个百分点。

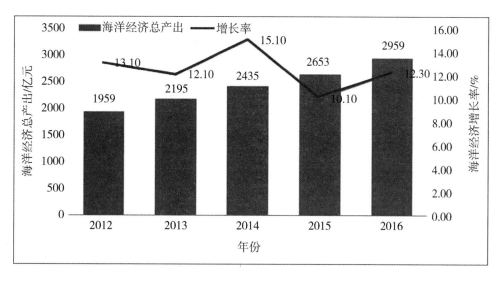

图 3 - 13　2012—2016 年舟山群岛新区海洋经济总产出及增长率

(资料来源于舟山统计信息网。)

舟山群岛新区处于我国南北海运大通道和长江黄金水道交汇地带,是江海联运的重要枢纽,是我国伸入环太平洋经济圈的前沿地区,也是我国扩大开放、通联世界的战略门户。舟山群岛新区深水岸线资源丰富、建港条件十分优越,适宜开发建港的深水岸线总长280千米,船舶避风和锚地条件良好,多条国际航道穿境而过。依托优越的港口运输条件,目前已建成亚洲最大的铁矿砂中转基地、全国最大的商用石油中转基地、全国重要的化工品和粮油中转基地、国家石油战略储备基地、华东地区最大的煤炭中转基地。舟山近年形成了以海洋渔业、船舶制造业、海洋运输业、港口服务业以及滨海旅游业等在全国乃至世界都具有相当竞争力的产业为主导的海洋经济格局;海洋产业结构不断优化,由原来以海洋渔业为主的低级结构转向以临港工业为主的较高级产业结构,并逐渐向以港口服务业、运输业以及滨海旅游业为主的高级产业结构转化。

1. 海洋渔业

舟山海域辽阔,是北方寒冷洋流与南方温暖洋流的交汇地带,非常适合鱼类生长繁殖,海洋水产资源种类繁多、产量丰富,著名的舟山渔场曾是世界上最大的渔场之一,素有"中国渔都"之美称。一直以来海洋渔业都是舟山海洋经济的传统优势产业,渔业产值长期占海洋经济总产值的50%以上,全市涉渔人口达20万以上,占全市总人口的五分之一左右,是舟山海洋经济的支柱产业之一。经过几代人的奋斗,舟山海洋渔业成功创造了"舟山带鱼""舟山大黄鱼""三疣梭子蟹"等地理标志著名的海洋产品品牌。2016年全年水产品总产量190.25万吨,比2015年增长7.8%。其中,远洋渔业产量53.88万吨,增长15.8%。新区年末海水养殖面积5623公顷,下降2.7%;海水养殖产量18.13万吨,增长27.9%,成为海洋渔业增长的最大亮点。虽然近年来由于舟山海洋环境的恶化,过度捕捞导致的近海渔业资源紧张以及海洋经济重心向第二、第三产业转移等原因,海洋渔业增加值在海洋经济总产值中的占比逐年下降,但海洋渔业在舟山海洋经济中的重要地位依然没有改变。

2. 海洋船舶修造业

海洋船舶修造业一直以来是舟山海洋经济第二产业的龙头产业。舟山海岸线资源丰富,适合船舶制造业发展的深水岸线更是分布广泛,而且舟山岛屿数量众多,船坞海面开阔,为舟山船舶修造业的发展提供了得天独厚的自然条件优势,是我国重要的船舶修造基地。目前舟山已经形成了从船舶设计、建造、维修以及相关配件生产完整的船舶修造产业体系,并培育建立起了包括整船交易、船舶零件用品、船舶修造人才市场、船舶制造设计研究院以及船舶参观博览会为一体的船舶工业服务综合市场平台。

3. 港口物流及海洋运输业

舟山港群是联通我国南北海运以及长江黄金水道的中心地带,也是我国融入环太平洋经济圈,进一步扩大对外开放,深化走向世界战略的前沿地区。舟山港域海岛众多,深水岸线丰富,岛际之间航道纵伸,水深浪小,建港自然条件非常优越。据统计,舟山深水岸线长达280千米,15米深以上岸线200千米,分布在舟山本岛、岱山岛、朱家尖岛、六横岛、金塘岛等54处,主要通航航道120余条,15万吨级以上货船通行航道14条,其中有3条达30万吨通航级别。舟山港背靠长江三角洲经济腹地,工业发达,货物需求旺盛,近几年舟山物流基础设施不断完善,标准运输公路遍布全市各个岛屿,主要各岛屿之间跨海大桥也陆续建成,港口物流业正蓬勃发展。国务院批复的《浙江舟山群岛新区发展规划》中批示,要在舟山建设港航物流核心圈,将舟山港打造成为中国一流的大宗商品国际枢纽港,成为中国东部沿海地区重要的海上开放门户。

4. 滨海旅游业

舟山众多旅游资源中最大的特色是各色岛屿众多,并且各旅游资源都依托群岛而生,特色各异。目前,舟山规划了各大主题海洋旅游区,分别是:普陀山"禅修"文化清心休闲度假岛,以沈家门、东港、朱家尖等城区文化商业区建设的"海鲜小吃美食"主题海洋美食旅游带,朱家尖打造以邮轮、游艇基地、海滨休闲度假区以及禅修体验目的为特色的"自由岛",东极岛打造以"渔"为主题的娱乐休闲度假岛,桃花岛打造武侠、爱情、影视基地文化生态旅游名岛,还有其他以温泉、海岛湿地、滑泥、体育比赛、探险、滨海港城观光为主题的岛群。

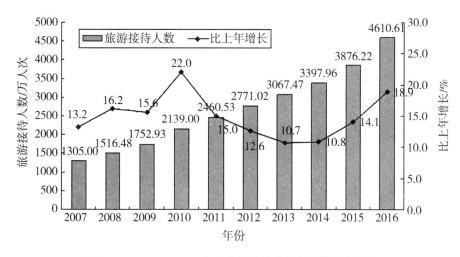

图 3-14 2007—2016 年舟山旅游接待人数及其增长速度

5. 港口服务业

舟山目前港口服务业门类丰富,涉及产业面广,既包括船舶靠泊、物资供给,也包括港口中介、港口信息、船舶交易等。近年来,随着港口开发建设加快推进,港口服务业实现了协同发展,船舶靠泊服务能力明显增强,目前全市拥有引航基地7个,引航艇14艘,引航员61人,拖轮公司6家,大小拖轮64艘,2015年共安全引领船舶9891艘次,船舶总吨5.44亿吨,营业收入2.08亿元。港口信息化建设初见成效,已建成各类港口信息服务平台10余个,涵盖港口、引航、通关、海事、检验检疫、大宗商品交易等领域;舟山港航EDI系统经过多年的完善也处于国内领先水平,现已成功接入海关、国检、海事等口岸单位和物流企业,并与国家交通运输物流公共信息平台、宁波港EDI中心、浙江电子口岸联网。船舶交易服务蓬勃发展,浙江船舶交易市场已成为国内船舶交易额较多、市场规模较大、服务功能较完善的专业船舶交易市场。2015年完成船舶交易额超过30亿元,占国内船舶交易总额的30%以上。同时积极推进中国(舟山)大宗商品交易中心建设,丰富交易模式和上线商品品种。港口中介业务范围不断扩大,服务水平明显提高,在物资供给业务方面,开创外锚地加注业务,舟山港保税油年销量达53.13万吨;同时经营业务向物料、食品等方面延伸;在理货和船货代理方面引入了竞争机制,目前全市共有4家企业开展理货业务,并发展船货代理企业约120家,2015年代理船舶约1500艘次。此外,港口金融、保险、咨询、法律、加工、贸易、港口应急救助等服务也扎实起步,并取得一定成效。

五、甘肃兰州新区

兰州新区围绕建设"西北地区重要的经济增长极",调整城市空间布局,明确新区与老城区的功能定位,着力打造石油化工、装备制造、新材料、生物医药、电子信息、现代农业和现代物流业六大产业"板块",重点发展新兴产业,其所在兰州市的三次产业结构优于甘肃省的整体产业结构。

(一)产业规模与结构

由于兰州新区三大产业数据的缺失,本部分我们通过兰州新区所在的兰州市和甘肃省的三次产业增长率以及产业结构变化情况进行分析。

表3-22 2012—2016年甘肃省和兰州市三次产业增长率

年份	第一产业增长率/%		第二产业增长率/%		第三产业增长率/%	
	兰州市	甘肃省	兰州市	甘肃省	兰州市	甘肃省
2012	7.6	6.8	12.2	14.2	14.8	12.5
2013	5.8	5.6	13.5	11.5	13.6	11.5
2014	6.3	5.6	9.1	9.2	11.8	9.5
2015	5.9	5.4	6.8	7.4	11.2	9.7
2016	6.0	5.5	4.3	6.8	10.9	8.9

(数据来源于甘肃省统计局官网、兰州市统计局官网。)

从表 3-22 可见,兰州市第一产业增长率呈现轻微的波动,最高增长率在 2012 年达 7.6%,第二产业增长率和第三产业增长率则呈下降态势,其中第二产业增长率的下降速度要快于第三产业增长率。甘肃省三次产业增长率的变化和兰州市三次产业增长率的变化大致相同,第一产业的增长率自 2012 年开始一直处于递减状态,由 2012 年的 6.8% 下降到 2016 年的 4.3%;第二产业的增长率由 2012 年的 14.2% 下降到 2016 年的 4.3%;第三产业的增长率从 2012 年开始下降,到 2016 年增长率为 8.9%。

2016 年全年甘肃省生产总值 7152.04 亿元,比 2015 年增长 7.6%,增速比前三季度提高 0.1 个百分点。其中,第一产业增加值 973.47 亿元,增长 5.5%;第二产业增加值 2491.53 亿元,增长 6.8%;第三产业增加值 3687.04 亿元,增长 8.9%。经济结构持续转型升级。产业结构不断优化,甘肃省三次产业结构比为 13.6∶34.8∶51.6,第三产业增加值占生产总值的比重比上年提高 2.4 个百分点,首次超过 50%。工业经济转型升级稳步推进,规模以上非公有制工业增加值占全省规模以上工业的 26.5%,比重比上年提高 2.5 个百分点;装备制造业增加值占全省规模以上工业的 7.0%,比重比上年提高 0.3 个百分点。城镇化率继续提高,城镇化率为 44.69%,比 2015 年提高 1.5 个百分点。

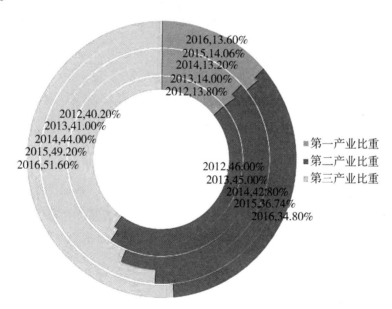

图 3-15　2012—2016 年甘肃省产业结构变化

(数据来源于甘肃省统计局官网。)

2016 年兰州市全年完成生产总值 2264.23 亿元,比 2015 年增长 8.3%。其中,第一产业增加值 60.36 亿元,增长 6.0%;第二产业增加值 790.09 亿元,增长 4.3%;第三产业增加值 1413.78 亿元,增长 10.9%。三次产业结构比为 2.67：34.89：62.44,与上年的 2.68：37.34：59.98 相比,第一产业所占比重回落 0.01 个百分点,第二产业所占比重回落 2.45 个百分点,第三产业所占比重提高 2.46 个百分点。按常住人口计算,人均生产总值 61207 元,比 2015 年增长 7.7%。战略新兴产业增加值 305.7 亿元,比 2015 年增长 13.4%,占生产总值的 13.5%。文化产业增加值 70.56 亿元,比 2015 年增长 15.84%,占生产总值的 3.12%。

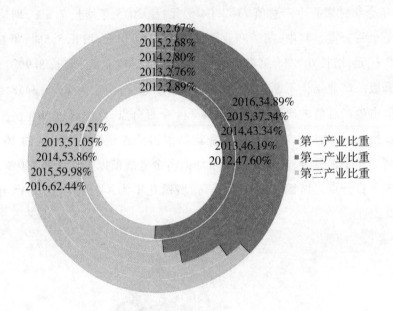

图 3 - 16　2012—2016 年兰州市产业结构变化

（数据来源于兰州市统计局官网。）

由图 3 - 15 和图 3 - 16 可以看出,从 2012 年到 2016 年甘肃省和兰州市的产业结构都处于不断的优化过程中,第一产业和第二产业占比逐年下降,第三产业占比逐年上升,但是兰州市的第一产业占比在各个年份都要大大低于甘肃省第一产业占比,第三产业的比重在各年份均高于甘肃省的第三产业比重,相比之下,兰州市的产业结构要优于甘肃省的产业结构。

(二)产业发展概况

第二产业方面,兰州新区依托兰石化、科天化工,重点发展 PX 及下游精细化工产业,着力引进中石油、中石化、中国化工等相关企业,打造精细化工产业集群;依托兰石、省建投重工、珠海银隆、知豆汽车、兰电等龙头企业,重点发展石化装备、新能源汽车、特种车辆、节能环保装备等产业,打造先进装备制造产业集群;依托长飞、四联、新西北碳素等龙头企业,打造新材料产业基地;依托佛慈、和盛堂、凯博生物等龙头企业,重点推进"西部药谷"产业园建设,发展现代中药、生物医药、医药中间体等产业,打造西北生物医药产业基地;依托青岛啤酒、益海嘉里等龙头企业,重点发展农产品精深加工产业;依托三毛集团、际华三五一二等企业,促进劳动密集型产业发展;依托丝绸之路大数据产业园等重点项目,发展电子信息、大数据等产业,争取打造全国大数据应用示范基地。主动争取政策,继续加大力度推进企业"出城入园"。按照"同业归并、实业化、集团化发展"的原则,对现有监管企业及国有资本优化整合,新区监管企业通过股权合作、独立出资等形式投资新区急需的生产经营型和生活服务型产业,实现新区国有企业向实体化经营、集团化发展、资本化管理转变,不断壮大新区国有企业实力,成为新区未来发展的支撑。激励非公经济发展,全面落实鼓励民间投资各项政策,使非公经济享有同等国民待遇;引导金融机构开发融资租赁、货单质押等适合非公企业特点、灵活多样的金融产品,解决企业融资难、融资贵的问题;在政策、资金、市场、服务上向诚信非公企业倾斜,积极解决企业的困难,推动非公经济快速增长。

第三产业方面,兰州新区以奥特莱斯、瑞岭国际、万利商贸城等大型商业综合体投入运营为依托,带动商贸业大发展;以北站物流园、航空物流园等项目为依托,带动物流业大发展;以长城影视、西部恐龙园、环球嘉年华等项目为依托,带动旅游业大发展;以职教园区建设为依托,带动教育产业大发展;以瑞岭国际酒店、航空小镇等项目为依托,带动住宿餐饮业大发展。完善服务业优惠政策,加快促进研发设计、检验检测、金融信息、中介服务等生产性服务业发展壮大,加快培育高端商务、房屋租赁、电子商务、文化体育、健康养老等城市功能性服务业,进一步提升服务业对人气商气的吸纳和聚合。

1. 农业产业与其他服务业有机结合

为加速农业供给侧结构性改革,促进农业生产、农产品加工、销售、餐饮、休闲及其他服务业有机整合,兰州新区通过产业集聚、产业联动、技术渗透、体制创新等方式,对资本、技术以及资源要素进行集约化配置,不断加速农业转型升级,重点打造以玫瑰及牡丹种植、肉羊养殖为主的特色产业,努力实现新农村与城镇化协同发展,生态绿化、休闲旅游与现代农业协同发展,初步探索出了以工业理念运作农业,以农业促进服务业综合发展的有效路径,进一步推动农村一、二、三产业深度融合发展,切实助力农民增收、农业增效。

表 3 - 23　兰州新区农业产业与其他服务业有机结合情况一览表

发展模式	发展情况
"种＋养＋加"结合发展模式	兰州新区春晖养殖场通过玫瑰林下鸡养殖，引导周边农户与企业建立合作协议，重点发展玫瑰生态鸡，通过产品初加工包装，形成了以玫瑰种植为主基调、生态鸡养殖为主方向、产品初加工为主手段的运营模式，实现了玫瑰种植与生态养殖协同发展，生态养殖与产品初加工协同发展，建立了"种＋养＋加"联合发展模式。目前，该养殖场在国家商标局注册"春晖叙农"商标 1 个，获得农业部①"无公害农产品认证"和省农牧厅无公害农产品产地认证。该养殖场年产值 1800 万元，实现利润约 600 万元，直接受益农户达 300 多户
"公司＋基地＋农户"发展模式	兰州双龙蔬菜保鲜有限公司和兰州万和蔬菜保鲜有限公司，通过建立西岔镇高原夏菜基地，以公司为依托，以农户为基础，形成了集高原夏菜种植、收购、冷藏保鲜、销售等综合一体的高原夏菜产业发展模式，初步形成了"公司＋基地＋农户"的联合经营体系。目前，该模式已成为当地农民脱贫致富的重要手段，直接带动农户约 3000 人，高原夏菜基地已成为新区农业发展样板区
"生产＋加工＋休闲"发展模式	甘肃中川牡丹园充分利用国家和省市有关发展油用牡丹的优惠政策，在秦川镇新昌村流转土地 450 亩，并与 167 户村民签订育苗协议，建立油用牡丹育苗基地。目前，已建成集牡丹种植、荒山绿化、休闲观光、牡丹系列产品加工等综合一体的多功能农业生产基地，打造出牡丹精油产品 4 个，实现年收入逾 3000 万元，参与农户的土地每亩年收入达 3000 多元。同时，成功举办兰州中川国际牡丹文化生态旅游节，积极探索发展农业观光旅游业，成为典型的"生产＋加工＋休闲"一、二、三产联动发展的企业。甘肃中渭生物技术科技有限公司在中川镇兔墩村建成的农业休闲基地可提供草莓、油桃、蔬菜采摘及鸡养殖等农事体验，儿童游乐观光和老年大学培训等服务，同时进行农产品包装加工等，实现年产值 1000 余万元，成为兰州新区休闲观光农业的一张名片
"生产＋加工＋服务"发展模式	兰州新区康瑞现代农业开发有限公司分别在秦川镇实施现代设施大棚种植、发展农产品加工冷链物流，在职教园区建设中央大厨房，建成了集仓储、农产品调运、餐饮服务等为一体的现代农业产业基地，形成了农产品种植示范带动种植业发展，农产品冷链物流促进农业产业升级，中央大厨房建设拉动农产品从生产到餐桌的产业链，有效促进了一、二、三产业的联动发展
"政府＋企业＋服务"模式	通过政府购买社会服务方式，与兰石集团兰驼农业装备有限公司签订合作协议，由该公司承接新区农机购置补贴、挂牌、审验、培训等工作，全面提升新区农机服务水平

（资料来源于兰州新区政务网。）

---

① 2018 年 3 月 13 日，十三届全国人大一次会议审议国务院机构改革方案，组建农业农村部，不再保留农业部。

2. 高端生物医药产业为新区新兴产业

甘肃省是全国中药材主要产地之一,素有"千年药乡""天然药库""岐伯故里"之称。甘肃省中药材种植面积达到 388 万亩,年产量 99 万吨,两项指标均居全国第一。

当前,国家正在实施向西开放的重要战略,蓬勃发展的兰州新区抢抓"一带一路"发展机遇,甘肃省卫计委、食品药品监管局等部门联合制定了《甘肃省中医药产业发展先行先试实施方案》,明确提出要积极发展中医药服务贸易,加强中医药在"一带一路"建设过程中的"黏合剂"作用,鼓励中医行业"走出去"提出的顶层设计。

在国家大力提倡"一带一路"发展的当下,佛慈制药以极高的战略眼光向兰州新区投资了占地 574 亩的佛慈制药科技工业园,将形成年产浓缩丸 150 亿粒、大蜜丸 2 亿粒、片剂 5 亿片、胶囊剂 9 亿粒、颗粒剂 500 吨、液体制剂 160 万升的能力,同时建立工程化、规范化、专业化的现代中药制剂研发体系和技术服务平台。项目整体建成后,将成为国内一流的集制药、大健康及相关产业于一体的现代化研发与生产基地,届时将形成 14 亿元的产销规模。

3. 商贸旅游业融合发展

兰州新区坚持内外贸协同发展、商务业态和文化旅游齐抓共管、公共服务配套和商贸项目建设同步推进的工作思路,商贸和旅游互为支撑融合发展,取得了显著成效。

(1)坚持以商业集人气,着力推动商贸服务快发展。不断完善商业网点规划布局,努力扩大商贸服务业总量,2017 年 1—6 月完成第三产业增加值 5.47 亿元,同比增长 11.87%,其中社会消费品零售总额预计完成 5.57 亿元,同比增长 10.4%;限额以上企业社会消费品零售总额 0.29 亿元,同比增长 27.4%;限额以下社会消费品零售总额 5.28 亿元,同比增长 9.5%;批零住餐四大行业呈三升一降,完成批发业商品销售额 22.7 亿元,同比增长 5.99%;零售业商品销售额 2.58 亿元,同比增长 11.6%;餐饮业营业额 0.72 亿元,同比增长 24.6%;住宿业营业额 0.14 亿元,同比下降 32.4%;其他营利性服务业实现营业收入 0.26 亿元,同比增长 5.8%。新注册限额以上批发及零售住宿餐饮企业(含个体户)24 家,其中商贸企业 13 家,大个体 11 家。

(2)坚持以开放聚商气,着力拓宽向西开放大平台。积极抢抓"一带一路"发展机遇,充分发挥综合保税区平台作用,不断提升对外开放层次和水平。第一,充分发挥综保区平台作用。新区综保区累计注册登记企业 220 家,2017 年 1—6 月完成进出口贸易额 13.7 亿元,完成招商引资到位资金 6.445 亿元,完成固定资产投资 3550 万元。第二,不断完善铁路口岸功能。铁路口岸海关监管场所建成并通过验收,综保区全省电子口岸配套设施建设完成,中川国际机场获批进口冰鲜水产品及水果指定口岸。兰州铁路(临时)口岸正式获批并通过验收,进口肉类指定查验场所获批建成。第三,不断畅通国际物流通道。"兰州—迪拜""兰州—达卡"国际货运包机成功首航，中亚、南亚、中巴等国际货运班列相继开通，成功开通全国唯一至南亚的兰州至南亚（兰州—尼泊尔）国际公铁联运通道。"兰州号"国际货运班列实现双向常态化运营，2017 年 1—6 月发送班列 15 列，发运标准集装箱 1240 个，同比增长 44.5%；货运量 13251 吨，同比增长 25.6%；货值 2979 万美元，同比增长 28.6%。

（3）坚持以旅游提名气，着力打造文化旅游新形象。坚持以项目建设为突破，以节会活动为载体，高标准打造旅游品牌，深层次开发旅游产品。第一，加快旅游项目建设。按照"激活存量、扩大增量"思路，切实抓好重点景区、重点旅游项目的规划建设，加快推动西部恐龙园、长城影视基地、国际嘉年华主题乐园等文化旅游项目，秦王川国家湿地公园、中川牡丹园景区已建成，西部恐龙园、长城影视基地、蓝天城等项目开园营业。第二，加快基础设施配套。委托省建设计院规划设计服务设施布局方案，对大型旅游项目周边基本设施进行合理布局，配套优化旅游道路、游客服务中心、景区停车场、旅游厕所等基础设施。加紧制定完善旅游标识系统，确保景区旅游交通基本畅通，游客集散中心及应急避险场所建设保障完善。围绕吃、住、行、游、娱、购六大要素配套完善商业服务设施，确保游客吸得来、留得住。第三，精心组织旅游节会。以长城影视城、西部恐龙园、滑水训练基地、蓝天城等文化旅游项目开幕为契机，积极开展以"创业新城、乐游新区"为主题的文化旅游推广月活动，通过开展创意性、体验性、参与性的娱乐项目，吸引省内外游客来新区观光、体验、消费，全力打造新区旅游标志和宣传平台。

4. 科技型产业快速发展

科技型企业是实现技术创新的生力军，是科技成果转化的有效载体，是高新技术产业的摇篮。近年来，兰州新区深入实施创新驱动发展战略，不断创新科技体制机制，着力推进科技型企业快速产业化、规模化。近期，兰州新区确定凯博药业、北科维拓、微纳碳产业园、未来新影视 IDC 项目等 4 个具有"爆发式"增长潜力的项目，作为第二批扶持科技型企业快速产业化试点项目，着力推动科技型企业快速发展壮大，促进新区产业集聚发展。

（1）北科维拓大数据产业园项目。

北科维拓是一家集软件产品开发、智能设备制造、系统集成、第三方支付金融服务为一体的高新技术企业。计划投资 12 亿元，在兰州新区打造万支付结算中心和大数据智能制造产业园区。该企业经过多年的积淀和发展，具有以下优势：第一，主营业务属国家扶持的战略性新兴产业范畴，符合国家大数据产业发展战略方向。第二，作为兰州本土培育的国有参股高新技术企业，科技团队稳定，具有很强的项目研发和产业化的能力。第三，利用空间地理信息技术自主研发的三维数字社会服务管理系统，是工信部确定的国家行业标准,具有核心竞争力和可持续盈利增长点,市场空间广阔,成长潜力巨大。第四,在第三方支付金融服务中,拥有甘肃省唯一的支付牌照,填补了省内的第三方支付空白,短期内能迅速实现爆发式增长,有效地补充和完善了新区大数据产业链条。第五,其独特的商业模式具有很强的市场竞争优势,支撑未来的高成长性。

（2）凯博药业止血新材料项目。

凯博药业是一家长期致力肽类药物研发的创新型企业,计划投资3.5亿元,在兰州新区建设多肽类药物及医用生物材料生产基地。该企业经过多年的积淀和发展,具有以下优势:第一,团队稳定可靠,富有创业精神,有持续推进项目研发和产业化的能力。第二,主营领域属国家扶持的战略性新兴产业范畴。第三,拥有肽类药物领域多项核心专利技术,其自主研发的动脉创伤止血材料国际领先,产品有广阔的市场空间和巨大的成长潜力,短期内能迅速实现爆发式增长。第四,生产工艺短期内无人替代,产品的性价比具有绝对竞争优势。第五,科技成果已完成孵化,具备产业化条件。

（3）纳富迪斯微纳碳产业园项目。

纳富迪斯是一家长期致力碳材料研发和创新应用的科技创新型企业,计划投资4亿元,在兰州新区建设微纳碳产业园及冲击波与爆轰波合成国家重点实验室。该企业经过多年的积淀和发展,具有以下优势:第一,冲击波与爆轰波合成技术水平达到国内同类产品领先地位,自有知识产权。第二,生产工艺独特,短期内无法替代。第三,产品应用广泛,需求量大,有巨大的市场做支撑,且短期内市场竞争因素较少。第四,项目团队以中科院宁波研究所为支撑,并联合了北京理工大学、兰州大学等多所高校、科研院所,拥有院士、教授、博士等多名高层次科研人才,具有持续研发能力,可加快研发进程。第五,管理团队稳定可靠,富有创业精神,有持续推进项目产业化的能力。

（4）未来新影视IDC项目。

未来新影文化传媒（北京）有限公司是一家长期致力广播电视节目制作、文化艺术交流开展的公司,计划投资5亿元,在兰州新区建设未来新影视IDC,包括影视科技研发基地、影视云IDC、4K影厅、数字影棚、数字动捕棚、培训基地、影视项目孵化基地等。

六、广州南沙新区

近五年中,南沙新区的一、二产业比重下降,第三产业比重上升。新区积极筹建汽车产业基地、石化产业基地、服务外包基地、电子信息制造业基地、港口物流产业基地、机械装备制造产业基地以及船舶制造产业基地等,努力推进新区建设,成为推动区域发展的新动力。

（一）产业规模与结构

2016 年,南沙以自贸试验区建设为根本,统筹推进国家级新区开发建设,积极做好稳增长、调结构、促改革、惠民生等各项工作,形成了"双区"蓬勃发展的良好态势。初步核算,全区实现地区生产总值 1278.76 亿元,按可比价格计算,比上年(下同)增长 13.8%。其中,第一产业增加值为 54.51 亿元,增长 2.1%;第二产业增加值为 843.22 亿元,增长 9.1%;第三产业增加值为 381.03 亿元,增长 28.6%。南沙新区 2012—2016 年三次产业变化情况见表 3-24。

表 3-24　2012—2016 年滨海新区三次产业变化情况

年份	第一产业		第二产业		第三产业	
	总量/亿元	增长率/%	总量/亿元	增长率/%	总量/亿元	增长率/%
2012	41.43	5.62	591.64	10.63	180.49	9.52
2013	45.95	2.90	674.74	14.10	187.34	8.30
2014	48.85	4.90	759.86	13.80	207.64	11.30
2015	51.60	4.80	804.02	11.00	277.45	23.60
2016	54.51	2.10	843.22	9.10	381.03	28.60

(资料来源于广州南沙新区国民经济和社会发展报告。)

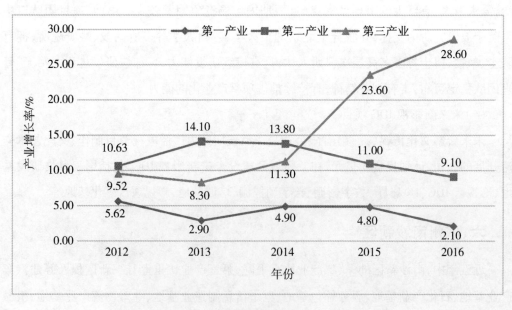

图 3-17　2012—2016 年南沙新区三次产业增长率变化

结合表 3–24 及图 3–17 可以发现,2012—2016 年,南沙新区第一产业总量在不断增加,由 2012 年的 41.43 亿元增加到 2016 年的 54.51 亿元。但是第一产业增长率在波动中呈下降的趋势,由 2012 年的 5.62% 下降到 2.10%,这与南沙新区第二、第三产业的活跃发展紧密相关。新区第二产业的总量增长较大,由 2012 年的 591.64 亿元增长到 2016 年的 843.22 亿元,在增长率方面,可以明显发现第二产业的增长趋势呈"倒 U 形",由 2012 年的 10.63% 增长到 2013 年的 14.10%,随后转为下降趋势,在 2016 年增长率为 9.10%。此外,观察第三产业的总量变动情况可以发现,2016 年新区第三产业总值首次"破 3",达到 381.03 亿元。近五年,南沙新区的第三产业增长率迅猛,2016 年增长率达到 28.60%,这离不开新区对以现代服务业为主的第三产业的合理规划及政策支持。

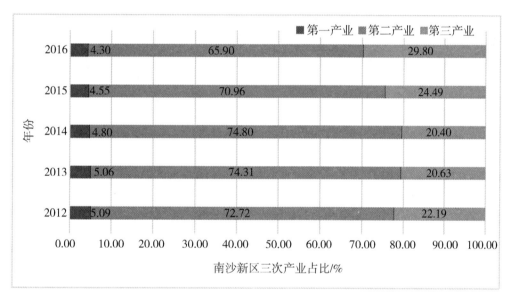

图 3–18　2012—2016 年南沙新区三次产业占比情况

从图 3–18 中可以发现,南沙新区 2012—2016 年三次产业变动中较为明显的是第二产业及第三产业。其中,以工业为主的第二产业所占比重由 2012 年的 72.72% 先增加至 2014 年的 74.80%,随后比重开始下降,2016 年第二产业占比为 65.90%;虽然第二产业占比较以前年度有所下降,但是第二产业的比重仍然过半,这是由于区域的工业的发展及前期相应园区投入后所带来的聚集效应所导致。第三产业占比情况图形走势大概呈"U 形",其于 2012 年的 22.19% 下降到 2014 年的 20.40%;由于新区对诸如金融业等现代服务业为主的第三产业的培育与支持,致使区域内第三产业占比不断增加,到 2016 年达到了 29.80%。以农业为主的第一产业占比较为稳定,近五年来维持在 5% 左右。新区的产业结构为"二、三、一"。

为了进一步说明国家级新区的发展情况及趋势,在本部分的分析中,引入南沙新区与广州市的三次产业占比变动对比。从图3-19中可以看出,广州市的产业结构为"三、二、一"。区域内经济发展以第三产业为主,2016年,广州市实现地区生产总值(GDP)19610.94亿元,第二、三产业对经济增长的贡献率分别为23.0%和77.0%。这与新区"二、三、一"的产业结构有明显的差异,可以发现南沙新区产业结构中第二产业占比超过了第三产业,而广州市则与之相反。因此,新区在未来的发展中因借助自身现有优势,不断调整及优化产业结构,促进全区经济的稳定繁荣发展。

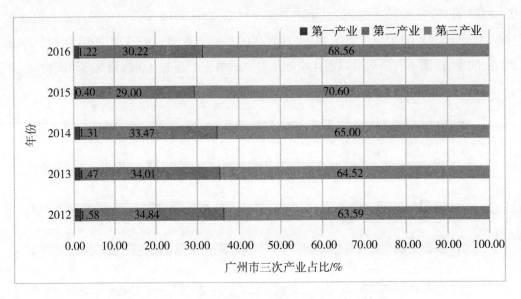

图3-19 2012—2016年广州市三次产业占比情况

(二)产业发展概况

2016年,南沙新区实现工业总产值3141.63亿元,较2015年增长8.0%;实现工业增加值790.37亿元,较2015年增长9.4%。规模以上工业企业实现产值3055.63亿元,较2015年增长8.0%。装备制造业实现产值1246.11亿元,较2015年增长6.8%,占全区规模以上工业产值比重的40.8%,其中汽车制造业实现产值852.43亿元,占全区规模以上工业产值的29.7%;铁路、船舶、航空航天和其他运输设备制造业完成产值182.4亿元,较2015年增长49.2%;化学原料和化学制品制造业完成产值450.94亿元,较2015年增长8.0%;电气机械和器材制造业完成产值285.07亿元,较2015年增长8.6%;酒、饮料和精制茶制造业完成产值136.21亿元,较2015年增长17.2%。

当前,南沙的产业基础坚实,形成了现代服务业与先进制造业并重的产业框架,汽车、船舶、重大装备等先进制造业和航运物流、科技创新、服务外包、创新金融、融资租赁、跨境电商、总部经济等现代服务业快速发展。拥有全球单港排名前12位的港口及航运枢纽、国家排名前3的造船基地、汽车和零部件制造及出口基地、先进装备产业集群,以及中科院、香港科大等多个国家级科研创新和孵化机构,众多世界 500 强企业已陆续进驻。南沙将大力发展具有较强竞争力的汽车、钢铁、造船、石化、重型机械装备等临港工业基地,以服务外包、软件技术、电子信息和生物医药为重点的高新技术产业基地和以广州港南沙港区为依托的港口物流基地,形成"区位品牌",建设一个现代化生态型滨海新城区。

1. 汽车产业基地

广州南沙国际汽车产业园以广州丰田项目为龙头,包括广州丰田整车及发动机项目、广汽产业园及其配套的零部件、物流、服务企业。南沙国际汽车产业园 A 区占地 20 多平方千米,位于丰田整车厂旁,包括零部件生产区、物流贸易区、综合服务区、研发中心等。一批如日本电装、丰田通商、三五等与广州丰田汽车配套的 20 多家一级零部件企业和汽车物流企业也相继投产。南沙国际汽车产业园 B 区占地 15 平方千米,是高标准的国际化的产业园区。

2015 年丰田汽车整车产量达 40. 35 万台,比 2010 年增长 50. 34%。黄阁全镇汽车制造业完成总产值 838 亿元,比 2010 年增长 18%。目前,广汽丰田三期工程顺利奠基,部分新车型和发动机新型号已投入量产。此外,平行进口汽车试点工作顺利推进,航运物流业稳步发展,新增海嘉和近洋等两个汽车滚装码头项目建设。沙仔岛汽车码头 2015 年汽车装卸量达 49 万台,比 2010 年增长 104%。

此外,作为南沙实施创新驱动战略的重要支撑项目,占地面积约 96 万平方米的广汽丰田第三生产线将会成为丰田最先进的生产线,并有望"达到丰田全球 NO.1 生产水平"。建成后,前期年产可达 10 万辆,未来根据需要可快速扩充至年产 22 万辆。届时,广汽丰田总产能可达到每年 60 万辆,并将进一步推进南沙汽车产业的优化升级。

2. 石化产业基地

南沙贯彻生产发展与环保、生态相协调的思想,坚持"基地化、大型化、集约化、现代化"原则,建设世界级石化产业基地。南沙临港石化基地主要布局于万顷沙 15 – 17 涌之间,规划占地面积约 8 平方千米。中石化与科威特国家石油公司联合开展的年产量达 1500 万吨炼油、100 万吨乙烯项目计划落户南沙。位于黄阁的小虎化工园区占地约 5 平方千米,已建设成为石化产品储运、配送及生产基地,小虎石化码头已建成投产,是珠三角地区最大的石化专业码头。一批较大的石化中下游项目包括新加坡的科迪树脂、泰山石化储运,日本的新日石润滑油、东曹 PVC、宇田化工,法国的沙多玛特种丙烯酸酯等也已建成投产。

3. 服务外包基地

以南沙资讯科技园、南沙服务外包产业园、南沙科技创新中心、广州中国科学院工业技术研究院和香港科技大学霍英东研究院等"三大载体、两大平台"为主体建设服务外包基地,重点发展 IT 服务外包、跨国公司财务外包、现代物流业务外包、软件产品研究开发及技术支持业务外包、投资及管理咨询业务外包、人力资源服务业务外包等服务外包产业。进一步接轨香港、融入海外,借助紧靠香港的区位优势打造国际服务外包"产业中心",努力成为广州、珠三角乃至世界服务外包的承接地,实现优势互补。

4. 电子信息制造业基地

南沙新区充分发挥区位优势和经济技术开发区、资讯科技园、出口加工区等国家级经济功能区的政策、体制优势,依托广州科技中心、珠三角发达的制造业和港澳的技术、资金、人才,着力引进一批光电子通信、集成电路、平面显示器、电子电器等高新科技龙头项目,形成电子信息产业链。生产光电子元器件的广州南沙慧视通讯科技项目已投产;香港科技大学 8 个研究中心都已开始运作或正在积极筹建;广州市政府与中国科学院合作在南沙成立了广州中国科学院工业技术研究院,筹建重点实验室和国际研发中心。

此外,依托广州信息产业国家高技术产业基地和国家软件产业基地,重点吸引国内外物联网、互联网、电子信息等企业总部及分支机构落户。以物联网核心芯片、智能设备、信息集成服务为重点,壮大物联网、云计算等新兴产业,推动物联网技术广泛应用;积极发展电子产品关键部件等高端制造业,建设新型电子信息产业基地。

5. 港口物流产业基地

南沙国际物流园区主要沿广州港南沙港区深水码头直接作业区外围设置,是为南沙港区配套的后方物流服务用地,规划面积约 65 平方千米,周边有南沙港快速、虎门高速、京珠东线等高快速路。广州港南沙港区是广东省发展现代化港口物流业的重要基地,是南沙地区基础产业发展的重要配套工程,为临港工业提供大型专业码头配套服务。截至 2017 年底,广州港南沙港区已建成 16 个 10 万吨 ~ 15 万吨的集装箱泊位,泊位综合通过能力、集装箱通过能力分别达到了 3.74 亿吨、1576 万标箱,最终将建成华南地区最具有规模的枢纽港之一,为珠江三角洲两岸特别是珠江西岸地区的货物进出提供服务。2016 年,全区港口货物吞吐量 3.04 亿吨,较 2015 年增长 7.9%;集装箱吞吐量 1272.91 万标箱,较 2015 年增长 8.1%。2016 年末,全区拥有集装箱班轮航线 101 条,其中外贸航线 73 条、内贸航线 28 条。全年新落户航运物流企业 1540 家,全球最大的运输船队——中远海运散货公司落户南沙。

此外,南沙正积极推进龙穴岛保税物流园区、非保税物流园区和江海联运园区的建设,引进仓储、码头服务等物流项目,尤其是适合南沙港口发展的大宗原材料运输、能带来增值效应的特色物流项目,发展物流、仓储、配送、保税加工、运输、装卸、代理、进出口等物流业务,发展远洋集装箱运输、内陆国际集装箱运输和第三、四方物流服务业,形成立足珠三角、面向全世界的现代化物流产业基地。

6. 机械装备制造产业基地

重点发展大型发电设备、大型化工设备、港口作业机械、环保机械、轨道交通设备、数控机械、成套设备等系列产品。通过三菱重工东方燃气轮机、东方电气集团核电设备出海口基地、广重海瑞克隧道挖掘机、西电集团高压输变电设备等重大装备工业项目建设，带动其他机械装备企业及相关企业落户发展，延伸机械装备工业产业链，将南沙新区建成广东省重型机械装备工业的生产与研发基地。

此外，聚焦高端研发、精密制造和系统集成环节，推动重大技术装备自主化。依托南沙核电装备产业基地和广州重大装备制造基地（大岗）等平台，重点发展核电设备、新型发电和输变电设备、节能环保装备、数控设备、钢材深加工装备等高端装备和大型工程装备以及隧道机械设备等重型装备，建设国家重大成套技术和装备产业基地。

7. 船舶制造产业基地

南沙以丰富的水运岸线资源为依托，以中船集团为龙头，建设大型造船和修船坞，以满足建造 30 万吨超级油轮和修理改造大型船舶的要求。重点生产大型船舶、海洋工程船舶制造、集装箱、大型钢结构产品以及船舶修理改造，发展与船舶工业相关联的企业和产品，积极发展海洋工程产业。推进中船龙穴造船基地和广州重大装备制造基地（大岗）建设，推动中船龙穴基地理顺工艺流程，优化产能。以高技术、高附加值系列船型为方向，重点发展船舶制造、船舶修理、船用设备和配套产品、船舶技术研发及售后服务产业，建设世界级大型修造船基地。发展大型港口作业机械、深水航道建设工程机械等重型机械装备和海洋资源勘探、海上石油钻井平台等海洋工程装备，建设辐射东南亚的现代化海洋工程装备制造基地和海洋开发综合服务与保障基地。

七、陕西西咸新区

西咸新区 2016 年全区生产总值较 2015 年增加近 10%，全区致力发展航空物流、信息服务、高端装备制造等主导产业，同时积极建设基础设施，完成相关配套服务的建设。硬环境和软实力的双重建设使得新区入驻企业增多，其中不缺乏一些知名大型企业。

（一）产业规模与结构

一直以来，西咸新区深入贯彻落实新发展理念，紧扣追赶超越定位和"五个扎实"要求，抢抓全面代管托管机遇，坚持以构建现代产业体系为核心，及早谋划，积极作为，增长动力不断累积，积极因素不断增多，投资增势不减，呈现稳中有进的发展态势。2016 年，全区实现地区生产总值 475 亿元，同比增长 9.94%，高出陕西省增速 2.3 个百分点。

2017 年 1—5 月，新区完成固定资产投资（不含农户）555.49 亿元，同比增长 16.2%，较 1—4 月提高 1.7 个百分点，较一季度提高 7.9 个百分点，增速高于西安平均增速 9.2 个百分点，高于全省 1.8 个百分点。投资增速逐月回升，其中，房地产开发完成投资 73.1 亿元，同比增长 22.6%。前 5 月，工业投资 63 亿元，同比增长 50.7%；高技术产业投资 41.11 亿元，同比增长 1.1 倍;生产性服务业投资 79.18 亿元,同比增长 42.6%,均较 2016 年有较大幅度提升,为新区后续工业增长打下一定基础。新区施工项目 655 个,比 2016 年同期增加 165 个,同比增长 33.7%,其中,亿元以上项目 488 个,比 2016 年同期增加 159 个,同比增长 48.3%。

2017 年,西咸新区把产业发展作为新区的首要任务,围绕西安市"三廊两轴两带一通道"产业布局,紧抓战略性新兴产业、现代服务业和都市农业,加快打造现代产业体系;计划全年引进并开工投资额 20 亿元以上重大项目不少于 15 个,10 亿元~20 亿元重大项目不少于 25 个。建立规模以上企业预备库,抓好准规模企业申报入库,做到应统尽统,并对年内计划投产的在建项目进行重点监控。坚持项目带动战略,组织实施重点项目建设计划,全力推进 664 个重点项目建设,实行项目进度月点评、季督查、半年观摩制度,推动中国西部科技创新港、西工大翱翔小镇、斗门水库等一批重大项目加快建设,力争上半年启动绿地集团高层建筑群建设,年底前开工建设 501 米高的绿地丝路国际中心。①

（二）产业发展概况

西咸新区自成立以来,围绕"产城一体"的发展理念,鼓励多种产业竞相发展,逐步构建了航空物流、信息服务、高端装备制造等主导产业。

航空物流产业方面,新区已引进南方航空、奥凯航空等 6 家航空货运公司,普洛斯等 8 家世界 500 强物流企业和中外运等 7 家中国 5A 级物流企业,阿里巴巴、京东、大龙网等电子商务巨头,FedEx、UPS、DHL、日本近铁、嘉里大通、德国辛克等 40 余家国内外大型货代公司,形成了物流地产及仓储、货物代理、快件转运与分拨、货物运输和转运、（跨境）电子商务等产业链环节,航空物流产业链基本形成。

信息服务业方面,新区已聚集微软、中国联通、中国电信、中国移动、陕西广电网络四大运营商,建立了国家 10 部委数据备份中心,入驻了淘宝等 6 家知名培训机构,形成了以信息服务和信息技术产业为核心,覆盖大数据、云计算、物联网、电子政务、电子商务等领域的较为完善的产业链。

高端装备制造业方面,新区聚集了华晨汽车、力拓重工、西玛电机、秦星新能源汽车等大型制造业企业,涉及领域包括野外作业房车、押钞车以及其他定制特种车整车制造、煤矿设备生产、电机制造、新能源汽车整车制造,完成高端装备制造业的初步聚集。华晨汽车一期已经封顶,建成投产后可实现销售收入 260 亿元。

八、贵州贵安新区

贵安新区构建了以大数据引领的电子信息、高端装备制造、大健康医药、文化旅游、

---

① 1—5 月西咸新区经济运行总体平稳稳中有进［EB/OL］.（2017-06-26）［2017-11-06］. http://www.xixianxinqu.gov.cn/aboutx/xinxi/tongji/2017/0626/10779.html.

现代服务业为主的战略性新兴产业框架,并出台相应的政策予以支撑,2016 年全年生产总值大幅提升,达到 113.2 亿元,其中,大数据、大健康医药产业是新区的特色主导产业。

(一)产业规模与结构

2016 年贵州省全省地区生产总值 11734.43 亿元,比 2015 年增长 10.5%。按产业分,第一产业增加值为 1846.54 亿元,增长 6.0%;第二产业增加值为 4636.74 亿元,增长 11.1%;第三产业增加值为 5251.15 亿元,增长 11.5%。第一产业、第二产业、第三产业增加值占地区生产总值的比重分别为 15.8%、39.5%、44.7%。人均地区生产总值为 33127 元,比 2015 年增加 3280 元。贵州省 2012—2016 年三次产业情况具体见表 3-25。

表 3-25　贵州省 2012—2016 年三次产业情况

年份	地区生产总值/亿元	第一产业		第二产业		第三产业		产业结构
		总量/亿元	增长率/%	总量/亿元	增长率/%	总量/亿元	增长率/%	
2012	6852.20	891.91	8.5	2677.54	16.8	3282.75	12.1	13.0:39.1:47.9
2013	8086.86	998.47	5.8	3276.24	14.1	3812.15	12.6	12.3:40.5:47.2
2014	9266.39	1280.45	6.6	3857.44	12.3	4128.50	10.4	13.8:41.6:44.6
2015	10502.56	1640.62	6.5	4146.94	11.4	4715.00	11.1	15.6:39.5:44.9
2016	11734.43	1846.54	6.0	4636.74	11.1	5251.15	11.5	15.8:39.5:44.7

(资料来源于贵安新区官网。)

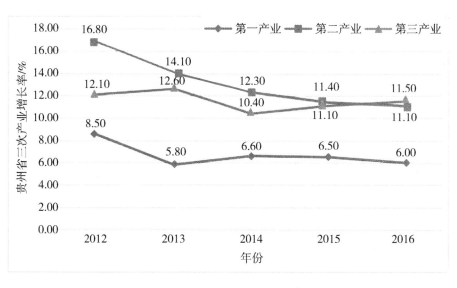

图 3-20　贵州省 2012—2016 年三次产业增长率变化

2016 年贵安新区直管区全年完成地区生产总值 113.2 亿元,同比增长 74.13%;全社会固定资产投资完成 615 亿元,同比增长 50%,初步构建了以大数据引领的电子信息、高端装备制造、大健康医药、文化旅游、现代服务业为主的战略性新兴产业框架。富士康、三大运营商、华为、五龙汽车等项目加快推进,一大批企业落户新区,全年新增市场主体 4116 户,新增注册资金 1308 亿元,同比分别增长 68%、323%。新增 4 个区域总部入驻新区。聚集孵化平台 11 家、服务机构 30 家、在孵企业 393 家。大数据产业规模达 250 亿元。云漫湖国际休闲旅游度假区开园并获国家旅游局①评选旅游服务最佳景区,车田景区获批 4A 级景区,旅游总收入实现 20 亿元。实施培育企业上市"春蕾行动计划",1 家企业在"新三板"挂牌交易,上市企业实现零的突破。

(二)产业发展概况

1. 装备制造产业

2015 年,贵安新区出台高端装备制造产业发展行动计划,重点发展民用航空等七大产业。根据计划,贵安新区将重点发展民用航空、智能制造、新能源汽车、轨道交通装备、医疗健康装备、环保节能装备、高端装备制造基础件及工艺七大产业。贵安新区将着力培育 1 至 2 家销售收入 10 亿元、10 家以上销售收入 1 亿元的重点企业,带动一批具有核心竞争力的中小配套企业,形成优势互补、协同发展的产业体系,到 2017 年,形成民用航空、智能装备、新能源汽车等重点领域高端装备制造能力全面提升的格局,成为国内有地位的航空发动机高端装备制造中心。为推动高端装备制造产业快速发展,贵安新区不断加大招商引资力度,引进西部国际智能产业城斯特林发电机产业基地等重点项目落户。目前,贵安新区共拥有省级以上企业技术中心 12 个、国家高新技术企业 25 家,建立一支以航空航天为主导的高端装备制造业专业人才队伍,基本形成较为完善的产业体系。

2. 大数据产业

在大数据产业发展方面,《贵安新区推进大数据产业发展三年计划(2015—2017)》出炉。按照该计划,贵安新区三年内将培育 10 家核心龙头企业、500 家大数据应用和服务企业,引进和培养 2000 名大数据产业人才梯队,建成国内重要的大数据产业示范区;建设 6 个以上行业资源云平台,支持 6 类以上大数据商业应用系统的研制,支撑智慧城市建设;创新投融资方式,力争大数据发展基金、大数据创业投资基金等资金规模达到 20 亿元,通过大数据带动相关产业规模达到 1500 亿元。按照该计划,贵安新区将实施完善"贵安云谷"基础设施、建立大数据资源平台、搭建公共服务平台、加速产业集聚示范等重点工程和项目。

---

① 2018 年 3 月,根据第十三届全国人民代表大会第一次会议批准的国务院机构改革方案,将国家旅游局的职责整合,组建中华人民共和国文化和旅游部,不再保留国家旅游局。

2016 年全年,新区完成大数据信息产业规模总量 260.77 亿元,同比增长 83%。新区紧盯信息基础设施建设,坚持信息基础设施先行,着力推进无线 WIFI、4G 网络、宽带网络、数据中心等基础设施建设。

2016 年全年,新区信息基础设施累计完成投资 25.07 亿元。其中电信运营公司完成投资 23.26 亿元,非基础电信运营公司完成投资 1.81 亿元,34 个重点项目有序推进,基础设施框架基本形成。为推动大数据产业发展,新区紧盯端产品制造,出台了《智能终端制造三年会战方案》,富士康第四代绿色产业园、青橙科技等项目已建成投产。天宇朗通、源通科技、华欧泰等项目即将建成,新区智能端产品制造潜力正在被进一步挖掘。在 2016 云上贵州·大数据招商引智力(北京)推介会、2016 年贵安·全球智能终端产业创新发展峰会暨中国大数据与人工智能院士论坛、2016 年绿色数据中心发展国际论坛、2016 年中国贵安虚拟现实峰会等大型活动上,与国内外知名企业现场签订了 70 余个项目,总投资额达 400 亿元以上。成功引进美国高通公司、阿里巴巴集团、华为公司、上海贝格、华院数据技术(上海)有限公司、深圳大数据计算机信息股份有限公司等一批高科技、引领性企业落地。

2017 年,贵安新区将大力实施大数据生态体系建设工程,加快贵安云谷项目建设,启动集成电路产业园建设,加快数字经济产业园建设,加快大数据综保区建设,加快阿里大数据加工基地建设,实施人才培养计划。大力推进中国电信、中国联通、中国移动数据中心二期项目,华为全球数据中心项目建设。

3. 大健康医药产业

近年来,贵安新区把大健康医药产业作为后发赶超、同步小康和经济社会转型升级的重要战略抓手,强化规划引领、市场运作、平台支撑和改革创新,力争大健康医药产业在重点发展领域实现快速增长。

新区重点规划布局"新医药产业园、生物科技产业园、医疗器械及医用材料产业园",重点建设"研发孵化基地、医药生产基地、医疗器械及医用材料产业基地、生物科技产业基地、医疗健康养生养老服务基地、贸易物流基地",重点培育大健康医药产业集群,形成"一城、三园、六基地"的产业布局,着力打造"医、养、健、管"大健康全产业链。

在贵安新区大健康医药产业项目专场签约仪式上,成功签约中英贵安国际智慧健康城、同仁医院贵安分院、贵安瑞康医院等 9 个项目,总投资达 177 亿元;2016 年上半年,贵安新区先后签约贵州巨生源生物科技有限公司细胞修复产品技术项目、上海联影医疗科技有限公司贵州贵安新区联影西部产业园项目、宁方(贵州)生物工程技术有限公司宁方国际天然药物研发平台与生产总部项目、贵州佰世合意股份有限公司年产 6000 吨多肽口服液生产线建设项目,为贵安新区大健康医药产业发展注入新的活力。

九、青岛西海岸新区

西海岸新区所在的青岛市经济增长逐步转为以第三产业拉动为主，带动西海岸新区第三次产业的比重增加。西海岸新区重点发展现代农业以及海洋相关产业链，并建立了8个特色鲜明的海洋功能区，海洋经济规模占比较大，是西海岸新区的支柱产业。

（一）产业结构与规模

从表3-26可见，2012年到2016年这五年间，青岛市三次产业增长率总趋势呈下降状况，其中第二产业下降幅度最大，从2012年的11.5%降到2016年的6.7%。

表3-26 2012—2016年青岛市三次产业发展情况

年份	第一产业		第二产业		第三产业	
	总量/亿元	增长率/%	总量/亿元	增长率/%	总量/亿元	增长率/%
2012	324.41	3.2	3402.23	11.5	3575.47	10.5
2013	352.40	2.1	3641.40	10.2	4012.80	10.5
2014	362.60	3.9	3882.40	8.4	4447.10	7.9
2015	363.98	3.2	4026.46	7.1	4909.63	9.4
2016	371.01	2.9	4160.67	6.7	5479.61	9.2

（资料来源于青岛市统计年鉴。）

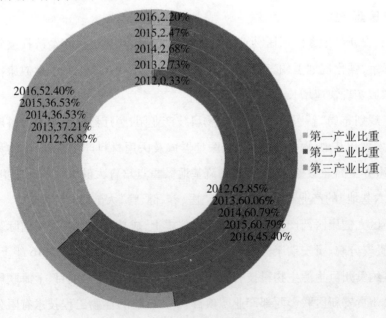

图3-21 2012—2016年青岛西海岸新区三次产业结构

（资料来源于西海岸新区国民经济和社会发展报告、青岛市统计年鉴。）

2016 年,西海岸新区新增规模以上企业 483 家,占青岛全市的 45%,规模以上企业总数近 2000 家;战略性新兴产业增加值较 2015 年增长 19.3%,高新技术产业产值占规模以上工业总产值的 44%。2014 年到 2015 年,西海岸新区第一产业增长率从 3.8% 降为3.1%,第二产业增长率从 7.8% 变为 9.1%,第三产业的增长率则从 13.3% 上升为16.2%,第三产业发展的速度高于第一、第二产业的发展速度。

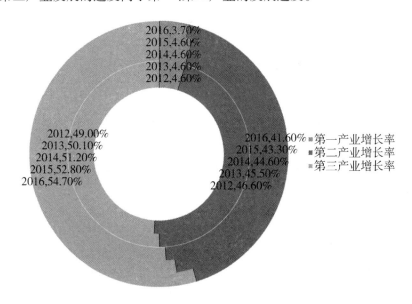

图 3 – 22　2012—2016 年青岛市三次产业结构

(资料来源于青岛市统计年鉴。)

图 3 – 21 和图 3 – 22 显示出,2012—2016 年西海岸新区和青岛市第二产业占比均呈下降趋势,第三产业所占比重则均呈上升的趋势。青岛市的产业格局为"三、二、一",经济增长转为以第三产业拉动为主。西海岸新区从 2012 年到 2015 年产业格局一直保持"二、三、一",经济增长以第二产业拉动为主,但是到了 2016 年,第三产业比重首次超过50%,超过了第二产业,三次产业比优化为 2.2∶45.4∶52.4,实现了"三、二、一"的产业格局。但西海岸新区与其所在市青岛市相比,其产业结构的发展还落后一步,低于青岛市的产业结构水平,未来仍有很大的提升空间。

(二)产业发展概况

1. 现代农业发展状况

(1)大力发展现代特色农业,拓宽农民增收新渠道。

截至目前,青岛西海岸新区全区蓝莓、茶叶、食用菌规模分别达 9.1 万亩、8 万亩、3.8亿棒,实现产值 32.8 亿元,带动近 13 万农民就业致富,是目前全国县域面积最大、产业化水平最高的蓝莓生产基地、江北最大的优质绿茶基地和全国优秀食用菌主产基地县。新区被国家蓝莓科技产业体系专家组誉为"中国北方蓝莓产业化的摇篮"。全区新建33处苹果、葡萄、樱桃、蔬菜、牡丹等产业园区，丰富了居民的"菜篮子"和"果盘子"。精心打造蓝莓小镇、菇香小镇、茶叶小镇等特色小镇，建成5个市级现代农业园，发展高效设施农业12万亩。新区管委连续3年每年设立5000万元专项资金，着力打造与国家级新区相匹配的都市型现代农业。

（2）加快发展休闲农业，推动农业产业结构转型升级。

沿开城路规划建设了贯穿新区东西的"休闲农业观光大道、百里绿色智慧长廊"，建成20余家精品农业园区。藏马山乡村旅游休闲度假区、海青镇茶业生态示范区获评全国休闲农业与乡村旅游示范点，藏南镇长阡沟村入选中国最美休闲乡村，铁山街道梨花景观、墨禅庵果园景观获评中国美丽田园，藏马山生态观光园、王台镇观光路线、铁山街道休闲农业路线入选全国休闲农业精品景点线路。2016年新区休闲观光农业接待游客800余万人次，旅游收入60多亿元。农业生态休闲旅游已成为促进新区农民增收的新亮点、新产业。

（3）加快发展高新农业，不断提高农业科技贡献率。

引进青岛绿色硅谷等一批高精尖农业科技项目，全力打造智慧农业样板区。不断加大良种良法、高效模式、生态农业等先进实用技术推广力度，全区主要农作物良种覆盖率达100%。示范推广了粮油高产创建、测土配方施肥、绿色防控等集成技术50多项。青花1号花生品种通过农业部①品种鉴定，"发酵蓝莓酒的生产工艺技术"获科技部科技成果认定，黑木耳小孔多眼单片立体高效栽培技术达到省内领先水平，"胶南绿茶越冬防护技术研究"处于国内领先水平。

2. 打造海工产业链

目前，海西湾已经形成了国内海工行业最完整的一条产业链，聚集了100余家船舶制造与海工企业及各类配套企业，形成了以船舶修造和海洋工程为龙头，从大型船舶主机曲轴到大型低速船用柴油发动机、船舶电力推进系统、港口及船用机械等完整产业链和产业配套能力的大型产业集群。2016年，海西湾船舶海工产业完成产值306.7亿元。

3. 海洋生物产业

被新华社誉为"新五朵金花"之一"海洋之花"的青岛明月海藻集团，盛开在西海岸。这家致力科技创新的企业，在海洋生物研发领域开辟了一条新路径。如今的青岛明月海藻集团，已从一家海藻加工企业成长为了全球规模最大的海藻生物制品企业，涉足海藻

---

① 现为农业农村部。

酸盐、功能糖醇、生物医用材料、海洋化妆品、功能食品配料、海洋微生物肥料等多个产业,积极拥抱大健康产业,并建成了我国海洋生物领域首个企业国家重点实验室。同样地处西海岸的青岛聚大洋藻业集团有限公司,有着与之相似的发展路径,在17年的时间里,这家企业也实现了从工业级产品到食品级产品,再到海洋生物医药级产品的转型升级。

2016年,西海岸海洋生物产业完成产值86.1亿元,较2015年增长16.6%。这一年,青岛海洋生物产业技术研究院成立,将有效推进海洋生物科研成果产业化;全国首个国家级"医用微生态制品开发国家地方联合工程研究中心"选择落户在了西海岸的青岛东海药业。

4. 海洋产业

2017年3月16日,总投资近150亿元的10个重点产业项目集中签约落户西海岸新区。新引进的10个项目中,与海洋经济相关的项目就有两个。兰石海洋工程钻采装备项目主要生产海上及陆地石油勘探开采核心装备,可为西海岸在海洋工程装备制造产业走向"深蓝"添加助力;联想控股海洋产业运营总部项目拟在西海岸建设海洋产业运营总部,打造海洋信息技术中心、海产资源贸易中心和海鲜业务管理运营中心。

除了引进大量与海洋产业相关的项目,海洋特色园区也成了西海岸海洋经济快速发展的重要载体。西海岸规划拥有前湾保税港区、青岛开发区、海洋高新区等8个海洋特色鲜明的功能区,并先后获批建设了海洋生物等3个省级和海工装备制造等3个市级海洋特色产业园。目前西海岸基本形成了以船舶海工、航运物流、海洋石化、海洋生物、滨海旅游、现代渔业等6个海洋产业为支柱,以海洋新材料、海水淡化、滨海影视、蓝色金融等海洋产业为特色的现代海洋产业体系。"十三五"期间,青岛西海岸新区海洋经济规模力争达到1650亿元,总量占地区生产总值的33%。

十、大连金普新区

金普新区整体生产总量呈上升趋势,2016年较2015年提升7%,重点发展装备制造、生物医药、新能源汽车、汽车及零部件、电子信息、石化和精细化工产业、保税物流及保税商品贸易等产业,电子信息产业及保税物流是新区的优势产业。

(一)产业规模与结构

与2015年相比较,2016年,金普新区预计(下同)实现地区生产总值2296亿元,增长7%(原金州新区1773亿元,增长10%;保税区390亿元,增长6.5%;普湾经济区133亿元,下降20%);一般公共预算收入125.3亿元,增长16.9%(原金州新区96.7亿元,增长18.5%;保税区18.1亿元,增长16.2%;普湾经济区10.5亿元,增长5.1%);固定资产投资 356 亿元，下降 75.7%（原金州新区 273.5 亿元；保税区 66 亿元；普湾经济区 16.5 亿元）；实际利用外资 13.3 亿美元，增长 272.8%；内联引资 585 亿元，增长 8.4%；出口总额 126.6 亿美元，下降 6.2%；社会消费品零售总额 554.3 亿元，增长 9.5%；城区城镇常住居民可支配收入增长 5.5%；万元生产总值能耗降低 3.5%。

金普新区坚持把做优存量、扩大增量、提升质量作为经济发展主攻方向，不断优化产业结构，促进各类产业蓬勃发展。

1. 工业集群效应日益凸显

2016 年，全区实现规模以上工业总产值 2584 亿元，以石油化工、装备制造等为代表的千亿级产业集群增幅明显，集成电路、新能源及储能装备等七大新兴产业进一步发展壮大。去产能步伐不断加快，以水泥、玻璃为代表的过剩产能下降 50% 以上，房地产去库存成效显著，全年商品房销售面积 150.9 万平方米。一批重大项目投产或签约，投资 55 亿美元的英特尔二期项目提前投产，投资近 1 亿美元的辉瑞制药二期、投资 7500 万美元的富士冰山售货机第二工厂、投资 23.6 亿元的光洋智造装备产业园等项目增资扩产并开工建设。投资 170 亿元的鲲鹏石化 MTO 项目、投资 100 亿元的太平洋建设基金项目、投资 80 亿元的深圳元正新能源电动汽车等 50 余个大项目签约入驻，总投资额达 700 亿元。

2. 服务业提质增量速度加快

总部经济取得突破，柏德皮具、格劳博机床在新区建立中国区总部，大众一汽发动机、奥镁耐火材料等企业建立研发中心或全球物流中心。要素市场建设加速推进，汇芯物流、万城仓储物流、义乌小商品城等项目全面启动，金发地市场电商交易平台投入运营。金融产业快速发展，小窑湾入驻金融、类金融机构达 438 家，注册资本 139 亿元。旅游市场进一步拓宽，年内接待中外游客 1462 万人次，旅游消费总额 168.9 亿元。全年 13 个投资超过 5000 万元的旅游大项目累计完成投资 33.6 亿元。投资 100 亿元的光线传媒电影主题乐园项目签约。金石滩跻身"国家生态旅游示范区"，向应街道被评为"中国百佳美丽乡村"。

3. 都市现代农业发展水平持续提高

农林牧渔总产值达 141 亿元。新发展设施农业 5016 亩，实施增殖放流海洋各类苗种 16.95 亿尾（只）。东霖食品一期、森茂蓝莓种苗组培项目投产，七顶山大樱桃产地市场投入使用，瀛海公益性海洋牧场示范区项目竣工。

（二）产业发展概况

大连金普新区是全国第 10 个国家级新区，是由"神州第一开发区"大连经济技术开发区、"东北第一个保税区"大连保税区、大连普湾经济区、金石滩国家 5A 级旅游度假区、大连出口加工区、金州区等组成。东临黄海,西临渤海,风景优美,气候宜人,是我国最佳的宜居、旅游城市之一。区域面积 2299 平方千米,常住人口 158 万,占大连市的 22.8%;地区生产总值 2166.8 亿元,占大连市的 28%。既是我国东北地区走向世界的海空门户,也是与东北亚国家经贸往来和开放合作的重要枢纽,是辽宁沿海经济带的核心与龙头,在"一带一路"倡议布局中具备得天独厚的区位条件。重点发展装备制造、生物医药、新能源汽车、汽车及零部件、电子信息、石化和精细化工产业、保税物流、保税商品贸易等主导产业。

1. 装备制造

随着大连主城区的产业向北转移,金普新区成为装备制造业重要承接地。2014 年获工信部"国家新型工业化产业示范基地"。目前已形成以高端数控机床和自动化主控系统为主导产业的智能制造装备产业,主要有大连机床集团、光洋科技、山崎马扎克、格劳博机床等一批国内外龙头企业。

此外,金普新区不断加强与华晨专用车基地、迈艾特大连工厂、珍奥生物谷等入驻园区企业合作招商,扩大已落户企业与国内外企业的联合,增加新的投资项目,强化以骨干企业为龙头、产业链配套企业为纽带的聚集效应。继续扩大和拓展珠江三角洲、长江三角洲等发达地区以及国内其他地区的招商成果,全方位拓展招商领域,加大欧美、日韩、中东等国家和地区的招商力度,以建立中外合作产业园等形式,积极引进高新技术项目,不断提升项目水平,打造国际化的制造业项目聚集区。重点做好中东欧产业园招商工作。

2. 生物医药

大连共有各类生物企业 300 余家,医药工业企业 140 余家,其中 90% 分布在金普新区内。目前,新区拥有规模以上生物医药企业 50 余家,其中年产值过亿元的企业近 10 家,基本形成以辉瑞制药、欧姆龙、汉信、珍奥集团等一批大企业为龙头的生物医药产业集群,成为辽宁三大生物产业集聚区之一。

3. 新能源汽车

大连市新能源汽车产业主要布局在金普新区,已初步形成了完整的节能与新能源汽车产业链,一些龙头企业领跑新能源汽车的整车生产。中国汽车技术研究中心新能源汽车落户大连保税区,奇瑞汽车、辽宁曙光汽车集团的节能与新能源汽车也布局保税区,一汽集团节能与新能源客车生产基地布局开发区,大连野马易威电动汽车及动力总成项目布局开发区,上海瑞华集团新能源汽车项目落户普湾三十里堡临港工业区。

4. 汽车及零部件

目前金普新区汽车整车项目有华晨专用车、奇瑞整车、东风日产、黄海汽车、一汽客车等五大整车项目;汽车零部件产业已落户企业 120 余家。汽车及零部件生产企业涵盖了汽车整车、发动机及配件、汽车轴承、制动器、减震器、转向系统等 48 类千余个品种。主要企业有:大众一汽发动机、大众汽车自动变速器、道依茨一汽柴油机、博格华纳、汉拿空调、蒂森克虏伯、阿尔派电子等。

5. 电子信息

金普新区电子信息产业主要以外向型经济为主,产业规模占大连市的六成、辽宁省的三分之一以上。目前已形成半导体晶圆、LED 芯片及外延片、电子元器件、工业电子、办公设备与家电、通讯与电子设备、工业控制软件等核心产品门类。现有电子信息产品制造企业 471 家,其中规模以上企业达 111 家,产值超过亿元企业 45 家,超过 10 亿元的有 8 家。产品主要集中在集成电路、激光打印机、电子元器件、线路板、芯片、外延片等领域。

6. 石化和精细化工产业

金普新区目前已形成了以大型企业为龙头、中小型企业配套的格局。精细化工企业有近 80 家,产品涉及染料、农药、涂料、胶黏剂、催化剂、助剂、医药中间体、工业清洗剂等诸多领域,产品种类众多,其中部分产品在全国居于领先位置,已形成了较大规模的精细化工产业群。金普新区未来石化和精细化工产业重点要向松木岛化工园区集聚。

7. 保税物流

依托港口设施完备,产业聚集优势明显,以保税和冷链物流园区为载体,吸引中远物流、中海物流、德国施奈莱克、美国安博华康、日本运通等国内外知名物流企业入驻,形成了以港口业为核心的口岸物流体系和以保税业务为核心的保税物流体系。

8. 保税商品贸易

金普新区以保税区专业市场聚集商贸企业,初步形成贸易业集群。现有各类交易市场 14 个,包括国际车城市场、进口汽车配件市场、工业品市场、物资交易市场、煤炭市场、粮油食品交易市场、进口工业部件市场、黄金珠宝市场、化妆品交易市场、钢材市场及大连民营国际经贸中心等 11 个大宗实体交易市场,大连石油交易所、大连保税区稻米交易市场和大连酒类商品交易所等 3 个大宗电子商品交易市场。初步形成了东北亚油品、矿石、农产品、工业原材料、工业制成品等大宗物资贸易中心。

十一、四川天府新区

天府新区直管区的经济发展速度略优于成都市,重点发展电子信息业、汽车制造业以及新能源新材料产业,六大功能区产业特色显著,产城融合效果明显,众知名企业入驻数量较多,充分体现了新区政策的利好。

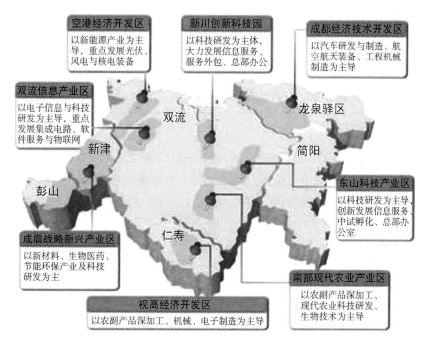

图3-23 天府新区产业地图

(一)产业规模与结构

天府新区按照"全面加速、提升发展"的新要求,突出抓好重点区域开发、重点产业培育、招商引资和改革创新,努力实现天府新区"十三五"良好开局和提速提质提效发展。2016年,天府新区成都直管区实现地区生产总值315亿元,同比增长13.3%;规模以上工业增加值同比增长15%;固定资产投资总量473.1亿元,同比增长16.7%。

表3-27 天府新区成都直管区与成都市经济数据比较表

地　　区	地区生产总值		规模以上工业	固定资产投资	
	总量/亿元	增长率/%	增加值增长率/%	总量/亿元	增长率/%
天府新区成都直管区	315.0	13.3	15.0	473.1	16.7
成都市	12170.2	7.7	7.4	8360.5	14.3

(资料来源于成都市统计公众信息网。)

比较成都市相关数据,天府新区成都直管区地区生产总值增长率和规模以上工业增加值增长率均远超成都市,固定资产投资率也高于成都市,可以看出,天府新区成都直管区的经济发展速度要高于成都市,发展潜力较大。

(二)产业发展概况

天府新区依据主导产业和生态隔离划定六个产城综合功能区,集聚新型高端产业功能,并独立配备完善的生活服务功能。各功能区内按照产城一体的模式,强化城市功能复合,生活区安排与产业区布局相适应,形成产业用地、居住用地和公共设施用地组合布局、功能完善的功能单元。为方便比较各功能区的发展方向,本部分梳理见表3-28。

表3-28　天府新区六大产城综合功能区情况一览表

名　称	规划面积	涵盖区域
成眉战略新兴产业功能区	约63平方千米	整合成都新材料产业功能区、物流园区以及成眉合作工业园区,形成以新材料、生物医药、节能环保等为代表的战略新兴产业集聚区;同时利用彭祖山、黄龙溪和锦江等资源布局文化旅游、休闲度假、健康养生等现代服务业
空港高技术产业功能区	约198平方千米	整合现状华阳的电子信息产业集聚区、西航港产业区以及成都新能源产业功能区,形成以电子信息、新能源装备制造等为代表的高技术产业集聚区
龙泉高端制造产业功能区	约129平方千米	依托经开区和龙泉老城布局,同时强调与资阳的交通联系,支撑跨山联动发展的格局,形成以汽车、航天航空、工程机械等为代表的高端制造业产业集聚区
创新研发产业功能区	约55平方千米	在天府铁路新客站以南、第二绕城以北,结合良好的自然环境,重点发展企业创新总部、科技成果转化、孵化中试等知识生产功能
南部现代农业科技功能区	约64平方千米	在新区南部结合现状乡镇布局,重点发展都市农业科技服务并布局多个农产品深加工重大项目,形成四川农业产业化、现代化的重要基地,主导功能包括农业科技研发、农副产品深加工、生物技术等
两湖一山国际旅游文化功能区	约10平方千米	利用龙泉湖、三岔湖、龙泉山打造成国际一流的旅游目的地,主导功能包括休闲度假、会议展览、文化交往、高端居住等

（资料来源于天府新区政务网。）

在产业发展方向上,天府新区大力发展战略新兴产业、高技术产业和高端制造业:以电子信息和汽车研发制造为重点,新能源、新材料、生物医药、工程机械、航空航天、节能环保设备为主导,围绕再造产业成都的核心目标,打造西部领先、全国一流的现代产业集群。

聚集发展高端服务业:大力发展总部经济,加快现代金融、现代物流、创新研发、文化创意、行政服务、商务会展、高端消费等高端服务功能建设,推进生产性服务业与现代制造业的融合发展,打造西部高端服务业中心。

积极发展休闲度假旅游和现代都市农业:依托"两湖一山"等旅游资源,大力发展国际休闲度假旅游和都市休闲旅游;充分挖掘现有农业生产潜力,重点发展现代都市农业,布局一批农产品深加工重大项目,建设四川农业产业化的示范基地。

就目前发展来看,电子信息业、汽车制造业以及新能源新材料产业是天府新区的主导产业。

电子信息业依托天府软件园,先后引进 IBM、NEC、GE、新电、华为、阿里巴巴、腾讯、WIPRO、DHL 等 250 余家国内外知名企业,涵盖电子信息产品研发、高端零部件制造、物联网等领域。2015 年,新区电子信息产业产值接近 2000 亿元。

汽车制造业聚集了大众、沃尔沃、丰田、吉利等汽车及工程机械产业巨头,覆盖汽车研发设计、关键零部件制造、展览销售和新能源汽车等主要产业链环节。2015 年,汽车产业主营业务收入突破 1000 亿元。

新区较早布局以新能源和新材料为代表的新兴战略产业。目前已引进通威太阳能、天威新能源、四川阿波罗太阳能、汉能控股集团、韩国 SK、美国 JM、中材集团等新能源和新材料企业和项目,初步形成产业集聚。

十二、湖南湘江新区

2016 年 12 月,《湖南湘江新区高端制造研发转化基地和创新创意产业集聚区发展规划(2016—2020 年)》对外公布,其中指出,未来 5 年,湘江新区将通过打造"六大基地"构建国家智能制造中心和创新创意中心核心区,推动产业发展驶入快车道。在产业布局方面,湘江新区将构筑高端制造产业"一核多园"、创新创意产业"一带一廊"的空间格局。"一核多园",即以长沙高新区为核心,望城经开区、宁乡经开区、宁乡高新区、岳麓科技产业园等多园协同发展的区位格局。

(一)产业规模及结构

湘江新区 GDP 总量增长提速成为新区经济发展最突出的表现。湘江新区 GDP 总量从 2007 年的 543.62 亿元,到 2010 年的 730.77 亿元,短短 4 年时间迅速增长了一半。2010 年至 2015 年,GDP 年均增幅达到 16.1%。从各产业增长情况看,第一产业从 2010年的 31.94 亿元,增长到了 2015 年的 46.5 亿元。第一产业总量不断增长的同时,其在 GDP 中的占比呈现下降趋势。2010 年,第一产业在 GDP 中的占比达 4.4%,到 2015 年这一比值已经下降到了 2.9%,第一产业在 GDP 中的占比呈逐年下降趋势。不仅如此,湘江新区第二产业与第三产业的总量也分别从 2010 年的 478.67 亿、220.16 亿元,上升到2016 年的 1173.73 亿元、578.09 亿元。第二产业与第三产业 5 年之内均实现翻番。第二产业在 GDP 中的占比逐步稳定,成为 GDP 增长的主力。湘江新区 2010、2015 及 2016 年三次产业对比情况见表 3 - 29。

表3-29　湖南湘江新区2010、2015及2016年三次产业对比情况

指标	2010 年		2015 年		2016 年	
	总量/亿元	增长率/%	总量/亿元	增长率/%	总量/亿元	增长率/%
地区生产总值	730.77	20.7	1602.53	11.5	1801.12	11.0
第一产业增加值	31.94	5.1	46.50	2.9	49.30	6.0
第二产业增加值	478.67	27.2	1084.12	11.3	1173.73	10.5
第三产业增加值	220.16	10.7	471.91	13.2	578.09	13.0
产业结构	4.4:65.5:30.1		2.9:67.7:29.4		2.7:65.2:32.1	

(资料来源于湘江新区政务网。)

表3-30　长沙市2012—2016三次产业情况

指标	2012 年		2013 年		2014 年		2015 年		2016 年	
	总量/亿元	增长/%	总量/亿元	增长/%	总量/亿元	增长/%	总量/亿元	增长/%	总量/亿元	增长/%
地区生产总值	6399.91	13.0	7153.13	12.0	7824.81	10.5	8510.13	9.9	9323.70	9.4
第一产业增加值	272.31	4.0	291.15	3.0	318.04	4.5	341.78	3.6	370.95	3.0
第二产业增加值	3592.52	15.7	3946.97	12.5	4245.68	11.4	4478.20	8.8	4513.23	7.3
第三产业增加值	2535.08	12.1	2915.01	12.1	3261.09	9.7	3690.15	12.1	4439.52	12.4
产业结构	4.3:56.1:39.6		4.1:55.1:40.8		4.0:54.3:41.7		4.0:52.6:3.4		1.3:39.5:59.2	

(资料来源于2012—2016年长沙市国民经济和社会发展统计公报。)

由表3-30可知,长沙市近五年来第一、第二产业比重持续下降,第三产业占比持续上升,体现出长沙市重视新兴产业的发展。湘江新区2016年第三产业增加值578.09亿元,占长沙市2016年第三产业增加值的13.1%,相比2015年的占比为12.7%略有上升,说明湘江新区正在重点发展新兴产业。

(二)产业发展概况

2016年新区产业发展主要呈现出主导产业实力增强、特色产业快速集聚、服务业加速发展、创业创新持续发力几大特点。以电子信息、新材料、新能源与节能环保、生物医药、智能制造为代表的新兴主导产业,均保持两位数以上的较快增长速度,同时装备制造业、有色金属等产业产值分别突破500亿元,材料产业、食品产业产值突破200亿元,电子信息产值突破150亿元。

在特色产业发展方面,各园区紧扣自身产业定位,在产业链招商上发力,经济发展亮点纷呈,态势良好。据统计,2016 年前三季度新引进移动互联网企业 1195 家,行业企业总数超过 2885 家;湖南省检验检测产业园加快建设,新引进检验检测企业超过 30 家,已汇聚检验检测企业 56 家;军民融合产业实现跨越式发展,投产 50 亿元的湖南省军民融合产业园加快建设,聚集军民融合企业 100 余家;长沙北斗产业安全技术研究院和北斗微芯产业应用项目同时落地;智能制造水平实现突破,投资 20 亿元的智能驾驶测试场开工建设,威胜集团与华曙高科成为全国智能制造试点企业。

在服务业方面,湘江新区 2016 年前三季度新区社会消费品零售总额同比增长 14.6%,比上半年提升 1 个百分点,继续保持增速高于全市平均水平的良好势头。据了解,由于商贸物流、文化旅游、健康养生、现代金融等产业加速集聚,加快弥补服务业短板,因此培育了现代服务业的规模。

2016 年以来,新区加快国家双创示范基地建设,完善政策体系,在创业创新方面持续发力,培育打造 10 个示范性众创空间,新引进多家品牌众创平台,出台创新创业人才奖励扶持办法和支持双创平台建设推动大众创业万众创新的若干意见,浓厚"双创"发展氛围。2016 年前三季度新增市场主体超过 2.1 万家,其中公司法人 1.4 万家,双创带动新增就业人数超过 5 万人。新增上市企业 2 家,新区上市公司总数超过 40 家,占湖南省的 40%。

十三、南京江北新区

聚力体制机制创新,加快打造一流营商环境,是江北新区的改革发展方向。作为国家级新区,国家、江苏省和南京市最优越的政策三重叠加扶持南京江北新区。江北新区打造三大产业集群,包括集成电路产业、新能源产业以及生命健康产业。

(一)产业结构及规模

2016 年江北新区完成地区生产总值 1839.63 亿元,同比增长 8.5%;一般公共预算收入 208.19 亿元,同比增长 17.9%;规模以上工业企业实现总产值 3988.74 亿元,同比增长 1.9%;全社会固定资产投资 1563.31 亿元,同比增长 0.3%;社会消费品零售总额 683.73 亿元,同比增长 11.1%。由于江北新区部分数据缺失,因此以江北新区所在的南京市近两年的数据进行分析。

江北新区所在的南京市 2015 年实现地区生产总值 9720.77 亿元,比 2014 年增长 9.3%。第一产业增加值为 232.39 亿元,增长 3.4%;第二产业增加值为 3916.11 亿元,增长 7.2%,其中,全部工业增加值为 3395.26 亿元,增长 8.0%;第三产业增加值为 5572.27 亿元,增长 11.3%。三次产业增加值比例调整为 2.4∶40.3∶57.3。服务业主体地位继续强化,服务业增加值占全市地区生产总值的比重达到57.3%,比2014年提高1.5个百分点。工业结构升级加快,规模以上工业企业完成高新技术产业产值占全市工业的比重为45.3%。

南京市2016年全年实现地区生产总值10503.02亿元,比2015年增长8.0%。第一产业增加值为252.51亿元,增长1.0%;第二产业增加值为4117.20亿元,增长5.3%,其中,工业增加值为3581.72亿元,增长4.8%;第三产业增加值为6133.31亿元,增长10.2%。按常住人口计算,全年人均生产总值为127264元,按年平均汇率折算为19160美元。产业结构进一步优化,三次产业增加值比例调整为2.4:39.2:58.4,服务业主体地位不断强化,服务业增加值占全市地区生产总值的比重达到58.4%,较2015年提高1.1个百分点。工业转型升级步伐加快,2016年全年实现高新技术产业产值5903亿元,占规模以上工业总产值比重为45.31%。

江北新区所在的南京市2015年的三次产业比重为2.4:40.3:57.3,2016年三次产业比重为2.4:39.2:58.4,第二产业比重下降,第三产业比重增加,高新技术产业产值占南京市全市工业的比重较大,且有轻微上升,说明产业结构处于不断优化的过程中,这一趋势也将给江北新区带来有利影响。

(二)产业发展概况

2016年,江北新区实现了三大产业集聚群。在经济发展过程中,打造产业生态链可以产生资源集聚效应。江北新区要打造三大千亿级产业集群,主要以新兴产业为主,打造先进制造业。结合"4+2"现代产业体系,全力培育壮大集成电路、生物医药、新能源汽车等千亿级产业集群。

当前,江北新区已初步形成了以轨道交通、生物医药、软件和信息服务、汽车及零部件等为主导的产业体系,其中轨道交通、石化、生物医药占全市比重均达到40%。培育形成了南汽、南钢、扬子、扬巴等百亿级企业,以及浦镇、南瑞、先声、焦点等国内外知名的行业龙头企业。卫星应用、轨道交通等高端装备制造业以及航运物流、研发设计、文化创意等现代服务业近三年产值年均增幅超过20%。

1. 集成电路产业

江北新区瞄准千亿级产业集群目标,打造包括芯片设计、晶圆制造、芯片封装、成品测试、终端制造各个环节完整的集成电路产业链,努力建设"中国芯片之城"。

2016年以来,江北新区倚靠其区位优势和人才优势,快速集聚100余家集成电路设计企业,国内10强一半落脚这里,已经落户的和即将落户的包括展讯、中兴微、中天微、华大九天、ARM、新思等等。而全球芯片制造业台积电也落户在这里。

首期投资30亿美元的台积电(南京)公司12英寸晶圆项目预计2018年8月一期竣

工投产,预计直接带动集成电路产业上下游产业 300 亿美元投资。总投资近 380 亿美元的紫光南京半导体基地项目落户新区。

集成高端要素,撬动产业发展,江北新区探索性地成立南京集成电路产业服务中心。同时,江北新区已成立 500 亿元的基金,从南京全市 2016 年集成电路产业年产值不到 50 亿元,到测算 2020 年江北新区集成电路产业产值将达千亿元。业内人士称,南京将成为中国"芯片之都"。

芯片是人工智能产业的一个核心部件。江北新区的智能制造领域还有一些人工智能项目,包括机器人、VR、AR 虚拟现实等,未来一些行业的颠覆,都需要它的支撑。

2. 新能源产业

除了集成电路,江北新区汽车及零部件产业规模以上企业也已达 30 余家,随着相关汽车项目的建设投产,2017 年预计可超过 500 亿元,朝着千亿级产业集群迈进。

江北新区汽车产业链涵盖整车生产(南京汽车集团、南京依维柯、建康新能源汽车)、关键零部件生产加工(南京汇众汽车底盘系统、南京汽车变速箱、马勒发动机零部件、南京力聚精密锻造)及新能源动力锂电池研发生产(国轩电池)等。

当前,总投资 73 亿元的上汽桥林依维柯项目正式投产,高新区南汽项目正在实施产能提升工程,新区整车产能有望突破 50 万辆。

3. 生命健康产业

重点依托高新区生物医药谷的产业资源,充分发挥国家级生物医药研究院、生物工程技术研究中心的作用,引进一批国内外行业龙头企业,加快培育本地企业发展壮大,合力发展医药研发、生物制药、医疗器械等产业;依托国际健康服务社区,重点发展健康服务业。截至 2016 年底,江北新区共有生命健康产业企业 149 家,总投资 212 亿元,2016 年完成主营业务收入 191 亿元。中瑞健康共生城、中法产业园等一批生物医药产业新载体正在加快建设。

江北新区在承担国家健康医疗大数据中心与产业园建设试点工程的同时,将重点建设国际健康城、南京生物医药谷、南京化学原料药产业园三大载体,打造生命健康千亿级产业集群。

南京国际健康城位于江北新区中心区,将建设国内首个高端健康服务业集聚区。南京生物医药谷已经聚集生物医药企业 300 余家,形成了一定的产业规模和集聚态势,涵盖生物制药、化学制药、医疗器械、中医药、研发服务外包等多个门类。

南京化学原料药产业园是南京唯一的原料药产业集中区,定位为以特色原料药生产为核心,大宗原料药生产为辅助的国家级生物医药产业基地。目前白敬宇、奥赛康、圣和药业、优科、柯菲平等一批重点医药企业原料药项目入驻。

十四、福建福州新区

由于资料搜集渠道的限制,本部分以福州新区所在市福州市为基础介绍产业概况。福州市规模不断壮大,产业布局渐趋合理,产业重心不断外移,向"南北两翼"集聚发展,而且纺织、冶金、石化、电子信息等重点产业布局架构已基本形成,并初具规模。

(一)产业规模与结构

福州市 2017 年地区生产总值为 6050 亿元,较 2016 年增长 8.3%。服务业增加值突破 3000 亿元,占 GDP 的比重超 50%。规模以上工业增加值为 1980 亿元,较 2016 年增长 7.8%。工业技改投资 800 亿元,较 2016 年增长 1.3%。申远聚酰胺、吴航不锈钢技改等 136 个重点产业项目加快建设。

全国首个 VR 产业基地落户中国东南大数据产业园,全国首家窄带物联网规模化商用局在马尾启用。福州入选全国服务外包示范城市、全国"十三五"服务业综合改革试点区域、全国"十三五"海洋经济创新发展示范城市、国家首批健康医疗大数据中心与产业园建设试点城市、中国领军智慧城市。海峡金融商务区和闽江北岸中央商务区已落户总部经济项目 44 个。此外,形成了纺织化纤、轻工食品、机械制造、冶金建材、电子信息等 5 个千亿元产业,培育了捷联电子、金纶高纤等 12 家百亿元企业。

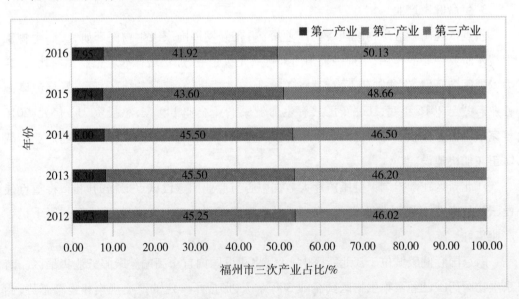

图 3-24　2012—2016 年福州市三次产业占比情况

从图 3-24 中可以看出,福州市结构优化三产态势良好。5 年来,福州经济综合实力显著增强,产业结构持续优化,三次产业结构由 2012 年的 8.73:45.25:46.02 调整为 2016 年的 7.95:41.92:50.13,2016 年第三产业占比首次过半,达到了 50.13%,呈现三产发展快于二产的良好态势。总部经济集聚福州海西现代金融中心区,很好地诠释了第三产业的快速发展。虽然第二产业占比下降,但是其发展同样迅速。通过抓龙头、铸链条、建集群,京东方8.5代面板等一批重大产业项目相继落地,主导产业不断发展壮大,福州市已形成纺织化纤、轻工食品、机械制造、冶金建材、电子信息等5个千亿产业集群,10家百亿级企业集团,规模以上战略性新兴工业正成为拉动经济增长的重要力量。作为第一产业的农业基础更夯实,5年来维持在8%左右,都市现代农业和远洋渔业得到大力发展。

表 3 - 31　2016 年 1—11 月福州市主导产业增加值情况

指标名称	1—11 月产业增加值/万元	累计增长/%
规模以上工业	17908389	7.8
十大行业合计	12825630	8.6
计算机、通信和其他电子设备制造业	1930524	7.8
纺织业	1933803	13.1
黑色金属冶炼和压延加工业	646677	−10.5
电力、热力生产和供应业	1389078	0.8
农副食品加工业	1200412	10.6
皮革、毛皮、羽毛及其制品和制鞋业	1791268	8.9
化学纤维制造业	1120198	26.6
电气机械和器材制造业	890098	6.7
非金属矿物制品业	1296444	7.0
汽车制造业	627128	11.9

(资料来源于福州市统计局官网。)

从表3-31中可以看出,福州市2016年1—11月规模以上工业增加值增长态势良好。十大行业中,化学纤维制造业及纺织业的累计增长最大,分别达到了26.6%和13.1%。黑色金属冶炼和压延加工业累计增长率呈负值,达到−10.5。此外,区域内纺织业及计算机、通信和其他电子设备制造业的增加值最高,分别为193.38亿元、193.05亿元,分别占十大行业增加值的15.08%、15.05%。福州市产业发展后劲还很足。

(二)产业发展概况

经过多年发展,福州工业产业结构进一步优化,各大支柱产业呈现出各具特色的发展态势,并逐步由电子行业"一业独大"的局面,发展形成电子信息、机械制造、纺织服装化纤、轻工食品、冶金建材等五大产业共同支撑,石油化工、新材料与新能源、生物医药加快发展的产业格局。2016 年,福州八大产业共完成规模以上工业总产值 8488.3 亿元,其中纺织化纤行业超 2000 亿元,达 2354.1 亿元,同比增长 18.4%,与轻工食品、机械制造、电子信息、冶金建材行业形成五大千亿产业格局。随着中景石化等一批石化重点项目陆续建成投产,福州石油化工产业迅速发展,2016 年实现规模以上工业总产值 327.7 亿元,较 2015 年增长 20.5%。

1. 电子信息行业

电子信息行业是福州传统优势行业,电子信息产业发展取得突破性进展。目前,电子信息产业产值有望突破千亿元,成为福州市第五个千亿产业集群。

产业龙头主体地位更加明显。平板显示及关联产业的龙头企业支撑电子行业增长,福州成为全国最大的显示器生产出口基地。捷联电子、华冠光电、华映显示科技、华映光电、捷星显示科技、英冠达电子等 6 家企业产值占全行业比重大。"3G 通讯""三网融合""物联网"等新兴产业成为重要新增长点。星网锐捷、新大陆通信、思迈特数码、邮科通讯、飞毛腿电子、网讯信息技术等相关企业继续保持 40% 以上的快速增长。

2. 纺织服装化纤行业

福州纺织化纤行业近年来保持较快增长,产能规模迅速壮大。目前长乐已成为全国最大的纺织产业基地之一,其中花边产业占据全国市场份额的五分之一,锦纶民用丝位居亚洲同类产品产能前列,锦纶切片产能全国规模最大。作为福州市纺织行业的"主阵地",长乐 2016 年实现多项突破。数据显示,2016 年,长乐规模以上纺织企业完成产值 1575 亿元,同比增长 14%,全行业产值达 1635 亿元,创历年产值新纪录,还获批"互联网＋纺织业"区域化链条化省级试点;锦纶产量突破 100 万吨,获得"纺织行业创新示范集群"称号;景丰科技加弹项目等 37 项重点技改项目完成投资 80 亿元,18 家企业列为省级龙头企业,9 家企业列为省工业和信息化高成长企业。

产业装备水平大幅提升。近年来,福州纺织化纤行业依托长乐充足的民营资本优势,深入实施技改,化纤行业引进国际先进水平的锦纶、涤纶以及后加工等化纤技术设备,直体融纺以及差别化水平不断提升,优质纱锭和高档面料生产能力明显提升。创新能力增强,差别化产品比重提高。福州市纺织化纤企业不断加大创新研发投入,加快产品结构调整,增加粘胶、涤粘、涤棉等多种主导产品,开发竹纤维、新型纤维、功能性纤维纱线、差别化经编和自主工艺花型等产品,差别化产品比重上升。

3. 机械制造行业

近年来,福州机械制造行业加快由传统机械加工向重型、精密机械发展。

(1)汽车产业加快集聚。汽车产业是近几年发展最快的行业,东南汽车三期项目动工建设;戴姆勒汽车轻型商务车项目及配套企业落地,成为重要增长点。

（2）船舶制造行业订单充足，生产持续平稳增长。东南造船、马尾造船、冠海造船、利亚船舶等重点企业订单充足。推动游艇产业加快形成规模是福州调整船舶产品结构的重要发展方向。

（3）电气机械及器材制造业规模壮大。聚集了永强力加、力鼎动力、泰明电力、港发机电、金飞鱼柴油机等37家规模以上企业，产业链逐步延伸。

（4）仪器仪表、精密机械制造行业迅速成长。瑞达精工、高意光学、上润精密仪器、大拇指环保设备等企业创新能力、技术水平、产品科技含量均达到行业内先进水平。

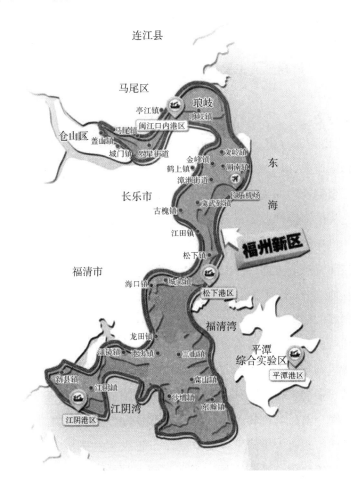

图3－25　福州新区示意

4.轻工食品行业

轻工食品行业保持稳步增长，成为福州规模最大的行业。福州的轻工食品产业产品涉及造纸、纸制品、印刷记录、文教体育、钟表、水产品加工、粮油食品、方便休闲食品、保健食品、饮料、茶叶、运动用品、塑胶等。福州现有轻工食品龙头企业近10家，每家企业都各具特色，拥有在市场上占有一席之地的拳头产品。

食品企业方面,百洋公司的水产食品全国市场占有率为8.4%,居全国第五;海壹、腾新等公司的鱼糜制品位居全国前列;明一公司的婴幼儿配方奶粉全国市场占有率为8%,居全国第四。明一公司的乳制品技术更是达到国际先进水平,百洋公司的水产品技术也在国内遥遥领先。

轻工业方面,祥兴集团的箱包产品生产规模、技术装备方面一直处于行业领先水平,是全国最大的箱包制造企业之一;亚通新材料的塑料管道产品种类及配套位居全国同行业领先地位,系建设部全国唯一塑料管道科技产业化基地;福建思嘉环保材料是中国制造生物质及污水相关工程的强化材料及沼气池终端产品的唯一制造商,并且是中国排名第一的涉水防护服材料、充气艇材料及气密材料制造商,国内领先TPU、膜结构以及防水卷材生产商之一;连江清禄鞋业主要代工生产"阿迪达斯""雷宝"等世界名牌运动鞋,2014年产值超百亿元。

5. 冶金建材行业

近年来,福州市钢铁行业产能迅速提升,有色金属制品行业恢复性增长。以宝钢德盛为龙头的不锈钢产业,以中铝瑞闽、奋安铝业、南方铝业为龙头的铝材产业,以鑫海冶金、亿鑫钢铁、三金钢铁为龙头的建筑钢材产业,以福耀集团、新福兴为龙头的玻璃产业,以闽清陶瓷为龙头的陶瓷产业的福州冶金建材行业正在不断发展壮大。

福耀玻璃的汽车玻璃深加工技术处于国内领先地位,生产的汽车玻璃占全国市场第一、世界第二;在陶瓷产业方面,福州的闽清陶瓷是福建省最大的电瓷出口基地和全国釉面砖重要生产基地之一;宝钢德盛是全国较大规模的不锈钢生产基地之一;奋安公司的铝型材和中铝瑞闽的铝板带均处于国内先进水平。

6. 生物医药行业

福州市生物医药行业平稳发展,在省内的主导地位更加明显。福州的生物医疗产业也在近几年蓬勃发展起来,初步形成了生物制药、基因工程药物与基因诊断试剂、化学原料药、现代中药、医疗器械与生物医学分析仪器等医药产业门类,生物医药产业研发到生产基本配套。福州市现有1个国家级实验室、2个省级实验室。

迈新公司免疫组化检测试剂市场占有率多年稳居全国第一。盐酸金霉素等部分原料药品种欧美市场占有率第一,饲料级金霉素产量居全国第三位。蜂毒研究及产业化达国际领先水平。泰普、迈新、新大陆等企业的基因工程药、新型疫苗与诊断试剂等达国内领先水平。

7. 石油化工行业

近几年,福州市石油化工行业取得突破性进展,位于福清市的福州化工新材料生产基地,以东南电化、耀隆化工、一化集团为代表的基础化工产业已经初具规模。天辰耀隆年产 20 万吨己内酰胺项目是目前国内己内酰胺单体产能最大的装置。东南电化是中国氯碱行业重点骨干企业,福建省最大的氯碱化工原料生产基地。

福州的煤化工以耀隆化工为龙头,发展醋酸、脂肪酸等高附加值精细化产品;盐化工以东南电化为重点,推进企业原料互供及公用工程共建,采用离子膜电解、新型煤气化等先进技术,发展循环经济;氯酸盐工业以福州一化为龙头重点发展高附加值、高出口创汇型氯酸盐系列产品。

8. 新材料及新能源产业

新材料与新能源产业是未来福州市转变经济发展方式、优化产业结构、构筑高端产业高地的重要推进力。在节能环保、新材料、新能源产业等领域形成了较好的产业基础,创新能力得到明显提高,具备一定的比较优势。

产品及技术方面:电机、变压器、锅炉、风机、泵类等通用用能设备已逐步向高效节能型方向发展,已形成了具有自主知识产权的脱硫、除尘和气力输送为主的三大体系,产业规模居全国中上游水平,有机废气和废水膜处理技术达国内领先水平;高意光学、华科光学、亚通新材料等一批新材料龙头企业在国内同行竞争优势显著;福晶科技公司是目前世界上领先的 LBO、BBO、Nd:YV04 以及 Nd:YV04 + KTP 胶合晶体的生产商;福建纳米技术及应用实现关键技术突破与集成,取得自主知识产权,成为国内纳米、先进制造与新材料创新基地;福清、长乐、连江、闽侯等地具有丰富的资源;福清核电工程是国家批准建设的重大能源工程之一。

十五、云南滇中新区

产业在滇中新区的发展建设中占有极为重要的地位。2016 年全年,新区划定产业发展蓝图,积极搭建平台,围绕新兴产业培育产业集群,推动产业转移和产能合作,尤其是"大健康"产业和现代服务产业。在滇中新区 2016 年工作会上,提出了近期产业主导、中期以产促城、远期产城融合,先规划后建设、先地下后地上、先二产后三产、先基础设施开发后商业地产开发,紧紧围绕各片区功能定位,优化产业发展布局的目标定位。

(一)产业规模与结构

2016 年以来,在云南省委、省政府的正确领导下,滇中新区党工委、管委会始终坚持新发展理念,紧扣"十三五"发展愿景,主动服务和融入国家战略,全力以赴推进"321 工程",把不可能变为可能,把可能变为现实,"一年打基础"目标任务圆满完成,"十三五"实现良好开局。2016 年全年,滇中新区完成地区生产总值 501 亿元,同比增长 8.8%;规模以上固定资产投资 717 亿元,增长 32.7%。两数据相较 2015 年,均有了快速的发展。2015 年,滇中新区地区生产总值增幅仅为 6.5%,低于云南省 8.7%、昆明市 8% 的增幅;

一年后,新区生产总值反超云南省(8.5%)、昆明市(8.5%)0.3个百分点,经济发展速度有目共睹。

2016年,滇中新区全力推进以道路交通、产业园区建设为重点的项目建设,开工建设总里程达529千米的69个综合交通项目,完成投资216.38亿元。随着新320国道(空港段)、长嵩大道、小龙高速等20个项目建成通车,临空产业园、滇中科创园、小哨核心区、空港商务区等一批重点园区和片区加快推进,为新区产业发展提供了平台支撑,吸引了一批大项目、好项目入驻新区。

滇中新区创新投融资体制,积极构建多元化、市场化投融资体系,获得金融机构融资授信2400亿元,完成融资1073.09亿元;争取债券资金133.6亿元,国家专项建设基金24.25亿元,省重点项目投资基金74.9亿元。同时,大力推广PPP模式,用5亿元政府资金撬动社会资本投入140亿元,撬动比例达1:30。与此同时,新区还通过招投标、政府采购等方式,引入国内外知名企业以低成本资金投资新区道路交通等项目,通过招优商引廉资,缓解新区起步阶段财力有限的矛盾,以时间换空间,实现新区与企业双赢。①

(二)产业发展概况

发展"大健康产业"、打造"中国健康之城"是昆明市和滇中新区的共同期许,也是滇中新区发展的重中之重,同时,滇中新区还重视特色产业的发展,积极发展新能源新材料产业,积极打造"产商居旅"一体化都市区,积极激活信息经济,建设智慧型城市。

1."大健康"产业

(1)发展重点。

"大健康"是一种理念,是在对生命全过程全面呵护的理念指导下提出的,它追求的不仅是个体身体健康,还包含精神、心理、生理、社会、环境、道德等方面的完全健康。提倡的不仅有科学的健康生活,更有正确的健康消费等。大健康理念有助于提高民众健康素养,以接受科学的健康指导和正确的健康消费。

"大健康"产业紧紧围绕人们对健康的期望,涉及医药产品、保健用品、营养食品、医疗器械、保健器具、休闲健身、健康管理、健康咨询等多个与人类健康紧密相关的生产和服务领域。它的范畴涉及各类与健康相关的信息、产品和服务,也涉及各类组织为了满足社会的健康需求所采取的行动。

根据规划,云南势必要走出一条具有自身特色的大健康产业发展之路,打造我国大健康产业发展的新高地,同时,把云南建成服务全国、辐射南亚东南亚的生物医药和大健

---

① 孙伟.撸起袖子加油干[N/OL].滇中新区报,2017-03-09[2017-11-26].http://www.cne-paper.com/dzxqb/html/2017-03/09/content_4_2.htm.

康产业中心。

（2）发展目标。

根据《云南省生物医药和大健康产业发展规划（2016—2020 年）》和《云南省生物医药和大健康产业发展三年行动计划（2016—2018 年）》，云南将实施"147"发展战略，即：围绕一个目标——打造服务全国、辐射南亚东南亚的生物医药和大健康产业中心；建设四大基地——国内最优质的天然药物和健康产品原料基地、特色鲜明的生物医药和大健康产品研发和生产基地、国内外知名的医疗养生服务基地、国际化的生物医药和大健康产品商贸基地；实施七项工程——道地药材培育工程、产业园区建设工程、龙头企业培育工程、云药品牌打造和市场推广工程、研发创新服务工程、人才团队培引工程、重大项目推引工程。根据规划目标，2016—2020 年，生物医药和大健康产业主营业务收入年均增长 20% 左右，到 2017 年达到 2400 亿元左右，到 2020 年，生物医药和大健康产业主营业务收入达到 3800 亿元左右。

昆明市将依托独特的气候优势、生态优势和生物多样性资源优势，加快发展以生物医药、医疗健康服务、康体养生等为重点的大健康产业，促进与养老、旅游、互联网、健身休闲、食品等产业的融合，把昆明建设成为全国大健康产业示范区。昆明将积极构建"药、医、养、健、游"五位一体发展格局，着力打造生物医药产业基地、医疗卫生服务高地、康体养生养老福地、体育运动健身宝地、休闲度假旅游胜地，努力将大健康产业培育成昆明转型升级的新动力，加快把昆明建设成为中国健康之城。

根据规划，昆明将依托国家级滇中新区，以空港经济区为载体，积极发展生物制药、医疗器械、化学制药等健康产业；以嵩明等区域为载体，积极发展生物医药、健康食品与健康文化产业；加快发展康体养生、医疗养生等产业，建设大健康融合业态增长极。发挥昆明市对全省大健康资源整合能力，打造昆明—安宁，整合楚雄、大理，连接缅印与西藏的大健康走廊；昆明—嵩明—寻甸—东川整合曲靖、昭通，联动成渝黔连接长三角的大健康走廊。

（3）代表项目。

"药"是滇中新区历史悠久的领域。2016 年 11 月，滇中新区管委会参与主办 2016 创新中药及植物药国际峰会，并在会上宣布，新区将充分依托医药资源独特优势，抢抓重要战略机遇，打好"医药制造、特色医疗、养老养生、健康旅游"四张牌，探索新常态下具有本地特色的大健康产业发展之路，努力将大健康产业打造成为区域产业发展的一面旗帜和亮丽名片。

"医"是滇中新区正在创新发展的领域。2016 年 12 月 20 日，安宁市互联网医院启动仪式在云南昆钢医院举行，成为云南省首家互联网医院。安宁市互联网医院以昆钢医院为中心点，以互联网平台连接周边 6 家基层医院形成联合体，并与全国 29 个省份、2400 多家重点医院的信息系统实现连接，全面推进分级诊疗。

"养"，滇中新区正在打造医养结合的典范。昆钢养生敬老中心是国内首个国有企业投资兴办的养生敬老项目，又名"昆钢健康主题公园"，住宿区统一为 3 层小楼且装有电梯，房间是酒店式标准间设计，屋顶有菜园，四周绿荫环绕，空气清新。中心建有一条直达医院的空中走廊，老人只需花几分钟就能到毗邻的昆钢医院看病，真正做到医养结合。在嵩明，中信嘉丽泽在 3 万亩高原湿地之上，荟萃全球一流医养、文旅、度假资源，打造世界级健康度假小镇。目前已顺利签约法国高丽泽、英国 Circle 等世界知名医养机构，由中颐信和英国合硕医疗合作创办的国际健康管理中心已于 2015 年 10 月试运营。

"健"，滇中新区既有专业赛事，也有业余活动。位于安宁的温泉半岛国际网球中心是亚洲顶尖的红土网球中心，拥有 11 块红土网球场和配套设施，自 2012 年起已连续举办多届国际红土赛事，每年都吸引了近 30 个国家和地区的 200 多名选手参赛，4 年来现场观赛总人数超过 50 万人次。在太平新城，玉龙湾国际路亚基地在 2016 年举办了专业路亚钓鱼赛事。玉龙湾高尔夫球会在 2016 年举办了高尔夫中国美巡赛云南公开赛。太平新城举办的"徒步太平"活动，如今已成为一个品牌。中信嘉丽泽拥有国际马术俱乐部，配有高端设施与场地，是云南唯一具有国际水准的英式马术俱乐部，被评为全国十佳马术俱乐部。休闲养生会馆涵盖篮球、网球、羽毛球、斯诺克、健身房、乒乓球、恒温游泳馆及 SPA，特设儿童游乐园及儿童嬉水区，可以让家人亲友同享融入自然运动休闲的欢畅淋漓。

"游"，滇中新区独具特色。以"天下第一汤"闻名的安宁温泉旅游度假区，现有热水井 24 眼，日开采量约 6376 立方米；森林面积 15.5 万亩，森林覆盖率达 80.11%，"天然氧吧"名副其实。区域内有摩崖石刻、曹溪寺等名胜古迹，加上金色螳川田园谷，正加紧培育打造"温泉＋"系列旅游发展新业态，加快形成集历史文化旅游、养生康体旅游、温泉主题旅游、生态观光旅游和乡村旅游为特色的温泉文化旅游产业体系。

2. 现代服务产业

（1）发展重点。

依托新区优越的地理环境和生态条件，凭借长水国际机场人流物流资源，大力发展基础服务业（包括通信服务和信息服务）、生产和市场服务（包括金融会计、物流、批发、电子商务以及中介和咨询等专业服务）、个人消费服务（包括教育、医疗保健、住宿、餐饮、文化娱乐、旅游、房地产、商品零售等）、公共服务（包括政府的公共管理服务、基础教育、公共卫生、医疗以及公益事业信息服务）等现代服务业。

（2）代表项目。

第一，丰树：建综合物流产业园。

新加坡丰树集团将在滇中新区建设综合物流产业园，是继普洛斯、平安不动产之后，新区引进的第 3 家世界 500 强物流企业。

新加坡丰树集团（昆明）综合物流产业园是该集团在中国西南地区最重要的项目之一。项目用地 185 亩，每亩投资强度约 300 万元，总投资额约为 5.5 亿元。

丰树物流将注入其领先的设计理念和管理经验，极大地改善空港物流及滇中新区的基础设施和投资环境。同时，丰树集团将致力其核心客户的开发，优先引进以冷链、电商及与城市生活紧密相关的大型商场配送中心，着力打造滇中独具特色的现代服务产业基地。

在就业带动方面，该项目所需员工包括仓管、出入库管理、驾驶、设备操作保养、安保和保洁等人员，保守估算直接和间接就业人员达 500 人以上。

第二，普洛斯：建仓储产业基地和物流园。

普洛斯是全球领先的现代物流设施提供商，在中国的业务已进入 38 个城市、242 个园区，总建筑面积 2772 万平方米。通过标准设施开发、定制开发、收购与回租等灵活的解决方案，普洛斯致力为制造商、零售商和第三方物流公司提高供应链效率。

2016 年 6 月 7 日，普洛斯名永仓储产业基地建设项目在杨林经开区开工。该项目是普洛斯在云南实施的第一个项目，用地约 510 亩，总投资 6 亿元，建成运营后年销售收入预计约 33 亿元，可提供 1300 个就业岗位。

此外，普洛斯还将在空港经济区建设现代仓储物流园项目，计划总投资 16.24 亿元，项目一期建成仓储面积约 10 万平方米。该项目将争取在 2017 年内正式开工。

第三，平安不动产：提升生鲜冷链服务水平。

2016 年 12 月 19 日，平安不动产与滇中新区正式签订了投资协议。平安不动产公司将在滇中新区投资建设平安·云南滇中新区生鲜电商贸易 OTO 综合服务产业园项目，项目规划控制面积约 500 亩，总投资 21.5 亿元。

该项目将打造一个集生鲜冷链仓储物流服务、大型电商运营、跨境电商运营、高端进口产品线下展示、中小型电商孵化和全套金融服务为一体的综合性贸易服务平台，在互联网技术的大数据交易调度系统上开展营销渠道拓展信息网，并通过平安集团的综合金融优势和客户优势，提升云南生鲜产品贸易平台上下游企业的金融服务水平、跨境电子商务运作水平和冷链物流运作水平。

第四，宝湾物流：规划建设智慧物流港。

宝湾物流控股有限公司是深圳赤湾石油基地股份有限公司与中国南山开发（集团）

股份有限公司共同投资成立的高端物流设施投资平台。发展至今已在全国 21 个核心城市投资建设了 31 个现代物流园区,现代高端物流设施面积居全国第 2 位。

宝湾物流目前的主要业务有物流运营管理、标准设施开发与运营、定制仓储设施、运输与配送、电子商务仓储服务、供应链金融服务、冷链物流、医药物流等。

2016 年 12 月 20 日,宝湾物流与滇中新区正式签订投资协议。在滇中新区规划建设的宝湾国际智慧物流港项目,将建设仓储物流、O2O 物流运营基地。项目规划面积约 500 亩,总投资约 17.5 亿元。其中一期项目选址在航空物流园区,解决当地 200 人就业。

十六、黑龙江哈尔滨新区

哈尔滨新区将依托现有产业基础,按照"3+3"产业发展思路,着力打造高端装备制造业、绿色食品产业、新一代信息技术产业 3 个千亿级产业集群和发展壮大生物医药、新材料、旅游文化时尚等 3 个战略性新兴产业,推动产业项目集聚向产业集群构建转变,大力实施创新驱动发展战略,积极探索老工业基地转型发展新路径。

平房区(哈经开区)作为哈尔滨新区的重要组团,正积极抢抓新一轮东北老工业基地振兴发展重大历史机遇,重点发展高端装备制造业、绿色食品、新一代电子信息技术三大主导产业和文化创意、现代服务业两大新兴产业。平房经济技术片区坚持调研先行,实施了规划引领、政策导引、机制保障、大数据平台支撑的多项举措,在推动大项目建设方面努力实现"一事五带",即:以项目建设带动片区经济布局优化调整,以项目建设带动"3+X"产业链整合和五大功能区建设,以项目建设带动产城融合、特色发展,以项目建设带动招商引资、经济运行和公共服务体制机制创新,以项目建设带动振兴平台和载体打造。全年计划推进的重点产业项目中,大项目占比高、体量大,5 亿元以上投资项目总体投资额度占全区项目总投资额的 71%;产业集聚度高、结构优,51 个亿元以上产业项目均紧紧围绕高端装备制造、绿色食品、新一代信息技术和现代服务业进行布局,产业链密切,产业间配套支撑作用明显。产业链龙头项目多,拉动作用强,长安福特汽车、百威英博二期、黑龙江广电北方云 IDC 大数据产业园等项目都是产业龙头带动项目,将极大带动相关配套企业、上下游企业和战略性新兴产业企业高度集聚。

2016 年,实现地区生产总值 1050 亿元,实际利用外资 11.2 亿美元,固定资产投资 495 亿元。2017 年,平房区(哈经开区)计划推进总投资亿元以上的开复工产业大项目 51 个,年度计划投资 32 亿元。截至 2017 年 7 月已开复工项目达 42 个,完成投资额 16.2 亿元。截至 2016 年 6 月末,平房区(哈经开区)共完成外资到位指标 7.628 亿美元,完成全年目标的 59.38%;共完成内资到位指标 147.78 亿元,完成全年目标的 55.24%,达到了时间过半、任务过半的总体要求。

十七、吉林长春新区

长春新区是长春市的经济中心,长春新区重点发展先进制造业、现代服务业、现代农业,积极打造产业集聚区。长春新区充分发挥国家级新区"先行先试"这个最大政策优势,以创新促转型,以改革促发展,着力破除体制机制障碍,破解深层次矛盾和问题,全力加强经济发展软环境建设,打造创新经济发展示范区、新一轮东北振兴重要引擎。

(一)产业规模与结构

长春新区启动建设一年来,各项工作齐头并进,呈现强劲发展势头。2016 年地区生产总值达 1035 亿元,较 2015 年增长 13.5%;工业总产值 3750 亿元,较 2015 年增长 10.3%。固定资产投资快速攀升,2016 年一季度、上半年、前三季度分别同比增长 15.7%、19.1%、70.8%,全年完成 1017.9 亿元,同比增长 92%,其中民间投资 764 亿元,占 75%。

表 3-32 长春新区与长春市经济指标比较表

指标	地区生产总值		规模以上工业增加值		固定资产投资	
	总量/亿元	增长率/%	总量/亿元	增长率/%	总量/亿元	增长率/%
长春新区	1035.0	13.5	3750.0	10.3	1017.9	92.0
长春市	5928.5	7.8	9278.0	8.6	4659.0	10.5

(资料来源于长春市人民政府门户网站、长春新区官网。)

长春新区隶属长春市,总面积 499 平方千米,约为长春市的四十分之一。由上表可以看出,四十分之一的面积却实现了整个地区将近六分之一的产值、40% 的工业增加值以及五分之一多的固定资产投资额;增长率上长春新区更是均高于其所在市,尤其是固定资产投资增长率,达到长春市的近 9 倍。由此,长春新区成为长春市名副其实的经济中心,带动着整个地区的快速发展。

2016 年,长春新区通过抓好规划引领、基础先行、服务优先、项目立区、创新创业、体制机制、改善民生、从严治党等重点工作使新区发展取得突破进展。今后一个时期,长春新区将立足建设国际化新区,重点实施构建对外开放格局、提升国际服务功能、建立现代产业体系、推进体制机制创新、建设绿色智慧新城五大战略,构筑对外开放、现代产业和社会保障三大体系,统领新区工作全局,支撑新区快速发展。未来 5 年,GDP 年均增速保持在 12% 以上,到"十三五"末期,累计固定资产投资突破万亿元。

2017 年是新区发展最为关键的一年。长春新区将围绕"继续争当全市经济发展排头兵"的定位,全面加快建设步伐。经济总量力争实现 1200 亿元,同比增长 12% 以上,增速在全国新区保持前三;固定资产投资达到 2000 亿元以上,再次实现翻番,增速领跑全国新区。

(二)产业发展概况

长春新区以"依托主导产业,构建具有整合全球资源、建立全球价值链基础的现代产业体系"为总体发展思路,重点发展先进制造业、现代服务业、现代农业三大主导产业,积极打造"两中心、两集群、N 个千亿级产业",同时,搭建六大类 81 项开放性平台,助推新区服务能级全面提升,最终形成"5＋6＋2"开放创新型产业体系。其中,"5"是指 1 个优势产业(汽车产业)和 4 个战略性新兴产业(高端装备制造业、光电信息、生物医药、新材料新能源);"6"是指形成科技金融、信息服务、文化创意、商贸物流、健康养老、旅游会展六大现代服务业;"2"是指以精优食品与都市农业为特色的现代农业。

1.先进制造业

围绕先进制造业,长春新区将打造东北地区 2 小时高端装备制造综合体。长春新区顺应"中国制造 2025"对制造业的升级要求,紧扣关键零部件、智能控制系统以及数控机床与基础制造装备三大智能制造关键领域,打造中国智能装备制造中心。以发展现代制造业为根本,注重产业结构调整,围绕战略性新兴产业,进一步优化空间布局,构建支撑作用强、区域优势突出、产业特色明显、辐射带动强的先进制造业发展格局。依托域内先进制造企业集聚的产业基础、一流科研院所集中的研发实力,充分发挥国家级园区和基地的品牌优势,大力发展汽车及零部件这一优势产业,加快壮大高端装备制造业、生物医药产业、新能源新材料产业、光电信息产业四大新兴产业。

长春新区顺应汽车产业未来发展趋势,以完善产业链为基础,实现关键配套体系创新突破,建成紧密跟踪跨国公司汽车技术,拥有轿车整车、总成模块、关键零部件综合开发能力的中国汽车产业"硅谷",成为"长春国际汽车城"研发基地核心区,成为东北地区规模最大、具有国际先进水平的中高级轿车、汽车电子等关键零部件产品开发制造基地。长春新区将构建新能源汽车全产业链,突破电池、电机、电控等核心技术,主攻纯电动汽车、插电式混合动力汽车,推进动力电池、驱动电机、电动一体化底盘等核心部件的研发及产业化。依托新能源产业园形成集研发、生产、销售为一体,上、下游紧密衔接的新能源汽车千亿级产业集群。

加快培育高端装备制造、生物医药、新材料新能源、光电子四大战略性新兴产业,未来形成多个百亿级以上规模战略性新兴产业集群,全面发挥区域经济增长新引擎作用。依托长光卫星技术有限公司,大力发展航天产业,建成国内具有重要影响力的卫星应用示范和研发制造基地。引进广东龙浩航空集团等龙头企业,打造东北地区重要的通用航空产业基地。已引进山东泰山体育产业集团高端冰雪装备制造项目,将填补国内冰雪装备制造业空白,努力打造全球高端冰雪运动装备重要生产基地。长春新区内金赛药业有限责任公司是国内规模最大的基因工程制药企业和亚洲最大的重组人生长激素生产企业,长春新区生物医药产业依托亚洲最大的疫苗产业基地、全国最大的基因药物生产基地和长春国家生物医药产业基地,在亚泰集团生物制药项目等龙头项目带动下打造生物疫苗产业百亿级产业集群。新材料新能源依托中科院长春应化所、吉林大学等研发机构的创新能力和中科英华等龙头企业,重点发展新型材料类、新能源汽车及生物质能技术与相关产品,形成特色产业集群。光电子产业依托长春国家光电子高新技术产业化基地、吉林省长春光电子高新技术特色产业基地、国家级工程技术研究中心、国家级重点实验室、国家级企业技术中心、省级工程技术研究中心、省级重点实验室等研发技术平台,做优光电子产业。

2. 现代服务业

围绕现代服务业,长春新区打造省内领先、国内知名、具有国际影响力的高端服务业集聚区。长春新区已经形成了发展现代服务业的主要思路:积极拓展现代服务业,为进一步完善和提升长春新区城市功能,充分发挥区域内文化创意载体、高新技术产业和信息技术优势,打造省内领先、国内知名、具有国际影响力的高端服务业集聚区。围绕现代服务业,充分挖掘"两大枢纽、三大通道"的物流贸易潜力,四大国际商务区的对外开放平台功能,发挥区域文化创意载体、高新技术产业、人才改革试验区及信息技术优势,重点发展科技金融、信息服务、商贸物流、旅游会展、文化创意、健康养老等产业。

商贸物流业发展。加快发展交通枢纽型货物物流,长春新区以空港为依托发展航空物流业,以长春铁路综合货场为依托发展铁路物流,以公路港为基地发展公路物流,打造东北亚海铁联运物流大通道。加快发展电子商务物流,长春新区为适应电子商务的快速发展,在主要交通节点规划建设电子商务物流园区,加快布局跨境电子商务物流产业。加快发展国际物流,长春新区大力推动中俄、中蒙铁路通道、北极通道的建设,发展面向日、韩、俄国际分拨、国际中转等业务。

健康养老产业向高端健康养老产业链布局。依托长春空港经济开发区良好的生态资源,全力培育健康养老、医疗服务、保健疗养、康复体检、养生服务等多功能业态。长春新区普仁天下医疗城将打造高端国际化的医疗中心。

3. 现代农业

围绕现代农业,构建现代农业产业体系、生产体系、经营体系和服务体系。长春新区把现代农业作为最具有发展潜力的朝阳产业,未来也将会成为长春新区最具亮点、最能够做大做强的产业。长春新区依托农业产业体系基础和交通便利等优势,深入挖掘农产品和山珍的营养价值和生态价值,以产品的品牌营销和质量体系建设为抓手,积极构建现代农业产业体系、生产体系、经营体系和服务体系。形成国际国内知名,形成鲜明的长春新区特色。大力发展现代化蔬菜、肉蛋奶等产业,提升生鲜食品自给能力。积极发展生态观光农业,建设集技术推广、科技研发、物质生产、绿色消费、生态游乐、休闲观光度假于一体的现代农业园区,开发互动式、体验式、娱乐化的都市农业项目。鼓励农业龙头企业嫁接互联网,形成"互联网＋农业"的现代发展模式。

由联合国项目事务署与长春新区共同建设的亚太农业和食品安全产业国际示范区项目最能体现长春新区现代农业发展特色。该项目总投资 300 亿元,将通过运用大数据、云计算、地理信息系统等技术解决食品安全问题,实现真正意义上的全程可追溯。最终建设一个"高度资本密集、高端配套功能、高产农业研发、高阶智慧生态、高保安全食品、高效交易枢纽"的"六高特性"产城融合聚集示范区,将在集约智慧化经营、先进生物科技、智慧园区、专业金融、农产品电子商务交易、食品安全可追溯体系等方面进一步拉长产业链条、壮大区域产业规模和总量、提升质量效益,使产业结构得到进一步调整,促进国际交流与合作,扩大出口,优化经济结构。①

十八、江西赣江新区

根据《江西赣江新区总体方案 2016》,赣江新区产业发展的主要任务如下。

1. 积极承接产业转移

抢抓"一带一路"建设和长江经济带发展新机遇,全面对接上海等自由贸易试验区,进一步深化与长江三角洲、珠江三角洲和海峡西岸经济区合作。加强与国内外著名企业战略合作,重点承接先进制造业、战略性新兴产业和现代服务业,着力提升产业承接层次和水平。创新承接产业转移模式,鼓励东部地区政府、园区或战略投资机构采取直管、托管或一区多园等模式与新区合作共建产业园区,支持发展"飞地经济",推动产业链整体转移和组团式转移。推进南昌综合保税区建设,支持九江出口加工区在条件成熟时整合优化为综合保税区。

2. 着力推动产业优化升级

积极改造提升建材、家电、纺织等产业,全面提高产品技术、工艺装备、能效环保等水平,推动生产方式向柔性化、智能化、精细化转变。推进工业化与信息化深度融合,加快实施"互联网＋"行动,推动移动互联网、云计算、大数据、物联网等应用与发展。大力发

---

① ［长春新区］一个创新繁荣的新区［EB/OL］.（2017 - 05 - 23）［2017 - 12 - 10］. http://221. 8. 13. 155:8099/zw/yw/kfqdt /201705/t20170523_272572. html.

展智能装备、新能源、新材料、新一代信息技术、生物医药等战略性新兴产业,发展基于陶瓷材料的先进复合材料产业,培育一批具有较强竞争力的产业集群和若干具有自主品牌的龙头企业,打造中部地区乃至全国重要的战略性新兴产业和高技术产业基地。加强与国内外一流高等院校、科研机构合作,加快建立一批科技协同创新中心,努力在若干关键领域和核心技术等方面取得新突破,加速科技成果产业化。

3.加快发展现代服务业

促进金融、知识产权、会展、研发设计、商务咨询、服务外包、文化创意、健康养老、休闲旅游等现代服务业优质高效发展,推动生产性服务业向专业化和价值链高端延伸、生活性服务业向精细化和品质化转变。积极引进培育电子商务龙头企业,鼓励企业大力开展跨境贸易电子商务,发展电子商务基地,建设区域性电子商务产业中心。吸引跨国公司和国内优秀企业在新区设立区域总部或功能性总部,打造中部地区重要的总部经济基地。整合空港、水港、公路和铁路货场等物流资源,大力发展现代物流产业,建设区域商贸物流中心。依托庐山世界文化遗产、鄱阳湖国际湿地等人文自然资源,繁荣发展旅游产业,打造重要的国际生态旅游和文化交流中心。

赣江新区作为全国第18个、中部地区第2个国家级新区,也正围绕江西省委、省政府赋予的在产业发展、创新创业、开放合作、金融改革创新等方面的一系列政策措施,打造"互联网+"产业高地。一方面,构筑以光电信息、生物医药、智能装备制造、新能源新材料、有机硅和现代轻纺为支撑的六大主导产业,打造中部地区乃至全国重要的战略性新兴产业和高技术产业基地;另一方面,着眼于建设和激活一批"双创"空间和孵化平台,形成从"创业苗圃"到"孵化器"、再到"加速器"的"互联网+"产业发展链条。

2017年6月30日,赣江新区管委会、大成基金管理有限公司、博能控股股份有限公司三方共同在南昌展演中心签订《赣江新区区块链产业战略合作协议》。根据战略合作协议,三方将在以下方面开展全方位合作:第一,整合资源,共同发起设立区块链产业发展委员会;第二,以中国中小银行联盟和直销银行联盟为战略合作平台,共同发起设立区块链产业高峰论坛;第三,共同发起设立区块链产业发展基金,重点支持区块链产业园建设与运营、区块链金融和区块链产业优势企业股权投资等;第四,共同建设区块链产业园,形成区块链产业聚集效应,这次签约势必将培育壮大江西区块链产业集群,进一步服务赣江新区绿色金融改革创新试验区建设,为江西新经济的发展不断增添新的动能。

第四编

专题研究编

为深入贯彻落实科学发展观,把握世界新科技革命和产业革命的历史机遇,面向经济社会发展的重大需求,我国把加快培育和发展战略性新兴产业放在推进产业结构升级和经济发展方式转变的突出位置。本书专题研究编就是专门针对18个国家级新区普遍有所发展的战略新兴产业发展情况所做的针对性研究,共包含六大新兴产业,分别是新能源产业、新材料产业、高端装备制造业、生物医药产业、大健康产业以及信息科技产业。

第一章　新能源产业

新能源产业作为衡量一个国家和地区高新技术发展水平的重要依据,成为新一轮国际竞争的战略制高点。世界发达国家和地区都把发展新能源作为顺应科技潮流、推进产业结构调整的重要举措。与此同时,我国提出区域专业化、产业集聚化的方针,并大力规划、发展新能源产业。而国家级新区作为先行者,相继出台一系列扶持政策,新区新能源产业得到大力发展。

一、新能源产业总述

本部分主要从概念界定和政策支持两部分对新能源产业做出大体介绍,明确该产业所包含的具体内容以及国家发展新能源的方向及目标。

(一)相关概念界定

1. 新能源的含义

根据1981年"联合国新型能源和可再生能源会议"内容,新能源包括太阳能、水力发电、风能、生物质能、波浪力能、潮汐能等,主要是指常规化石能源以外的可再生能源。

一般而言,常规能源是指技术上比较成熟且已被大规模利用的能源。而新能源与常规能源存在较大差别,新能源是指运用新的科学技术全面地开发与利用尚未被广泛应用的能源或可再生能源。

太阳能是由太阳内部氢原子发生氢氦聚变释放出巨大核能而产生的能量。目前,利用太阳能的方法主要有:太阳能电池、太阳能热水器等。太阳能具有清洁环保、无污染等特点。

风能是指地球表面大量空气流动所产生的动能。风能资源决定于风能密度和可利用的风能年累积小时数。风能具有清洁、环保等特点。

核能是通过转化其质量从原子核释放的能量，符合阿尔伯特·爱因斯坦的方程。核能释放的主要形式包括核裂变、核聚变、核衰变。

生物质能是利用有机物质作为燃料，通过气体收集、气化、燃烧等方式产生的能源。生物质能主要包括木材、农业废弃物、水生植物等。生物质能具有可再生性、清洁、低碳等特点。

2. 新能源产业的界定

新能源产业源于新能源的发现和应用。一般而言，新能源产业是指开发新能源的单位和企业所从事的所有相关工作。新能源产业不仅反映了一个国家科学技术发展水平的高低，也反映了一个国家产业竞争力的高低。目前，国内已经形成的、具有一定规模的新能源产业主要包括风电产业、核电产业、太阳能光伏产业、生物质能产业等。国务院2012年发布的《"十二五"国家战略性新兴产业发展规划》中指出，未来新能源产业将重点发展核电产业、风能产业、太阳能产业等。而上海市人民政府发布的《上海市新能源发展"十二五"规划》中提出，新能源产业主要包括风电产业、太阳能产业、储能技术产业、生物质产业、核电产业、浅层地热能产业等。根据新能源的来源，本文将新能源产业分为太阳能产业、风能产业（或称风电产业）、核能产业（或称核电产业）、生物质产业等。

（1）太阳能产业。

太阳能发电分为光伏发电和光热发电两种，因此本书讨论的太阳能产业主要是指太阳能光伏产业和太阳能光热产业。太阳能光伏产业主要是指以硅材料的开发、应用形成的光电转换的产业链。太阳能光伏产业链包括硅料、硅片、电池片、电池组件和应用系统五个环节。从整个产业的发展情况而言，产业链五个环节（图4－1）所涉及的企业数量依次大量增加，光伏市场产业链呈现金字塔结构。产业链最上游是太阳能晶硅制造，该环

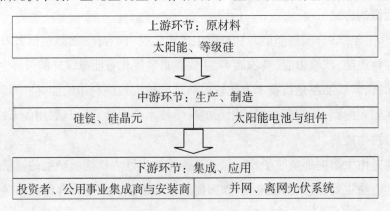

图4－1　太阳能光伏产业链

节对晶硅制备技术具有较高的要求。第二个环节是硅片生产环节,该环节的主要技术流程包括铸锭、切方滚磨、化学腐蚀抛光。第三个环节是电池片制造。第四个环节是电池片的组件封装,该环节技术含量低,进入门槛低,属于劳动密集型产业。第五个环节是应用系统,目前太阳能光伏发电已经广泛应用于人民的生产和生活当中。而太阳能光热产业主要是指开发利用太阳辐射的热能形成的产业链。

(2)风能产业。

风能产业链主要包括研发设计、原材料供应、设备零部件制造、整机制造、风电场开发及建设、运营发电等诸多环节,并受到政府决策、金融贷款政策、科研机构以及服务行业的影响。风能产业链上游主要包括原材料、零部件生产、整机制造环节。原材料主要有钢材、铝材、永磁材料等。在整机制造中,需要使用大量的钢材。风能产业链的中游主要是指风电场的立项、建设和运行。

(3)核能产业。

核电是通过可控核裂变方式将核能转变成电能。核电产业涵盖核电站的全部生命周期,包括建造、运行和退役,并涉及核电产业链和相关方,着眼于建立可持续发展的核燃料循环体系。

(4)智能电网产业。

智能电网产业主要包括六个环节,分别是发电环节、输电环节、变电环节、配电环节、用电环节和调度环节。智能电网产业与传统的电力产业存在较大差别,智能电网产业具有现代化、自动化、信息化、互动化特点。智能电网产业在原有电网的基础上进行了较大程度的改革与创新,更加有利于我国电力事业的发展。

近几十年来,随着石化能源的枯竭和地球环境的恶化,世界上越来越多的国家开始努力寻找替代化石能源的新能源,太阳能、核能、风能、生物质能等新能源产业也随之得到了发展。在此背景下,我国积极制定推进新能源产业发展的振兴规划,促进新能源产业的科学发展,同时也有利于经济发展方式的转变,推动经济可持续发展。国家级新区作为区域经济发展的引领,在推动新能源产业发展方面方法各有不同。

(二)新能源产业的政策支持

《"十三五"国家战略性新兴产业发展规划》中提到要推动新能源产业快速壮大,构建可持续发展新模式。把握全球能源变革发展趋势和我国产业绿色转型发展要求,着眼生态文明建设和应对气候变化,以绿色低碳技术创新和应用为重点,引导绿色消费,推广绿色产品,大幅提升新能源汽车和新能源的应用比例,全面推进高效节能、先进环保和资源循环利用的产业体系建设,推动新能源汽车、新能源和节能环保等绿色低碳产业成为支柱产业,到2020年,产值规模达到10万亿元以上。

1. 实现新能源汽车规模应用

全面提升电动汽车整车品质与性能,建设具有全球竞争力的动力电池产业链,系统推进燃料电池汽车研发与产业化,加速构建规范便捷的基础设施体系。

2. 推动新能源产业发展

加快发展先进核电、高效光电光热、大型风电、高效储能、分布式能源等,加速提升新能源产品经济性,加快构建适应新能源高比例发展的电力体制机制、新型电网和创新支撑体系,促进多能互补和协同优化,引领能源生产与消费革命,推动核电安全高效发展,促进风电优质高效开发利用,推动太阳能多元化规模化发展,积极推动多种形式的新能源综合利用,大力发展"互联网＋"智慧能源,加快形成适应新能源高比例发展的制度环境。

3. 大力发展高效节能产业

大力提升高效节能装备技术及应用水平,大力推进节能技术系统集成及示范应用,做大做强节能服务产业。

4. 加快发展先进环保产业

提升污染防治技术装备能力,加强先进适用性环保技术装备的推广应用和集成创新,积极推广应用先进环保产品,提升环境综合服务能力。

5. 深入推进资源循环利用

大力推动大宗固体废弃物和尾矿综合利用,促进"城市矿产"开发和低值废弃物利用,加强农林废弃物回收利用,积极开展新品种废弃物循环利用,大力推动海水资源综合利用,发展再制造产业,健全资源循环利用产业体系。

二、各新区新能源产业发展情况

据可得资料显示,十八个国家级新区中有十三个新区对新能源产业进行了产业布局,并提出了详细的发展领域、发展方式及发展目标。其中,新能源产业发展情况较好的有浦东新区、滨海新区及两江新区。新区新能源产业发展主要集中于新能源汽车及新能源发电领域。各新区新能源产业大体发展情况如下。

（一）上海浦东新区

浦东新区新能源产业具备一定的基础,在张江打造研发和总部基地,在南汇工业园区建设新能源产业化基地,在临港建设新能源应用与低碳节能经济示范城,引进了林洋集团、正泰集团、益科博能源、新陆地太阳能、理想能源、山路集团等重点企业,已有薄膜太阳能电池关键生产设备投产。但是,浦东新区能源产业规模相对较小,产业链还不完善,龙头企业缺乏,仍处在成长期。未来,浦东新能源的发展将主要集中在太阳能、核电、风电、新能源电池、洁净煤等领域,重点涉及薄膜太阳能电池及关键设备制造、核岛和常规岛主设备研发和总装、大型海上风机、陆上风机和风电关键零部件研发与制造。特别在太阳能电池方面,在加大薄膜太阳能电池的研发和产业投资力度的同时,加速提升产业能级,同时关注以染料敏化、有机物聚合物为代表的下一代太阳能电池领域的前瞻性研发布局。

1. 上海浦东新区新能源产业布局

新能源产业是温家宝明确提出的7个战略性新兴产业之一,也是浦东高新技术产业化8个重点领域之一。浦东新区新能源产业发展的布局是:在张江打造研发和总部基地,南汇工业园区建设成为新能源产业化基地,在临港建设新能源应用与低碳节能经济示范城。这其中,南汇工业园的新能源产业发展更让人瞩目,随着正泰太阳能科技、卡姆丹克太阳能科技、曙海太阳能科技等一批新能源企业纷纷落户,南汇工业园区逐渐成为新能源产业的"高地"。

浦东新区的新能源产业已经具备一定的发展基础,产业链上关键环节也聚集了一批高成长性企业,呈现出极大的发展潜力。在2009年,上海南汇工业园区被认定为上海市浦东新区新能源产业化基地。上海南汇工业园区为市级工业开发区,园区总规划面积为28平方千米,以大治河为界,分为北区和南区,其中北区13平方千米,南区15平方千米,"七通一平"市政基础设施配套建设等已基本完成。园区规划了新能源产业、先进装备制造产业及生产性服务业三大主导产业,以"经济充满活力,环境富有魅力,文化独具张力"为目标,倾力建设国际化现代企业社区。

在功能布局上,浦东新区新能源产业化基地将围绕新能源产业链,打造适合新能源高端企业集聚与发展的空间载体与服务配套。以5.56平方千米的基地核心区域为主要空间载体,商业与生活服务配套板块同步建设,同时为中小企业提供完善的孵化、中试基地及综合性服务平台。

2. 上海浦东新区新能源产业政策

无论是从国家层面还是上海市层面,各级政府都出台了相关的政策促进新能源产业的发展。从国家层面来看,中央政府相关部门近几年陆续出台的新能源产业政策有《"十三五"国家战略性新兴产业发展规划》《能源发展战略行动计划(2014—2020)》《中国制造2025》等。

从上海层面来看,上海作为我国最重要的新能源产业基地之一,在核电、风力发电、太阳能光伏等新能源装备的研发利用以及产业化方面取得了较大突破,并陆续出台《上海市战略性新兴产业发展"十二五"规划》《上海市新能源发展"十二五"规划》《关于促进上海新能源产业发展的若干规定》等一系列新能源产业政策规划。

从新区层面来看，《浦东新区产业发展"十三五"规划》中提到，浦东将做大做强涵盖相关领域的金融、航运、贸易、文化、健康、信息、装备、汽车"八大产业板块"，大力发展新兴金融、电子商务、旅游会展、物联网和下一代通讯、智能制造、民用航空、总部经济、高端研发（含科技服务业）、新能源、新材料"十个重点专项"。

3. 上海浦东新区光伏产业发展情况

上海浦东新区临港新城位于长江与杭州湾的交汇处，包括海港新城、临港新城产业区，总面积为 293 平方千米，是集工业制造、现代物流、研发服务、出口加工、教育培训等功能为一体的现代化综合型海滨城区。临港新城光伏电站年发电量达 130 万千瓦·时，平均每年可减排二氧化碳 884 吨、二氧化硫 37.4 吨、氮氧化物 18.7 吨、烟尘 339.6 吨，年均节煤约 494 吨，对节能减排起到了积极作用。

为落实科学发展观，体现用绿色能源制造设备的环保理念，上海电气集团结合自身条件，以上海交大泰阳绿色能源有限公司为主，建成 1.26 兆峰瓦的光伏并网发电系统。其中包括 2006 年 12 月 18 日在上海电气临港重型机械装备有限公司建成的 200 千峰瓦光伏并网电站；2008 年 8 月 27 日在上海电气起重运输机械厂有限公司联合厂房建成的兆瓦级光伏并网商业电站。临港新城光伏电站具有以下的特点：

（1）所有光伏电站都是利用建筑物屋顶，不占用土地资源，并对厂房起到一定的降温隔热作用，尤其为在大跨度轻钢结构平顶上建设光伏电站积累了宝贵经验。大跨度轻钢结构平顶建筑主屋顶长 348 米，宽 35 米，总面积达到 1300 平方米。

（2）对 6000 余块太阳能电池组件进行参数细分，并尽可能使同一电池组件参数一致。运用"PVPM 组件功率测试仪"对组件列阵的综合质量进行检测，从而提高光伏电站的整体电能转换效率和保证调试并网一次成功。

（3）首次实现大型光伏并网电站设备的国产化，并配备成套的电站运行及气象、辐照、现场安全监控设备，不仅实现整座电厂的全自动化运行，也为上海地区开发利用太阳能资源提供大量、连续的真实数据。

（4）采用新型提前放电避雷针，解决防雷暴设施对太阳能电池组件矩阵的遮挡难题。提前放电避雷针的工作原理是平时积存能量，在闪电击发被保护物体的瞬时产生电波，提前将雷电流中和、消融。该设备无须动力、电源，也没有放射性物质。特点是全封闭，可防连续雷，抗风阻能力强。普通富兰克林避雷针，30 米高的避雷针地面保护半径为 30 米；而提前放电式避雷针，5 米高的避雷针保护半径达 79 米。

目前现场设备满负荷正常运行，系统发电效率没有明显降低，年发电量仍保持在 20 万千瓦·时的设计指标，运行情况良好。

2015 年 12 月 21 日，财政部与金砖国家新开发银行在沪签署"上海智慧新能源推广应用示范项目"的贷款协定,该项目是我国首个从新开发银行获得贷款的项目,也是新开发银行签约的首个项目。"上海智慧新能源推广应用示范项目"投资主体为上海临港经济发展(集团)有限公司,实施主体为上海临港弘博新能源发展有限公司,是上海市首个10万千瓦规模的屋顶分布式光伏项目,动态总投资7.5亿元人民币,其中资本金投入2.25亿元,获得新开发银行贷款5.25亿元,贷款期限为17年(含3年宽限期),贷款利率为固定利差浮动利率。据悉,该项目将利用包括临港产业园区在内的上海市各产业园区的150万平方米的屋顶,建设总容量约100兆瓦的分布式光伏电站项目,共分3年实施。项目建成后,预计每年可利用光伏发电1亿度,减排二氧化碳等温室气体12万吨,减少标准煤消耗3.2万吨。[①]

(二)天津滨海新区

1. 新能源产业布局

近几年,天津新能源产业通过引进国际领先的技术,策划并实施一系列项目,研发并生产新能源产品,培育一批骨干企业,形成了一定的产业优势,在产业链条延伸、产业集聚和规模发展上取得了较大进步。截至目前,天津市拥有新能源企业百余家,新能源产业产值突破500亿元,具备了11亿安时锂离子电池、850兆瓦光伏6000兆瓦风电整机生产能力,正在成为全国新能源产业重要基地。

天津新能源产业在绿色电池、风电、光伏发电等领域基础较好,聚集了力神、巴莫、明阳、英利、歌美飒等一批龙头企业,其中锂离子电池的市场占有率及产业规模居全国前三位。力神公司成功研发了多项产品和技术,产品销量居全球高端市场前四位,成为全国重要锂离子电池生产基地;维斯塔斯公司在天津建成了全球最大的风机制造基地,拥有世界领先的研发制造技术;三安光电公司拥有的高效电池芯片属国内第一、国际领先水平,国内市场占有率已经超过70%;英利公司研发的高品质多晶硅锭铸造工艺也处于国际领先水平。

2. 新能源产业重点发展方向

滨海新区将以新能源汽车作为未来产业发展的重点方向,依托龙头企业,打造新能源汽车制造基地;制定专门产业政策,促进新能源汽车的研发和生产,拓展新能源汽车在公共领域的运用。为促进新能源汽车的应用,滨海新区将开展产业链招商,促进新能源汽车产业集群化发展。除此之外,还将推动技术研发和应用,增强汽车产业发展创新驱动力。目前,滨海新区已有一汽丰田、一汽大众、长城三大汽车企业,已经修订并开始实施氢燃料电池、插电式混合动力新能源汽车发展规划,对此开发区全力支持,并将出台专

---

① 朱元昊,包大年.上海浦东新区临港新城光伏并网电站介绍[J].阳光能源,2009(4):70-71.

门的配套政策,鼓励新能源汽车生产和研发。滨海新区还将设立汽车产业引导基金,提供研发经费,助力创业投资,提供知识产权保护等。

放眼滨海新区,新能源汽车产业正在提速。按照《天津市滨海新区战略性新兴产业发展"十三五"规划》的要求,在节能与新能源汽车产业方面,以纯电动汽车为主攻方向,协同发展混合动力电动汽车、燃料电池车,围绕整车、电池、电机、电控四大领域,提升产业创新能力,着力攻克电动汽车牵引力控制、智能控制、动力电池等核心技术,支持节能环保型混合动力汽车研发生产。加快五龙、国能、恒天等项目建设,完善充电站(桩)等配套设施,推进新能源乘用车量产和规模化应用;探索推进智能网联汽车发展;支持一汽大众、一汽丰田、长城、华泰等车企拓展产品系列,将天津建成我国新能源汽车应用示范区、中国北方新能源汽车产业高地。

到 2020 年,滨海新区将建立新能源汽车产业创新中心,打造新能源汽车千亿元产业链,产值规模达 1000 亿元。①

3. 其他领域发展情况

(1)风电领域。

该领域聚集了维斯塔斯、歌美飒、苏司兰、明阳、东方汽轮机等国内外知名风电整机企业,以及天津鑫茂鑫风、雷可德、上纬、卓轮、西门子电气传动等 20 余家关键零部件生产企业,基本形成了从风电整机机组到控制系统、齿轮箱、叶片等关键零部件较为完整的产业链条。2010 年风机整机实现产量 3000 兆瓦,占全国产量的 19%;风电设备年生产能力 6000 兆瓦,占全国的 30% 左右,已成为国内最大的风力发电设备生产基地之一。

(2)绿色二次电池领域。

该领域聚集了力神、三星 SDI、巴莫科技、三洋能源等国内外知名绿色二次电池生产企业,锂离子电池生产能力和产值规模占全国三分之一以上,成为国内综合实力最强的绿色二次电池产业基地。科研实力雄厚,力神公司拥有全国锂离子电池行业国家级企业技术中心,建立了包括前瞻技术研究、基础研究、新产品开发、产业技术开发等完善的锂离子电池及超级电容器科技创新体系。

(3)光伏领域。

该领域聚集了京瓷、友达、英利、尤尼索拉津能、蓝天太阳、中电科十八所等多家国内外知名企业和科研机构,研发实力较强,是我国领先的薄膜及聚光太阳能电池研发基地;光伏电池生产能力达到 600 兆瓦,形成了从单晶硅、多晶硅、非晶硅薄膜、聚光电池等较

---

① 天津市滨海新区人民政府.新能源汽车双积分政策近期发布实施[EB/OL].(2017 - 09 - 11)[2017 - 12 - 28].http://www.bh.gov.cn/html/JXW/XXDT22792/2017 - 09 - 11/Detail_946782.htm.

为完整的产品类别,产品光电转化效率处于世界领先水平。

（4）LED 领域。

该领域聚集了三安光电、中环新光、三星 LED、中环华祥、天星电子、索恩照明、津亚电子等 20 余家产业链上下游企业,基本形成了集外延片制造、芯片生产、器件封装及应用为一体的较为完备的产业链体系。

围绕风力发电、绿色二次电池、太阳能光伏、LED 等优势领域,滨海新区新能源产业形成了良好的聚集态势。

（三）重庆两江新区

两江新区新能源产业发展时间较早,早在 2011 年 6 月,全球最大的生产锂离子聚合物电池制造商之一,深圳立业集团在两江新区水土高新园开建中国西部最大锂离子电池产业园,这个总投资达 35 亿元的新能源项目为两江新区新能源汽车和笔记本电脑等战略新兴产业装上了强大的新动力引擎。

在重庆市十大战略新兴产业中,两江新区涵盖了其中的九个产业。近年来,两江新区针对内陆市场和新兴产业的特点,积极探索战略性新兴产业发展新路径,通过成立产业引导基金、股权投资、融资租赁等多种方式,优化产业生态,推动了通用航空、机器人、云计算、显示屏等九大战略新兴产业的大发展。成立引导基金,加上此前重庆市成立的 800 亿元新兴产业引导资金,两江新区正在积极推进金融资本与产业资本相结合,把新区打造成为重庆战略新兴产业发展主阵地。

"十三五"期间,两江新区将打造"311"产业体系:继续做大汽车、电子信息、装备制造三大优势支柱产业;汽车整车生产能力达 300 万台、发动机 300 万台,实现产值 4000 亿元;电子信息产业围绕"芯屏器核"力争实现 3 大显示面板、3 大芯片制造与封装、3 大智能终端产品,实现产值 3000 亿元;装备制造力争实现年产值 1500 亿元。

两江新区近年来重点发展新能源及智能汽车,把重庆作为新能源汽车重要基地。2015 年 6 月,重庆两江集团与小康工业集团、力帆控股集团共同发起成立新能源汽车（重庆）投资发展有限公司,下设两个新能源汽车运营公司,从事新能源车出租业务。落户于两江新区的重庆小康工业集团旗下的电动车子公司瑞驰则推出了四大系列纯电动汽车,其中微型物流商用电动车依托互联网使物流公司可对汽车进行远程操控、远程故障诊断以及实施货物跟踪等,通过车联物联互通,助推物流业实现智慧化转型。不只是新能源物流车方面,依托科技部批准的"国家两江清洁能源汽车创新园",凭借良好的汽车产业基础和配套资源,两江新区正在成长为最具竞争力的国内新能源汽车研发和制造地区。两江新区入驻企业长安汽车建立了一支千人新能源汽车研发团队,计划到 2020 年旗下新能源汽车累积销量达 40 万辆,2025 年前推出 34 款新能源汽车产品,累积销量突破 200

万辆。恒通客车公司已经形成以纯电动为龙头，混合动力为主力，清洁能源为补充的完整的现代化公交能源供给系统。

此外，两江新区积极探索电子核心部件、机器人及智能装备、云计算及物联网、可穿戴设备及智能终端、通用航空、生物医药及医疗器械、能源装备、节能环保、新材料等战略性新兴制造业，到 2020 年，力争产值达到 4000 亿元左右。

（四）浙江舟山群岛新区

《浙江舟山群岛新区发展规划》明确提出，舟山要围绕打造海洋产业集聚岛，加快构建现代海洋产业体系，迅速提高海洋经济的综合实力，将舟山群岛新区建设成为浙江省海洋经济开放水平最高、增长质量最好、产业结构最优、发展潜力最大的先导区，为推动浙江省经济社会发展发挥重大的引领作用。依托海洋优势，做大海洋文章，布局海洋产业，这是海洋产业集聚区在发展过程中始终坚持的一个原则。

该规划同样提出，重点发展海洋新能源、新材料产业。海洋能是指依附在海水中的可再生能源。海洋通过各种物理过程接收、储存和散发能量，这些能量以潮汐、波浪、温度差、盐度、梯度、海流等形式存在于海洋之中。舟山拥有丰富的可再生海洋能源资源，据专业机构调查和评估，舟山可开发利用的海上风电和潮汐能在 500 万千瓦以上。科学合理开发利用海洋能源资源，积极推进新能源产业发展，推动能源结构调整，倡导低碳发展，是推进新区建设的一项基本方针。目前，在舟山开发潮流能发电技术的有哈工大、浙大等院校，浙江绿城、长江三峡等企业已在舟山投资建设和开展项目的前期工作，其中浙大在摘箬山岛开发的智能电网、海上平台等六七个项目已落地。舟山作为国家规划的中国海洋能开发的一个先行示范区，将为全国乃至周边国家的海洋能开发提供一个基础的试验平台，也将对舟山群岛新区产业升级起到推动作用。

（五）广州南沙新区

1. 南沙新区新能源汽车产业发展情况

2015 年，《广州南沙新区发展规划》中提到要支持在南沙新区布局新能源汽车重大项目和科研基地，建设重要的新能源汽车公共技术创新、检测和试验平台，支持香港的汽车零部件研发中心与适用企业对接合作，加速推进混合动力汽车、纯电动汽车等新能源汽车关键系统的研发和零部件制造，大力培育研发、采购、市场营销、汽车金融、售后服务等汽车服务业，建设国际汽车产业基地。

汽车产业是广州的一大支柱产业，新能源汽车在南沙新区的发展中占据重要的地位。在南沙发展的历史阶段中，第一个阶段是南沙大开发启动，在这个阶段里形成了以广汽丰田为代表的汽车生产基地等临港产业体系，有了一定的经济规模，为后续发展奠定了良好的基础。近年来,南沙大力发展先进制造产业。启动新增产能 22 万辆整车的广汽丰田三期主体工程建设,延伸发展产业链上下游的配套企业,推动形成千亿级汽车产业集群。在发展航运服务业过程中,积极推进整车进口等创新业务,汽车平行进口试点也已落地实施。下一步,南沙将对接工业 4.0 和中国制造 2025 战略新趋势,依托新能源汽车等龙头项目,加快建设广汽丰田三期,打造千亿元级汽车产业集群。

2. 南沙新区新能源电池发展情况

伴随着新能源产业尤其是新能源汽车发展,我国新能源电池获得高速发展。据介绍,进入 21 世纪以来,随着全球经济的快速发展、资源的过度消耗,能源危机成为日益突出的全球性问题,世界各国都在积极开发新能源与可替代性能源,我国的新能源产业也在蓬勃发展中。电池作为能量存储和转换的载体,其安全性和质量的稳定性直接影响新能源产业的发展。

2016 年 8 月,华南首个国家级新能源电池检测中心落户广州南沙。作为一个重要的技术支撑平台,该中心将助力广东新能源电池企业加快研发创新和走出去的步伐。广东是全球最大的锂电池生产制造基地之一,仅动力电池生产量就占据中国行业的 60%。根据广东"十三五"战略性新兴产业发展重大工程的要求,新能源汽车领域要加快建设纯电动、插电式混合动力、增程式等新能源汽车整车项目与新型动力锂离子电池及管理系统项目,培育和发展特种用途电动汽车、短途纯电动汽车、燃料电池汽车以及下一代高比能动力电池,广东新能源电池产业将迎来爆发式发展。

(六)陕西西咸新区

1. 西咸新区新能源产业布局

根据西咸新区内自然环境、产业布局现状及行政区划等因素,西咸新区构建五大特色板块,形成了十三个分区。沣东新城:靠近西安高新区,发展高新技术;沣西新城:发展战略性新兴产业与国际化教育产业;秦汉新城:依靠历史优势,发展旅游加文化产业;泾河新城:统筹城乡发展试验田;空港新城:打造面向全球的世界一流综合保税区。

其中,作为发展新能源产业的泾河新城,位于咸阳市泾阳县东南部,跨越泾河两岸,重点发展都市农业、节能环保、高端装备制造等产业,率先建立统筹城乡发展示范区。其规划定位为西安国际化大都市北部中心,高端制造业、现代物流业、地理信息产业基地,统筹城乡发展示范区。规划结构为形成"一心、两廊、五轴、八组团"的规划结构。一心,即泾河以北重点发展以总部经济为核心的中央商务区;八组团,即泾河居住及产业组团、中央商务组团、行政中心组团、旅游服务组团、高端制造业组团、永乐居住及产业组团、崇文重点镇组团、泾河火车站组团。

2. 西咸新区新能源产业发展情况

2016年10月14日,西咸新区泾河新城光伏新城项目顺利签约。该项目的顺利签约开启了泾河新城分布式太阳能光伏发电站项目建设的新阶段,助力泾河新城创建全覆盖型、分布式光伏新城,有效推动区域光伏产业蓬勃发展。近年来,泾河新城作为西咸新区五大组团之一,抢抓经济发展的历史机遇,充分发挥区位优势和地理资源优势,形成了现代服务业、现代农业、新能源新材料和高端装备制造业等优势产业并举,一、二、三产业联动融合的发展态势,健全产业发展链条,全力打造产业发展高地。此次光伏项目成功入驻,也将为区域新能源产业提供新的发展引擎,助力泾河新城战略性新兴产业更好更快发展。泾河新城还持续加大基础设施建设投入力度,不断完善相关配套设施建设,为入区企业及项目建设提供优质、高效的服务,为区域产业发展营造良好的环境。

2016年11月18日,沣西新城对新能源发展有限公司进行重组,新能源利用是时代前进发展的方向,也是国家一项重要发展战略。沣西新城成立之初就在清洁能源、分布式能源利用方面做出诸多思考和规划,干热岩利用也成为全省的示范和亮点。能源公司的重组体现出新城主动践行绿色发展理念、落实智慧能源建设的部署。在前期积累的基础上,重组后的能源公司对发展方向、战略定位、项目建设更加清晰明确。

（七）贵州贵安新区

在贵州省委、省政府的大力支持和统筹规划下,作为第八个国家级新区,贵安新区制定了《贵安新区产业发展规划》,该规划将新能源汽车产业定位为主导产业,明确提出要加大对新能源汽车产业的培育和支持力度。

新能源汽车是贵安新区重点打造的主导产业。目前,已经规划总面积达16平方千米的新能源汽车生态新城,计划用10年左右的时间,分三期打造以新能源汽车为主题的产、城、人融合发展的未来汽车新城。建成后,将形成年产新能源汽车50万辆的生态工业园区,同时构建汽车主题生态人居、汽车主题湿地公园、新能源汽车赛道等以新能源汽车为主题的各类业态共生群落,总经济规模将达到5000亿元。目前贵安新区已经制定了国内首个车桩网一体化建设推广规划,拟建成国内首个新能源汽车车桩网一体化大数据运营系统、贵安智能超级充电站、首个智能充电全覆盖示范园区等。同时正在推进贵安新区全区域电动汽车示范智能化运营,全区域充电站、桩、网建设。

2016年5月8日,中国(贵安)新能源汽车产业高峰论坛暨纯电动汽车项目签约仪式在贵安新区举行,贵安新区管委会与五龙集团签署《贵安新区新能源汽车产业项目一期投资合作协议》。项目一期投资50亿元,建设年产15万辆纯电动汽车生产能力的新能源汽车产业基地,该基地将融入工业4.0柔性化生产模式,打造世界一流的纯电动整车智能化工厂。项目达产后,整车企业年产值300亿元以上,加上带动的汽车相关配套产业,将形成千亿级的汽车产业生态园区。依托与五龙的新能源汽车合作项目,贵安新区还着力探索跨界融合驱动,打造全国首个大数据车装网一体化运营示范区。示范区旨在通过多维度、多领域的融合,突破单一发展模式,引进复合型项目、人才、团队,创新创造,跨界融合,推动新能源汽车全产业链项目,放大关联产业的增值空间。

(八)青岛西海岸新区

2016 年初,青岛西海岸新区首家新能源动力电池项目投产,标志着青岛西海岸新区新能源产业进一步发展壮大,也是青岛西海岸新区大力培育新能源产业、推动企业转型发展升级、完善产业链条的又一重大成果。该项目是青岛西海岸新区投产的第一家新能源动力电池厂家,将为山东及至北方地区的整车生产厂家提供动力总成技术。

台玻实联长宜新能源动力电池项目计划总投资 1200 万美元,主要生产供应新能源电动车(包含纯电驱动与混合动力)用电池组、电池管理系统、电机管理系统、电动汽车电控集成以及储能系统用电池组组装。项目建成后,年组装磷酸锂铁电池组约 2 亿安时,年销售收入为 33 亿元人民币。

磷酸铁锂电池项目是国家产业政策鼓励发展的新能源产业项目,产品拥有广阔的市场需求和很高的附加值。台玻实联长宜新能源动力电池项目以建设完整的电池产业链为目标,主要从事磷酸铁锂电池研发、生产、销售。磷酸铁锂电池主要应用于电动车、储能电站、汽车启动电池、不断电系统(UPS)等,是目前安全性最高、应用最广的新能源。具有领先于行业水平的电力输出功率和低于全国平均水平的项目能耗等优势。项目投产后,对推动西海岸新区乃至全市新能源技术的应用推广以及产业链向高端攀升起到重要作用。

(九)大连金普新区

大连实施的创新驱动发展战略吸引了高科技企业探寻商机的目光。2016 年,深圳元正能源系统有限公司与 13 家新能源汽车相关联企业结成企业联盟,联手投资 80 亿元,在金普新区共同建设新能源和新能源汽车生产基地,企业联盟将面向储能、新能源汽车两个万亿级市场,引进核心技术,构筑集研发、制造、运营为一体的新能源产业链,打造大连新能源产业发展新优势。

大连市新能源汽车产业主要布局在金普新区,已初步形成了完整的节能与新能源汽车产业链,一些龙头企业领跑新能源汽车的整车生产:中国汽车技术研究中心新能源汽车落户大连保税区,奇瑞汽车、辽宁曙光汽车集团的节能与新能源汽车也布局保税区,一汽集团节能与新能源客车生产基地布局开发区,大连野马易威电动汽车及动力总成项目布局开发区,上海瑞华集团新能源汽车项目落户三十里堡临港工业区。诸多企业的进入将为金普新区新能源汽车产业的发展带来强大推动力,发展潜力不可估量。

(十)四川天府新区

2016 年 8 月 20 日,世界 500 强企业和全球最大的专业化空调企业格力集团携手天府新区西区产业园,建设格力银隆成都新能源产业园,项目总投资约 100 亿元,以此进军新能源产业。

根据协议,珠海银隆规划在成都天府新区西区产业园投资建设银隆成都新能源产业园项目,规划面积 3000 亩,总投资 100 亿元。据悉,项目将分两期建设,其中一期投资不低于 50 亿元,规划占地约 1500 亩,重点建设钛酸锂电池、钛酸锂电池储能、纯电动客车、纯电动专用车、充电装备、代替铅酸启停电池系统等项目;二期投资 50 亿元,占地约 1500 亩,重点建设年产 20 万辆新能源乘用车生产项目。

据成都市投促委介绍,珠海银隆新能源有限公司总部位于珠海,拥有全球钛锂材料先进生产技术,具备从整车制造到电池、电机、电控等关键零部件和充电设备的产业链。在广东珠海、河北武安及河北石家庄建成三大生产基地,公司资产规模逾百亿。该公司也刚刚成为格力的全新成员。

2016 年 12 月 16 日,天府新区西区产业园中国银隆(成都)新能源产业园项目在新津正式开工,预计全面达产后可实现年产值 200 亿元以上,年利税 20 亿元以上。

(十一)南京江北新区

2016 年底,江北新区迎来了一个总投资 100 亿元的新能源汽车项目——博郡新能源汽车。项目落户南京浦口经济开发区,分四期建设,占地面积 2000 亩,从事电动汽车的整车集成和核心技术开发,未来年产 10 万辆多种轻量化智能纯电动汽车。为助力新能源汽车产业的发展,中科招商与浦口开发区合作成立南京浦口新能源汽车产业基金,总规模 50 亿元,首期规模 10 亿元。

(十二)云南滇中新区

2016 年 12 月 27 日,云南滇中新区汽车产业园暨昆明新能源汽车工程中心启动,产业园计划到 2020 年引进 3 至 4 家大型汽车制造企业入驻,整车总产能达到 40 万辆,汽车整车及零部件产值 600 亿元。中期目标为到 2025 年,规划整车产能达到 60 万辆,汽车整车及零部件产值 1000 亿元。这成为昆明汽车产业发展历史上浓墨重彩的一笔——昆明新能源汽车产业高端化路线迈出标志性的一步,为最终建成立足西南、辐射南亚东南亚市场的世界级汽车产业园奠定基础。

云南滇中新区汽车产业园项目位于国家级嵩明杨林经济技术开发区内,与昆明主城区直线距离为 40 千米,距嵩明城区 6 千米,距离昆明长水机场约 16 千米,紧邻沪昆高铁、成昆铁路以及京昆、沪昆、渝昆、杭瑞等国家高速公路和多条国道,互联互通网络发达,交通优势非常明显。新能源汽车项目投产后,昆明市在全市范围内推动充电桩建设,以此率先在昆明市普及使用新能源汽车。

(十三)吉林长春新区

2016 年 4 月 29 日,在长春新区高新北区,长春新能源汽车股份有限公司新能源汽车产业园项目正式破土动工。这个项目的落位,标志着长春市和吉林省的新能源汽车产业进入一个新时代,新能源汽车项目的建设将带动传统汽车制造业转型升级,让新能源汽车离百姓生活越来越近。该项目投资 34 亿元,总占地面积 45.3 万平方米,将建成动力电池、储能系统、研发中心及新能源汽车整车生产基地,打造新能源汽车全产业链,力争 5 年内建设成为全国技术先进、规模一流的新能源汽车产业基地。

2015 年,我国新能源汽车行业在新常态下迎来新机遇,中国新能源汽车产销双双突破 30 万辆,已超越美国 2 倍的销量使中国成为世界最大的新能源汽车市场。长春新区抢抓这一巨大的市场机遇,由上海时代新能源科技有限公司、北京威卡威汽车零部件股份有限公司等企业出资组建了长春新能源汽车股份有限公司,并同宁德时代新能源科技有限公司达成战略合作关系,主要生产大中型新能源客车、轻型新能源客车、新能源专用车、动力电池、充电设备、储能系统等。预计项目达产后,可年产大中型客车 10000 辆、轻型客车 5000 辆、配套零部件 25000 套以及储能系统等,年可实现产值 200 亿元、利税 40 亿元,可提供就业岗位 2000 个,社会效益和经济效益显著。

尽管项目刚刚开工建设,但新能源汽车股份有限公司早已投入到产品研发中,现已开发出十余种车型,可应用于旅游、公交、商务等领域,项目建成后可以马上投入生产。

新能源汽车虽然性能好、品质优,符合现行低碳环保的理念,可是受充电不便、续航里程短等限制,其推广速度不尽如人意。例如,在东北等寒冷地区,电池就成为制约电动汽车使用的重要因素。长春新能源汽车股份有限公司依托宁德时代新能源科技有限公司的先进技术,解决了汽车动力电池在东北地区的使用难题。宁德时代新能源科技有限公司致力通过研发先进的绿色能源存储技术,提供清洁、高效的绿色能源解决方案,是全球领先的专业锂电池储能系统制造商,在动力电池领域,宁德时代一直在研究怎样让产品续航里程更长、安全性更高、环境适应性更好。动力电池是新能源汽车的心脏,是新能源汽车产业发展的关键,长春新能源汽车产业园掌握的先进技术保证了新能源汽车投入市场的广泛性。

新能源汽车产业园项目目前进展顺利,长春新能源汽车股份有限公司已经在动力电池配套、充电设施建设等方面,分别与宁德时代、青岛特来电等公司签署全面合作合资协议，整个项目正在按照时间节点有序加快推进。①

第二章　新材料产业

新材料产业与传统材料相比，具有技术高度密集，研究与开发投入高，产品的附加值高，生产与市场的国际性强，以及应用范围广，发展前景好等特点，其研发水平及产业化规模已成为衡量一个国家经济、社会发展、科技进步和国防实力的重要标志，世界各国特别是发达国家都十分重视新材料产业的发展。

一、新材料产业总述

新材料作为高新技术的基础和先导，应用范围极其广泛，它同信息技术、生物技术一起成为 21 世纪最重要和最具发展潜力的领域。本部分将先就新材料的含义、新材料产业的概念及国家对新材料产业的政策支持情况进行介绍。

（一）新材料的含义

新材料是指新出现的或正在发展中的，具有传统材料所不具备的优异性能和特殊功能的材料；或采用新技术（新工艺、新装备），使传统材料性能有明显提高或产生新功能的材料；一般认为满足高技术产业发展需要的一些关键材料也属于新材料的范畴。

按照应用领域来分，一般把新材料归为以下几大类：信息材料、能源材料、生物材料、汽车材料、纳米材料与技术、超导材料与技术、稀土材料、新型钢铁材料、新型有色金属合金材料、新型建筑材料、新型化工材料、生态环境材料、军工新材料等。

（二）新材料产业的概念

根据《〈中国制造 2025〉重点领域技术路线图》及《新材料产业发展指南》的划分标准，新材料产业总体分为先进基础材料、关键战略材料和前沿新材料三个重点方向。其中，基础材料产业总体产能过剩、高端不能完全自给，重点是要发展高性能、差别化、功能化的先进基础材料；关键战略性材料是支撑各高端应用和实施重大战略需要的关键保障

---

① 张源珊.长春新区:新能源汽车引领传统汽车产业转型升级[N].长春日报,2016－05－03(2).

材料,重点是有效解决战略性新兴产业发展急需,突破高端制造业战略材料受制于人的局面;前沿新材料包括 3D 打印材料、超导材料、石墨烯等前沿方向,重点是加快创新和布局自主知识产权,抢占发展先机和战略制高点。

新材料产业在我国产业体系中占有重要地位。在化工新材料、轻金属材料、陶瓷材料、复合材料、石墨材料、建筑材料、纳米材料等领域,产品及技术水平具有特色与优势,初步形成了以大庆为中心的化工新材料生产基地,以牡丹江为主的特种陶瓷材料产业基地,以中心城市为主的建筑材料产业基地,以东北轻合金有限责任公司和东安发动机集团有限公司为龙头的铝镁合金材料产业化基地,以黑河、绥化为中心的硅基材料生产基地。在纳米材料、玻璃钢、石墨材料、焊接材料等方面正在逐步形成产业基地和产业集群。

(三)新材料产业发展的相关政策支持

新材料作为国民经济的先导性产业和高端制造及国防工业发展等的关键保障,是各国战略竞争的焦点。"一代材料、一代产业",从材料的应用历程可以看出,每一次生产力的发展都伴随着材料的进步。新材料的发现、发明和应用推广与技术革命和产业变革密不可分。在全球新一轮科技和产业革命兴起的大背景下,欧美韩日俄等全球 20 多个主要国家纷纷制定了与新材料有关的产业发展战略,启动了 100 多项专项计划,大力促进本国新材料产业的发展。我国新材料产业起步晚、底子薄、总体发展慢,仍处于培育发展阶段。新材料产业发展的滞后,已成为制约制造强国建设的重要瓶颈。在国民经济需求的百余种关键材料中,目前约有三分之一国内完全空白,约有一半性能方面稳定性较差,部分产品受到国外严密控制。当前,我国正处在经济转型和结构提升的关键期,加快发展新材料,对推动技术创新、支撑产业升级、建设制造强国具有重要战略意义。

国家高度重视新材料产业的发展,先后将其列入国家高新技术产业、重点战略性新兴产业和《中国制造 2025》十大重点领域,并制定了许多规划和政策大力推动新材料产业的发展(表 4－1),新材料产业的战略地位持续提升。

表 4－1　我国近年来新材料产业相关的发展规划

时间	发布单位	政策文件
2016 年 12 月	国务院办公厅	《关于成立国家新材料产业发展领导小组的通知》
2016 年 12 月	国务院	《"十三五"国家战略性新兴产业发展规划》
2016 年 10 月	工信部	《有色金属工业发展规划(2016—2020 年)》
2016 年 10 月	工信部	《稀土行业发展规划(2016—2020 年)》

续表

时间	发布单位	政策文件
2015 年 5 月	国务院	《中国制造 2025》
2014 年 10 月	发改委、财政部、工信部	《关键材料升级换代工程实施方案》
2012 年 7 月	国务院	《"十二五"国家战略性新兴产业规划》
2007 年 5 月	发改委	《高新技术产业"十一五"规划》

（资料由相关网站整理得到。）

2016 年 12 月 23 日,国家首次成立新材料产业发展领导小组(由国务院副总理马凯同志任组长,办公室设在工信部),彰显了国家大力振兴新材料产业的决心。《国家"十三五"战略性新兴产业发展规划》也将新材料作为其中的重要组成部分,并提出了重要发展要求。该规划的指导思想是:紧紧把握全球新一轮科技革命和产业变革重大机遇,进一步发展壮大新一代信息技术、高端装备、新材料、生物、新能源汽车、新能源、节能环保、数字创意等战略性新兴产业。

二、各新区新材料产业发展情况

我国新材料产业起步较晚,但发展较为迅速,在多领域中产品及技术水平具有特色与优势。由资料搜集情况来看,七个新区确定了自己新材料产业发展的优先领域,其中包括滨海新区的海洋材料、生物医用材料,两江新区的石墨烯材料,兰州新区的石化产业等等。

（一）天津滨海新区

"十二五"期间,根据国家《新材料产业"十二五"发展规划》,结合本地实际,天津市经济和信息化委确定多层级、多渠道投入 650 亿元,以加快培育和发展新材料产业,推动材料工业转型升级,支撑战略性新兴产业发展。截至 2014 年 11 月,共有 26 个新材料项目被列为天津市重大工业项目,总投资额达 584. 38 亿元,占规划总投入的 89.9% 。

根据国家新材料产业发展规划,结合本地实际,天津新材料领域经过数十年的辛勤经营,逐步形成了如下八大重点开发领域:海洋材料、生物医用材料、电子信息材料、金属新材料、纳米材料、高性能复合材料、新型电池材料、功能膜材料。为全面推进新材料产业业集约集成集群发展和提质增效升级,天津市建成了中国有色集团天津新材料产业园、立中车轮工业园、英利光伏产业园、富通集团天津滨海科技园、蓟县①稀土永磁材料产业

---

① 2016 年 6 月,《国务院关于同意天津市调整部分行政区划的批复》(国函〔2016〕98 号):同意撤销蓟县,设立天津蓟州区。

园和皇泰多金属复合新材料产业基地、天龙钨钼稀土材料研发制造基地、金鹏中高端铝型材蓟县①生产基地、恒景镍铬再生合金材料示范基地等新材料产业园。滨海新区的南港工业区、天津东丽航空产业区、天津茶淀工业园区分别承担了不同的重点工业。

表4－2　滨海新区新材料工业区介绍

园区名称	规划面积	功能定位/园区优势
南港工业区	200平方千米	全力打造以炼油乙烯为龙头的石化产业链,形成国内炼油乙烯生产的重要聚集区,同时推动产业向下游延伸,实现石化上中下游联动发展、规模聚集
天津东丽航空产业区	18.3平方千米	重点发展飞机总装、机载设备、发动机、零部件和航空材料的制造以及航空维修等领域,建设成为航空研发制造产业基地
天津茶淀工业园区	5.19平方千米	园区重点引进新能源、新材料、生物、飞行器部件等的设计制造等项目及配套的服务业项目

（资料来源于滨海新区政务网。）

2016年在《天津市滨海新区信息化和工业化深度融合专项行动计划（2015—2020年）》中提到,滨海新区鼓励新能源新材料企业在绿色电池、风力发电、光伏发电等新能源领域以及先进复合材料、新型功能材料等新材料领域利用信息技术开展产品创新、工艺创新和技术创新;打造新能源新材料产业公共服务平台,整合优势资源,为企业提供研发设计、生产制造、节能减排、安全生产等咨询和服务,通过平台集中优势力量突破核心关键技术;推动企业生产设备自动化、网络化改造,提高过程控制系统和制造执行系统应用水平,促进新能源和新材料生产工艺改进和产品质量提升。加强信息技术对于企业经营管理的支撑力度,提高管理精细化水平。

到2020年,新能源新材料产业成为滨海新区先进制造业发展的重要推动力量;风电产品和光伏产品研发和制造能力大幅提升,将滨海新区建设成为国内一流、国际领先的新能源新材料研发和生产基地。

（二）重庆两江新区

在当前新一轮产业升级和科技革命大背景下,以石墨烯为代表的新材料产业有望成为未来高新产业发展的先导。2016年6月30日,由厦门烯成石墨烯科技有限公司牵头实施的重庆两江烯成石墨烯材料应用研究院及产业化项目签约落户两江新区,为两江新

---

①　现为蓟州区。

区战略性新兴产业发展再添有力支撑。

重庆两江烯成石墨烯材料应用研究院及产业化项目由厦门烯成石墨烯科技有限公司牵头实施，计划建设国家级的石墨烯及其相关材料的公共检测平台、应用研究平台及产业孵化平台。以市场为导向，近期主要开展3大方向6个领域的应用研究及产业化，即石墨烯透明导电膜、石墨烯粉体、石墨烯微电子3个应用方向；石墨烯透明导电膜在触控、透明加热、太阳能薄膜电池3个细分领域的产业化，以及石墨烯粉体在LED灯具等导热材料、电池材料添加剂、海洋防腐涂料3个细分领域的产业化。

该项目计划总投资5700万元，厂房面积约2000平方米。前期计划推进5个产业化项目，在条件具备的前提下，力争达到产后年总产值超过2亿元。其中，首期为石墨烯CVD及相关设备制造和石墨烯导热膜生产线2个项目，力争总计达到产值4000万/年~5000万/年。其余3个产业化项目为引进孵化，包括石墨烯微电子设备、隔膜等电池材料、LED散热材料，在有足够市场支撑的前提下，力争产值超过1.5亿/年。

石墨烯是目前世界上已发现的最薄、最坚硬的纳米材料，结构非常稳定，柔韧性很好，同时也是目前已知导电性、导热性最出色的材料。石墨烯在智能手机、新型显示、锂离子电池、太阳能光伏等电子信息行业的多个重要领域应用前景广阔。据推测，2018年，全球石墨烯产业规模约为329亿美元，未来10年左右石墨烯的产业规模将达到万亿元人民币。

目前，重庆正在大力发展石墨烯产业。以电子信息和汽车产业良好的发展基础为支撑，全市现有6家石墨烯研发及应用企业，4家高校院所和企业握有石墨烯专利，两江新区入驻企业长安汽车也已与其他企业展开石墨烯汽车涂料、电池等方面合作。

以石墨烯为代表的新材料是两江新区"十三五"期间重点发展的十大战略性新兴产业之一。重庆两江烯成石墨烯材料应用研究院及产业化项目将加速石墨烯应用，助推两江新区相关产业进一步聚集，形成完整的新材料产业链。

（三）甘肃兰州新区

兰州新区依靠自身在"一带一路"建设中的地位和作用，紧紧抓住"一带一路"倡议的机遇，加强与德国工业企业的合作，重点推进新区装备企业智能化制造水平与产业竞争力，推进与华为、富士康、英特尔等中外企业的合作与产业配套，形成辐射"一带一路"沿线国家的新材料产业基地和产品出口基地，并做大做实与"一带一路"沿线国家、地区的油气资源与战略通道合作，积极争取设立兰州新区"中哈化工园"。

兰州新区石化产业园区规划面积62平方千米，分为炼化片区（20平方千米）和精细化工片区（20平方千米），以及新材料片区（22平方千米）。整个兰州新区石化产业园区发展规划结构为："一心两廊三带五区"的空间结构。"一心"：园区的管理服务中心；"两廊"：两条主要的运输走廊；"三带"：园区绿带；"五区"：炼化一体化项目区、石化延伸产业区、物流配套区、综合服务区以及精细化工产业区。同时，还将分两个阶段规划发展期限，2015—2020年为近期规划，2021—2030年为远期规划。其中明确提出，到2020年，兰州新区石化产业园区将形成1500万吨/年原油、80万吨/年石脑油制乙烯、100万吨/年PX和150万吨/年PTA的加工能力。初步建成资源配置率高、装置规模效益好、产业集聚效益突出、产品竞争力强、可持续发展的产业集群，新区将建成集原油加工、石油化工、精细化工、化工新材料和原油及油品储存于一体的西部地区国家级石化产业基地。届时，基本完成兰州西固区全部石化产业整体搬迁工作。

（四）青岛西海岸新区

2014年，国家科技部正式批准青岛西海岸新区为"国家海洋新材料高新技术产业化基地"，这是国内首家以海洋新材料产业为特色的高新技术产业化基地。青岛西海岸新区海洋新材料产业化基地依托青岛（胶南）新技术产业开发试验区，主要围绕新型海洋生物医用材料、新型海洋防护材料、新型海洋环保材料、新型海水综合利用材料等领域进行建设，现已形成一定产业规模，具备较强竞争力。

基地内有三大企业集群：以"明月海藻—聚大洋"为核心的新型海洋生物医用材料集聚区、以"科海生物"为核心的新型海洋环保材料集聚区、以"三泰（中国）膜工业—华海环保—海克斯波聚合材料"为核心的新型海洋防护材料与海水综合利用材料集聚区。同时，基地内拥有120余项海洋新材料专利，有1个国家实验室、2个国家工程技术研究中心、4个国家级企业技术中心及23个省部级重点实验室，形成了从孵化培育到产业化的海洋高技术创新载体体系。

今后该基地将立足青岛西海洋新区的区位优势、政策优势、人才优势、产业优势，以三大海洋新材料企业集群为核心，逐步形成大中小企业联合、上中下游产业配套的海洋新材料产业基地和集群，有序推动产业集聚和产业结构优化升级，建成具备国际竞争优势的海洋新材料创新中心、先进制造中心、产业服务中心与人才培育中心。

到2016年，基地内的新型海洋生物医用材料、海洋新型防护材料、海洋新型环保材料、海水综合利用新材料等四大海洋新材料产业集群将基本形成，产值达到200亿元，规模以上企业总量突破100家，累计引进海洋新材料领域领军人才20名。

（五）大连金普新区

金普新区依据产业规划共分为七大区域，其中大小窑湾区：依托大窑湾港区，大力推进大连东北亚国际航运中心核心港区的航运服务区建设，重点发展航运物流、保税仓储、国际商务等生产性服务业；金石滩区：依托金石滩国家旅游度假区，加强生态建设与环境保护，重点发展休闲旅游、运动健身、国际会展等产业；登沙河—杏树屯区：重点发展特钢新材料、航空制造、水产品加工及冷链物流业；金渤海岸区：加快推进国际空港建设，重点发展临空产业和金融服务、商贸会展、文化娱乐、休闲旅游等产业；七顶山—三十里堡区：重点发展临港型高端装备制造业；复州湾—炮台区：重点发展精细化工、新材料和食品加工业；华家—登沙河区：依托农业科技园区，大力发展优质、高效、绿色农业，建设农业产业化示范基地。其中登沙河—杏树屯区是金普新区的新材料发展基地。

2016年7月6日，大连富士冰山售货机第二工厂项目、大连长之琳航空零部件制造项目分别在大连经济技术开发区双D港产业园区奠基。这两个项目将有力提升金普新区智能制造、航空新材料的研发制造能力。大连富士冰山售货机第二工厂项目是冰山集团、富士电机的合资企业，成立于2003年，经过13年的发展，已经累计销售自动售货机超过10万台，该产品也已成为我国自助销售机行业首选品牌。此次双方决定扩大投资建设的第二工厂，位于双D港产业园区，紧邻英特尔公司，占地面积10万平方米，计划2017年投入使用，建成后近7万平方米的现代化厂房将拥有国内最先进的自动售货机生产线，软硬件全面升级，将实现全自动化生产和智能办公。

长之琳航空零部件项目是大连地区唯一一家具备军用、民用航空研制生产全部资质的高新技术企业，产品用于航空管路、线束固定支撑、连接。产品广泛应用于国内重点项目的多种机型，如C919、ARJ21等国产大飞机的配套。项目用地10000平方米，拟建厂房15000平方米，计划总投资11000万元。项目建成后将配套国产大飞机并进入国际市场，预计相关航空零部件在航空市场的年销售量在100万只以上，销售额可达1亿元以上。

（六）四川天府新区

近年来，成都市已快速崛起成为国内排名前10位的新材料产业之城。面对全球新材料领域愈发激烈的竞争和国内诸多城市在这一领域的快速崛起，成都市积极吸纳各类资源，以较强的科研实力、较好的新材料产业基础、较为适宜的创业环境，厚积薄发，在高性能纤维和复合材料、电子信息材料、轨道交通材料等重点领域关键环节加速突破，带动全产业链跨越发展，推动工业转型升级。

2016年，天府新区成都片区汽车整车年产量突破110万辆，电子信息产业年产值突破500亿元，规模以上工业企业达600家，规模以上服务业企业达310家。2017年上半年，天府新区眉山片区成功引进了美国雅保新材料、中建天府新区新材料产业园等6个产业化项目，协议投资约51亿元，招商到位资金54.9亿元，同比增长10.7%。

值得关注的是，在持续提升汽车和电子信息产业优势的同时，四川天府新区以全球视野紧盯新兴产业动向，加快培育生物医药、新能源、新材料、节能环保、轨道交通等新兴产业。

（七）南京江北新区

江北新区获批后,区内的新材料产业园规划了三大产业片区。新材料产业园版块位于南京市六合区雄州组团南部,属于南京化工园东部相对独立的一个产业园,规划区内现有用地范围内的可开发用地较多,未来发展空间较大,总用地面积约为4.1平方千米。根据江北新区的总体规划,这一园区定位为"化工园配套的新材料产业集聚区"。规划形成三大产业片区,分别是高性能纤维产业片区、功能性膜材料产业片区和液晶材料产业片区。

第三章　高端装备制造业

高端装备制造业是以高新技术为引领,处于价值链高端和产业链核心环节的产业,是决定着整个产业链综合竞争力的战略性新兴产业,是现代产业体系的脊梁,是推动工业转型升级的引擎。大力培育和发展高端装备制造业,是提升我国产业核心竞争力的必然要求,是抢占未来经济和科技发展制高点的战略选择,对于加快转变经济发展方式、实现由制造业大国向强国转变具有重要战略意义。

一、高端装备制造业总述

随着我国经济的发展,国家对高端装备制造业的界定、分类也在不断变化。本部分将重点介绍高端装备制造业的内涵、特征及国家重点突破的十大领域,系统梳理中国高端装备制造业发展情况。

（一）高端装备制造业的内涵

高端装备制造业又称先进装备制造业,是指在装备制造业中处在先进地位的部门在生产技术装备时使用先进的技术,进而使国家安全和国民经济各部门发展需求得到满足的产业的总称。其制成品主要是高附加值产品,且基于比较优势,在传统制造业基础上生产。这些产业部门通过利用一些科技力量,使得制造业的其他行业也实现优质清洁、高效低耗生产。长期以来,我国依靠"引进—落后—再引进"的模式发展,使我国在知识技术密集、附加值高的高精尖领域一直受制于人。近年来,随着国家对战略新兴产业的重视和政策上对创新的鼓励与支持,我国高端装备制造产业取得了瞩目的成就。在加快产业转型升级的大背景下,高端装备制造业既面临机遇也面临挑战。

我国在 2002 年和 2011 年分别对国民经济行业进行了分类,其中先进装备制造业分类标准见表 4-3,2011 年新标准主要依据我国近年经济发展情况,将大类拆分为 9 个大类。其中,将汽车制造业和铁路、船舶、航空航天和其他运输设备制造业合并称之为交通运输设备制造业。

表 4-3　高端(先进)装备制造业的分类标准

GB/T 4754—2002	GB/T 4754—2011
(1)金属制品业 (2)通用设备制造业 (3)专用设备制造业 (4)交通运输设备制造业 (5)电气机械及器材制造业 (6)通信设备、计算机及其他电子设备制造业 (7)仪器仪表及文化、办公用机械制造业	(1)金属制品业 (2)通用设备制造业 (3)专用设备制造业 (4)汽车制造业 (5)电气机械和器材制造业 (6)铁路、船舶、航空航天和其他运输设备制造业 (7)计算机、通信和其他电子设备制造业 (8)仪器仪表及文化、办公用机械制造业 (9)设备修理业

(资料来源于国家统计局官网。)

(二)高端装备制造业的特征

首先,就字面意思来讲,它必须带有"先进"的特点,"先进"通常涉及以下几方面的内涵:第一,带有先进性特点的产业;第二,具有先进的技术;第三,融合先进的管理。具有先进性的产业,是指在国际生产体系中占据高端地位,拥有较高的附加值和技术含量的产业,通常情况下,这类产业是新兴产业或高技术产业。先进性的技术,不只高新技术产业,拥有传统装备制造业在引入先进的技术后,保持先进的科技,也能成为先进装备制造业。先进性的管理,是指装备制造业从生产、运营到销售全过程中的管理方式较先进。

其次,有较高的技术含量、投资的资本较多,有较强的带动力和控制力。技术含量高,指的是高端制造业将尖端技术、高端技术、精端技术结合在一起,具有技术密集和知识密集的特点。投资的资本多:一是研发高端制造业的技术难度较大,涉及复杂的工艺,只有投入大量的研发费用才能进行核心技术的研发;二是生产过程中使用的材料、设备、仪器等价格较高,购买它们需要大量的资金。较强的控制力,指的是高端制造业在产业链中位于控制节点上,它们带有垄断特征,能对其他企业的行为带来影响。较强的带动力,指的是高端制造业企业的创新能力强、技术设备较先进,能够对上游和下游的企业产生辐射作用,它对产业链竞争力的提升和技术创新有带动作用。

(三)制造业重点突破的领域

2016 年以来,多项支持高端装备制造业发展的政策陆续出台,在政策红利的促进下,五大高端装备制造业产业带也在加速成型。随着后续政策和措施的落地,高端装备制造业将迎来"十三五"发展机遇期。

在《中国制造 2025》的战略任务和重点中,明确提出应大力推动重点领域突破发展,瞄准新一代信息技术、高端装备、新材料、生物医药等战略重点,引导社会各类资源集聚,推动优势和战略产业快速发展。

1. 新一代信息技术产业

(1)集成电路及专用装备。

着力提升集成电路设计水平,不断丰富知识产权(IP)和设计工具,突破关系国家信息与网络安全及电子整机产业发展的核心通用芯片,提升国产芯片的应用适配能力。掌握高密度封装及三维(3D)微组装技术,提升封装产业和测试的自主发展能力。形成关键制造装备供货能力。

(2)信息通信设备。

掌握新型计算、高速互联、先进存储、体系化安全保障等核心技术,全面突破第五代移动通信(5G)技术、核心路由交换技术、超高速大容量智能光传输技术、"未来网络"核心技术和体系架构,积极推动量子计算、神经网络等发展。研发高端服务器、大容量存储、新型路由交换、新型智能终端、新一代基站、网络安全等设备,推动核心信息通信设备体系化发展与规模化应用。

(3)操作系统及工业软件。

开发安全领域操作系统等工业基础软件;突破智能设计与仿真及其工具、制造物联与服务、工业大数据处理等高端工业软件核心技术,开发自主可控的高端工业平台软件和重点领域应用软件,建立完善的工业软件集成标准与安全测评体系;推进自主工业软件体系化发展和产业化应用。

2. 高档数控机床和机器人

(1)高档数控机床。

开发一批精密、高速、高效、柔性数控机床与基础制造装备及集成制造系统。加快高档数控机床、增材制造等前沿技术和装备的研发。以提升可靠性、精度保持性为重点,开发高档数控系统、伺服电机、轴承、光栅等主要功能部件及关键应用软件,加快实现产业化。加强用户工艺验证能力建设。

（2）机器人。

围绕汽车、机械、电子、危险品制造、国防军工、化工、轻工等工业机器人、特种机器人，以及医疗健康、家庭服务、教育娱乐等服务机器人应用需求，积极研发新产品，促进机器人标准化、模块化发展，扩大市场应用。突破机器人本体、减速器、伺服电机、控制器、传感器与驱动器等关键零部件及系统集成设计制造等技术瓶颈。

3. 航空航天装备

（1）航空装备。

加快大型飞机研制，适时启动宽体客机研制，鼓励国际合作研制重型直升机；推进干支线飞机、直升机、无人机和通用飞机产业化。突破高推重比、先进涡桨（轴）发动机及大涵道比涡扇发动机技术，建立发动机自主发展工业体系。开发先进机载设备及系统，形成自主完整的航空产业链。

（2）航天装备。

发展新一代运载火箭、重型运载器，提升进入空间能力；加快推进国家民用空间基础设施建设，发展新型卫星等空间平台与有效载荷、空天地宽带互联网系统，形成长期持续稳定的卫星遥感、通信、导航等空间信息服务能力；推动载人航天、月球探测工程，适度发展深空探测；推进航天技术转化与空间技术应用。

4. 海洋工程装备及高技术船舶

大力发展深海探测、资源开发利用、海上作业保障装备及其关键系统和专用设备；推动深海空间站、大型浮式结构物的开发和工程化；形成海洋工程装备综合试验、检测与鉴定能力，提高海洋开发利用水平；突破豪华邮轮设计建造技术，全面提升液化天然气船等高技术船舶国际竞争力，掌握重点配套设备集成化、智能化、模块化设计制造核心技术。

5. 先进轨道交通装备

加快新材料、新技术和新工艺的应用，重点突破体系化安全保障、节能环保、数字化智能化网络化技术，研制先进可靠适用的产品和轻量化、模块化、谱系化产品；研发新一代绿色智能、高速重载轨道交通装备系统，围绕系统全寿命周期，向用户提供整体解决方案，建立世界领先的现代轨道交通产业体系。

6. 节能与新能源汽车

继续支持电动汽车、燃料电池汽车发展，掌握汽车低碳化、信息化、智能化核心技术，提升动力电池、驱动电机、高效内燃机、先进变速器、轻量化材料、智能控制等核心技术的工程化和产业化能力，形成从关键零部件到整车的完整工业体系和创新体系，推动自主品牌节能与新能源汽车同国际先进水平接轨。

7. 电力装备

推动大型高效超净排放煤电机组产业化和示范应用,进一步提高超大容量水电机组、核电机组、重型燃气轮机制造水平;推进新能源和可再生能源装备、先进储能装置、智能电网用输变电及用户端设备发展;突破大功率电力电子器件、高温超导材料等关键元器件和材料的制造及应用技术,形成产业化能力。

8. 农机装备

重点发展粮、棉、油、糖等大宗粮食和战略性经济作物育、耕、种、管、收、运、贮等主要生产过程使用的先进农机装备,加快发展大型拖拉机及其复式作业机具、大型高效联合收割机等高端农业装备及关键核心零部件。提高农机装备信息收集、智能决策和精准作业能力,推进形成面向农业生产的信息化整体解决方案。

9. 新材料

以特种金属功能材料、高性能结构材料、功能性高分子材料、特种无机非金属材料和先进复合材料为发展重点,加快研发先进熔炼、凝固成型、气相沉积、型材加工、高效合成等新材料制备关键技术和装备,加强基础研究和体系建设,突破产业化制备瓶颈;积极发展军民共用特种新材料,加快技术双向转移转化,促进新材料产业军民融合发展;高度关注颠覆性新材料对传统材料的影响,做好超导材料、纳米材料、石墨烯、生物基材料等战略前沿材料提前布局和研制;加快基础材料升级换代。

10. 生物医药及高性能医疗器械

发展针对重大疾病的化学药、中药、生物技术药物新产品,重点包括新机制和新靶点化学药、抗体药物、抗体偶联药物、全新结构蛋白及多肽药物、新型疫苗、临床优势突出的创新中药及个性化治疗药物;提高医疗器械的创新能力和产业化水平,重点发展影像设备、医用机器人等高性能诊疗设备,全降解血管支架等高值医用耗材,可穿戴、远程诊疗等移动医疗产品;实现生物3D打印、诱导多能干细胞等新技术的突破和应用。

二、各新区高端装备制造业发展情况

培育发展高端装备制造业是关系国家综合实力、技术水平和工业基础的一项长期的重点任务,也是各新区争先抢夺的战略高地。18个国家级新区对高端装备制造业均有涉及,且发展重点有所不同。

(一)上海浦东新区

浦东新区"十三五"规划明确,到2020年,确保工业增加值占比达到25%左右。浦东新区"十三五"产业规划指出,到2020年,制造业增加值占地区生产总值比重达到25%左右,战略性新兴产业占工业总产值比重达到33%左右。其中,健康制造业产值500亿元以上,信息制造业产值 3500 亿元左右,装备制造业产值 1500 亿元以上,汽车制造业产值 2000 亿元左右。

浦东高端装备制造业集中分布在金桥、康桥、临港等工业园区。金桥的高端装备制造业主要为智能装备产业和半导体制造设备产业,集聚了新松、中微半导体等国内外知名装备制造企业,占据国内工业机器人、刻蚀机市场大部分份额。康桥被列为上海机器人智能制造产业的"2X"空间布局的两极之一,并成为上海机器人产业链最完备的产业化基地,集聚了 ABB、昂华自动化、优爱宝机器人、博信机器人等国内外知名机器人企业总部落户。

临港作为国家和上海重要的高端装备制造业基地,已基本建成发电及输变电设备、大型船用设备、海洋工程、物流装备与工程机械装备、航空零部配套、装备再制造等产业集群。此外,祝桥航空城已经初具规模,中国自主研发飞机 C919 已在此总装下线。

表4-4　浦东新区高端装备制造业分布情况

工业园区	主要产业
金桥开发区	智能装备与机器人、新能源汽车与汽车电子产业
康桥工业区	机器人智能制造产业
临港产业区	发电及输变电设备、大型船用设备、海洋工程、物流装备与工程机械装备、航空零部件配套、装备再制造等产业

（资料来源于浦东新区政务网。）

在促进产学研方面,浦东集聚了中科院高等技术研究院、上海智能制造研究院等一批新型产业技术研发组织,不断深化科研体制改革,打通基础研究、应用研究和产业化开发链条,为发展高端装备制造业提供原始创新动力。同时,浦东在高端装备制造领域建有 4 个国家级实验室和研究中心、4 个市级工程技术研究中心,为航空航天、海洋装备等领域的技术创新奠定基础。在功能性平台建设方面,浦东依托上海微小卫星工程中心建立了市级科技公共服务平台——上海市卫星导航系统验证与测试专业技术服务平台,同时也启动了机器人联盟、工业大数据中心等平台建设。在国际合作研发方面,加强与国际上著名高端装备制造企业合作,如华电与通用电气合资生产航空改进型燃气轮机,上海电气与西门子围绕电站、风电、输配电、燃气轮机高温热部件等领域开展全面合资合作。

但是,高端装备领域未能全面掌握核心关键技术,浦东大部分制造装备企业的技术对外依存度高,自主创新能力和消化吸收能力相对不足,与国际先进水平仍有较大差距。产业链"中低端化",生产型服务业发展不足;主机装备"空壳化",原料和配套产业有待发展;配套环境"单一化",创新生态环境有待优化。

（二）天津滨海新区

目前,滨海新区已形成开发区和高新区的高端装备制造、空港经济区的航空制造与服务、临港经济区的海工装备制造、东疆保税港区的高端装备金融服务等一批专业化高端装备产业集群,临港经济区装备制造、空港经济区航空产业等更成为国家新型工业化产业示范基地,高端装备制造业空间布局进一步优化,其中,2016 年临港经济区工业总产值完成 1089.2 亿元,较 2015 年增速高达 18% 。

作为高端装备制造业发展的重要方向,海洋工程装备制造业发展迅猛,已成为我国重点发展的战略性新兴产业。在新区,借助临海和港口优势,目前已聚集博迈科、太重滨海等海洋工程装备龙头企业以及海洋工程总承包等上下游企业。

滨海新区的高端装备制造业正在向"绿色化、智能化和服务型转变",众多高端装备技术崭露头角,正在乘势而上。《中国制造 2025》战略实施等发展机遇的叠加,加上龙头项目的带动作用,新区高端装备制造产业无疑正在走向发展快车道。未来几年,新区将加快发展航空航天、海洋工程装备和高技术船舶、新能源汽车、大型工程机械、机器人、高性能医疗机械、高性能服务器等高端产业,到 2020 年产业规模将超过 8500 亿元,这些都将加速推进新区成为国内先进装备制造研发基地。

（三）重庆两江新区

两江新区自成立以来,就把高端装备制造列为重点发展的支柱产业,按照整合全球资源、聚集高端要素的思路,结合"有战略地位,有市场支撑,有带动辐射,有成长趋势,有比较优势,有影响力、震撼力、主导地位"的六有原则,充分利用现有的产业基础和优势,注重以传统装备产业调整升级和战略性新兴装备产业引进培育双轮驱动,推动产业集群化发展,目前已形成"6 + 3"的产业发展格局。其中,以上汽菲亚特红岩、嘉陵本田、康明斯等为核心的动力装备,以泰山电缆、鸽牌电缆、西通电气等为核心的电力装备,以中船重工海装风电、华渝风电等为核心的风力发电装备,以中国北车重庆长客为龙头的轨道交通装备,以四联、华渝、前卫等为龙头的国内规模最大、产品门类最全、系统成套能力最强的仪器仪表设备,以中电远达、康达、耐德工业等为核心的环保装备六大研发制造体系已形成较大规模;以中联重科等为依托的工程、矿用及页岩气装备,以皮拉图斯、重庆通航恩斯特龙等为龙头的航空整机,以华中数控等为代表的机器人智能装备三大领域已全面启动。

下一步,两江新区高端装备产业将重点发展"432"产业体系,即围绕机器人、通用航空装备、页岩气及能源装备、工程及矿用装备 4 个领域的研发制造,打造内陆重要的产业集群;围绕轨道交通装备、高端数控机床、环境产业 3 个领域的研发制造,打造西部重要的产业集群;围绕新型材料、3D 打印 2 个领域的研发及产业化,引进培育战略性先导产业。

表4-5　两江新区高端装备制造产业落户企业情况表

类　型	落户企业
全球知名装备制造业企业	美国 GE、中联重科已落户两江新区工业开发区。美国 GE 主要从事高低压电气设备制造,中联重科主要从事工程及矿用装备、页岩气装备等研发制造
页岩气产业	国投重庆页岩气公司,中石油页岩气公司总部,中渝斯伦贝谢,百勤油服,中联重科页岩气装备,中船重工油气装备,中美合资高性能材料油气套管、钻杆、石化裂解重装研发制造等页岩气开采、服务、装备制造项目已落户两江新区。此外,两江新区作为主发起人,与国家创投基金、重庆地矿院等共同组建了重庆联顺页岩气创业投资基金,首期已完成募集 2.5 亿,优先支持在两江新区落户的页岩气装备研发制造企业
机器人产业	以华中数控为代表的国内优势机器人及智能装备企业已落户两江新区水土园区;同样位于水土园区的中科院重庆绿色智能技术研究院将为落户的机器人企业提供技术支撑

(资料来源于两江新区政务网。)

(四)浙江舟山群岛新区

舟山群岛新区以做强、做精海洋特色产业为主攻方向,打造绿色石化、船舶与海工装备、港贸物流、海洋旅游四大千亿产业和现代航空、海洋电子信息等若干百亿产业。推进船舶修造、水产品加工等优势产业转型升级,削减船舶修造落后产能 300 万载重吨。2016 年船舶工业总产值达到 1097 亿元,造船业三大指标均占全国 10% 以上。以油品、铁矿砂等大宗商品为主体,大力发展航运物流产业,培育壮大龙头航运企业,已建成亚洲最大的铁矿砂中转基地、全国最大的商用石油中转基地、全国重要的化工品和粮油中转基地、国家石油战略储备基地、华东地区最大的煤炭中转基地,2016 年舟山港域港口吞吐量达 4.26 亿吨。

在《舟山市全面改造提升传统制造业实施方案(2017—2020 年)》(征求意见稿)中,对船舶修造业、临港装备制造业及电子电机业等重点发展产业提出了新的要求。

1. 船舶修造业

推进船舶修造业向高端、智能、绿色、节能方向发展。以船舶与海洋工程装备国家新型工业化产业示范基地为依托,以改革创新为动力,以整合提升为重点,以重点骨干企业为支撑,加大兼并重组力度,突破绿色节能船舶、高技术附加值船舶和海洋工程装备的研发制造,加强对船舶制造工艺提升和流程再造,加快向智能化造船转变,重点发展节能环保型船舶、多功能集装箱船、江海联运船舶等新船型和海洋工程装备。加快打造世界修船中心,进一步优化发展环境,提高外籍船舶配套服务水平,增强修船企业市场竞争力,提高修船市场份额。大力发展船舶配套产业,加快中低速柴油机、船舶通讯导航、船舶自动化、精密控制设备等高端船配的开发,打造一批具有自主知识产权的品牌产品。扩展延伸船舶产业发展体系,培育发展船舶研发设计、融资租赁、智能化等产业。

2. 临港装备制造业

推动临港装备制造业向数字化、自动化、智能化、信息化、绿色制造方向发展。加快推进成套、系统、智能化的高端纺织装备、医疗机械装备、食品机械装备等的研发及产业化,全面提升装备的整体设计、制造和集成能力。加强高分子复合成型技术及关键部件技术攻关,推进大型化功能化高端注塑螺杆及高附加值产品的研发及产业化,提高加工精度,提升螺杆质量。抓住汽车低碳化、信息化、智能化发展机遇,加强新材料和新技术的应用,加大零部件研发和先进制造能力,加快传统汽车零部件制造向高端、高附加值零部件制造转型,加快形成模块化、系统化供货能力。发挥舟山市港口优势,重点发展大型港机、电力设备、管道电缆、轨道交通、海洋环保设备、海水淡化成套装置等临港装备制造业。着力提高研发设计、核心元器件配套、加工制造和系统集成的整体水平。推动舟山成为国内重要的高端临港装备制造区。

3. 电子电机业

推动电子电机业向节能高效、轻量、智能、品牌方向发展。开发市场需求的多结构形式产品,从低端同质化竞争向高端差异化发展。进一步提高自动化生产水平,加强自主品牌建设,发展超高效电机产品、贴片马达、智能输变电及配电设备、中高档电动玩具等高端产品。

(五)甘肃兰州新区

装备制造业是兰州市工业的重点支柱产业之一,经过多年发展,已经形成了以石油化工机械、通用机械制造、电工电器、仪器仪表等为主体,门类比较齐全、基础比较雄厚、具有较强实力的装备制造业工业体系。兰州市已在航空航天装备、海洋工程装备、智能制造业等重点领域取得突破性进展,高端装备制造业占全市装备制造业比重约60%。

在兰州新区装备制造产业园区22平方千米的规划内,目前已重点布局了石化重型装备制造、汽车及零部件制造、新能源装备及电工电器生产、数控机床专用设备制造等四大产业体系。截至2016年底,兰石集团、省建投、亚太伊斯顿、中国四联等59户企业已入驻园区,已建成投产31个项目,累计完成投资303亿元,完成工业总产值100.79亿元。

随着兰州新区装备产业园内企业的陆续入驻,新区紧密结合现有装备制造产业基础和特色优势,围绕航空装备、海洋工程装备、智能制造等重点领域,产业园逐步扩大产规模,促进产业结构逐步向高端化迈进,一批拥有自主知识产权的关键产品技术获得突破。

表4-6 兰州新区高端装备制造产业重点领域发展情况表

重点领域	发展情况
航空装备	依托中航兰飞、中航万里、甘肃长风等企业为各类国产飞机配套生产自动驾驶仪、电动舵机、航空电机、机外照明、机载计算机等,多项产品获得国家、省部级科技成果奖,并以航空军品发展为根本,积极拓展了民用产品业务,涵盖微电子、民用家电、信息产品、生物工程等领域
海洋工程装备	兰石集团适应我国东海、南海等环境,自主研发的半潜式钻井平台用15000米钻井包,促进了我国半潜式钻井平台用高端钻井装备研发水平
智能制造	依托海红科技、省广播电视网络公司等企业,生产智能通信配电设备、高低压成套电气及自动化设备等,依托兰州高新区、快速制造国家工程研究中心、甘肃伯骊江3D打印有限公司合作建设了3D打印智能制造技术产业示范基地,目前已建成西北地区规模最大、技术水平最高、设备最为齐全的综合性3D打印技术服务平台,并逐步建设3D打印与数据处理中心、快速模具中心等八大中心

(资料来源于兰州新区政务网。)

(六)广州南沙新区

南沙新区先进制造业高端化发展水平不断提升。2016年实现规模以上工业产值3055.63亿元,同比增长8%;其中,高新技术产品产值比重提高到55.4%。结合南沙的区位特点、临港优势和发展定位要求,南沙产业发展将坚持幸福导向、高端引领、创新驱动、陆海统筹的原则,初步考虑以海洋经济和智慧经济为主线,重点发展航运物流服务业、高端商务和商贸服务业、科技智慧产业、高端装备及技术产业、健康休闲产业等五大主导产业。

围绕上述五大产业,南沙区围绕《广州南沙新区发展规划》已着手委托专业机构制定产业招商方案,并已取得阶段性的进展。其中,高端装备及技术产业方面,广汽丰田油电混合动力汽车生产线已投产,第三生产线即将启动,年产能将达60万辆。作为华南地区唯一的核电成套设备生产企业,东方重机已形成年产5台(套)核电主设备生产能力,自主研发的国产首台百万千瓦级压水堆核电站反应堆压力容器项目获得国家能源局科技进步二等奖,法国"U"形管核电管材项目已经落户,南沙已成为华南地区最大的核电装备制造基地。

（七）陕西西咸新区

目前,西咸新区已初步确立了航空物流、信息服务、高端装备制造等主导产业。高端装备制造业方面,西咸新区聚集了华晨汽车、力拓重工、西玛电机、秦星新能源汽车等大型制造业企业,涉及领域包括野外作业房车、押钞车以及其他定制特种车整车制造,煤矿设备生产,电机制造,新能源汽车整车制造,完成高端装备制造业的初步聚集。华晨汽车一期已经封顶,建成投产后可实现销售收入 260 亿元。

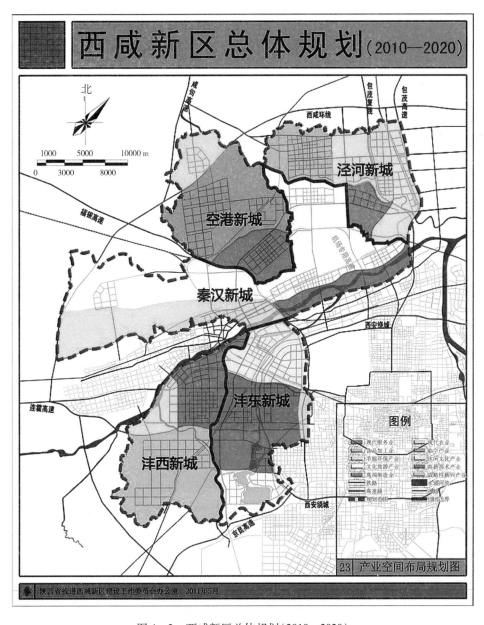

图 4 - 2　西咸新区总体规划(2010—2020)

空港新城发挥机场区位优势和陕西航空产业实力，依托国际最具优势的空侧资源，功能覆盖民用航空全产业链，打造西部民航科技产业聚集区。截至 2017 年 6 月，临空产业区已逐步形成集飞机整机维修、部附件维修制造、机场特种设备制造、航空培训及航空公司运营基地为一体的产业链条。东航西安区域枢纽新机库项目已建成运营，该项目占地 100 亩，建筑规模 7 万平方米，可同时容纳 6 架 A320 系列飞机或 2 架波音 747 飞机进行维修工作。

沣东新城坚持产业兴区战略，围绕西安市打造"硬科技之都"目标及西咸新区产业布局，进一步完善总体产业规划，加快"现代服务业 + 战略性新兴产业"现代产业体系，大力培育发展智能制造产业竞争优势，全力推动西电智慧工业园项目一期建设，并依托西电集团智能硬件及通信产业优势，重点培育区内智能终端、无人机、工业机器人以及高度集成通信技术、计算机技术、人机交互技术的终端生产、制造、研发等智能制造全产业链业态。

秦汉新城产业布局模式为"一轴双核三带三区"，"三区"由渭河北岸综合服务区、塬北综合服务区及周陵新兴产业园区构成。其中，塬北综合服务区重点发展高新技术产业、科研培训、综合服务、文化娱乐、生态居住等相关产业。周陵新兴产业园区紧邻西安咸阳国际机场，依托西安、咸阳两市雄厚的科技、人才和产业基础，打造以建筑产业化、光机电与系统集成、新材料与新能源、高端装备制造等为核心的现代装备制造产业园。

沣西新城作为西咸新区的重要组成部分，先后获得了许多政策支持。根据《智能制造创新基地发展规划纲要（2017—2021）》，沣西新城未来将瞄准"机器人、3D 打印、无人机、工业软件、智能网联汽车、高档数控机床"六大产业领域，打造"一带一路"协同创新特区、国家科技成果转化高地。

泾河新城以新能源、新材料和高端装备制造等产业为重点，以产业园区为抓手，大力发展战略性新兴产业。已建成华晨汽车产业园、美国科技产业园、温商高端制造产业园等重点产业项目，产业基础逐步壮大。

（八）贵州贵安新区

贵安新区高端装备制造产业园区作为高端装备制造产业的聚集地，随着各项工作的扎实推进，园区的产业聚集趋势已经凸显，开始成为贵安经济发展新的"增长极"。高端装备制造产业园既是高端装备制造产业的聚集地之一，也是未来产业资本聚集的"富矿"。贵安新区自设立以来，始终坚持"高定位、高起点"招商，把目标锁定在"高端项目"和"高端产业"上。

2015 年 6 月，贵安新区出台《高端装备制造产业发展行动计划》，该计划指出，高端装备产业园以"高端产业"和"产业高端"为核心。高端装备制造产业已成为贵安新区新兴产业的支柱产业,目前,FAI 计量单元产业化项目、光纤高科技产业园项目、数控刀具生产项目等纷纷落地高端装备制造园并投产。

2015 年,高端装备制造产业园区签约招商引资项目 27 个,签约金额达 177 亿元。2016 年,高端装备制造产业园区签约招商引资项目 27 个,签约金额达 233.63 亿元,招商引资项目落地达 19 个。2017 年 1—6 月,高端装备制造产业园区完成亚玛顿超薄双玻太阳能组件及玻璃智能化生产、中航发涡轮叶片制造、量子防务军民融合创新平台、乐恩鼻腔护理产品生产等 7 个招商引资项目,签约额约 33 亿元。目前,亚玛顿超薄双玻太阳能组件及玻璃智能化生产项目正在进行厂房装修,预计 7 月完成生产线设备调试并投产。

2017 年 1—5 月,高端装备制造产业园完成产值 22.55 亿元。其中,工业总产值 3.35 亿元,同比增长 26%。此外,完成固定资产投资 9.38 亿元,同比增长 41.2%。贵安新区高端装备制造业的发展目标是:到 2020 年,产值达到 500 亿元。下一步,高端装备制造产业园将按有关要求,精心谋划、精心打造,进一步加大各项工作力度,确保园区全年目标顺利实现。

(九)青岛西海岸新区

2017 年 6 月 29 日,青岛西海岸新区董家口循环经济区集中投产、开工、签约总投资近 701 亿元的 36 个重点项目。签约的装备制造项目有 3 个,总投资 39 亿元,着重打造高端装备制造基地。其中,英国节能飞轮项目引进英国先进的蓄能飞轮技术,为国内汽车提供飞轮配件和技术服务;香港风电设备项目主要从事风力发电设备及配套零部件的制造、销售、维修以及相关技术的开发、咨询;海洋生物工程装备制造基地项目主要生产节能环保型空气能低温干燥设备和深水自动控制养殖网箱等,将带动我国海洋生物工程装备产业的发展。

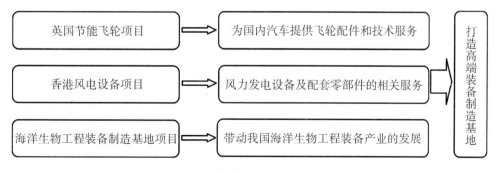

图 4-3 西海岸新区高端装备制造业三大签约项目情况

近 3 年来,青岛西海岸新区新增 903 家规模以上企业,总数近 2000 家。仅 2016 年新增 483 家,占全市的 45%,高新技术产业产值占规模以上工业总产值比重达 44%。2013—2016 年,青岛西海岸新区第二产业占比由 61.2% 降调为 45.4%,产业内部发生了质的变化,实现从"制造"到"智造"华丽转身,转型升级的效果开始显现。

厚植于"青岛制造",战略新兴产业中的高端装备制造产业块头足、品质优。2016年,201家规模以上高端装备制造产业企业共完成产值1544.6亿元,同比增长11.6%,拉动制造业战略新兴产业增速4.8个百分点,占规模以上工业战略新兴产业总产值比重的41.3%。轨道交通、特高压输变电等高端装备和产品,不断推动制造业向价值链高端攀升,青岛市轨道交通装备产业2016年完成产值达700亿元,同比增长13.2%。其中,仅中车四方全年产值就占规模以上高端装备制造业的30%。特锐德电气作为中国最大的箱式电力产品系统集成商也继续保持高速发展,2016年工业产值同比增长近三成。

（十）大连金普新区

2016年以来,金普新区出台了《金普新区工业经济"十三五"发展规划》等政策,引导装备制造、电子信息、石油化工等传统产业广泛应用智能化、数字化、低碳环保技术,逐步向高科技含量、高附加值、高投资密度、低污染、低消耗的新型工业迈进。目前,以高端装备制造等为代表的高端制造业已撑起金普新区工业近半壁江山。通过政策、资金支持以及考核、督查等一系列措施,促进辖区企业调整产业产品结构,为新区工业经济增长奠定了基础。

2010年7月,大连先进装备制造业园区正式组建,定位发展为大连市先进装备制造业的核心聚集区,重点发展汽车整车、新能源汽车及汽车零部件配套产业、高端精密设备制造产业和生物医药、新能源新材料、电子信息产业,是大连未来发展新的增长极。其功能定位为全国知名汽车整车及汽车零部件生产基地与东北地区先进装备制造业的示范区。

大连先进装备制造业园区规划面积为30.89平方千米,地处金州新区中心区域,北依保税区,东临登沙河临港工业区,南接金石滩国家旅游度假区和金石文化旅游园区,西连双D港和小窑湾,距大连周水子国际机场和规划建设的新机场45千米,距大连港核心港区大窑湾港15千米,沈大高速、丹大高速、大窑湾高速、201国道直抵园区。大连先进装备制造业园区以战略性新兴产业为主体,以先进装备制造业为重点,以现代流通服务业为配套,正倾力打造"五园一区"。

其中,高端装备制造产业园规划面积4.8平方千米,发展数控机床等高端智能装备、精密设备制造业,建设百亿级产值的高端装备制造业聚集区。目前,投资9000万美元的迈艾特(大连)新工厂、投资1720万美元的那贺日造设备以及投资5亿元的华鹰玻璃等项目已陆续开工并投产,产业园建设初见形象。

（十一）四川天府新区

2016 年,天府新区地区生产总值达 1966.1 亿元,同比增长 8.3%;完成固定资产投资 1615.1 亿元,同比增长 16.1%。2017 年上半年,实现地区生产总值 1010.9 亿元,同比增长 9.1%;完成固定资产投资 1172.2 亿元,同比增长 48.4%。此外,新区规模以上工业企业达 705 家,产值达 1926.3 亿元,同比增长 11.6%。

天府新区通过将先进制造和高端服务作为"双业支撑",进一步增强发展实力。在先进制造业上,天府新区瞄准最前沿科技发展,确定以智能制造为核心的"1+8"先进制造业体系和以文化创意为核心的"1+7"现代服务业体系主攻方向,推动新区与其他区域错位发展、在国家级新区中特色发展。形成汽车 1 个千亿级产业,电子信息、新能源、新材料、烟草等 4 个百亿级产业。轨道交通、高端装备制造产业提速发展,生物医药、新能源、新材料等产业集群不断壮大,紫光 IC 国际城、天府国际生物城进展顺利。

随着一批国际国内知名企业的成功入驻,天府新区战略型新兴产业、现代制造业集聚效应愈发显现。新区依据主导产业和生态隔离划定了六个产城综合功能区,集聚新型高端产业功能,并独立配备完善的生活服务功能。

为对接落实《中国制造 2025 规划》《成都制造 2025 规划》,加快建设"再造一个产业成都"承载地,深入实施"工业强基行动",根据成都市"3+N"工业发展战略布局,天府新区成都管委会与新津县人民政府本着"优势互补、风险共担、合作共赢"的原则,共同成立天府新区西区产业园。产业园东起锦江西岸,西至三岔湖快速路西延线、成新蒲快速路,北起第二绕城高速,南至新津—彭山界,规划面积 150 平方千米,其中起步区 25 平方千米。按照"3+X"的产业布局,以轨道交通、新材料、智能制造为主导,打造集研发、生产、物流、商贸、生活配套为一体,具有国际竞争力的国家级先进制造业高地和国家级创新成果转化基地。

表 4-7 天府新区六个产城综合功能区

功能区	区域规划
成眉战略新兴产业功能区	整合成都新材料产业功能区、物流园区以及成眉合作工业园区,形成以轨道交通装备、节能环保装备、新材料等为代表的战略新兴产业集聚区;同时利用彭祖山、黄龙溪和锦江等资源布局文化旅游、休闲度假、健康养生等现代服务业
双流高技术产业功能区	整合区域内的电子信息产业集聚区、西航港产业区以及成都新能源产业功能区,形成高端电子信息、航空与燃机等为主导的高技术产业集聚区,进一步调整和提升新能源产业,并着力发展物联网产业、软件和服务外包以及临空物流和商务服务业

续表

功能区	区域规划
龙泉高端制造产业功能区	依托成都市经济技术开发区和龙泉驿城区布局，强调与资阳的交通联系，支撑跨山联动发展，形成以汽车研发设计、展览销售、关键零部件制造、高端数控机床及机器人为代表的高端制造业产业集聚区
成都科学城	结合良好的自然环境，重点发展创新总部、科技研发、孵化中试、国际交流、文化创意、休闲娱乐、配套生活等功能
南部特色优势产业功能区	南部特色优势产业功能区是四川天府新区特色优势产业拓展区，重点发展高端服务业，并预留文化、体育类重大战略型项目用地
"两湖一山"国际旅游文化功能区	利用龙泉湖、三岔湖、龙泉山，打造成国际一流的旅游目的地，主导功能包括休闲度假、会议展览、文化交往、高端居住等

（资料来源于天府新区政务网。）

目前，天府新区西区产业园各项工作有序推进。在招商引资上，建立招商引资"四个一批"项目库，梳理近期重点跟踪项目 20 余个，深入对接了忠旺轻量化部件、空客海特直升机、阿格蕾雅 OLED 上游材料等一批重点企业，引进 10 亿元的格力项目、30 亿元的青岛有住项目、100 亿元的银隆新能源产业园项目。保障全面有力，启动银隆等重大产业化项目、"两横一纵"等土地规划调整；全面拉开起步区 25 平方千米建设工作。西区产业园已累计投入基础设施建设资金 50 亿元，形成承载能力 19 平方千米，聚集世界 500 强企业13 家、央企 14 家、上市公司 34 家。

（十二）湖南湘江新区

湘江新区围绕全国高端制造研发转化基地和创新创意产业集聚区建设，积极培育新产品、新技术、新业态，扩大有效和中高端供给，提升全要素生产率，推动产业率先向高端、智能、绿色转型升级，打造中部地区高端产业核心增长极和长沙建设国家智能制造中心的先行示范区。

2016 年，《湖南湘江新区发展规划（2016—2025 年）》《湖南湘江新区"十三五"发展规划》等政策先后对外发布，明确了新区产业发展的路线图和时间表，新区将通过打造"六大基地"，构建国家智能制造中心和创新创意中心核心区，推动产业发展驶入快车道。新区着力打造以高端制造和创新创意产业为核心，以关键技术研发和科技成果转化为突破口的产业体系，着力提升企业智能化和服务化水平，提升自主创新能力和国际化水平，贯彻创新引领开放崛起战略，建设智能制造示范基地、先进装备产业基地、创新创意产业基地、先进材料产业基地、军民融合发展示范基地和医疗健康产业示范基地。

在产业布局方面,湘江新区将构筑高端制造产业"一核多园"、创新创意产业"一带一廊"的空间格局。其中,"一核多园",即以长沙高新区为核心,望城经开区、宁乡经开区、宁乡高新区、岳麓科技产业园等多园协同发展的区位格局。各园区的发展重点布局见表4-8。

表4-8 湘江新区"一核多园"各区域发展重点

园区	发展重点
长沙高新技术产业开发区	重点建设以智能装备制造为主的智能制造产业示范区和"互联网产业聚集区"、军民融合创新示范区。以智能制造和互联网为主的新一代电子信息、军民融合为抓手,做强先进装备制造、电子信息、新材料、生物医药、新能源与节能环保等优势产业和移动互联网、军民融合等战略型新兴产业。重点推进国家自主创新示范区核心区、湘江新区高端制造研发转化基地和创新创意产业集聚区、岳麓山国家大学科技城创新转化核心区的建设工作,构建"一城两轴三心多园"发展新格局。园区新增智能装备、电子信息等领域智能制造企业(车间)60家(个)
宁乡经济技术开发区	重点建设以智能家电为主的智能制造产业示范区,实现生产产品和生产过程的智能化。不断强化以食品饮料产业为主的安全食品示范地位,着力打造智能家电产业新增长极。园区新增食品饮料、先进装备制造、新材料产业领域智能制造示范企业(车间)30家(个)
望城经济技术开发区	重点建设以有色金属精深加工为主的智能制造产业示范区,以"大智移物云"为主的电子信息特色产业智能制造基地。做大做强有色金属新材料、电子信息产业,加快供给侧结构性改革,做长产业链,提升价值链,丰富产业元素,坚持创新驱动、转型升级,实现产业向中高端迈进。园区新增有色金属、电子信息产业领域智能制造示范企业(车间)30家(个)
宁乡高新技术产业开发区	重点建设以新能源、新材料为主的"储能产业智能化研发生产基地",以工程机械和电力装备为主的智能制造产业基地。超前布局前沿新型储能材料,预先涉入液流电池、钠硫电池和超级电容等新型储能电池产业关键环节,加快智能化手段研发、生产,提升新材料产业集群国际影响力。园区新增先进储能材料、工程机械和电力装备产业智能制造示范企业(车间)14家(个)
岳麓科技产业园	园区已初步形成"大检测、大健康、大数据、大创意"四大主导产业,2016年四大高技术服务业贡献产值(或销售额)突破65亿元

(资料来源于湘江新区政务网。)

（十三）南京江北新区

作为江苏省唯一的国家级新区,江北新区近年来积极加快智能制造园区建设,提升智能制造研发创新原动力,招引建设智能制造重大项目,全力打造智能制造发展集群区。当前,智能制造产业已被明确作为江北新区"4＋2"现代产业体系的核心组成部分。江北新区将重点打造包括集成电路、新能源汽车在内的三大千亿级产业集群。

统计显示,2017年上半年,江北新区智能制造产业园区地区生产总值累计完成38.9亿元;规模以上工业总产值220.1亿元,同比增长42%,占江北新区规模以上产值16.9%。截至2017年11月,智能制造产业园正在推进的项目46个,总投资500多亿元;重点项目13个,总投资260亿元,其中智能制造高端装备类项目5个,总投资110亿元。新能源类项目4个,总投资104亿元。新材料类项目4个,总投资46亿元。

园区目前正规划建设中欧轨道智能交通国际研创基地、汽车关键部件研发生产基地、集成电路产业园、智能机器人产业化基地和人工智能产业园等子园区。同时,园区还出台了一揽子政策为企业提供扶持,例如,实施智能制造产业培育工程,对投资新建智能制造产业项目,给予最高1000万元的扶持;实施智能工厂培育工程,对列入智能工厂建设计划的企业,可给予不超过100万元的奖励。园区现有企业500余家,其中产值过亿元的工业企业16家,南京首批智能工厂有30%分布在此。智能制造产业园正在推进的项目46个,总投资500多亿;重点项目13个,总投资260亿元,其中智能制造高端装备类项目5个,总投资110亿元。

未来园区将围绕先进轨道交通装备、节能与新能源汽车、智能制造和人工智能等主导产业,力争建立三个"千亿级"产业集群。其中,智能制造和人工智能方向重点聚焦机器人、智能物流与仓储装备、集成电路制造装备、人工智能(AI)芯片设计和产品开发、人工智能(AI)行业解决方案等领域。

（十四）福建福州新区

2016年,福州新区规划控制范围的地区生产总值预计约2350亿元,占福州全市的38.5%。其中,前11个月,规模以上工业增加值近1100亿元,占福州全市的61.27%;固定资产投资逾2000亿元,占福州全市的44.81%。

从产业引擎的打造来看,福州新区以发展高新技术产业和现代服务业为主攻方向,大力推进京东方8.5代面板、VR产业基地、海上风电装备产业园等高新技术和战略性新兴产业重大项目建设,已培育形成捷联电子、华映光电等8家年产值百亿元的工业企业。

同时,福州新区加快引进核心项目,签约新区项目265项,总投资超6000亿元,涉及先进制造业、"互联网＋"、VR、新能源等多个重点产业领域,并促进中核建集团核电装备产业园、中铝集团铝精深加工、国家健康医疗大数据中心等重大项目落户,引领带动新区上下游产业链发展。

在国家级新区、自由贸易试验区、"21世纪海上丝绸之路"核心区、两岸经济合作示范区"四区叠加"下,以"建设成为两岸交流合作重要承载区"为目标的福州新区也进一步深化两岸交流合作。据不完全统计,2015年以来,福州新区新设台资企业313家,注册资本23.7亿元。同时,福州出台专项鼓励和扶持办法,建立台湾青年创业基地,成立"台湾青年创业就业服务中心",吸引台湾青年纷纷进驻福州新区创业就业。新区内,一个中国重要的区域大数据中心正加快打造,蓝色经济产业园、临空经济区、江阴工业集中区等一批新型现代化综合城区和产业基地初具雏形。

(十五)云南滇中新区

云南滇中新区在产业培育方面,重点聚焦现代服务、石油炼化、汽车及现代装备制造、临空产业、新材料、生物医药、电子信息等七大产业,共同构建特色鲜明、具有较强国际竞争力和影响力的现代产业体系,努力打造云南省转型发展新引擎。

安宁工业园作为黑龙江省首家产能"超千亿"的园区,将依托纽米科技打造"锂电池产业园"。目前园区已成功引进武钢集团草铺390万吨钢铁项目、中石油云南炼油项目等一批百亿元以上项目,成功引进云天化纽米科技、菲尔特环保科技、泊尔恒生物制药等一批高新技术项目,形成了以新材料、装备制造等产业为主导,新能源、生物医药、电子信息等新兴产业共同发展的新格局。

临空产业园按"园中园"布局,重点打造四个产业园区——中关村·电子城(昆明)科技产业园、新加坡东盟产业园与云台工业园、新沪商与浙商产业园及环保产业园。

表4-9　滇中新区临空产业园各园区重点产业布局

园　区	重点发展产业
中关村·电子城(昆明)科技产业园	主要引进人工智能、3D打印、无人机、VR等高新技术研发、大数据、物联网、软件通信技术研发等高端智能产业
新加坡东盟产业园、云台工业园	重点发展高端装备制造、卫星、航空等核心零部件制造、进出口加工、新材料新技术生产研发、生物医药等高端临空经济产业
新沪商、浙商产业园	重点发展电子信息产业、精密机械制造、股权投资、财富管理、管理咨询、房地产、卫生医疗、文化传播等优势产业
环保产业园	重点发展环保机械设备制造、环境检测仪器仪表制造、污水处理设备制造、可再生能源发电、环保科学技术研究和实验室设备等与环保产业有关的产业

(资料来源于滇中新区政务网。)

（十六）黑龙江哈尔滨新区

哈尔滨新区将着力打造三个千亿级产业集群，发展壮大三个战略性新兴产业，积极探索老工业基地转型发展新路径。在高端装备制造业领域，新区将抓好哈飞福特汽车、通联新能源客车、中船重工燃气轮机、航天海鹰3D打印、哈工大机器人等一批重大在建项目的同时，重点落实好哈飞直升机、蟒式全地形车等与央企合作项目，计划将新区装备制造业打造成千亿级产业集群。

（十七）吉林长春新区

作为振兴吉林发展的前沿阵地、长春建设东北亚区域性中心城市的引领示范区域，长春新区在"中国制造2025"地方战略实施过程中，努力构建开放创新型现代产业体系，把先进制造业确定为三大主导产业之一，形成了汽车整车及零部件研发、制造、销售、物流于一体的现代产业集群。

2017年6月，继中能东道集团新能源汽车项目落位长春新区长德经济开发区后，由全球500强企业德国博世集团投资建设的罗伯特博世电机年产300万套起发电机项目也在长春高新区落户。围绕汽车及零部件这一优势产业，长春新区先进制造业发展布局越来越清晰。

（十八）江西赣江新区

赣江新区作为我国中部第二个国家级新区，自成立以来，跑出了国家级新区中的"赣江速度"。作为国家大众创业万众创新示范基地，赣江新区成立以来的工业经济发展态势良好，组团之间产业互补不断加强，光电信息、生物医药、智能装备制造、新能源与新材料、有机硅和现代轻纺六大主导产业集群主营收入均突破百亿元。

其中，赣江新区经开组团依托南昌经济技术开发区，充分发挥集聚高端产业和科研人才的优势，引导和支持企业向产业链高端发展，重点发展汽车及零部件制造，新能源、新材料及节能环保等战略性新兴产业，建设高端装备制造业基地和科教研发基地。

赣江新区临空组团依托机场、综合保税区等便利条件，推进航空枢纽建设，提升开放门户功能，建设现代临空都市区和总部经济集聚区。临空组团积极探索，优化办事流程，总结提炼了"决策要集体、程序要到位、资料要留齐、担当无私利"的20字工作方针，为项目从签约、落户，到建设、投产开辟了一条"高速公路"。

第四章 生物医药产业

近几年,生命科学的发展使生物技术与医药领域相结合,产生了生物医药领域;计算机技术的突飞猛进,加速了生物技术在制药领域的应用和新药的研发。在这样的背景下,全球制药巨头都瞄准了生物制药这一新兴的领域,争相开发生物医药市场。

一、生物医药产业总述

生物医药产业由生物技术产业与医药产业共同组成,其中生物技术是以现代生命科学理论为基础,利用生物体及其细胞的、亚细胞的和分子的组成部分,结合工程学、信息学等手段开展研究及制造产品,或改造动物、植物、微生物等,并使其具有所期望的品质、特性,进而为社会提供商品和服务手段的综合性技术体系,主要包括酶工程、生物芯片技术、基因测序技术、组织工程技术、生物信息技术等;医药产业由制药产业与生物医学工程产业两大支柱构成,后者的主要贡献在于综合应用生命科学与工程科学的原理和方法,从工程学角度,从分子、细胞、组织、器官乃至整个人体系统多层次认识人体的结构、功能和其他生命现象,研究用于防病、治病、人体功能辅助及卫生保健的人工材料、制品、装置和系统技术,包括:生物医学材料制品、(生物)人工器官、医学影像和诊断设备、医学电子仪器和监护装置、现代医学治疗设备、医学信息技术、康复工程技术和装置、组织工程等。

2016 年,我国医药行业总体保持平稳发展,行业增加值增长率为 10.8%,较上年同期提高 0.9 个百分点;全年完成投资额 6299 亿元,同比增长 8.4%;医药行业外商直接投资合同项目 80 个,较上年同期减少 10 个;实际使用外资金额为 210362 万美元,同比增长 51.6%,增速较上年同期提高 6.4 个百分点;医药行业主营业务收入和利润总额环比增速保持平稳,同比增速有所提高,分别为 9.7% 和 13.9%。总体来说,我国医疗行业市场需求巨大,行业前景广阔。

二、各新区生物医药产业发展情况

我国生物制药产业起步较晚,直到 20 世纪 70 年代初才开始将 DNA 重组技术应用到医学上,但在国家产业政策的大力支持下,这一领域发展迅速并逐步缩短了与先进国家的差距。在十八个国家级新区中,有半数新区将生物医药产业纳入了产业发展体系,并给予了相关政策支持。

（一）上海浦东新区

浦东新区生物医药产业集中于张江高科技园区,目前,园区已形成了从新药研发、药物筛选、临床研究、中试放大、注册认证到量产上市在内的完备创新链,形成新药产品超过 230 个,新药证书超过 50 个,目前正在研发药物品种近 300 个。全球排名前 10 的制药企业中,已有 8 家在张江设立研发中心,集聚相关科研机构和研发企业 400 余家、CRO[①]公司 40 余家。

2016 年,浦东新区生物医药产业产值占全市的 43.7%,产业优势明显。张江高科技园区生物医药产业三大经济指标全面增长,其中医药企业规模不断壮大,2016 年营业收入超过亿元的企业达 61 家,较 2015 年增长 8.9%;平均营业收入为 8.07 亿元,比 2015 年的 7.84 亿元有所提高;张江园区生物医药产业各类研发创新费用较 2015 年增长 15.2%,达 74.3 亿元;R&D(研究与试验发展)人员人数首次突破万人关口,达到 10154 人,比 2015 年增长 2.8%;专利申请数和授权数分别为 1221 个和 630 个,同比增长 25.4% 和 2.3%,其中国际专利申请数 232 个、授权数 84 个,分别增长 14.2% 和 71.4%;商标注册数 225 个,同比增长 14.2%。

目前张江园区在研创新药品种超过 300 个,处于临床前的超过 170 个,在抗体类药物、基因工程药物、小分子化学药、微创介入治疗器械、快速诊断试剂等细分领域竞争优势明显。此外,张江在肿瘤、免疫性疾病、代谢性疾病、心血管系统、神经系统等重点医疗领域已实现突破,涌现出一大批填补行业空白的"重磅"药物。

到 2020 年,张江生物医药产业以期年均增长 15%,实现产业营业收入规模 1000 亿元,新药产品超过 250 个,在心脑血管疾病、恶性肿瘤、免疫性疾病等重大疾病的药物研发方面取得重大突破。

（二）天津滨海新区

近两年,滨海新区大力发展生物医药产业,目前,全区有产值超亿元企业 49 家、科技型中小企业 1546 家,同时新区围绕生物医药产业领域打造研发中心 89 家、国家级重点实验室 6 家、市级重点实验室 32 家、国家级工程技术研发中心 5 家、市级工程技术研发中心 23 家、国家级企业技术中心 3 家、市级企业技术中心 20 家。

---

① CRO:医药研发合同外包服务机构。

滨海新区汇聚了中科院工业生物所、华大基因、瑞普生物、和泽生物、生化制药、百若克等一批生物医药自主创新企业；全国医药十强中唯一的民营企业九州通医药集团坐落于高新区九州通健康产业园，作为生物医药企业的孵化器，已吸引强微特、天宿光华、中科诺识、浙江大学滨海研究院生物医药项目等多家企业入驻。

（三）重庆两江新区

按照两江新区医药产业总体布局，作为载体的水土高新技术产业园，着重构建药物新制剂技术研究、新药临床研究、医疗器械检验检测等技术创新服务平台，生物医药孵化器、科技金融服务中心等产业化服务平台，以及生物医药技术转移中心、医药交易平台等市场交易平台，重点开发中药、生物制药、医疗器械三个产业。

目前，和硕、仁宝医药产业集群效应初显，方正、博腾、药友等企业已形成近 200 亿元的医药制剂集群；"永仁心"人工心脏项目、海扶超声聚焦刀项目的落户，为医疗器械企业聚集两江新区起到示范带动效应；纬创系、互贵兴业等医疗器械生产基地项目，依托中国内地特许制造＋中国内地落地服务模式，搭建起海内外医疗器械研发设计、特许制造、服务平台；中关村医学工程转化中心等平台，搭建起生物医药产业从动物试验、临床、产品检验检测、注册审批到产品上市的全产业链生态圈。两江新区生物医药产业正在加速发展之中。

（四）甘肃兰州新区

兰州新区依托国家向西开放战略，抢抓"一带一路"发展机遇，积极发展中医药服务贸易。中医药价格低廉，适合丝绸之路沿线国家经济发展现状，为新区制药企业打开了一条中西方医学交流、医药贸易的通途。

兰州佛慈制药有限公司向兰州新区投资占地 574 亩的佛慈制药科技工业园，同时建立工程化、规范化、专业化的现代中药制剂研发体系和技术服务平台。项目整体建成后，将成为国内一流的集制药、大健康及相关产业于一体的现代化研发与生产基地，届时将形成 14 亿元的产销规模。

同时，新区正在建设医药产业园，以和盛堂、凯博等为代表的医药企业，截至目前已有 17 家入驻，部分企业已经投产。

兰州西部药谷是国家级生物医药产业基地的核心载体，是重点以生物医药为主导产业的"园中园"，规划面积为 2.83 平方千米，集生产、研发、物流、营销、检验、新药申报于一体，以高新技术制造为先导，以现代中药制造、生物制品研发为特色，以疫苗生产为重点，以医疗器械制造和保健品加工为补充的现代化、生产性生物医药产业园。

依托大西北的区位条件，兰州新区正在走出一条属于自己的特色医药产业道路。

（五）青岛西海岸新区

西海岸新区依托海洋区位优势，着重发展海洋生物医药产业。截至 2016 年，全区生物产业完成产值 86.1 亿元，较 2015 年增长 16.6%。

新区内，正大海尔制药等高端优质项目加快集聚；明月海藻等骨干企业加快产品结构调整，积极开拓国内外市场，实现较快增长；全国首个国家级医用微生态制品开发国家地方联合工程研究中心落户在新区的青岛东海药业；青岛海洋生物产业技术研究院成立，有利于统筹全区海洋生物科研力量，推进科研成果产业化。

（六）大连金普新区

生物医药产业是正在全面建设的辽宁自贸区大连片区的重点发展产业，而大连开发区是辽宁三大生物产业集聚区之一，有生物医药企业 50 多家，年产值近 300 亿元，重点发展药品制剂、生物制药和医疗器械。

在大连生物医药创新孵化基地内，许多企业依靠"创业苗圃—孵化器—加速器"的创新链条，完成了从实验室研究到中试工程化研究、再到产业化生产三个阶段的过度。

值得注意的是，大连市生物医药企业超过 200 家，年产值 300 多亿元，其中 90% 分布在金普新区，新区年产值过亿的生物医药企业有 10 家左右，目前已经形成了以辉瑞制药、医诺、珍奥集团等一批大企业为龙头的生物医药产业集群。

（七）四川天府新区

天府新区生物医药产业目前主要分布在双流片区和高新片区。2016 年 3 月，成都高新区管委会与成都市双流区政府正式签订合作协议，将携手共建成都天府国际生物城，集中力量重点打造"创新引领、开放合作、区域联动"的国际化生物产业城。

成都天府国际生物城将按照产城融合和生产、生态、生活"三位一体"的规划理念，发展生物医药、生物医学工程、生物服务、智慧健康等主攻产业和生物环保、生物制造、生物农业、制药机械设备等辅助产业，建设"全球知名的生物产业双创人才栖息地、世界级生物产业创新与智造之都、国际范儿的生命健康小镇"。

截至 2016 年 8 月，成都天府国际生物城招商工作入库项目 149 个，其中已签约项目 20 个、拟签约项目 17 个。已成功签约引进了由世界 500 强医药企业默沙东、四川普莱美生物科技集团合作共建的创新药国际研究中心及转化医学中心项目、中国中药公司中药配方颗粒生产基地及西部总部项目、全球领先的强新生物癌症干细胞靶向药物生产基地项目、中美前沿生物医药夏普莱斯创新研究院等一批重点项目。

预计到 2035 年，成都天府国际生物城将打造一个高达 5000 亿元总产出、引领和带动全国生物产业充分参与国际竞争的创新枢纽，成为天府新区战略性新兴产业新的制高点。

（八）南京江北新区

自江北新区获批以来,产业高端化一直是其重要的发展取向,并将生命健康产业作为"4＋2"产业体系的核心组成部分,同时初步明确了医药研发、生物制药、医疗器械和健康服务四大主攻方向,形成了以南京生物医药谷、南京化学原料药产业园、南京国际健康城为代表的三大生命健康产业集聚区,集聚了一批以先声药业、绿叶思科等为代表的行业领军企业,产业发展呈现出良好态势。

2016 年,南京生物医药谷产业收入达到 92.6 亿元,入驻企业 400 多家,已形成一定的产业规模和集聚态势。下一步,新区将把生命健康产业作为新区产业的重中之重,力争到 2020 年,实现 1000 亿元人民币的生命健康产业规模。

（九）吉林长春新区

2016 年 2 月 3 日,长春新区第一时间将大力发展生物医药产业、重点发展健康养老业态写入《长春新区总体规划》中,提出要重点打造生物医药产业园、东北亚绿色健康产业园等十大产业园区。

2016—2017 年,总投资 50 亿元的亚泰医药产业园、总投资超十亿元的博迅生物、总投资超百亿元的普仁天下医疗城等重大生物医药和健康养老产业项目相继落户长春新区各开发区。目前,亚泰医药产业园入园企业 7 个、拟入园项目 10 个。亚泰医药产业园项目全部建成后,将形成具有产、学、研核心竞争力的"智能化产业园区",以此打造生物制药基地、中药特色抗肿瘤药生产基地、新药研发和新企孵化基地、保健食品生产基地、现代医药流通基地"五大基地"和药材药品医疗器械"批零"一体化平台、产学研用"双创"平台、新药研发平台、新企业孵化平台、医药健康大数据平台"五个平台"。

截至 2016 年 8 月,根据新区官网数据,浦东新区产值超过亿元的企业达 61 家,滨海新区产值超亿元企业达 49 家,金普新区产值过亿的企业达 10 家左右;西海岸新区全年生物产业完成产值 86.1 亿元,江北新区南京生物医药谷产业收入达到 92.6 亿元。18 个国家级新区中有一半新区在大力发展生物医药产业,产业发展势头良好,对新区经济起到一定带动作用。

第五章　大健康产业

　　大健康是继 IT 业后的阳光产业,世界各国都在关注。在发达国家,健康产业增加值占 GDP 比重超过 15% ,而在我国,仅占国民生产总值的 4% ~5% ,低于许多发展中国家。目前,中国健康产业的年收益约为 900 亿美元,而美国健康产业产值已经超过了 1 万亿美元。为有效改善这一局面,激发大健康产业巨大潜力,国家提出到 2020 年,要基本建立覆盖全生命周期、内涵丰富、结构合理的健康服务业体系,打造一批知名品牌和良性循环的健康服务产业集群,并形成一定的国际竞争力,基本满足广大人民群众的健康服务需求。

一、大健康产业总述

　　大健康是根据时代发展、社会需求与疾病谱的改变提出的一种全局的理念。它围绕着人的衣食住行以及人的生老病死,关注各类影响健康的危险因素和误区,提倡自我健康管理,是在对生命全过程全面呵护的理念指导下提出来的。它追求的不仅是个体身体健康,还包含精神、心理、生理、社会、环境、道德等方面的完全健康。提倡的不仅有科学的健康生活,更有正确的健康消费等。它的范畴涉及各类与健康相关的信息、产品和服务,也涉及各类组织为了满足社会的健康需求所采取的行动。

　　"大健康"产业涵盖的领域很广,其产品领域包括医药产品、生物产品、化妆品、保健(功能)食品、绿色食品、器械以及与健康有关的其他全部产品等,健康产业直接关系到人的生命与健康,是 21 世纪的核心产业。

　　目前,我国健康服务产业链主要有五大基本产业群:一是以医疗服务机构为主体的医疗产业;二是以药品、医疗器械、医疗耗材产销为主体的医药产业;三是以保健食品、健康产品产销为主体的保健品产业;四是以健康检测评估、咨询服务、调理康复和保障促进等为主体的健康管理服务产业;五是健康养老产业。

表 4 - 10　2009—2014 年中国健康服务产业结构　　　　单位:亿元

年份	医疗产业	医药产业	保健品产业	健康管理服务	健康养老	合计
2009	1717	9539	450	432	3399	15537
2010	2133	11849	609	518	4199	19308
2011	2746	15255	856	622	6444	25923
2012	3246	17083	1131	746	7709	29915
2013	3913	20593	1579	896	10382	37363
2014	4432	23326	2055	1075	14100	44988

(资料来源:公开资料整理。)

表 4 - 11　2009—2015 年中国健康服务产业市场规模　　　　单位:万亿元

年份	市场规模
2009	1.55
2010	1.93
2011	2.59
2012	2.99
2013	3.74
2014	4.50
2015	5.00

(资料来源:公开资料整理。)

表 4 - 12　2011—2015 年中国健康服务行业企业规模　　　　单位:个

年份	规模以上企业单位数
2011	10129
2012	10638
2013	11839
2014	13109
2015	15025

(资料来源:公开资料整理。)

　　我国大健康产业发展面临良好的政策环境。在政府层面,国家重视以人为本,提出了切实可行的新医改方案和"健康中国 2020"的健康发展战略。"健康中国 2020"战略明确提出,到 2020 年我国的主要健康指标基本达到中等发展中国家的水平,人均预期寿命将从 2005 年的 73 岁增加到 2020 年的 77 岁,卫生总费用占 GDP 的比重要增加到 6.5%~7%,提高两个百分点。这一政策可谓将"健康强国"从一项基本国策提高到了一个国家战略的高度,未来政府医疗健康投入将持续增加。除此之外,国务院于 2013 年 9 月发布了《关于促进健康服务业发展的若干意见》,提出到 2020 年基本建立覆盖全生命周期的健康服务业体系,健康服务业总规模达到 8 万亿元以上。2015 年 3 月,国务院印发《全国医疗卫生服务体系规划纲要（2015—2020）》正式稿,彰显国家优化医疗资源供给分布,全面促进分级诊疗、医养结合的决心。同时,商业健康保险、健康管理有望显著受益于数据平台的全面建立。

二、各新区大健康产业发展情况

健康产业是关系到国计民生的特殊的朝阳产业,其覆盖范围广、产业链长,直接影响到国民经济多个行业的发展;发展健康产业,无疑是推进经济结构调整和供给侧结构性改革的重要方向。为此,多个国家级新区出台政策大力推进大健康产业发展,引导相关服务业落地,抢占国内、国际大市场。

（一）上海浦东新区

上海国际医学园区作为涵盖医疗服务、养老康复、医疗器械和生物医药产业为一体的健康特色园区,正以一种筑梦"大健康"的发展态势不断地壮大,同时,国际医学园区也被确立为张江科学城的副中心和南部核心区。目前园内已引进 28 家医疗机构,其中有 18 家第三方医学检测机构（占上海市领证总量的三分之一）;入驻 328 家实体企业（95%以上为医学相关企业）,初步形成高端医疗机构示范引领、第三方医学检测机构集聚、医学全产业链发展的上海健康经济示范区。

相关数据显示,截至 2016 年 10 月底,医学园区累计实现规模以上工业产值 33.56 亿元,固定资产投资 23.48 亿元,税收总收入 6.85 亿元,合同外资 0.85 亿美元,新增内资 12.65 亿元。

移动医疗产业规划已经纳入"医谷"产业要点,包括重点培育下一代互联网技术、大数据技术、移动通信技术及物联网技术和医疗医药服务行业结合的医疗服务企业,还包括医疗消费电子、远程诊断、远程监护、网上药店、智能器械等众多细分行业领域,最终将培育一个传统医疗与互联网技术、大数据技术以及移动通信技术相结合的新兴产业基地。

此外,依托"上海市重大疾病个性化诊治产业创新基地""上海市高端医疗器械、设备产业创新基地"和"上海市移动医疗产业创新基地"三个创新基地,以大健康产业经济为基础,"医谷"已搭建涵盖全科室的"第三方医学检验中心""医学影像中心""病例诊断中心""血液透析中心"。

(二)重庆两江新区

2016 年 11 月 29 日,博奥生物集团有限公司签约两江新区。该公司将在两江新区水土高科技产业园区天海星两江数码工坊投资建设博奥生物重庆产业基地及健康管理服务中心、技术研发平台中心,包括颐和产业化基地项目、新景产业化基地项目、重庆研发中心项目等。项目总投资 4 亿元,包括化学发光和流式细胞检测系统研发生产销售、调理类产品和移动穿戴类产品研发生产销售、慢病管理服务、前沿技术研发、食品药材检验服务等。此外,该项目还将依托生物芯片、医学仪器设备和生物信息与大数据等核心技术平台,打造针对疾病预防和诊治的生命健康全产业链,开发出一系列具有自主知识产权的创新性产品和服务,如博奥颐和将针对不同人群在两江新区建设集"国医治未病、多组学联检、大情志调理、环境测调控、膳练息意疗和健康智慧云"六位一体的"类经堂"和"颐健堂"健康管理中心。

2016 年 10 月 21 日,重庆市两江新区生物制药和高端医疗器械聚集高地——大地工谷医疗器械产业园正式开园。截至目前,一期项目已签约入驻该产业园 21 家企业,其中包括台湾纬创集团和互贵兴业集团等医药产业知名企业。台湾纬创集团主要将以"中国内地特许制造加中国内地落地服务"模式,提供海内外医疗器械研发设计、特许制造和海外或内地落地生产等服务,以及后端产品注册。

按照"三大基地""四大产业""六大功能中心"的布局,两江健康科技新城将重点聚焦健康管理、医疗器械、新药研发、医疗服务机器人、智能医疗设备研发、智能医疗系统开发、可穿戴设备研发等产业;同时,联合天士力、东软等企业打造创新药物和精准医疗孵化平台,发起成立健康产业基金,培育健康医疗方面的潜力企业。

两江新区已将生命医疗(健康)产业列为重点发展的战略性新兴产业,并在超声医疗、数字医用设备、创新药物、生物制药及医疗器械等方面取得初步成效。其中水土高新园已初步形成医药、高端医疗器械和服务外包及医疗应用三大产业板块,华昶制药、北大方正、海扶医疗、永仁心、优玛医疗等生物医药企业纷纷落户新区,并逐步打造成为国内重要的生物医药产业基地。

(三)贵州贵安新区

作为重点发展领域,到 2017 年,贵安新区将全面完成大健康医药产业各项基础设施建设工作,累计引进骨干企业 40 家,大健康医药入驻企业数达 200 家以上,并形成研发孵化、贸易物流"两个中心"及医药生产、医疗器械及医用材料产业、医疗康健服务、生态旅游养生度假"四个基地"的特色产业格局。

贵安新区围绕"一园、一城、一基地"，对大健康医药产业进行了精心布局：以平坝新城为重点建设区域，以"新医药研发、新医药产业孵化、医药制造、医药交易物流服务"为重点发展方向，建设从产品研发、产业孵化、生产制造到贸易物流的完整产业链，打造新医药产业园区；以贵安新区生态新城、科技新城、麻线河流域、羊昌河流域、麻郎村为重点建设区域，整合区域内最具价值的生态、民族历史文化、自然风景资源，打造健康医疗城；以新区高端制造产业园为重点建设区域，发展高端医疗设备、高值医用耗材、医药包装材料等产业，打造高端医疗器械集聚地和医用材料配套基地。

（四）陕西西咸新区

自成立以来，西咸新区凭借着自身优势掀起了一股与现代田园城市相契合的"健康风"，通过建设大健康新城产业园、引进国内外知名的医药检验养老机构、打造全民健身品牌赛事、举办健康主题大赛、举办大健康产业高峰论坛等发展途径，已经让大健康产业在这里蔚然成风。

"大健康"产业将成为世界经济新引擎，健康产业蕴含的巨大商机或将引起产业结构的一轮重大调整。而西咸新区在成立之初就抓住了这个产业先机，主承载区秦汉新城已先行一步。

秦汉新城于2012年就引进了第四军医大学医教研综合园区和交大二附院秦汉新城分院两家三甲医疗机构。紧接着，再生医学创新产业园、中国秦岭生物医药产业园、大健康（物流）产业园、秦汉中医养生小镇等纷至沓来，落户于此。

此外，秦汉新城已经和专注于养老产业和康复医疗的海尔斯健康城项目、陕西华恒远大实业有限公司签订了合作协议。正在积极和泰康之家养老板块进行对接和洽谈，力争使该社区项目落户秦汉新城。

2016年丝博会暨第二十届西洽会上，秦汉新城再斩获四大健康产业项目。其中，大医科技城（数码港）项目专注于高端放疗设备产业，是集国际高端数码放疗设备制造基地、国际肿瘤临床医学教育培训中心、国际肿瘤放疗中心等临床研究、教育培训、研发制造为一体的健康医疗科技城。安华信（秦汉）创新产业城项目则是西北首个以生命健康为主题，以健康科技和健康服务为支撑，集总部基地、孵化创业、新技术研发、产业成果转化等为一体的综合性大健康产业集群项目。投资15亿元的海尔斯健康城项目将建成西北首个"互联网＋大健康"数据运营平台，通过创新运营模式、整合医疗资源，实现大健康产业链线上线下联动发展，实现"健康服务一千米"目标。国家组织工程种子细胞库西北基地再生医学项目将打造西北地区细胞技术应用及产业化示范基地，致力国家组织工程种子细胞体外制备产业化工程研究中心、国家组织工程种子细胞库西北分库、生命科学科普教育体验基地三大板块内容的建设。

近年来,沣东新城围绕"大健康"产业,也先后引进了迪安医学检验中心、佰美基因、宏基药业、沣东国际医院等一批核心项目,形成了医学研究、病理诊断、药品生产、医疗服务等"大健康"产业链。西咸新区文教园旨在融合西方现代医学和东方医养理念,打造集医疗、教育、康复、养老等为一体的国际田园医养学镇。

未来,陕西将重点发展特色医疗、康体养生、养老服务、健康服务、体育休闲等行业,搭建健康产业链,基本建立覆盖全居民和全生命周期的健康事业和健康产业体系。力争3~5年招引投资额10亿元的健康产业项目3~5个,健康产业总投资超过100亿元,年产值超过10亿元。将加大健康产业的科技和服务产品研发力度,加大国际交流,拓展海外市场。利用8~10年,实现年产值超过50亿元,年产值超过10亿元以上项目不少于2个,年产值5亿元以上的项目不少于5个,年产值1亿元以上的项目10个。

(五)青岛西海岸新区

在2016年近一年中,青岛西海岸新区实现了一系列大健康项目的签约落地,并开工建设了青岛宝岛吾同口腔医院等7个项目,完工青岛慧康医院项目。

2016年8月8日,青岛市政府、青岛西海岸新区管委与深圳华大基因研究院签署合作框架协议,华大基因正式入驻青岛西海岸新区中德生态园。

按照执行协议的约定,华大基因将在青岛西海岸新区中德生态园建设国家海洋基因库,发挥海洋生物资源收集、管理、研究和利用的综合性功能。并以海洋基因库庞大的基因测序分析平台为依托,青岛华大基因项目将创建"1+10"的基因组学产业体系,在新区陆续启动国家级精准健康示范中心以及现代立体农业等生命经济产业,建成世界最大的海洋多样化物种资源保存中心、海洋物种数字化中心、海洋联合研究中心、育种中心、海洋物种基因编辑中心。

2016年11月26日,青岛质子医院等5个医疗卫生项目在青岛西海岸新区集中签约,与此同时,青岛宝岛吾同口腔医院、青岛慧康医院项目开工,7个项目总投资58亿元,涉及中医、肿瘤、口腔、妇女儿童及康复等一批特色专科医疗产业。

青岛质子医院项目将引进全球最先进的肿瘤质子治疗设备。东方影都国际医院项目将依托国际医疗集团(IHG)的医疗资源,按照国际先进的管理模式,为客户搭建完善、周密和个性化的服务体系,提供各类符合国际标准的医疗服务。滨海学院附属医院项目将建设产学研一体化发展的三级综合医院。青岛西海岸中医医院项目将依托首都医科大学优质医疗资源,建成涵盖肿瘤专科、中医经典临床科、风湿病专科等多个特色学科,集中医诊疗、科研、预防为一体的三级甲等中医院。

（六）南京江北新区

江北新区成立后,明确将生命健康作为主导产业之一,国家健康医疗大数据中心及产业园试点工程落户新区,南京国际健康城建设发展全面发力。

2016年10月21日,国家健康医疗大数据中心与产业园建设试点工程(南京园区)正式挂牌,现场与6家单位签订战略合作协议。

国家健康医疗大数据中心及产业园建设试点工程(南京园区)规划为"1个中心+3个应用基地"四大功能片区,分别是健康医疗大数据存储中心、国际健康服务社区、南京生物医药谷及健康科技产业园,总规划用地面积约17.3平方千米。

"1个中心"将构建统一权威、互联互通的人口健康医疗信息平台,并培育"互联网+健康医疗"新业态。"3基地"分别定位为医疗健康大数据在医疗、养生、养老、培训等方面的综合服务应用基地、在生物医药研制方面的应用基地以及在高精尖医疗科技研发领域的应用基地。

2017年是落实江北新区"十三五"规划的关键之年,也是南京国际健康城建设发展全面发力之年。南京国际健康城坚持以"国际化、高端化、特色化、体系化"为引领,以项目建设为主要抓手,构建"医疗、教育、研究、康复、养老"五大板块,打造涵盖"院前、院中、院后"的健康服务业全产业链,全面建设智慧、人文、绿色、创新城市核心功能区。

2017年2月27日,由南京大学、美国密歇根大学、瑞典医疗健康发展中心和台北医学大学参与的7个健康服务业项目签约落户南京江北新区国际健康城。江北新区此次一举引进两大国际专科中心,一个是"中瑞国际肿瘤综合治疗中心",一个是"中美国际口腔医学合作中心"。前者有望引进质子放疗,这是最先进的肿瘤放射疗法;后者将引进美国资深口腔专家来此坐诊,提供全球领先的医疗技术和服务。

目前,江北新区已集聚419家相关企业,规模达212亿元。

（七）吉林长春新区

2016年2月3日,长春新区获批国家级新区后,第一时间将大力发展生物医药产业、重点发展健康养老业态写入《长春新区总体规划》产业优势篇之中,提出要重点打造生物医药产业园、东北亚绿色健康产业园等十大产业园区。正是在这样的历史背景下,总投资50亿元的亚泰医药产业园、总投资超10亿元的博迅生物、总投资超百亿元的普仁天下医疗城等重大生物医药和健康养老产业项目相继落户长春新区各开发区,与之前长春新区所辖的唯一一个国家级高新技术产业开发区——长春高新技术产业开发区已经成熟的金赛药业、迪瑞医疗器械、百克生物、长生生物等生物医药、医疗器械等名企遥相呼应、相互补充、相得益彰,真正将新区的生物医药和健康养老产业推向了新高度。

德生控股与长春新区合作的医养结合项目是长春新区重点发展的健康产业项目，也是体现长春新区国际化医疗的典型项目。总投资 120 亿元的龙升德翔医养结合项目，在 2017 年重点建设了 1 个国际化医院和 2 个高端养老基地。

长春新区国际化医院项目包含新区国际化医院、北湖区医院和社区卫生服务中心，占地面积约 29 万平方米，总投资 80 亿元；康养城项目，为高端养老社区，总占地面积约 22 万平方米，项目总投资约 29 亿元；盘道岭田园养老项目，建设以田园养老、康复养生、中医药旅游、温泉度假为主的养老基地，总投资 10 亿元。

在 2015 年的《政府工作报告》中，李克强总理明确指出："健康是群众的基本需求，要不断提高医疗卫生水平，打造健康中国。"还强调要积极发展中医药和民族医药事业。这些都为医药卫生事业和中医药发展指明了方向，对于大健康行业整体来说也面临一个新的、非常好的发展机遇。

在 18 个国家级新区中已有 7 个开始先一步发展大健康产业，多数以医疗园、大健康产业园、中心、基地方式建设，并引进国内外高水平企业、项目，实现初步发展。

随着我国居民收入水平不断提高、消费结构升级步伐不断加快、人们对生活质量的要求日益提高，以及人口老龄化带来的健康服务需求增长，大健康产业将面临广阔的前景。

第六章　信息科技产业

在当今的信息经济时代，"信息产业"已不再陌生。发达国家中，二分之一以上的从业人员都从事以信息为主的工作。中国作为发展中的大国，一直高度重视信息产业的发展，早在 1983 年国家制定新技术革命对策时就把发展信息技术纳入了国家对策。随着产业的发展，信息服务业已成为同龄信息科技产业的中枢神经，对国民经济将发挥越来越大的带动作用。

一、信息科技产业定义及国内发展

近年来，中国的信息技术迅猛发展，努力赶超着世界科技的发展步伐。对此，本部分将从定义及国内发展现状两部分出发，着重介绍中国的信息科技产业状况。

（一）信息科技产业定义

1. 国际上关于信息产业的界定

关于信息科技产业目前国际上有代表性的定义和解释有三个，分别由经济合作与发展组织（OECD），美国商务部，以及美国、加拿大、墨西哥三国政府统计机构界定。

（1）经济合作与发展组织关于信息产业的界定。

经济合作与发展组织在其出版的《信息和通讯技术部门的测量》一书中，采纳了由信息社会指标工作组 1998 年 4 月会议通过的，由信息、计算机和通讯政策委员会于 1998 年 9 月会议签署的信息和通信技术的定义。该定义以联合国统计委员会制定的《国际标准产业分类》为基础，规定信息产业由制造业和服务业中与信息有关的内容构成。具体包括：一是制造业中的办公、会计和计算机；绝缘线和电缆；电子管和显像管及其他的电子元器件；电视、无线电发射机，有线电话和电报设备；电视、无线电接收机，音像录放装置和相关制品；测量、检查检验、导航和其他用途的器具；工业加工控制设备等。二是服务业中的机械、设备和物资的批发；办公机器和设备的出租；电讯；计算机和相关活动等。

（2）美国商务部关于信息产业的定义。

美国商务部按照该国 1987 年《标准产业分类》，在其发布的《数字经济 2000 年》中给出了信息技术产业的定义。他们认为，信息产业应该由硬件业、软件和服务业、通信设备制造业以及通讯服务业四部分内容组成。其中，硬件业除了包括计算机、办公机器、电子元器件、测量和试验分析工器具等的制造外，还包括计算机及其设备的批发和零售等；在软件和服务业中也包括软件的批发和零售。

（3）美、加、墨三国关于信息产业的界定。

美国、加拿大和墨西哥三国在他们于 1997 年联合制定的《北美产业分类体系》中，首次将信息业作为一个独立的产业部分规定下来。该分类体系规定，信息业作为一个独立而完整的部门应包括以下单位：生产与发布信息和文化产品的单位；提供方法和手段，传输与发布这些产品的单位；信息服务和数据处理的单位。具体包括四种行业，即出版业、电影和音像业、广播电视和电讯业、信息和数据处理服务业。其中，信息和数据处理服务业包括新闻机构、图书馆的网上信息服务和数据处理服务等活动。

2. 国内关于信息产业的界定

由于我国信息产业发展的时间不长，理论界对于信息产业的定义和划分目前尚处于众说纷纭阶段。分析的角度和标准不同，统计的口径不同，因而也就产生了广义信息产业、狭义信息产业以及广义和狭义结合信息产业等多种观点。

（1）广义信息产业观点。在美国学者马克卢普和波拉特等人理论的影响下，持广义信息产业观点的理论者认为，信息产业是指一切与信息生产、流通和利用有关的产业，不仅包括信息技术和信息服务,而且包括教育、科研、出版、新闻、广告等部门。

(2)狭义信息产业观点。持狭义信息产业观点的人受日本对信息产业结构划分的影响,认为信息产业就是指从事信息技术研究、开发与应用、信息设备与器件的制造,以及为经济发展和公共社会的需求提供信息服务的综合性生产活动。信息产业由两部分构成:一是信息技术和设备制造业,二是信息服务业。

(3)除上述有关信息产业的两种定义外,还有的学者认为信息产业就是信息服务业,它是由以数据和信息作为生产处理转递和服务为内容的活动构成,包括数据处理业、信息提供业、软件业、系统集成业、咨询业和其他产业。信息产业的定义和分类有多种。目前,国内权威的定义和分类是,2003年12月29日国家统计局制定并颁布了《统计上划分信息相关产业暂行规定》,该规定首次从统计的角度为观察、分析我国信息产业活动提供了统一的分类标准。该规定指出,信息产业主要包括以下五方面:一是以电子信息技术为基础的各种电子信息设备制造活动,主要有:电子计算机设备制造活动、通信设备制造活动、广播电视设备制造活动、家用视听设备制造活动、电子器件元件制造活动、电子仪器仪表制造活动、其他电子信息设备制造活动。二是电子信息设备的销售和租赁活动,主要有:计算机、软件及辅助设备销售活动、通信设备销售活动、计算机及通信设备租赁活动。三是电子信息的传输活动,主要有:电信服务、互联网经营商的网上信息服务、广播电视的传播服务、电子信息的卫星传播服务。四是电子信息的加工处理和软件服务,主要有:计算机服务、软件服务。五是可通过电子媒介进行传播和管理的文化产品的活动,主要有:广播、电视和音像业的活动,新闻出版业的活动,图书馆与档案馆的活动。

(二)信息科技产业的国内发展现状

2016年,国家发布一系列利好政策,大力促进信息技术服务业发展。《"十三五"国家信息化规划》《关于深化制造业与互联网融合发展的指导意见》《软件和信息技术服务业发展规划(2016—2020年)》等重大政策为信息技术服务业开拓了新的广阔发展空间,为产业发展提供了更多的创新突破口。尤其在大数据领域,《大数据产业发展规划(2016—2020年)》全面部署了"十三五"时期大数据产业的发展工作,为实现制造强国和网络强国提供了强大的产业支撑;国务院发布的《关于促进和规范健康医疗大数据应用发展的指导意见》、交通运输部发布的《关于推进交通运输行业数据资源开放共享的实施意见》、环境保护部①发布的《生态环境大数据建设总体方案》等政策明确了大数据应用和产业发展的方向,进一步优化了行业应用发展政策环境。随着国家级规划文件的实施

---

① 2018年3月,根据第十三届全国人民代表大会第一次会议批准的国务院机构改革方案,将环境保护部的职责整合,组建中华人民共和国生态环境部,不再保留环境保护部。

和落实,各地将结合自身优势出台促进大数据、云计算等新兴信息技术发展的配套措施和支持政策,信息技术服务业的政策环境将得到进一步优化,为信息技术服务业突破式发展提供新机遇。

2016年我国信息技术服务产业规模保持较快增长,实现收入25114亿元,同比增长16%,增速高出全行业水平1.1个百分点,但同比回落2.7个百分点。信息技术服务已成为我国软件产业发展的主力军,占软件业务收入比重达到51.8%,较2015年全年提高0.6个百分点。同时,以云计算、大数据为代表的新兴技术加速演进,为信息技术服务业创新发展增添新动力源,并带动产业向智能化、网络化方向延伸。大数据领域,新业态加速成熟,部分企业建立了大数据基础平台,一批新兴的专业化大数据企业纷纷崛起,数据即服务等新型商业模式不断涌现。云计算领域海量数据存储管理、大规模用户并发等核心关键技术环节取得重大突破,云计算已经成为大多数网站、移动应用、电子商务、视频服务等的重要后台支撑,同时也在制造业转型升级、智慧城市建设、环境污染检测等领域得到了广泛应用。虚拟/增强现实、区块链等前沿方向的新技术、新业态不断演变出更多综合性的新应用,成为产业人才、资金和技术等要素汇集的重要领域,驱动信息技术服务业持续创新发展。

2017年,大数据政策环境持续优化,产业发展将迎来"黄金期"。随着国家级综合试验区建设的不断加快,大数据产业聚集将呈现特色化发展的特点,同时大数据与人工智能、云计算、物联网等新兴技术的融合创新将更加深入。云计算技术体系将不断完善,移动云应用普及加速,混合云服务持续发力,工业云平台发展迅猛,整体云计算行业发展水平将大幅提升。人工智能、虚拟/增强现实、区块链等前沿科技的关键技术有望取得突破,行业应用广度和深度持续加大,多环节、多技术协作创新和应用将成为新兴信息技术促进行业发展的重要方式。信息技术服务业在这些新技术、新应用、新业态的带动下将获得新的发展动力,2017年我国信息技术服务业延续平稳较快增长态势。

根据《国家信息化发展战略纲要》,我国将加速完善信息产业政策体系,根据产业发展趋势和市场需求,制定和出台集成电路、人工智能、物联网、5G等多个细分领域的产业政策,在确保上述产业前沿领域保持快速健康发展的基础上,进一步促进我国信息产业整体做大做强。据悉,多项人工智能领域的相关政策有望于2017年底至2018年初正式亮相。业内人士认为,随着国家政策陆续出台,在金融、交通、安防等领域,人工智能相关技术的渗透率正在快速提升,这将给产业链相关公司带来发展机遇。

二、各新区信息科技产业发展现状

如今,信息产业已在我国的国民经济中占据了重要地位,信息企业如雨后春笋般迅速成长。中国信息产业的国际化已经达到了一定的深度和广度,各国家级新区也在抢抓机遇,积极开展国际合作,促进本地区信息产业的集群式发展。

(一)上海浦东新区

2011 年,上海物联网建设布局在嘉定区和浦东新区,两个区各有优势。2011 年,嘉定区发布了"上海物联网中心三年行动计划(2011—2013)",浦东新区出台了《浦东新区推进物联网发展行动计划(2010—2012)》。根据《浦东新区推进物联网产业发展实施计划(2010—2012 年)》,到 2012 年,浦东要全面实现物联网在技术研发、标准制定、产业发展、应用创新等方面的引领式发展,努力推动物联网成为浦东调整经济结构和转变发展方式的重要支撑。到 2012 年,要形成以张江园区为核心的、较为完善的物联网产业体系,推动物联网成为千亿级产业,拉动浦东 GDP 增长达 2% ~3%;集聚一批具有核心竞争力的优秀企业,形成年产值 50 亿元以上的企业 2 家,年产值 10 亿元以上的企业 3 家,年产值 1 亿元以上的企业 10 家;以三港三区为核心,加快建设物联网示范应用先导区。

《浦东新区产业发展"十三五"规划》中表示,浦东将重点谋划四个方面,抓住"互联网 +"发展方式,创新扶持方式,营造良好的"互联网 +"创新创业环境,吸引优秀的互联网项目向浦东集聚,促进电子商务、工业互联网蓬勃发展,扶持企业做大做强、引导企业拓展国际市场。2016 年《浦东新区科技创新"十三五"规划》出炉,该规划提出,"十三五"期间,围绕上海建设具有全球影响力的科技创新中心,浦东新区将依靠科技创新提高创新发展能力、发展生产力;瞄准世界科技前沿,集中力量建设好张江综合性国家科学中心;紧紧抓住人才第一资源,培育集聚全球优秀创新人才,通过提升面向全球的创新要素集聚功能、创新成果的生产力转化功能和区域创新体系建设的先行先试功能,体现核心功能区的辐射带动服务功能。《浦东新区国民经济和社会信息化"十三五"规划》于 2017 年印发。根据该规划,到 2020 年,浦东将通过强化信息化发展能力、创新智慧化应用、强化示范效应等工作,力争建设成为"政府治理高度协同、城市管理高度智能、公共服务高度便捷、产业发展高度融合"的国内乃至全球智慧城市示范区。该规划进一步提出,将在确保安全的前提下,全方位推进政府数据资源对社会公众开放,推动大数据应用创新,将浦东打造成为国内政府数据开放和应用的领先区域。根据该规划,"十三五"期间,浦东将建设新型协同的智慧政务体系(政务云 1533 工程),建设智能高效的城市管理体系,建设亲民便民的信息惠民体系(iPudong 市民生活云工程)以及两化融合的智慧经济体系(智能制造企业云工程)。

"十二五"时期,浦东新区围绕"聚焦张江"战略和张江国家自主创新示范区建设,以中国(上海)自由贸易试验区建设为契机,坚持把科技创新作为推动经济社会发展的强大动力,初步探索形成了具有浦东特点的自主创新道路。

截至 2015 年,浦东新区经认定的高新技术企业有 1510 家,占上海市的 25%;经认定的技术先进型服务企业有 147 家,占上海市过半;经认定的企业研发机构有 527 家,其中国家级 38 家、市级 155 家;建成了上海光源一期、国家蛋白质科学中心、上海超级计算中心等重大科技基础设施;集聚了上海科技大学、上海纽约大学等高等院校,中科院上海药物所、中国商飞上海飞机设计研究院、上海微小卫星中心等国家级科研院所,罗氏、诺华、GE 等跨国公司研发机构,抗体药物与靶向治疗、专用集成电路与系统等 8 家国家重点实验室。

"十二五"期间,全社会研发投入稳步增长,浦东新区共承担 118 项国家重大科技专项,获得国家资金支持 33.96 亿元。全社会研发(R&D)经费支出由 2010 年的 139 亿元增长到 2015 年的 284 亿元,全社会研发(R&D)经费支出占地区生产总值比重由 2010 年的 3%增长到 2015 年的 3.6%。

2016 年,浦东新区软件和信息服务全行业实现经营收入 2796.64 亿元,同比增长 12.2%,实现增加值 689.83 亿元,同比增长 15.4%,占全区增加值的 7.9%,占第三产业增加值的 10.55%,在浦东新区的经济支柱地位得到了进一步巩固。

浦东软件和信息服务业实行以园区为核心带动的发展模式,园区产业规模不断扩大,对产业发展带来越来越重要的核心支撑和辐射带动作用。2016 年,浦东新区共有市级信息服务业产业基地 7 家,投入使用面积 265 万平方米。全区 70%以上的软件和信息服务业企业集聚在各产业基地,60%以上的软件和信息服务业经营收入来自各产业基地。

近年来,浦东积极布局"互联网＋"、大数据、虚拟现实等新兴领域,集聚了诸如互联网金融领域的中国银联、陆金所、快钱等,网络视听领域的咪咕视讯、天翼视讯、PPTV、哔哩哔哩等,大数据领域的华存数据、理想信息、银联数据等,虚拟现实领域的乐相科技、小蚁科技、亮风台等,以及 1 号店、沪江、二三四五、安居客、前程无忧等一批新兴领域的知名企业。浦东软件和信息服务行业的发展潜力进一步凸显。

(二)天津滨海新区

滨海新区已成为天津市互联网总部经济的聚集区,全市 70%以上的软件和信息服务业企业都在滨海新区。到 2020 年,滨海新区软件和信息服务业产业规模预期将达到 1500 亿元。按照《滨海新区大数据行动方案(2013—2015)》,滨海新区集中力量促进大数据领域企业、项目、人才等资源向新区聚集,目前已基本形成国家级基础数据聚集区,其中开发区、高新区、保税区逐渐成为大数据领域产业集聚地。截至目前,在数据挖掘与分析领域、数据存储领域、数据库研发应用领域,滨海新区已经汇聚了搜狐视频、58 同城、腾讯、中科蓝鲸、南大通用、神舟通用等国内大数据龙头企业。

以互联网发展为例,2016 年 12 月 30 日,天津滨海互联网产业园在滨海高新区塘沽海洋科技园揭牌。活动当日,20 个互联网项目签约入驻,总投资额约 65.6 亿元。同日,高新区还发布了《滨海高新区关于促进天津滨海互联网产业园加快发展的若干政策(试行)》,设立首期 6 亿元的互联网产业园专项资金,重点支持互联网基础设施建设、产业链重点企业培育引进、核心技术应用示范、创新创业平台建设、商业模式创新和品牌培育、电子商务发展等。目前,互联网产业园已初步规划了超算及应用、自主安全可控计算机系统和应用生态、信息安全、电子商务、互联网金融与保险、物联网、大数据、虚拟现实等 9个产业主攻方向。同时,将按照国际一流、国内领先的标准,建设专业化的电信基础设施和软件平台,打造智慧城市。已建成以国防科技大学为依托的军民融合研究院,聚集了飞腾 CPU、麒麟操作系统、北斗短消息等高端项目,形成了自主可控安全的信息产业链,互联网产业形成聚集态势。作为天津滨海互联网产业园首批签约落户的 20 个互联网产业项目之一,曹操专车 2017 年正式进驻天津,已在新区和市内六区上市运营 600 余辆新能源汽车。瓜子融资租赁(中国)有限公司 2017 年上半年落户开发区,注册资本 3000 万美元,主要为瓜子二手车客户提供融资租赁等金融服务。百度(滨海)创新中心将吸引超100 家成长型企业入孵加速器,为新区的企业提供技术与业务创新、产业转型与升级等专业化的服务和支持,力推"互联网 + 创新创业 + 产业升级"发展进程。

滨海新区与区域现代制造业相结合,将积极响应"互联网 +"行动计划,采取引进与培育有机结合的模式,推动云计算、大数据、物联网、互联网健康与医疗、车联网等产业发展。滨海新区将明确"五三三"的发展思路,即依托信息安全、大数据与云计算、电子商务、互联网金融、泛娱乐五大产业基础,布局人工智能、智能硬件、虚拟现实三大新兴产业领域,切入自主可控信息安全、健康医疗大数据、军民融合三大产业突破方向,培育一批在国内具有引领示范效应的骨干企业,推动产业加速集聚,形成独具滨海特色的"互联网+"产业生态。目前,新区已经聚集了一批国内领先的服务器等硬件资源,如"天河一号"、腾讯数据中心、惠普数据中心等,泰达服务外包产业园也将成为拥有 40 万台~50 万台服务器的中国云计算重要产业基地。这让布局新区的互联网企业拥有先天的硬件和底层优势,在产业布局时游刃有余。

2016 年 12 月,高新区出台了《滨海高新区关于促进天津滨海互联网产业园加快发展的若干政策(试行)》,首期设立 30 亿元专项基金,支持产业园设施建设及项目发展。目前,已有多家园区落地企业享受到了该项政策。如"乐寿网"项目在 2017 年已享受到了两年免租金的优惠,而"启迪桑德"项目也享受到了政府资金引导的支持。

2017 年以来,滨海新区加快推进天津滨海互联网产业园规划建设,明确了"一核心一片区"的空间布局。即以塘沽海洋科技园 80 万平方米的现有楼宇和金海湖边 1.5 平方千米空地为核心,以区域内京津塘高速和津滨高速之间的 13 平方千米作为互联网产业园拓展区、延伸区，建设基于数据、互联、智能的智慧社区。

（三）重庆两江新区

政策方面，目前重庆市正加快制定《重庆市建设国家大数据综合试验区实施方案》，积极推进相关工作。其中包括以全市社会公共信息资源整合与应用重点专项改革为核心，统筹推进重庆信息惠民国家试点城市、新型智慧城市建设；加快部门信息资源整合共享，实现市级部门数据在线交换共享，提升政府治理能力和便民服务质量；出台全市社会公共信息资源目录及管理办法，规范信息资源共享交换与整合应用；加强大数据产业集聚发展，推动技术、人才、数据、资本等资源集聚，形成区域性大数据产业发展制度体系和经验。根据新区"十三五"规划，两江新区将在云计算及物联网领域加快云计算大数据与传统产业对接升级，重点发展大数据一体机、新型架构计算机、大数据获取工具、大数据管理产品、大数据分析软件等。到2020年，力争实现产值300亿元。早在2010年，市政府就按照中央转变发展方式、调整产业结构的要求，以信息化带动工业化、城市化和农业现代化，推出了"云端计划"，并在两江新区水土高新园区布局了两江国际云计算产业园。2014年，两江新区已吸引了以中国移动、中国联通、中国电信、太平洋电信为代表的一批企业入驻园区。

国内首个互联网综合教育基地、互联网开放型学院——重庆互联网学院在两江新区挂牌成立。重庆互联网学院由重庆市委宣传部、市委网信办指导，两江新区党工委管委会主办，采取"知名企业学院与高端培训机构教学+互联网产业园实训"方式，通过线上整合全球资源、网络化教学、线下产学融合、智能化学习等手段，提供"互联网+"、云计算、大数据、物联网等教育资源，打造集技能培养、就业引导、创业扶持和人才素质提升等功能于一体的创智基地。两江新区互联网产业园重点发展建设的六大类型产业板块是：移动互联网、移动游戏、移动新媒体，互联网金融、互联网教育，云计算、大数据、物联网，文化创意、数字出版、工业（工程）设计，软件与信息服务、服务外包、互联网+、智能制造。同时，已经初步形成了支持互联网产业发展的"四个特色体系"：以大带小的孵化培育体系，从小到大的成长体系，输血输氧的金融体系，"互联网+园"的智慧服务体系。同时，互联网产业园各专业众创空间新增孵化场地面积7万多平方米，累计孵化场地面积达15万平方米，已引进互联网及相关产业科技型创新型企业300多家，其中重点企业50多家，形成了较好的龙头企业带动小微企业发展的产业生态。同时，互联网产业园与龙头企业、专业机构合作，还共同打造了腾讯（重庆）众创空间、赛伯乐（重庆）众创空间、猪八戒文化创意众创空间、易一科技金融众创空间、西游汇移动游戏众创空间、两江广告创意众创空间、华龙网移动新媒体众创空间等7个众创空间，这些空间可集聚200多个小微企业和项目，形成"大鱼带小鱼、母鸡带小鸡"的孵化成长模式。同时，这七大众创空间里按照一个企业"从无到有、从小到大"的成长历程,采用了"创业咖啡、孵化营、专业孵化器、企业加速器"的"从底楼到顶楼"的空间布局,完美阐释了从一个创意到产品、从企业到产业、从产业链到生态链的产业模式。

作为国家级互联网骨干直联点,两江新区已经形成了以太平洋电信、中国联通、腾讯、阿里巴巴为代表的云计算大数据战略性产业体系。根据规划,两江新区智慧新城将以综合利用物联网、云计算等现代高新信息技术,全面推进深度互联和信息共享的智能网络体系,依托龙兴总部基地,建成低碳、智慧、幸福的新城。"产城一体化"是两江新区发展的方向,是"产业园"和"家园"结合的新模式。由于两江新区外来务工人员及跟随产业吸引而来的高端人才增多,公租房成为两江新区吸引产业人才的亮点工程。

2016 年重庆两江新区成功获批国家双创示范基地,并与重庆高新区、璧山高新区共建国家自主创新示范区,截至 2017 年 1 月,全区已拥有双创企业 5000 余家,国家和市级研发平台 145 个,国家级创新基地 10 个。为了解决小微科技企业融资难题,两江新区构建了"10 + N"金融支持体系。区管委会设立了 10 亿元的"两江科技创新专项资金",并与风投企业合作形成 N 支股权投资基金。目前,已有移动互联网、移动游戏、文化创意、科技金融、移动新媒体、德同领航、富坤投资等 7 只 17 亿元股权投资基金。同时与金融机构合作建设了科技信用贷、助保贷、科技创业贷、科技担保贷等 4 类科技金融产品,已为 181 家科技企业提供投融资服务 7.45 亿元。

(四)浙江舟山群岛新区

2013 年国务院批复的《浙江舟山群岛新区发展规划》中明确提到"利用物联网、云计算和智能终端等现代信息技术,加快海洋信息网络建设,积极发展海洋电子信息产业"。2017 年,舟山市经信委主持编制的《舟山市海洋电子信息产业培育发展三年行动计划(2018—2020)》出台,为新一代海洋电子信息产业的发展绘制了清晰的路线图。该计划规定,到 2020 年,全市海洋电子信息产业将累计新增投资 50 亿元以上,年总产出达 100 亿元,成为国内角逐"蓝色领土"产业队伍的重要组成部分。

舟山市自 2013 年积极对接国家规划,开展顶层设计。近年来,舟山市加强和国家海洋信息中心、海洋技术中心、海水淡化研究所、海洋卫星应用中心、海洋二所、中船工业集团、中船重工集团等单位的紧密联系,及时了解国家智慧海洋总体规划编制工作的进度和要求,邀请国家海洋信息中心、中船工业集团、中船重工集团相关专家帮助舟山市规划布局"十三五"期间智慧海洋建设及相关产业发展,将舟山智慧海洋建设工作与国家规划紧密衔接。

截至 2017 年 12 月,舟山市拥有海洋电子信息企业 500 余家,从业人员近万人,以船舶电子、新能源电子、卫星通信导航、海洋电子元器件、海洋电商平台为特色的海洋电子信息产业集聚效应初步显现；从事海洋大数据、海洋感知装备、无人探测平台、物联网、数字文创等新兴领域的电子信息企业已经渐渐发展。2016 年，舟山市规模以上电子信息产业总营业收入近 30 亿元，全市电子信息产业增加值为 18.86 亿元。

"十三五"时期，舟山市将在出台《舟山市海洋大数据平台数据资源共享管理暂行办法》的基础上，研究制定海洋数据目录体系，建立健全海洋数据共建共享机制，加快引进一批国内外知名的大数据技术研发与服务运营企业，以海洋大数据和政府大数据开发利用为重点，推进大数据技术在经济社会发展、产业转型升级、城市建设与管理领域的推广应用。围绕数据采集、存储、处理、挖掘、交易和安全管理等环节，加强大数据软件研发、技术支持、政策咨询、科技金融、教育培训等产业的发展。以海洋基础数据为支撑，以产业应用带动数据汇集，以数据应用促进产业升级，把舟山打造成我国重要的海洋大数据中心和大数据产业基地。

（五）甘肃兰州新区

2017 年 9 月，由国家工信部组织召开的"兰州新区国际互联网数据专用通道申报方案"专家评审会同意在兰州新区建设国际互联网数据专用通道。项目建成后，可以减少网络层层汇聚带来的跳转过多问题，从而降低往返访问时延和丢包率，助力新区企业吸纳国际优质资本拓展海外市场，加快国际化发展步伐。建设国际通信专用通道，能够很好地为新区及周边企业本地网络到国际互联网出入口直连的专用通道提供服务。同时对优化新区招商服务环境、提升互联网时代的国际通达能力、推动新兴产业的聚集和壮大，以及满足发展外向型经济都具有重要意义。2017 年 11 月 9 日，由世界 500 强企业正威国际集团投资建设的兰州新区正威电子信息产业园项目一期工程投产仪式在兰州新区举行。2017 年 12 月，兰州市政府与中国电信甘肃公司签署"互联网＋智慧兰州"战略合作协议。甘肃电信将与兰州市人民政府紧密合作，依托中国电信专业化的"互联网＋"信息化研发、技术和人才资源优势，持续加大投入，共同推动"互联网＋智慧兰州"合作协议项目的落地实施，推动丝绸之路信息走廊和"云上兰州""数据兰州"建设，为兰州经济社会发展和建设创新型城市提供高效服务和强力支撑。

截至 2017 年 11 月，兰州市信息企业已达到 4000 余户，主营业务收入过千万的软件企业 64 户、过亿的 6 户，全市收入千万以上的企业占全省千万软件企业的 84.2% 以上。2016 年，全市软件和信息技术服务业主营业务收入 55.4 亿元，预计到 2017 年底，全市软件和信息技术服务业主营业务收入可实现 66.5 亿元。目前，兰州市将继续推进宽带网络升级，致力"网络强市"，支持鼓励电信、移动、联通等基础电信运营商推进高速大容量光通信传输系统适度超前建设，提升骨干网络容量和网间互通能力。同时，打造"4G＋WLAN"为一体的"无线城市"网络，全面推进 4G 网络覆盖，并积极推动 5G 技术发展，实现城市热点区域的高速无线网络覆盖,以优质互联网基础设施保障兰州智慧城市建设。此外,将通过优化产业布局、招商引资产业项目、加强上下游协作、促进跨产业合作,充分发挥产业链企业间的聚合、融合、耦合效应,促进产业集聚高效发展。

(六)广东南沙新区

广州市工信委发布的《广州市信息化发展第十三个五年发展规划(2016—2020年)》显示,"十三五"期间,广州将规划立足于全市信息产业体系化发展,结合各区信息产业发展资源与特点,整体打造"双核三廊多点"的信息产业空间布局。该规划中提到,"十三五"期间要打造高质高端高新信息产业体系,体系包括十大重点产业和领域,其中涉及新型显示、新一代信息服务业、互联网及软件服务、集成电路及关键元器件、新一代信息通信、卫星导航、物联网及车联网、云计算和大数据、虚拟现实和智能产品、电子商务。根据信息产业空间布局图,上述十大重点产业和领域合计涉及项目44个。其中黄埔区和南沙区最多,两区各有7个项目落户,范围覆盖了十大重点产业和领域的70%。增城区排名第三,有5个项目落户。白云区、番禺区、花都区和天河区各有4个项目。

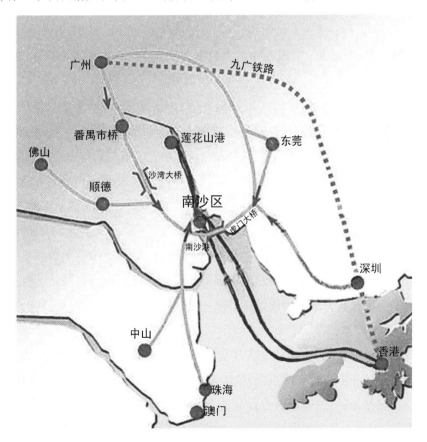

图4-4 南沙新区辐射范围

该规划还提到,南沙区要加快发展临港型电子信息制造业,主动承接国内外电子信息制造产业(特别是中高端技术和产品的转移);推进国家物联网标识平台、国家超算中心南沙分中心等国家级信息服务平台落户建设,优化在物联网、大数据产业领域的产业发展环境。

2017 年 10 月,《广州市南沙区(南沙新区)国民经济和社会发展第十三个五年规划纲要》出台,该纲要指出,把信息化作为创新驱动发展的先导,牢牢抓住信息技术革命新机遇,大力发展高效安全网络经济,加强信息基础设施建设,实施"互联网 +"行动计划,促进大数据应用,建设智慧城市,抢占未来竞争制高点。其中包括超前建设新一代信息基础设施、实施"互联网 +"行动计划、建设开放融合的数据服务试验区,重点为优先谋划建设枢纽型信息基础设施、拓展信息应用广度和深度、推动"互联网 + 制造业"、加快发展"互联网 + 新业态"、推动"互联网 + 智慧城市"、推动政府数据开放共享利用、构建大数据产业生态体系。

(七)贵州贵安新区

2017 年贵安新区将完成规模以上电子信息制造业产值 90 亿元、软件和信息服务业收入 6 亿元、电子业务总量 4.5 亿元、电子商务交易额 20 亿元。2017 年贵安新区拟引进两家国际大数据核心企业、5 家国内知名大数据龙头企业、20 家国内有影响力的大数据优强企业。

数据资源方面,贵安新区大力推进中国电信、中国联通、中国移动数据中心二期项目、华为全球数据中心项目建设,推动苹果数据中心项目落地。2017 年底形成服务器承载能力达到 70 万台,签约使用机架数 1.1 万台。推动 3 个数据灾备中心和 2 家以上国家部委、行业或标志性企业数据资源库入驻。同时实施"大数据 + 产业深度融合专项行动",建设 2 个大数据 + 农业深度融合典型示范项目;建设 3 个大数据 + 工业深度融合典型示范项目;建设 10 个大数据 + 服务业深度融合典型示范项目;实施"政府大数据应用专项行动",推进政府治理大数据应用。建设两个以上政府大数据应用典型示范项目,大力推进"互联网 + 政务服务"工作,完善中国贵州贵安新区政府门户网站、网上办事大厅审批服务云平台等公共服务平台建设,促进"一号一窗一网"的政务服务新模式更加健全完善。

在大数据经济项目建设方面,2017 年贵安新区完成华芯通 ARM 架构服务器芯片第一代集成电路设计和第二代产品规划;推动阿里与贝格联合在数字经济产业园共建贵安大数据清洗加工基地;引进和培育专业化的数据处理团队 3 个,开展数据加工、清洗、脱敏等大数据加工业务,研发数据加工产品,数据工程师超过 500 人;开展大数据综合试验区(产业集聚区)试点示范创建和国家数字经济示范区创建,全面推进大数据产业发展;

创建示范小镇 1 个以上,示范园区、示范景区、示范企业各 2 个以上。

在数据共享开放方面,贵安新区实施分级分类梳理开放数据目录并制定数据开放计划,争取年底将所有政府数据按照保密等级逐一开放共享,完成数据资源目录 100% 上架开放;集成本级政务大数据应用的"专属云"在"云上贵州"上线运行;本级"互联网 +"政务和民生服务 App 应用在云上贵州 App 平台上线运行。

同时贵安新区加强信息基础设施建设,加大信息基础设施投入力度,完成信息基础设施投资 29 亿元;全省电子政务外网三期项目落实配套资金。加快推动国家级互联网骨干直联点建设,力争 2017 年上半年建成贵阳·贵安国家级互联网骨干直联点,扩展互联网出口通道,互联网出口带宽能力达到 1800Gbps①。另外,贵安新区积极组织申报国际通信专用通道,力争早日获批。

(八)陕西西咸新区

作为"一带一路"的信息枢纽,西咸新区新兴产业聚集、网络基础优越、科教实力强劲,拥有发展信息技术和数字经济的多重优势,正在构建以先进制造、电子信息、航空服务、科技研发、文化旅游和总部经济 6 个千亿级产业集群为主导的现代产业体系。2017 年 9 月,西咸新区发布《西咸新区沣西新城关于促进信息产业发展的若干政策》,提出重点扶持从事云计算、大数据、物联网、集成电路、软件研发、通信技术、电子商务等电子信息类企业。

1. 西咸新区云计算服务创新发展

2014 年 2 月,以西咸新区信息产业园为主体,"西安—西咸新区云计算服务创新发展试点示范"正式获得国家发改委、国家工信部批复。这是西部唯一国家级云计算示范城市,西咸新区也成为示范试点中唯一的城市新区。按照批复,国家级云计算服务创新发展试点示范工作将融合物联网、下一代互联网、第四代移动通信等新一代信息技术,以服务创新带动技术创新和产业升级,促进新兴业态发展。按照《陕西省大数据与云计算产业示范工程实施方案》,西咸新区将在政务云服务、信息云服务、社会公共云、工业企业云、健康云服务、区域特色文化云服务、电子商务与物流云、智慧交通云 8 个方面开展应用示范。到 2020 年,试点区域 90% 以上中小企业使用公共云计算服务,80% 以上大型企业和机构使用私有云,培育 10 家以上在国内有影响力的年收入超亿元的云计算与服务企业,推动 100 家以上软件和信息服务企业云计算服务转型,带动云计算应用新增营收 500 亿元,形成辐射西北、面向丝路经济带沿线国家的新格局,成为全国重要的云计算产

---

① Gbps:交换带宽,是衡量交换机总的数据交换能力的单位,以太网是 IEEE802.3 以太网标准的扩展,传输速度为每秒 1000 兆位(1Gbps)。

业聚集区、国家云计算的重要承载节点和国家云计算产业应用示范区。

2. 西咸新区云计算产业发展规划

2016 年 6 月 17 日发布的《陕西省大数据与云计算产业示范工程实施方案》提出，到 2017 年底，通过四大工程实施，形成具备产业支撑能力的增长点和明晰的发展方向，西咸新区成为国家级大数据与云计算产业基地。引进 5 家以上国内外有影响力的大数据龙头企业，引进 10 家以上国家部委数据中心，培育壮大一批产业关键环节骨干企业，其中规模以上企业超 100 家。中投顾问发布的《2016—2020 年西咸新区产业投资环境分析及前景预测报告》指出，围绕云计算服务、信息融合、大数据应用、产业基地建设等产业链关键环节，组织实施秦云、城市信息融合示范、大数据应用示范、产业基地示范等四大工程，引导和推动数据汇集、企业云集、产业聚集。

（1）秦云工程。

启动建设"N+1"云工程（N 即 15 朵行业云，1 即大数据交换共享平台），建设 15 朵行业云，引导带动政府部门、企业和社会购买云服务，推动数据公开及社会化开发利用。建设大数据交换共享平台，实现各行业云的数据交换共享，并与省信息化中心互联互通。各行业云按照政府数据开放和共享的要求向社会公众和产业链开放，带动软硬件提供商、运营商及平台服务商等产业链上下游整体发展。到 2017 年底，带动大数据相关产业实现产值 50 亿元以上。

（2）城市信息融合示范工程。

咸阳市通过省级智慧城市综合试点、国家发展改革委信息惠民试点、工业和信息化部信息消费试点、住房城乡建设部智慧城市试点、国家测绘地理信息局时空信息云平台试点，已基本建成一站通、一号通、一卡通、一网通、一格通和一点通等应用项目。在此基础上，加大现有信息系统整合力度，深入推进政策融合、技术融合和数据融合，促进大数据深度开发和利用。

（3）大数据应用示范工程。

在民生服务、城市运营、信用体系、工业运行、社会管理、数据交易等领域率先实施应用示范项目，实现大数据汇聚整合，探索新的商业模式，及时总结推广。

以社会公共服务卡（居民健康卡）为载体，推进金融 IC 卡、市民卡、公交地铁卡、旅游消费卡等应用集成和一卡通用，实现与财政惠民卡、社会保障卡互联互通，项目覆盖全省 3800 万人口，将整合各类资金约 1100 亿元，衍生大数据服务和信息消费约 100 亿元；以西安城市投资集团为牵头单位，汇集供水、供气、供热、一卡通、出租、公交、地铁、公共自行车、公共停车、市政道路等城市运行数据，优化城市功能，改进城市服务，项目主要包括城市运行数据汇聚、数据分析挖掘、城市运行一张图等，为城市规划决策、社会管理和公共服务提供数据支撑。到 2017 年底,带动相关产值 10 亿元以上。

利用陕西工业数据库,加强与统计、电力、税务、银行等部门企业数据共享、关联比对和分析,带动工业大数据相关产业发展,到 2017 年底,实现产值约 5 亿元以上;建设基于移动终端位置信息的群体行为分析系统,形成人群位置信息、人口空间分布信息的海量数据,满足社会治安综合治理中公共场所群体行为分析需求,并为城市规划、社会资源优化配置、公共场所和产业布局、智能交通、智慧旅游、精准营销、商业应用等提供新的技术手段和发展机遇,带动相关产业融合和数据汇集。到 2017 年底,实现产值约 5 亿元以上;建设气象大数据平台,实时获取气象卫星、天气雷达、自动气象站、数值预报产品等专业气象数据和社会化气象观测数据,通过分析挖掘,实现对气象灾害的准确监测预警,为政府、行业和社会提供服务。

(4)大数据产业基地示范工程。

以西咸新区沣西新城大数据产业基地建设为核心,聚焦大数据处理与服务产业链,打造"研究引领、教育支撑、孵化创新、服务连通、配套完善"五位一体的大数据产业发展高地,建成国家级大数据产业基地,2017 年产值达到 100 亿元。

(九)青岛西海岸新区

2016 年 10 月,山东省政府办公厅印发《关于促进大数据发展的意见》,明确将规划建设青岛西海岸新区大数据综合实验示范区,支持推动西海岸新区争创国家大数据综合试验区,在大数据云计算及应用领域组织实施一批行业应用示范项目。由全球领先的科技公司慧与公司联合青岛市政府共同建设的"青岛—慧与软件全球大数据应用研究及产业示范基地"项目,已落户青岛西海岸新区。

2017 年,青岛西海岸新区出台了《关于推进信息产业和互联网工业创新发展的意见》,该意见指出,把握云计算、物联网、大数据等新一代信息技术对制造模式的变革作用,引导企业借助互联网思维与技术,大力发展基于互联网的众包设计、柔性制造、个性化定制、电子商务、智慧物流等服务型制造新业态,促进全产业链、全价值链信息交互和智能协作。

青岛西海岸新区出台大数据产业发展"十三五"规划,明确将立足"五个一",推进数字经济创新发展,绘就了大数据产业发展"路线图"。按照规划,从 2017 年到 2020 年,把新区建成国家大数据综合试验区,形成彰显青岛地方特色、产业生态链完整、创新驱动能力强、发展动能足、支撑保障能力突出的大数据新兴产业集群。

按照规划,新区将立足"五个一",即创建一个综试区、培育一个基地、建设一个试验场、设立一个中心、打造一个高地,以大数据作为促进区域经济转型升级的新动力,培育新的经济增长极。其中,"一个综试区"即创建国家大数据综合试验区。新区将依托工业基础雄厚、产业链完整的优势，以工业大数据创新应用为主试验示范，探索改造升级传统产业的技术模式和商业模式，推动传统产业跨界融合发展，建设工业大数据应用创新中心，为全国大数据发展和应用积累经验。"一个基地"即培育全球大数据应用研究及产业示范基地。新区依托惠普在大数据方面的技术和人才优势，打造世界级大数据产业应用示范基地，探索数据驱动新业态、新模式。"一个试验场"即建设青岛大数据试验场。新区将依托复旦大学青岛研究院等大数据科研领域的资源和优势，建设大数据研究开放平台，培育对接学科发展、推动科技成果转化、服务经济社会的"大数据研究试验场"。"一个中心"即大数据交易中心。新区将立足青岛，辐射山东，面向全国，设立大数据交易中心。通过大数据交易平台的建立，实现大数据资产在全球范围流通，打造国内大数据技术与产品的出海口。"一个高地"即打造大数据人才高地。新区将依托中科院大学、复旦大学青岛研究院、中国石油大学、山东科技大学等驻区高校和慧与全球大数据应用与产业示范基地等龙头项目，引进全球大数据产业高端人才，打造全国大数据人才聚集高地。

（十）四川天府新区

成都市双流区是四川省电子信息产业的主要承载地。天府新区2017年7月发布了《双流区关于加快主导产业发展的政策措施（试行）》，提出重点依托成都双流军民融合产业园，打造中西部一流的电子信息产业集群基地，力争到2022年电子信息产业实现总产值1500亿元，重点打造电子信息产业集群，包括集成电路、信息安全、大数据和物联网、智能终端四个领域。

（1）集成电路。

重点支持集成电路设计、制造、封装测试和应用终端生产与研发，开发高端通用芯片和传感器、专用芯片等高性能集成电路产品；支持企业技术创新、应用创新、产业链整合，打造整机系统与芯片制造产业链。

（2）信息安全。

重点支持时频通导、测试测控、电磁空间安全、软件与技术服务等，支持卫星、系统防护、数据安全、系统安全、网络安全、加密与保密服务等核心技术开发，培育壮大安全管理、网络行为监控等软件及系统产业，提升加密整机、身份认证与授权管理、虚拟专用网络等模块及整机产业发展水平；支持信息安全咨询、培训、认证评测等网络信息安全服务和以安全集成、应急通信、云安全系统为核心的方案设计。

（3）大数据和物联网。

重点支持数据中心等基础设施、智能化传感器件、高性能敏感器件、操作与储存系统集成、基础设施服务（IaaS）、平台服务（PaaS）、软件服务（SaaS）、数据服务（DaaS）等领域的研发制造；聚焦感知层、传输层、平台层、运算与服务层，支持面向全社会的教育、物流、健康、城市安全、社会治理等多领域的大数据和物联网产业研发运营服务。

（4）智能终端。

以8.6代液晶面板生产线为带动，以整机需求为导向，重点支持新型显示器、传感器等电子元器件制造和整机制造、智能终端设计和检测测试，发展新型显示、主板、内存、机构件，以及片式化、低功耗、高稳定和高性能元器件研发制造等智能终端配套产业；支持整机企业与芯片、器件、软件企业协作，研发各类新型信息消费电子产品，不断延伸产业链。

（十一）湖南湘江新区

2017年一季度，湘江新区新一代电子信息产业产值突破40亿元，同比增长5%。以威胜集团、华自科技、长城信息等为核心的新一代电子信息企业集聚发展，形成了以电力智能控制、数字视听设备、自主可控计算机等齐头并进的产业形态。

湘江新区的电子信息产业在空间分布上以长沙高新区为主，依托国家软件产业基地、国家数字媒体技术产业化基地等优势平台建设电子信息产业专业园区，聚集了威胜集团、长城信息、拓维信息等一大批重点电子信息企业，电子产品制造、移动互联网、北斗导航、动漫设计等行业依靠科技创新发展强劲，已形成了百花齐放的局面。2017年以来，长沙高新区电子信息产业保持两位数以上的中高速增长，一季度新引进移动互联网企业286家。以长城信息为核心的长城科技总部落户麓谷，全区军民融合企业总数已达到110家，其中北斗应用企业62家，占全市90%、全省80%。"十三五"期间，新区重点推动续建的新一代电子信息产业项目包括景嘉微电子科研生产基地、道通科技二期、中兴通讯长沙基地一期、创智和宇信息产业基地、元众软件研发生产基地一期、云海九天银河产业园、华宽通三网融合产品生产研发基地、"海普声域"呼叫中心服务外包产业基地、证通云计算大数据科技产业园、联通长沙云数据中心、第二代信息通信光纤生产基地、自主可控计算机整机生产项目等项目。湘江新区还将重点实施新一代电子信息技术产业链、智能家电产业链、生物制药产业链、新能源装备产业链等产业链行动计划。

（十二）南京江北新区

江北新区2017年初步形成了以新材料、生物医药、软件和信息服务、轨道交通、汽车及零部件等为主导的产业体系，其中智能制造装备占29.7%。同时重点依托高新区，发展软件与信息服务、电子商务等智能技术及服务；依托浦口、六合开发区，重点发展集成电路以及智能终端、可穿戴设备、智能家居等智能产品，工业机器人、高端数控机床等智能装备，最终形成集智能设计、智能产品、智能装备和智能技术及服务于一体的全产业链。

江北新区近年来积极加快智能制造园区建设，提升智能制造研发创新原动力，招引建设智能制造重大项目，全力打造智能制造发展集群区。智能制造产业已被明确作为江北新区"4＋2"现代产业体系的核心组成部分。江北新区将重点打造包括集成电路、新能源汽车在内的三大千亿级产业集群。

江北新区智能制造产业园目前正规划建设中欧轨道智能交通国际研创基地、汽车关键部件研发生产基地、集成电路产业园、智能机器人产业化基地和人工智能产业园等子园区。同时，园区还出台了一揽子政策为企业提供扶持，例如，实施智能制造产业培育工程，对投资新建智能制造产业项目，给予最高 1000 万元的扶持；实施智能工厂培育工程，对列入智能工厂建设计划的企业，可给予不超过 100 万元的奖励。园区现有企业 500 余家，其中产值过亿元的工业企业 16 家，南京首批智能工厂有 30% 分布在此。智能制造产业园正在推进的项目 46 个，总投资 500 多亿元。重点项目 13 个，总投资 260 亿元，其中智能制造高端装备类项目 5 个，总投资 110 亿元；新能源类项目 4 个，总投资 104 亿元；新材料类项目 4 个，总投资 46 亿元。

（十三）福建福州新区

福建省政府 2016 年 11 月作出正式批复，原则同意《福州新区发展规划》。该规划的规划期为 2016 年至 2030 年，是指导福州新区当前和今后一段时期开发建设的行动纲领和编制相关专项规划的重要依据，重点发展新一代信息技术和先进装备制造类，包括：福清京东方光电科技、东旭光电项目、马尾科立视二期、福建省电子信息集团 PCB 项目、福建三峡海上风电产业园、中国核工业建设集团高温气冷堆电站及配套产业园项目等项目。

党的十九大报告指出，加快建设制造强国，加快发展先进制造业，推动互联网、大数据、人工智能和实体经济深度融合，在中高端消费、创新引领等领域培育新增长点、形成新动能。福州新区成立不到 3 年的时间里，福州物联网基地已经培育物联网关联企业 100 多家，产值超过 600 亿元，拥有有效发明专利数量 706 件、国家及研发机构 2 个、省级研发机构 35 个，依托于福州两岸经济开放的独特优势，在逐渐实现技术和应用上的赶超和引领。

（十四）云南滇中新区

结合云南省产业转型升级和战略性新兴产业培育，滇中新区重点聚焦现代服务、汽车及现代装备制造、临空产业、生物医药、电子信息等七大产业，构建特色鲜明、具有较强竞争力的现代产业体系，打造云南转型发展新引擎。安宁工业园区已成为云南省首个产能上千亿元的工业园区，中关村·电子城科技产业园、滇中科技创新园、空港商务区、智能终端产业园等一批产业发展平台正加快建设。

滇中新区电子信息产业总体规模较小,承接产业转移潜力较大。新区党工委、管委会大力引进以手机为主的智能终端全产业链,计划在3年内引进1亿部手机的研发和生产,包含手机整机及整个产业链配套,实现年产值约500亿元。

中关村电子城科技产业园是滇中新区重点部署的建设项目。中关村·电子城(昆明)科技产业园主要承接中关村、长三角、珠三角等地区高新技术产业转移,着力打造面向东盟及南亚的集现代高科技产业、高端制造、研发、科技服务及综合配套于一体的"互联网＋"智能科技园区,重点发展电子信息、现代高端制造、现代科技服务、生命健康装备"四大板块"。截止到2017年7月,园区基础设施建设已基本完成,园区办公综合服务配套设施空港智园项目正在抓紧建设。

(十五)黑龙江哈尔滨新区

哈尔滨新区三个片区产业集群已初步形成。其中,松北片区集聚了电子产业园、哈工大卫星激光通信生产基地、光宇锂离子电池、佳云科技传感器生产等一批战略性新兴产业项目和现代服务业项目,通过产业链和创新链的双延伸,打造科技创新城"升级版";平房片区积极打造航空、汽车、绿色食品、机器人、智能装备、大数据等产业集聚区,全力建设龙江产业"动车组";呼兰片区加快发展生物医药、绿色食品、文化旅游等产业,着力打造"大健康"品牌。2017年上半年,哈尔滨新区开复工亿元以上产业项目104个,占全市的33.8%;完成投资80.7亿元,占全市的50.3%。

2015年,哈尔滨高新技术产业开发区在科技创新城规划建设电子产业园。产业园出台了一系列优惠政策,同时积极引入电子相关产业的研发与生产企业,主要发展电子产品、电子元器件、电子外部设备、电信电视相关产品、电子信息、电子制造服务等领域,重点发展汽车电子、电力电子、机械电子、金融电子、物联网传感等电子产业。2016年9月,哈尔滨科技创新城投资3.5亿元建电子产业园二期,为机器人应用、3D打印、"互联网＋"、电子商务、电子产业五个板块产业提供专门孵化与转化空间。

第五编

国家级新区"一带一路"建设编

　　"一带一路"和国家级新区建设有着相同的目的,那就是带动中国经济的开放性,优化经济的区域布局。而"一带一路"和国家级新区的设立,在地理位置上也有很多重合的地方,这可以更好地带动中国的地区发展。"一带一路"带来的国际市场也可以让处于"一带一路"路线上的国家级新区有了更大的发展空间,更好地对接国际资源,从而带动周边地区的发展,提升基础设施建设水平,对于政府管理能力和民众思维方式也有很大的影响。"一带一路"和国家级新区的融合,也有利于国际层面的各方面要素的交流,实现文化和经济的融合,创造合作共赢的格局。本编首先研究了"一带一路"倡议和国家级新区建设的内涵联系及关联机制,在关联机制中认为,一方面国家级新区是"一带一路"倡议建设的核心节点,而另一方面"一带一路"倡议是国家级新区发挥增长极作用的有力支撑。通过研究比较 18 个国家级新区在"一带一路"领域上的建设工作,"一带一路"倡议和国家级新区建设的协同发展路径包括通过增强政策融合、实现二者建设的政策协同,强基础设施建设、创造二者建设协同发展的基础条件,加强区域协作、促进区域协同发展,以及加强产业融合、促进二者建设的产业协同。

第一章　"一带一路"倡议和国家级新区建设的内涵联系

　　随着"一带一路"倡议、京津冀一体化、长江经济带等战略的相继提出,我国已经形成了新时期提升效率兼顾公平的区域协同发展战略。从整体发展战略来看,"一带一路"倡议不仅是新时期我国区域发展的新战略,也是实现我国区域均衡发展的新举措。国家级新区作为"一带一路"倡议的核心节点,一方面通过极化效应推动经济带均衡发展,另一方面通过扩散效应实现我国五大区域的有效衔接。

　　国家级新区,是指新区的成立乃至开发建设上升为国家战略,总体发展目标、发展定位等由国务院统一进行规划和审批,相关特殊优惠政策和权限由国务院直接批复,在辖区内实行更加开放和优惠的特殊政策,鼓励国家级新区进行各项制度改革与创新的探索工作。中国的经济发展有赖于经济要素潜力的释放,国家级新区战略是很重要的一环。国家级新区除了优惠政策以外,更重要的是提振某个区域民众的奋斗精神和经济活力,滨海新区和浦东新区都带动了经济的发展,形成了区域经济配套和产业集群,对基于产业要素和知识的溢出效应发挥很大的作用。但是也可以看到,目前中国经济重心太过于集中,很多地区经济活力相对低下,企业家精神欠缺,政府观念相对落后。而随着中国交通体系的升级,高铁和空运可以加快产业要素的转移流动,国家也需要让相对集中的经济布局变得相对分散。举例来说,北上广等大城市的大城市病日益明显,通过国家级新区战略让一部分企业和产业进行重新布局,能够深入地挖掘中国经济发展的潜力。国家级新区战略是国家战略,就意味着要服从国家的经济大战略,实现更好的分工布局,且必须面向国际化。

而"一带一路"建设的实施,可以让中国的新经济布局有更好和国际对接的空间,通过国家级新区的建立,使得区域不管是政府的行为方式、优惠条件还是产业结构,都能够更好地与国际接轨,建立了一个个与"一带一路"建设交汇的新支点,使得中国的经济布局不但能够在国内更加合理,而且可以通过国际渠道实现更好的分工和产能释放。以重庆为例,亚欧铁路和航运让重庆不仅可以更好地对接国际的产业分工布局,带动经济的发展,而且对周边的经济形成了拉动效应,等于让国际化的成果辐射到中国相对落后的腹部地区。

"一带一路"和国家级新区建设有着相同的目的,那就是带动中国经济的开放性,优化经济的区域布局。而"一带一路"和国家级新区的设立,在地理位置上也有很多重合的地方,可以更好地带动中国的地区发展。"一带一路"带来的国际市场,也可以让处于"一带一路"沿线上的国家级新区有更大的发展空间,更好地对接国际资源,从而带动周边地区的发展,提升基础设施建设水平,对于政府管理能力和民众思维方式也有很大的影响。"一带一路"和国家级新区的融合,也有利于国际层面各方面要素的交流,实现文化和经济的融合,创造合作共赢的格局。

第二章 "一带一路"倡议和国家级新区建设的关联机制

丝绸之路经济带建设的国内重心就是以促进我国西部地区开发开放为目标,并通过与长江经济带等区域之间的互联互通实现全国协同发展。国家级新区作为区域战略上的核心节点,在丝绸之路经济带建设中的作用不容忽视,两者之间的协同发展不但是经济带崛起从而缩小我国东中西发展差距的关键,也是发挥国家级新区增长极作用的关键。

一、国家级新区是"一带一路"倡议建设的核心节点

国家级新区不但是我国区域经济发展的核心增长极,也是"一带一路"倡议建设的核心节点与增长极,相比"一带一路"沿线上的其他节点城市,国家级新区建设对生产要素、商品流通和技术创新的辐射带动作用和扩散作用更强,并且借助"一带一路"倡议对外开放的战略平台,新区的极化效应和扩散效应将得到进一步强化。

2013年9月和10月,习近平总书记分别在访问哈萨克斯坦和印度尼西亚时提出共同建设"丝绸之路经济带"和"21世纪海上丝绸之路"(简称"一带一路")倡议,2016年12月中央经济工作会议把"一带一路"确定为优化经济发展格局的三大战略之一。

目前,处在丝绸之路经济带上的国家级新区主要有重庆两江新区、甘肃兰州新区、陕西西咸新区、贵州贵安新区和四川天府新区,占到了新区总数的约三分之一。这些新区的设立都是以所在区域经济发展水平较高的省会城市为依附,处在区域发达城市或城市群的包围中,具有良好的经济区位和发展潜力,像兰州新区和西咸新区不但将成为丝绸之路经济带向西开放通向中亚、西亚、中东乃至欧洲的战略出发点和战略平台,而且将是我国西部产业转型升级和东部产业转移的支撑点与大平台,有利于进一步扩展西部地区经济发展的空间载体,成为西部地区经济跨越式发展的增长极。

其他不在丝绸之路经济带上的新区的核心节点作用不容忽视,一方面发挥着战略平台的作用,另一方面也是我国区域之间实现协同合作的连接纽带。通过大连金普新区、天津滨海新区和青岛西海岸新区将东北蒙东经济区、京津冀和丝绸之路经济带有效衔接起来,通过四川天府新区、重庆两江新区、贵州贵安新区、云南滇中新区与南京江北新区、浙江舟山群岛新区、福建福州新区和广州南沙新区将实现丝绸之路经济带、长江经济带与21世纪海上丝绸之路的有效对接,这样一来,国家级新区就将我国新时期的五大区域有效连接起来,这不仅有利于区域之间的协同合作,也为我国东中西之间的产业转型升级与产业承接提供了战略平台。

二、"一带一路"倡议是国家级新区发挥增长极作用的有力支撑

国家级新区发挥增长极的辐射带动作用除了需要满足增长极形成的基本条件外,还需要在增长极之间建立有效的衔接纽带。作为新时期涉及区域最广的"一带一路"倡议,不但为国家级新区之间的协同合作提供了纽带支撑,而且为国家级新区的产业发展和产品输出提供了广阔的市场。

根据 2015 年 3 月国家发展和改革委员会、外交部和商务部联合下发的关于《推动共建丝绸之路经济带和 21 世纪海上丝绸之路的愿景与行动》中丝绸之路经济带建设的中长期目标与战略规划，丝绸之路经济带从中国出发，一是经中亚、俄罗斯到达欧洲；二是经中亚、西亚至波斯湾、地中海至欧洲；三是经东南亚、南亚到达印度洋与海上丝绸之路汇合，最终到达欧洲。21 世纪海上丝绸之路的重点方向，一是从中国沿海港口过南海到印度洋，延伸至欧洲；二是从中国沿海港口过南海到南太平洋。根据"一带一路"走向，陆上依托国际大通道，以沿线中心城市为支撑，以重点经贸产业园区为合作平台，共同打造新亚欧大陆桥、中蒙俄、中国—中亚—西亚、中国—中南半岛等国际经济合作走廊；海上以重点港口为节点，共同建设通畅安全高效的运输大通道。

由此可以看出，"一带一路"倡议是我国新时期开放开发的重要倡议，借助这个倡议，我国国家级新区不但可以实现东出西进，而且可以实现新区增长极之间的合作共赢，共享国际国内两个市场，促进区域协同均衡发展。

第三章　国家级新区"一带一路"建设详述

自 1992 年第一个国家级新区——上海浦东新区成立至今，国务院共批复了 19 个国家级新区，作为承担国家发展和改革开放战略的国家级重大战略平台。新区建设在促进区域经济发展、全方位对外开放、推动改革创新、全面深化体制改革等方面都发挥了重要作用。我国经济的发展有赖于经济要素潜力的释放，新区战略是很重要的一环，而"一带一路"倡议的实施，可以让中国的经济新经济布局有更好的和国际对接的空间。新区将使得国外和中国的贸易及投资有更多的支点，带动中国的发展。本章通过梳理国家级新区在"一带一路"领域中的各项建设，来更好地了解各新区与"一带一路"倡议的对接。

一、上海浦东新区

为落实《全面深化中国（上海）自由贸易试验区改革开放方案》，服务"一带一路"建设，浦东新区未来将重点推进五项工作：包括设立"一带一路"技术贸易措施企业服务中心、深化境外投资服务平台建设、加快建设"一带一路"国别（地区）进口商品中心、增强

"一带一路"金融服务功能、加强"一带一路"人才交流合作等。

（一）旨在打破技术贸易壁垒

国家质检总局①支持上海自贸区设立"'一带一路'技术贸易措施企业服务中心"，是落实《全面深化中国（上海）自由贸易试验区改革开放方案》要求，率先探索打造互联互通监管合作新模式，在认证认可、标准计量等方面开展多双边合作交流的一个重要项目，是质检部门进一步深化改革、简政放权，支持上海自贸试验区建设、服务"一带一路"倡议的又一创新举措。国家质检总局②将建立公共信息服务平台，收集、编译、分析"一带一路"沿线国家和地区的口岸措施、通关程序、技术法规、产品标准、优惠原产地规则等信息，为企业服务中心提供帮助和指导。

中国企业的产品要想进入"一带一路"沿线国家和地区的市场，会遇到各种不同的技术标准和法律法规。放眼当今国际贸易，关税壁垒已逐渐淡出历史舞台，取而代之的则是越来越多的技术性贸易壁垒。统计显示，40%的中国企业在走出去的过程中遇到过技术性贸易壁垒，损失高达数百亿美元，而这其中80%的原因是因为信息不对称，不了解、不熟悉当地市场对于相关产品质量的技术要求。因此，上海自贸试验区设立"一带一路"技术贸易措施企业服务中心，旨在帮助中国企业更好地研究"一带一路"沿线国家和地区的市场，对质量安全风险做出有效监测，推动技术标准互认，帮助中国企业更好地走出去。

"一带一路"技术贸易措施企业服务中心未来将有以下几方面功能，包括开展"一带一路"沿线国家和地区贸易便利化、互认机制、标准化体系及溯源机制的研究和应用；开展沿线国家和地区的质量安全风险监测，形成第三方质量安全评估报告，开展沿线国家和地区的质量安全指数研究；建设第三方企业质量安全、信用等级评级中心，通过信息互换，对沿线国家和地区的贸易企业进行评级，实施"一带一路"合格贸易商计划；研究推进在沿线国家和地区设立"一带一路"技术贸易措施民间联络点，开展口岸措施、通关程序、技术法规、产品标准、优惠原产地规则等领域的国内、国际交流与合作，研究探索对接、互认途径，为标准、检验检测、认证认可薄弱国家通过民间渠道提供咨询服务，服务"一带一路"沿线国家和地区产业合作等。

---

①②　2018年3月，根据第十三届全国人民代表大会第一次会议批准的国务院机构改革方案，将国家质量监督检验检疫总局的职责整合，组建中华人民共和国国家市场监督管理总局；将国家质量监督检验检疫总局的出入境检验检疫管理职责和队伍划入海关总署；将国家质量监督检验检疫总局的原产地地理标志管理职责整合，重新组建中华人民共和国国家知识产权局；不再保留中华人民共和国国家质量监督检验检疫总局。

（二）自贸区"桥头堡"作用凸显

上海自贸区自设立以来，在国家有关部委的大力支持下，积极扩大对外开放水平，坚持"引进来"和"走出去"有机结合，率先实施了一系列创新举措，激活了市场活力。

上海自贸区成立以来，"一带一路"沿线 50 个国家和地区在上海自贸试验区投资新设企业 763 个，利用合同外资 37.6 亿美元，主要涉及批发贸易、金融租赁、商务服务、科学研究等领域。自贸区扩区后的首家中外合作医疗机构——上海和睦家新城医院，"中格自由贸易协定"首个项目——格鲁吉亚葡萄酒（上海）展示中心，自贸区扩区后第一家独资国际船舶管理公司——上海兰京船舶管理有限公司，沙特阿拉伯在上海自贸区最大投资项目——沙伯基础工业公司上海研发中心，这些项目都相继落户。

对外投资方面，2016 年上海自贸区对"一带一路"沿线 25 个国家和地区投资了 108 个项目，中方投资额达 26.3 亿美元。这些投资主要呈现四大特点：一是上海自贸区服务全国的平台效应显现，半数以上境外投资企业来自兄弟省市；二是大型国有企业"走出去"步伐加大，振华重工、锦江集团、上汽集团、光明集团等均通过自贸区开展境外投资业务，主要投向工程装备、食品、高科技等实体领域；三是股权投资企业加快集聚，弘毅、高盛、民生、鼎晖等知名股权投资企业在上海自贸区设立了境外股权投资基金；四是民营企业成为境外投资的主力军，华信、阿里巴巴等民营企业境外投资项目约占九成，主要投向贸易、互联网、研发、医疗健康等领域，显现出民营资本的活力。

对外贸易方面，2016 年浦东新区对"一带一路"沿线国家和地区的进出口额达 3339 亿元，占进出口总额的 19%。2017 年一季度对沿线国家进出口同比增长 28.7%，比平均水平高 6.5 个百分点，占比提高到 20.8%。

与此同时，上海自贸区将加快建设"'一带一路'国别（地区）进口商品中心"。目前，自贸区保税区片区设立了中东欧 16 国国家馆，其中保加利亚、马其顿国家馆已经开业，捷克、斯洛文尼亚、克罗地亚等有意设立国家馆。下一步，上海自贸区将进一步发挥口岸优势，结合推进跨境电子商务示范园区建设，吸引建立更多的"一带一路"国别（地区）馆，同时推动国别（地区）馆与进口商品直销中心线上线下的互联互通。

（三）让资源在"一带一路"上流动

2014 年，上海自贸区管委会牵头建立了境外投资服务平台，集聚了 42 家专业服务机构，为服务企业"走出去"发挥了重要作用。下一步，自贸区将拓展服务功能，建立健全境外投资项目库、资金库、信息库，增设"一带一路"专栏，引入更多服务机构，提升跨境服务能力，打造境外投资服务平台 2.0 版。而这一切，都是为了通过打造多个平台，让各种资源在"一带一路"上流动起来。

增强"一带一路"金融服务功能,是上海自贸区的一大特色和优势。截至目前,金融服务"一带一路"已经取得了一系列成果。比如,2017年1月,中国金融期货交易所、上海证券交易所参与收购巴基斯坦证券交易所30%的股权;2017年3月,俄罗斯铝业作为首个"一带一路"沿线国家企业在上海证券交易所成功发行熊猫债;等等。未来,上海自贸区将进一步发挥自贸试验区与国际金融中心联动的优势,在"一行三会"的指导下,用好多层次金融市场,为沿线国家企业和项目提供直接融资;用好自由贸易账户功能,为"一带一路"相关企业提供跨境结算和融资服务;支持和鼓励商业银行、保险机构为国内企业参与"一带一路"基础设施和投资项目提供资金支持和风险保障。

"一带一路"为上海创造了更多与沿线国家和地区深化人才合作交流的机会,也为上海建设具有全球影响力的科技创新中心注入了新动力。未来,浦东将制定发布"张江首席科学家500计划",积极从"一带一路"沿线国家和地区引进高层次人才,同时推动公安部"双自"人才新政落地,为"一带一路"高层次人才出入境和停居留提供便利,推进离岸创业基地、国际孵化器等平台建设,营造良好的创新创业环境。

除将设立"一带一路"技术贸易措施企业服务中心外,上海自贸区还将深化境外投资服务平台建设、加快建设"一带一路"国别(地区)进口商品中心、增强"一带一路"金融服务功能、加强"一带一路"人才交流合作。在深化境外投资服务平台建设方面,不仅要拓展服务功能,建立健全境外投资项目库、资金库、信息库,增设"一带一路"专栏,引入更多服务机构,提升跨境服务能力等,还要延伸服务手臂,搭建各片区服务"一带一路"相关企业的平台。在加快建设"一带一路"国别(地区)进口商品中心方面,将进一步推动国别(地区)馆与进口商品直销中心线上线下的互联互通,精心打造一个中国与"一带一路"沿线国家和地区经济、文化交流及展示、投资、交易、服务的综合平台。

二、天津滨海新区

天津作为我国北方最大的沿海开放城市,是中蒙俄经济走廊主要节点、"海上丝绸之路"战略支点、"一带一路"交汇点、亚欧大陆桥最近的东部起点,桥头堡作用十分明显。近几年来,滨海新区抢抓重大发展战略机遇,努力打造"一带一路"倡议新支点。目前以天津港为桥头堡、以后方过境班列的铁路通道为依托,通往亚欧大陆腹地的国际运输通道正成为助推经贸交流的"大动脉";新区政府、企业也正加快走进丝绸之路沿线国家,织起经贸合作交流之"网"。

滨海新区巧用自身区位、政策、产业等优势,充分挖掘发展新潜力。例如,利用区位港口优势,打通"海铁联运"快速通道,节省时间成本,为企业带来了滚滚货源;利用政策平台优势,"输出"成功的新区管理经验模式,打造综合性经济区,吸引了各国企业在当地集群发展；利用产业发展优势，龙头企业纷纷走出国门，开拓沿线新市场，全面提升了竞争力。在天津自贸区运营后，一批制度创新举措的落地实施，政策优势叠加也令企业对"一带一路"沿线投资热情高涨。滨海新区的这些重大举措，促进了生产要素在辽阔"丝路"上的流动，为推动沿线国家及地区融入全球产业价值链作出了自己的贡献。

（一）新区在"一带一路"倡议中占有重要地位

滨海新区在"一带一路"倡议中占有十分重要的地位，主要表现在天津的核心战略资源——天津港是国内唯一同时拥有 4 条铁路通往欧洲陆桥的港口，国际航线通达 180 多个国家和地区的 500 多个港口，实现了对全球主要地区全覆盖。天津港通往满洲里、二连浩特、阿拉山口、霍尔果斯的运距分别为 2165 千米、976 千米、3966 千米、3912 千米，其中在国内较大的港口城市中，除去大连离满洲里较近外，天津港至 4 个口岸的运距全部为最短。天津港与内地合作建设 25 个"无水港"和 5 个区域营销中心，不断完善电子口岸和大通关体系，初步形成高效便捷的物流网络。这些都为滨海新区加速融入"一带一路"国家倡议提供了得天独厚的优势条件。

（二）通过海铁联运，搭建"一带一路"快速通道

作为我国北方第一大港，天津港是承接日韩货物通往中亚、欧洲的最短起点，目前已开通韩国、日本航线近 30 条，每月航班 110 余班，是天津承揽日韩货物的有力支撑，是参与"一带一路"和过境班列运输的重要保障；同时这里也是我国目前唯一拥有满洲里、二连浩特和阿拉山口（霍尔果斯）三条大陆桥过境通道的港口，具有得天独厚的通道优势。随着"海铁联运"日益完善，目前天津港拥有天津新港—阿拉山口班列、天津新港—满洲里—莫斯科班列、天津新港—二连浩特班列三条过境班列，为日韩等地商品发往欧洲、俄罗斯、蒙古搭建了一条"快速通道"。通过"海铁联运"，可以节省巨大的时间成本，一些世界知名企业也纷纷看好这条"快速通道"。

（三）整合资源力促经贸合作升级

便捷的快速通道，为"一带一路"经济带上的贸易畅通奠定了坚实基础。除了贸易领域外，在"一带一路"建设的推动下，滨海新区依靠自身政策、产业、科技等优势，进一步整合资源，创新对外合作新模式，与沿线国家和地区深层次开展了农业、装备制造等领域的合作。

在埃及红海之滨，中国开发区运作的典范"泰达模式"，成功引入泰达苏伊士经贸合作区，涵盖了园区的产业研究、总体规划、基础设施的改造提升、招商引资、为入区企业提供服务等。目前一期起步区建设圆满收官，吸引了 33 家制造型企业、35 家服务型企业，协议投资额近 9 亿美元，为埃及贡献了 1.5 亿美元的年产值，进出口总额达 2 亿美元，投

资平台的作用也日益凸显。而随着"一带一路"倡议的推进,2013 年底,6 平方千米的扩展区项目合同签约,泰达苏伊士经贸合作区跨入了全新的发展阶段。

装备制造业是新区八大支柱产业之一,借着国家"一带一路"倡议的实施,新区制造企业也迎来了走出国门、进一步开拓海外新市场的历史机遇。在德国南部重要的交通枢纽和制造业中心海尔布隆,云集着上百家与汽车制造相关的企业,也有一家新区企业跻身于此。总部坐落在空港的天津汽车模具股份有限公司,在德国收购了 LAPPLE 模具制造公司的业务部门,成立了天汽模欧洲分公司。经过 2 年的不懈努力,公司利用了德国百年关于零件和制造的经验和中国巨大的产能,全面提升了竞争力,目前已经跻身欧洲一线模具制造公司行列,产品行销高端车制造企业。

而在印尼加里曼丹岛,新区企业聚龙集团已经拥有 20 万公顷的棕榈种植土地,建有 3 座配套的毛油压榨厂,目前聚龙在印尼当地的员工已近 9000 人,为当地的就业和民生保障创造了大量的机会。而在种植园周边,聚龙与当地农民开展"合作种植",将企业发展成果与当地村民共享。

据统计,天津市已与"一带一路"沿线的国家和地区建立了上百个重点项目,内容涉及基础设施、能源资源合作、产业合作、自贸金融、人文交流等方面。而在天津自贸区运营后,作为我国开放经济的新高地,一批制度创新举措的落地实施也将进一步助力"一带一路"发展。

三、重庆两江新区

两江新区自成立以来,重点围绕打造丝绸之路经济带和长江经济带重要交汇点,推动建立内陆通关和口岸监管新模式开展探索。作为内陆开放的国家"试验田",两江新区依托大通道、大平台、大通关建设,加快融入全球分工体系,探索出西部内陆融入全球经济的开放路径。从大通道来看,渝新欧国际铁路连接内陆与欧洲,直达大西洋;长江黄金水道贯穿东中西部,连接上海,直达太平洋;借道贵州、云南、广西达东盟和东南亚,连接印度洋。从大通关来看,渝新欧沿线及长江经济带 12 个海关实现了"一体化"通关;从大平台来看,两江新区方圆 20 千米的半径内,聚集了空、水、铁、公等交通枢纽,以及保税、金融、会展、物流、信息等重大开放功能平台。2015 年 4 月,中西部唯一的贸易功能区在两江新区正式启动,两江新区正积极推动贸易便利化和投资便利化,探索内陆开放新业态,进一步融入丝绸之路经济带和长江经济带战略,着力打造大开放、大通关的发展格局。

两江新区将加快建设外通、内畅、互联的交通基础设施,构建"水、空、铁、公、管道"多种运输方式无缝对接的综合立体交通网络。着力强化保税仓储、转口贸易等物流业务,做大做强国际配送、国际中转、国际采购等业务，为国际物流网络延伸和辐射内陆腹地提供最有力的支撑。同时，积极打造长江上游航运中心。推进果园港、寸滩港配套设施建设，完善港口集疏运体系，促进"铁公水"多式联运，完善以港口、物流园区、工业园区为节点的网络状公路运输体系。争取启运港退税政策试点。依托重庆航运交易所和寸滩、果园等物流枢纽，建设大型航运、物流、贸易企业总部基地，提升内河航运交易、信息、人才、金融、保险、船舶检测认证等服务功能。

同时，两江新区正积极适应经济新常态，加快"三中心一基地"建设，即打造国际物流中心、国际贸易中心、先进制造研发转化中心和开放型经济服务基地。具体来说，打造国际物流中心就是要建立完善立体化、复合型的国际物流体系，发挥"渝新欧"交通优势，扩大沿江地区与欧洲、中亚的货物贸易，建设内陆地区国际物流集散、分拨中心，完善对内对外大通道。打造国际贸易中心就是要以跨境电子商务、保税展示交易、数据处理及服务、离岸贸易等为重点，探索国际贸易创新模式，抢抓新型贸易发展机遇。打造先进制造研发转化中心，就是要将科技研发转化为优质服务，带动内陆地区产业转型升级和经济结构调整，抢占新一轮战略性新兴产业发展制高点。建设开放型经济服务基地，就是要培育国际化和法治化的营商环境，打造国际资本、人才、信息"洼地"，搭建国内产业、资本、人才走出去的重要平台。

两江新区还将深化区域通关一体化改革，推进"单一窗口"试点，建设"信息互换、监管互认、执法互助"的通关机制。同时，与沿海、沿边及长江沿线口岸共建数据平台，多式联运，实现更大范围的便捷合作和无纸化电子通关。作为内陆口岸高地，两江新区将推动汽车整车进口口岸功能由铁路向水港、空港延伸，完成进境肉类、水果口岸基础设施建设。

四、浙江舟山群岛新区

2011 年 6 月 30 日，国务院批复设立浙江舟山群岛新区。它是继上海浦东新区、天津滨海新区和重庆两江新区后，党中央、国务院决定设立的又一个国家级新区，也是国务院批准的中国首个以海洋经济为主题的国家战略层面新区。2015 年 5 月 25 日，习近平总书记在舟山视察调研时指出，舟山港口优势、区位优势、资源优势独特，其开发开放不仅具有区域性的战略意义，而且具有国家战略意义。

2017 年 4 月 1 日，根据国务院批复，作为对接"一带一路"和长江经济带的重大战略，中国（浙江）自由贸易试验区正式挂牌成立。中国社会科学院金融研究所、特华博士后科研工作站、社会科学文献出版社共同出版的《自贸区蓝皮书：中国自贸区发展报告（2017）》指出，我国现有的 11 个自由贸易试验区当中，大多数都担负着直接与"一带一路"建设进行对接的任务,以宁波舟山港为核心的自由贸易试验区的设立将成为我国新一轮对外开放的海上门户。

另外,宁波舟山港已经成为货物吞吐量全球第一、集装箱吞吐量全球第四的世界级大港,其中对"一带一路"沿线国家和地区的集装箱吞吐量占比达到40%。2016年,宁波舟山港成为全球首个"9亿吨"大港,货物吞吐量连续8年位居全球第一。2017年上半年宁波舟山港半年货物吞吐量首破"5亿",达到5.15亿吨,同比增长11.3%。浙江借势"一带一路"机遇,以浙江港口为桥头堡,着力把宁波舟山港建设成为国际一流强港,打造世界级港口集群。

舟山江海联运服务中心积极构建海铁联运、江海联运等多式联运体系,加快建成全球一流的现代化枢纽港、航运服务基地、大宗商品储备交易加工基地和港口运营集团。举办中国航海日活动和国际港口管理机构圆桌会议,争取设立国际港口合作服务组织常设机构,加密与"一带一路"港口之间的航线,主动参与黑海、波罗的海和亚得里亚海沿岸"三海港口合作",谋划建设一批境外综合物流中心,加快推动宁波舟山港从国际大港向国际强港转型。

五、甘肃兰州新区

开行中欧及中亚班列、保税区封关运营、开通16条国际航线、国际奢侈品折扣店入驻、实现进口商品免税销售、世界500强企业入驻等,作为中国第五个国家级新区,兰州新区短短几年完成这一系列建设,成为"一带一路"上崛起的福地,是中国向西开放的重要"窗口"。

兰州新区经河西走廊直通中西亚,是丝绸之路经济带和欧亚大陆桥的重要连接点,2012年8月,经中国政府批复成为西北地区首个国家级新区,被确定为国家重要的产业基地、向西开放的重要平台。按照国家"一带一路"建设布局,扩大与中西亚、中东欧及国际市场的贸易,该保税区主要开展保税加工、保税物流、商品展示、跨境电商、国际贸易等业务。截至2016年4月底,共有106家各类企业在保税区内注册。自2015年12月封关运营以来,截至2016年5月,累计完成进出口贸易额1亿多美元。

其中,马来西亚速泊玛公司已在全球率先入驻该保税区,开展产品展销及跨境电商业务。在兰州新区平湖国际进口商品城内,进口产品琳琅满目,很多商品比市场价低20%～40%,在兰州新区可购买来自德国、意大利、西班牙、韩国、土耳其、南非、越南等全球20多个国家的4000种特色产品。

随着"一带一路"建设推动,丝路沿线国家与甘肃经贸往来频繁,文化旅游业亦日渐热络。借助"一带一路"发展机遇,甘肃自2014年7月以来连续开通了兰州至迪拜、第比利斯、圣彼得堡、法兰克福、吉隆坡、新加坡、大阪、曼谷、香港、台北、高雄等16条国际或地区定期航线，结束了"兰州机场无国际定期航班"的历史。

同时，与兰州新区毗邻的兰州中川国际机场新开兰州至暹粒国际包机航班，恢复了兰州至大邱、甲米和普吉等国际包机航线，拓展了该省至东南亚国际航线网络覆盖范围，发挥甘肃连接陆上丝绸之路和海上丝绸之路的"黄金纽带"作用。除了空运飞速增长，兰州新区还加紧建设货场物流园。截至2016年5月，已开通兰州至德国汉堡以及兰州至阿拉木图国际班列。

六、广州南沙新区

在《推动共建丝绸之路经济带和21世纪海上丝绸之路的愿景与行动》（以下简称《愿景与行动》）中，三次直接提到广州，多次间接提及广州。文件中强调要"充分发挥深圳前海、广州南沙、珠海横琴、福建平潭等开放合作区作用，深化与港澳台合作，打造粤港澳大湾区"。"加强上海、天津、宁波—舟山、广州、深圳、湛江、汕头、青岛、烟台、大连、福州、厦门、泉州、海口、三亚等沿海城市港口建设。"《愿景与行动》之所以将广州定位于"一带一路"建设的排头兵，是因为广州已经具备成为"一带一路"建设排头兵的条件和优势。

坐落在"粤港澳湾区""一带一路"的黄金交汇点上，目前，广州南沙新区依托广州港不断加大进出口贸易量。广州港与海上"一带一路"沿线有集装箱货物贸易往来的10多个国家，主要有泰国、马来西亚、越南、新加坡、印度、巴基斯坦、阿曼、埃及、土耳其等，货物对接主要港口达20多个，沿线集装箱班轮航线66条，2016年全年集装箱进出口超过130万标箱，2017年1—5月进出口集装箱量累计完成超过45万标箱，同比增长15.7%。广东省也在构建范围更大的"朋友圈"，即"21世纪海上丝绸之路"货运物流网络。当前，广东省鼓励国际集装箱班轮航线挂靠省内沿海港口。截至2016年底，广东省港口开通国际集装箱班轮航线291条，主要集中在亚洲、欧洲和北美。其中，挂靠"一带一路"国家的航线有234条，挂靠欧洲国家的航线有59条，挂靠北美国家的航线有42条。

广东还计划打造"粤港澳大湾区世界级港口群"。在这个"朋友圈"中，将以香港港、广州港、深圳港为核心，以珠海港、东莞港等周边港口为支撑，建设错位发展、合作共赢的粤港澳大湾区世界级港口群，并依托中国（广东）自由贸易试验区，发展港航物流、信息、贸易、金融、咨询和跨境电子商务等现代航运服务业。

这个"朋友圈"还计划重构"粤新欧""粤满欧"双向国际物流大通道，依托"粤港澳—东盟"甩挂运输主题性试点项目，构建立足粤港澳的跨区域、网络化甩挂运输服务网络，建立起与东盟等国家在交通运输、口岸通关、金融保险、信息互通等方面的交流合作机制。

七、陕西西咸新区

在国家"一带一路"倡议的背景下,"丝绸之路经济带"为西北地区的对外开放、交流及合作提供了广阔的想象空间。西部地区完全可以在自身能源、文化及科研教育等优势的基础上,在未来社会经济发展绿色、人文、智慧的方向上,另辟蹊径,实现高端崛起。以陆路为轴的"丝绸之路经济带"与放眼海疆的"21世纪海上丝绸之路"互为依托,西、咸地区作为古代丝绸之路的起点,亦具有连通内地、直通中亚的地缘格局。作为六大铁路枢纽之一,西安已开通了至中亚的"长安号"国际货运班列;西安(咸阳)国际机场已经开通243条国内国际航线,且已经实现72小时过境免签,该地区基本实现了陆地与航空运输的立体联动,使亚欧大陆桥的通行和辐射能力得到全面提升。因此,西安、咸阳地区在"一带一路"倡议实践中具有显著的区位优势。

党的十八大确立了"四化同步",即工业化、城镇化、现代化、信息化深度融合的战略部署。作为"一带一路"倡议的先行者,西咸新区亦重视信息化的融合作用,推进新型城镇化的建设——空港新城、沣东新城、秦汉新城、沣西新城、泾河新城五城合一。其中空港新城作为空中丝绸之路的新起点,将建成第四代国际空港城市;沣东、沣西聚集高新技术产业和现代服务业,将成为国家统筹科技资源示范基地、丝绸之路经济带能源经贸中心以及国际文教园区;泾河新城地处大西安地区北部,着重发展城乡统筹和现代农业,推动产业深化及改革。[①]

(一)陕西自贸区成创业沃土

陕西自贸试验区坚持以制度创新为核心,加快推进各项创新试点任务落实。自挂牌以来,入区企业达3000余户,呈现了陕西自贸区改革变化的速度、创新发展的决心。

浙商与西咸新区空港新城合作的"世界苹果中心",将搭起广大消费者和陕西果农的桥梁,未来整合陕西乃至全国资源,围绕"一带一路"打造千亿级农副产品交易平台。绿地集团联手沣东新城501米的"中国国际丝路中心"落户西咸新区沣东新城,这对于西安打造新地标、展示新形象、建设新高地具有十分重要的意义。与此同时,未来五年华侨城集团将在西安投资2380亿元资金,为大西安的发展注入新的活力。以"周秦汉唐文化+现代化国际化大都市"为主线,实施"1+7"系列重大项目建设,打造"文化+旅游+城镇化"大载体、大平台、大产业。

海航现代物流集团在陕西西安成立,标志着海航集团物流板块落户三秦大地。与此

---

① 沈杨.以现代田园理念建设中国特色新型城镇——"一带一路"倡议下的西咸新区实践[J].文化纵横,2016(12):124-125.

同时,海航现代物流集团旗下的扬子江航空在当天也正式开通了"西安—阿姆斯特丹""西安—上海—安克雷奇—芝加哥"两条洲际航空货运航线,为陕西"临空经济"的发展以及西安打造中国"孟菲斯"注入强劲动力。

而据统计,仅 2017 年丝绸之路国际博览会期间陕西省自贸试验区就签订了 117 个招商引资合同项目,投资总额达 2495.5 亿元人民币,其中外资项目 22 个,投资总额 22.6 亿美元。西咸新区积极探索建立企业"走出去"一站式综合服务平台,并依托全陕西省首家省级人力资源产业园创建了海外人才一站式服务平台,打造"国际人才自由港",为企业"走出去"提供高效便捷的综合服务。

(二)西咸新区抒时代强音

为加强西咸新区丝绸之路经济带重要支点建设,西咸新区管委会出台了《西咸新区贯彻落实〈陕西省"一带一路"建设 2015 年行动计划〉实施方案》,从制度层面规范新区"一带一路"建设工作。

根据该方案,西咸新区将从促进互联互通、密切人文交流、加强科教合作、深化经贸合作、搭建对外平台、创新金融合作、持续加强宣传七个方面开展工作,发挥西咸新区"一带一路"中心区域作用,确保"一带一路"建设重点工作有序推进。

1. 航空

以临空产业为切入口,西咸新区空港新城搭建"空中丝绸之路"。以发展航空经济、打造临空产业聚集区为目标,空港新城以西安咸阳国际机场为依托,围绕航空物流业、航空维修制造业、航空服务业三条主线,打造国际一流的空港城市。

2. 科技

2014 年 10 月 13 日,在李克强总理和梅德韦杰夫总理的见证下,现任国务院副秘书长,时任陕西省委常委、常务副省长、西咸新区管委会主任江泽林与俄罗斯直接投资基金、俄罗斯斯科尔科沃创新中心代表共同签署合作备忘录,中俄丝绸之路高科技产业园项目正式落户西咸新区沣东新城。

开园后,中俄丝路创新园项目已经先后纳入中俄两国政府重大项目协调机制和中俄两国政府间投资委员会定期沟通机制,北斗导航、中俄国际空间系绳系统研究中心产学研合作基地等一批中俄重大项目纷纷抢占先机,入驻园区。

3. 教育

主打教育牌的中国西部科技创新港则是西咸新区推进"丝绸之路经济带重要支点"建设在教育联通方面的重要体现。2015 年 10 月 8 日,教育部和陕西省人民政府签署战略合作框架协议,携手共建中国西部科技创新港。根据协议,西咸新区和西安交大共同建设创新港,打造丝绸之路经济带文化科教交流核心示范区。以此为平台,西安交通大学集合丝路沿线 22 个国家和地区的近百所盟校成立"新丝绸之路大学联盟",以加强高等教育合作、推进区域开放发展为目标,围绕人才培养与科研合作等方面,共商高等教育未来发展,交流思想、寻求合作、分享成果。

4. 文化

2016 年 3 月 23 日,以秦汉新城丝路数字文化创意产业基地为载体,由秦汉新城与惠普、联通联合打造的西北首个文化产业云平台上线,成为西北规模最大、功能最强的渲染云平台。2017 年 3 月 16 日,由陕西省人民政府外事办公室、西安外国语大学、中译语通科技(北京)有限公司和秦汉新城管委会四方合作的"一带一路"语言服务及大数据平台服务网站上线,为丝路沿线国家和地区的经贸和人文交流提供即时语言翻译服务。

5. 能源

作为未来几年西咸新区重点打造的形象"龙头",西咸新区丝路经济带能源金融贸易区作为现代化大西安新中心中央商务区,在西咸新区建设"丝绸之路经济带重要支点"战略定位中,发挥着重要的作用。园区将打造能源投融资中心、能源定价中心、能源金融产品中心、能源风险管理中心和能源人民币贸易结算中心等五个中心。以打造能源、科技和金融"金三角"为目标,未来将建设成为向西开放的桥头堡,与欧亚各国能源合作的核心区、金融合作的经贸平台和互联互通的经济激活点。

八、贵州贵安新区

2015 年 6 月 17 日,习近平总书记亲临贵安新区视察时强调:中央提出把贵安新区建设成为西部地区重要经济增长极、内陆开放型经济新高地、生态文明示范区,定位和期望值都很高,务必精心谋划、精心打造。新区的规划和建设一定要高端化、绿色化、集约化,不能降格以求。要发挥贵安新区在黔中城市群发展中的带动作用,使新区既成为经济新高地,又成为统筹城乡发展的示范区。

围绕建设内陆开放型经济新高地,贵安新区着力构建开放新体制,加快搭建对外开放平台,主动融入国家"一带一路"倡议,积极参与长江经济带和贵广、沪昆高铁经济带建设,发展更高层次的开放型经济。贵安综合保税区 2015 年底封关运行,积极创造条件申报自由贸易试验区。中国—东盟教育交流周是贵州省对外开放的重要平台,也是贵安新区对外开放的重要窗口。2016 年 9 月,中国—东盟教育交流周永久会址落成启用,为中国—东盟教育交流周的成功举办奠定了更加坚实的基础。中印 IT 产业园、瑞士产业园、韩国产业园、台湾产业园、浦东(贵安)产业园、中关村(贵安)科技园等平台建设加快。

同时,贵州省正通过建设贵安新区、贵阳综合保税区、双龙临空经济区以及各类开发区,打造一批高水平的对外开放平台,全面提升对外开放水平,构建内陆开放型经济新高地。

九、青岛西海岸新区

作为国家级新区,青岛西海岸新区一直主动寻求与"一带一路"沿线国家促进经贸交流、扩大经贸规模的合作,同时助力"一带一路"各领域的建设工作。

(一)从数据看"一带一路"带来新增长

在获批的三年中,青岛西海岸新区与"一带一路"沿线国家贸易关系日渐巩固,对外贸易往来日益密切。仅"十二五"期间,青岛西海岸新区已与"一带一路"沿线国家累计实现进出口 338 亿美元,境外投资 11.27 亿美元,经贸规模在全省处于领先地位。2016年,青岛西海岸新区完成货物进出口总额 815.5 亿元,总量居全市首位;其中,完成出口额 539.5 亿元,同比增长 16.1%,增幅分别高于全国、全省出口 18.1、14.9 个百分点。

2016 年新区完成对"一带一路"沿线国家货物进出口总额 66.7 亿美元,占全区进出口总额的 53.8%;从增速上看,与"一带一路"国家出口同比增长 45.5%,大幅高于全区平均增速。新区与"一带一路"国家整体贸易规模的提升,对全市乃至全省外贸进出口的拉动作用非常明显。截至 2017 年 6 月,新区对"一带一路"国家进出口的商品结构与贸易方式也进一步实现优化,其中,2016 年完成高新技术产品进出口 3.9 亿美元,同比增长 13.6%,占全区高新技术进出口比重为 13.3%,比 2015 年提升了 0.9 个百分点;机电产品完成进出口 42 亿美元,同比增长 37.5%,占全区机电产品进出口比重为 53.5%,比 2015 年提升了 9.6 个百分点。

(二)新区企业"下南洋"寻新机遇

经过多年的发展,位于青岛西海岸新区的青岛鲁海丰食品集团成了"山东省农业产业化重点龙头企业""全国农产品出口示范企业"。在"一带一路"的新形势下,青岛鲁海丰食品集团正努力立足青岛,坐拥东北亚(中日韩)大市场,努力做大冷链物流产业链,做强远洋渔业物流业。

在青岛鲁海丰食品集团,加工车间接到了一笔日本订单,工人们正在按照对方提供的标准加工海产品。除了源源不断的国外订单,青岛鲁海丰食品集团的远洋渔业也在南下南洋,到印度洋等地捕鱼作业或建渔船补给站、冷库等。青岛鲁海丰食品集团正以独资、合资及其他合作的方式,发起组织具有一定规模的印度洋远洋渔业船队,配套以冷藏运输及油轮等海上补给辅助船队,从而解决自有船队乃至其他印度洋作业渔船的后勤保障及鱼货中转运输等问题,好让在印度洋捕捞的水产品经马来西亚回到青岛进行交易集散。如今,青岛鲁海丰食品集团将毛里求斯项目作为远洋渔业冷链物流产业链的前沿,将这里当作进入非洲东南部印度洋沿岸国家的桥头堡和避风港,建立远洋渔业西南印度洋基地,为远洋渔业船队提供海上和陆地后勤补给、商业物流配套服务,同时为周边塞舌尔、坦桑尼亚、马达加斯加等国渔业提供相应的冷链物流服务及其他合作,在获取渔业资源的同时与印度洋沿岸国家企业和渔业界开展互利互惠合作。为了保证青岛物流中心的鱼货交易量,青岛鲁海丰食品集团还计划在马六甲海峡印度洋入口处建立印度洋渔业物流枢纽。

(三)西海岸新区成为"走出去"重要基地

截至2017年6月,西海岸新区企业共在42个国家和地区实现非金融类境外投资项目177个,累计中方协议投资额49.52亿美元。其中,在"一带一路"沿线国家和地区累计实现投资项目74个,累计中方协议投资额11.46亿美元,这让西海岸新区成为青岛市乃至山东省最重要的企业"走出去"基地。赛轮金宇集团越南橡胶轮胎生产、海信南非家电电子制造、青岛老船长航运巴基斯坦卡拉奇港口物流合作、青岛西海金淘跨境电子商务韩国首尔境外营销网络建设、青岛盛大润建筑蒙古矿产资源开发等一批"一带一路"沿线国家重点建设项目正在从"落地生根"到不断发展壮大。

2017年一季度,西海岸新区在传统重点外贸企业稳步增长的同时,外贸综合服务企业也异军突起,成为稳增长的新动力。其中,青岛万达汇富供应链股份有限公司一季度实现进出口额4048万美元,增幅高达239%。这家外贸综合服务企业由中国万达集团和广东汇富集团共同出资设立,主要为中小企业提供通关、商检、物流、结汇、保险、融资、培训、展会服务以及财税规范等一站式外贸服务。

青岛万达汇富供应链股份有限公司业务负责人介绍,出口额增势喜人,主要是因为该平台上的300多家中小微企业涵盖全国各地,基本上都是"一带一路"沿线企业,商品进出口也涵盖180多个国家,很多都是在"一带一路"沿线。企业加入到了万达汇富的外贸综合服务平台,由平台垫资帮其采购原材料,并承包了出口赊销融资、出口信用险等全部中间环节,从而大大降低了企业的负担和风险压力。

(四)新区构建开放型经济新体制

除了"走出去",西海岸新区还在积极"引进来"。2014年9月13日,位于西海岸新区的中国石油大学(华东)在"一带一路"的重要节点国家塔吉克斯坦与塔吉克斯坦冶金学院共同签署了共建孔子学院的战略协议,开创了青岛西海岸新区教育领域增进与"一带一路"沿线国家对外交流的先河。

2016年7月,东亚海洋合作平台黄岛论坛在新区成功举办,来自中日韩、东盟及美国、法国、巴基斯坦、吉布提等 34 个国家的 70 余名外宾参加，其中，数十名"一带一路"沿线国家重要代表参会。其间，青岛港与海上丝路沿线的马来西亚巴生港、阿联酋迪拜港、韩国釜山港、巴基斯坦卡西姆港等 11 个港口成立了东亚港口联盟，发布了《东亚港口联盟黄岛共识》和《东亚港口联盟章程》，推进了海上互联互通，为实现海上丝绸之路沿线国家与地区的共同繁荣作出了持续努力和贡献。此外，俄罗斯比尔姆奥运足球后备学校也与青岛开发区太行山路小学完成了友好结对并实现教学互动。

目前，西海岸新区与"一带一路"沿线国家的交流合作已从单纯经贸往来拓展到投资、贸易、科技、外事、教育等多方面的友好联络关系。下一步，西海岸新区将在继续深度融入"一带一路"倡议的基础上，坚持出口与进口并重，货物贸易和服务贸易并重，"走出去"和"引进来"并重，着力构建适应国际潮流趋势、符合国家战略要求、引领区域经济发展的开放型经济新体制。

十、大连金普新区

金普新区主动融入"一带一路"倡议布局，近年出台若干推进与"一带一路"沿线国家商贸往来的新举措，效果明显。

截至 2017 年 5 月，金普新区与 67 个"一带一路"沿线国家中的多数都保持着贸易往来，不仅用缩短退税时间帮助企业"走出去"，利用好保税功能，让沿线有实力的国外企业"走进来"，也是金普新区从"一带一路"中抓商机的一项举措。在大连保税区，从上海自贸区复制来的"保税展示交易制度"越来越发挥作用。依靠批次进出、集中申报、区内自行运输等相关政策，金普新区对外开放水平得到了提升。

截至 2017 年 5 月，全区有各类企业 5 万多家，其中外资企业 5000 多家，有近 70 个国家和地区的 60 多个世界 500 强企业投资建设的近 100 个项目。此外，近年来，金普新区还连通了与海上丝绸之路经济带之间的物流通道。目前，大连保税区港区建有 10 万吨级集装箱补备，30 万吨级原油和矿石、大型粮食和汽车滚装等现代化专业泊位。有万吨级以上深水泊位 39 个，与世界 160 多个国家和地区的 300 多个港口有贸易往来，承担了东北地区 70% 以上的外贸货物运输和 90% 以上的外贸集装箱运输。

十一、四川天府新区

2017 年 4 月 1 日，中国（四川）自由贸易试验区揭牌仪式暨建设动员大会在天府新区举行。作为三大片区之一的天府新区片区，自成立以来重大投资项目四处开花。双流保税区内，亮黄的飞机维修工厂已安装好进口轨道，新修的厂房将开启在保税区内给全球修飞机的新征程。青白江铁路港片区，一辆辆平行进口车正沿着蓉欧快铁翻山越岭来到四川。9826 千米的距离,四川成都与波兰罗兹通过蓉欧快铁紧密相连。这条陆上"丝绸之路"缩短了四川与欧洲的时空距离,大幅提升了四川在国际贸易竞争格局中的优势,以更好的姿态融入"一带一路"。4 年来,蓉欧快铁开行班次越来越密,一共运送了 62 万标箱货物。2017 年,将有 1000 列蓉欧快铁班列沿着丝绸之路来回奔跑。

十二、湖南湘江新区

2013 年 11 月初,习近平总书记考察湖南期间,提出了"充分发挥湖南作为东部沿海地区和中西部地区过渡带、长江开放经济带和沿海开放经济带结合部的区位优势"的要求。《湖南湘江新区发展规划(2016—2025 年)》于 2016 年 5 月发文,指出新区位于东部沿海地区和中西部地区过渡带、长江开放经济带和沿海开放经济带结合部。随着渝长厦高铁、京港澳高速复线等重大交通项目的建成,新区将成为"一带一路"和长江经济带联动发展的重要互通节点,成为辐射中西部、连接东南亚的桥头堡。

(1)新区主动作为,积极融入"一带一路"倡议,加快构建全方位、多领域的开放发展新格局,打造内陆开放型经济新高地。2017 年上半年,新区范围内企业与"一带一路"区域经贸合作全面加强,主动融入"一带一路"朋友圈,对接"一带一路"建设企业达 50 家,海外投资总金额达 8 亿美元,占全市比重达 50%。推动中联重科建设白俄罗斯中白工业园,支持三诺生物、远大住工、威胜集团等企业积极开拓海外市场。其中三诺生物先后收购曲维迪亚健康、PTS 公司等国际行业领军企业。

(2)新区积极建设开放通道。目前,与金霞口岸、黄花机场、黄花综保区等互联互通,开放物流通道基本成型;同时,积极推进了渝长厦高铁、长沙西高铁站、湘江航道整治和湘阴外港的规划建设,推进了长沙高新区外贸综合服务中心、侨梦苑、国际科技商务平台和亚欧水资源研究利用中心、中意设计创新中心建设。

(3)新区积极引入外向型产业项目。宜家、卓伯根等国际知名品牌企业纷纷落户新区;中兴供应链、嘉正业手机、元年光电、天丰信供应链等外贸项目纷至沓来;海翼、艾瓦特、科云达等优秀跨境电商在精心培育下,发展势头良好;移动互联网集聚优势明显,2017 年上半年,仅长沙高新区就引入互联网企业 754 家,总数达 4009 家,实现产值 150 亿元,同比增长 20%;举办湘品入俄国际贸易交流会、中韩美丽经济博览会、东盟湖南博览会等活动,推动共建中马国际特色食品工业园。

十三、南京江北新区

江北新区是江苏省唯一的国家级新区,是江苏对接国家"一带一路"和"长江经济带"战略的重要支撑点。

（一）创新、产业、生态齐头并进的国家级新区

2015年获批以来，江北新区紧紧围绕"三区一平台"发展定位，即建设自主创新先导区、新型城镇化示范区、长三角地区现代产业集聚区和"长江经济带"对外开放合作重要平台，始终坚持规划、改革、法治、生态"四个先行"，努力将江北新区加快建成更具创新影响力、更具产业竞争力、更具生态人文魅力的国家级新区。

在自主创新先导区建设上，江北新区将突出创新发展主攻方向。南京作为国家科技综合体制改革试点城市，是苏南国家自主创新示范区建设的重要支撑，拥有高等院校53所、省级以上科研机构600多个、在校大学生70多万、两院院士83名，这些都为新区创新发展打下了坚实的资源基础。

在创新影响力提升方面，江北新区充分发挥丰富的科教人才资源优势，通过自主创新带动产业集聚，由政府牵线、搭建平台，推动企业与周边高校、科研院所开展各种形式的合作，努力建设东部沿海地区高端制造业高地。另外，将努力营造促进大众创业、万众创新的良好氛围，开创人才引领、创新驱动的新局面。

在产业竞争力提升方面，重点优化产业布局，推动产业高端化发展。认真落实《中国制造2025》规划，聚力发展中、高端制造，努力打造智能制造、生命健康、新材料三大国家级制造业基地。比如，江北新区正在筹建全球智能设计中心，同时以江苏省产业技术研究院为依托，加快集聚一批专业研究所，打造高水平的产学研基地，努力建设成为高端研发创新成果转化源和战略性新兴产业策源地。

在生态人文魅力提升方面，重点是放大文化优势，增强新区吸引力。江北新区除了拥有得天独厚的自然优势，还可依托老山国家森林公园、滨江风光带、滁河风光带、定山寺等自然人文资源，吸引人才，留住人才，并塑造成江北新区旅游业发展的着力点。为了构建生态安全格局、严格生态红线区域保护，我们确定了6条生态廊道，形成"四横两纵"生态网架，将建成老山—长江等三条隔离带。这三条隔离带除了兼具引风、通风功能，还将通过栽培林木起到隔离污染物的作用。这些措施将加强新区的生态环境保护政策的落实，促进生态环境逐步改善，进而服务江北新区产业转型升级，打造产业高端、生态宜居的绿色新区。

（二）推动东西双向开放对接"一带一路"建设

南京是古代"海上丝绸之路"的东方起点，是郑和下西洋伟大壮举的策源地、起锚地、造船基地和成果见证地。江北新区之所以能融入"长江经济带"与"一带一路"国家战略之中，与其优越的地理位置密不可分。南京江北新区地处我国沿海经济带与"长江经济带""T"字形交会处，东承长三角城市群核心区域，西联皖江城市带、长江中游城市群，是

长三角辐射带动长江中上游地区发展的重要节点。长江黄金水道和京沪铁路大动脉在此交会,承东启西、连南接北、通江达海,集水路、铁路、公路等于一体的综合交通运输体系功能完善。

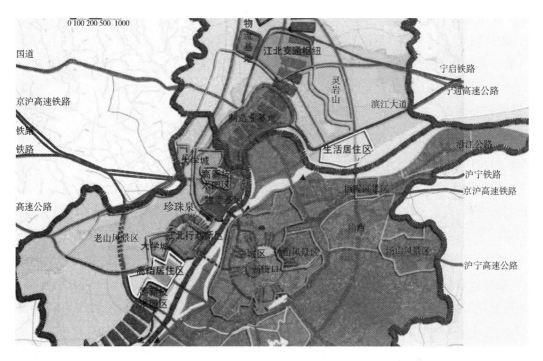

图 5-1　南京江北新区规划示意

设立南京江北新区,对于促进国家"一带一路"与"长江经济带"战略在江苏沿海地区的整合发展意义重大。江北新区对接"一带一路"建设,重点是与上海浦东新区、浙江舟山群岛新区、中国(上海)自由贸易试验区等联动发展,逐步建设成为自主创新先导区、新型城镇化示范区、长三角地区现代产业集聚区、"长江经济带"对外开放合作重要平台,努力走出一条创新驱动、开放合作、绿色发展的现代化建设道路。

江北新区区位条件优越、产业基础雄厚、创新资源丰富、基础设施完善、承载能力较强,具备加快发展的条件和实力。筹建以来,江北新区把打造"长江经济带"对外开放合作的重要平台,增强对外辐射力、影响力,作为各项工作的重中之重。首先,新区将充分挖掘江海联运港口潜力,发挥长江南京以下 12.5 米深水航道开通后的优势,致力以物流业发展带动产业做大、经济做强,打通向苏北、安徽、江西等区域辐射的通道,打造江海联动、铁水联运、对接国内外的综合性开放平台。其次,向长江中上游以及内陆、沿边地区开放,积极与"一带一路"沿线国家展开合作,拓展更加广阔的开放空间。最后,利用区位优势,通过导入现代商贸交易平台,加快发展现代物流业,力促商贸和现代物流业提质增效、转型升级。目前,规划工作已初步完成。未来,南京江北新区将会保持高水平、高质量的发展,为落实"一带一路"国家倡议,承担更重要的使命,发挥更大的作用。

十四、福建福州新区

福建是海上丝绸之路的重要关口,设立并建设好福州新区,对推进海峡两岸交流合作、支持国家"一带一路"倡议、培育新的经济增长极、与平潭综合实验区实现一体化发展具有重要意义。近年来,作为国家唯一一个集国家级新区、自由贸易区、两岸经济合作示范区和 21 世纪海上丝绸之路核心区四区合一的重点开发区,福州新区在推进"一带一路"倡议过程中,紧跟国家战略步伐,立足自身实际情况,有针对性地建设与发展,在体制机制改革上发挥先试先行的创新态度,努力打造跨越发展新增长极。未来,福州新区将继续创新体制机制先试先行,推进福州开放开发,打造跨越发展新增长极。

福州新区自正式获批后,迅速成为新平台、新载体。通过福州新区的建设,撬动体制机制的变革,打造福建对外开放升级版,成为福州新区努力打造跨越发展新增长极的新思路。

此外,福州新区加大项目审批力度,推出了审批无偿代办制和"5 + X"会商制度。为此,福州行政服务中心设立专门窗口和专职人员,为企业审批申报人提供无偿代办业务,不仅简化了审批流程,也方便投资者进区的申报工作。其中,审批工作采取"5 + X"会商制度,投资者在审批过程中遇到需要解决的问题可以一次性提出,相关部门并联协调解决,极大节约了审批时间,提高审批效率,这在服务上是一次创新性改革。在探索全面改革创新路径方面,福州新区正争取将新区国(境)外人才智力需求纳入福建省精准引才目标库,积极申报国家和省重点引智项目计划。推动福州留学人员创业园设立马尾分园、福清分园,鼓励事业单位科研人员经批准到新区创业创新。

自贸区、海上丝绸之路核心区等一系列政策的叠加,进一步推动福州加大投资贸易便利化的制度创新。下一阶段,福州新区将简化外商投资企业设立、变更及合同章程审批手续,促进投资便利化;实行全球维修产业检验检疫监管、中转货物产地来源管理、检验检疫通关无纸化、改革和简化原产地证签证管理等,推进贸易便利化;简化境内直接投资项下外国投资者出资确认登记管理、取消境外再投资外汇备案、直接投资实行存量权益登记等,推动金融保险投资便利化;允许融资租赁公司兼营与主营业务有关的商业保理业务,允许设立外商投资资信调查公司,允许设立股份制外资投资性公司等,加大服务业开放力度。在区内海关特殊监管区域探索推进货物状态分类监管试点,促进货物、服务等各类要素自由流动,营造与国际惯例接轨的贸易、投资、人员往来便利化环境。

十五、云南滇中新区

在"一带一路"建设规划中提出要发挥云南区位优势,推进与周边国家的国际运输通道建设,打造大湄公河次区域经济合作新高地,建设成为面向南亚、东南亚的辐射中心。

从区位看,云南北上连接丝绸之路经济带,南下连接海上丝绸之路,是中国唯一可以同时从陆上沟通东南亚、南亚的省,并通过中东连接欧洲、非洲。从历史看,云南在我国对外历史上长期发挥着内陆门户的重要作用。早在秦汉时期,"南方丝绸之路"便造就了古代史上开放和鼎盛的云南。修建滇越铁路,则带动了近代工业的发展。从现实看,近年来,国家支持云南建设我国面向西南开放的重要桥头堡,使云南从开放"末端"归位于"前沿"。

作为省会城市以及拉动云南省经济发展的主力,昆明在云南融入"一带一路"建设战略中发挥的作用非常重要,将继续发挥令人期待的"引擎"作用。

针对"一带一路"倡议部署,云南的相关部门已进行十大课题研究,完成了云南在"一带一路"重大战略中的总体方案设计。概括起来就是构建"一横一纵"两个通道,外加两个辅助通道。以昆明为支点和中心,一横是向东连接泛珠三角、太平洋等经济最发达地区,向西通过瑞丽连接"孟中印缅经济走廊"的印度洋沿线国家;一纵是向北通过成都、西安连接北方丝绸之路,向南通过磨憨口岸,连接老挝、泰国、新加坡进入南太平洋。辅助通道方面,一是沿老史迪威公路,连接昆明和印度加尔各答;二是通过云桂铁路,连接广西防城港并进入太平洋。

云南省积极融入国家"一带一路"建设,发挥着重要的作用。昆明市为服务"一带一路"建设,提出三大发力点,一是借力世界知名旅游城市建设,以昆明为起点建立"旅游走廊""文化走廊"。二是转变政府职能提升软环境,加快推进桥头堡建设和云南积极融入"一带一路"建设。三是企业做"走出去"的有心人,进一步深化昆明与东南亚国家在旅游、文化交流、民间交流、金融及软件方面的合作。

十六、黑龙江哈尔滨新区

2015年12月,国务院印发《关于同意设立哈尔滨新区的批复》,同意设立哈尔滨新区。这是党的十八届五中全会后国家批复的第一个国家级新区,也是我国唯一以对俄合作为主题的国家级新区和最北部的国家级新区,是国家实施新一轮东北地区等老工业基地振兴战略,推进"一带一路"建设的重大举措和战略支点。

截至2017年8月,哈欧班列累计发运203班,哈俄班列累计发运177班,哈绥符釜陆海联运累计开行72班。大庆至比利时沃尔沃专列全年可向欧洲出口1.2万辆豪华轿车。2016年4月,哈尔滨经叶卡捷琳堡至圣彼得堡航线正式开通。这条航线也成为哈尔滨机场开通的第11条对俄航线。哈尔滨机场与俄罗斯莫斯科、叶卡捷琳堡、新西伯利亚、克拉斯诺亚尔斯克、伊尔库茨克、雅库茨克、南萨哈林斯克、哈巴罗夫斯克、符拉迪沃斯托克

9 个城市实现通航,对俄业务量占东北地区的 85%。

2017 年 1—8 月,哈尔滨机场对俄航线运送货邮吞吐量 2140.4 吨,同比增长 37.3%。2017 年中俄博览会上,"一带一路"沿线国家参展参会达 35 个,越来越多商界人士"嗅"到中俄博览会和哈洽会的商机,共签署中外合作、区域合作等意向协议 100 多项,金额超 300 亿元人民币,达成合作线索近千条,涉及 14 个领域。目前,哈尔滨新区已有 50 余家世界 500 强企业入驻,建设了国家民用航空高技术产业基地等多家现代产业基地。商业方面,中俄金融联盟总部基地入驻新区,以对俄合作中心城市建设为牵动,以哈尔滨新区建设为引领,哈尔滨的对外开放层次和水平正在不断提高。

十七、吉林长春新区

长春新区自 2016 年 2 月 3 日获批国家级新区后,便主动融入国家"一带一路"建设,加大对外开放步伐,加快建设两港、四大商务区、六大服务中心、十大产业园区,夯实外向型经济基础,随着长春铁路综合货场的建设及中欧班列的开通,实现了与东北亚各国及欧洲地区的深度互联合作,保障了新区在参与国际合作中的重要地位。随着"一带一路"北线开放水平的不断提升,如今的长春新区正以贸易为龙头,逐步联通向西、向北、向南陆海三通道,倾力建设面向国际的两港两枢纽,变"通道经济"为"枢纽经济"。

2017 年 10 月 13 日,长春国际港开通暨中欧班列(长春—汉堡)首发活动在长春新区举行。站在新的历史起点上,长春新区正全面深化改革、增加经济社会发展新动力,适应经济发展新常态,转变经济发展新方式,寻找经济增速新动能,同世界深度互动、向世界深度开放,打造主动融入国家"一带一路"的吉林样本。

为积极主动融入和服务"一带一路"建设,长春新区特推出九大举措。一是打通陆路通道,实施长吉图"西进",构筑中蒙俄陆路通道。二是打通海上通道,实现与欧洲及北美地区的合作。三是健全空中航线,积极争取国家航空管理部门和航空公司的支持,开辟更多国际航线,争取实现东北亚地区各国和重点城市全覆盖。四是共同推进国际合作产业园区建设。五是推动东北亚的国际会展中心建设。六是推动东北亚的国际会议中心建设。七是推动面向东北亚的国际金融中心建设。八是构建面向东北亚的国际信息中心。九是推进面向东北亚的国际文化交流中心建设。

十八、江西赣江新区

2016 年 6 月《江西赣江新区总体方案》发布,指出依托新区承东启西、连接南北的优越条件,积极融入"一带一路"建设,全面参与长江经济带分工协作,大力发展外向型产业集群,加快对外贸易优化升级,扩大开放领域,推动对内对外开放相互促进、"引进来"和

"走出去"更好结合,培育国际经济竞争合作新优势,促进内陆地区更高水平开放。

赣江新区按照营造国际化、市场化、规范化营商环境的要求,推广自贸区改革试点经验,构建南昌综合保税区、空港物流枢纽等开放平台,全面参与长江经济带分工协作,积极融入"一带一路"建设,努力打造内陆双向开放合作的重要门户。

第四章　"一带一路"倡议和国家级新区建设的协同路径

通过对当前已设立的国家级新区增长极作用的分析,可以得出新区极化效应和扩散效应的作用机制呈现不同的特点,这就为丝绸之路经济带与新区建设协同发展提供了理论借鉴。

一、增强政策融合,实现二者建设的政策协同

国家级新区建设初期主要依靠政策优势,吸引外部资金、技术等经济要素向新区聚集,从而形成增长极,并对经济腹地和新区产生极化效应。在"一带一路"倡议建设背景下,新区尤其是处在丝绸之路经济带上的国家级新区迎来了又一轮政策优势,借助政策优势,利用 5~10 年的时间形成新区特有的市场优势,将政策优惠的极化效应转化为市场驱动的极化效应。从两个新区政策的时效性来看,国家对新区的发展政策存在短期效应,而且随着新区数量的增多,后成立的新区对已成立的新区的"挤压效应"逐渐增强,如果仅仅依靠政策的优惠只能获得短期的发展。因此,需借助"一带一路"倡议与国家级新区建设的政策优势,尽快实现新区增长极的形成,将政策效应转化为两者协同发展的区域优势,实现增长极与经济带的协同发展。

二、加强基础设施建设,创造二者建设协同发展的基础条件

区域经济系统内部与外部之间广泛的经济联系和内部各经济要素之间关联的无障碍性是实现区域经济系统协同发展的基本条件,而良好的基础设施建设就是保证"一带一路"倡议与国家级新区协同发展的基础条件。从扩散效应来看,固定资产投资在新区扩散效应的发挥中起到至关重要的作用,大量的固定资产投资在改善新区基础设施建

设、企业生产环境、交通网络、强化与周边发达经济区域联系等方面都有重要的作用,这也为后来成立的国家级新区的发展提供了借鉴。因此,新设立的国家级新区尤其是西部地区的国家级新区,基础设施条件远远低于东、中部地区,且呈现出块状分布格局;要实现两者的协同发展,就必须依托现有的交通网络,以丝绸之路经济带建设战略为指导、以新区为增长极,通过改善基础设施条件,将新区建设融入"一带一路"倡议建设中去,借助"一带一路"倡议广阔的市场空间和战略平台,为新区增长极作用的发挥和两者协同发展奠定基础。

三、加强区域协作,促进区域协同发展

新区成立速度的加快,一方面是我国城市化进程的需要,另一方面也是我国新时期区域协同发展的需要。我国18个国家级新区大多数都分布在"一带一路"倡议、长江经济带、京津冀一体化这三大支撑带上,这就为区域之间、新区之间、新区与所在经济圈之间的区域协作提供了平台。从极化效应分析来看,目前东中西部的新区发展差距较大,在"一带一路"倡议、长江经济带、京津冀一体化等区域战略有利背景下,新区建设应以国家区域发展战略为指导、区域协同发展为目标,因地制宜、消除短板、合理定位,与所在区域形成合作共赢与优势互补的协同发展关系,促进我国新时期区域协同发展。

四、加强产业融合,促进二者建设的产业协同

产业协同是区域经济协同发展的核心,在"一带一路"倡议建设背景下,处在丝绸之路经济带和辐射区的新区产业选择应该实现与丝绸之路经济带产业布局的有效衔接和产业优势互补,招商引资和产业聚集是新区发挥扩散效应的主要驱动力。因此,针对"一带一路"倡议建设对未来产业结构和布局的要求,新区建设在产业布局与选择上应该与"一带一路"倡议建设,特别是与丝绸之路经济带建设产业空间布局相融合,整合和引进与丝绸之路经济带关联性高的产业或产业集群,加强产业的前后向关联,构建资源共享、市场共赢的集群合作模式,实现"一带一路"倡议与国家级新区的产业协同。

附录

附录1 国家级新区的发展定位

当前,确定国家级新区的目标和定位具有重要意义,明确的目标和科学的定位是未来新区发展的主导方向。新区发展的定位确定了位于不同地域的国家级新区如何发挥差异化优势,并引领区域经济的发展。因此,为了便于清晰地了解国家级新区之间定位的区别、各自的优势发展方向及特色发展方向,表1梳理了已批复的18个国家级新区的目标及定位。

表1 国家级新区发展定位汇总表

国家级新区	定位
浦东新区	(1)争创国家改革示范区 (2)建设"四个中心"核心功能区(国际经济区、国际金融区、国际贸易中心、国际航运中心) (3)打造战略性新兴产业主导区
滨海新区	(1)北方对外开放的门户 (2)高水平的现代制造业和研发转化基地 (3)北方国际航运中心和国际物流中心 (4)宜居生态型新城区
两江新区	(1)统筹城乡综合配套改革试验的先行区 (2)内陆重要的先进制造业和现代服务业基地 (3)长江上游地区的经济中心、金融中心和创新中心等 (4)内陆地区对外开放的重要门户,科学发展的示范窗口
舟山群岛新区	(1)浙江海洋经济发展的先导区 (2)长江三角洲地区经济发展的重要增长极 (3)海洋综合开发试验区

续表

国家级新区	定位
兰州新区	(1)西北地区重要的经济增长极 (2)国家重要的产业基地 (3)向西开放的重要战略平台 (4)承接产业转移示范区
南沙新区	(1)粤港澳优质生活圈新型城市化典范 (2)以生产性服务业为主导的现代产业新高地 (3)具有世界先进水平的综合服务枢纽 (4)社会管理服务创新试验区
西咸新区	(1)创新城市发展方式试验区 (2)丝绸之路经济带重要支点 (3)科技创新示范区 (4)历史文化传承保护示范区 (5)西北地区能源金融中心和物流中心
贵安新区	(1)对外开放引领区 (2)产城融合创新区 (3)城乡统筹先行区 (4)生态文明示范区
西海岸新区	(1)海洋科技自主创新领航区 (2)深远海开发战略保障基地 (3)军民融合创新示范区 (4)海洋经济国际合作先导区 (5)陆海统筹发展试验区
金普新区	(1)面向东北亚区域开放合作的战略高地 (2)引领东北地区全面振兴的重要增长极 (3)老工业基地转变发展方式的先导区 (4)体制机制创新与自主创新的示范区 (5)新型城镇化和城乡统筹的先行区

国家级新区	定位
天府新区	(1)以现代制造业为主的国际化现代新区 (2)打造成为内陆开放经济高地 (3)宜业宜商宜居城市 (4)现代高端产业集聚区 (5)统筹城乡一体化发展示范区
湘江新区	(1)高端制造研发转化基地 (2)创新创意产业集聚区 (3)产城融合、城乡一体的新型城镇化示范区 (4)全国"两型"社会建设引领区 (5)长江经济带内陆开放高地
江北新区	(1)自主创新先导区 (2)新型城镇化示范区 (3)长三角地区现代产业集聚区 (4)长江经济带对外开放合作重要平台
福州新区	(1)两岸交流合作重要承载区 (2)扩大对外开放重要门户 (3)东南沿海重要现代产业基地 (4)改革创新示范区和生态文明先行区
滇中新区	(1)面向南亚东南亚辐射中心的重要支点 (2)云南桥头堡建设重要经济增长极 (3)西部地区新型城镇化综合试验区和改革创新先行区
哈尔滨新区	(1)中俄全面合作重要承载区 (2)东北地区新的经济增长极 (3)老工业基地转型发展示范区 (4)特色国际文化旅游聚集区
长春新区	(1)创新经济发展示范区 (2)新一轮东北振兴的重要引擎 (3)图们江区域合作开发的重要平台 (4)体制机制改革先行区

续表

国家级新区	定位
赣江新区	(1)长江中游新型城镇化示范区 (2)中部地区先进制造业基地 (3)内陆地区重要开放高地 (4)美丽中国"江西样板"先行区

（数据来源于中国政府网、各新区所在省市政务网、新区政务网等。）

附录2　国家级新区总体布局

国家级新区的总体布局是国家级新区总体规划的重要内容,它是一项为国家级新区长远合理发展奠定基础的全局性工作。它是在新区及所在地区发展纲要基本明确的条件下,在城市用地评定的基础上,对城市新区各组成部分进行统筹兼顾、合理安排,使其各得其所、有机联系,国家级新区总体布局见表2。

表2　国家级新区总体布局汇总表

国家级新区	总体布局
浦东新区	一轴四带
滨海新区	一轴、一带、三个城区、九个功能区
两江新区	一心四带
舟山群岛新区	一体一圈五岛群
兰州新区	北工南居,一主三副
南沙新区	一城三区一轴四带
西咸新区	一河两带四轴五组团
贵安新区	一核两区、一区两带
西海岸新区	一核、两港、五区、一带

国家级新区	总体布局
金普新区	双核七区
天府新区	一城六区
湘江新区	两走廊、五基地
江北新区	一带六区三走廊
福州新区	中部、南部片区及北部片区
滇中新区	东部片区、西部片区
哈尔滨新区	一江居中、两岸繁荣
长春新区	两轴、三中心、四基地
赣江新区	两廊一带四组团

（数据来源于中国政府网、各新区所在省市政务网、新区政务网等。）

附录3　2016年国家级新区建设发展系列报道①

一、上海浦东新区

上海浦东新区建设发展20多年来，始终肩负着落实国家重大战略的重要使命。"十三五"时期，着眼于服务全面小康社会建设，促进实现上海基本建成"四个中心"和社会主义现代化国际大都市的重要目标。浦东新区将继续贯彻落实好中央"四个全面"战略布局，树立创新、协调、绿色、开放、共享的发展理念，努力承载自贸试验区、"四个中心"核心功能区和科创中心核心功能区建设的重任，努力当好全国改革开放排头兵中的排头兵、创新发展先行者中的先行者。

---

①　本部分内容来自国家发展和改革委员会地区经济司子站官网，内容经整理有所改动。

（一）经济社会平稳健康发展，"十二五"规划目标顺利完成

1. 经济持续平稳较快增长

2015年，浦东新区生产总值7898亿元，5年年均增长9.8%；一般公共预算收入788亿元，年均增长12.7%。第三产业增加值占生产总值比重达到72%，5年增加了近16个百分点。

2. 金融、航运、贸易等核心功能显著增强

5年新增持牌类金融机构200多家，累计达到900家；上海港口集装箱吞吐量连续几年位居世界第一，浦东占上海市的90%以上；浦东机场货邮吞吐量持续保持世界第三。外贸进出口总额占上海市比重超过60%；服务贸易年均保持两位数增长。

3. 综合配套改革取得新进展

自由贸易试验区建设取得突破性成果，实施了负面清单、证照分离、国际贸易单一窗口、自由贸易账户、跨境ETF等一系列制度创新。同时，政府自身改革取得积极成效，市场监管三加一、知识产权三合一、城市综合执法、管镇联动试点等改革举措陆续推出。

4. 社会民生事业全面加强

5年社会民生财政投入累计超过1300亿元。5年新增基础教育阶段学校78所，医疗机构床位6300张，养老机构床位4945张。全体居民人均可支配收入超过50000元，农村居民人均可支配收入超过25000元。

5. 自由贸易区建设成效显著

准入前国民待遇加负面清单管理模式的改革探索不断取得新突破，对标国际投资贸易通行规则的制度创新不断深化，法治化、国际化、便利化的营商环境不断完善，浦东新区作为一级地方政府转变职能的改革举措不断取得新进展，一批立足可复制可推广的基础性制度和核心制度不断形成。初步统计，截至2015年底，上海自贸试验区已复制推广的改革事项为121项，其中，外商投资和境外投资项目备案管理等51项在全国推广，"先进区、后报关"等13项在全国海关特殊监管区推广，还有一些创新成果在上海全市率先推广。

（二）贯彻新发展理念，建设开放、创新、高品质的浦东新区

"十三五"时期，浦东新区将以"建设开放、创新、高品质的浦东"为主线，以"三个基本一个率先"（基本建成"四个中心"的核心功能区；基本形成具有全球影响力的科技创新中心核心功能区框架；基本建成体现社会主义现代化国际大都市风貌，开放型、多功能、现代化的新城区；率先构建与高标准投资贸易规则相衔接的法治化、国际化、

便利化的营商环境)为目标,重点聚焦两大战略任务,带动浦东新区整体发展转型取得实效。

1. 努力建设更高水平的自贸试验区

着重抓好四个发力点:一是以自贸试验区理念构建相适应的浦东地方一级政府管理体制,努力建设最透明、最高效的政府,包括深入推进"证照分离"改革,打造网上政务大厅,加快政府信息共享和信用体系建设等。二是以保税区为先导,全力建设开放度更高的自由贸易园区,努力保持先发优势,继续深化"一线放开、二线安全高效管住"的贸易监管制度改革,优化海港、空港国际中转集拼监管模式等。三是全面对接科创中心建设,努力构建最高效的"双自联动"机制,促进自贸试验区与自主创新示范区的联动,促进人才、机构、资本、技术等全球创新要素、资源的跨境自由流动与高效配置。四是加大金融创新开放力度,打造最具特点和亮点的金融中心核心功能区,包括推动实施新金改 40 条,拓展自由贸易账户功能,推动重点功能性平台落地等。

2. 加快建设国际领先的张江科学城

重点推动三方面工作:一是努力推进张江综合性国家科学中心建设实现突破。比如加快上海光源、蛋白质科学设施等大设施建设,积极争取超强超短激光、活细胞成像平台等新一批大设施落户等。二是聚焦重点改革事项。围绕推动形成有利于创新发展环境,探索有关投资、收税、人才等方面的政策措施。三是加快建设一批各具特色的科技创新集聚区。将张江科学城建设作为重中之重,在做实做强产业支撑的基础上,更加注重完善城市功能,推进教育、医疗、文体艺术、生活休闲等综合配套设施建设,促进科技、产业、人口与空间有机耦合,推动由开发区向城区转变。

二、天津滨海新区

滨海新区设立十余年来,在党中央、国务院的亲切关怀下,努力抢抓历史机遇、主动作为,全力推进开发开放,逐步成为带动区域发展新的增长极。

(一)努力探索国家级新区创新发展新路径

滨海新区按照"项目集中园区、产业集群发展、资源集约利用、功能集成建设"的开发思路,努力构建科学合理的空间布局,建设了 7 个特色鲜明的功能区,形成了"东港口、南重工、西高新、北旅游、中服务"的产业发展格局,开发开放取得了显著的成绩。十余年间地区生产总值年均增长 20.1%,2015 年,滨海新区以占天津 19%、京津冀地区 1% 的土地面积,承载了 9270 亿元的地区生产总值,占天津市的 56.1%,占京津冀地区的 13.3%,对京津冀地区经济发展的贡献度明显提升。

(1)针对开发开放不同阶段,不断探索完善国家级新区管理体制。建立了"行政区统领,功能区支撑,街镇整合提升"的管理架构,形成了统一协调、精简高效的管理体制。

（2）以大项目、科技"小巨人"为抓手,快速壮大实体经济。以高端、高质、高新为方向,引进了一批大项目好项目,带动形成了较为完善的产业链条。同时,培育了一批带有"滨海印记"、具有"撒手锏"产品、"顶天立地"的"小巨人"企业。科技型中小企业超过2.2万家,年收入过亿元的科技小巨人企业和国家级高新技术企业均超过1100家。

（3）围绕服务先进制造业,着力完善与先进制造业发展相适应的生产性服务业体系。金融、科技信息、现代物流、航运服务等功能不断提升。

（4）从开发区、保税区、出口加工区,到保税物流园区、综合保税区、保税港区,再到自贸试验区,不断探索扩大开放新领域,成为国家多层次开放的试验田,北方对外开放服务的门户功能不断增强。

（5）不断深化改革创新。以行政审批制度为突破口,先后启动实施了"一颗印章管审批""一份清单管边界""一套体系管廉政""一个部门管市场"等"十个一"改革。探索开展了融资租赁、私募股权基金、期货保税交割、保税展示交易、意愿结汇、人民币跨境结算、国际船舶登记等业务创新和改革试点,取得显著成效。

（6）突出人与人和谐共存、人与经济活动和谐共存、人与环境和谐共存,能实行、能复制、能推广的"三和三能"理念,探索生态城市建设管理运营新模式。

（7）依托京津两地优势,采取资源整合、合作共建、嫁接改造等方式,"高端高位嫁接"先进优质资源,实施"十大民生工程",尽快补齐民生短板,三年累计投资300亿元,打造一流教育、医疗、养老、文化硬件设施。

（二）向国际化创新型宜居生态新城区大步迈进

经济发展新常态下,滨海新区将全面贯彻落实党中央、国务院的决策部署,深入学习贯彻习近平总书记系列重要讲话精神,按照"四个全面"战略布局,全面落实"创新、协调、绿色、开放、共享"五大发展理念,坚持以"闯"的精神、"干"的劲头,向国际化创新型宜居生态新城区迈进。力争到2020年,地区生产总值年均增长10%以上,一般公共预算收入年均增长12%以上,城乡居民人均可支配收入年均增长10%以上。力争在五个方面走在前列:

（1）在创新发展上走在前列。着力推进以科技创新为核心的全面创新,加快产业转型升级,构建现代产业发展新体系,打造具有国际影响力的产业创新中心。全力推进"双创特区"建设,努力建成更高水平的国家自主创新示范区。下好简政放权的"先手棋",打造法治化、便利化、国际化的营商环境。

（2）在协调发展上走在前列。围绕增强发展协调性、均衡性，在优势做优、特色做特、强项做强的基础上，不断拓宽发展空间、寻求发展后劲。

（3）在绿色发展上走在前列。统筹考虑产业发展、人口集聚和城市建设，坚持生产、生活、生态联动，加快建设宜居生态新城区，打造别致多样、干净整洁、留住乡愁的美丽村庄。完善交通基础设施，形成区内便捷、区外畅达的现代综合交通体系。实施大绿工程和全民绿化行动，合理开发使用各类资源，创建国家循环经济示范城市和国家生态文明试验区。

（4）在开放发展上走在前列。全面提高开放型经济发展水平，建设北方对外开放的门户。深入落实京津冀协同发展战略，努力成为京津冀三地要素交汇、产业融合、互动创新的空间载体和实践平台。主动融入"一带一路"建设，打造东承日韩、西联中亚、北通蒙俄、南接东南亚的"一带一路"倡议的枢纽。推动自贸区对内成为京津冀和"三北"地区扩大对外开放的平台通道。

（5）在共享发展上走在前列。坚持发展为了人民、发展依靠人民、发展成果由人民共享，扎扎实实为群众办实事、办好事，努力建设幸福新区、安全新区、和谐新区。

三、重庆两江新区

2016 年是两江新区成立 6 周年。6 年前，国家为推进新十年的西部大开发，推动重庆建设长江上游的经济中心，国务院批复设立两江新区，作为西部大开发纵深推进的"发动机"和内陆开放的重要门户。

（一）发展情况

"十二五"期间，特别是党的十八大以来，两江新区积极融入国家内陆开放战略和重庆五大功能区域发展战略，加快开发开放，实现了快速发展，落实国家重大战略部署的承载能力和拉动区域发展的整合能力不断增强，较好地履行了作为国家级新区的责任和使命。

1. 综合实力显著增强

主要经济指标都实现了翻番。GDP 从 1002 亿元增长到 2020 亿元，年均增长 17.5%；规模以上工业总产值从 1626 亿元增长到 4570 亿元，年均增长 22.9%；固定资产投资从 693 亿元增长到 1978 亿元，年均增长 23.8%；一般公共预算收入从 106 亿元增长到 303 亿元，年均增长 23.5%；社零总额从 434 亿元增长到 981 亿元，年均增长 17.7%；实际利用外资从 15.9 亿美元增长到 41.6 亿美元，年均增长 21.2%；进出口总额从 285 亿元增长到 1964 亿元，年均增长 51.5%。

2.产业体系基本形成

招商引资了 1824 个项目（其中 129 家世界 500 强企业），开工建设和运营投产 1344 个，投资总额 5900 亿元。形成了汽车、电子、装备三大优势产业，产值 3811 亿元。战略性新兴产业发展较快，新能源汽车、显示面板、集成电路、机器人、智能装备、云计算等初具雏形，金融、商贸、物流、会展、信息服务等较快发展，培育了以猪八戒为代表的一批本土高新技术企业。

3.开放水平不断提高

集聚了金融、会展、空港、水港、保税港以及 3 个国家指定进口口岸等开放平台，实现了铁公水多式联运，开展了国家现代服务业、贸易多元化、内陆通关和口岸监管模式创新等试点。实际利用外资 183 亿美元、内资 5105 亿元，分别占重庆的 35%、16%，完成进出口总额 1422 亿美元。

4.城市功能逐步完善

投入 4450 亿元实施了产城融合开发，建设了果园港、800 千米道路、51 座变电站等大批重要基础设施。完成征地 27 万亩，占应征地的 90%。建成区面积年均增加 10 平方千米已达 229 平方千米，常住人口年均增加 7 万人已达 240 万。

5.带动效应开始显现

有 1824 个项目落户到三个行政区，金额分别占江北区的 63%、北碚区的 69%、渝北区的 77%。在三个行政区完成固定资产投资 4450 亿元，分别占江北区同期固投的 50%、北碚区的 33%、渝北区的 66%。

（二）主要探索

1.立足发展需要，不断完善开发体制

重庆市三次调整优化两江新区体制，先后把 4 个市属开放投资平台公司和 130 平方千米的北部新区并入两江新区。出台了《两江新区行政管理事项的决定》和《重庆两江新区管理办法》，下放了 283 项市级审批权限。

2.聚焦资源要素，不断提升开放水平

实施大平台、大通道、大通关建设，建设工业园区、江北嘴金融中心、悦来会展中心等开放基础平台，依托果园港、寸滩保税港、江北国际机场等，构建东西并进、铁水空立体化的国际通道。实施通关便利化试点和贸易便利化改革，探索内陆通关和口岸监管新模式。

3.坚持创新驱动，大力发展创新型产业

以价值链、产业链打造主导产业，对汽车、电子、装备三大优势产业本地配套率达 80%。以金融杠杆助推十大战略性新兴制造业发展，战略性新兴制造业产值占工业总产

值的 18.5% 。以改革试点推动十大战略性新兴服务业发展,服务贸易额已达 58 亿美元。以创新生态建设推动创业创新,设立了 10 亿元"两江科技创新专项资金"。

4. 坚持产城融合,大力完善城市功能

依照"产业跟着规划走,人口跟着产业走,资源跟着人口走"的思路,优化资源配置,合理功能分区,基本形成"两江四山多廊道"生态格局,推动产业、生态、民生的融合发展。

(三)下步思路

重庆两江新区将牢固树立创新发展理念,深入实施创新驱动发展,强化开放门户功能,加快发展先进制造业和现代服务业,加快形成以创新为主要引领和支撑的经济体系和发展模式,在重庆的发展中发挥好领头羊和排头兵的作用,体现国家级新区的引领性。

(1)把科技创新贯穿开发开放全过程,围绕产业链布局创新链,努力在科技产业发展方面实现引领,把 R&D 比重提高到 4.5% ,建设国家级"双创"示范基地,打造西部创新中心窗口。

(2)全面融入国家战略,完善六大开放平台,加快形成开放型经济体系,深化探索内陆通关和口岸监管模式创新。充分发挥地处"一带一路"和长江经济带联结点核心区域的优势,建设内陆开放高地的重要门户,力争 2020 年实现进出口总额 4000 亿元,服务贸易进出口额 250 亿美元,实际利用外资超过 150 亿美元。

(3)统筹发展速度和质量,坚持把引领经济发展新常态作为本质要求,把做规模加法和质量乘法有机结合,带动区域经济发展。发挥区域经济的引擎作用、城市建设的窗口作用和生态文明的标杆作用。

四、浙江舟山群岛新区

舟山群岛新区以推动实施国家战略为己任,以先行先试、改革创新为动力,紧紧抓住舟山群岛新区跨越发展的重大阶段性契机,努力跑出发展加速度,树立新区新形象。2015 年,新区地区生产总值达到 1095 亿元,比上年增长 9.2% ;完成固定资产投资 1134.76 亿元,比上年增长 18.1% ;实现财政总收入 159.59 亿元,比上年增长 7.2% ;城乡居民人均收入分别达到 4.4 万元和 2.6 万元,较上年分别增长 8.1% 、8.9% 。地区生产总值、规模以上工业增加值、固定资产投资等主要经济指标增速名列全省首位。2016年一季度,全市地区生产总值同比增长 10.2% ;1—5 月,固定资产投资增长 19.5% ;财政总收入和一般公共预算收入分别增长 8.8% 和 10.9% ,规上工业增加值增长 14.1% 。

（一）全力实施国家战略，当好开发开放排头兵

舟山群岛新区坚持以创新、协调、绿色、开放、共享的新发展理念为指引，认真实施"一带一路"、长江经济带、海洋强国等国家战略，找准舟山群岛新区发展与实施国家战略的契合点，积极发挥先行先试的作用。

（1）加快建设舟山江海联运服务中心。2016年4月，国务院正式批复设立舟山江海联运服务中心，明确要打造国际一流的江海联运综合枢纽港、航运服务基地和国家大宗商品储运加工交易基地。大宗商品交易中心成为唯一由国家授牌的交易中心，去年现货贸易额超400亿元，江海联运公共信息平台上线运行，设计完成全国第一艘2万吨级江海联运散货船概念船型。

（2）有序推进舟山绿色石化基地建设。2015年6月启动场地工程后，在坚持"生态环保、技术先进、国际一流、民营控股"的前提下，着力抓好规划、建设等各项前期工作。

（3）以保税燃料油供应为突破口推进国际海事服务基地建设，积极创新口岸通关和监管模式。2015年保税燃油直供量达94.2万吨，增长42%，跃居全国港区第二位。

（二）积极推进供给侧结构性改革，加快海洋经济发展

舟山群岛新区把握经济新常态和供给侧结构性改革新要求，加大传统产业的去产能力度，积极推进优势领域、新兴领域重大产业项目的谋划、推进和招引，新区海洋经济进一步扩量提质。

（1）全力以赴优化产业结构。立足舟山资源特色优势，聚焦港贸物流、临港装备、绿色石化、海洋旅游和现代航空、海洋数据及应用、现代渔业等，加快产业转型升级步伐。抓好国家船舶与海工装备新型工业化示范基地建设，2016年1—5月，船舶修造业同比增长23.3%，整体形势好于全国。打造我国海洋旅游重要目的地，2015年旅游接待人数接近4000万人次，旅游总收入552亿元。舟山港综合保税区已引进企业2811家，总注册资金333亿元。

（2）着力扩大有效投资。先后确定了两批共26个"三重"项目（重大在建、重大在谈、重大谋划项目），加快推进宁波舟山港主通道、观音文化园等一批重大项目。中澳自贸协定的示范项目——中澳现代产业园区签约落户。

（三）创新体制机制，激发新区跨越发展动力

国家级新区新在先行先试，特在改革创新。舟山群岛新区着力加大改革创新力度，优化新区行政管理机制和运作模式。

（1）创新运作机制。建立"新区发展联席会议、市党政联席会议"+"财经工作领导小组、规划建设领导小组和招商引资领导小组"的决策机制，减少决策程序和环节。建立

"项目中心制""县（区）和功能区核心制"和要素保障机制,探索"专项考核＋综合考核"模式,出台海洋产业集聚区共建共享办法,提高实施效率。建立以督考为中心,容错、比选、问责、舆论监督"五位一体"的联动机制,加强督察督导。

（2）创新行政审批机制。建立"三重"项目、年度重点项目、一般项目分层分类审批协调机制。探索实行"容缺预审"机制,整合打造"四张清单一张网",实现大平台、大服务、大监管、全覆盖的社会公共服务格局。

（3）创新投融资机制,成立海投、交投、城投和普陀山发展集团四大国资平台,成立了总规模100亿的江海联运产业投资基金、50亿元的新区投资基金等,鼓励社会资本进入岛屿整体开发、污水处理等多个领域。

五、甘肃兰州新区

"十二五"期间,兰州新区成效明显,累计完成生产总值386.17亿元,年均增长26.3%;完成固定资产投资1587.8亿元,年均增长27.67%。其中,2015年完成生产总值125.5亿元,增长20%;完成固定资产投资476.1亿元,增长9.49%。

（一）建设发展成效

1.围绕承接产业促集聚,着力打造特色产业基地

一方面,积极借助外力,依托九大产业园区建设,围绕延伸拓展电子信息、水性材料、光电制造、大数据、现代物流、文化旅游六大产业链精准招商,累计引进产业项目281个,总投资3883亿元。另一方面,认真做好内功,实施企业"出城入园"项目46个,已建成投产兰石集团、和盛堂医药、青岛啤酒等项目,形成了产业发展的支柱和龙头。

2.围绕产城融合补短板,着力打造宜居宜业宜游的魅力新城

健全城市服务设施,完善城市功能体系,全力推动新区由单一型经济园区向综合型现代新城转变。按照"名校办分校、名院办分院"的模式,吸引优质教育医疗资源向新区聚集,整合省市11所职业院校集中向新区职教园区搬迁集聚。开通运营兰秦快速通道、兰州至中川城际铁路等,加快同城化步伐。以工业旅游、景观旅游、休闲体验等为重点,加快重点项目建设,发展商贸旅游,集聚新区人气。

3.围绕创新引领促转型,着力打造区域性科技创新中心

抢抓兰白科技创新改革试验区建设机遇,深入实施创新引领工程,产业孵化中心获批为国家级科技企业孵化器,引进北大众志"中国芯"等项目94家,与西安交大合作建设了技术转移中心,加快构建"创业苗圃＋孵化器＋加速器＋产业园"的全产业链孵化链条,建设功能和产业互补的孵化园区,设立国家、省级技术研究中心12家。

4.围绕丝路建设谋合作,着力打造对外开放的重要战略平台

兰州新区综合保税区实现封关运营,获批筹建进口肉类指定查验场、进口冷鲜水产品和进境水果指定口岸,签约引进百圣牛钟表、卓尔电子等项目 13 个。加快建设中韩产业园、中德产业园等特色产业园,着力吸引电子产品、精密机械等外资企业入驻。加快对外通道建设,开通运营兰州至中亚、欧洲、南亚的国际货运班列和兰州至迪拜国际货运包机。

5.围绕深化改革,着力打造优质高效的服务环境

成立行政审批局,编制完成并公布了权责清单、财政专项资金管理清单、扶贫清单和政务服务网,实行"三证合一""一照一码"商事制度改革。成立了综合执法局,开展跨部门、跨领域综合行政执法试点。按照"小管委会、大园区"的模式,创新园区管理机制。

6.围绕生态建设优环境,着力打造生态文明的美丽家园

以防护林带、城市绿廊、公共绿地为核心,分层次推进生态绿化,完成造林绿化 18.5 万亩,森林覆盖率达到 13.5%,建成区绿化率达到 11.7%。逐步构建起以自然景观为主、人造景观辅助的城市景观系统。加大土地投资强度、土地贡献率的监控审核,确保土地集约节约利用。

(二)下步工作重点

新时期,兰州新区将积极把握"一带一路"建设重大战略机遇,聚焦产业引领、产城融合,突出科技创新、对外开放"双轮驱动",努力打造全省乃至西北地区产业、城市、创新、生态、民生发展的示范区。

(1)坚持"产业高端"发展目标,更加注重内生优势的培育,更加注重产业结构的优化升级,构建起支撑城市发展的现代产业体系。

(2)坚持"立体城市"的导向引领,更加注重城市建设管理上水平、上档次,用高品质城市,增强对产业和人气的吸引力和聚集力。

(3)坚持开放引领和创新驱动,更加注重发挥平台作用,更加注重提质增效,努力建设全省对外开放排头兵和创新发展新高地。

(4)坚持生态底线,更加注重绿色发展、低碳发展、永续发展,更加注重实现生态与经济、城市的和谐共生,努力为产业集聚和城市发展增添生机和活力。

(5)贯彻协调发展和共享发展理念,更加注重民生事业均衡发展,更加注重城乡一体化发展,努力增强群众的获得感和幸福感。

六、广州南沙新区

自 2012 年批复设立以来,南沙新区围绕落实国家战略,着力打基础、优环境、提功能,推动国家新区建设取得实质性进展、自贸试验区建设实现良好开局,形成了"双区"叠加蓬勃发展趋势。

(一)开发建设进展

2015 年实现地区生产总值 1133 亿元,较 2014 增长 13.3%;固定资产投资 620.6 亿元,较 2014 年增长 54%;一般公共预算收入 71.3 亿元,较 2014 年增长 13.3%;进出口总额 1526 亿元,较 2014 年增长 18.2%。2016 年一季度,全区实现地区生产总值 256.9 亿元,同比增长 13.8%。同年 1—5 月,实现规模以上工业产值 1154.17 亿元,同比增长 10.6%;固定资产投资 270.3 亿元,同比增长 52.6%;一般公共预算收入 27.15 亿元,同比增长 14.8%。

1. 制度创新取得实质性进展

积极探索建立与国际投资贸易通行规则相衔接的体制机制,形成了 142 项创新成果,其中"跨境电子商务监管模式"入选商务部 8 个"最佳实践案例",25 项创新实践纳入首批可在全省复制推广的 27 条自贸试验区创新经验。以负面清单为核心的投资管理制度基本建立,率先启动"互联网＋易通关"改革,率先将海关、检验检疫等中央驻穗单位企业信用信息纳入平台数据库。与汉堡港、不莱梅港结成枢纽辐射型合作关系,与陕西西咸新区签署了国家级新区共同推动"一带一路"倡议实施合作框架协议。成立全国第一家自贸试验区法院,组建国际航运、知识产权等仲裁机构。

2. 航运中心建设迅速推进

加快建设国际大港。2016 年 1—5 月,实现集装箱吞吐量 472 万标箱,港口货物吞吐量 1.17 亿吨,增速分别为 2.5% 和 4.4%。目前共有 75 条国际班轮航线、2 条国际邮轮航线。积极发展航运金融,广州航运交易所累计完成船舶交易 575 艘,交易额 19.58 亿元,完成全国首单第三方平台跨境资金结算,发布"珠江航运运价指数"。建立了跨境电商"南沙模式",以直购体验新业态为特色的跨境电商产业集聚发展,774 家企业备案开展业务,

3. 招商引资成效显著

2016 年 1—5 月,全区新注册企业 5463 家,同比增长 2 倍。50 个世界 500 强企业投资落户,超过 50 家各类总部型企业进驻,重点引入了中交建国际总部、中铁建南方总部、中化集团区域总部,以及拥有全球最大规模散货运输船队的中远海运散货总部等项目。目前在建项目 371 个、总投资达 1557 亿元,在航运物流、特色金融、融资租赁、跨境电商等

领域形成产业集聚态势。

4. 创新金融蓬勃发展

2016 年 1—5 月,新增金融和类金融机构 488 家,已有金融和类金融机构 1142 家。开展了跨境人民币贷款和跨境双向人民币资金池、跨境人民币缴税(费)业务,落实直接投资外汇登记业务、外商投资企业外汇资本金意愿结汇,人民币跨境贷款备案涉及金额62 亿元。融资租赁迅速发展,共有融资租赁企业 128 家,注册资金 450 亿元,完成了广东自贸试验区首单跨境飞机资产包交易,实现广州飞机租赁零的突破。

5. 区域交通枢纽功能明显提升

重点推进总投资 1561 亿元的 38 个重大基础设施项目建设。南沙港区三期主体工程完工,粮食通用码头建成投产。南沙港铁路南沙先行段开工建设,深中通道即将开工。凤凰一桥等 12 个骨干市政道路和跨江桥梁项目建设已完成。

6. 城市重点组团加快集聚发展

按照"一核四区"城市功能布局,加快城市重点组团建设,带动新区功能布局主骨架初步成型。明珠湾起步区作为新区开发建设的标志性工程,正努力打造成为服务珠三角、面向世界的珠江口湾区中央商务区。蕉门河中心区总部经济集聚区基本完成主体工程建设,万达广场、风信子等商业综合体已开业,"城市客厅"形态基本形成。

(二)下步工作思路

南沙新区将按照《国家发展改革委关于推动国家级新区深化重点领域体制机制创新的通知》要求,充分发挥国家新区和自贸试验区"双区"叠加优势,坚持创新驱动,坚持全面深化改革,坚持面向全球扩大开放,重点围绕推动自贸试验区制度创新,构建与国际投资贸易通行规则相衔接的基本制度框架开展探索,重点推进 5 个方面工作。

1. 深入探索对接国际高标准投资贸易规则体系

健全宽进严管的市场准入和监管制度,建设"智慧通关"体系,推进进出口商品全链条溯源,创新管理体制,组建行政审批局,加快"网上政府"建设,扩大粤港澳律师事务所合伙联营试点,健全国际仲裁和商事调解机制。

2. 推进高水平全方位对外开放

积极推进国家"一带一路"倡议枢纽建设,加快与陕西西咸新区战略合作,推进海上丝绸之路沿线港口城市联盟建设,与中铁建、中铁等大型央企共建高铁"走出去"基地,推动粤港澳深度合作。培育壮大跨境电商、汽车平行进口、融资租赁、旅游购物出口等外贸新业态,推动产业向全球产业价值链的高端延伸。

3. 加快建设国际航运中心

全面实施航运中心建设三年行动计划,建设航运交易、服务、信息平台,提升珠江航运运价指数的影响力。强化国际供应链枢纽服务功能,加快打造国际汽车物流综合服务枢纽及汽车进出口大通道。强化国际贸易服务功能,重点推进鞍钢、宝钢钢材物流中心建设。

4. 集聚发展高端产业

加快建设国家自主创新示范区,重点推进国家物联网标识平台、香港科技大学国际智能制造平台等项目建设。制定专项规划,加快发展创新金融。做强临港装备制造业,加快推进千万吨级修造船及海洋工程装备基地建设。

5. 提升现代城市形态和功能

对标国际化城市,以国际化、高端化、精细化和品质化为目标,提高城市设计和建设管理水平,重点推进全长约 42.5 千米的自贸试验区生态廊道建设。

七、陕西西咸新区

2014 年 1 月,国务院批复设立陕西西咸新区,赋予建设"丝绸之路经济带重要支点、我国向西开放重要枢纽、西部大开发新引擎和中国特色新型城镇化范例"的重要战略任务。西咸新区自成立以来,围绕"创新城市发展方式,建设现代田园城市"的路径目标,扎实推进各项重点工作,开发建设取得了显著成效。2015 年,新区累计完成固定资产投资 1512.02 亿元,同比增长 33.7%,增速高出全省平均 25.9 个百分点;招商引资实际利用内资 239.42 亿元,引进外资 9890 万美元,融资到位资金 468 亿元。城市骨架基本拉开,生态环境明显改善,招商引资成效显著,新兴产业集聚发展,组团式发展现代田园城市格局初步形成,新区发展的阶段性目标基本实现。

(一)积极创新城市发展方式

1. 优化城市形态,构建点状布局的市镇体系

按照"核心板块支撑、快捷交通连接、优美小镇点缀、都市农业衬托"现代田园城市格局,构建由特大城市—中等组团城市—优美小镇—村落组成的点状布局的市镇体系。强调城市的高密度开发和功能复合,形成"开敞田园、紧凑城市"的"大开大合"城市空间布局。在城市组团核心板块建设上,集中建成 1 平方千米左右的城市成熟板块或产业区,形成城市规模和产业聚集效应,核心板块中的市镇各有明确的边界,市镇周边是法定的永久农田和城市的生态功能区,注重优化生态环境。

2. 建设优美小镇,推动农民就地城镇化

按照《西咸新区总体规划(2010—2020 年)》和《西咸新区优美小镇三大片区规划(2015—2020 年)》,依托都市农业,规划建设商业贸易、工业旅游、文化旅游、文化教育等类型优美小镇 35 个。截至 2016 年 8 月,基本建成空港花园小镇、秦汉酒庄小镇、泾河崇文重点镇和茯茶小镇等9个优美小镇。积极探索村集体经济股份制改造,由管委会、当地政府、企业、农民共同出资组建公司改造建设小镇;将城市工商资本引入农村,因地制宜发展产业,引导广大农民围绕特定产业发展经济。

3.创新"和谐拆迁",建立"五金制度"

在征地拆迁过程中,确立"不让老实人吃亏"的政策导向、公开透明的工作程序、务实管用接地气的工作方法、与有关区县联合办公的合作模式,最大限度地保障群众合法利益,基本做到了零上访、零加盖,创造了"和谐拆迁"的新路径,创造性地推出"五金"(现金＋租金＋股金＋薪金＋保障金)新模式,全方位保障拆迁群众的未来生活。

4.建设绿色城市,打造生态田园新城

新区规划建设遵循自然山水格局、历史文脉和现代规划理念,优先建设新区生态格局,农业和生态景观建设用地占到规划控制范围的三分之二,让城市融入大自然,让居民望得见山水、看得见田园、记得住乡愁。

(二)积极融入"一带一路"建设等重大战略

1.创新对外合作模式

在中俄两国各建一个园区,通过"请进来、走出去"战略,促进中俄双方企业互到对方国家投资发展,积极推动中俄企业资源共享,实现互利互惠,着力打造中俄两国投资合作旗舰项目和丝绸之路沿线国家合作的重要典范。洽商与韩国等国家的"一园多地"合作,搭架跨国园区共建和产业孵化新途径。

2.强化国家级新区之间的合作

与广州南沙新区携手合作,洽商依托中俄丝绸之路创新园,按照"一园三地"的模式建设国际创新合作科技园区。通过建立联席会议制度,充分发挥两地龙头企业及行业商(协)会作用,共同推动国家"一带一路"倡议实施。

3.把握机遇先行先试

2014年6月,成为全国首批生态文明先行示范区。2015年7月,获批国家海绵城市试点,2015年11月成为国家新型城镇化综合试点。2016年,先后获批国家服务贸易创新发展试点、国家双创示范基地和国家开放型经济体制综合试点。

(三)以文化促发展取得实效

1.以项目为抓手做大产业

在深度挖掘、整合区域内丰富历史文化资源的基础上,规划丝绸之路风情城、汉唐帝陵等项目。成立国际文教园区,通过国际合作引进高端教育医疗资源,采取省部共建、吸引社会资本等方式,建设国际医疗服务中心、国际健康服务聚集区、国际医学教育基地,

西咸国际医学城、陕西西咸耀华国际教育学校等项目稳步推进。

2. 以"互联网＋"为契机做强文化产业,打造"数字西咸"

与中国惠普共同打造新丝路数字文化创意产业基地项目,促进传媒、娱乐、旅游等秦汉文化产业一体化。按照产、学、研、投一体化思路建设沣西新城微软创新中心孵化平台,提升创新驱动能力。

3. 以文化惠民生、旺人气

建设泾河新城科技文化产业园,以"文化＋科技＋旅游"为内核,重点发展科技互动体验、影视动漫等文化创意产业,推动科技与文化的融合发展。

八、贵州贵安新区

贵安新区设立以来,坚持高起点、高标准、高品位推进新区规划建设,努力在"一张白纸"上描绘最新最美的图画,千方百计打基础、兴产业、强功能、做环境、促创新、扩开放、惠民生,初步具备集聚高端要素的良好基础条件。2015 年,完成地区生产总值 170.6 亿元,较 2014 年增长 20.2%;固定资产投资累计完成 1444 亿元,与成立前相比增长了 20 倍。

(一)坚持规划引领,确保一张蓝图绘到底

按照"先进、长远、超前、留白"的要求,率先建立"漏斗型"的规划云平台管控机制,实现总规、土规、环保规划与已编制完成 60 余项各类规划"多规融合"。推进城市设计全覆盖,全面实施建筑风貌、城市设计、城市色彩、海绵城市、绿地系统、交通设计六大导则,突出塑造"绿水青山、红瓦白墙、披檐收颈、竖窗通廊"的城市建筑风貌,建立风貌管理中心、工程审图中心、信息平台,形成全覆盖、全联动、全周期的精准管控机制,打造"山水风光之城、文化多元之城、生态智慧之城"。

(二)坚持产业立城,打造首选大数据试验田

坚持"先产业、后城建",重点发展以大数据为引领的电子信息、大健康医药、高端装备制造、文化旅游、现代服务业等五大主导产业,获批创建国家大数据产业发展集聚区和绿色数据中心,引进高通、富士康等一批大数据引领项目,初步形成产业集聚效应。与美国高通公司合资成立华芯通公司合作开发先进服务器芯片,并规划建设领先的集成电路产业园。加快高端装备制造产业园、生物科技产业园和国际休闲旅游度假区建设,三一西南总部及工业 4.0 创新园等一批重大项目落地或陆续建成。

(三)坚持一流配套,全面建设智慧城市

按照"现代、低碳、智慧、高效"要求,投资 900 多亿元建设现代城市基础设施和功能

配套,已建成内畅外联的 600 千米城市路网,均高标准建设了绿化景观带和绿道慢行系统,启动轨道交通项目 6 个,北师大贵安附校、同济贵安医院、湘雅瑞康医院等项目即将建成投入使用,率先建设全覆盖的直饮水城市,超过 70 千米的三舱综合管廊试验段建成,在国内率先将燃气管道、雨污水管道、220 千伏以下电力线等纳入管廊系统。以国家级互联网骨干直联点建设为抓手,高标准提升信息基础设施能级,努力打造高水平智慧城市。

(四)坚持生态优先,构建万水千山城市生态系统

率先编制强制性"低冲击开发模式"规划建设标准,制定实施最严格的"1 +9"生态文明制度,大力实施"五区八廊百园""十河百湖千塘"等重大环境工程。获批全国首批 16 个海绵城市建设试点之一,是唯一的非建成区试点。围绕保护和改善水生态环境,重点实施水资源、水生态、水环境、水安全"四大系统工程",在 19.1 平方千米的试点范围内,三年投资 46.7 亿元实施 8 大类 67 项工程。首创"城市再生水循环利用系统",按国内最高排放标准建成 5 座污水处理厂。与英国建筑设计院、清华大学共建的生态文明创新园开园运行。

(五)坚持城乡统筹,努力做到建设先安民发展先富民

大力实施精准扶贫,全面提高群众获得感和幸福感。将直管区 366 个自然村寨按整体搬迁、保留提升、分散整合三类规划建设,对整体搬迁型探索"三变三化"(资源变资本、资金变股金、农民变市民,均等化、社区化、资产化)征收安置新模式,年内建成总投资 120 亿、总建筑面积 400 万平方米的 13 个生态智慧社区;对 78 个保留提升型和 109 个分散整合型村寨全面建设美丽乡村和特色小镇,并探索乡村资源资本化运作、村庄品牌化经营新路。探索"网格管理 + 片区整合 + 组团服务 + 云端服务"的新型社会治理模式。

(六)坚持改革开放,不断激发发展动力活力

获批开展国家相对集中行政许可权试点,探索"一章审批、一网审管、一单规范"的改革新路,行政审批局已集中行使 95% 的行政许可权,探索建设集审批、监管、服务和监督为一体的大数据云平台,集中审批提速 75%。提出并探索编制行政许可事前审批和事中事后监管的"标准清单",逐项制定细化工作标准。建立"宽进严管"的市场准入和监管制度,解决"准入不准营"难题。探索开展"投资项目审批 40 天全流程试点"。创新投融资模式,采取 PPP 模式实施城市轨道交通、综合管廊等项目,成立总规模 225 亿元的社会资本投资基金。出台支持创业创新系列政策措施,探索"大学城 + 大学生 + 大数据 + 大创意"模式,获批国家双创示范基地和国家级大学科技园。获批开展服务贸易创新发展试点,探索大数据 + 服务贸易融合发展新模式。

九、青岛西海岸新区

西海岸新区自设立以来,积极实施海洋战略,率先蓝色跨越,建设美丽新区。2015年,完成地区生产总值 2600 亿元,较 2014 年增长 12%,人均 GDP 突破 2.4 万美元;公共财政预算收入 198 亿元,较 2014 年增长 12.8%;固定资产投资 1715 亿元,增长 15.8%。三次产业比优化为 2.3:48.3:49.4,高新技术产业产值占青岛市的 40%,占全区 GDP 比重达到 46%;万元 GDP 能耗下降 3.8%,绿化覆盖率近 50%,投资近百亿元开展"蓝色海湾整治行动",入选首批国家级生态保护与建设示范区。自主推进 35 项重大改革,加快建设海洋特色鲜明的活力新区。

(一)创新激发活力

1.权责边界清晰化

理顺新区、功能区与镇街的关系,形成了开发建设的强大合力。强化对全域资源、战略布局、重大项目的统筹,赋予审批权、人事权、财政权三大自主权,剥离街道招商引资职能,强化基层建设、社会治理、公共服务、发展保障四大职能,提高服务保障功能区发展的能力。

2.营商环境便利化

全面取消社会投资类项目前置审批、区级非行政许可事项,实现工商登记"三证合一、一照一码",市场主体实现翻番增长,总数达到 17 万户。推行"一地多用"、规划"审批制变公告制"、施工弹性许可等,出台产业发展、政银企联动等政策举措,开展国家社会信用体系建设示范城市试点。

3.社会治理法治化

运用法治思维和法治方式推动发展,创出了"黄岛模式"。创新社会治理模式,建立多元化参与、网格化巡查、信息化手段、社会化服务、精细化管理、法治化保障"六化"工作机制。创新安全生产模式,建立安全生产法庭和检察室。创新综合执法模式,集中行使六大领域执法权。

4.科技创新系统化

聚焦海洋科技自主创新,完善"产学研用"协同创新机制,全面提升核心竞争力。新引进中船重工海工装备研究院、哈工程青岛船舶科技园等一批高端科研院所,拥有省级以上创新平台 106 个,建成全国海藻行业唯一的国家重点实验室。搭建国际海洋人才港、国际海洋信息港、国际海洋产权交易中心,获批国家知识产权示范区。

(二)开放释放活力

1.提升开放水平

以建设"一带一路"综合枢纽城市核心功能区为目标,重点办好东亚海洋合作平台黄岛论坛、青岛国际啤酒节、全球大数据应用峰会三大国际性活动。

2. 建设国际园区

按照"提升中德、突破中韩、搭建东亚、联通港口、拓展多元"的开放思路，打造国际合作高端平台。推动青岛开发区向机器人、工业 4.0 等智能化高端化转型。中德生态园引进了西门子、中欧基因工程等一批高端项目，被动屋、空客直升机项目签约。国际旅游度假区成为首批国家级旅游度假区。

3. 延伸国际大港开放广度

前湾港和董家口港两个国际深水大港，2015 年货物吞吐量 4.9 亿吨，集装箱吞吐量 1730 万标箱，分别居全球第八位、第七位。前湾保税港区获批国家电子商务示范基地，全国首个汽车口岸电商平台、首个大型 B2B 跨境电商平台落户；董家口成为世界最大的矿石码头。

（三）特色彰显活力

1. 发展特色产业

着力培育 6 个省市级海洋特色园区，形成港口物流、船舶和海工装备、海洋生物等海洋优势产业集群，海洋生产总值占新区生产总值的 27.6%。获批建设国家海洋新材料高新技术产业化基地、国家新能源示范园区等。战略性新兴产业产值比重达到 20%。

2. 建设特色小镇

将特色小镇建设与培育发展新动力、新型城镇化、脱贫攻坚和美丽乡村建设结合，打造茶园小镇、油画小镇等 12 个城乡一体、宜居宜业的魅力小镇。国企投资 14 亿元，撬动社会资本 100 多亿元，新引进亿元以上项目 118 个，有效投资相当于前 5 年的总和，有效带动农村经济发展。

3. 培育特色品牌

开展"品牌创建年"活动，建设"品牌新区"。累计创建中国驰名商标 19 件、省市著名商标 130 件，海青茶、佳沃蓝莓、琅琊台酒等省市名牌产品 186 个。

4. 弘扬特色文化

实施文化引领战略，文化企业达 3000 余家，2015 年实现主营收入 900 亿元，影视文化产业发展迅速。

（四）项目注入活力

1. 突出重点项目

重点抓好 30 个百亿级大项目，东方影都、惠普大数据、中铁·青岛世界博览城等项目加快建设。集中推进 30 个高端教育医疗养老项目，海军军官大学、中科院大学海洋学院、中韩国际医疗中心等项目落户。强化重大基础设施支撑,实施基础设施和社会公益项目1000多个,是前6年的项目数量之和。

2. 强化精准招商

创新招商体制,组建投资促进办和国内、国际两个专业招商局,实现招商资源"一张图",规划布局精准化、产业链条精准化、资源配置精准化。2015年世界500强企业投资项目达到67个。两年引进建设产业项目1000余个,其中开工340多个,竣工投产160多个。

3. 拓展融资方式

积极推行PPP、组合融资、基金投资等新模式。组建首期3亿元、三年达到15亿元的产业投资引导基金。设立400亿元的城市发展基金、200亿元的基础设施投资基金、30亿元的科教文卫发展基金。加快引进金融财富机构,全区金融机构累计达到185家,各类金融机构对新区授信700多亿元。

十、大连金普新区

金普新区自设立以来,紧紧围绕国家赋予的战略定位,把先行先试作为最大的政策优势,抓改革、谋创新、促发展,在东北经济压力加大总体环境下,保持"整体稳中有升、结构逐步改善"的态势,各项经济指标整体好于全省、全市平均水平。预计上半年地区生产总值超过800亿元。

(一)进展情况

1. 持续深化改革,不断增强新区的发展动力

一是深入推进管理体制改革。建立大部制、扁平化,实现综合、精简、高效。新区设6个党工委部门、15个管委会部门、7个功能区,新区管委会机构数量和人员编制比改革前减少30%以上,不同程度地实现了职能的高度综合。实施"双向选择",促进干部资源的高效配置。二是完善运行机制,促进新区、功能区和街道配合有力运转协调。建立"新区统领,功能区和街道各有侧重、互为补充、运转协调"的管理运行机制。新区统领全局,功能区主要承担经济发展责任,街道主要承担社会治理责任。原则上将金普新区的经济管理权限全部授予功能区。三是改革行政审批制度。集中审批事项,建立健全政府权责清单,确保"清单之外无权力"。151项行政审批事项全部纳入新区行政服务中心,实现"大厅之外无审批"。优化行政审批流程,创新审批机制,推动"一照一码一章一证一个工作日办结"。实施"建设项目联合审批",实现发改、经贸、土地、规划、环保、安监、消防集中联合办公,为项目提供绿色通道。

行政审批制度的改革创新,促进了市场主体的快速增长。2015年全区新注册企业

4800户,较2014年增长62%。2016年1—5月,新增市场主体7311户,同比增长14.18%。

2. 扭住招商引资,不断夯实发展基础

一是重大项目招商取得新突破。2016年上半年招商签约项目总投资额近千亿。鲲鹏石化MTO项目、深圳元正新能源电动汽车等40多个大项目正式签约。与英特尔签订投资协议,建设非易失性存储器项目,6月底将正式投产。二是新兴产业快速发展。形成了装备制造、生物医药、新能源汽车、汽车及零部件、电子信息、保税物流等支柱产业。跨境电商综合试验区已经引进阿里巴巴、韩国EBAY等370家企业登记注册,大宗商品及权益类交易中心等金融、类金融机构向小窑湾国际商务区快速集聚。三是大众创业万众创新不断深入。围绕沈大国家自主创新示范区建设,启动一批创新载体。建成各类企业研发和服务平台77个,国家级高新技术企业133家,国家级孵化器2个,市级孵化器6个,创新大厦2个,市级以上工程技术研究中心45家,市级以上企业技术中心49家。四是基础设施建设不断加快。累计完成基础设施建设投资60多亿元,大窑湾三期、丹大高铁、渤海大道、金普城际铁路等一批重大基础设施项目提升了新区的发展功能。大连湾跨海交通工程完成钻探勘察。

(二)下步工作

1. 深化改革

继续推进新区管理体制和运行机制改革,划清职能部门的事权边界,建立责、权、利相统一,事权、人权、财权相匹配的高效运行机制。深化商事制度改革,建立企业登记注册"绿色通道"制度,做好"个转企"工作,推行"证照分离"试点,加快建立有利于市场要素集中、市场资金集聚、市场流通便利、市场活力释放的服务体系。大胆探索干部人事制度、人才引进及管理制度、收入分配制度改革,充分调动现有人员的积极性,激发创业热情,打造人才高地。

2. 扩大开放

制定构建开放型经济新体制综合试点试验地区的工作方案,明确目标举措,全力推进,确保2年内取得一批可供推广借鉴的新鲜经验和成果。复制上海等自贸区政策措施,提高贸易便利化水平。扩大开放领域,提升大窑湾保税港区功能,大力发展港航物流、通用航空、大宗商品交易、跨境电子商务、离岸金融等产业,加快大连开发区等功能园区建设,打造新的发展引擎。

3. 加快创新

制订实施新区建设"沈大国家自主创新示范区"三年行动计划,加快建立产学研用互促互动、以市场配置资源为基础和政府调控有机结合、科技与金融深度融合、成果有效转移转化的新机制新模式。学习借鉴北京中关村自主创新政策,鼓励自主创新,保护知识产权,推动智能制造、集成电路等优势产业加速集聚,提升战略性新兴发展水平。着力建设"众创空间—孵化器—加速器—产业化基地"四级科技孵化体系,激发大众创业、万众创新活力,营造鼓励创新、宽容失败、崇尚成功的社会环境。

十一、四川天府新区

天府新区自获批以来,不断加大工作推进力度,有力有序有效推动新区建设发展,呈现"快速起步、重点突破"的良好态势,具备全面加速、提升发展的基础条件。

(一)建设发展成效

1. 经济保持平稳增长,产业集聚效应显现

2015 年,新区实现地区生产总值 1811 亿元,较 2014 年增长 7.3%,在国家级新区中总量排在第六;全社会固定资产投资完成 1309.8 亿元,较 2014 年增长 12.8%。汽车制造和电子信息产业基地基本形成,汽车整车年产量超 90 万辆、产值突破 1200 亿元,电子信息产值突破 430 亿元。

2. 规划不断优化完善,区域开发有序推进

完成总体规划评估及完善工作,各片区相继开展重点区域的控制性规划以及产业、基础设施等专项规划编制。重点功能区建设加快推进,成都科学城等新兴开发区域初步形成承载能力;成都经济技术开发区、西南航空港经济开发区等成熟开发区域集聚能力进一步增强。新区新增建成区约 17 平方千米,人口新增约 10 万人。

3. 开放高地加速打造,招商引资取得实效

双流机场成为全国第四大航空枢纽,客货吞吐量分别达 4223.9 万人次、55.7 万吨,开通国际航线 85 条,天府国际机场、空港保税物流中心获批。中德创新产业合作平台、中韩创新创业园、中法生态园等国别合作加快推进。引进诺基亚全球技术中心、中航航空科技文化博览中心等重大项目 101 个,实际利用外资 7.27 亿美元。

4. 基础设施逐步完善,承载能力显著提升

骨架路网体系基本形成,第二绕城高速天府新区段、"三纵一横"、货运大道等骨干道路全线贯通,"两横六纵"高速路网和"四纵六横"快速路网格局加快形成,新区已建成高速公路约 180 千米、主干路约 210 千米;轨道交通网络逐步完善,配套公共设施加快建设,生态环境系统逐步改善。

5. 重点领域改革不断深化,双创活力进一步激活

土地管理制度改革纵深推进,农村土地股份量化试点启动,城乡建设用地增减挂钩探索实践,土地潜力充分释放。推行"扁平化、大部制、小政府、大社会"的新型管理体制,

行政审批事项减少200项以上。以军民深度融合发展为重点的全面创新改革试验系统推进,200多家创新创业孵化企业、230多家创投机构、20多家专业科技中介服务机构入驻。

6. 成都科学城加快建设,城市新核初具雏形

以建设国家科学中心和技术创新中心的重要承载区域为目标,初步完成73平方千米的成都科学城发展规划,布局科学研究及应用转化、信息网络、生物医药、创意设计、军民融合、中德合作六大产业组团,引进清华能源互联网研究院、北大光华管理学院、同济大学产学研合作等校院企协同创新重大项目,签约北京超星、启明星辰、搜狗科技等科技创新企业。

(二)2016年重点工作

2016年,天府新区将按照"全面加速、提升发展"的新要求,突出抓好重点区域开发、重点产业培育、招商引资、改革创新,努力实现天府新区"十三五"良好开局和提速提质提效发展。

1. 抓好规划优化调整

高水平编制天府新区"十三五"经济社会发展规划,启动新一轮总体规划修编,组织编制或修编产业发展、基础设施、土地利用、公共服务、生态建设和环境保护等专项规划,开展智慧城市、海绵城市等规划研究,推动"多规合一"。

2. 抓好重点区域开发建设

打造以成都科学城、天府商务区和新兴产业园为重点的"大创造"产业板块,以新川创新科技园、中韩创新创业园和天府软件园为重点打造"大智造"产业板块,以龙泉汽车城、国际生物产业城、新津轨道交通园、视高产业园为重点打造"大制造"产业板块,以双流综保区为重点打造临空经济区,以"两湖一山"为重点打造国际文化旅游功能区,加快建设新经济区的核心区。

3. 抓好全面创新改革试验

深入推动军民深度融合发展,加快在航空航天、信息安全、军工电子等领域壮大军工融合产业。深入推动产业融合发展和商业模式创新,深入推进政产学研用协同创新,加强科技创新平台,打造国际高端人才集聚区。深入推进以土地管理制度改革为核心的重点领域改革。

4. 抓好重点产业培育发展

以五大高端成长型产业和五大新兴先导型服务业为重点,推动新区与成都中心城区错位发展、在国家级新区中特色发展。加快发展汽车制造、电子信息、生物医药、智能制造、高端装备等高端服务业,加快建设现代高端产业集聚区。

5. 抓好招商引资和开放合作

加强"一带一路"国际合作,加快推动中德创新产业合作平台等载体建设,支持国别合作园区发展。大力实施专业精准招商,促进一批重大项目落户新区,加快建设内陆开放经济高地。统筹抓好 115 个重点项目实施,确保项目尽快建成发挥效益。

6. 抓好联动统筹发展

加快建立完善经济运行分析、规划管理、重大项目建设、投资促进、要素保障等协调机制,深化投融资体制改革创新。加强区域合作和协调统筹设计,形成"一盘棋"加快发展格局。

十二、湖南湘江新区

湘江新区自获批成立以来,以新发展理念为指导,主动适应、把握、引领经济新常态,紧扣"三区一高地"战略定位,全力推进新区改革发展建设。2015 年 12 月,湖南湘江新区党工委、管委会正式成立。2016 年 4 月,湖南省人民政府正式批复《湖南湘江新区发展规划(2016—2025 年)》;5 月,获批为全国首批"双创"示范基地;6 月,湖南省委、省政府印发《关于支持湖南湘江新区改革发展的若干意见》,新区发展迈上新征程,经济社会发展成效明显。2015 年,新区实现地区生产总值 1603 亿元,较 2014 年增长 11.5%;规模工业增加值 855 亿元,较 2014 年增长 12%;固定资产投资 1762.7 亿元,较 2014 年增长 21.7%;高新技术产业产值 3090 亿元,较 2014 年增长 13.8%;第三产业增加值 472 亿元,较 2014 年增长 13.2%;社会消费品零售总额 486.5 亿元,较 2014 年增长 13.5%;财政总收入 217.32 亿元,较 2014 年增长 7%。

(一)建设发展进展

1. 产业发展势头良好

一是重大招商实现突破。2016 年来签约重大项目 160 个,合作投资总额 8125 亿元。与 52 家企业、金融机构、高校签署合作项目 57 个,合作金额 7008 亿元,涉及城市基础设施、轨道交通和节能环保、高新技术、区校合作、军民融合、现代服务等多个产业领域。二是供给侧结构性改革扎实推进。装备制造在高新区规模工业中占比下降至 41%,房地产加速去库存,园区转型升级步伐加快,中国联通、中兴通讯等重大产业项目加速推进,电子信息、生物医药、新材料新能源、节能环保等新兴产业同比增长 129%、26%、21%、13%,新建成、引进和开工建设步步高、华谊兄弟、宜家、卓伯根等一批现代服务业项目。三是创新创业蓬勃发展,打造长沙高新区创业中心、梅溪湖创新中心、58 众创等 32 家创客空间。2016 年以来,新登记第三产业市场主体 81.3%,其中信息传输、软件和信息技术服务等移动互联网企业 1600 余户。

2. 城乡品质不断提升

一是强化规划引领。把以人为本、尊重自然、传承历史、绿色低碳等理念融入城市规划全过程。率先按照"反规划"理念编制实施发展建设规划，率先实施生态控制线规划，落实生态涵养用地、农村农业用地、城市建设用地各占三分之一的城市总体空间布局。重点规划建设"长沙西中心"，打造城市形象展示窗口。二是完善功能配套。推进以金桥综合交通枢纽为中心，地铁、中运量等互联互通的立体综合交通体系建设；加快推进地下综合管廊、海绵城市等建设试点，坪塘、三汊矶等棚户区项目改造扎实推进。三是改善人居环境，加强生态环境保护与治理，推行综合性生态补偿机制，扎实推进湘江西岸堤防整治等项目，统筹开展大气、水、土壤污染治理等工作。

3. 发展环境持续优化

一是政策支持力度加大。湖南省委、省政府出台《关于支持湖南湘江新区加快改革发展的若干意见》，对新区在省级层面实行计划单列管理、支持推行自贸区改革经验、各项改革优先试点、省财政设立新区发展专项、实施地级市国土管理权限、推动出台《湖南湘江新区管理条例》等17条"硬招"。二是统融格局加快构建。建立全域性的会议机制、调度机制、协调机制和绩效考核机制，凝聚了"国家级新区＋"的新合力。三是政务服务不断优化。全面推进行政审批简政放权、放管结合、优化服务，加快建设政务服务中心，打造最高效、最便捷、最优质的办事服务环境。

（二）下步工作思路

新时期，湘江新区将推动建设再提速、改革再攻坚、发展再升级，努力打造两型社会标杆、高端品质新城、现代产业高地。

1. 坚持"双创"驱动，打造创新发展新引擎

大力推动国家自主创新示范区和大众创业万众创新示范基地建设。重点打造由麓谷创新谷、岳麓山大学城、岳麓工业集中区组成的"创新三角"，构建"生产集群——创新平台——城市服务与创新服务"三个层面的创新功能支撑体系。扶优做强创新主体。培育中联、三一、中兴等企业集团和创新联盟，完善产业创新链；实施"领军企业引领"计划、"瞪羚企业"培育计划、"柳枝行动计划"。

2. 加快转型，释放产业升级新活力

围绕产业集约化、集聚化、集成化，按照"主动减量、优化存量、引导增量"的要求，实现先进制造业与现代服务业双轮驱动，扩大有效需求与提升有效供给两端发力，构建以制造业为主体、现代服务业为支撑的现代产业体系。发挥对接融入国家"一带一路"、长江经济带发展战略的区位优势和产业优势，打造内陆开放型经济新高地。

3."两型"引领,增创绿色生态新优势

坚持绿色发展,严守资源消耗上限、环境质量底线、生态保护红线,深入推进"两型"社会建设,着力改善生态环境,实现生态文明建设与经济社会发展良性互动,努力建设国家生态文明试验区,为新区宜居生态构筑绿色优势。

4.统筹协调,构筑融合发展新格局

突出新型城镇化与新型工业化融合发展的主题,积极探索行政区与功能区融合发展的体制机制,充分激发和调动新区范围内各建设主体的积极性,形成全社会共同参与、共同推进、共享成果的生动局面。

5.改革创新,培育经济增长新动力

创新投融资模式,推动设立城市发展和产业发展基金,发挥开发性金融机构作用,探索全链条融资新模式。创新土地管理制度,推进土地"征转分离"和低丘缓坡开发利用等试点,完善地价形成机制和评估制度,建立统一的区片地价体系。完善生态文明建设制度设计和绿色生态指标体系,构建多元化的生态建设投资和管理机制。

十三、南京江北新区

江北新区自批准设立以来,牢牢锁定"三区一平台"战略定位,紧紧抓住国家服务贸易创新发展试点机遇,各项工作取得了积极进展。2015 年,新区实现地区生产总值 1465亿元,较 2014 年增长 10.04%;一般公共预算收入完成 155.41 亿元,较 2014 年增长15.49%;全社会固定资产投资完成 1363.59 亿元,较 2014 年增长 3.23%;2016 年 1—5月,这些指标分别增长 9.18%、43.78%、10.02%,新区建设实现平稳开局。

(一)主要进展

1.组织领导不断加强

江苏省委省政府出台《关于加快推进南京江北新区建设的若干意见》,正在推动成立省新区工作领导小组。新区党工委、管委会及职能机构设置批准设立,相关会议制度、调研制度、督查制度等规章制度已基本确定。《南京江北新区发展总体规划》等编制加快推进。

2.创新发展特色初显

与德国弗劳恩霍夫 IPK 研究所合作的中德智能制造(江苏)研究合作平台签约。江苏省产业技术研究院签约落户,江北新区产业技术研创园加快建设。大力构建科技创新合作机制,与南京大学签署《全面战略合作协议》。加快推动国家服务贸易创新发展试点。

3.产业重大项目加快推进

确定了智能制造、生命健康、新材料、高端装备制造和现代物流、科技服务"4＋2"现

代产业体系。台积电 12 英寸晶圆工厂项目 2016 年 3 月顺利签约,上汽新能源汽车项目正在抓紧做好年底前试产准备,六合国轩动力电池二期预计 6 月开工;高新区生物医药谷被认定为国家级科技企业孵化器。

4. 城市建设加快推进

新区城市馆(规划展览馆和市民中心)、南京美术馆新馆等标志性、功能性项目,已完成设计方案审计评审;江北国际医疗中心、南京南丁格尔护理学院等国际健康服务社区重大项目顺利推进。七里河环境整治等一批生态环境提升项目抓紧实施。以"三纵三横"交通工程为重点,加快推动快速路网建设。

5. 对外开放合作逐步加强

加强与"一带一路"、长江经济带沿线城市交流,探索建立与浦东新区、舟山群岛新区、上海自贸区合作共建机制。积极引进国际高端创新资源,筹建剑桥大学中国(南京)科技创新研发中心,创建"南京高新—美国劳伦斯伯克利生命科学研发中心",成立欧洲(南京)创意设计中心。

6. 体制机制创新稳步推进

建立完善新区统筹和行政区统分结合的规划国土管理体制,积极探索行政审批制度改革,成立省市共建江北新区发展基金,与复星集团合作设立新区星景健康产业基金。

(二)下步工作考虑

1. 多措并举抓产业发展

加快发展现代服务业,重点落实服务贸易创新发展试点任务,加快江北新区产业技术研创园、江北海港枢纽等服务贸易集聚区建设。

2. 千方百计抓科技创新

重点加快省产业技术研究院建设,集聚一批工业设计创新中心、知识产权领军型企业等高端资源。依托高新区科技创业服务中心等基地,打造生物医药创业训练营等特色品牌。积极推动新区高校联盟发展,探索建立人才改革试验区。

3. 全力以赴抓城市建设

重点推进中心区建设,加快启动一批标志性、功能性城建项目;强化地下空间规划设计,尽快启动中央商务区地下空间一期项目;高水平推动国际健康服务社区建设,加快建设南丁格尔护理学院等重点项目。完善交通路网体系,加快雨污分流排水达标区建设。

4. 下大力气抓改革创新

积极开展相对集中的行政许可权试点,实行"证照分离"改革。深入推进国土管理体制改革,统筹推进新区全域范围内的土地储备,筹建新区土地储备中心。推进财政和投融资体制创新,推动省市共建江北新区发展基金投资运作,研究设立服务贸易发展基金。

十四、福建福州新区

2015 年 8 月,国务院正式批复福州新区成为第 14 个国家级新区,赋予了其两岸交流合作重要承载区、扩大对外开放重要门户、东南沿海重要现代产业基地、改革创新示范区和生态文明先行区的战略定位。获批以来,福州市全力加快福州新区开放开发,各项工作有序推进。2015 年新区完成地区生产总值 1150 亿元,占全市 20%;规模以上工业增加值 736 亿元,占全市 38%;地方财政收入 183 亿元,占全市 33%。

(一)主要工作和成效

1. 发挥独特优势,做足"海"的文章

(1)深入实施"三海"战略。推动"海峡"积极发挥"5.18"海交会、海峡两岸福州新区发展论坛等系列平台作用,建立福州台湾青年创业创新创客基地,并成立了"台湾青年创业就业服务中心"。

(2)主动融入"海丝"发展。密切与海丝沿线国家海、空港合作,推动开展海关、检验检疫、认证认可、标准计量等方面合作试点,推动中国—东盟海产品交易所发展壮大,促进交易所在海外设立交易分中心。

(3)加快发展"海洋"经济。加快建设蓝色经济产业园、马尾船政(连江)工业园区等临港产业园区。

2. 加强顶层设计,完善新区规划

坚持高端引领、规划先行,努力通过高起点、高标准的规划设计,引领高水平、高质量的开发建设。组建福州新区规划"高级智库",完善新区规划体系,已编制完成《福州新区发展规划》送审稿,启动 30 多项专项规划、重点区域控制性详细规划及重点组团城市设计的编制工作,同步推进"多规合一"试点。

3. 三是发挥试点效应,促进制度改革

以自贸区为试点,以制度创新为核心,积极开展先行先试,加快落实各项改革任务。对标国际贸易先进规则,在自贸区推出 7 批体制创新举措 77 项,"简化 CEPA 以及 ECFA 项下货物进口原产地证书提交需求"及"放宽 ECFA 项下海运集装箱货物直接运输判定标准"全国首创举措被复制推广到全国 4 个自贸试验区,17 项创新举措在省内复制推广。推动投资贸易便利化,全国首创"一照一码"登记制度。营造法治化发展环境,设立福州仲裁委员会国际商事仲裁院,首创设立台胞权益保障中心法官工作室。

4. 坚持创新驱动,推动产业升级

(1)积极推动传统产业转型升级。制定出台加快发展智能制造九条措施等政策,支持更多企业开展自动化智能化技术改造。

（2）大力扶持技术创新和新兴产业发展。福州新区内拥有国家级企业技术中心 3 家，省级企业技术中心 62 家。24 个项目列入福建省级年度战略性新兴产业重点项目计划。我国首个新业态 VR 产业基地正式落户福州新区。

（3）优化提升产业发展链。围绕新区产业链上下游核心环节和缺失项目，加强"造链""补链""强链"，京东方福州第 8.5 代新型半导体显示器件项目动建。

（4）加快推进双创示范基地建设，列入全国首批 28 家双创示范基地。

（二）下一阶段工作思路

紧紧围绕"三区一门户一基地"的战略定位，贯彻落实"创新、协调、绿色、开放、共享"五大发展理念，全面加快开发建设，推进体制机制创新，构筑跨越赶超新平台。

1. 主动对接国家战略

积极融入"一带一路"建设，着力提高开放型经济发展水平。引导进出口企业在自贸区福州片区注册，扩大对外经贸规模。加强与台湾地区在经济、社会、文化等领域的全方位对接。加快推进福州新区与平潭综合实验区、自贸试验区福州片区融合发展，探索建立两地共建共享机制。

2. 推进机制体制创新

抓紧新区各项规划编制，加强规划立法，加快"多规合一"。加快转变政府职能，推行完善大部制、扁平化管理体制，探索建立与国际高标准投资和贸易规则体系相适应的运行机制。深化新区专项政策研究，建立完善新区人才激励、效能督查、绩效考评、统计监测以及投融资创新等机制。

3. 推动重点领域建设

加快推进长乐机场第二轮扩能和机场二期工程、滨海大通道等一批重要交通项目建设，扩大新区内外连接通道。推动新区供水排水、地下综合管廊试点等工程的统一规划和建设，不断增强新区承载能力。推动重点区域率先开发，加快三江口、闽江口等城市功能组团建设。

4. 促进社会经济转型跨越

实施龙头促进计划和技术改造专项计划，重点培育工业制造业龙头企业。开展生态文明体制机制改革的创新实验，率先形成绿色循环低碳的新区开发建设模式。大力发展 VR、大数据、海洋高新等战略性新兴产业和高新技术产业，加快发展跨境电子商务与现代物流，加快推进双创示范基地建设，构建具有福州新区特色的现代服务体系。

5. 推动新区统筹协调发展

构建以人为核心、以中心城市为依托、中小城市和小城镇协调发展、产业和城镇融合发展的格局。强化生态文明建设，推进海绵城市试点建设，构建生态安全格局。推动民生项目建设,构建和谐有序的新型城乡社会关系。促进区域协调发展,实现新区与市内其他区(县)共同发展、整体提升。

十五、云南滇中新区

滇中新区是国务院于2015年9月批复设立的第15个国家级新区。国务院在批复中明确,要把滇中新区打造成我国面向南亚东南亚辐射中心的重要支点、云南桥头堡建设重要经济增长极、西部地区新型城镇化综合试验区和改革创新先行区。新区设立以来,各项工作有序推进,实现新区建设良好开局,并探索形成了一批体现地方特点的体制机制创新经验和做法。2016年一季度,新区完成固定资产投资81.3亿元,同比增长52.8%;一般公共预算收入8.7亿元,同比增长28.3%;社会消费品零售总额30.4亿元,同比增长13.2%。

(一)聚焦经济发展职能,全面推行扁平化管理

推动新区党工委、管委会从原聚集区"16＋1"州市一级全职能管理模式转变为重点聚焦新区范围内的经济管理服务职责,908项社会管理职责全部移交昆明市,工作机构从原来的21个精简为"三部两局"。根据新区开发建设实际需要,以部为单位运转,以处为单位进行专业化分工,有效提升了专业化服务水平。

(二)聚焦市区一体发展,着力构建融合发展新体制

成立了市区融合发展推进工作领导小组,建立了工作例会机制;实行昆明市和新区领导交叉任职;在市国土、环保等7家单位加挂新区相应机构的牌子,履行相关职能。加快构建昆明统筹、滇中协同、新区管理、高效有序的规划管理体系,编制完成新区总体规划。推动与昆明市基础设施互联互通、共建共享。

(三)聚焦基础设施建设,不断创新财政管理和投融资体制机制

按照责权利相统一的原则,合理划分市区间、市县间事权与支出责任,建立事权与支出责任相适应的财政管理体制。探索构建多元化投融资体制,健全完善借、用、还一体化运行机制。大力推广PPP建设模式,成立了新区PPP工作推进领导小组。已获各类金融机构融资授信近700亿元。

(四)聚焦产业体系构建,大力创新招商工作机制

进一步明确产业定位,突出汽车、电子信息和生物医药,大力发展航空枢纽服务、商贸会展、综合保税等服务业。进一步健全招商引资配套政策,创新招商机构设置。截至2016年5月底,实际到位内资123.5亿元,实际利用外资484.1万美元。

(五)聚焦优化营商环境,全面深化行政审批制度改革

将行政审批部门和事项统一集中到政务服务大厅,严格规范使用"2号章",有效承

接行使省、市两级审批权，基本实现了新区事新区办。精简审批事项，再造审批流程，实现"一门受理、同步审查、并联审批、限时办结"，审批时限提速50%以上。

（六）聚焦干事业抓落实，全面深化干部人事制度改革

打破传统行政管理模式，新区机关所有人员实行岗位管理和全员聘用。创新人才引进机制，着力打造人才特区。立绩效考核机制，做到个个有指标、人人有任务、月月有考评、年底算总账。

十六、黑龙江哈尔滨新区

2015年12月，国务院批准设立哈尔滨新区，哈尔滨新区成为全国第16个国家级新区。哈尔滨新区是以突出对俄全面合作为特色的国家级开发开放新区。新区批复后，紧紧围绕国务院确定的"中俄全面合作重要承载区、东北地区新的经济增长极、老工业基地转型发展示范区和特色国际文化旅游聚集区"发展定位，立足现有基础，努力实现转型升级、创新发展，新区开发开放初见成效。

（一）着力三项改革，推动"大政府"向"小机构"转变

哈尔滨市着力探索创新经济功能区管理体制，推进新区范围内三个国家级开发区（哈高新区、哈经开区、利民开发区）与三个行政区（松北、平房、呼兰）深度融合、一体化管理，将三个行政区（开发区）党政工作部门精简60.3%。组建了15个经济功能区，专事招商引资、产业培育、企业服务等经济职能。推行非行政许可审批全面清零，成立行政审批服务机构，统一办理审批事项。推进跨部门、跨领域综合执法和系统内综合执法改革。

（二）发展三大产业，推动产业项目集聚向产业集群构建转变

改造升级"老字号"，深度开发"原字号"，培育壮大"新字号"。大力实施创新驱动发展战略，积极探索老工业基地转型发展新路径。重点落实好哈飞直升机、蟒式全地形车等项目，以装备制造业为基础，努力打造成千亿级产业集群。发展壮大百威英博、九三粮油等食品深加工企业，大力发展名优绿色食品，努力打造千亿元级绿色食品产业。不断培育壮大新一代信息技术产业。系统谋划生物医药、新材料、旅游文化时尚等战略性新兴产业发展。

（三）打造三个组团，推动空间分散布局向功能集合再造转变

依托松北、平房、呼兰三个行政区和哈高新区、哈经开区、利民开发区三个国家级开发区，积极探索"多规合一"试点，推进统一规划平台建设，以规划引领新区各功能组团建设，打造松北科技创新组团、哈南现代制造业组团和利民大健康产业组团。推动空间分散布局向功能集合再造转变。

（四）完善三大体系,推动传统产业园区向创新产业园区转变

充分发挥黑龙江省和哈尔滨市高校聚集、人才密集、成果富集优势,完善科技研发体系、政策扶持体系和融资服务体系。探索建立促进科技成果转化支撑新体系,提升新区的综合竞争力。

（五）深化三个创新,推动传统发展模式向创新发展模式转变

务实深化协同创新体系建设,大力推进新区投资与服务贸易便利化改革创新,全方位推动新区招商引资各组团协调联动机制建设和产城融合发展,提升新区服务中俄全面合作的发展能力。推动服务贸易创新,开通哈俄货运班列,进一步扩大对俄开放。推动招商引资模式创新,探索实施市场化招商方式,有偿委托第三方招引重点项目,打造专业化招商队伍。推动产城融合发展创新,为吸引留住人才和产业技术工人提供宜居宜业环境。

十七、吉林长春新区

长春新区是 2016 年 2 月批复设立的第 17 个国家级新区,规划面积约 499 平方千米,建成区面积 148 平方千米,下辖一个国家级高新区和三个省级开发区。新区成立以来,积极贯彻落实国家发展战略,突出做好"新"字文章,着力在"实"和"快"上下功夫,实现良好开局。

（一）以落实国家战略为使命,引领新区加快发展

（1）着眼于落实长吉图国家战略,主动融入国家"一带一路",加快打造"丝绸之路"北线的新平台、新门户和新通道,科学规划新区功能布局和各开发区产业发展重点。

（2）对接新一轮东北振兴战略,以提高经济发展质量和效益为中心,进一步加快结构调整,全力打造辐射哈长城市群和吉林省东西两翼的经济增长极。

（3）对接供给侧结构改革要求,开展工业稳增长调结构增效益行动,启动实施改善供给、降本增效、制造业升级等三个专项行动,推进传统产业品牌化、支柱优势产业高端化、新兴产业规模化,推动新区健康发展。

（二）以打造现代产业体系为核心,推动新区转型升级

（1）围绕先进装备制造、高端服务业和现代农业三大主导产业,着力构建"5+6+2"的创新型产业体系。长春光电和智能制造装备产业园项目全面开工,航天信息产业园正进行基础施工,长春铁路综合物流货场实现规模性开工,华为云数据中心完成主体建筑设计。

（2）依托各分区功能布局,重点打造高新技术、先进制造、临空经济、健康养老四个高端产业基地。

（3）提升产业发展环境,研究制定促进现代服务业和战略性新兴产业发展的若干政

策,围绕项目引进、建设、运营和管理,实行"三段式"接续服务,形成求助、投诉、咨询、服务"四位一体"的服务体系,搭建行政审批、生产要素保障、项目申报、司法服务、党群服务五大综合服务平台。

（三）以创新创业为动力,积蓄新区发展新动能

（1）加快集聚创新资源、搭建创新平台,重点实施创新企业成长、创新项目推进和实施创新平台提升三大发展计划,全面提升科技创新能力。

（2）依托重点园区,积极打造"众创 + 众筹、孵化 + 加速、总部 + 平台、线上 + 线下"的多模式、多功能的创新创业综合体。北湖科技园被评为"国家级科技企业孵化器",中科创客营、长光 T2T 创业工作室被新认定为"国家级众创空间",新区被认定为"第二批国家科技服务业区域试点"。

（3）继续实施"长白慧谷"英才计划,通过项目合作、委托研发等方式,灵活柔性引进外地高端人才,新区入选国家创新人才培养示范基地,累计引进海外归国人员 1000 多人。

（四）以提升承载功能为重点,完善基础设施与公共服务能力

（1）加快基础设施建设,按照一体化发展和适度超前的原则,与长春、吉林两市和延边州做好城际交通基础设施规划衔接,打造快捷城际交通体系。

（2）提升公共服务能力,践行共享发展理念,健全保障体系,办好群众满意教育,提升卫生服务能力,推进文体事业发展,搭建社会事业综合发展体系。

（3）保护绿色生态环境,营造人与自然和谐共处的生态环境。

（五）以机制体制创新为保障,激发区域发展活力

（1）推进政府管理创新,建立清单管理模式,优化行政管理体制,强化政府资金的引导和杠杆作用,确定合理的利益共享机制。制定实施新区干事创业容错免责、治慵治懒严肃追责暂行办法,促进干部作风转变。

（2）加快科技体制改革,建立跨部门的财政科技项目统筹决策和联动管理制度,健全企业主体的创新投入制度,深化东北亚创新合作探索。

（3）探索城乡统筹发展模式,建立多元化、高效率的基本公共服务供给方式,深化农村土地流转制度、失地农民安置制度改革。

十八、江西赣江新区

2016 年 6 月,国务院批复设立赣江新区,规划范围 465 平方千米,2015 年常住人口 65 万人,地区生产总值 570 亿元,工业总产值 1930 亿元,地方财政收入 93 亿元。

（一）工作进展

为推动赣江新区申报设立和建设发展有关工作,江西省加大政策支持力度,充分调动地市和四大组团的积极性,加快推进相关工作。

1. 坚持高位推进

江西省把新区建设作为全省区域发展"头号工程"。省委书记、省长多次赴新区调研,现场协调解决重大问题;成立了由常务副省长挂帅的新区协调推进小组;完成了南昌经开区、临空经济区、桑海开发区"三区合一"整合,形成大昌北格局;将共青城市、永修县纳入省直管县,进一步理顺与原行政区的关系,赋予市级经济管理权限。

2. 坚持高标准开发

一是综合立体交通体系加快完善。昌九大道一期工程已建成通车,昌九高速"四改八"扩建工程开工;武九客专、昌吉赣客专、九景衢铁路建设加快推进,以新区为核心的大"十"字高铁格局加快形成。城市轨道交通、航道港口、机场航线等新建、升级工程稳步推进。二是新区市政基础设施全面铺开。建成园区道路80多千米,水、电、气、污水管网等市政配套设施同步推进。三是园区标准厂房等配套设施加快推进。已在南昌临空经济区建成30万平方米、共青城32万平方米、经开区11万平方米标准厂房。四是科教人才等创新平台启动建设。建成了腾讯青年众创空间(南昌)、北大科技园众创空间等众创平台。共青城南湖科教城新进驻5所省属高校二级学院建设全面启动。

3. 坚持高品位招商

积极推进电子信息、新能源、新材料等产业集聚发展。昌北组团引进新加坡丰树、欧菲光、腾讯众创空间等世界500强和国内500强企业近20家;临空组团引进航天通信手机、鸿利光电等近20个高端、前端、深端的电子信息产业项目;共青组团引进汉能光伏发电、中俄商贸城等项目;永修组团星火有机硅一体化项目竣工投产。

4. 坚持大胆改革试验

（1）创新行政管理体制。按照"企业化管理、市场化运作"要求,积极推进人事制度改革,主要员工面向全社会公开招聘。

（2）创新投融资模式。发起设立了规模为临空创新股权投资基金和江西振兴发展基金,实现股权基金融资13亿元。

（3）率先推广自贸区改革试点经验。推行行政审批"一口受理""并联审批"服务模式,推进新型城镇化改革试点。

（二）下一步工作考虑

1. 打造引领区域发展新增长极

按照"一年有框架、两年有形象、三年有效果、五年大发展"的目标,以大投入推动大建设,以大开放带动大发展,以大产业促进大集聚,以大创新激发大活力,增强新区集聚力、创造力和辐射力。

2. 建设高端产业新集聚区

大力培育战略性新兴产业,立足现有产业特色,培育壮大电子信息、智能装备、新能源、新材料、生物医药等5大战略性新兴产业。加快发展现代服务业,建设区域性电子商务产业中心、区域商贸物流中心等。

3. 培育改革创新新引擎

促进各类创新试点、改革试验向新区集聚,在行政管理体制、城市管理体制、投融资体制、创新创业等领域开展先行先试,系统推进全面创新改革试验。

4. 构建内陆开放新高地

依托南昌综合保税区、空港物流枢纽,积极融入"一带一路"发展战略,全面参与长江经济带分工协作,积极复制自贸区成功经验,大力开展产业合作对接,打造加工贸易转型升级示范区,开展跨境电商试点示范,培育参与国际经济竞争合作新优势。

5. 塑造生态宜居现代新城区

将城市建设与遵守山水自然风貌、传承历史文化结合起来,做好"显山露水、治山理水"文章。坚持产城融合,提升城市建设和管理水平,建设富有魅力的宜居、宜业、宜游新城。

（本部分内容来自国家发展和改革委员会地区经济司子站官网,内容经整理,有所改动。）

附录4　2016年国家级新区体制机制创新工作要点

为落实国家"十三五"规划纲要关于鼓励国家级新区体制机制和管理模式创新的部署,进一步发挥国家级新区（以下简称"新区"）在引领发展改革和创新体制机制等方面的试验示范和引领带动作用,特制定本要点。

2016年,各新区要全面贯彻落实党的十八大和十八届三中、四中、五中全会精神,按照"五位一体"总体布局和"四个全面"战略布局,牢固树立新发展理念,主动引领经济发展新常态,坚持高起点谋划、大力度推进,围绕国家重大战略实施,率先全面推进简政放权、放管结合、优化服务和构建市场化营商环境等共性改革任务,同时继续结合各自发展阶段和比较优势,围绕1~2个重点方向开展体制机制先行探索,以创新发展新经济,以改革培育新动能,力争形成可复制、可推广经验,为其他地区提供引领示范。

一、上海浦东新区

进一步深化和有序推广自由贸易试验区制度创新,以政府服务、投资管理、贸易监管、金融制度等创新为重点,加快构建开放型经济新体制。

(1)以"三个清单"为突破口,运用"互联网+"技术,深化"先照后证"等改革,大力提升政府服务效能。

(2)深入推进以准入前国民待遇加负面清单管理为重点的投资管理制度创新。

(3)以贸易便利化为重点,创新贸易监管、流通等制度框架,积极探索具有国际先进水平的贸易监管制度。

(4)探索推进以资本项目可兑换和金融服务业开放为目标的金融制度创新,推动面向国际的金融市场建设。

(5)依托张江高科技园区,大力推进上海全面创新改革试验区建设,在发展新经济、培育新动能方面创造经验。

二、天津滨海新区

务实深化京津协同创新体系建设,大力推进投资与服务贸易便利化改革创新,全方位推动港区协调联动探索,提升服务京津冀协同发展能力。

(1)率先开展京津冀全面创新改革试验区建设探索,推进滨海—中关村科技园建设,构建重点领域对接合作机制,促进协同研发和技术扩散,推动建设"双创"示范基地,率先形成个性化定制、服务型制造等新模式。

(2)深化自贸试验区制度创新,拓展金融业务新领域,发挥自主创新示范区和自贸试验区联动效应。

(3)依托海空两港优势,提升融资租赁等高端服务业对临港临空产业的服务水平,创新海空联运通关便利化模式,探索促进海空、海铁联运业务发展新途径。

(4)加强滨海新区与天津港行政管理体制改革、规划、产业等方面融合联动,探索多种形式合作的市场机制和港区一体的现代治理新机制。

(5)深化"一份清单管边界""一颗印章管审批""一个部门管市场"和基层综合执法模式等创新,在简政放权、放管结合、优化服务等方面创造经验。

三、重庆两江新区

深化内陆通关和口岸监管模式等重点领域探索创新,发挥和提升丝绸之路经济带和长江经济带重要交汇点服务引领作用。

(1)创新水陆空口岸联动开放机制,探索建立空域动态灵活使用机制,提高空域资源配置使用效率,改造升级口岸集疏运体系。

(2)深化区域大通关协作探索,推进全域海关业务一体化改革。

(3)创新口岸监管模式,探索建立区港一体联动的动态监管体系。

四、浙江舟山群岛新区

创新通关和口岸监管模式,推动江海联运中心建设取得新进展,探索重点产业转型升级新路径。

(1)承接国际贸易"单一窗口"落地,探索推动舟山港综保区功能拓展。

(2)推动宁波舟山港通关监管一体化,争取实现信息互换、监管互认、执法互助,强化江海联运信息化建设。

(3)探索完善助推船舶工业转型升级新举措,深化远洋渔业发展创新。

五、甘肃兰州新区

探索建立促进产业集聚和科技创新的新机制,创新生态保护与经济发展统筹推进适宜模式,提升新区综合竞争力。

(1)围绕兰白科技创新改革试验区建设,以产业孵化器、"双创"品牌活动等为载体,构建"创业苗圃+孵化器+加速器+产业园"的孵化链条,加快集聚高端创新要素。

(2)结合推进中央和省属在兰州市区企业"出城入园"到兰州新区发展、城区老工业区搬迁改造试点等,探索统筹优化新老城区布局、实现产业错位发展的有效途径。

(3)加快生态保护赔偿制度改革,积极探索建立生态损害赔偿中心、生态损害赔偿基金和设立碳交易中心,为全面推开生态环境损害赔偿积累经验。

六、广州南沙新区

探索构建与国际投资贸易通行规则相衔接的基本制度框架,引领粤港澳合作模式创新。

(1)加快大通关体系建设,深化口岸业务创新研究,力争在国际贸易、国际中转、检测维修、船舶登记管理、航运交易、航运保险、跨境支付结算等方面形成一批全国领先、可复制可推广的经验。

(2)优化法治环境,组建一批专业仲裁机构,建立涉港澳案件会商协调机制。

(3)创新与港澳深度合作模式,拓展专业领域合作和专项合作。

七、陕西西咸新区

深化城市发展方式创新和以文化促发展模式探索,进一步发挥在"一带一路"建设中的重要作用。

(1)创新特色化的城市发展方式,推广城市发展集成创新,探索形成可复制可推广的优美小镇建设模式。

(2)运用"互联网＋文化产业"的方式,以产业平台建设为载体,推动形成智慧链、平台链、服务链、贸易链四大产业链条,打造新一代文化产业集群。

(3)探索 21 世纪海上丝绸之路与丝绸之路经济带联动的合作机制,创新同其他国家级新区、丝路沿线国家园区合作路径,完善"一园多地"互补合作模式。

八、贵州贵安新区

深化以产业集聚促进新型城镇化发展等方面的探索,创新产城融合发展机制。

(1)创新以特色支柱产业、优势新兴产业和高端产业引领产业转型发展模式,提升产业对城市发展的带动力和聚集力。

(2)探索农业转移人口成本分担机制,创新有利于城镇化发展的人口、土地、投融资、住房、生态环保等体制。

(3)以全面实施国家新型"海绵城市"建设试点为抓手,深化城市综合建设管理创新。

九、青岛西海岸新区

重点围绕促进军民融合发展和推动形成以海洋科技创新促进海洋产业发展的有效途径开展探索。

(1)以装备技术保障、军地人才培养、军队社会化保障、军民科技产业发展 4 个军民融合中心建设为载体,积极探索军民产业融合发展、军民科技协同研发孵化、军地基础设施共建共享、军地人才培养使用等方面的新模式。

(2)全面布局科技创新计划,推动海洋类等科研院所落地,积极推行"持股孵化"等新型孵化模式,创新科技金融合作模式,深化科技创新引领海洋产业发展探索。

(3)积极促进海水淡化产业健康发展,在水资源费补偿、水价电价优惠、科研应用、检测标准等方面进行实践探索。

十、大连金普新区

着力创新管理体制，加快形成创新发展的内在动力，进一步深化面向东北亚区域开放合作。

（1）加快建立务实高效的管理体制，进一步优化各功能区管理模式，形成同市场完全对接、充满生机活力的体制机制。

（2）加强面向日韩合作，充分利用中韩自贸区机制安排，探索优势产业发展与边境贸易互动模式，创新大连东北亚国际航运中心建设模式，深化面向东北亚开放合作，培育开放型经济新优势。

（3）积极开展科技体制改革和机制创新，以沈大自主创新示范区建设为契机，加快促进产业转型升级，打造新兴产业集群，提升拓展保税区功能，在新一轮东北振兴中发挥重要引领带动作用。

十一、四川天府新区

以深化土地管理制度改革为引领，着力构建有利于产业集聚发展和城乡一体化发展的体制机制。

（1）依托成都科学城建设，培育集聚新技术、新产业、新业态，率先推进全面创新改革试验。

（2）结合幸福美丽新村、特色小镇建设、社会事业发展和精准扶贫，有序推进土地管理制度改革探索。

（3）制定产业用地投资强度、开发强度、产出效益指标体系，严格土地规划管控制度，深化集约节约用地探索。

十二、湖南湘江新区

创新投融资模式，深化生态文明建设体制机制改革，走绿色低碳循环发展道路。

（1）推动设立城市发展和产业发展基金，拓展融资租赁和海外融资途径，多渠道吸引社会资本参与城市基础设施投资和运营，发挥开发性金融机构支持新区发展的主渠道作用，形成全链条融资新模式。

（2）创新土地管理制度，推进土地"征转分离"和低丘缓坡开发利用等试点，完善地价形成机制和评估制度，建立统一的区片地价体系。

（3）进一步完善生态文明发展的框架设计和绿色生态指标体系，试点"河长制"和环境质量绩效考核，构建多元化的生态建设投资和管理机制。

十三、南京江北新区

大力实施创新驱动发展战略,探索以自主创新引领产业转型升级有效路径。

(1)突出生态优先、绿色发展,积极融入长江经济带发展战略,率先探索形成节约能源资源和保护生态环境的产业结构、增长方式和消费模式。

(2)完善产学研协同机制,发挥高校和科研院所的创新源头作用,构建定位明晰、特色鲜明的新区智库体系。探索建设协同创新基地,开展创业创新人才管理改革试验,在集聚创新资源、推动成果转化、带动产业发展等方面先行先试。

(3)完善创业创新机制,实施创新型企业培育行动,探索建设知识产权法庭。

十四、福建福州新区

探索完善科学规划体系,创新制造业转型升级方式,提升核心竞争力,加快两岸交流合作重要承载区建设。

(1)通过规划立法,加快"多规合一"试点,推进统一规划平台建设,增强各类规划的统一性、连续性和实效性。

(2)推动产业优化再造,实施龙头促进计划和技术改造专项计划,重点培育工业制造业龙头企业。开展生态文明体制机制改革的创新实验,率先形成绿色循环低碳的新区开发建设模式。

(3)探索新形势下对外开放的新模式,引领我国 21 世纪海上丝绸之路核心区建设。加快推进福州新区与平潭综合实验区、自贸试验区福州片区融合发展,探索建立两地共建共享机制。

十五、云南滇中新区

重点围绕建设面向南亚东南亚辐射中心的重要支点和创新新型城镇化体制机制深化探索。

(1)搭建开放平台,探索创新招商机制、招商方式和合作模式,加快培育现代特色产业体系。

(2)加强与昆明市相关规划的衔接融合,创新人口城镇化发展机制和城乡建设管理制度,探索构建产城互动、城乡统筹、一体发展的体制机制。

十六、黑龙江哈尔滨新区

创新面向东北亚开放合作机制,探索老工业基地转型发展新路径。

（1）推动设立中以（以色列）产业园，加快对俄合作载体建设，探索推动对俄贸易优化升级的有效途径。

（2）探索建立精简高效的管理体制和运行机制，以负面清单为抓手，推动形成各类投资者平等准入、公平竞争的市场环境。

（3）积极开展服务贸易管理体制、发展模式、便利化等方面的创新探索，依托冰雪、民俗等资源和比较优势，加快创新产业转型升级有效途径。

十七、吉林长春新区

构建科技产业创新平台，着力创新面向图们江区域合作开发体制机制。

（1）推动创新创业示范基地建设，搭建创新孵化载体，加强金融人才服务创新，探索以创新创业促转型的发展模式。

（2）促进招商力量向产业园区服务力量转型，建立"招商、落位、投产"一条龙的项目落实机制。

（3）以东北亚国际内陆港和长春机场建设为载体，探索提升参与图们江区域合作开发水平新路径。

附录5 2017年国家级新区体制机制创新工作要点

为落实国家"十三五"规划纲要关于鼓励国家级新区（以下简称"新区"）体制机制和管理模式创新的部署，遵照李克强总理关于国家级新区创新发展的重要批示，促进国家级新区在深化改革创新和推动产业转型升级等方面深化探索，进一步提升发展质量和效益，多积累可复制可推广的经验，切实发挥辐射带动作用，制定本工作要点。

2017年，各新区要在以习近平同志为核心的党中央领导下，全面贯彻党的十八大和十八届三中、四中、五中、六中全会精神，深入贯彻习近平总书记系列重要讲话精神和治国理政新理念新思想新战略，统筹推进"五位一体"总体布局和协调推进"四个全面"战略布局，牢固树立和落实新发展理念，适应把握引领经济发展新常态，坚持以提高发展质量和效益为中心，坚持以推进供给侧结构性改革为主线，紧紧围绕率先全面深化"放管服"改革、大力发展实体经济、主动融入国家重大战略、推动全方位对外开放、实施创新驱动发展、构建市场化规范化法制化体制机制和发展环境等方面,立足各自发展阶段和比较优势,坚持目标导向和问题导向相结合,因地制宜、精准发力,以新思路、新视角、新方法探索形成破除发展难题和体制障碍的特色化新路径,进一步激发新区发展动能,打造改革开放新高地、创新发展新引擎,为其他地区改革发展提供新区样板和引领示范,以优异成绩迎接党的十九大胜利召开。

一、上海浦东新区

以制度创新为抓手,推进各类功能平台融合联动、协同互促,力争在深化自由贸易试验区改革创新、推进科技创新中心建设和推进社会治理创新上有新作为,持续在构建高标准开放型经济新体制上发挥引领示范作用。

(1)全面推进自由贸易试验区建设,深化投资领域创新与商事制度改革,完善便利化最优的贸易监管制度创新,创新社会治理模式,稳健推动金融开放创新试点,提升金融中心建设水平。

(2)进一步聚焦科创中心核心功能区建设,推动张江从科技园区向科学城转型,全面提升张江园区形态与功能。进一步优化科技创新综合环境,持续深化科技管理制度创新,完善科技综合服务体系。

(3)加强综合配套改革试验区、自由贸易试验区、科技创新中心、国家人才改革试验区建设等融合联动,探索重点改革事项、重大平台建设统筹协同、互促共进的有效方式。

二、天津滨海新区

着力在深化"放管服"改革、培育壮大新动能、扩大双向开放等方面先行先试、率先突破,全面提升开发开放水平和能级,进一步发挥在京津冀协同发展中的示范带动作用。

(1)建设电子市民中心,探索构建新型"互联网+政务服务"体系、电子证照等政务数据跨部门共享机制和智能监管体系,努力打造全面深化"放管服"改革的新平台。

(2)加快建设天津滨海—中关村科技园和"双创"示范基地,全力推进京津冀全面创新改革试验区建设探索,率先形成个性化定制、服务型制造等新模式。

(3)深化自由贸易试验区制度创新,探索与天津港联动的"区港绿色通道",创新港产城融合发展方式,深入开展开放型经济新体制建设创新探索,提升承接国际产业梯度转移能力。

三、重庆两江新区

以深化内陆开放领域体制机制创新为重点,以战略性新兴产业为抓手,探索开放型经济运行管理新模式,推动建立质量效益导向型外贸发展新格局,进一步发挥在"一带一路"建设和长江经济带发展方面的引领作用。

（1）创新"产业链＋价值链＋物流链＋信息链＋资金链"的内陆加工贸易发展方式,探索构建开放型产业新体系,打造内陆战略性新兴产业集聚区。

（2）探索科技创新服务新机制,发挥创新创业和"互联网＋"集智汇力的乘数效应,建设有特色、高水平的国家双创示范基地。

（3）健全外商投资管理制度,探索促进国际投资合作新方式,完善境外投资活动真实性核查制度,创新专业化、精准化、集群化招商模式和共同出资、共同受益的资本运作模式。

四、浙江舟山群岛新区

依托舟山港综合保税区和舟山江海联运服务中心建设,开展自由贸易港区建设探索,推动建立与国际接轨的通行制度。

（1）以宁波—舟山港为依托,大力推进舟山江海联运服务中心建设,加快江海直达船舶研究应用和江海联运公共信息平台建设,深化港口一体化发展创新,提升大宗商品储备加工交易能力。

（2）创新外商投资便利化管理和促进机制,完善自由贸易背景下的贸易服务体系,在符合相关政策前提下,开展全业态船舶供应服务探索,促进服务贸易市场拓展、品牌培育和产业发展。

五、甘肃兰州新区

探索促进产业集聚和科技创新的新机制,打造务实高效的政务服务环境,充分激发社会投资动力和活力。

（1）依托兰白科技创新改革试验区建设,深化人才引进与知识产权保护机制创新,加快创新要素集聚,完善"创业苗圃＋孵化器＋加速器＋产业园"的孵化链条,培育提升发展动能。

（2）优化开发建设秩序,聚焦核心功能区建设,集约节约利用土地,分区分步滚动开发,提高产业集聚度,严格管控审批新的房地产项目,着力推进房地产去库存。

六、广州南沙新区

深化粤港澳深度合作探索,推动建设粤港澳专业服务集聚区、港澳科技成果产业化平台和人才合作示范区,引领区域开放合作模式创新与发展动能转换。

（1）创新与港澳在资讯科技、专业服务、金融及金融后台服务、科技研发及成果转化等领域合作方式，推进服务业执业资格互认，吸引专业人才落户。

（2）完善"智慧通关"体系，推动建设全领域、全流程"线上海关"，构建国际国内资源双向流动的投资促进服务平台。探索建立法院主导、社会参与、多方并举、法制保障的国际化、专业化、社会化多元纠纷解决平台，优化法治环境。

七、陕西西咸新区

深化城市发展方式创新和特色化产业发展路径探索，进一步发挥国家创新城市发展方式试验区的综合功能和在"一带一路"建设中的重要作用。

（1）探索突显文化特色、注重绿色集成创新、保障群众利益的城市发展方式，创新优美小镇建设模式。

（2）深化中俄丝路创新园建设探索，推动与广州南沙新区等共建产业合作基地、创新型孵化器等举措实施，在跨国、跨区域园区共建和产业孵化引领产业发展方面积累新经验。

八、贵州贵安新区

依托大数据产业发展集聚区、南方数据中心示范基地和绿色数据中心建设，探索以数字经济助推产业转型升级，促进新旧动能顺畅接续的供给侧结构性改革路径。

（1）创新政府服务模式，探索"人才＋项目＋团队""人才＋基地"等人才培养新模式，大力打造集储存、挖掘、分析、清洗、展示、应用、数据产品评估和交易等为一体的大数据核心产业链条。

（2）构建"研发＋孵化＋制造＋融合＋平台＋应用"科技创新模式，形成闭合的产业生态圈，催生新产业新业态，推进"大数据＋大开放"，创新开放合作形式。

九、青岛西海岸新区

深入推进青岛（古镇口）军民融合创新示范区和青岛蓝谷海洋经济发展示范区建设探索，持续深化军民融合体制机制和海洋科技发展创新。

（1）完善军民融合发展体制机制与政策举措，以"融"为核心，开展军民协同创新，探索构建集产业、科技、人才、保障为一体的军民综合创新体系，聚焦关键要素，挖掘培育军事文化特色。

（2）推进面向深海、深地、深空、深蓝的科技创新中心建设，探索科技企业阶梯培育机制，完善科技创新券机制，开展中德生态园知识产权保险试点，加快全要素孵化加速的众创平台建设。

十、大连金普新区

进一步创新管理体制，探索以科技创新和双向开放促进产业转型升级的有效途径，加快形成创新发展的内在动力。

（1）深化市场配置资源、经济运行管理、面向东北亚开放合作等方面的制度创新，加快大连东北亚航运中心建设探索，启动保税区管理体制改革，健全与新区发展相适应的管理体制和运行机制。

（2）推进沈大国家自主创新示范区高端装备、集成电路、通用航空等产业创新基地和专业技术研发、创新创业服务等创新平台建设探索，力争在园区协同开放、招商引资机制创新等方面有所突破。

十一、四川天府新区

突出"全面加速、提升发展"两大重点，加快全面创新改革，全力破解体制机制难题，进一步提升产业和区域整体竞争力。

（1）纵深推进全面创新改革试验，在军民融合、产学研协调创新等关键环节和重点领域实现率先突破，围绕增强产业发展核心竞争力，创新推动产业动能转换再提速方式。

（2）健全协同管理体制，开展立法探索，构建有效统筹成都片区和眉山片区间、成都片区各区域间关系的管理运营方式，破解管理体制碎片化难题，提升区域融合发展水平。

十二、湖南湘江新区

深化要素市场创新，持续推进生态文明建设体制机制改革探索，在推进绿色集约高效发展与产城融合、城乡一体化发展等方面有所突破。

（1）深化土地集约节约利用、投资方式及科技成果孵化转化机制创新探索，加强金融创新，丰富金融业态，推动形成高效规范的资源要素市场化配置方式。

（2）完善多元化生态补偿机制，建设生态技术指标体系，开展绿色市政建设与循环化发展探索，依托水环境综合治理试点，建立特色化流域保护、管理执法机制，积极参加全国碳交易市场建设。

十三、南京江北新区

以科技创新培育发展新动能，以新技术助推行政管理体制改革，努力打造优良创新环境,积极发挥辐射带动作用。

(1)进一步理顺管理体制和运行机制,探索以法定机构形式建设运营江北新区大数据管理中心,运用大数据促进政府管理方式创新。

(2)开展专利、商标、版权"三合一"知识产权综合管理体制改革试点,推进科技创新资源集聚区建设,发挥江北高校联盟作用,创新科技成果转化方式,促进众创空间、创客联盟、创业学院发展。

十四、福建福州新区

积极对接国家"一带一路"建设,建立健全特色化综合服务平台,推进各类功能区深度融合。

(1)研究推进海洋产权交易中心和海域使用二级市场建设探索,为海洋产权交易积累有益经验。依托中国—东盟海交所等,提升海产品跨境结算平台功能。

(2)持续推进新区与平潭综合实验区、自由贸易试验区福州片区融合发展探索,建立健全两地共建共享机制。

十五、云南滇中新区

围绕建设面向南亚东南亚辐射中心的重要支点战略定位,进一步理顺管理体制,健全要素保障机制,夯实开发开放基础。

(1)聚焦解决新区与昆明市之间人流、物流、资金流、信息流一体化问题,进一步推进市区融合发展体制机制创新,推动形成以市带区、重点保障、市区一体的融合协同发展格局。

(2)探索推动构建沿边开放新高地的体制机制,加快构建企业自主决策、融资渠道畅通、职能转变到位、政府行为规范、法治保障健全的新型投融资体制,创新优化发展环境。

十六、黑龙江哈尔滨新区

以优化发展环境为载体,以招商引资、产业集聚、对俄合作为重点,探索促进老工业基地转型发展新路径。

(1)探索建立精简高效的管理体制和运行机制,继续推进扁平化管理体制和大部门制优化调整,促进管理职能下沉,开展功能区运营模式改革,选择基础条件较好的功能区开展市场化运营试点。

(2)探索产业转型升级有效途径,创新市场化招商方式,围绕新区重点产业的垂直供需链和横向协作链开展"精准"招商，依托中俄博览会、国际交通走廊建设等，深化对俄全方位合作，推动贸易结构优化升级。

十七、吉林长春新区

构建科技创新平台，培育经济新动能，探索深化面向图们江区域合作开发新路径。

（1）加快长东北科技创新中心、北湖科技园等创新平台建设，积极打造创新创业平台，提高科技成果本地转化率，深化人才改革试验区建设探索，创新人才培养和引进模式。

（2）以东北亚国际陆港和空港经济开发区建设为载体，完善口岸服务功能，促进物流、健康养老等特色化产业集聚，探索提升参与图们江区域合作开发水平新路径。

十八、江西赣江新区

围绕完善管理体制机制、创新发展平台、促进产城融合发展等方面进行探索，在促进中部地区崛起方面发挥积极作用。

（1）按照基础设施优先、环境优先、公共配套优先、产业优先原则，谋划推进空间形态有特色、功能内涵有内容的生态健康城建设，开展产城融合发展改革探索。

（2）依托共青城，建设科技创新及成果转化的示范区，多举措探索创新创业新方式，打造"双创"平台。

附录6　国家级新区政策一览表①

当前，各国家级新区的迅猛发展离不开政策的支持，为更好地了解各新区的具体政策信息，本部分对目前各国家级新区现有政策从政策层面及政策内容分别统计。

---

① 因资料获取渠道有限，本部分政策仅体现可查询到的相关信息。

一、上海浦东新区

表3　上海浦东新区政策扶持情况一览表

政策层面	政策名称
国家级	(1)《国务院关于经济特区和上海浦东新区新设立高新技术企业实行过渡性税收优惠的通知》(2007) (2)《国务院关于推进上海加快发展现代服务业和先进制造业建设国际金融中心和国际航运中心的意见》(2009) (3)《财政部海关总署国家税务总局关于扩大内销选择性征收关税政策试点的通知》(2016) (4)《国务院关于在上海市浦东新区暂时调整有关行政法规和国务院文件规定的行政审批等事项的决定》(2016) (5)《全面深化中国(上海)自由贸易试验区改革开放方案》(2017)
省市级	(1)《关于〈上海市鼓励外国跨国公司设立地区总部的暂行规定〉的实施办法》(2002) (2)《上海市生物医药产业发展行动计划(2009—2012年)》(2009) (3)《上海浦东机场综合保税区管理办法》(2010) (4)《上海市临港产业区管理办法》(2010) (5)《上海现代服务业综合试点专项资金使用和管理办法》(2011) (6)《上海市临港地区管理办法》(2012) (7)《临港地区建立特别机制和实行特殊政策的三十条实施政策》(2013) (8)《上海市关于加快培育和发展战略性新兴产业的实施意见》(2013) (9)《上海市科技小巨人工程实施办法》(2015) (10)《进一步深化中国(上海)自由贸易试验区和浦东新区事中事后监管体系建设总体方案》(2016) (11)《上海市鼓励跨国公司设立地区总部的规定》(2017)
新区/相关单位	(1)《关于鼓励国内大企业在浦东新区设立总部的暂行规定》(2004) (2)《为浦东新区外国籍高层次人才和投资者提供出入境便利的七项优惠措施》(2009) (3)《浦东新区促进融资租赁业发展的意见》(2010) (4)《浦东新区引进海外高层次人才意见》(2011) (5)《浦东新区促进总部经济发展财政扶持办法实施细则》(2011) (6)《关于推动浦东新区跨国公司地区总部加快发展的若干意见》(2011) (7)《浦东新区人民政府关于印发浦东新区促进新兴服务业发展财政扶持办法的通知》(2011)

续表

政策层面	政策名称
新区/相关单位	8)《浦东新区工业节能降耗专项扶持实施办法》(2012)
	(9)《浦东新区促进金融业发展财政扶持办法》(2012)
	(10)《上海市浦东新区设立商业保理企业试行办法》(2012)
	(11)《浦东新区促进中小企业发展实施办法》(2013)
	(12)《浦东新区加快文化创意产业发展的财政扶持办法》(2013)
	(13)《浦东新区促进新兴服务业发展的财政扶持意见》(2013)
	(14)《浦东海关促进总部经济发展 10 项支持措施》(2013)
	(15)《浦东新区高层次归国留学创业人才住房补贴专项资金管理办法》(2013)
	(16)《浦东新区科技发展基金留学人员创业资助资金操作细则》(2013)
	(17)《上海市张江高科技园区文化产业发展扶持办法》(2014)
	(18)《浦东新区人民政府关于印发境内自然人在浦东新区投资设立中外合资、中外合作经营企业管理办法的通知》(2014)
	(19)《浦东新区促进金融业发展财政扶持办法》(2015)
	(20)《浦东新区促进金融业发展财政扶持办法实施细则》(2015)
	(21)《浦东新区促进私募证券投资基金行业发展财政扶持办法及实施细则》(2015)
	(22)《关于推进浦东新区商业发展的扶持意见》(2015)
	(23)《社会工作督导人才队伍建设实施意见》(2015)
	(24)《2016 年浦东新区"小微企业创业创新基地城市示范"专项资金项目申报指南》(2016)
	(25)《浦东新区科技发展基金管理办法》(2016)
	(26)《浦东新区科技发展基金知识产权资助资金操作细则》(2016)
	(27)《关于"十三五"期间促进浦东新区社会组织发展的财政扶持意见》(2016)
	(28)《浦东新区黄浦江南延伸段前滩地区 Z000801 编制单元31–01 地块出让方案》(2016)
	(29)《浦东新区工业用地全生命周期管理实施细则》(2016)
	(30)《浦东新区科技发展基金重点科技创业企业专项资金操作细则》(2016)
	(31)《关于"十二五"期间促进上海市张江高科技园区创新发展的若干意见》(2016)
	(32)《浦东新区深化上海国际贸易中心核心功能区建设"十三五"规划》(2017)
	(33)《浦东新区科学技术奖励办法》(2017)
	(34)《"十三五"期间浦东新区财政扶持经济发展的意见》(2017)
	(35)《中国(上海)自由贸易试验区推荐外籍高层次人才申请在华永久居留的认定管理办法》(2017)

（数据来源于国家有关部委政务网、新区所在市政务网、浦东新区政务网等。）

二、天津滨海新区

表4　天津滨海新区政策扶持情况一览表

政策层面	政策文件
国家级	（1）《财政部、国家税务总局关于支持天津滨海新区开发开放有关企业所得税优惠政策的通知》（2006） （2）《国务院关于推进天津滨海新区开发开放有关问题的意见》（2006） （3）《海关总署关于支持天津滨海新区开发开放的总体意见》（2012） （4）《工商总局七项政策进一步支持天津滨海新区开发开放》（2012） （5）《财政部、国家税务总局关于支持天津滨海新区开发开放有关企业所得税优惠政策的通知》（2014） （6）《国务院关于印发中国（天津）自由贸易试验区总体方案的通知》（2015） （7）《中国人民银行关于金融支持中国（天津）自由贸易试验区建设的指导意见》（2015） （8）《财政部海关总署国家税务总局关于扩大内销选择性征收关税政策试点的通知》（2016）
省市级	（1）《关于加快天津滨海新区保险改革试验区创新发展的意见》（2007） （2）《天津市人民政府办公厅关于印发滨海新区中心商务区招商引资和管理服务工作方案的通知》（2013） （3）《天津市发展改革委关于印发天津市吸引企业总部、功能性机构的行动方案的通知》（2013） （4）《天津市促进现代服务业发展财税优惠政策》（2014） （5）《天津市中小微企业贷款风险补偿机制有关补充措施》（2015） （6）《中共天津市委天津市人民政府关于打造科技小巨人升级版的若干意见》（2015） （7）《天津市金融局关于充分发挥金融创新引领作用更好服务全市促惠上活动的意见》（2016） （8）《天津市关于进一步推进户籍制度改革的意见》（2016） （9）《天津市商务委员会天津市财政局关于印发2016年天津市信保支持外贸中小企业提升国际化经营能力的通知》（2016） （10）《天津市人民政府办公厅关于贯彻落实"十三五"现代综合交通运输体系发展规划的实施意见》（2017） （11）《天津市委关于深化人才发展体制机制改革的实施意见》（2017） （12）《中国（天津）自由贸易试验区汽车平行进口试点管理暂行办法》（2017） （13）《关于支持我市企业上市融资加快发展有关政策》（2017） （14）《天津市人民政府办公厅关于促进我市加工贸易创新发展的实施意见》（2017） （15）《天津（滨海）海外人才离岸创新创业基地建设实施方案》（2017）

政策层面	政策名称
新区/相关单位	(1)《天津滨海新区综合配套改革试验金融创新专项方案》(2009)
	(2)《天津滨海新区关于实施创新驱动发展战略的若干意见》(2009)
	(3)《关于鼓励企业总部和研发机构落户滨海新区的若干意见》(2012)
	(4)《滨海新区中心商务区促进现代服务业发展暂行办法》(2016)
	(5)《滨海新区中心商务区促进总部经济发展暂行规定》(2016)
	(6)《滨海新区中心商务区促进金融业发展暂行规定》(2016)
	(7)《滨海新区中心商务区促进商贸服务业发展暂行规定》(2016)
	(8)《滨海新区中心商务区促进科技及信息技术服务业发展暂行规定》(2016)
	(9)《滨海新区中心商务区促进专业服务业发展暂行规定》(2016)
	(10)《滨海新区中心商务区促进文化创意产业发展暂行规定》(2016)
	(11)《滨海新区中心商务区委托招商中介招商引资暂行规定》(2016)
	(12)《滨海新区高层次人才服务证制度暂行办法》(2016)
	(13)《滨海新区关于促进总部经济发展的实施意见》(2016)
	(14)《滨海新区关于进一步集聚人才创新发展的若干措施》(2017)

（数据来源于国家有关部委政务网、新区所在市政务网、滨海新区政务网等。）

三、重庆两江新区

表5　重庆两江新区政策扶持情况一览表

政策层面	政策名称
国家级	(1)《国务院办公厅关于建设大众创业万众创新示范基地的实施意见》(2016)
	(2)《财政部海关总署国家税务总局关于扩大内销选择性征收关税政策试点的通知》(2016)
省市级	(1)《重庆市外商投资优惠政策》(1997)
	(2)《重庆市人民政府关于印发重庆两路寸滩保税港区招商引资优惠政策的通知》(2009)
	(3)《重庆市人民政府关于大力发展微型企业的若干意见》(2010)
	(4)《重庆市实施西部大开发若干政策措施》(2015)
	(5)《重庆市人民政府办公厅关于加快推进两江新区悦来新城海绵城市建设试点工作的实施意见》(2015)
	(6)《重庆市人民政府关于加快发展服务贸易服务外包的实施意见》(2015)
	(7)《重庆市人民政府办公厅关于大力培育高新技术企业的实施意见》(2016)

续表

政策层面	政策名称
省市级	(8)《重庆市人民政府办公厅关于加快融资租赁业发展的实施意见》(2016)
	(9)《重庆市高端研发资源引进培育实施方案》(2016)
	(10)《重庆市人民政府办公厅关于加快构建大众创业万众创新支撑平台的实施意见》(2016)
	(11)《重庆市人民政府办公厅关于积极推进"互联网+流通"行动计划的实施意见》(2016)
	(12)《重庆市制造业与互联网融合创新实施方案》(2016)
	(13)《重庆市人民政府关于促进外贸回稳向好的实施意见》(2016)
	(14)《重庆市人民政府办公厅关于培育和发展分享经济的意见》(2017)
	(15)《重庆市引进海内外英才"鸿雁计划"实施办法》(2017)
	(16)《重庆市人民政府办公厅关于进一步深化商事制度改革优化营商环境的意见》(2017)
	(17)《重庆市政府加快发展总部经济的意见》(2017)
新区/相关单位	(1)《两江新区十大优惠政策》(2011)
	(2)《"长江学者奖励计划"实施办法》(2011)
	(3)《重庆两江新区引进高层次人才若干政策(试行)》(2011)
	(4)《重庆两江新区服务贸易创新发展试点实施方案》(2016)
	(5)《重庆两江新区双创示范基地建设工作方案》(2016)
	(6)《两江新区构建开放型经济新体制综合试点试验实施方案》(2017)

(数据来源于国家有关部委政务网、新区所在市政务网、两江新区政务网等。)

四、浙江舟山群岛新区

表6　浙江舟山群岛新区政策扶持情况一览表

政策层面	政策名称
国家级	(1)《全国海洋经济发展规划纲要》(2003)
	(2)《国家发展改革委办公厅关于充分发挥企业债券融资功能支持重点项目建设促进经济平稳较快发展的通知》(2015)
	(3)《国家发展改革委关于推动国家级新区深化重点领域体制机制创新的通知》(2015)
	(4)《舟山江海联运服务中心总体方案》(2016)
	(5)《中国(浙江)自由贸易试验区总体方案》(2017)

政策层面	政策名称
省市级	（1）《中共舟山市委、舟山市人民政府关于进一步加强招商引资工作的意见》（2008）
	（2）《舟山市招商引资工作领导小组关于加强完善招商引资工作的实施办法》（2008）
	（3）《舟山市关于加强完善招商引资工作的实施办法》（2008）
	（4）《舟山市人民政府办公室关于加强中小企业信用担保体系建设的若干意见》（2008）
	（5）《舟山市人民政府关于进一步加快服务业发展的实施意见》（2009）
	（6）《舟山市人才引进和激励办法》和《舟山市人才住房保障实施办法》（2010）
	（7）《舟山市关于进一步促进航运业发展的实施意见》（2010）
	（8）《舟山市人民政府办公室关于加快工业设计产业发展的实施意见》（2012）
	（9）《舟山市关于进一步加大支持力度促进企业健康发展的若干意见》（2012）
	（10）《舟山市人民政府关于进一步促进服务业发展的若干意见》（2012）
	（11）《舟山市关于进一步加快新城楼宇经济发展的若干意见》（2014）
	（12）《舟山市人民政府关于进一步扶持工业企业做大做强的意见》（2014）
	（13）《舟山市人民政府办公室关于促进我市融资租赁业发展的若干意见》（2015）
	（14）《浙江省人民政府办公厅关于加快推进技能人才队伍建设的意见》（2015）
	（15）《舟山市人民政府关于进一步促进船舶工业健康发展的若干意见》（2015）
	（16）《浙江工商助力小微企业成长十项举措解读》（2016）
	（17）《舟山市"2016 幼鱼保护保卫战"行动方案》（2016）
	（18）《舟山市人才引进和激励办法》（2016）
	（19）《浙江省科技创新"十三五"规划》（2016）
	（20）《舟山市人民政府关于加快远洋渔业转型升级的若干意见》（2017）
	（21）《浙江省电子商务产业发展"十三五"规划》（2016）
	（22）《浙江省人民政府办公厅关于大力推进农业科技创新创业的若干意见》（2016）
	（23）《浙江省互联网金融风险专项整治工作实施方案》（2016）
	（24）《浙江省人民政府办公厅关于加快融资租赁业发展的实施意见》（2016）
	（25）《浙江省人民政府关于促进加工贸易创新发展的实施意见》（2016）
	（26）《舟山市人民政府关于健全政策性融资担保体系建设的意见》（2017）
	（27）《中国（浙江）自由贸易试验区关于加快发展总部经济的暂行办法》（2017）
	（28）《浙江省全面改造提升传统制造业行动计划（2017—2020 年）》（2017）
	（29）《浙江省人民政府关于深化制造业与互联网融合发展的实施意见》（2017）
	（30）《浙江省人民政府关于促进创业投资持续健康发展的实施意见》（2017）
	（31）《舟山市"1252 人才强教工程"实施方案》（2017）

续表

政策层面	政策名称
新区/相关单位	(1)《浙江舟山群岛新区"智汇群岛·创新引领"科技创业社区(科技创业人才集聚区)建设计划》(2012) (2)《浙江舟山群岛新区"智汇群岛·创新引领"5313行动计划实施办法》(2012) (3)《浙江舟山群岛新区"智汇群岛·创新引领"科技创业服务实施办法》(2012) (4)《浙江舟山群岛新区"智汇群岛·创新引领"科技创业金融支撑实施办法》(2012) (5)《舟山市人民政府办公室——关于促进我市融资租赁业发展的若干意见》(2015)

(数据来源于国家有关部委政务网、新区所在省市政务网、舟山群岛新区政务网等。)

五、甘肃兰州新区

表7　甘肃兰州新区政策扶持情况一览表

政策层面	政策名称
国家级	(1)《关于深入实施西部大开发战略有关税收政策问题的通知》(2011) (2)《国家发改委关于印发兰州新区建设指导意见的通知》(2016)
省市级	(1)《甘肃省人民政府关于支持中央和省属在兰州市区工业企业向兰州新区拓展的意见》(2011) (2)《甘肃省人民政府关于支持兰州新区开发建设政策的意见》(2012) (3)《关于印发〈兰州市人才特区建设试点工作方案〉的通知》(2012) (4)《甘肃省人民政府关于支持兰州新区引进高层次人才政策的意见》(2014) (5)《甘肃省关于发展众创空间推进大众创新创业的实施方案》(2015) (6)《甘肃省"十三五"开放型经济发展规划》(2016) (7)《关于支持兰州新区加快发展的政策意见》(2017)
新区/相关单位	(1)《兰州新区招商引资优惠政策》(2015) (2)《兰州新区综合保税区优惠政策》(2015) (3)《兰州新区鼓励金融业发展优惠政策》(2015) (4)《兰州新区鼓励服务业发展优惠政策(暂行)》(2015) (5)《兰州新区政府投资项目代建管理办法(试行)的通知》(2015) (6)《成立兰州新区承载产业转移工作领导小组的通知》(2016) (7)《兰州新区品牌发展战略规划(2016—2020年)》(2016)

续表

政策层面	政策名称
新区/相关单位	(8)《兰州新区综合改革领导小组 2016 年工作要点》(2016)
	(9)《兰州市关于组建第二批招商小组开展赴外招商工作的通知》(2016)
	(10)《兰州新区 2016 年到位资金目标任务分解意见》(2016)
	(11)《2016 年兰州新区水性科技产业链招商工作方案》(2016)
	(12)《兰州新区科技企业孵化器及众创空间发展扶持办法（试行）》(2016)
	(13)《兰州新区钢铁煤炭水泥平板玻璃等行业化解过剩产能实现脱困发展实施方案》(2017)
	(14)《兰州新区 2017 年煤炭经营市场监管工作方案》(2017)

（数据来源于国家有关部委政务网、新区所在省市政务网、兰州新区政务网等。）

六、广州南沙新区

表 8　广州南沙新区政策扶持情况一览表

政策层面	政策文件
国家级	(1)《关于同意将广州南沙、深圳前海、珠海横琴"粤港澳人才合作示范区"列为全国人才管理改革试验区的函》(2014)
	(2)《关于支持广州南沙新区深化粤港澳台金融合作和探索金融改革创新的意见》(2014)
	(3)《国家科技成果转化引导基金设立创业投资子基金管理暂行办法》(2014)
	(4)《中国保监会办公厅关于支持广东自贸试验区建设有关意见的复函》(2015)
	(5)《广东南沙、横琴新区跨境人民币贷款业务试点管理暂行办法》(2015)
	(6)《国务院关于印发中国（广东）自由贸易试验区总体方案的通知》(2015)
	(7)《海关总署关于支持和促进中国（广东）自由贸易试验区建设发展的若干措施》(2015)
	(8)《自由贸易试验区外商投资准入特别管理措施（负面清单）》(2015)
	(9)《中国人民银行广州分行关于支持中国（广东）自由贸易试验区扩大人民币跨境使用的通知》(2015)
	(10)《港澳服务提供者在内地投资备案管理办法（试行）》(2016)
	(11)《质检总局关于中国（广东）自由贸易试验区广州南沙新区片区开展毛坯钻石多种贸易方式进出口的公告》(2016)
省市级	(1)《广东省人民政府关于加快发展服务外包产业的意见》(2012)
	(2)《广东省第一批调整由广州南沙新区管理机构实施的省级管理权限事项目录》(2013)
	(3)《广州市人民政府关于印发加快发展总部经济实施意见及配套文件的通知》(2013)

政策层面	政策名称
省市级	4)《广州市人民政府关于支持广州区域金融中心建设的若干规定》(2013) (5)《广州市科学技术奖励办法》(2014) (6)《广东省省级加快发展服务外包产业专项资金管理办法》(2014) (7)《关于简化中国(广东)自由贸易试验区内相关机构和高管准入方式的实施细则(试行)》(2015) (8)《广州市支持外经贸发展专项资金管理办法》(2015) (9)《关于进一步加快广州总部经济发展的若干措施》(2015) (10)《广州市人民政府关于加快服务贸易发展的实施意见》(2015) (11)《广东省企业研究开发省级财政补助政策操作指引(试行)》(2015) (12)《广东省人民政府关于加快科技创新的若干政策意见》(2015) (13)《广东省人民政府关于支持广州南沙新区加快开发建设的若干意见》(2015) (14)《2016年南沙口岸免除查验没有问题外贸企业吊装移位仓储费用试点方案》(2016) (15)《广东省现代物流业发展规划(2016—2020年)》(2016) (16)《广东省商务厅关于境外投资管理的实施细则》(2016) (17)《广东省商务厅关于支持广东自贸试验区创新发展的实施意见》(2016)
新区/相关单位	(1)《广州市南沙区就业专项资金补贴审核程序》(2013) (2)《南沙区科技创新平台贡献奖励办法》(2013) (3)《广州市南沙区中高级人才引进暂行办法》(2013) (4)《广州市南沙区科学技术经费投入与管理暂行办法》(2013) (5)《广州市南沙区突出贡献人才奖暂行办法》(2013) (6)《广州南沙保税港区航运物流产业发展专项资金管理办法》(2014) (7)《关于促进南沙新区总部经济发展的指导意见》(2014) (8)《广州南沙新区、中国(广东)自由贸易试验区广州南沙新区片区集聚高端领军人才和重点发展领域急需人才暂行办法》(2015)

(数据来源于国家有关部委政务网、新区所在省市政务网、南沙新区政务网等。)

七、陕西西咸新区

表9　陕西西咸新区政策扶持情况一览表

政策层面	政策名称
国家级	(1)《国务院西部开发办关于西部大开发若干政策措施的实施意见》(2001)
	(2)《国家税务总局关于落实西部大开发有关税收政策具体实施意见的通知》(2002)
	(3)《财政部 海关总署 国家税务总局关于扩大内销选择性征收关税政策试点的通知》(2016)
	(4)《国务院办公厅关于建设大众创业万众创新示范基地的实施意见》(2016)
省市级	(1)《陕西省人民政府印发关于加快西咸新区发展若干政策》(2011)
	(2)《陕西省人民政府关于加快发展多层次资本市场服务实体经济转型升级的实施意见》(2014)
	(3)《陕西省人民政府关于加快发展生产性服务业的实施意见》(2015)
	(4)《陕西省人民政府关于促进快递业发展的实施意见》(2015)
	(5)《陕西省人民政府关于印发省物流业发展中长期规划(2015—2020)的通知》
	(6)《陕西省人民政府关于改进口岸工作促进外贸发展的实施意见》(2015)
	(7)《陕西省人民政府关于大力发展电子商务加快培育经济新动力的实施意见》(2016)
	(8)《陕西省人民政府关于大力推进大众创业万众创新工作的实施意见》(2016)
	(9)《陕西省人民政府关于积极推进"互联网+"行动的实施意见》(2016)
	(10)《陕西省人民政府关于印发工业稳增长促投资21条措施的通知》(2016)
	(11)《陕西省人民政府关于进一步促进民间投资健康发展的若干意见》(2016)
	(12)《陕西省人民政府关于促进外贸回稳向好的实施意见》(2016)
	(13)《陕西省人民政府关于促进民营经济加快发展的若干意见》(2017)
	(14)《陕西省人民政府关于印发〈陕西省推进普惠金融发展规划(2016—2020年)实施方案〉的通知》(2017)
	(15)《西安市人民政府关于印发抓项目促投资稳增长若干意见的通知》(2016)
	(16)《西安市人民政府关于大力发展电子商务加快培育经济新动力的实施意见》(2016)
	(17)《西安市人民政府关于印发推进国际产能和装备制造合作工作方案的通知》(2016)
	(18)《西安市人民政府办公厅关于加快融资租赁业发展的实施意见》(2016)
	(19)《西安市人民政府办公厅关于推进"互联网+内贸流通"行动计划的实施意见》(2016)
	(20)《西安市人民政府办公厅关于印发促进加工贸易创新发展行动计划的通知》(2016)

续表

政策层面	政策名称
省市级	21)《西安市人民政府办公厅关于印发推进小微企业创业创新基地城市示范工作方案的通知》(2016) (22)《西安市人民政府关于加快服务外包产业发展的实施意见》(2017) (23)《西安市人民政府关于加快发展服务贸易的实施意见》(2017) (24)《关于进一步促进融资担保行业发展的实施意见》(2017) (25)《西安市人民政府办公厅关于印发进一步吸引人才放宽部分户籍准入条件户口登记工作规范的通知》(2017)
新区/相关单位	(1)《西咸新区投资优惠政策》(2011) (2)《陕西省西咸新区沣西新城信息产业园投资优惠政策(试行)》(2012) (3)《西咸新区丝路经济带能源金贸中心园区优惠政策》(2016) (4)《西咸国际文化教育园投资优惠政策》(2016) (5)《陕西省西咸新区空港新城管理委员会关于扶持电子商务产业发展的若干意见》(2016) (6)《陕西省西咸新区空港新城管理委员会关于扶持航空物流产业发展的若干意见》(2016) (7)《陕西省西咸新区空港新城管理委员会关于扶持航空产业及战略性新兴产业发展的若干意见》(2016) (8)《陕西省西咸新区空港新城委员会关于扶持商贸文化产业及总部经济发展的若干意见》(2016) (9)《陕西省西咸新区空港新城管理委员会关于实施高端、特殊人才引进计划的若干意见》(2016) (10)《陕西省西咸新区空港新城委员会关于扶持商贸文化产业及总部经济发展的若干意见》(2016)

（数据来源于国家有关部委政务网、新区所在省市政务网、西咸新区政务网等。）

八、贵州贵安新区

表10　贵州贵安新区政策扶持情况一览表

政策层面	政策名称
国家级	(1)《国务院关于依托黄金水道推动长江经济带发展的指导意见》(2014) (2)《贵州贵安新区总体方案》(2014) (3)《国务院关于同意开展服务贸易创新发展试点的批复》(2016) (4)《关于2017年深化经济体制改革重点工作的意见》(2017)
省市级	(1)《贵州省人民政府关于加强城市基础设施建设的实施意见》(2013) (2)《贵州省人民政府关于支持工业企业加快发展若干政策措施的通知》(2014) (3)《贵州省人民政府关于加快现代服务业发展的意见》(2014) (4)《贵州省人民政府关于加快推进新医药产业发展的指导意见》(2014) (5)《关于加快大数据产业发展应用若干政策的意见》(2014) (6)《贵州省人民政府关于大力发展电子商务的实施意见》(2015) (7)《贵州省人民政府关于贵州省创新重点领域投融资机制鼓励社会投资的实施意见》(2015) (8)《贵州省人民政府关于支持贵安综合保税区加快发展的意见》(2015) (9)《关于鼓励和支持国(境)外企业到贵州投资总部经济的若干意见》(2015) (10)《贵州省人民政府关于支持"1+7"开放创新平台加快发展的意见》(2016) (11)《贵州省人民政府关于深入推进新型城镇化建设的实施意见》(2016) (12)《贵州省"十三五"科技创新发展规划》(2016) (13)《贵州省军民融合产业发展"十三五"规划》(2016) (14)《贵州省促进加工贸易创新发展实施方案》(2017) (15)《贵州省人民政府办公厅关于印发贵州省政策性金融扶贫实验示范区建设工作方案的通知》(2017)
新区/相关单位	(1)《中共贵州贵安新区工作委员会办公室关于印发贵安综合保税区贵安电子信息产业园体制机制创新试点方案的通知》(2015) (2)《贵安新区关于推进大众创业万众创新若干政策措施(试行)》(2015) (3)《贵安新区土地利用总体规划(2013—2020年)》(2015) (4)《贵安新区支持总部经济发展十条意见》(2015) (5)《贵安新区关于深化科技体制改革提升科技创新能力的若干政策措施(试行)》(2015) (6)《贵安新区关于鼓励花溪大学城清镇职教城大学生在贵安新区创业落户若干政策措施》(2016)

政策层面	政策名称
新区/相关单位	7)《贵安新区引进高层次人才实施办法》(2016)
	(8)《全面推进贵安新区直管区海绵城市建设实施方案》(2016)
	(9)《贵安新区服务贸易创新发展试点实施方案》(2016)
	(10)《贵安新区直管区教育人才引进实施办法(暂行)》(2016)
	(11)《贵安新区汽车产业人才培养引进实施办法(试行)》(2017)
	(12)《贵安新区招商引资体制机制改革创新试点工作方案(试行)》(2017)
	(13)《贵安新区综合保税区和大学城财税管理模式试点方案(试行)》(2017)
	(14)《贵安新区直管区已征收土地和储备土地临时利用及管护办法(试行)》(2017)
	(15)《贵安新区支持大数据应用与创新十条政策措施》(2017)

(数据来源于国家有关部委政务网、新区所在省市政务网、贵安新区政务网等。)

九、青岛西海岸新区

表11 青岛西海岸新区政策扶持情况一览表

政策层面	政策文件
国家级	(1)《关于支持青岛(西海岸)黄岛新区海洋经济发展的若干意见》(2015)
省市级	(1)《青岛市人民政府关于加快总部经济发展的意见》(2009)
	(2)《山东省委办公厅、省政府办公厅关于支持青岛西海岸新区加快发展的意见》(2014)
	(3)《关于加快众创空间建设支持创客发展的实施意见》(2015)
	(4)《青岛市关于深入推进科技创新发展的实施意见》(2016)
新区/相关单位	(1)《青岛西海岸新区管委青岛市黄岛区人民政府关于加快电子商务发展的意见》(2014)
	(2)《青岛市黄岛区金融业发展专项资金管理办法》(2014)
	(3)《关于印发集体土地征收补偿办法的通知》(2014)
	(4)《关于印发黄岛区村(居)和片区改造管理实施意见的通知》(2014)
	(5)《青岛市黄岛区金融业发展专项资金管理办法》(2014)
	(6)《青岛市黄岛区小型微型企业贷款风险准备金管理办法(试行)》(2014)
	(7)《青岛西海岸新区管委青岛市黄岛区人民政府关于扶持国内电子商务发展的若干政策(试行)》(2015)
	(8)《青岛西海岸新区管委青岛市黄岛区人民政府关于扶持跨境电子商务发展的若干政策(试行)》(2015)

政策层面	政策名称
新区/相关单位	9)《青岛西海岸新区管委青岛市黄岛区人民政府关于促进青岛西海岸新区会展业发展的意见》(2015) (10)《青岛西海岸新区管委青岛市黄岛区人民政府关于加快推进都市型现代农业发展的意见》(2015) (11)《青岛市黄岛区服务外包产业发展专项资金管理办法》(2015) (12)《青岛市黄岛区企业奖励扶持资金管理暂行办法》(2015) (13)《青岛市黄岛区知识产权和科技服务补助办法》(2015) (14)《青岛市黄岛区服务外包产业发展专项资金管理办法》(2015) (15)《青岛西海岸新区管委青岛市黄岛区人民政府关于印发青岛西海岸新区（黄岛区）投融资管理办法的通知》(2015) (16)《青岛西海岸新区管委青岛市黄岛区人民政府关于开展服务业综合改革试点的实施意见》(2015) (17)《青岛西海岸新区管委青岛市黄岛区人民政府关于青岛西海岸智慧新区建设实施意见》(2015) (18)《青岛西海岸新区管委青岛市黄岛区人民政府关于促进房地产市场健康发展的十一条意见》(2015) (19)《青岛西海岸新区管委青岛市黄岛区人民政府关于进一步推进实施开放带动战略的意见》(2015) (20)《关于印发青岛市黄岛区政府投资项目管理办法的通知》(2015) (21)《关于印发青岛市黄岛区国有土地回购储备管理办法（试行）的通知》(2015) (22)《青岛市黄岛区人民政府关于加快特色小镇建设的实施意见》(2015) (23)《青岛市黄岛区加快科技创新创业载体建设支持创客发展若干政策措施》(2016) (24)《关于印发青岛西海岸新区（黄岛区）科技创新规划纲要(2016—2020)的通知》(2016) (25)《关于加快发展体育产业促进体育消费的实施意见》(2016) (26)《关于公布青岛西海岸新区第二批紧缺人才的通知》(2016) (27)《青岛西海岸新区招商引资产业项目评估和决策办法》(2016) (28)《青岛市黄岛区区级财政预算追加管理暂行办法》(2016) (29)《政银企三方联动助推经济发展十二条》(2016) (30)《关于印发人才管理改革试验区建设试点工作方案的通知》(2016) (31)《黄岛区设施农用地使用和管理实施意见》(2016) (32)《青岛西海岸新区产业发展十大政策实施细则（试行）》(2017) (33)《关于印发青岛西海岸新区（黄岛区）大数据产业发展"十三五"规划的通知》(2017)

（数据来源于国家有关部委政务网、新区所在省市政务网、西海岸新区政务网等。）

十、大连金普新区

表 12   大连金普新区政策扶持情况一览表

政策层面	政策名称
国家级	（1）《国务院关于近期支持东北振兴若干重大政策举措的意见》（2014） （2）《国务院关于深入推进实施新一轮东北振兴战略加快推动东北地区经济企稳向好若干重要举措的意见》（2016） （3）《国务院关于印发中国（辽宁）自由贸易试验区总体方案的通知》（2017）
省市级	（1）《辽宁省人民政府关于印发辽宁省科技创新驱动发展实施方案的通知》（2015） （2）《辽宁省人民政府关于加快发展生产性服务业促进产业结构优化升级的实施意见》（2015） （3）《大连市支持高层次人才创新创业若干规定》（2015） （4）《大连市加强高技能人才队伍建设若干规定》（2015） （5）《大连市加强创业孵化平台建设进一步促进创业型人才在连创业办法》（2015） （6）《大连市解决引进人才住房办法》（2015） （7）《大连市人才服务管理办法》（2015） （8）《辽宁省人民政府关于促进加工贸易创新发展的实施意见》（2016） （9）《辽宁省人民政府关于印发中国（大连）跨境电子商务综合试验区实施方案的通知》（2016） （10）《辽宁省人民政府关于加快发展服务贸易的实施意见》（2016） （11）《大连市人民政府关于加快发展生产性服务业促进产业结构优化升级的实施意见》（2016） （12）《大连市人民政府关于创新重点领域投融资机制鼓励社会投资的实施意见》（2016） （13）《大连市人民政府关于促进现代快递服务业发展的实施意见》（2016） （14）《大连市人民政府关于进一步促进科技成果转化和技术转移的实施意见》（2016） （15）《大连市人民政府关于大力发展产业金融的实施意见》（2016） （16）《大连市人民政府关于促进互联网金融健康发展的实施意见》（2016） （17）《大连市人民政府关于深化金融改革创新实施意见》（2016） （18）《辽宁省人民政府关于进一步提高金融服务实体经济质量的实施意见》（2017） （19）《大连市人民政府关于进一步提高金融服务实体经济质量的实施意见》（2017） （20）《大连市降低实体经济企业成本工作实施方案》（2017） （21）《大连市人民政府关于进一步推广和落实中关村科技政策的实施意见》（2017） （22）《大连市科学技术奖励办法》（2017） （23）《大连市人民政府关于加快构建大众创业万众创新支撑平台的实施意见》（2017）

续表

政策层面	政策名称
新区/相关单位	（1）《大连开发区资助和奖励高层次人才办法》（2006）
	（2）《关于规范行政审批行为优化行政审批流程推行网上审批的实施方案》（2015）
	（3）《关于大力发展现代服务业的若干意见》（2015）
	（4）《关于促进科技创新的若干措施（试行）》（2016）
	（5）《大连金普新区管理委员会关于印发大连金普新区加强孵化平台建设推进大众创新创业实施办法的通知》（2016）
	（6）《大连金普新区管理委员会关于推进大众创业万众创新的行动方案》（2016）
	（7）《金普新区关于进一步加快文化产业发展的实施意见》（2016）
	（8）《金普新区财政投资基建项目优化审批流程方案（试行）》（2016）
	（9）《金普新区科技计划项目管理办法（试行）》（2016）
	（10）《大连金普新区沈大国家自主创新示范区建设实施方案（2016—2020）》（2016）
	（11）《关于2016年度外经贸发展专项资金重点工作的通知》（2016）

（数据来源于国家有关部委政务网、新区所在省市政务网、金普新区政务网等。）

十一、四川天府新区

表13 四川天府新区政策扶持情况一览表

政策层面	政策名称
国家级	（1）《财政部海关总署国家税务总局关于扩大内销选择性征收关税政策试点的通知》（2016）
	（2）《国务院关于印发中国（四川）自由贸易试验区总体方案的通知》（2017）
	（3）《国务院办公厅关于建设第二批大众创业万众创新示范基地的实施意见》（2017）
省市级	（1）《成都市总部经济发展支持政策》（2013）
	（2）《四川省人民政府支持四川天府新区建设发展若干政策》（2014）
	（3）《四川省人民政府贯彻国务院关于依托黄金水道推动长江经济带发展指导意见的实施意见》（2014）
	（4）《四川省人民政府关于支持天府新区创新研发产业功能区建设的意见》（2014）
	（5）《四川省成都市物流办关于建设区域物流中心城市的实施意见》（2014）
	（6）《四川省2016年现代物流业发展工作推进方案》
	（7）《四川省人才发展规划纲要（2015—2020年）》
	（8）《四川省全面创新改革试验实施方案》（2016）

续表

政策层面	政策名称
省市级	(9)《四川省人民政府关于加快发展服务贸易的实施意见》(2015)
	(10)《四川省人民政府关于促进服务外包产业加快发展的实施意见》(2015)
	(11)《四川省人民政府办公厅关于印发〈四川天府新区管理委员会工作规则(试行)〉及〈四川天府新区管理委员会办公室工作规则(试行)〉》(2016)
	(12)《四川省人民政府关于印发中国(成都)跨境电子商务综合试验区实施方案的通知》(2016)
	(13)《四川省人民政府关于促进加工贸易创新发展的实施意见》(2016)
	(14)《四川省人民政府关于印发成都天府国际机场临空经济区规划纲要的通知》(2016)
	(15)《四川省人民政府办公厅关于建立四川省推进大众创业万众创新工作联席会议制度的通知》(2016)
	(16)《四川省人民政府办公厅关于印发四川省推进普惠金融发展规划(2016—2020年)的通知》(2016)
	(17)《成都市人民政府办公厅关于加强成都天府新区招商引资工作的若干意见》(2016)
	(18)《关于促进高校院所科技企业成果转移转化的若干政策措施》(2016)
	(19)《四川省人民政府办公厅关于加快建设成都国家自主创新示范区的实施意见》(2017)
	(20)《四川省人民政府印发关于扩大开放促进投资若干政策措施意见的通知》(2017)
新区/相关单位	(1)《四川天府新区总体规划(2010—2030年)》(2014)
	(2)《天府新区成都管委会产业发展促进办法》(2014)
	(3)《天府新区成都管委会支持创新创业若干政策》(2015)
	(4)《关于印发成都天府新区直管区推行工商登记全程电子化和电子营业执照实施方案的通知》(2017)

（数据来源于国家有关部委政务网、新区所在省市政务网、天府新区政务网等。）

十二、湖南湘江新区

表 14　湖南湘江新区政策扶持情况一览表

政策层面	政策名称
国家级	(1)《2017年国家级新区体制机制创新工作要点》(2017)
省市级	(1)《湖南省通用航空产业发展规划(2013—2020年)》(2014)
	(2)《湖南省开放型经济发展专项资金管理办法》(2015)

续表

政策层面	政策名称
省市级	3)《湖南省新兴产业发展基金管理办法（试行）》（2015）
	（4)《长沙市关于创新城市建设和产业发展融资方式的实施意见》（2015）
	（5)《湖南省人民政府关于加快新材料产业发展的意见》（2015）
	（6)《关于支持湖南湘江新区加快改革发展的若干意见》（2016）
	（7)《湖南省战略性新兴产业与新型工业化专项资金管理办法》（2016）
	（8)《湖南省"十三五"科技创新规划》（2016）
	（9)《湖南省人民政府关于促进五大融合加快发展健康产业的意见》（2016）
	（10)《湖南省人民政府关于进一步加强节约集约用地的意见》（2016）
	（11)《湖南省人民政府关于促进融资担保行业加快发展的实施意见》（2017）
	（12)《湖南省人民政府办公厅关于促进医药产业健康发展的实施意见》（2017）
新区/相关单位	（1)《关于加快发展核心区现代服务业的若干政策意见》（2014）
	（2)《关于支持鼓励创新创业人才入驻的暂行规定》（2014）
	（3)《湘江新区关于推进新区统筹融合发展的若干意见》（2016）
	（4)《湖南湘江新区创新创业人才奖励扶持办法（试行)实施细则》（2016）
	（5)《湖南湘江新区产业发展基金管理暂行办法》（2016）
	（6)《关于推进新区统筹融合发展的若干意见》（2016）
	（7)《湖南湘江新区高端制造研发转化基地和创新创意产业集聚区发展规划（2016—2020年)》（2016）

（数据来源于国家有关部委政务网、新区所在省市政务网、湘江新区政务网等。）

十三、南京江北新区

表 15　南京江北新区政策扶持情况一览表

政策层面	政策名称
国家级	（1)《关于进一步完善江北新区管理体制的意见》（2017）
省市级	（1)《江苏省政府关于治理规范涉企收费的政策意见》（2011）
	（2)《南京市人民政府关于进一步加快全市金融业改革创新发展若干意见》（2011）
	（3)《关于加快发展总部经济的意见》（2012）
	（4)《南京市政府关于保护服务台商在宁投资和促进双向投资的意见》（2012）
	（5)《关于加快发展总部经济的意见》（2012）

续表

政策层面	政策名称
省市级	6)《江苏省政府办公厅关于促进广告业又好又快发展的意见》(2013)
	(7)《江苏省政府办公厅关于促进快递服务业健康发展的实施意见》(2014)
	(8)《江苏省政府办公厅关于促进地理信息产业发展的实施意见》(2014)
	(9)《江苏省政府关于加快推进建筑产业现代化促进建筑产业转型升级的意见》(2014)
	(10)《南京市政府关于印发加快推进人力资源服务业发展的实施意见的通知》(2014)
	(11)《关于鼓励跨国公司在我省设立地区总部和功能性机构的意见》(2015)
	(12)《南京市政府关于印发南京市金融创新奖励暂行办法的通知》(2015)
	(13)《关于"创业南京"人才计划的实施意见》(2015)
	(14)《江苏省政府办公厅关于进一步推进"三证合一"改革的意见》(2015)
	(15)《江苏省政府办公厅关于进一步加强苏北地区人才工作的意见》(2015)
	(16)《江苏省政府关于创新重点领域投融资机制鼓励社会投资的实施意见》(2015)
	(17)《江苏省政府办公厅关于加快融资租赁业发展的实施意见》(2016)
	(18)《江苏省政府关于降低实体经济企业成本的意见》(2016)
	(19)《江苏省政府办公厅关于调整城镇土地使用税税额标准的通知》(2015)
	(20)《江苏省政府关于支持南京江北新区发展有关事项的批复》(2015)
	(21)《南京江北新区服务贸易创新发展试点实施方案》(2016)
	(22)《江苏省政府关于南京江北新区服务贸易创新发展试点实施方案的批复》(2016)
	(23)《南京市建设中国现代服务业名城实施方案》(2017)
	(24)《南京市"十三五"金融业发展规划》(2017)
	(25)《江苏省政府关于扩大对外开放积极利用外资若干政策的意见》(2017)
	(26)《南京市鼓励外商投资新兴产业门类及布局目录》(2017)
	(27)《南京市推进"中国制造2025"苏南城市群试点示范建设行动计划(2017—2019)》(2017)
新区/相关单位	(1)《南京市江北新区党工委、管委会关于印发南京江北新区促进创新创业十条政策措施的通知》(2016)
	(2)《关于印发南京江北新区研发机构引进培育支持办法(试行)的通知》(2017)
	(3)《2017年度南京江北新区研发机构支持政策申报公告》(2017)

(数据来源于国家有关部委政务网、新区所在省市政务网、江北新区政务网等。)

十四、福建福州新区

表16　福建福州新区政策扶持情况一览表

政策层面	政策文件
国家级	(1)《关于促进国家级新区健康发展的指导意见》(2015)
	(2)《国家发展改革委国家开发银行关于推进开发性金融支持国家级新区健康发展有关工作的通知》(2015)
	(3)《国务院关于印发中国(福建)自由贸易试验区总体方案的通知》(2015)
省市级	(1)《福州市加快现代物流业发展的若干意见(试行)》(2010)
	(2)《福建省人民政府关于促进总部经济发展的意见》(2011)
	(3)《福州市鼓励加快总部经济发展的实施办法》(2011)
	(4)《福州市人民政府关于进一步鼓励和支持留学人员来榕创业的若干意见》(2011)
	(5)《福建省人民政府办公厅关于贯彻落实金融支持经济结构调整和转型升级政策措施的实施意见》(2013)
	(6)《福州市促进金融业发展若干意见》(2013)
	(7)《福州市人民政府办公厅关于促进总部经济发展的补充意见》(2013)
	(8)《关于加快推进电子商务产业发展的实施办法(试行)》(2013)
	(9)《关于鼓励商贸限下企业发展为限上企业意见(试行)》(2013)
	(10)《福州市创业创新人才住房保障办法(试行)》(2013)
	(11)《福建省人民政府关于支持龙头企业加快发展促进工业稳定增长七条措施的通知》(2014)
	(12)《福建省人民政府关于进一步推动工业稳增长促转型十一条措施的通知》(2014)
	(13)《福州市人民政府关于加快发展养老服务业的实施意见》(2014)
	(14)《福州市人民政府关于贯彻省政府推动工业稳增长促转型十一条措施的实施意见》(2014)
	(15)《关于培育发展龙头企业促进经济稳定增长的实施意见(试行)》(2014)
	(16)《福州市人民政府关于全面实施福州市高素质教育人才促进工程的意见》(2015)
	(17)《关于加快发展现代服务业的意见》(2015)
	(18)《福建省人民政府关于支持福州新区加快发展的若干意见》(2015)
	(19)《福建检验检疫局发布支持福州新区发展18条措施》(2015)
	(20)《中国(福建)自由贸易试验区人才激励个人所得税政策管理办法》(2015)
	(21)《福建省人民政府关于印发下放福州新区省级经济管理权限目录的通知》(2016)
	(22)《福州市人民政府关于印发福州新区创建双创示范基地工作方案的通知》(2016)
	(23)《福州市人民政府关于印发福州新区管委会行使的省级行政审批事项清单的通知》(2017)
	(24)《福州市引进和培育金融机构奖励办法》(2017)

（数据来源于国家有关部委政务网、新区所在省市政务网、福州新区政务网等。）

十五、云南滇中新区

表 17　云南滇中新区政策扶持情况一览表

政策层面	政策名称
国家级	(1)《国务院关于支持云南省加快建设面向西南开放重要桥头堡的意见》(2011)
省市级	(1)《云南省人民政府办公厅关于支持外贸稳定增长的实施意见》(2014)
	(2)《云南省人民政府关于加快产业转型升级促进经济平稳较快发展的意见》(2014)
	(3)《中共云南省委云南省人民政府关于创新体制机制加强人才工作的意见》(2014)
	(4)《关于开展2014年度引进高层次人才享受政府购房补贴工作经费资助申报的通知》(2014)
	(5)《云南省招商引资中介奖励办法(试行)》(2015)
	(6)《云南省人民政府关于促进电子商务及跨境电子商务发展的实施意见》(2015)
	(7)《云南省人民政府关于促进服务外包产业加快发展的实施意见》(2015)
	(8)《云南省人民政府关于加快发展服务贸易的实施意见》(2015)
	(9)《云南省人民政府关于进一步推进我省产城融合发展的实施意见》(2016)
	(10)《云南省人民政府关于授予滇中新区管委会行使部分省级行政职权等事项的决定》(2016)
	(11)《中共昆明市委、昆明市人民政府关于支持金融业发展的若干意见》(2008)
	(12)《昆明市人民政府关于促进企业创三级名牌和三级名品的实施意见》(2008)
	(13)《昆明市人民政府关于鼓励企业在创业板上市的实施意见》(2009)
	(14)《中共昆明市委、昆明市人民政府关于加快中小企业发展的实施意见》(2009)
	(15)《昆明市人民政府关于支持台资企业发展的实施意见》(2010)
	(16)《中共昆明市委、昆明市人民政府关于优先发展服务经济的实施意见》(2010)
	(17)《昆明市人民政府关于扶持农业龙头企业发展打造总部经济的意见》(2011)
	(18)《云南省人民政府关于贯彻落实国务院深化泛珠三角区域合作文件的实施意见》(2016)
	(19)《云南省人民政府关于推进政策性融资担保体系建设的意见》(2016)
	(20)《云南省人民政府办公厅关于加快众创空间发展服务实体经济转型升级的实施意见》(2016)
	(21)《云南省人民政府关于促进外贸回稳向好的实施意见》(2016)
	(22)《云南省人民政府关于促进快递业发展的实施意见》(2016)
	(23)《云南省人民政府办公厅关于促进金融租赁行业发展的实施意见》(2016)

政策层面	政策名称
省市级	（24）《云南省人民政府关于加快构建大众创业万众创新支撑平台的实施意见》（2016） （25）《云南省人民政府关于推进重点产业发展若干政策的意见》（2016） （26）《云南省人民政府办公厅印发关于提升金融创新能力建设面向南亚东南亚金融服务中心等5个实施方案的通知》（2016） （27）《云南省人民政府办公厅关于促进通用航空业发展的实施意见》（2016） （28）《云南省人民政府关于进一步促进全省经济持续平稳发展22条措施的意见》（2016） （29）《云南省人民政府关于印发云南省产业发展规划（2016—2025年）的通知》（2017） （30）《云南省人民政府关于促进加工贸易创新发展的实施意见》（2017） （31）《云南省人民政府关于印发云南省深化制造业与互联网融合发展实施方案的通知》（2017） （32）《云南省人民政府关于大力发展普惠金融的实施意见》（2017） （33）《云南省人民政府关于促进创业投资持续健康发展的实施意见》（2017） （34）《昆明市人民政府关于创造一流投资服务环境的若干意见》（2016） （35）《关于着力推进重点产业发展的实施意见》（2016） （36）《昆明市加快总部经济发展支持政策（试行）》（2016） （37）《昆明市人民政府关于印发昆明市加快总部经济发展支持政策（试行）的通知》（2017） （38）《昆明市人民政府关于印发昆明市加快楼宇经济发展支持政策（试行）的通知》（2017） （39）《中共昆明市委昆明市人民政府关于创新体制机制加强人才工作的实施意见》（2017）
新区/相关单位	（1）《云南滇中新区制造业招商引资优惠政策试行办法》（2016） （2）《云南滇中新区现代服务业招商引资优惠政策试行办法》（2016） （3）《云南滇中新区招商代理管理暂行办法》（2016） （4）《云南滇中新区招商代理奖金管理暂行办法》（2016） （5）《滇中新区项目入区准入条件指导意见》（2016）

（数据来源于国家有关部委政务网、新区所在省市政务网、滇中新区政务网等。）

十六、黑龙江哈尔滨新区

表18 黑龙江哈尔滨新区政策扶持情况一览表

政策层面	政策名称
国家级	(1)《哈尔滨新区总体方案》(2016)
省市级	(1)《关于印发哈尔滨市人才公寓管理规定的通知》(2014)
	(2)《哈尔滨市重点企业引进优秀人才扶持办法》(2016)
	(3)《中共哈尔滨市委哈尔滨市人民政府关于深化科技体制改革加快高新技术成果产业化的实施意见》(2016)
	(4)《哈尔滨市人民政府办公厅关于推进农村一二三产业融合发展的实施意见》(2016)
	(5)《哈尔滨市促进生物医药产业健康发展的若干政策》(2017)
	(6)《哈尔滨市人民政府关于促进快递业发展的实施意见》(2017)
	(7)《哈尔滨市人民政府关于印发哈尔滨英才集聚计划实施方案的通知》(2017)

(数据来源于国家有关部委政务网、新区所在省市政务网、哈尔滨新区政务网等。)

十七、吉林长春新区

表19 吉林长春新区政策扶持情况一览表

政策层面	政策名称
国家级	(1)《国家发展改革委关于印发长春新区总体方案的通知》(2016)
	(2)《国务院关于深入推进实施新一轮东北振兴战略加快推动东北地区经济企稳向好若干重要举措的意见》(2016)
	(3)《国务院办公厅关于建设第二批大众创业万众创新示范基地的实施意见》(2017)
省市级	(1)《吉林省人民政府关于鼓励外商投资政策的规定》(2003)
	(2)《吉林省人民政府关于加快发展对外文化贸易的实施意见》(2014)
	(3)《吉林省关于进一步激发人才活力服务创新驱动发展战略的若干意见》(2015)
	(4)《吉林省关于金融支持人才创业的实施意见》(2015)
	(5)《吉林省人民政府办公厅关于加快构建大众创业万众创新支撑平台的实施意见》(2016)
	(6)《吉林省人民政府办公厅关于深入推进"互联网+流通"行动计划的实施意见》(2016)

政策层面	政策名称
省市级	(7)《吉林省人民政府办公厅关于促进跨境电子商务发展的实施意见》(2016) (8)《长春市人民政府关于印发长春市创建国家级"双创"综合性示范区实施方案的通知》(2016) (9)《长春市人民政府办公厅关于发展众创空间推进大众创新创业的实施意见》(2016)
新区/相关单位	(1)《长春高新区发布关于促进产业发展若干政策》(2015) (2)《长春高新区战略性新兴产业招商引资优惠政策实施办法(试行)》(2015) (3)《长春新区关于促进战略性新兴产业发展的若干政策(试行)》(2016) (4)《长春新区关于促进现代服务业加快发展的若干政策(试行)》(2016) (5)《长春新区关于促进科技创新发展的若干政策(试行)》(2016) (6)《长春新区关于促进金融创新发展的若干政策(试行)》(2016) (7)《长春新区关于加快高层次人才集聚的若干政策(试行)》(2016)

（数据来源于国家有关部委政务网、新区所在省市政务网、长春新区政务网等。）

十八、江西赣江新区

表20　江西赣江新区政策扶持情况一览表

政策层面	政策名称
国家级	(1)《江西赣江新区总体方案》(2016) (2)《江西省赣江新区建设绿色金融改革创新试验区总体方案》(2017)
省市级	(1)《江西省人民政府关于加快发展体育产业促进体育消费的实施意见》(2014) (2)《江西省高层次人才引进实施办法》(2015) (3)《江西省商务厅关于提升招商引资服务水平再创招商新优势的指导意见》(2015) (4)《江西省人民政府办公厅关于推进农村一二三产业融合发展的实施意见》(2016) (5)《江西省人民政府关于加快建设九江江海直达区域性航运中心的实施意见》(2017) (6)《江西省复制推广自由贸易试验区新一批改革试点经验工作实施方案》(2017) (7)《江西省"十三五"大健康产业发展规划》(2017) (8)《小额贷款公司税收优惠政策出台》(2017)

（数据来源于国家有关部委政务网、新区所在省市政务网、赣江新区政务网等。）